高顿财经
GOLDEN FINANCE

2019
注册会计师全国统一考试备考用书

U0648640

注册会计师全国统一考试

四维考霸 之

审计

高顿财经研究院◎编

"会说话"的CPA智能互动教辅

东北财经大学出版社
Dongbei University of Finance & Economics Press

大 连

图书在版编目（CIP）数据

注册会计师全国统一考试四维考霸之审计 / 高顿财经研究院编 . —大连：东北财经大学出版社，2019.6

（注册会计师全国统一考试备考用书）

ISBN 978-7-5654-3476-1

Ⅰ．注… Ⅱ．高… Ⅲ．审计-资格考试-自学参考资料 Ⅳ．F239

中国版本图书馆CIP数据核字（2019）第036696号

东北财经大学出版社出版

（大连市黑石礁尖山街217号 邮政编码 116025）

网 址：http://www.dufep.cn

读者信箱：dufep@dufe.edu.cn

大连图腾彩色印刷有限公司印刷 东北财经大学出版社发行

幅面尺寸：185mm×260mm 字数：952千字 印张：38.75

2019年6月第1版 2019年6月第1次印刷

责任编辑：李 栋 王 丽 责任校对：孟 鑫 石建华 赵 楠

周 慧 王 玲 王 娟 冯志慧 李 栋

封面设计：张智波 版式设计：钟福建

定价：92.00元

教学支持 售后服务 联系电话：(0411) 84710309

版权所有 侵权必究 举报电话：(0411) 84710523

如有印装质量问题，请联系营销部：(0411) 84710711

序　言

　　注册会计师行业较快发展并不断做强、做大是国家发展的需要，因为建立和完善我国的注册会计师制度，是保证资金市场正常运转、促进我国会计与国际接轨的一个重要途径。随着执业质量和社会公信力的稳步提升，作为会计信息质量的重要鉴证者、市场经济秩序的重要维护者、企业提高经营管理水平的重要参谋，注册会计师已成为维系正常经济秩序、保障各方合法经济利益的重要社会监督力量。

　　注册会计师的执业资格标准是注册会计师这一职业群体与社会大众的一种契约标准，注册会计师考试是体现这一契约标准的重要途径之一，也是注册会计师行业人才建设和公信力建设的重要保证和基石。1991年，财政部注册会计师考试委员会先后发布了《注册会计师全国第一次统一考试、考核办法》《注册会计师考试命题原则》《注册会计师全国第一次统考考试工作规则》，从此初步形成了包括规范考试报名条件、考试科目、考试范围、试题结构等内容的考试基本制度以及考试组织管理制度。同年12月7日至8日，我国举办了第一届注册会计师全国统一考试。自此开始，经过二十多年的发展、改革与完善，注册会计师考试已成为国内声誉最高的职业资格考试之一。

　　近年来，参加我国注册会计师考试的考生人数明显增多，人们对于注会考试的重视程度也越来越高，但是在不断完善考试形式、丰富考试内容、强化考试管理、提升考试质量的过程中，我国注册会计师考试的难度也逐年加大。由于注册会计师考试涵盖的知识量大、知识面广而且更新迅速，又需要合理的应试策略，因此很多人甚至在学习阶段还没结束，就放弃了参加考试的计划。

　　高难度的考试需要高质量的备考辅导书，高顿财经研究院的研发团队在经过实践检验的名师讲义基础上融合最新注会考试更改内容，并增加了考霸笔记、微课点拨和智能测评等内容，将重点放在培养读者的专业知识、基本技能和职业道德要求上，形成了四个维度的一系列备考辅助资料，可谓逻辑清晰、结构新颖、内容翔实。"是金子总会发光的"，希望本系列备考辅导书能在广大注册会计师考生群体中引起共鸣，得到认可，也希望高顿财经研究院能再接再厉，多出精品。

　　在财政部制定的《会计改革与发展"十三五"规划纲要》中，我们可以看到，不久的将来，我国注册会计师行业的业务领域将得到显著拓展，在公共部门注册会计师审计、涉税服务、管理会计咨询、法务会计服务等新型业务领域，注册会计师们将大有作为。从另一个角度讲，我国对高品质注册会计师人才的需求将会更加迫切。希望会计教育界的同仁们一起，通过扎实的研究、踏实的工作和不懈的努力，共同为促进中国注册会计师行业的发展作出贡献！

刘永泽

前 言 Preface

作决定的刹那，我们有梦想，似乎也拥有无穷的勇气和动力。

备考CPA，是深思熟虑，还是一时冲动的决定？是技多不压身的淡定，还是对深刻蜕变的渴求？已然作出决定并付出代价的事，纵然有千万个"纵然"，我们都下定决心一战到底！

在奋战的路上，"放弃"却成了萦绕在我们心头的主旋律。

梦想是作决定时描绘的美好画卷，却遮盖不了路上的残酷。三千多页的教材，动摇着我们前行的决心；数千个怎么也吃不透的疑难问题，蚕食着我们仅存的动力；练习时的不知所措，终于把所有的勇气击退成一个个"无望"。而所有的"无望"最后都可能汇聚成"放弃"这首主旋律。你瞧那决战之地（考场上），过半之众已然凋零……

不言放弃，是前辈们用智慧战胜一个个无望所积聚的真正勇气。

他们化繁为简，于纷杂中厘清脉络，精炼要点；他们攻坚克难，用一行行笔记书写自己战胜疑难的心得；他们训练有方，通过有效的反馈，不断提升自己实战的能力。他们用自己的智慧战胜一个个"无望"，铸就"不言放弃"的真正勇气。

"四维考霸系列"正是将前辈们（名师与考霸）的这些智慧凝结成名师讲义、考霸笔记、微课点拨、智能测评这"四维"精要，帮你开启省时、省力、省心的备考之路，让你也拥有不言放弃的底气。

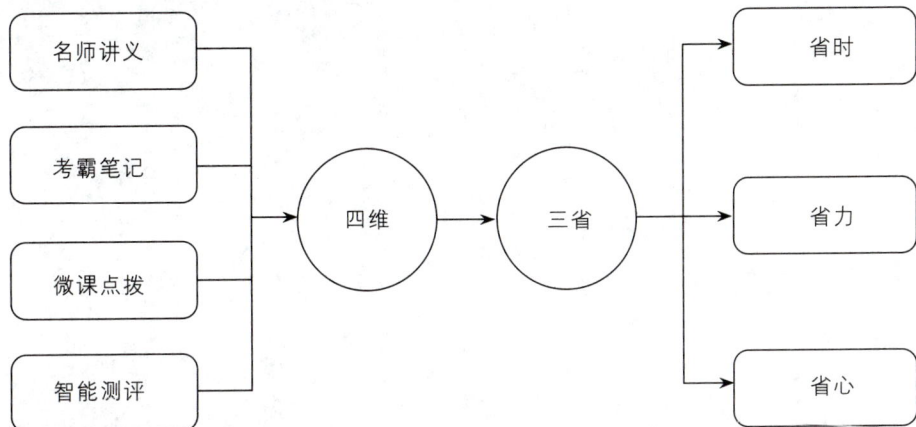

省时的教辅——名师独家精炼讲义，厘清重点！

名师讲义：本套教辅以高顿一线CPA名师10年教学积累的独家讲义为基础文本，涵盖全面、行文简明、结构清晰、内容精炼，可读性强，能帮考生花费更少的时间厘清脉络与重点。

省力的教辅——考霸智慧倾囊助力，攻坚克难！

考霸笔记：我们整理筛选了近百位注会考霸前辈的学习笔记，从最真实的备考视角出发，对考生在学习过程中可能存在的疑难点，通过考霸笔记的形式进行一一注释，使考生无须耗时费力钻研也能在最自然的学习情境中解决困惑。

微课点拨：对于书中知识点，感觉理解上有些难度、存有疑问的地方，考生可以扫描二维码，立即观看短视频微课。这些微课是由高顿一线讲师倾力打造的，3～5分钟精准解决具体问题，让考生无须费力检索就可以轻松获取帮助。全系列图书共两千多堂疑难点微课，让每一堂微课为你精准解决一个问题！

省心的教辅——免费经典应试题库，训练有方！

智能测评：对于书中各部分习题，考生均可扫描二维码，链接到高顿智能测评中心进行在线练习。并可进一步通过测评报告，了解自己的知识掌握情况，从而有针对性地进行复习强化训练。测评题目配有详细的文字解析，重点题目可选择观看视频解析，方便考生熟悉解题思路及答题技巧，使考生能够安心刷题，省心释疑。

我们衷心希望本套教辅能帮助广大考生获取不言放弃的底气，并顺利通过考试。但由于编者的时间和水平有限，在编写过程中难免出现一些疏漏和错误。在此，还望各位读者不吝批评指正，帮助我们不断提高和完善。

编　者

2019年4月

目 录 Contents

第一部分　命题趋势分析与备考建议

一、2019年注册会计师考试基本情况 ……………………………………… （2）

二、2019年教材各章节结构及重要程度分析 ………………………………… （2）

三、2019年官方教材主要变化及分析 ……………………………………… （3）

四、历年考试命题规律总结及2019年命题趋势分析 ………………………… （5）

五、应试备考建议 ……………………………………………………………… （6）

第二部分　应试辅导与强化训练

第一编　审计基本原理

第一章　审计概述 ………………………………………………………… （11）

本章框架图 …………………………………………………………………… （11）

本章考情概述 ………………………………………………………………… （11）

第一节　审计的概念与保证程度 …………………………………………… （12）

第二节　审计要素 …………………………………………………………… （16）

第三节　审计目标 …………………………………………………………… （21）

第四节　审计基本要求 ……………………………………………………… （27）

第五节　审计风险 …………………………………………………………… （30）

第六节　审计过程 …………………………………………………………… （34）

智能测评 ……………………………………………………………………… （35）

本章同步强化训练 …………………………………………………………… （36）

第二章　审计计划 ………………………………………………………… （39）

本章框架图 …………………………………………………………………… （39）

本章考情概述 ………………………………………………………………… （39）

第一节　初步业务活动 ……………………………………………………… （39）

第二节　总体审计策略和具体审计计划 ……………………………………………… (44)

第三节　重要性 …………………………………………………………………………… (48)

智能测评 …………………………………………………………………………………… (57)

本章同步强化训练 ………………………………………………………………………… (57)

第三章　审计证据 ………………………………………………………………………… (60)

本章框架图 ………………………………………………………………………………… (60)

本章考情概述 ……………………………………………………………………………… (60)

第一节　审计证据的性质 ………………………………………………………………… (60)

第二节　审计程序 ………………………………………………………………………… (65)

第三节　函证 ……………………………………………………………………………… (69)

第四节　分析程序 ………………………………………………………………………… (80)

智能测评 …………………………………………………………………………………… (85)

本章同步强化训练 ………………………………………………………………………… (86)

第四章　审计抽样 ………………………………………………………………………… (90)

本章框架图 ………………………………………………………………………………… (90)

本章考情概述 ……………………………………………………………………………… (90)

第一节　审计抽样的相关概念 …………………………………………………………… (90)

第二节　审计抽样在控制测试中的应用 ………………………………………………… (95)

第三节　审计抽样在细节测试中的运用 ………………………………………………… (110)

智能测评 …………………………………………………………………………………… (127)

本章同步强化训练 ………………………………………………………………………… (127)

第五章　信息技术对审计的影响 ………………………………………………………… (130)

本章框架图 ………………………………………………………………………………… (130)

本章考情概述 ……………………………………………………………………………… (130)

第一节　信息技术概述 …………………………………………………………………… (131)

第二节　信息技术对企业财务报告和内部控制的影响 ………………………………… (131)

第三节　信息技术中的一般控制、应用控制以及公司层面信息技术审计 …………… (135)

第四节　信息技术对审计过程的影响 …………………………………………………… (138)

第五节　计算机辅助审计技术和电子表格的运用 ……………………………………… (141)

第六节　数据分析 ………………………………………………………………………… (143)

第七节　不同信息技术环境下的问题 …………………………………………………… (145)

智能测评 …………………………………………………………………………………… (147)

本章同步强化训练 ………………………………………………………………………… (147)

第六章　审计工作底稿 …………………………………………………………………… (149)

本章框架图 ………………………………………………………………………………… (149)

本章考情概述 ……………………………………………………………………………… (149)

第一节　审计工作底稿概述 ……………………………………………………………… (149)

第二节　审计工作底稿的格式、要素和范围 …………………………………………… (151)

第三节　审计工作底稿的归档 …………………………………………………………… (156)

智能测评 ……………………………………………………………………………… （159）

本章同步强化训练 ………………………………………………………………… （159）

第二编 审计测试流程

第七章 风险评估 ……………………………………………………………………… （163）

本章框架图 ………………………………………………………………………… （163）

本章考情概述 ……………………………………………………………………… （163）

第一节 风险识别和评估概述 …………………………………………………… （164）

第二节 风险评估程序、信息来源以及项目组内部讨论 ……………………… （165）

第三节 了解被审计单位及其环境 ……………………………………………… （168）

第四节 了解被审计单位的内部控制 …………………………………………… （174）

第五节 评估重大错报风险 ……………………………………………………… （189）

智能测评 …………………………………………………………………………… （193）

本章同步强化训练 ………………………………………………………………… （193）

第八章 风险应对 ……………………………………………………………………… （198）

本章框架图 ………………………………………………………………………… （198）

本章考情概述 ……………………………………………………………………… （198）

第一节 针对财务报表层次重大错报风险的总体应对措施 …………………… （199）

第二节 针对认定层次重大错报风险的进一步审计程序 ……………………… （201）

第三节 控制测试 ………………………………………………………………… （205）

第四节 实质性程序 ……………………………………………………………… （211）

智能测评 …………………………………………………………………………… （214）

本章同步强化训练 ………………………………………………………………… （214）

第三编 各类交易和账户余额的审计

第九章 销售与收款循环的审计 ……………………………………………………… （221）

本章框架图 ………………………………………………………………………… （221）

本章考情概述 ……………………………………………………………………… （221）

第一节 销售与收款循环的特点 ………………………………………………… （221）

第二节 销售与收款循环的业务活动和相关内部控制 ………………………… （224）

第三节 销售与收款循环的重大错报风险的评估 ……………………………… （229）

第四节 销售与收款循环的内部控制 …………………………………………… （233）

第五节 销售与收款循环的实质性程序 ………………………………………… （239）

智能测评 …………………………………………………………………………… （247）

本章同步强化训练 ………………………………………………………………… （247）

第十章 采购与付款循环的审计 ……………………………………………………… （250）

本章框架图 ………………………………………………………………………… （250）

本章考情概述 ……………………………………………………………………… （250）

第一节 采购与付款循环的特点 ………………………………………………… （250）

第二节　采购与付款循环的主要业务活动和相关内部控制 …………………………………… （252）

第三节　采购与付款循环的重大错报风险 …………………………………………………… （255）

第四节　测试采购与付款循环的内部控制 …………………………………………………… （257）

第五节　采购与付款循环的实质性程序 ……………………………………………………… （262）

智能测评 ………………………………………………………………………………………… （265）

本章同步强化训练 ……………………………………………………………………………… （265）

第十一章　生产与存货循环的审计 …………………………………………………… （267）

本章框架图 ……………………………………………………………………………………… （267）

本章考情概述 …………………………………………………………………………………… （267）

第一节　生产与存货循环的特点 ……………………………………………………………… （267）

第二节　生产与存货循环的业务活动和相关内部控制 ……………………………………… （269）

第三节　生产与存货循环的重大错报风险 …………………………………………………… （272）

第四节　销售与收款循环的内部控制 ………………………………………………………… （274）

第五节　生产与存货循环的实质性程序 ……………………………………………………… （276）

智能测评 ………………………………………………………………………………………… （286）

本章同步强化训练 ……………………………………………………………………………… （287）

第十二章　货币资金的审计 …………………………………………………………………… （290）

本章框架图 ……………………………………………………………………………………… （290）

本章考情概述 …………………………………………………………………………………… （290）

第一节　货币资金审计概述 …………………………………………………………………… （290）

第二节　货币资金的重大错报风险 …………………………………………………………… （295）

第三节　测试货币资金的内部控制 …………………………………………………………… （296）

第四节　货币资金的实质性程序 ……………………………………………………………… （299）

智能测评 ………………………………………………………………………………………… （307）

本章同步强化训练 ……………………………………………………………………………… （308）

第四编　对特殊事项的考虑

第十三章　对舞弊和法律法规的考虑 ……………………………………………………… （312）

本章框架图 ……………………………………………………………………………………… （312）

本章考情概述 …………………………………………………………………………………… （312）

第一节　财务报表审计中与舞弊相关的责任 ………………………………………………… （312）

第二节　财务报表审计中对法律法规的考虑 ………………………………………………… （329）

智能测评 ………………………………………………………………………………………… （334）

本章同步强化训练 ……………………………………………………………………………… （335）

第十四章　审计沟通 …………………………………………………………………………… （339）

本章框架图 ……………………………………………………………………………………… （339）

本章考情概述 …………………………………………………………………………………… （339）

第一节　注册会计师与治理层的沟通 ………………………………………………………… （339）

第二节　前任注册会计师和后任注册会计师的沟通 ………………………………………… （349）

智能测评 ·· （352）

本章同步强化训练 ··· （353）

第十五章 注册会计师利用他人的工作 ··· （356）

本章框架图 ··· （356）

本章考情概述 ·· （356）

第一节 利用内部审计工作 ·· （356）

第二节 利用专家的工作 ·· （361）

智能测评 ·· （365）

本章同步强化训练 ··· （366）

第十六章 对集团财务报表审计的特殊考虑 ·· （369）

本章框架图 ··· （369）

本章考情概述 ·· （369）

第一节 与集团财务报表审计有关的概念 ··· （370）

第二节 集团财务报表审计中的责任设定和注册会计师的目标 ···························· （372）

第三节 集团审计业务的承接与保持 ··· （373）

第四节 了解集团及其环境、集团组成部分及其环境 ······································· （375）

第五节 了解组成部分注册会计师 ·· （377）

第六节 重要性 ·· （378）

第七节 针对评估的风险采取的应对措施 ··· （379）

第八节 合并过程 ··· （382）

第九节 与组成部分注册会计师的沟通 ·· （382）

第十节 评价审计证据的充分性和适当性 ··· （384）

第十一节 与集团管理层和集团治理层的沟通 ··· （384）

智能测评 ·· （385）

本章同步强化训练 ··· （386）

第十七章 其他特殊项目的审计 ·· （389）

本章框架图 ··· （389）

本章考情概述 ·· （389）

第一节 审计会计估计 ··· （390）

第二节 关联方的审计 ··· （397）

第三节 考虑持续经营假设 ·· （403）

第四节 首次接受委托时对期初余额的审计 ·· （409）

智能测评 ·· （413）

本章同步强化训练 ··· （414）

第五编 完成审计工作与出具审计报告

第十八章 完成审计工作 ·· （420）

本章框架图 ··· （420）

本章考情概述 ·· （420）

第一节　完成审计工作概述 …………………………………………………………………（420）

第二节　期后事项 ……………………………………………………………………………（426）

第三节　书面声明 ……………………………………………………………………………（432）

智能测评 ………………………………………………………………………………………（436）

本章同步强化训练 ……………………………………………………………………………（436）

第十九章　审计报告 …………………………………………………………………（440）

本章框架图 ……………………………………………………………………………………（440）

本章考情概述 …………………………………………………………………………………（440）

第一节　审计报告概述 ………………………………………………………………………（441）

第二节　审计意见的形成 ……………………………………………………………………（441）

第三节　审计报告的基本内容 ………………………………………………………………（442）

第四节　在审计报告中沟通关键审计事项 …………………………………………………（446）

第五节　非无保留意见审计报告 ……………………………………………………………（453）

第六节　在审计报告中增加强调事项段和其他事项段 ……………………………………（457）

第七节　比较信息 ……………………………………………………………………………（461）

第八节　注册会计师对其他信息的责任 ……………………………………………………（466）

智能测评 ………………………………………………………………………………………（471）

本章同步强化训练 ……………………………………………………………………………（471）

第六编　企业内部控制审计

第二十章　企业内部控制审计 …………………………………………………………（477）

本章框架图 ……………………………………………………………………………………（477）

本章考情概述 …………………………………………………………………………………（477）

第一节　内部控制审计的概念 ………………………………………………………………（477）

第二节　计划审计工作 ………………………………………………………………………（481）

第三节　自上而下的方法 ……………………………………………………………………（485）

第四节　测试控制的有效性 …………………………………………………………………（491）

第五节　企业层面控制的测试 ………………………………………………………………（498）

第六节　业务流程、应用系统或交易层面的控制的测试 …………………………………（502）

第七节　信息系统控制的测试 ………………………………………………………………（507）

第八节　内部控制缺陷评价 …………………………………………………………………（507）

第九节　出具审计报告 ………………………………………………………………………（510）

智能测评 ………………………………………………………………………………………（517）

本章同步强化训练 ……………………………………………………………………………（517）

第七编　质量控制

第二十一章　会计师事务所业务质量控制 …………………………………………（522）

本章框架图 ……………………………………………………………………………………（522）

本章考情概述 …………………………………………………………………………………（522）

第一节 质量控制制度的目标和对业务质量承担的领导责任 …………… （523）

第二节 相关职业道德要求 ………………………………………………… （524）

第三节 客户关系和具体业务的接受与保持 …………………………… （526）

第四节 人力资源 …………………………………………………………… （529）

第五节 业务执行 …………………………………………………………… （531）

第六节 监控 ………………………………………………………………… （536）

智能测评 …………………………………………………………………… （538）

本章同步强化训练 ………………………………………………………… （539）

第八编 职业道德

第二十二章 职业道德基本原则和概念框架 ……………………………… （543）

本章框架图 ………………………………………………………………… （543）

本章考情概述 ……………………………………………………………… （543）

第一节 职业道德基本原则 ………………………………………………… （544）

第二节 职业道德概念框架 ………………………………………………… （546）

第三节 注册会计师对职业道德概念框架的具体运用 ………………… （548）

智能测评 …………………………………………………………………… （554）

本章同步强化训练 ………………………………………………………… （554）

第二十三章 审计业务对独立性的要求 …………………………………… （457）

本章框架图 ………………………………………………………………… （557）

本章考情概述 ……………………………………………………………… （558）

第一节 基本概念和要求 …………………………………………………… （558）

第二节 经济利益 …………………………………………………………… （562）

第三节 贷款和担保以及商业关系、家庭和私人关系 ………………… （565）

第四节 与审计客户发生人员交流 ………………………………………… （567）

第五节 与审计客户长期存在业务关系 ………………………………… （569）

第六节 为审计客户提供非鉴证服务 …………………………………… （571）

第七节 收费 ………………………………………………………………… （578）

第八节 影响独立性的其他事项 ………………………………………… （579）

智能测评 …………………………………………………………………… （580）

本章同步强化训练 ………………………………………………………… （581）

第三部分 跨章节综合集训

跨章节综合题 ……………………………………………………………… （588）

附录 注册会计师全国统一考试（专业阶段）全真模拟测试卷 ………… （604）

第一部分

命题趋势分析与备考建议

一、2019年注册会计师考试基本情况

（一）注册会计师总体考试情况

注册会计师全国统一考试是国家法定职业资格考试，由中国注册会计师协会（简称中注协）组织实施。1991年起，注册会计师考试制度不断完善，组织管理不断优化，目前考试划分为专业阶段考试和综合阶段考试，形成"6+1"考试科目体系。根据中注协公布的数据，截至2018年底，共有25.37万人通过CPA（注册会计师）考试并取得全科合格证书。2018年专业阶段考试有139.28万人报名（同比增加20.16%），6个科目合计报考科次381.56万（同比增加21.39%），再创造历史新高，平均出考率为35.46%，较2017年增加了1.78%。2018年专业阶段考试6个科目平均合格率为27.93%，比2017年提高了2.66%。

每年都有一百多万的考生报名CPA考试，但是坚持到最后的并不多，由于内容多、学习难，很多考生都以各种各样的理由放弃学习和考试。CPA备考不仅是一场"持久战"，也是一场"攻坚战"，能够坚持到底就是胜利，所以希望各位同学做好规划，保持学习状态，争取早日考过。

（二）本科目考试的情况

CPA（注册会计师）考试《审计》2018年的报考人数是39.59万，通过率31.05%。审计科目是CPA考试专业阶段中难度较大的科目之一。审计的专业术语较多，表达晦涩难懂，历年考题考查全面，简答中又不失灵活，同时对于新增的考点要重点关注。

2019年《审计》考试时间：2019年10月19日8:30～11:00，采用闭卷、计算机化考试方式，及格分数线为60分。《审计》科目学习非常讲究逻辑性，所以思维一定要清晰，审计是一门抓关键词的科目，方法性比较强。

二、2019年教材各章节结构及重要程度分析

根据近几年考题情况，每一章知识难度、重要程度和高频题型分析见附表1-1。

附表1-1 各章考情表

章节名称	近三年平均分值	知识难度	重要程度	高频题型
第一章 审计概述	6	★★★	★★★	选择题
第二章 审计计划	5	★★★	★★★	选择题
第三章 审计证据	5	★★	★★	选择题 简答题 综合题
第四章 审计抽样	7	★★	★★	选择题
第五章 信息技术对审计的影响	1	★	★	选择题
第六章 审计工作底稿	2	★	★★	选择题 简答题
第七章 风险评估	6	★★★	★★★	选择题 综合题
第八章 风险应对	5	★★	★★★	选择题 综合题

章节名称	近三年平均分值	知识难度	重要程度	高频题型
第九章 销售与收款循环的审计	10	★★	★★★	简答题 综合题
第十章 采购与付款循环的审计	4	★★	★★	简答题 综合题
第十一章 生产与存货循环的审计	8	★★	★★★	简答题 综合题
第十二章 货币资金的审计	3	★	★	简答题 综合题
第十三章 对舞弊和法律法规的考虑	4	★★★	★★★	选择题 简答题
第十四章 审计沟通	4	★★	★★	选择题 简答题
第十五章 注册会计师利用他人的工作	3	★★	★★	选择题 简答题
第十六章 对集团财务报表审计的特殊考虑	5	★★	★★★	选择题 简答题 综合题
第十七章 其他特殊项目的审计	9	★★★	★★★	选择题 简答题 综合题
第十八章 完成审计工作	4	★★	★★	选择题 综合题
第十九章 审计报告	6	★★★	★★★	简答题 综合题
第二十章 企业内部控制审计	4	★★★	★★★	选择题
第二十一章 会计师事务所业务质量控制	6	★★	★★★	简答题
第二十二章 职业道德基本原则和概念框架	2	★	★	简答题
第二十三章 审计业务对独立性的要求	6	★★★	★★★	简答题

注：★表示次重要，★★表示重要，★★★表示十分重要

三、2019年官方教材主要变化及分析

总体来说，2019年官方教材变化不大，主要变化的章节集中在第一章、第十五章，具体见附表1-2。

附表1-2 2019年官方教材主要变化及分析

章节名称	主要变化及分析
第一章 审计概述	**增加内容：** 审计要素——财务报表：增加了与"披露"相关的描述； **修改内容：** 认定、具体审计目标重新进行了整合，三类合并为两类； "关于所审计期间各类交易、事项及相关披露的认定（发生；完整性；准确性；截止；分类；列报）""关于期末账户余额及相关披露的认定（存在；权利和义务；完整性；准确性、计价和分摊；分类；列报）"
第二章 审计计划	**新增内容：** 修改了错报的定义
第三章 审计证据	**修改内容：** 第一节"（二）其他信息"改为"（二）其他的信息"； **删除内容：** （1）删除第一节"（二）其他的信息"里"必要审计证据的性质与范围"段； （2）删除第三节"（三）评价审计证据的充分性和适当性时应考虑的因素"
第四章 审计抽样	无实质性变化
第五章 信息技术对审计的影响	无实质性变化
第六章 审计工作底稿	**修改内容：** 第二节，"二、审计工作底稿的要素"里的"（二）2.重大事项及相关职业判断"中的"（4）导致出具非标准审计报告的事项"修改为"（4）导致出具非无保留意见或者带强调事项段"与持续经营相关的重大不确定性"等段落的审计报告的事项"
第七章 风险评估	**新增内容：** 第四节："（八）信息系统与沟通"里增加"披露信息"相关的内容。 **修改内容：** 第二节：参加项目组讨论的人员里"这些专家也应参与讨论"改为"这些专家也可以根据需要参与讨论"
第八章 风险应对	无实质性变化
第九章 销售与收款循环的审计	**修改内容：** （1）按照新审计准则口径进行编写，其中主要变动为"3.检查主营业务收入确认方法是否符合企业审计准则的规定"的内容； （2）对"（三）坏账准备的实质性程序"内容的描述更加精简； （3）相关报表项目描述与新审计准则口径保持一致
第十章 采购与付款循环的审计	无实质性变化
第十一章 生产与存货循环的审计	无实质性变化
第十二章 货币资金的审计	无实质性变化
第十三章 对舞弊和法律法规的考虑	**修改内容：** 修改了"违反法律法规"的定义

章节名称	主要变化及分析
第十四章 审计沟通	无实质性变化
第十五章 注册会计师利用他人工作	**新增内容：** 新增第一节："五、确定是否利用内审人员提供协助"、"六、利用内审人员提供直接协助"以及"七、审计工作底稿"等内容的描述。 **修改内容：** （1）重新编写第一节："三、确定是否利用、在哪些领域利用以及多大程度上利用"； （2）"四、利用内部审计人员的特定工作"
第十六章 对集团财务报表审计的特殊考虑	无实质性变化
第十七章 其他特殊项目的审计	**新增内容：** 第三节：考虑持续经营假设新增"八、与治理层的沟通"
第十八章 完成审计工作	**新增内容：** （1）错报的沟通和更正，新增与适当层级的管理层进行错报沟通的表述； （2）评价未更正错报的影响，新增与治理层进行未更正错报沟通的表述
第十九章 审计报告	无实质性变化
第二十章 企业内部控制审计	**修改内容：** 第八节：第一个教材案例，"重要缺陷"改为"一般缺陷"并增加结论部分对重要缺陷的描述
第二十一章 会计师事务所业务质量控制	无实质性变化
第二十二章 职业道德基本原则和概念框架	无实质性变化
第二十三章 审计业务对独立性的要求	无实质性变化

四、历年考试命题规律总结及2019年命题趋势分析

1.考试题型、题量与分值

近三年（2016-2018）"审计"科目的题型、题量和分值情况见附表1-3，供考生参考。

附表1-3　　　　　　　　　　　　2019年《审计》考试信息表

	题型	说明	题量	分值	考试时间分配建议	
客观题 （分值：45分）	单项选择题	每题1分	25	25	30分钟	70秒/题
	多项选择题	每题2分	10	20	20分钟	120秒/题
主观题 （分值：55分）	简答题	每题6分	6	36	70分钟	10～12分钟/题
	综合题	19分	1	19	30分钟	30分钟/题
	合计		42	100	150分钟	

2.考试命题规律及趋势分析

审计试题的命题主要体现了"注重教材、考查细致、理论与实务相结合"的特点。注重教材

是指审计考核的内容大都来自于教材原文，能够直接从原文当中找到正确的表述。考查细致是指考题基本覆盖了整本书的所有内容，即使是非重点内容，也会考查少量的题目。理论与实务相结合更多的是针对主观题而言，经常将审计理论和审计实务结合命题。

审计的知识点比较细碎，且考题的覆盖面很广泛，所以对于知识点的理解和记忆必不可少。但学习审计不提倡题海战术，而更注重的是对教材原文的理解把握。具体如下：

（1）客观题。

客观题题型包含单项选择题和多项选择题。

客观题大部分题目难度不高，主要来自于教材本身，但个别题目涉及知识点的延伸。

（2）主观题。

主观题题型包括简答题和综合题。

简答题的难度也较适中，主要是分析性和简单实务性的题目，但要求考生在把握好知识点的同时，还要注意答题思路和技巧的运用。

综合题是难度最高的题目，主要是理论与实务的高度结合，或实务性较强的题目；这类题目要求考生对知识具有一定的融会贯通能力和较强的分析判断能力，因此也是考生失分最多的题目。

考生应力争在客观题和简答题中拿到接近及格的分数。

从近年试题情况来看，除个别年份少数不太重要的章节没有直接涉及题目外，大部分章节均有直接命题，而且重要章节所占分数和题目均较多，如函证、监盘、审计报告、质量控制、独立性、审计目标、审计抽样、风险识别、风险评估及应对、销售与收款循环、生产与存循环货等章节经常会以简答题或综合题的形式进行考查。

（3）总体趋势和应对策略（见附表1-4）

附表1-4　　　　　　　　　　　　　　**总体趋势和应对策略**

总体趋势	应对策略
趋势一：覆盖面广，考核全面	出题范围越来越广，这就要求考生对知识点要有更加全面的掌握
趋势二：侧重对基础知识的考查	大部分考题考查的都是基础知识，所以切忌花费大量时间钻研考查频率低、分值少的知识点，全面掌握基础知识即可
趋势三：注重热点，突出重点	在全面考核的同时，做到了重点突出，对于主观题来说尤其如此。例如，"函证""存货监盘""事务所业务质量控制""独立性"等基本上是每年必考的主观题考查重点

五、应试备考建议

1.制订合理的学习计划并严格执行。

"审计"科目的复习要抓住"理解+记忆+做题"三方面，以"理解"和"记忆"为主，以"做题"来检验效果。整体上看，我们建议可以将备考过程分为三个阶段：

第一阶段：基础阶段

建议学习时间：180小时~200小时

基础阶段计划表见附表1-5。

附表1-5

基础阶段计划表

目标	建立知识框架，掌握基础知识，解决"理解"问题，攻克客观题
内容	通读教材，听课辅助理解，按章做题
方法	本阶段应以章为单位，借助网课和真题，整体通读理解教材，步步为营，打好基础 <u>第一步：通读教材</u> 将官方教材细致通读，不放过每一页每一句话，要知道"审计"考试是非常注重对原文的考查的。此时无需区别重点与非重点，也不需刻意记忆，对知识点不能全部清晰理解也没关系，但是需对教材整体知识架构有所了解，对知识点有大致印象，能建立简单的知识点框架，培养审计语感，为后面的主观题打基础 <u>第二步：听课辅助理解</u> 在通读教材的同时，需要通过听课来辅助理解。在老师讲解的基础上，进行自我思考，消化巩固，理解和掌握每一个知识点。此时仍处于基础阶段，故希望同学对于教材所有知识点全面理解，不要厚此薄彼 <u>第三步：整章练习</u> 每学习完一章的知识点之后，即进行整章练习。本阶段应以客观题为主，推荐使用历年真题来集中练习客观题，一方面可以熟悉命题形式，另一方面可以回顾复习知识点，加深理解和掌握，培养灵活运用知识点的能力。 针对错题，一定要用专门的错题本记录下来，并反复练习和思考，直至完全弄懂 综上，通过"三步走"的学习方法完成基础阶段后，应足以应对考试的客观题部分

第二阶段：强化阶段

建议学习时间：60小时~80小时。

强化阶段计划表见附表1-6。

附表1-6

强化阶段计划表

目标	攻破重难点、背诵点，解决"记忆"问题，主观题专项突破
内容	记忆主观题知识点，按章练习主观题
方法	在本阶段，要着重针对可以考查主观题的知识点，在理解的基础上加以记忆。记忆时，抓紧关键字，理清内在逻辑会让记忆更加轻松。对于纯属准则规定（纯记忆）的相关内容，可在较靠近考试的阶段集中记忆 此时，仍然以章节为单位，进行主观题练习，可以使用历年真题帮助同学们培养题感，在做主观题的过程中还需要揣摩解题套路，要在平时练习时不断向官方答案靠拢 考生们也可结合"真题讲解"的网课来辅助这一阶段的学习 强化阶段完成后，应足以应对考试的主观题部分了

第三阶段：冲刺阶段

建议学习时间：40小时~60小时。

冲刺阶段计划表见附表1-7。

附表1-7　　　　　　　　　　　　冲刺阶段计划表

目标	熟悉机考，培养考感，查漏补缺
内容	套卷模拟测试，整体回顾复习
方法	临考前的冲刺阶段，非常重要，需好好把握 在这段时间里，套卷练习必不可少。注意，整卷练习是需要完全模拟考试环境进行的，因此需要闭卷、严格按照考试时间（2.5个小时）进行，最好使用机考环境。试卷完成后必须进行核对反思，查缺补漏。这样才能在最后一点时间内有效提分 除此之外，要以每章的知识框架为脉络，将学习过程中自己总结的重难点知识、高频考点再次整体回顾一遍，并翻开错题本，将相关考点再次巩固温习 冲刺阶段完成后，你就可以从容步入考场，成功已经在向你招手了

2.考试时间合理分配。

"审计"考试题量大，而考试时间只有2.5小时，是非常紧张的。所以在平时的练习中就要注意提高答题效率、熟悉机考模式，在考试中将有限的时间合理分配给各种题型，通关的把握会大大提升。建议考生可以从三方面着手，提高答题速度：

第一，在学习备考过程中要基础扎实，这样考试时才能反应迅速，节省时间。

第二，在平时的练习中，要注意提高答题效率和打字速度，尤其在做主观题时，建议直接在电脑上用Word答题，以模拟机考环境，提高机考答题的熟练度。

第三，在正式考试中，将有限的时间合理分配给各种题型，通关的把握会大大提升。

了解了考试的命题规律和备考方法建议，接下来，就请你严格执行学习计划，一步一个脚印，千万不要轻易放弃，一旦开始并且坚持学习审计，你一定会发现审计的乐趣。

CPA考试是一场马拉松，胜利属于坚持到最后的人！

第二部分

应试辅导与强化训练

第一编　审计基本原理

　　本编介绍审计的基本概念和基础原理，是学习《审计》的基石所在。打好基础，对之后的学习大有帮助，因为审计实务即是对基本原理的具体展开，学习理论的最终目的也是将理论运用于具体实务。

　　本编内容非常重要，考生应在掌握好这部分理论知识的前提下，尽可能将重要的理论知识与实务融会贯通。

第一章
审计概述

第
一
章

本章框架图

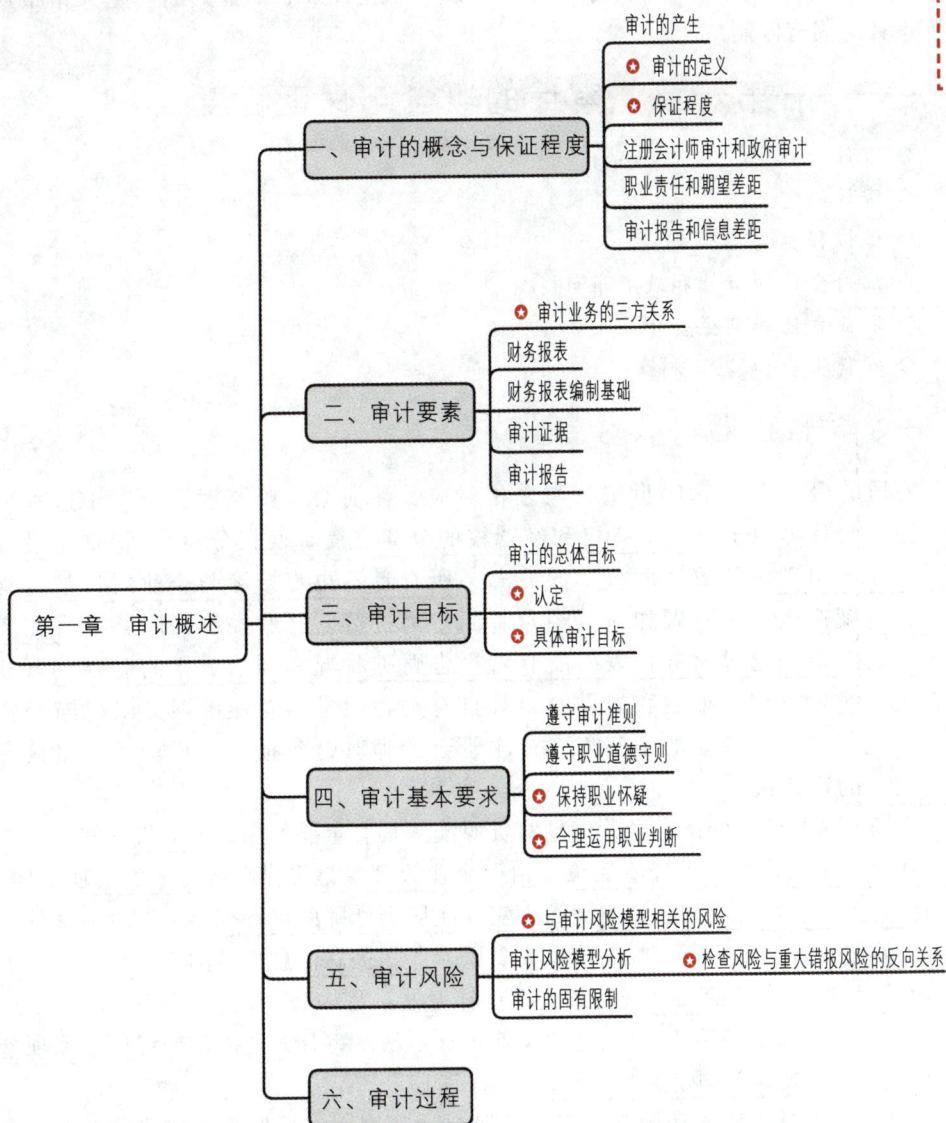

考霸笔记
考试题型：客观题
考试频率：每年都会涉及对基本概念的考核，平均分值3～5分。
备考建议：对常考的基本概念一定要精准掌握。

第一章　审计概述

一、审计的概念与保证程度
　审计的产生
　⭐ 审计的定义
　⭐ 保证程度
　注册会计师审计和政府审计
　职业责任和期望差距
　审计报告和信息差距

二、审计要素
　⭐ 审计业务的三方关系
　财务报表
　财务报表编制基础
　审计证据
　审计报告

三、审计目标
　审计的总体目标
　⭐ 认定
　⭐ 具体审计目标

四、审计基本要求
　遵守审计准则
　遵守职业道德守则
　⭐ 保持职业怀疑
　⭐ 合理运用职业判断

五、审计风险
　⭐ 与审计风险模型相关的风险
　审计风险模型分析　⭐ 检查风险与重大错报风险的反向关系
　审计的固有限制

六、审计过程

本章考情概述

　　本章是注册会计师审计基本理论的重要内容，核心内容就是依据管理层对财务报表的认定确定审计的具体目标。

本章内只介绍认定的理论，适宜考核选择题，但考试侧重于认定的应用，因此会在主观题中涉及，如将识别的风险与认定相结合，进而将认定目标与实质性程序结合，或将具体的内部控制程序与认定挂钩等，通常结合销售、采购、生产等交易考核综合题。所以认定虽非本章的高频考点，但却是全书的核心考点，值得考生关注。

2018年教材在本章第一节中新增"审计报告和信息差距"小点，是结合审计报告准则的调整进行的背景知识阐述，适当关注即可。

近三年主要考点：审计目标、审计要素、职业怀疑、职业判断、重大错报风险、审计的固有限制。

第一节　审计的概念与保证程度

◇ 审计的产生
◇ 审计的定义
◇ 保证程度
◇ 注册会计师审计和政府审计
◇ 职业责任和期望差距
◇ 审计报告和信息差距

一、审计的产生

公司的概念产生于19世纪，与之相对应，注册会计师制度也产生于这一时期。注册会计师源于企业所有权和经营权的分离（简称两权分离），特别是股份有限公司的出现。随着"两权"的分离，所有者不再直接参与企业的日常经营管理，这就产生了所有者如何对经营者的行为进行监督和控制的问题，由此产生了经营者定期通过财务报表向所有者报告财务状况和经营成果的需要。财务报表是由企业管理层编制和提供的，其自身利益通常与企业的财务状况与经营结果挂钩，需要由独立的第三方——注册会计师对财务报表进行审计，出具客观、独立的审计报告。

市场经济是信息经济。会计信息对资源配置具有重要作用，财务报表使用人需要根据财务报表作出各种经济决策。由于企业管理层是提供财务报表的责任主体，编制的财务报表容易受到利益驱动而失实，注册会计师的审计能够①有效地降低财务报表使用人进行决策所面临的信息失真风险，②提高信息决策的有效性，③维护市场经济秩序和保护社会公众利益。在审计发展过程中,注册会计师为了满足委托人的需要,应对审计环境的变化,持续创新审计方法。审计方法的创新经历了账项基础审计、制度基础审计、风险导向审计等几个阶段。

1980年12月，我国开始重新建立注册会计师制度，并取得了较快的发展。通过近40年的发展，注册会计师在以下几个方面发挥了巨大作用：

1.促进了上市公司会计信息质量的提高。国家对上市公司监管所依据的信息，主要来自上市公司的财务报表和注册会计师对此出具的审计报告。

2.维护了市场经济秩序。市场经济是法制经济，市场参与各方必须在市场框架下开展活动。注册会计师通过为投资者提供相关、可靠的信息，在很大程度上防止了市场交易的欺诈行为，增强了交易各方的信心。

3.推动了国有企业的改革。注册会计师通过提供审计等服务，对国有企业改制上市、优化资源配置和促进经济结构调整等起到了推动的作用。

二、审计的定义

财务报表审计是指注册会计师对财务报表是否不存在重大错报提供合理保证，以积极方式提出意见，增强除管理层之外的预期使用者对财务报表信赖的程度。

> 对于财务报表审计的定义，说得更通俗一些就是：股东、投资人、银行、政府部门、社会公众等都需要根据企业的财务报表来了解企业的财务状况、经营成果，进而作出经济决策（如购买股票、进行注资、给予贷款等），从而成为报表的预期使用者。而报表由负责经营的管理层自行编制难免会令预期使用者对报表的合法性、公允性产生疑虑，所以就希望有一个独立、专业、客观、公正的第三方（注册会计师）来对报表的合法性和公允性进行鉴别验证，发表专业意见，以此来增强对报表的信赖程度。这当中，对报表是否按照规定编制并公允反映企业的实际情况发表意见以增强预期使用者对报表的信赖程度，即是审计的定义，也就是审计的目标、作用和注册会计师的责任。

上述定义可以从以下几个方面理解：

1.审计的用户是财务报表的预期使用者，即审计可以用来有效满足财务报表预期使用者的需求。

2.审计的目的是改善财务报表的质量或内涵，增强预期使用者对财务报表的信赖程度，即以合理保证的方式提高财务报表的质量，而不涉及为如何利用信息提供建议。（常考）

3.审计的保证程度是合理保证。合理保证是一种高水平保证，但低于绝对保证。

4.审计的基础是独立性和专业性，通常由具备专业胜任能力和独立性的注册会计师来执行，注册会计师应当独立于被审计单位和预期使用者。

5.审计的最终产品是审计报告。注册会计师针对财务报表是否在所有重大方面按照财务报告编制基础编制并实现公允反映发表审计意见，并以审计报告的形式予以传达。

注册会计师按照审计准则和相关职业道德要求执行审计工作，能够形成这样的意见。

三、保证程度

注册会计师的业务范围图如图1-1所示。

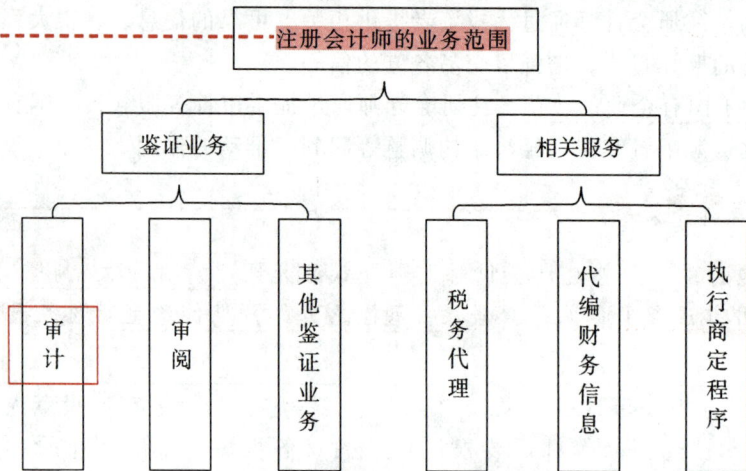

图 1-1　注册会计师的业务范围图

（一）合理保证与有限保证

鉴证业务的保证程度分为合理保证和有限保证。审计属于合理保证程度的鉴证业务，审阅属于有限保证程度的鉴证业务。——合理保证的保证程度需达到95%以上，有限保证的保证程度为60%~70%

（二）两种保证程度的区别（见表1-1）。——常考选择题

表 1-1　　　　　　　　两种保证程度区别表

	合理保证（审计）	有限保证（审阅）
目标	在可接受的低审计风险下，以积极方式对财务报表整体发表审计意见，提供高水平的保证	在可接受的审阅风险下，以消极方式对财务报表整体发表审阅意见，提供有意义水平的保证，保证水平低于审计业务
收集证据程序	证据收集程序包括检查、观察、询问、函证、重新计算、重新执行、分析程序等　详见第五节"审计风险"	证据收集程序受到有意识的限制，主要采用询问和分析程序获取证据　不是不提供保证！
所需证据	详见第三章　较多	较少
检查风险	详见本章第五节较低	较高
报表可信性	较高	较低
提出结论的方式	以积极的方式提出结论。如："我们认为，×××按照××××规定编制，公允反映了××××××"　肯定语气	以消极的方式提出结论。如："我们没有注意到×××没有按照××××××规定编制，未能在所有重大方面公允反映××××××"　双重否定表肯定，但是弱于肯定语气

四、注册会计师审计和政府审计

注册会计师审计是指注册会计师接受客户委托，对客户财务报表进行独立检查并发表意见。政府审计主要是指政府审计机关，例如审计署和地方审计厅局，依法对政府部门的财政收支进行的检查监督。注册会计师审计和政府审计共同发挥作用，是国家维护市场经济秩序，强化经济监督的有力手段，但两者也存在以下几方面的区别。

1.审计目标和对象不同。政府审计是对政府的财政收支或国有金融机构和企事业组织财务收支进行审计，确定其是否真实、合法和具有效益。注册会计师审计是注册会计师依法对财务报表进行审计，确定其是否符合会计准则和相关会计制度，是否公允反映了财务状况、经营成果和现金流量。

2.审计的标准不同。政府审计的标准是《中华人民共和国审计法》和我国审计署制定的《国家审计准则》，注册会计师审计的依据是《中华人民共和国注册会计师法》和我国财政部批准发布的注册会计师审计准则。

3.经费或收入来源不同。政府审计是行政行为，政府审计机关履行职责所必需的经费，列入同级财政预算，由同级人民政府予以保证。注册会计师是市场行为，是有偿服务，由注册会计师和审计客户协商决定，但是注册会计师在发表审计意见时，独立性不能受到干扰。

4.取证权限不同。政府审计和注册会计师审计都需要取得审计证据，各有关单位都有责任配合，但是政府审计具有更强大的强制力，各有关单位和个人应当支持、协助审计机关工作，如实向审计机关反映情况，提供有关证明材料，而注册会计师审计受市场行为的局限，在获取审计证据时，很大程度上有赖于企业和相关单位配合和协助，对企业及相关单位没有行政强制力。

5.对发现问题的处理方式不同。审计机关对违反国家规定的财政收支、财务收支行为可在职权范围内作出审计决定或者向有关主管机关提出处理、处罚意见。注册会计师对审计过程中发现的问题只能提请企业调整有关数据和进行披露，没有行政强制力；如果企业拒绝调整和披露，注册会计师需根据具体情况予以反应，具体表现为出具保留意见或否定意见的审计报告。**记关键字，掌握区别。**

考霸笔记
作为背景知识了解即可，可联系第十三章进行理解。

五、职业责任和期望差距

注册会计师的职业责任是指作为一个职业应尽的义务，在很大程度上反映财务报表使用人的期望。通常而言，财务报表使用人期望注册会计师评价被审计单位管理层的会计确认、计量与披露，判断财务报表是否不存在重大报错（而无论这种错报是否出自故意）。长期以来，注册会计师职业界普遍接受的责任是，通过审计以发现财务报表中存在重大非故意错报；然而，职业界对于通过审计以发现财务报表中存在的重大故意错报的责任并不具有一致的认识或接受程度，许多职业人士认为，要发现精心策划的，尤其是涉及多方串谋的财务报表错报存在很高的难度，甚至在某些情况下是不可能的。社会与职业注册会计师职业界在对职业的责任认识上存在的差距便形成了"期望差距"。当然，期望差距并不仅仅针对注册会计师的执业行为和职业责任，同时还涉及了其他基本问题，例如财务报表的确认、计量与披露原则、商业道德以及公司管理层应尽的社会责任，20世纪七八十年代以来，期望差距在发达国家中愈演愈烈，不断爆发的虚假财务报告与非法行为案件导致社会对注册会计师承担责任以发现并报告舞弊与非法行为的呼声越来越高。以美国为例，注册会计师界越来越关注财务报表审计中对舞弊考虑。1977年，美国注册会计师协会在审计准中首次明确注册会计师审计对舞弊负有责任；此后，于1988年、1997年和2002年先后发布审计准则，要求注册会计师在执业过程中充分关注舞弊风险，合理制订审计计划，实施必要的审计程序，最终为发现财务报表中重大舞弊提供合理保证。通过美国注册会计师职业界态度和观念的转变，我们不难发现，了解期望差距，并尽可能缩小期望差距是注册会计师职业界继续生存并服务于公众的前提和努力方向，也是整个行业积极发展和不断走向成熟的重要标志。

六、审计报告和信息差距

审计报告是注册会计师对财务报表发表审计意见形成的书面报告，同时也是注册会计师与财务报表使用者沟通审计事项的主要手段。审计报告是财务信息生成链条上关键的一环，对增强财务信息的可信性起着至关重要的作用。原来的审计报告模式是短式标准审计报告模式，在格式、要素和内容上，都体现了标准化，其核心内容是审计意见，即注册会计师对财务报表是否具有合法性和公允性发表高浓缩的意见。审计报告的标准化具有格式统一、要素一致、内容简洁、意见明确等优点，但也存在着信息含量低、相关性差等缺陷。这种缺陷导致公众产生"信息差距"，也就是说，财务报表使用者作出明智投资和信托决策需要的信息，与他们从审计报告和已审计财务报表中得到的信息之间存在着较大的差距。这种"信息差距"会影响资本市场的效率和资本的成本。

2008年美国发生的金融危机波及全球，无论是发达国家，还是发展中国家，经济均遭到重创。政府部门、监管机构和利益相关者，除了分析金融危机爆发的直接原因外，也在反思金融危机中审计的不足，探讨如何改革现行审计制度，改进审计报告模式，提高审计报告的信息含量和时效性，以进一步发挥注册会计师在促进经济发展和金融稳定中的作用。2014年，欧盟出台新的审计指令和公众利益实体审计监管要求，规定在对公众利益实体财务报表出具的审计报告中，还应指出最重要的重大错报风险以及注册会计师应对措施等内容。2015年年初，国际审计与鉴证准则理事会（IAASB）发布新制定和修订的审计报告系列准则，改革现行审计报告模式，增加审计报告要素，丰富审计报告内容。特别是引进关键审计事项部分，使得财务报表使用者可以了解与被审计单位和财务报表审计更为相关、决策有用的信息。这些信息可能包括注册会计师评估的重大错报风险较高的领域或识别出的特别风险、涉及管理层判断的重大不确定性事项和重大审计判断、当期重大交易或事项对审计的影响。2016年，我国借鉴国际审计报告改革的最新成果，结合行业实际情况和审计环境，对审计报告相关准则进行修订，对审计报告模式作出改革。改革后的审计报告模式，提高了审计报告的相关性和决策有用性，缩小了"信息差距"。

第二节　审计要素

◇ 审计业务的三方关系
◇ 财务报表（鉴证对象信息）
◇ 财务报表编制基础（标准）
◇ 审计证据
◇ 审计报告

审计五要素可以帮助大家理解什么是审计。

三方关系是对审计性质的基本描述。管理层参照标准编制财务报表（鉴证对象信息），注册会计师参照标准审计财务报表（鉴证对象信息），按照审计准则的要求实施审计程序获得审计证据，在获得充分适当审计证据的基础上出具审计报告，增强了除管理层之外的预期使用者对财务报表信赖的程度。

因此，三方关系、标准、鉴证对象、审计证据、审计报告构成了审计五要素。审计五要素关系图如图1-2所示。

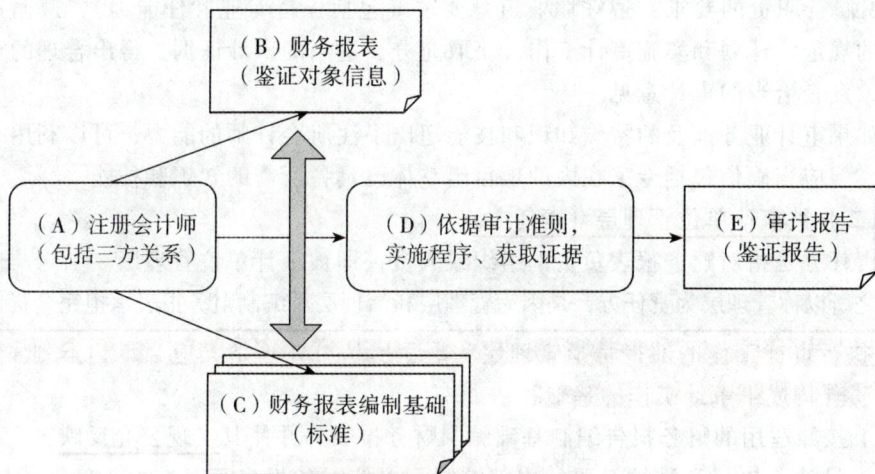

图1-2　审计五要素关系图

考霸笔记：五要素连起来，还是在讲"什么是审计"。

一、审计业务的三方关系

审计的三方关系人：注册会计师（第一方）、被审计单位管理层（责任方）（第二方）、财务报表预期使用者（第三方）。审计业务的三方关系图如图1-3所示。

考霸笔记：选择题高频考点。这也是审计定义里为什么是"除管理层之外的预期使用者"的原因。

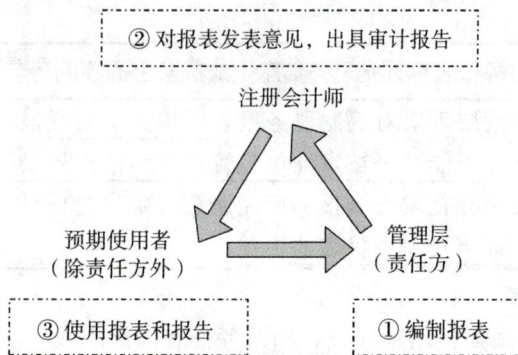

图1-3　审计业务的三方关系图

关系描述：注册会计师对由被审计单位管理层负责的财务报表发表审计意见，以增强除管理层之外的预期使用者对财务报表的信赖程度。

考霸笔记：即对"审计性质"的基本描述。考查频率很高，必须掌握！

注意：

1.管理层和预期使用者可能来自同一企业，但并不意味着两者就是同一方；

2.管理层也可能是预期使用者之一，但不能是唯一的预期使用者。是否存在三方关系是判断某项业务是否属于审计业务或其他鉴证业务的重要标准之一。三方关系是鉴证业务的重要标准之一。

考霸笔记：否则"三方关系"就成了"两方关系"了。没有"三方关系"，要素之一不满足，审计也就不成立了。

（一）注册会计师

注册会计师是指项目合伙人，项目组其他成员或会计师事务所。

1.注册会计师的责任：按照审计准则的规定对财务报表<u>发表审计意见</u>。

2.确认责任的方式：注册会计师通过<u>签署审计报告</u>确认其责任。

3.履行职责的要求：遵守职业道德要求（包括保持专业胜任能力），遵循审计准则的规定，计划和实施审计工作，获取充分、适当的审计证据，得出合理的审计结论，发表恰当的审计意见。

如果审计业务涉及的特殊知识和技能超出了注册会计师的能力，可以利用专家工作，但应当确信包括专家在内的项目组整体已具备所需的知识和技能。

（二）被审计单位管理层（责任方）

责任方是指对财务报表负责的组织或人员，即被审计单位管理层。

之所以称管理层为责任方，是因为管理层和治理层对编制财务报表承担完全责任。

> **考霸笔记**
> "管理层责任"，重要，必背。
> 管理层认可并理解其承担的三项责任，也是审计的前提条件之一。
> （链接第二章第一节）

执行审计工作的前提是指管理层和治理层认可并理解其应当承担下列责任，这些责任构成了审计工作的基础：

1.按照适用的财务报告编制基础编制财务报表，并使其实现公允反映；

2.设计、执行和维护必要的内部控制，以使财务报表不存在<u>由于舞弊或错误导致的重大错报</u>；

3.向注册会计师提供必要的<u>工作条件</u>，包括：

（1）允许注册会计师接触与编制财务报表相关的所有信息（如：记录、文件和其他事项）；

（2）向注册会计师提供审计所需的其他信息（如关联方、违反法规行为等）；

（3）允许注册会计师在获取审计证据时不受限制地接触其认为必要的内部人员和其他相关人员。

> **考霸笔记**
> 注册会计师和管理层各自的责任，需要掌握。

财务报表编制和财务报表审计是财务信息生成链条上的不同环节，两者各司其职：

（1）管理层和治理层理应对编制财务报表<u>承担完全责任</u>。

（2）财务报表审计不能减轻被审计单位管理层和治理层的责任。

（3）如果财务报表存在重大错报，而注册会计师通过审计没有能够发现，<u>也不能减轻管理层和治理层对财务报表的责任</u>。

> **考霸笔记**
> 一定要是"和"，即同时满足才行。

（三）预期使用者

预期使用者是指预期使用审计报告<u>和</u>财务报表的组织或人员，主要是指与<u>财务报表（鉴证对象）</u>有重要和共同利益的主要利益相关者。

例如，<u>在上市公司财务报表审计中，预期使用者主要是指上市公司的股东</u>。再如，企业向银行贷款，银行要求企业提供一份反映财务状况的财务报表，那么，银行就是该审计报告的预期使用者。

如注册会计师无法识别使用审计报告的所有组织和人员，则应根据法律法规的规定或与委托人签订的协议识别预期使用者。

> **考霸笔记**
> 参考审计报告章节

审计报告的收件人应当尽可能地明确为所有的预期使用者，但在实务中往往很难做到这一点。例如，注册会计师为上市公司提供财务报表审计服务，其审计报告的收件人为"××股份有限公司全体股东"，但除了股东之外，公司债权人、证券监管机构等显然也是预期使用者。

二、财务报表（鉴证对象信息）

在财务报表审计中，<u>鉴证对象</u>是<u>历史的财务状况、经营业绩和现金流量</u>，<u>鉴证对象信息即财务报表</u>。

财务报表，是指依据某一财务报告编制基础对被审计单位历史财务信息作出的结构性表述，旨在反映某一时点的经济资源或义务或者某一时期经济资源或义务的变化。

<u>披露</u>包括适用的财务报告编制基础所要求的、明确允许的或通过其他形式允许作出的解释性或描述性信息。披露是财务报表不可分割的组成部分，主要在财务报表附注中反映，也可能在财务报表表内反映，或通过财务报表中的交叉索引予以提及。

财务报表通常是指<u>整套</u>财务报表，有时也指<u>单一</u>财务报表。整套财务报表的构成应当根据适用的财务报告编制基础的规定确定。

管理层和治理层（如适用）在编制财务报表时需要：

1. 根据相关法律法规的规定确定适用的财务报告编制基础；
2. 根据适用的财务报告编制基础编制财务报表；
3. 在财务报表中对适用的财务报告编制基础作出恰当的说明。

三、财务报表编制基础（标准）

（一）鉴证业务的标准

标准是指用于评价或计量鉴证对象的基准，当涉及列报时，还包括列报的基准。

标准是对所要发表意见的鉴证对象进行"度量"的一把"尺子"，责任方和注册会计师可以根据这把"尺子"对鉴证对象进行"度量"。鉴证业务示意图如图1-4所示。

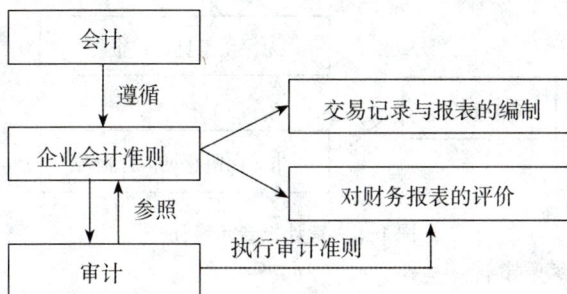

图1-4　鉴证业务示意图

（二）审计业务的标准

在财务报表审计中，<u>财务报告编制基础</u>即是标准。

编制基础分为通用目的编制基础和特殊目的编制基础。

1. <u>通用目的编制基础</u>，是指旨在满足广大财务报表使用者共同的财务信息需求的财务报告编制基础，主要是指会计准则和会计制度。

2. <u>特殊目的编制基础</u>，是指旨在满足财务报表特定使用者对财务信息需求的财

务报告编制基础，包括计税核算基础、监管机构的报告要求和合同的约定等。

四、审计证据

（一）审计证据的含义

1.审计证据，是指注册会计师为了得出审计结论和形成审计意见而使用的必要信息。

2.审计证据在性质上具有累积性，获取的途径有：

（1）主要是在审计过程中通过实施审计程序获取的；

（2）以前审计中获取的信息（前提是注册会计师已确定自上次审计后是否已发生变化，这些变化可能影响这些信息对本期审计的相关性）；

（3）会计师事务所接受与保持客户或业务时实施质量控制程序获取的信息；

（4）会计记录是重要的审计证据来源（必不可少）；

（5）被审计单位雇用或聘请的专家编制的信息也可以作为审计证据。

3.审计证据既包括支持和佐证管理层认定的信息，也包括与这些认定相矛盾的信息。在某些情况下，信息的缺乏（如管理层拒绝提供注册会计师要求的声明）本身也构成审计证据，可以被注册会计师利用。

在形成审计意见的过程中，注册会计师的大部分工作是获取和评价审计证据。

（二）审计证据的特性

审计证据的特性包括充分性和适当性。

在评价证据的充分性和适当性以支持鉴证报告时，注册会计师应当运用职业判断并保持职业怀疑态度。

五、审计报告

注册会计师应当针对财务表（鉴证对象信息）在所有重大方面是否符合适当的财务报表编制基础（标准），以书面报告的形式发表能够提供合理保证程度的意见。审计报告示意图如图1-5所示。

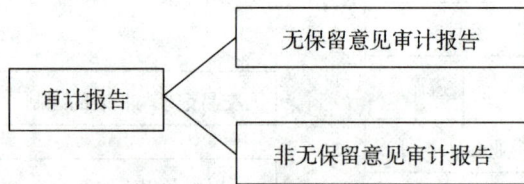

图1-5 审计报告示意图

（一）无保留意见审计报告

如果对财务报表发表无保留意见，除非法律法规另有规定，否则注册会计师应当在审计意见中使用"财务报表在所有重大方面按照（适用的财务报告编制基础（如企业会计准则等））编制，公允反映了…"的措辞。

（二）非无保留意见审计报告

如果存在下列情形之一时，注册会计师应当对财务报表清楚地发表恰当的非无保留意见：（1）根据获取的审计证据，得出财务报表整体存在重大错报的结论；（2）无法获取充分、适当的审计证据，不能得出财务报表整体不存在重大错报的结论。

第三节　审计目标

◇ 审计的总体目标
◇ 认定
◇ 具体审计目标

审计目标包括财务报表总体审计目标以及与各类交易、账户余额和披露相关的具体审计目标两个层次。

审计总体目标——财务报表层次→合法性、公允性

具体审计目标——认定层次→对管理层的认定进行再认定

一、审计的总体目标

（一）总体目标的内容

1.对财务报表整体是否不存在由于舞弊或错误导致的重大错报获取合理保证，使注册会计师能对财务报表是否在所有重大方面按照适用的财务报告编制基础编制发表审计意见；

2.按照审计准则的规定，根据审计结果对财务报表出具审计报告，并与管理层和治理层沟通。

（二）审计准则的结构

审计准则为注册会计师执行审计工作以实现总体目标提供了标准。

每项审计准则通常包括总则、定义、目标、要求（在审计准则中，对注册会计师提出的要求以"应当"来表述）和附则。

1.总则

总则提供了与理解审计准则相关的背景资料，并可能说明下列事项：

（1）审计准则的目的和范围，包括与其他审计准则的关系；

（2）审计准则涉及的审计事项（如存货监盘）；

（3）就审计准则涉及的审计事项，注册会计师和其他人员各自的责任；

（4）审计准则的制定背景。

2.定义

审计准则以"定义"为标题单设一章。提供这些定义有助于保持审计准则应用和理解的一致性。

3.目标

每项审计准则均包含一个或多个目标，这些目标将审计准则的要求与注册会计师的总体目标联系起来。

目标使注册会计师关注每项审计准则预期实现的结果。

目标足够具体，可以帮助注册会计师：

（1）理解所需完成的工作，以及在必要时为完成这些工作使用的恰当手段；

（2）确定在审计业务的具体情况下是否需要完成更多的工作以实现目标。

注册会计师需要考虑运用"目标"决定是否需要实施追加的审计程序。

4.要求

注册会计师恰当执行审计准则的要求，预期会为其实现目标提供充分的基础。

考霸笔记
考试题型：客观题
考试频率：很高
考试套路：1.考核对总体审计目标的理解；2.与认定结合考核具体审计目标。
备考技巧：谈到具体审计目标，必然离不开认定，两者一定要结合起来一起学习。

考霸笔记
与"审计的定义"一脉相承，需记忆！

考霸笔记
总结：总体目标就是发表审计意见、出具审计报告。

考霸笔记
在审计准则中，"应当"="必须"。后续学习中，会经常遇到这些"要求"，并且考试也非常喜欢考这些"要求"。见到"应当"，一定要提高警惕！

考霸笔记
可能考选择题

考霸笔记
可能考选择题

针对某项业务的具体情况，可能存在一些特定事项，需要注册会计师实施审计准则要求之外的审计程序，以达到规定的目标。具体来说，如果认为执行一项准则没有获取充分、适当的审计证据，那么注册会计师可以采取下列一项或多项措施：

（1）评价通过遵守其他审计准则是否已经获取或将会获取进一步的相关审计证据；

（2）在执行一项或多项审计准则的要求时，扩大审计工作的范围；

（3）实施注册会计师根据具体情况认为必要的其他程序。

二、认定

认定（assertion）是指管理层在财务报表中作出的明确或隐含的表达，注册会计师将其用于考虑可能发生的不同类型的潜在错报。

以资产负债表项目存货为例来说明认定的含义：

比如，甲公司20×6年12月31日资产负债表中所列示的期末存货项目（金额）为100万元。根据认定的定义，期末存货100万元有以下四种"明确的表达或隐含的表达"：

明确的表达：

（1）甲公司，20×6年12月31日，资产中所记录的存货100万元是存在的。言外之意，没有虚假。（取名"存在"）

（2）甲公司，20×6年12月31日，资产中所记录的存货以恰当的金额包括在财务报表中，与之相关的计价或分摊调整已恰当记录。言外之意，金额正好是100万元，金额准确。（取名"准确性、计价和分摊"）

同时，管理层也作出下列隐含的认定。

隐含的表达：

（3）甲公司，20×6年12月31日，资产中应当记录的100万元存货均已记录。言外之意，没有漏记，完整。（取名"完整性"）

（4）甲公司，20×6年12月31日，资产中记录的存货100万元均由其拥有。言外之意，存货没有受到留置权限制，没有被抵押或作为担保物，所有权属于甲公司。（取名"权利与业务"）

注册会计师了解认定后，就很容易确定每个项目的具体审计目标，并以此作为评估重大错报风险以及设计和实施进一步审计程序的基础。

总体审计目标是对财务报表是否不存在重大错报获取合理保证，对报表是否按照标准编制并公允反映发表审计意见，出具审计报告。可以看出，总体审计目标很广、很大，有些泛泛而谈，因此在操作层面，注册会计师要将总体审计目标细化为具体审计目标。先细化到对每一张主表和附注的具体项目（营业收入、银行存款、存货等），再细化到每个项目的各个方面（是否真实？是否隐瞒？金额是否正确？）。

认定可以看作归纳出的会计准则对财务信息的具体要求，管理层列示出报表项目应满足这些要求（是真实的，没有隐瞒，金额正确），注册会计师即可针对这些认定设定具体审计目标（是否真实？是否隐瞒？金额是否正确？），实施审计程序以确认是否都满足要求（对认定的再认定）。若都满足则可以说该项目按照准则的要求编制了，各个项目汇总起来就可以说报表整体按照准则的要求编制了（回答了总体目标的问题）；若某一要求不满足，则可以说违反了这一认定，在这一认定上存在重大错报（也回答了总体目标的问题）。所以认定其实是起到一个对财务信息分类、梳理、定性，使审计项目可操作的作用，认定的作用如图1-6所示。

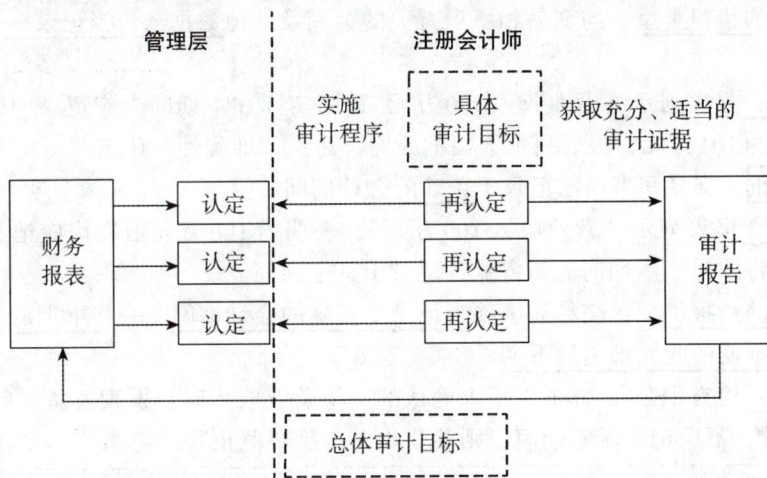

图1-6 认定的作用

管理层认定具体分为两类，即：
关于所审计期间各类交易、事项及相关披露的认定；
关于期末账户余额及相关披露的认定。

（一）关于所审计期间各类交易、事项及相关披露的认定

1.发生：记录的交易或事项已发生，且与被审计单位有关。

例如：报表列示"营业收入100万元"，表明在本期间内真实发生了100万元的销售交易。

潜在的错报类型：记录的交易或事项没发生——高估。

例如：报表列示"营业收入100万元"，而实际在本期间内只发生了90万元销售交易，即报表高估营业收入10万元，违反了"发生"认定。

2.完整性：所有应当记录的交易和事项均已记录，所有应当包括在财务报表中的相关披露均已包括。

例如：报表列示"营业收入100万元"，表明在本期间内发生的所有销售业务为100万元。

潜在的错报类型：所有应当记录的交易和事项并未全部记录——低估。

例如：报表列示"营业收入100万元"，而实际在本期间内共发生120万元销售交易，即报表低估营业收入20万元，违反了"完整性"认定。

考霸笔记

从两个角度理解，为什么是分为两类认定：

审计角度：审计对象是财务状况、经营业绩和现金流量。这样就涉及两张主表：资产负债表和利润表。

会计角度：财务信息最后呈现在报表里，要经过两个主要的环节——业务发生时的记录（发生额）和业务发生后（余额）的记录。

2019年重大变化。影响广泛，一定要掌握！

利润表中的具体认定深度剖析

考霸笔记

（多记、夸大虚构）

考霸笔记

（少记、遗漏隐瞒）

注意：

不能简单地认为"少记""该记的没记"就违反了完整性认定，而要看报表列示与实际相比，是"多记"还是"少记"，是"高估"还是"低估"。

例如，发生销货退回未做账务处理，"少记"一笔退回业务，但对营业收入来说属于"高估"，违背了"发生"认定，而不是"完整性"认定。

3. 准确性：与交易和事项有关的金额及其他数据已恰当记录，相关披露已得到恰当计量和描述。

例如：报表列示"营业收入 100 万元"，表明在本期间内发生的销售业务确切金额合计为 100 万元。

潜在的错报类型：与交易和事项有关的金额及其他数据未恰当记录——金额不正确。

例如：报表列示"营业收入 100 万元"，而实际在本期间内应记录的销售业务总额合计为 101 万元，报表列示金额不准确，违反"准确性"认定。

4. 截止：交易和事项已记录于正确的会计期间。

例如：报表列示"营业收入 100 万元"，表明该 100 万元销售均应记录在本期间，且未将应属于本期间的销售业务记录于其他期间。

潜在的错报类型：交易和事项未记录于正确的会计期间——将下期的收入计入本期或将本期的收入推迟到下期。

例如：检查甲公司 20×6 年年末确认的一笔营业收入时，发现发货时间为 20×7 年 1 月 3 日，不应记录于本期间，则营业收入违反"截止"认定。

注意：截止与发生、完整性的区分

例如，检查甲公司 20×6 年末确认一笔营业收入时，发现发货时间为 20×7 年 1 月 3 日，不应记录于本期间，则营业收入违反"截止"认定。
如该笔销售交易未曾发货，则营业收入违反了"发生"认定。

5. 分类：交易和事项已记录于恰当的账户。

例如：报表列示"营业收入 100 万元"，表明该 100 万元收入均应记录于"营业收入"项目。

潜在的错报类型：交易和事项未记录于恰当的账户——入账的会计科目不正确。

例如，甲公司将营业外收入计入营业收入，将销售费用计入管理费用，都违反分类认定。

6. 列报：交易和事项已被恰当地汇总或分解且表述清楚，相关披露在适用的财务报告编制基础下是相关的、可理解的。

例如：报表列示"营业收入 100 万元"，表明该 100 万元是按利润表的填列要求填列在"营业收入"项目中的，关于收入的披露内容表述清楚。

潜在的错报类型：交易和事项未被恰当地汇总或分解且表述清楚——未按要求填列报表、内容表述不清楚。

例如："营业收入"项目未根据"主营业务收入"账户和"其他业务收入"账户的发生额合计填列，或关于营业收入的披露表述不清楚、不可理解，则违反"列报"认定。

（二）关于期末账户余额及相关披露的认定

1.存在：记录的资产、负债和所有者权益是存在的。

例如：报表列示"应收账款100万元"，表明在资产负债表日真实存在100万元应收账款。

潜在的错报类型：记录的资产、负债和所有者权益不存在——高估。

例如，甲公司虚构一笔销售业务，借记应收账款、贷记主营业务收入各100万元，即报表列示"应收账款100万元"，而实际并不存在这100万元应收账款，则报表中高估应收账款100万元，违反了"存在"认定。

2.完整性：所有应当记录的资产、负债和所有者权益均已记录，所有应当包括在财务报表中的相关披露均已包括。

例如：报表列示"应付账款100万元"，表明在资产负债表日所承担的所有应付债务为100万元。

潜在的错报类型：所有应记录的资产、负债和所有者权益并未全部记录——低估。

例如，报表列示"应付账款100万元"，而CPA发现甲公司有一笔原材料采购50万元未作账务处理，则实际应付账款余额应为150万元，即报表低估应付账款50万元，违反了"完整性"认定。

> **注意：**不能教条地理解"多记"和"少记"，而要看报表列示与实际相比，是多还是少来判断。
>
> 例如，甲公司多记一笔销售，此时营业收入违反发生认定（高估），应收账款违反存在认定（高估），营业成本违反发生认定（高估），而存货违反完整性认定（低估，账上较实际少）。

3.权利和义务：记录的资产由被审计单位拥有或控制，记录的负债是被审计单位应当履行的偿还义务。

例如：报表列示"固定资产100万元"，表明该100万元固定资产的所有权归属于被审计单位。

潜在的错报类型：记录的资产（或负债）不由被审计单位拥有或控制（负有偿还义务）。

例如，甲公司报表列示一项"固定资产100万元"，CPA发现该设备为经营租入的设备，其所有权不属于甲公司，不能作为固定资产列示，则甲公司固定资产项目违反了"权利和义务"认定。

4.准确性、计价和分摊：资产、负债和所有者权益以恰当的金额包括在财务报表中，与之相关的计价或分摊调整已恰当记录，相关披露已得到恰当计量和描述。

例如：报表列示"固定资产100万元"，表明固定资产的账面价值为100万元，且已正确计算折旧、减值准备等。

潜在的错报类型：金额计算错误/摊销、减值处理不当等。

例如，固定资产原值计算有误、未提折旧、年末账面价值高于可收回金额但没有计提减值准备，都会导致固定资产项目违反"准确性、计价和分摊"认定。

5.分类：资产、负债和所有者权益已记录于恰当的账户。

例如：报表列示"应收账款100万元"，表明该100万元资产应被记录于"应收账款"账户。

潜在的错报类型：资产、负债和所有者权益未记录于恰当的账户——入账的科目不正确。

例如：甲公司将长期应收款计入应收账款，将其他应付款计入应付账款等，即违反"分类"认定。

6.列报：资产、负债和所有者权益已被恰当地汇总或分解且表述清楚，相关披露在适用的财务报告编制基础下是相关的、可理解的。

例如：报表列示"货币资金100万元"，表明该100万元是按资产负债表填列要求填列在"货币资金"项目中的，关于货币资金的披露内容表述清楚。

潜在的错报类型：资产、负债和所有者权益未被恰当地汇总或分解且表述清楚——未按要求填列报表、内容表述不清楚。

例如："货币资金"项目未根据"库存现金""银行存款""其他货币资金"三个总账科目余额的合计数填列，或关于货币资金的披露表述不清楚、不可理解，则违反"列报"认定。

三、具体审计目标

（一）关于所审计期间各类交易、事项及相关披露的认定、审计目标和错报（见表1-2）

表1-2　关于所审计期间各类交易、事项及相关披露的认定、审计目标和错报

认定	含义	具体审计目标	错报
发生	记录或披露的交易和事项已发生且与被审计单位有关	确认已记录的交易是真实的	不该记的记了高估、多汇、虚构夸大
完整性	所有应当记录的交易和事项均已记录，所有应当包括在财务报表中的相关披露均已包括	确认已发生的交易确实已经记录	该记的没记，该披露的没披露低估、少记、遗漏隐瞒
准确性	与交易和事项有关的金额及其他数据已恰当记录，相关披露已得到恰当计量和描述	确认已记录的交易是按正确金额反映的	记了该记的，金额记错披露中计量金额错
截止	交易和事项记录于正确的会计期间	确认接近资产负债表日的交易记录于恰当的期间	本期推到下期，下期提到本期
分类	交易和事项记录于恰当的账户	确认记录的交易经过适当分类	记错科目
列报	交易和事项已被恰当地汇总或分解且表述清楚，相关披露在适用的财务报告编制基础下是相关的、可理解的	确认交易和事项已被恰当地汇总或分解且表述清楚，相关披露在适用的财务报告编制基础下是相关的、可理解的	未按要求填列报表/内容表述不清楚

（以下为页面左侧旁注）

2019年新增，重点掌握。

考霸笔记
是注册会计师对管理层"认定"的"再认定"，结合管理层认定学习，关注错报类型。

考霸笔记
"发生"认定是定性问题，解决"要不要入账"的问题。违反"发生"认定，一定是这笔业务无论何时都不能入账。

考霸笔记
定性问题，任何时候都没有入账。

考霸笔记
定量问题

考霸笔记
强调的是"正确的会计期间"（前提：已经解决了"要不要入账"的问题，只是记错了"会计期间"；即，跟"发生""完整性"都没有关系。）

（二）关于期末账户余额及相关披露的认定、审计目标和错报（见表1-3）

表1-3　　　　　　　关于期末账户余额及相关披露的认定、审计目标和错报

认定	含义	具体审计目标	错报
存在	记录的资产、负债和所有者权益是存在的	确认记录的金额真实存在	不该记的记了高估、多记、虚构夸大
完整性	所有应当记录的资产、负债和所有者权益均已记录，所有应当包括在财务报表中的相关披露均已包括	确认已存在的金额均已记录	该记的没记，该披露的没披露低估、少记、遗漏隐瞒
权利和义务	记录的资产由被审计单位拥有或控制，记录的负债是被审计单位应当履行的偿还义务	确认资产归属于被审计单位，负债属于被审计单位的义务	不是你的东西记在你的账上
准确性、计价和分摊	资产、负债和所有者权益以恰当的金额包括在财务报表中，与之相关的计价或分摊调整已恰当记录，相关披露已得到恰当计量和描述	确认资产、负债和所有者权益以恰当的金额包括在财务报表中，与之相关的计价或分摊调整已恰当记录，相关披露已得到恰当计量和描述	账面余额不对，计提的准备不对，披露不公允等
分类	资产、负债和所有者权益已记录于恰当的账户	确认资产、负债和所有者权益已记录于恰当的账户	记错科目
列报	资产、负债和所有者权益已被恰当地汇总或分解且表述清楚，相关披露在适用的财务报告编制基础下是相关的、可理解的	确认资产、负债和所有者权益已被恰当地汇总或分解且表述清楚，相关披露在适用的财务报告编制基础下是相关的、可理解的	未按要求填列报表/内容表述不清楚

考霸笔记
与期末账户余额的"完整性"包括两种情况：
①该入账的没入账（第一类认定只有这一种）；②记错了会计期间（延迟确认）。

通过上面的介绍可知，管理层认定是确定具体审计目标的基础。注册会计师通常将管理层认定转化为能够通过审计程序予以实现的审计目标。针对财务报表每一项目所表现出的各项认定，注册会计师相应地确定一项或多项审计目标，然后通过执行一系列审计程序获取充分、适当的审计证据以实现审计目标。

考霸笔记
结合第三章第二节"审计程序"去理解

第四节　审计基本要求

◇ 遵守审计准则

◇ 遵守职业道德

◇ 保持职业怀疑

◇ 合理运用职业判断

一、遵守审计准则

审计准则是衡量注册会计师执行财务报表审计业务的权威性标准，涵盖从接受业务委托到出具审计报告的整个过程，注册会计师在执业过程中应当遵守审计准则的要求。

二、遵守职业道德

根据职业道德守则，注册会计师应当遵循的基本原则包括：

1. 诚信；

2. 独立性；

3. 客观和公正；

4. 专业胜任能力和应有的关注；

5. 保密；

6. 良好的职业行为。

注册会计师独立于被审计单位，不仅符合公众利益，而且能保护其形成审计意见的能力，使其在发表审计意见时免受不当影响。独立性能够增强注册会计师诚信行事、保持客观和公正以及职业怀疑的能力。

三、保持职业怀疑

（一）职业怀疑的内涵

职业怀疑，是指注册会计师执行审计业务时，采取质疑的思维方式，对可能表明由于舞弊或错误导致错报的情况保持警觉，以及对审计证据进行审慎评价。

职业怀疑应当从下列方面理解：

1. 职业怀疑在本质上要求秉持一种质疑的理念。

在这种理念下，注册会计师应当具有批判和质疑的精神，摒弃"存在即合理"的逻辑思维，寻求事物的真实情况。同时，职业怀疑与客观公正、独立性两项职业道德基本原则密切相关。

2. 职业怀疑要求对引起疑虑的情形保持警觉。这些情形包括但不限于：

（1）相互矛盾的审计证据；

（2）引起对文件记录、对询问的答复的可靠性产生怀疑的信息；

（3）表明可能存在舞弊的情况；

（4）表明需要实施除审计准则规定外的其他审计程序的情形。

3. 职业怀疑要求审慎评价审计证据。

审慎评价审计证据是指质疑相互矛盾的审计证据的可靠性，作出进一步调查，并确定需要修改哪些审计程序或实施哪些追加的审计程序。审计中的困难、时间或成本等事项本身，不能作为省略不可替代的审计程序或满足于说服力不足的审计证据的理由。

4. 职业怀疑要求客观评价管理层和治理层。"不假设管理层是诚信的，也不假设其是不诚信的"。

注册会计师不应依赖以往对管理层和治理层诚信形成的判断。即使认为管理层和治理层是正直、诚实的，也不能降低保持职业怀疑的要求。

（二）职业怀疑的作用

职业怀疑是注册会计师综合技能不可或缺的一部分，是保证审计质量的关键要素，有助于注册会计师恰当运用职业判断，提高审计程序设计及执行的有效性，降低审计风险。在审计过程中，保持职业怀疑的作用包括：

考霸笔记
职业怀疑的作用，经常会考选择题。

1.在识别和评估重大错报风险时，保持职业怀疑有助于注册会计师设计恰当的风险评估程序，有针对性地了解被审计单位及其环境；保持职业怀疑有助于使注册会计师对引起疑虑的情形保持警觉，充分考虑错报发生的可能性和重大程度，有效识别和评估重大错报风险。

2.在设计和实施进一步审计程序时，保持职业怀疑有助于注册会计师针对评估出的重大错报风险，恰当设计进一步审计程序的性质、时间安排和范围，降低选取不适当的审计程序的风险；保持职业怀疑有助于注册会计师对已获取的审计证据表明可能存在未识别的重大错报风险的情形保持警觉，并作出进一步调查。

3.在评价审计证据时，保持职业怀疑有助于注册会计师评价是否已获取充分、适当的审计证据以及是否还需执行更多的工作；保持职业怀疑有助于注册会计师审慎评价审计证据，纠正仅获取最容易获取的审计证据，忽视存在相互矛盾的审计证据的偏向。

4.保持职业怀疑对于注册会计师发现舞弊、防止审计失败至关重要。舞弊可能是精心策划、蓄意实施予以隐瞒的，只有保持充分的职业怀疑，才能对舞弊风险因素保持警觉，进而有效地评估舞弊导致的重大错报风险。

四、合理运用职业判断

（一）职业判断的含义

职业判断是指在审计准则、财务报告编制基础和职业道德要求的框架下，注册会计师综合运用相关知识、技能和经验，作出适合审计业务具体情况、有根据的行动决策。

（二）职业判断的运用

考霸笔记
掌握，常考选择题，尤其第6点。

职业判断不仅贯穿注册会计师执业的始终，而且涉及注册会计师执业中的各类决策。

职业判断对于作出下列决策尤为重要：

1.确定重要性，识别和评估重大错报风险；

2.确定所需实施的审计程序的性质、时间安排和范围；

3.评价是否已获取充分、适当的审计证据以及是否还需要执行更多的工作；

4.评价管理层在运用适用的财务报告编制基础时作出的判断；

5.根据已获取的审计证据得出结论；

6.运用职业道德概念框架识别、评估和应对对职业道德基本原则不利的影响。

（三）职业判断决策过程的步骤

注册会计师职业判断需要在相关法律法规、职业标准的框架下作出，并以具体事实和情况为依据。如果有关决策不被该业务的具体事实和情况所支持或者缺乏充分、适当的审计证据，职业判断并不能成为作出决策的正当理由。职业判断决策过程的步骤分为：

1.确定职业判断的问题和目标；

2.收集和评价相关信息；

3.识别可能采取的解决方案；

4.评价可供选择的方案；

5.得出职业判断结论并作出书面记录。

（四）职业判断的主体

注册会计师是职业判断的主体，职业判断能力是注册会计师胜任能力的核心。

通常，注册会计师具有下列特征可能有助于提高职业判断质量：

1.丰富的知识、经验和良好的专业技能；

2.独立、客观和公正；

3.保持适当的职业怀疑。

（五）对职业判断的评价

衡量职业判断质量可基于下列方面：

1.准确性或意见一致性；

2.决策一贯性和稳定性；

3.可辩护性。

（六）对职业判断的记录

注册会计师需要对职业判断作出适当的书面记录，对下列事项进行书面记录，有利于提高职业判断的可辩护性：

1.对职业判断问题和目标的描述；

2.解决职业判断相关问题的思路；

3.收集到的相关信息；

4.得出的结论以及得出结论的理由；

5.就决策结论与被审计单位进行沟通的方式和时间。

为此，审计准则要求注册会计师编制的审计工作底稿，应当使未曾接触该项审计工作的有经验的专业人士了解在对重大事项得出结论时作出的重大职业判断。

第五节　审计风险

◇ 审计风险

◇ 重大错报风险

◇ 检查风险

◇ 检查风险与重大错报风险的反向关系

◇ 审计的固有限制

一、审计风险

审计风险是一个与审计过程相关的技术术语，并不是指注册会计师执行业务的法律后果

审计风险，是指财务报表存在重大错报而注册会计师发表不恰当审计意见的可能性。

考霸笔记
（熟悉，可能考选择题）

考霸笔记
（通常，理由的充分性、思维的逻辑性和程序的合规性是可辩护性的基础）

考霸笔记
参见第六章"审计工作底稿"。

考霸笔记
本节主要掌握各种风险的定义及对审计风险模型的运用。
考试题型：以客观题为主，主观题会结合认定考查对重大错报风险的识别。
考试频率：每年必考
考试套路：考核审计风险的分类、重大错报风险对应的认定、以及审计风险模型的运用。

注册会计师发表恰当意见的可能性即保证程度。

保证程度+审计风险=100%

审计业务是合理保证的鉴证业务，合理保证是一种高水平的保证程度，为满足要求的保证程度，则对审计风险也有要求。通常针对审计风险设定一个上限，称为可接受的审计风险，可接受的审计风险应当足够低，才能达到高水平保证程度的要求。注册会计师的审计过程就是将审计风险降至可接受的低水平的过程，以使注册会计师能够合理保证所审计财务报表不含有重大错报。

审计风险取决于：

1.报表存在重大错报的可能性——重大错报风险

2.注册会计师没查出来的可能性——检查风险。

二、重大错报风险

重大错报风险是指财务报表在审计前存在重大错报的可能性。

重大错报风险与被审计单位的风险相关，且独立于财务报表审计而存在。注册会计师只能去评估重大错报风险的高低，但不能通过实施审计程序降低重大错报风险的水平。

对重大错报风险的评估是审计流程中的核心环节。

（一）两个层次的重大错报风险

在设计审计程序以确定财务报表整体是否存在重大错报时，注册会计师应当从财务报表层次和各类交易、账户余额和披露认定层次方面考虑重大错报风险：

1.财务报表层次重大错报风险与财务报表整体存在广泛联系，它可能影响多项认定。

此类风险通常与控制环境有关，如管理层缺乏诚信、治理层形同虚设而不能对管理层进行有效监督等；但也可能与其他因素有关，如经济萧条、企业所处行业处于衰退期等。

此类风险难以被界定于某类交易、账户余额、披露的具体认定，相反，此类风险增大了数目不同认定发生重大错报的可能性。

此类风险对注册会计师考虑由舞弊引起的风险特别相关。

2.注册会计师同时考虑各类交易、账户余额和披露认定层次的重大错报风险，考虑的结果直接有助于注册会计师确定认定层次上实施的进一步审计程序的性质、时间安排和范围。

（二）固有风险和控制风险

认定层次的重大错报风险又可以进一步细分为固有风险和控制风险。

1.固有风险是考虑相关的内部控制之前，某类交易、账户余额或披露的某一认定易于发生错报的可能性，无论该错报单独考虑，还是连同其他错报构成重大错报。某些类别的交易、账户余额和披露及其认定，固有风险较高：

（1）某些类别的交易、账户余额和披露及其认定，固有风险较高。例如，复杂的计算比简单的计算更有可能出错；受重大计量不确定性影响的会计估计发生错报的可能性较大。

对于重大错报风险，为什么注册会计师只能评估不能降低？

对重大错报风险的理解

考霸笔记
常考

考霸笔记
此两种风险了解含义即可。

考霸笔记
熟悉举例

（2）产生经营风险的外部因素也可能影响固有风险，比如，技术进步可能导致某项产品陈旧，进而导致存货易于发生高估错报（计价认定）。

（3）被审计单位及其环境中的某些因素还可能与多个甚至所有类别的交易、账户余额和披露有关，进而影响多个认定的固有风险。这些因素包括维持经营的流动资金匮乏、被审计单位处于夕阳行业等。

2.控制风险是指某类交易、账户余额或披露的某一认定发生错报，无论该错报单独考虑，还是连同其他错报构成重大错报，而该错报没有被企业的内部控制及时防止、发现和纠正的可能性。控制风险取决于财务报表编制有关的内部控制的设计和运行的有效性。由于控制的固有局限性，某种程度的控制风险始终存在。

需要特别说明的是，由于固有风险和控制风险不可分割地交织在一起，有时无法单独进行评估，审计准则通常不再单独提到固有风险和控制风险，而只是将两者合并称为"重大错报风险"。

三、检查风险

检查风险是指如果存在某一错报，该错报单独或连同其他错报可能是重大的，注册会计师为将审计风险降至可接受的低水平而实施程序后没有发现这种（重大）错报的风险。

检查风险取决于审计程序设计的合理性和执行的有效性，但检查风险不可能降低为零，原因是：

1.由于注册会计师通常并不对所有的交易、账户余额和披露进行检查；

2.其他原因，包括注册会计师可能选择了不恰当的审计程序、审计过程执行不当，或者错误解读了审计结论。这些因素可以通过适当计划、在项目组成员之间进行恰当的职责分配、保持职业怀疑态度以及监督、指导和复核项目组成员执行的审计工作等得以解决。

四、检查风险与重大错报风险的反向关系

在既定的审计风险水平下，可接受的检查风险水平与认定层次重大错报风险的评估结果呈反向关系。

评估的重大错报风险越高，可接受的检查风险越低；评估的重大错报风险越低，可接受的检查风险越高。以上关系如图1-7所示。

$$审计风险 = 重大错报风险 \times 检查风险$$

确定为可接受的低水平　　　　评估

$$可接受的检查风险 = \frac{审计风险（既定）}{重大错报风险}$$

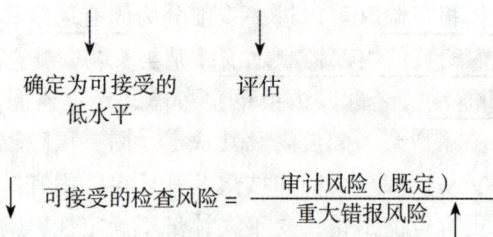

图1-7　检查风险与重大错报风险图

计算出来的检查风险，就是给注册会计师在实施审计程序提出的要求，即要求达到的检查风险，这一检查风险也是一种"可接受的风险"。如果重大错报风险较高，表明会计数据出现错报的可能性较大，则对注册会计师进行审计测试的可靠性要求较高，即要求的检查风险降低至可接受水平，就必须获取较多的证据来将检查风险降低到可接受的程度，从而使审计风险水平降低至可接受的水平。

重大错报风险与检查风险的关系？

> 整个审计风险模型展示了审计的核心流程：注册会计师通过风险评估程序，了解被审计单位及其环境来识别和评估重大错报风险，进而确定进一步审计程序的性质、时间和范围，以应对认定层次的重大错报风险并将检查风险降至可接受的低水平，在获取充分、适当审计证据的基础上，以合理保证（在可接受的审计风险下）水平发表恰当的审计意见。

五、审计的固有限制

注册会计师不可能将审计风险降至零，因此不能对财务报表不存在由于舞弊或错误导致的重大错报获取绝对保证。这是由于审计存在固有限制，导致注册会计师据以得出结论和形成审计意见的大多数审计证据是说服性而非结论性的。

审计的固有限制影响因素见表1-4。

考霸笔记（熟悉表格，可能考选择题）

表1-4　　　　　　　　　　审计的固有限制影响因素表

影响因素	具体内容或举例
财务报告的性质	（1）管理层编制财务报表，需要根据被审计单位的事实和情况运用适用的财务报告编制基础的规定，在这一过程中需要作出判断 （2）许多财务报表项目涉及主观决策、评估或一定程度的不确定性，并且可能存在一系列可接受的解释或判断 （3）某些财务报表项目的金额本身就存在一定的变动幅度，这种变动幅度不能通过实施追加的审计程序来消除，因此审计准则要求注册会计师特别考虑在适用的财务报告编制基础下会计估计是否合理，相关披露是否充分，会计实务的质量是否良好
审计程序的性质	（1）管理层或其他人员可能有意或无意地不提供与财务报表编制相关的或注册会计师要求的全部信息 （2）舞弊可能涉及精心策划和蓄意实施以进行隐瞒，用以收集审计证据的审计程序可能对于发现舞弊是无效的 （3）审计不是对涉嫌违法行为的官方调查。注册会计师没有被授予特定的法律权力（如搜查权），而这种权力对调查是必要的
财务报告的及时性和成本效益的权衡	为在合理时间内以合理成本对财务报表形成审计意见，注册会计师有必要： （1）计划审计工作，以使审计工作以有效的方式得到执行 （2）将审计资源投向最可能存在重大错报风险的领域，并相应地在其他领域减少审计资源 （3）运用测试和其他方法检查总体中存在的错报

如何理解"审计固有限制"里的"财务报告的性质"？

审计的固有限制不能作为注册会计师满足于说服力不足的审计证据的理由。

由于审计存在固有限制，注册会计师完成审计工作后发现由于舞弊或错误导致的财务报表重大错报（即存在没查出来的错报），并不必然表明注册会计师没有按照审计准则的规定执行审计工作。注册会计师是否按照审计准则的规定执行了审计工作，取决于：

（1）在具体情况下实施的审计程序；

（2）获取的审计证据的充分性和适当性；

（3）根据总体目标和对审计证据的评价结果而出具审计报告的恰当性。

第六节 审计过程

◇ 接受业务委托

◇ 计划审计工作

◇ 识别与评估重大错报风险

◇ 应对重大错报风险

◇ 编制审计报告

风险导向审计模型要求注册会计师在审计过程中，以重大错报风险的识别、评估和应对作为工作主线。相应地，审计过程大致可分为以下几个阶段。

一、接受业务委托

在接受新客户的业务前，或决定是否保持现有业务或考虑接受现有客户的新业务时，会计师事务所应当执行有关客户接受与保持的程序，以获取如下信息：

1.考虑客户的诚信，没有信息表明客户缺乏诚信；

2.具有执行业务必要的素质、专业胜任能力、时间和资源；

3.能够遵守相关职业道德要求。

会计师事务所执行客户接受与保持的程序的目的，旨在识别和评估会计师事务所面临的风险。除考虑客户的风险外，还需要考虑自身执行业务的能力，如当工作需要时能否获得合适的具有相应资格的员工；能否获得专业化协助；是否存在任何利益冲突；能否对客户保持独立性等。

一旦决定接受业务委托，注册会计师应当与客户就审计约定条款达成一致意见。对于连续审计，注册会计师应当根据具体情况确定是否需要修改业务约定条款，以及是否需要提醒客户注意现有的业务约定书。

二、计划审计工作

对于任何一项审计业务，在执行具体审计程序之前，注册会计师都必须制订计划，使审计业务以有效的方式得到执行。一般来说，计划审计工作主要包括：

1.在本期审计业务开始时开展的初步业务活动；

2.制定总体审计策略；

3.制订具体审计计划等。

三、识别与评估重大错报风险

考霸笔记 详见第七章"风险评估"及第三、第四编相关实务。

注册会计师必须实施风险评估程序，以此作为评估财务报表层次和认定层次重大错报风险的基础。风险评估程序是必要程序，了解被审计单位及其环境为注册会计师在许多关键环节作出职业判断提供了重要基础。

一般来说，实施风险评估程序的主要工作包括：

1.了解被审计单位及其环境；

2.识别和评估财务报表层次以及各类交易、账户余额和披露认定层次的重大错报风险，包括确定需要特别考虑的重大错报风险（即特别风险）以及仅通过实施实质性程序无法应对的重大错报风险等。

四、应对重大错报风险

考霸笔记 详见第八章"风险应对"及第三、第四编相关实务。

注册会计师在评估财务报表重大错报风险后，应当运用职业判断，针对评估的财务报表层次重大错报风险确定总体应对措施，并针对评估的认定层次重大错报风险设计和实施进一步的审计程序，以将审计风险降至可接受的低水平。

五、编制审计报告

考霸笔记 详见第五编"完成审计工作与出具审计报告"。

注册会计师在完成进一步审计程序后，还应当按照有关审计准则的规定做好审计完成阶段的工作，并根据所获取的审计证据，合理运用职业判断，形成适当的审计意见。

智能测评

在线练习	我要提问
扫码在线做题　　扫码看答案	扫码答疑
本书"本章同步强化训练"均配备二维码，打开微信"扫一扫"即可完成在线测评，查看本章详细的测评反馈报告，了解知识掌握情况，也可扫码直接看答案噢。快来扫码做题吧！	本书配备答疑专用二维码，打开微信"扫一扫"，即可完成在线提问，获取专业老师全面个性化解答，让学习问题不再拖延。快来扫码提问吧！

本章同步强化训练

一、单选题

1. 与有限保证相比较，下列关于合理保证的说法中错误的是（　　　）。

A. 证据收集程序包括检查记录或文件、检查有形资产、观察、询问、函证、重新计算等

B. 所需证据数量较多，可接受的检查风险较高

D. 财务报表的可信性较高

2. 下列各项中，不属于鉴证业务的是（　　　）。

A. 财务报表审计　　　　　　　　　　　B. 财务报表审阅

C. 预测性财务信息审核　　　　　　　　D. 对财务信息执行商定程序

3. 关于审计业务的三方关系人，下列说法中错误的是（　　　）。

A. 三方关系人分别是注册会计师、被审计单位治理层、财务报表预期使用者

B. 注册会计师的审计意见主要是向除管理层之外的预期使用者提供

C. 被审计单位管理层应向注册会计师提供必要的工作条件，包括允许注册会计师接触与编制财务报表相关的所有信息

D. 如果审计业务服务于特定使用者，注册会计师可以很容易地识别预期使用者

4. 下列关于审计要素的说法中，不恰当的是（　　　）。

A. 财务报表审计中，财务报告编制基础即是评价或计量的标准

B. 财务报表审计中，审计对象是财务报表

C. 注册会计师对财务报表提供合理保证是建立在获取充分、适当证据的基础上的

D. 注册会计师应当针对财务报表在所有重大方面是否符合适当的财务报表编制基础，以书面报告的形式发表能够提供合理保证程度的意见

5. 下列关于审计证据的说法中，错误的是（　　　）。

A. 审计证据主要是在审计过程中通过实施审计程序获取的

B. 审计证据不包括会计师事务所接受与保持客户时实施质量控制程序获取的信息

C. 审计证据包括支持和佐证管理层认定的信息，也包括与这些认定相矛盾的信息

D. 在某些情况下，信息的缺乏（如管理层拒绝提供注册会计师要求的声明）本身也构成审计证据

6. 下列关于审计总体目标的说法中，不恰当的是（　　　）。

A. 对财务报表是否在所有重大方面按照适用的财务报告编制基础编制发表审计意见

B. 出具审计报告，并与管理层和治理层沟通

C. 出具审计报告，并与相关行业监管部门沟通

D. 对财务报表整体是否不存在由于舞弊或者错误导致的重大错报获取合理保证

7. 甲公司应收账款在财务报表上以扣除坏账准备后的金额列报，体现的认定是（　　　）。

A. 准确性　　　　　　B. 权利和义务　　　　　C. 准确性和计价　　　　D. 计价和分摊

8. 从发货单和销售发票的编号检查至销售明细账，注册会计师最可能证实的认定是（　　　）。

A. 计价和分摊　　　　B. 完整性　　　　　　　C. 存在　　　　　　　　D. 权利和义务

9. 下列有关职业判断的说法中，错误的是（　　　）。

A. 如果有关决策不被该业务的具体事实和情况所支持，职业判断并不能作为注册会计师作出不恰当决策的理由

B.注册会计师恰当记录与被审计单位就相关决策结论进行沟通的方式和时间，有利于提高职业判断的可辩护性

C.保持职业怀疑有助于注册会计师提高职业判断的质量

D.职业判断涉及与具体会计处理和审计程序相关的决策，但不涉及与遵守职业道德要求相关的决策

10.下列关于审计风险的说法中，正确的是（　　）。

A.检查风险是指财务报表中存在重大错报而注册会计师发表不恰当审计意见的可能性

B.各类交易、账户余额和披露认定层次的重大错报风险通常与控制环境有关

C.控制风险取决于与财务报表编制有关的内部控制的设计和运行的有效性

D.注册会计师获取审计证据的意愿体现了审计的固有限制

11.关于重大错报风险相关的表述中，下列说法中正确的是（　　）。

A.重大错报风险是因为错误设计和实施审计程序而导致的

B.重大错报风险可以通过实施审计程序予以控制

C.重大错报风险是财务报表在审计前存在重大错报的可能性，独立于注册会计师审计而存在

D.重大错报风险是指某类交易、账户余额、披露的某一认定发生错报，该错报单独或连同其他错报是重大的，但没有被内部控制及时防止或发现并纠正的可能性

12.关于检查风险的表述，下列说法中正确的是（　　）。

A.评估的重大错报风险越高，可接受的检查风险越高

B.注册会计师可以通过缩小实质性程序的范围来降低检查风险

C.在既定的审计风险水平下，检查风险与注册会计师所需的审计证据呈同向变动关系

D.注册会计师应当合理设计审计程序的性质，时间安排和范围，并有效执行审计程序，以控制检查风险

13.下列属于审计风险模型的是（　　）。

A.审计风险=重大错报风险×控制风险　　　　B.审计风险=重大错报风险×固有风险

C.审计风险=重大错报风险×检查风险　　　　D.审计风险=控制风险×检查风险

14.下列有关审计业务的说法中，正确的是（　　）。

A.审计业务的最终产品是审计报告和后附财务报表

B.如果不存在除责任方之外的其他预期使用者，则该项业务不属于审计业务

C.审计的目的是改善财务报表质量，因此，审计可以减轻被审计单位管理层对财务报表的责任

D.执行审计业务获取的审计证据大多数是结论性而非说服性的

二、多选题

1.下列关于审计的理解中，正确的有（　　）。

A.审计可以有效满足财务报表预期使用者的需求

B.审计的目的是改善财务报表的质量或内涵

C.独立性是注册会计师行业的精髓

D.审计的基础是专业性

2.关于政府审计，下列说法中正确的有（　　）。

A.政府审计是对政府的财政收支或者国有金融机构和企事业组织财务收支进行审计，确定其是否真实、合法和具有效益

B.政府审计依据《中华人民共和国注册会计师法》和财政部批准发布的注册会计师审计准则

C.政府审计是行政行为，费用由政府审计机关和审计客户协商确定

D.政府审计机关对违反国家规定的财政收支、财务收支行为可在职权范围内作出审计决定

3.下列属于审计业务要素的有（ ）。

A.财务报表 　　　　B.财务报表编制基础 C.审计证据 　　　　D.审计报告

4.关于审计准则中的"目标"的作用，下列说法中，正确的有（ ）。

A."目标"将审计准则中的"要求"与注册会计师的总体目标联系起来

B."目标"能够使注册会计师关注每项审计准则预期实现的结果

C."目标"可以帮助注册会计师理解所需完成的工作，以及在必要时为完成工作使用的恰当手段

D."目标"可以帮助注册会计师确定在审计业务的具体情况下是否应当完成更多的工作以实现目标

5.审计的基本要求有（ ）。

A.遵守审计准则 　　　　B.遵守职业道德守则 C.保持职业怀疑 　　　　D.合理运用职业判断

6.下列关于职业怀疑的说法中，错误的有（ ）。

A.职业怀疑是保证审计质量的关键要素

B.注册会计师是否能够保持职业怀疑在很大程度上取决于其胜任能力

C.职业怀疑与所有职业道德基本原则均密切相关

D.会计师事务所的业绩评价机制会削弱注册会计师对职业怀疑的保持程度

7.关于注册会计师在计划和执行审计工作时保持职业怀疑的作用，下列说法中，正确的有（ ）。

A.降低检查风险 　　　　　　　　B.降低审计成本

C.避免过度依赖管理层提供的书面声明 　　　　D.恰当识别、评估和应对重大错报风险

8.下列关于审计风险的说法中，不恰当的有（ ）。

A.注册会计师应当将重大错报风险与特定的交易、账户余额和披露的认定相联系

B.重大错报风险与被审计单位的风险无关，且独立于财务报表审计而存在

C.可以通过适当的计划逐步消除检查风险

D.在合理的时间内以合理的成本完成审计工作体现了审计的固有限制

9.下列属于审计固有限制的有（ ）。

A.许多财务报表项目涉及主观决策、评估或一定程度的不确定性，并且可能存在一系列可接受的解释或判断

B.审计不是对涉嫌违法行为的官方调查

C.信息的相关性及其价值会随着时间的推移而降低，所以需要在信息的可靠性和成本之间进行权衡

D.由于审计中的困难、时间或成本等事项本身，注册会计师可以省略不可替代的审计程序

10.下列各项认定中，与"交易"、"事项及相关披露"和"期末账户余额及相关披露"均相关的是（ ）。

A.发生 　　　　　　B.完整性 　　　　　　C.分类 　　　　　　D.列报

第二章
审计计划

本章框架图

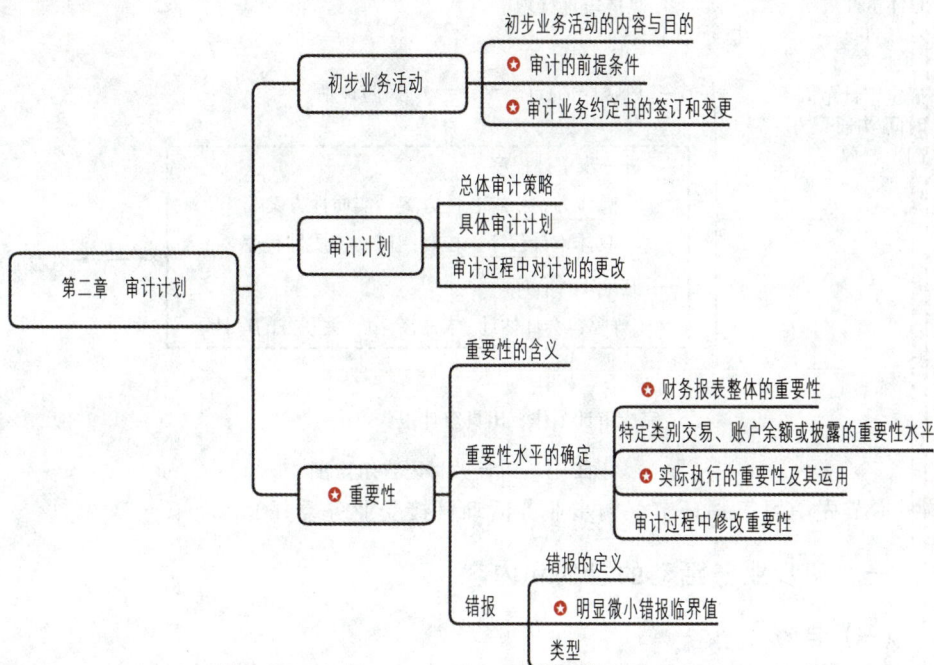

第二章　审计计划
- 初步业务活动
  - 初步业务活动的内容与目的
  - ✪ 审计的前提条件
  - ✪ 审计业务约定书的签订和变更
- 审计计划
  - 总体审计策略
  - 具体审计计划
  - 审计过程中对计划的更改
- ✪ 重要性
  - 重要性的含义
  - 重要性水平的确定
    - ✪ 财务报表整体的重要性
    - 特定类别交易、账户余额或披露的重要性水平
    - ✪ 实际执行的重要性及其运用
    - 审计过程中修改重要性
  - 错报
    - 错报的定义
    - ✪ 明显微小错报临界值
    - 类型

考霸笔记

本章主要介绍签约前后一段时间内的工作。

签约前：初步业务活动

签约后：做计划

本章在考试中可涉及各种题型。本章前两节较少出题，以客观题为主。第三节则是全书的重点节，特别是与重要性相关的知识，可能会以简答题、综合题的题型出现。

本章考情概述

　　本章属于比较重要的内容，通过学习应能够明确计划审计工作的主要内容。

　　学习这部分知识时，不仅需要大量记忆，而且需要与第十六章、第十八章、第十九章联系起来理解。

　　近三年主要考点：重要性和错报、审计业务约定书、审计的前提条件、初步业务活动等。

初步业务活动为什么是接受委托前的工作？

第一节　初步业务活动

◇ 初步业务活动的目的和内容
◇ 审计的前提条件
◇ 审计业务约定书

由第一章第六节"审计过程"得知，审计业务流程包括五大环节：

接受业务委托→计划审计工作（分总体审计策略和具体审计计划）→风险评估（识别、评估重大错报风险）→风险应对（应对重大错报风险）→编制审计报告。

整本审计教材其实都是围绕审计的五个步骤展开的。如图2-1所示。

初步业务活动——签订业务约定书

审计计划

总体审计策略 ←指导→ 具体审计计划

确定审计范围、时间/沟通、方向、资源

风险评估程序 ←→ 风险评估

进一步审计程序
总体方案：综合性方案、实质性方案
具体审计程序：控制测试、实质性程序
其他审计程序
（舞弊、会计估计、期初余额、关联方的审计）

←→ 风险应对

完成审计工作、出具审计报告

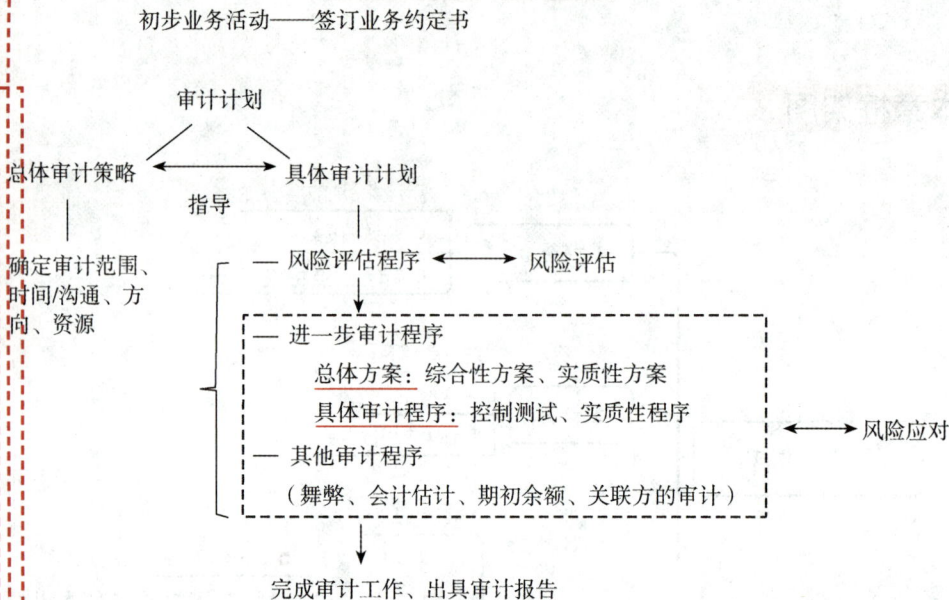

图2-1 审计教材内容示意图

本节先学习第一环节：初步业务活动（接受业务委托）。

一、初步业务活动的目的和内容

（一）目的

1.确保注册会计师具备执行业务所需要的独立性和专业胜任能力；

2.确定不存在因管理层诚信问题而可能影响注册会计师保持该项业务意愿的情况；

3.确保会计师事务所与被审计单位之间不存在对业务约定条款的误解。

（二）内容

1.针对保持客户关系和具体业务实施质量控制程序；

2.评价遵守职业道德要求的情况；

3.就审计业务约定条款达成一致意见。

初步业务活动目的和内容知识表见表2-1。

表2-1 初步业务活动目的和内容知识表

项目	目的	内容
注册会计师	独立和能力	职业道德
被审计单位	诚信	质量控制程序
业务约定书	不误解	达成一致

针对保持客户关系和具体审计业务实施质量控制程序，并且根据实施相应程序的结果作出适当的决策是注册会计师控制审计风险的重要环节。

评价遵守职业道德要求的情况也是一项非常重要的初步业务活动。

虽然保持客户关系及具体审计业务和评价职业道德的工作贯穿审计业务的全过程，但是这两项活动需要安排在其他审计工作之前，以确保注册会计师已具备执行业务所需要的独立性和专业胜任能力，且不存在因管理层诚信问题而影响注册会计师保持该项业务意愿等情况。

在作出接受或保持客户关系及具体审计业务的决策后，在审计业务开始前，注册会计师与被审计单位就审计业务约定条款达成一致意见，签订或修改审计业务约定书。

二、审计的前提条件

根据审计准则的规定，为了确定审计的前提条件是否存在，注册会计师应当：（1）确定管理层在编制财务报表时采用的财务报告编制基础是否是可接受的；（2）就管理层认可并理解其责任与管理层达成一致意见。

（一）确定管理层在编制财务报表时采用的财务报告编制基础是否为可接受的

1.适用的财务报告编制基础的作用。

（1）依据审计准则，适用的财务报告编制基础为注册会计师提供了用以审计财务报表的标准。

（2）如果不存在可接受的财务报告编制基础，管理层就不具有编制财务报表的恰当基础，注册会计师也不具有对财务报表进行审计的适当标准。

2.确定财务报告编制基础的可接受性。

在确定编制财务报表所采用的财务报告编制基础的可接受性时，注册会计师需要考虑下列相关因素：

（1）被审计单位的性质（例如，被审计单位是商业企业、公共部门实体还是非营利组织）；

适用的财务报告编制基础：一般情况下：公众利益实体——企业会计准则；非上市的小企业——小企业会计准则

（2）财务报表的目的（例如，编制财务报表是用于满足广大财务报表使用者共同的财务信息需求，还是用于满足财务报表特定使用者的财务信息需求）；

（3）财务报表的性质（例如，财务报表是整套财务报表还是单一财务报表）；

（4）法律法规是否规定了适用的财务报告编制基础。

（二）就管理层认可并理解其责任与管理层达成一致意见

1.管理层认可并理解其责任的意义。

按照审计准则的规定执行审计工作的前提是管理层已认可并理解其承担的责任。审计准则并不超越法律法规对这些责任的规定。然而，独立审计的理念要求注册会计师不对财务报表的编制或被审计单位的相关内部控制承担责任，并要求注册会计师合理预期能够获取审计所需要的信息（在管理层能够提供货获取的信息范围内）。因此，管理层认可并理解其责任，这一前提对执行独立审计工作是至关重要的。

不仅在首次确定是否承接客户时做初步业务活动，每期审计业务开展前都要进行初步业务活动，以确定是否继续保持客户关系。

2.管理层的责任。

管理层和治理层认可并理解其应当承担的下列责任：

（1）按照适用的财务报告编制基础编制财务报表，并使其实现公允反映；

（2）设计、执行和维护必要的内部控制，以使财务报表不存在由于舞弊或错误导致的重大错报；

（3）向注册会计师提供必要的工作条件，包括允许注册会计师接触与编制财务报表相关的所有信息（如记录、文件和其他事项），向注册会计师提供审计所需的其他信息，允许注册会计师在获取审计证据时不受限制地接触其认为必要的内部人员和其他相关人员。

3.确认形式

确认审计前提条件的形式：要求管理层就其已履行的某些责任提供书面声明，包括针对管理层责任的书面声明、其他审计准则要求的书面声明，以及在必要时需要获取用于支持其他审计证据的书面声明。

如果管理层不认可其责任，或不同意提供书面声明，注册会计师将不能获取充分、适当的审计证据。在这种情况下，除非法律法规另有规定，否则注册会计师承接此类审计业务是不恰当的。如果法律法规要求承接此类审计业务，那么注册会计师可能需要向管理层解释这种情况的重要性及其对审计报告的影响。

三、审计业务约定书

会计师事务所承接任何审计业务，都应与被审计单位签订审计业务约定书。

（一）基本内容

1.财务报表审计的目标与范围；

2.注册会计师的责任；

3.管理层的责任；

4.指出用于编制财务报表所适用的财务报告编制基础（标准）；

5.提及注册会计师拟出具的审计报告的预期形式和内容，以及对在特定情况下出具的审计报告可能不同于预期形式和内容的说明。

（二）对审计业务约定书的特殊考虑

1.考虑特定需要（有必要时应有的内容）

（1）详细说明审计工作的范围，包括提及适用的法律法规、审计准则，以及注册会计师协会发布的职业道德守则和其他公告；

（2）对审计业务结果的其他沟通形式；

（3）说明由于审计和内部控制的固有限制，即使审计工作按照审计准则的规定得到恰当的计划和执行，仍不可避免地存在某些重大错报未被发现的风险；

（4）计划和执行审计工作的安排，包括审计项目组的构成；

（5）管理层确认将提供书面声明；

（6）管理层同意向注册会计师及时提供财务报表草稿和其他所有附带信息，以使注册会计师能够按照预定的时间表完成审计工作；

（7）管理层同意告知注册会计师在审计报告日至财务报表报出日之间注意到的可能影响财务报表的事实；

（8）收费的计算基础和收费安排；

（9）管理层确认收到审计业务约定书并同意其中的条款；

（10）在某些方面对利用其他注册会计师和专家工作的安排；

（11）对审计涉及的内部审计人员和被审计单位其他员工工作的安排；

（12）在首次审计的情况下，与前任注册会计师（如存在）沟通的安排；

（13）说明对注册会计师责任可能存在的限制；

（14）注册会计师与被审计单位之间需要达成进一步协议的事项；

（15）向其他机构或人员提供审计工作底稿的义务。

2.组成部分的审计　　既审母公司又审子公司的情况

如果母公司的注册会计师（集团项目组）同时也是组成部分的注册会计师，则需要考虑下列因素，决定是否向组成部分单独致送审计业务约定书：

（1）组成部分注册会计师的委托人；　　不同委托人，分别签订。

（2）是否对组成部分单独出具审计报告；　　只对集团审定出具报告，无须与子公司签订

（3）与审计委托相关的法律法规的规定；

（4）母公司占组成部分的所有权份额；　　较大，无须签订。

（5）组成部分管理层相对于母公司的独立程度。　　缺乏独立性，无须签约

3.连续审计　可能考选择题

对于连续审计，注册会计师应当根据具体情况评估是否需要对审计业务约定条款作出修改，以及是否需要提醒被审计单位注意现有的条款。各种变动

（1）有迹象表明被审计单位误解审计目标和范围；

（2）需要修改约定条款或增加特别条款；

（3）被审计单位高级管理人员近期发生变动；

（4）被审计单位所有权发生重大变动；

（5）被审计单位业务的性质或规模发生重大变化；

（6）法律法规的规定发生变化；

（7）编制财务报表采用的财务报告编制基础发生变更；

（8）其他报告要求发生变化。

4.审计业务约定条款的变更

在完成审计业务前，如果被审计单位或委托人要求将审计业务变更为保证程度较低的业务，注册会计师应当确定是否存在合理理由予以变更：

（1）合理理由：

①环境变化对审计服务的需求产生影响；

②对原来要求的审计业务的性质存在误解。

（2）不合理理由：无论是管理层施加的还是其他情况引起的审计范围受到限制。

若有合理理由同意变更：

①在同意将审计业务变更为审阅业务或相关服务业务前，注册会计师还应当考虑变更业务对法律责任或业务约定条款的影响。

②在（合理理由）将审计业务变更为审阅或相关服务业务时，为避免引起报告使用者的误解，不应在对相关服务业务出具的报告中提及原审计业务和在原审计业

考霸笔记
"高级管理人员"指总经理、副总经理、财务负责人这三种身份的人员。（不包括销售总监、会计主任等）

考霸笔记
重要！易考选择题。

务中已执行的程序。

③只有将审计业务变更为执行商定程序业务，注册会计师才可在报告中提及已执行的程序。

如果没有合理的理由，注册会计师不应同意变更业务：

如果注册会计师不同意变更审计业务约定条款，而管理层又不允许继续执行原审计业务，注册会计师应当：

①在适用的法律法规允许的情况下，解除审计业务约定；

②确定是否有约定义务或其他义务向治理层、所有者或监管机构等报告该事项。

第二节　总体审计策略和具体审计计划

◇ 总体审计策略
◇ 具体审计计划
◇ 审计过程中对计划的更改
◇ 指导、监督与复核

本节学习审计业务流程的第二环节：计划审计工作。

计划审计工作贯穿于整个审计过程。审计计划分为总体审计策略和具体审计计划两个层次。

注册会计师应当针对总体审计策略中所识别的不同事项，制订具体审计计划，并考虑通过有效利用审计资源以实现审计目标。虽然编制总体审计策略的过程通常在具体审计计划之前，但是两项计划活动并不是孤立、不连续的过程，而是内在紧密联系的，对其中一项的决定可能会影响甚至改变对另外一项的决定。审计计划的两个层次如图2-2所示。

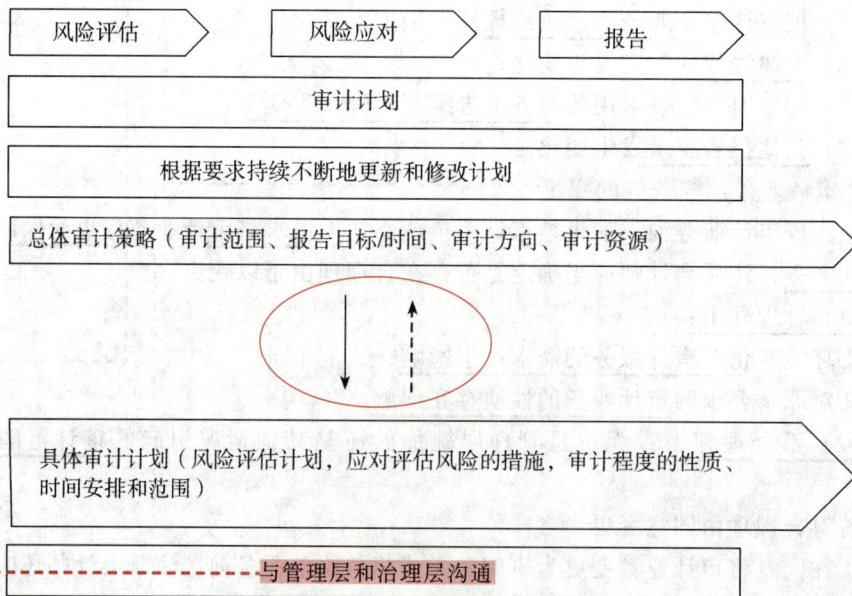

图2-2　审计计划的两个层次

一、总体审计策略

注册会计师制定总体审计策略的目的是用以确定<u>审计范围、时间安排、审计方向和审计资源</u>，并指导具体的审计计划。

（一）确定<u>审计范围</u>需要考虑的事项（<u>了解被审计单位及其环境</u>）

1.财务信息所依据的财务报告编制基础；

2.特定行业的报告要求，如行业监管机构要求提交的报告；

3.预期审计工作涵盖的范围，包括应涵盖的组成部分的数量及所在地点；

4.母公司和组成部分之间存在的控制关系的性质，以确定如何编制合并财务报表；

5.由组成部分注册会计师审计组成部分的范围；

6.拟审计的经营分部的性质，包括是否需要具备专门知识；

7.除为合并目的执行的审计工作之外，对个别财务报表进行法定审计的需求；

8.外币折算，包括外币交易的会计处理、折算和披露；

9.内部审计工作的可获得性及拟信赖内部审计工作的程度；

10.被审计单位使用服务机构的情况，及注册会计师如何取得有关服务机构内部控制设计和运行有效性的证据；

11.对利用在以前审计工作中获取的审计证据的预期；

12.信息技术对审计程序的影响；

13.中期审阅的预期涵盖范围、时间安排及获取的信息；

14.与被审计单位人员的时间协调和相关数据可获得性。

（二）<u>报告目标、时间安排及所需沟通的性质</u>（<u>以时间为核心</u>）

1.被审计单位对外报告的时间表，包括中间阶段和最终阶段；

2.与管理层和治理层举行会谈，讨论审计工作的性质、时间安排和范围；

3.与管理层和治理层讨论注册会计师拟出具的报告的类型和时间安排以及沟通的其他事项，包括审计报告、管理建议书和向治理层通报的其他事项；

4.与管理层讨论预期就整个审计业务中对审计工作的进展进行的沟通；

5.与组成部分注册会计师沟通拟出具的报告的类型和时间安排，以及与组成部分审计相关的其他事项；

6.项目组成员之间沟通的预期的性质和时间安排，包括项目组会议的性质和时间安排，以及复核已执行工作的时间安排；

7.预期是否需要和第三方进行其他沟通，包括与审计相关的法定或约定的报告责任。

（三）确定<u>审计方向</u>需要考虑的事项（<u>与评估重大错报风险联系紧密</u>）

总体审计策略的制定应当包括考虑影响审计业务的重要因素，以确定项目组工作方向，包括确定适当的重要性水平，初步识别可能存在较高的重大错报风险的领域，初步识别重要的组成部分和账户余额，评价是否需要针对内部控制的有效性获取审计证据（控制测试），识别被审计单位、所处行业、财务报告要求及其他相关方面最近发生的重大变化等。

如何区分总体审计策略的时间、范围和具体审计计划的时间、范围？

考霸笔记
四方面要记忆，各小点要熟悉，知道某小点属于哪方面即可。

1.**重要性方面**。具体包括：

（1）确定计划的重要性；

（2）确定组成部分的重要性且与组成部分注册会计师沟通；

（3）重新考虑重要性；

（4）识别重要的组成部分和账户余额。

2.**重大错报风险较高的审计领域**。*以重要性为基础*

3.评估的财务报表层次的重大错报风险对指导、监督及复核的影响。

4.项目组人员的选择和工作分工，包括向**重大错报风险**较高的审计领域分派具备适当经验的人员。

5.项目预算，包括考虑为**重大错报风险可能较高**的审计领域分配适当的工作时间。

6.如何向项目组成员强调在收集和评价审计证据过程中保持职业怀疑的必要性。

7.以往审计中对内部控制运行有效性评价的结果，包括所识别的控制缺陷的性质及应对措施。

8.管理层重视设计和实施健全的内部控制的相关证据，包括这些内部控制得以适当记录的证据。

9.基于交易规模、审计效率确定是否依赖内部控制。

10.对内部控制重要性的重视程度。

11.影响被审计单位经营的**重大发展变化**，包括信息技术、业务流程、关键管理人员变化以及收购、兼并和分立。

12.**重大行业发展情况**，如行业法规变化和新的报告规定。

13.会计准则及会计制度的**变化**。

14.其他重大**变化**，如影响被审计单位的法律环境的变化。

（四）审计资源（人与时间）

1.向具体审计领域调配的资源，包括向高风险领域分派有适当经验的项目组成员，就复杂的问题利用专家工作等；

2.向具体审计领域分配资源的多少，包括分派到重要地点监盘存货的项目组成员的人数，在集团审计中复核组成部分注册会计师工作的范围，向高风险领域分配的审计时间预算等；

3.何时调配这些资源，包括是在期中审计阶段还是在关键的截止日期调配资源等；

4.如何管理、指导、监督这些资源，包括预期何时召开项目组预备会和总结会，预期项目合伙人和经理如何进行复核，是否需要实施项目质量控制复核等。

二、具体审计计划

总体审计策略是具体审计计划的指导，具体审计计划是总体审计策略的延伸。

为获取充分、适当的审计证据，确定审计程序的性质、时间安排和范围的决策是具体审计计划的核心。具体审计计划应当包括风险评估程序、计划实施的进一步审计程序和其他审计程序。

（一）风险评估程序 *详见第七章*

具体审计计划应当包括按照《中国注册会计师审计准则第1211号——通过了解被审计单位及其环境并评估重大错报风险》的规定，为了足够识别和评估财务报表重大错报风险，注册会计师计划实施的风险评估程序的性质、时间和范围。

风险评估程序是注册会计师在每个审计项目中都必须实施的**必要程序**，具体包括询问、分析、观察和检查。

（二）进一步审计程序

考霸笔记
详见第八章

通常，注册会计师计划的进一步审计程序可以分为**总体方案**和**具体审计程序**两个层次。总体方案主要是指注册会计师针对各类交易、账户余额和列报决定采用的总体方案（包括实质性方案和综合性方案），具体程序通常包括控制测试和实质性程序的性质、时间和范围，如图2-3所示。

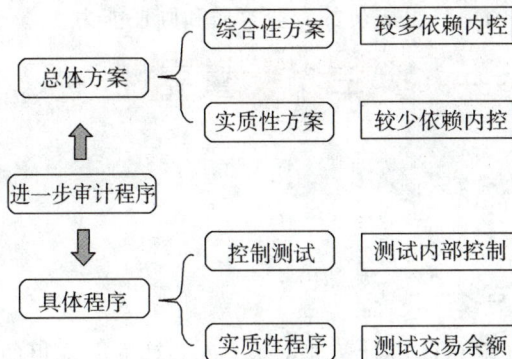

图2-3 进一步审计程序层次图

（三）计划其他审计程序

具体审计计划应当包括根据审计准则的规定，注册会计师针对审计业务需要实施的其他审计程序。计划的其他审计程序可以包括上述进一步程序的计划中没有涵盖的、根据其他审计准则的要求注册会计师应当执行的既定程序。如：

1.针对舞弊的考虑而实施的审计程序；

2.为证实持续经营假设合理性而实施的审计程序；

3.针对法律法规的考虑而实施的审计程序；

4.针对关联方及其交易实施的审计程序；

5.针对环境事项、电子商务等实施的审计程序。

三、审计过程中对计划的更改

计划审计工作并非审计业务的一个孤立阶段，而是一个持续的、不断修正的过程，贯穿于整个审计业务的始终。

由于未预期事项、条件的变化或在实施审计程序中获取的审计证据等原因，注册会计师应当在必要时对总体审计策略和具体审计计划作出更新和修改。

这些更新和修改涉及比较重要的事项。例如，对重要性水平的修改，对某类交易、账户余额和披露的重大错报风险的评估和进一步审计程序（包括总体方案和拟实施的具体审计程序）的更新和修改等。一旦计划被更新和修改，审计工作也就应当进行相应修正。

如对总体审计策略或具体审计计划作出重大修改，则应当在审计工作底稿中记录作出的重大修改及其理由。

总体审计策略的制定一定在具体审计计划之前吗？

考霸笔记
注意！常考查原文。

考霸笔记
注意！常考查原文，结合第六章"审计工作底稿"理解记忆。

四、指导、监督与复核

注册会计师应当制订计划，确定对项目组成员的指导、监督以及对其工作进行复核的性质、时间安排和范围。

对项目组成员指导、监督和复核时应当考虑的因素有：

1.被审计单位的规模和复杂程度；

2.审计领域；

3.评估的重大错报风险；

4.执行审计工作的项目组成员的专业素质和胜任能力。

第三节 重要性

◇ 重要性的含义

◇ 重要性水平的确定

◇ 错报

一、重要性的含义

审计开始时（制定总体审计策略时），必须对重大错报的规模和性质做出判断，确定财务报表层次和认定层次的重要性水平。

（一）重要性的含义的三方面理解

1.如果合理预期错报单独或汇总起来可能影响财务报表使用者的经济决策，则错报是重大的；错报包含漏报，包括财务报表金额的错报和财务报表披露的错报。关键点在于影响报表使用者的经济决策，就是重大的

2.对重要性的判断是根据具体环境作出的，并受错报金额、性质或受两者共同作用的影响；

3.判断某事项对财务报表使用者是否重大，是在考虑财务报表使用者整体共同的财务信息需求的基础上作出的，不考虑错报对个别财务报表使用者可能产生的影响。

（二）在整个审计过程中都要运用重要性

1.在计划阶段，特别是在识别和评估重大错报风险时，将重要性作为潜在错报是否重大的界限，其目的有：

（1）决定风险评估程序的性质、时间安排和范围；

（2）识别和评估重大错报风险；

（3）确定进一步审计程序的性质、时间安排和范围。

2.在执行阶段，通过实施进一步审计程序发现财务信息的重大错报；

3.在完成阶段，将重要性作为评价未更正错报影响程度的参照，以确定审计意见的类型。

> **提示：**
> 重要性代表了审计工作的宽严程度。它要站在报表使用者的立场，选择最能代表被审计单位实力的基准，选择与保证程度相匹配的百分比来确定，通过风险评估来试用，通过风险应对来运用，通过实际执行的重要性来预警，通过审计结论来修正，最终运用于错报的评价和审计意见的确定，以保护财务报表预期使用者的利益。

二、重要性水平的确定

在计划审计工作时，注册会计师应当确定一个合理的重要性水平，以发现在金额上重大的错报。在确定计划的重要性水平时，需要考虑以下主要因素：

（1）对被审计单位及其环境的了解；

（2）审计的目标；

（3）财务报表各项目的性质及其相互关系；

（4）财务报表项目的金额及其波动幅度。

确定重要性水平时，不需考虑与具体项目计量相关的固有不确定性。

根据重要性的含义，如果合理预期错报单独或汇总起来可能影响财务报表使用者的经济决策，则错报是重大的。这个含义明确了错报重大不重大取决于是否影响财务报表使用者的经济决策，但还有下列四个基本问题尚待明确：

1. 如何单独评价一项错报是否重大？

2. 如何判断单独不重大的错报汇总后是否重大？

3. 多大的错报需要汇总？

4. 如何描述各种相关界限之间的关系？

以下进行逐一说明：

1. 如何单独评价一项错报是否重大？

（1）通用界限：财务报表整体的重要性。对财务报表任何项目来说，一项错报的金额达到这个界限，通常就是重要的；

（2）特殊界限：认定层次的重要性。对财务报表特定交易事项、期末账户余额或列报与披露（如存在）来说，一项错报的金额达到这个界限，通常就是重要的。这些特定交易事项、期末账户余额或列报与披露虽非整体性财务指标，但属于报表使用者决策的重要因素（是否存在，取决于被审计单位及其环境）。

上述两个层次的重要性都需要直接根据财务报表使用者的决策是否受到影响来确定，都"直接面对财务报表使用者"。

2. 如何判断单独不重大的错报汇总后是否重大？

界限：实际执行的重要性。这是一个低于财务报表整体重要性的界限。一项错报的金额一旦达到这个界限，就可能与其他错报汇总后达到财务报表整体/认定层次的重要性。

实际执行的重要性取决于重大错报风险高低和错报发生的频率等。重大错报风险越高，错报发生的频率就越高。错报发生的频率较高时，金额相对小的错报也可能汇总成重大错报；频率较低时，即使错报金额相对较大，也难以汇总成重大错报。

实际执行的重要性为注册会计师预期错报汇总后是否重大提供了"技术手段"，但并不直面财务报表使用者。

3. 多大的错报需要汇总？

界限：明显微小错报临界值。

确定这个界限的原则是，如果累积后可能达到实际执行的重要性，那就需要累积，否则就不需要累积，这个界限就是明显微小错报临界值。

这不仅取决于错报的数量、金额，错报风险的高低，还取决于被审计单位与注册会计师沟通错报的期望等因素。

明显微小错报临界值是保证实际执行重要性发挥作用的"技术手段"，两者都不直面财务报表预期使用者。

4.如何描述各种相关界限之间的关系？

错报金额达到明显微小错报临界值时就需要累积，累积错报金额达到实际执行重要性时就需要考虑这些错报连同其他错报是否达到财务报表整体/认定层次的重要性，汇总错报重要时就会影响财务报表预期使用者依据财务报表作出的经济决策。

计划的重要性=重要

实际执行的重要性水平=可能会重要

明显微小错报临界值=明显不重要

<u>各重要性水平应用举例：</u>

A注册会计师在执行对甲公司的审计工作时，确定财务报表整体重要性水平为100万元，并预期"开发支出"项目特别为预期使用者作决策时关注，故确定"开发支出"项目的认定层次重要性水平为50万元。

A注册会计师根据过去执行对甲公司的审计工作的经验，确定财务报表整体实际执行的重要性水平为70万元，"开发支出"项目实际执行的重要性水平为35万元。明显微小错报临界值为5万元。

在审计过程中：

发现一项100万元以上的错报（任何项目）：要求管理层更正，若不更正，则出具非无保留意见。（报表存在重大错报）

———————————————— 100万元 财务报表整体重要性水平

发现一项70万元以上100万元以下的错报（任何项目）：要求管理层更正，若不更正，则考虑对意见的影响。（该错报连同其他未发现、未更正错报可能是重大的）

———————————————— 70万元（报表整体）实际执行的重要性水平

发现一项5万元以上70万元以下的错报（任何项目）：要求管理层更正，若不更正，则先累积着，若累积数达到70万元，则要求管理层再更正一些未更正错报，以使累积数降至实际执行重要性水平之下，否则考虑对意见的影响。（累积错报连同其他未发现错报可能是重大的）

① 50万元 认定层次重要性水平

② 35万元（认定层次）实际执行的重要性水平

———————————————— 5万元 明显微小错报临界值

发现一项5万元以下的错报（任何项目）：若从性质、发生环境看确认为明显微小错报，可不要求更正，也不用累积。

①发现"开发支出"项目有一项50万元以上的错报：要求管理层更正，若不更正，则出具非无保留意见。（报表存在重大错报）

②发现"开发支出"项目有一项35万元以上50万元以下的错报：要求管理层更正，若不更正，则考虑对意见的影响。（该错报连同其他未发现、未更正错报可能是重大的）

注意：认定层次重要性水平及实际执行的重要性水平不是必须设定的，而是"如适用""有必要"才设定的。若设定认定层次重要性水平，则需设定相应的认定层次实际执行的重要性水平。

（一）财务报表整体的重要性

注册会计师应当考虑财务报表整体的重要性以得出财务报表是否公允反映的结论。注册会计师在制定总体审计策略时，应当确定财务报表整体的重要性。

确定重要性需要运用职业判断。注册会计师通常先选择一个恰当的基准，再选用适当的百分比乘以该基准，从而得出财务报表整体的重要性。

1.适当的基准

在选择基准时，需要考虑的因素包括：

（1）财务报表的要素（如资产、负债、所有者权益、收入和费用）；

（2）是否存在特定会计主体的财务报表使用者特别关注的财务报表项目（如为了评价财务业绩，使用者可能更关注利润、收入和净资产）；

（3）被审计单位的性质、所处的生命周期阶段以及所处行业和经济环境（例如，对于以营利为目的的实体，通常以经常性业务的税前利润作为基准）；

（4）被审计单位的所有权结构和融资方式（例如，如果被审计单位仅通过债务而非权益进行融资，那么财务报表使用者可能更关注资产及资产的索偿权，而非被审计单位的收益）；

（5）基准的相对波动性。

被审计单位情况及选择基准表见表2-2。

表2-2　　　　　　　被审计单位情况及选择基准表

被审计单位的情况	可能选择的基准
1.企业的盈利水平保持稳定**成熟期**	经常性业务的税前利润
2.企业近年来经营状况**大幅度波动**：盈利和亏损交替发生，或由正常盈利变为微利或微亏，或本年度税前利润因情况变化而出现意外增加或减少	过去3~5年经常性业务的平均税前利润或亏损（取绝对值），或其他基准，例如营业收入
3.企业为新设企业，处于开办期，尚未开始经营，目前正在建造厂房及购买机器设备**导入期**	总资产
4.企业处于新兴行业，目前侧重于抢占市场份额、扩大知名度和影响力**成长期**	营业收入
5.开放式基金，致力于优化投资组合、提高基金净值、为基金持有人创造投资价值	净资产
6.国际企业集团设立的研发中心，主要为集团下属企业提供研发服务，并以成本加成方式向相关企业收取费用	成本与销售费用总额
7.公益性质的基金会	捐赠收入或捐赠支出总额

考霸笔记
由于被审计的财务报表在审计计划阶段尚未编制完成，对财务报表各项目的金额只是一个大概的估计，据此确定的财务报表整体重要性水平只是"初步"的。

考霸笔记
重要。记忆。可结合《公司战略与风险管理》中的"企业生命周期"一起理解。

在选择基准时为什么不考虑重大错报风险？

考霸笔记
表格很重要！易考选择题。

通常，可能选取经常性业务的税前利润作为基准。但当企业处于微利或微亏状态时，采用这个基准确定重要性可能影响审计效率（过低）和效果（过高），可采用以下方法确定基准：

（1）如果微利或微亏状态是由宏观经济环境的波动或企业自身经营的周期性所导致（循环往复/有起有伏），那么可以考虑采用过去3~5年经常性业务的平均税前利润作为基准；这句话常考选择题

（2）（非循环往复/逐年下滑）采用财务报表使用者关注的其他财务指标作为（替代性）基准，如营业收入、总资产等。但须注意，如果被审计单位的经营规模较上年度没有重大变化，通常使用替代性基准确定的重要性不宜超过上年度的重要性。这句话常考选择题

（3）注册会计师为被审计单位选择的基准在各年度中通常会保持稳定，但是并非必须保持一贯不变。注册会计师可以根据经济形势、行业状况和被审计单位具体情况的变化对采用的基准作出调整。例如：举例内容掌握！

①处在新设立阶段时可能采用总资产作为基准；

②处在成长期时可能采用营业收入作为基准；

③进入经营成熟期后可能采用经常性业务的税前利润作为基准。

2.百分比的确定

为选定的基准确定百分比需要运用职业判断。百分比与选定的基准之间存在一定的联系，如经常性业务的税前利润对应的百分比通常比营业收入对应的百分比要高（基准规模越大，百分比越小）。例如：

（1）如经常性业务的税前利润对应的百分比通常比营业收入对应的百分比要高；基准规模

（2）对以营利为目的的制造行业实体，经常性业务的税前利润的5%是适当的；行业惯例

（3）对非营利组织，总收入或费用总额的1%是适当的；行业惯例

（4）上市公司或公众利益实体适用的百分比比其他公司要低。公司性质

在确定百分比时，除了考虑被审计单位是否为上市公司或公众利益实体（公司性质）外，还需考虑：

（1）财务报表使用者的范围；

（2）被审计单位是否由集团内部关联方提供融资或是否有大额对外融资（如债券或银行贷款）；

（3）财务报表使用者是否对基准数据特别敏感。

为什么在制定整体重要性时不需要考虑评估的重大错报风险？

> **思考：**
>
> 重要性水平的高低意味着什么？
> 重要性水平越低，评估的重大错报风险可能越高；
> 重要性水平越低，所需获取的审计证据就越多；
> 重要性水平越低，保证水平（增强信赖程度）越高。

3.后续修改

在整个业务过程中，随着审计工作的进展，注册会计师应当根据所获得的新信

"重要性水平"并不是我们日常理解的"重要与否"。
这里的"重要性水平"是一个准绳；重大错报风险越高，这根准绳越严，要求的证据越多，保证程度越高

息更新重要性。

下列原因可能需要在审计过程中修改整体的重要性水平：

（1）审计过程中情况发生重大变化（如处置重要的组成部分）；

（2）获取新信息（如完成阶段汇总错报，修正基准）；

（3）通过实施进一步的审计程序，对被审计单位及其经营的了解发生变化。

如修改后的重要性水平低于修改前的水平，注册会计师需要考虑此前已进行的工作是否恰当，包括评估的重大错报风险和确定的重点审计领域是否需要修改，已实施的审计程序是否需要补充以及已获取的审计证据是否充分、适当。

（二）特定类别交易、账户余额或披露的重要性水平（认定层次重要性水平）

特定类别的交易、账户余额或披露（简称认定）发生错报时，虽然错报金额低于财务报表整体的重要性，但如能合理预期该错报可能影响报表使用者作出的经济决策（报表使用者可能根据这些认定作出决策），应确定该认定的重要性水平。

认定层次的重要性应低于财务报表整体的重要性水平。

确定认定层次重要性水平需要考虑以下三项因素：

1.法律法规或适用的财务报告编制基础是否影响财务报表使用者对特定项目（如关联方交易、管理层和治理层的薪酬）计量或披露的预期；

2.与被审计单位所处行业相关的关键性披露（如制药企业的研究与开发成本）；

3.财务报表使用者是否特别关注财务报表中单独披露的业务的特定方面（如新收购的业务）。

> 根据重要性的概念，如果合理预期错报汇总起来可能影响财务报表使用者的经济决策，则错报是重大的。频繁发生的错报，即使单独来看金额低于整体重要性，汇总后也可能成为重大错报，注册会计师必须加以考虑。这便产生了两个问题：
>
> 1.错报金额累积达到多大时可能是重要的？
>
> 2.多大金额的错报需要累积？
>
> 注册会计师通过实际执行的重要性解决第一个问题，通过明显微小错报临界值解决第二个问题。

（三）实际执行的重要性

实际执行的重要性，是指注册会计师确定的低于财务报表整体的重要性的一个或多个金额，旨在将未更正和未发现错报的汇总数超过财务报表整体的重要性的可能性降至适当的低水平。

如果适用，实际执行的重要性还指注册会计师确定的低于特定类别的交易、账户余额或披露的重要性水平的一个或多个金额。

计划与实际执行的重要性关系图如图2-4所示。

考霸笔记

随着审计工作的开展，对被审计单位的了解越来越深入，最初制定的重要性水平可能会修改。

特定类别交易、账户余额或披露的重要性必须要制定吗？

考霸笔记

并非每次审计都需设定。

考霸笔记

局部低于整体。

考霸笔记

关注！可能考选择题。

考霸笔记

必须有

如何理解实际执行的重要性？

考霸笔记

在设定了认定层次重要性水平的情况下才需要。

计划的重要性

实际执行的重要性

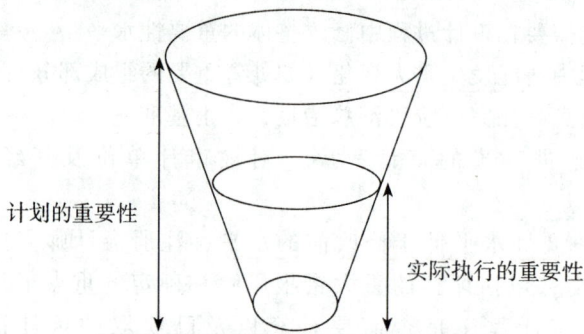

图2-4　计划与实际执行的重要性关系图

1.实际执行重要性的确定

确定实际执行的重要性并非简单机械的计算，需要注册会计师运用职业判断，并考虑下列因素的影响：

（1）对被审计单位的了解（这些了解在实施风险评估程序的过程中得到更新）；

（2）前期审计工作中识别出的错报的性质和范围；

（3）根据前期识别出的错报对本期错报作出的预期。

注意：确定财务报表整体的重要性时，不需要考虑上述（2）和（3）！

原因：财务报表整体的重要性是站在预期使用者角度确定的，即以本期这张报表来说会不会影响预期使用者的决策来确定，所以不需考虑以前。而实际执行的重要性水平是CPA的"技术手段"，要参考过去该被审计单位发生错报的频率（即风险大小）来确定，所以要考虑以前。

一般而言，实际执行的重要性通常为财务报表整体重要性的50%～75%：

（1）接近50%的情况（风险高要多查）：

①首次接受委托的审计项目；

②连续审计项目，以前年度审计调整较多；

③项目总体风险较高（如高风险行业/经常面临较大市场压力/首次承接审计项目或者需要出具特殊目的报告等）；

④存在或预期存在值得关注的内部控制缺陷。

（2）接近75%的情况（风险低可少查）：

①连续审计项目，以前年度审计调整较少；

②项目总体风险为低到中等（行业风险低/市场压力小）；

③以前期间的审计经验表明内部控制运行有效。

2.实际执行重要性的运用

（1）注册会计师在计划和执行审计工作时通常根据实际执行的重要性确定需要对哪些类型的交易、账户余额和披露执行审计工作。

在制订审计计划时，通常会将金额超过实际执行的重要性的账户纳入审计范围，但这并不代表可以将所有低于实际执行的重要性的账户排除在审计范围外。

这主要出于以下考虑：

①单个项目不重要，汇总起来可能金额重大，需要考虑汇总后的潜在错报风险；

②存在低估风险的项目；

③存在舞弊风险的项目。

（2）运用实际执行的重要性确定进一步审计程序的性质、时间安排和范围。如，在实施分析程序时，运用实际执行的重要性确定可接受的差异额；在实施审计抽样时，运用实际执行的重要性确定可容忍错报；在评价具有高度估计不确定性的会计估计时，运用的区间估计的区间长度不宜超过实际执行的重要性。

（3）评价汇总错报时，要考虑汇总数达到实际执行重要性的错报连同其他错报是否重要。

（四）明显微小错报临界值 不仅看金额，还要看性质发生的环境！

注册会计师可能将低于某一金额的错报界定为明显微小的错报，对这类错报不需要累积，因为注册会计师认为这些错报的汇总数明显不会对财务报表产生重大影响。具体来说，这些明显微小的错报，无论单独或者汇总起来，无论从规模、性质或其发生的环境来看都是明显微不足道的。

如果不确定一个或多个错报是否明显微小，就不能认为这些错报是明显微小的（没把握就别定了/定为零/全汇总）。

注册会计师需要在制定审计策略和审计计划时，确定一个明显微小错报的临界值，低于该临界值的错报视为明显微小的错报，可以不累积，并在工作底稿中记录设定的金额。

确定明显微小错报临界值需要职业判断，可能需要考虑：

（1）以前年度审计中识别出的错报（包括已更正和未更正错报）的数量和金额；

（2）重大错报风险的评估结果；

（3）被审计单位治理层和管理层对注册会计师与其沟通错报的期望（期望强烈，可降低为0：汇总并沟通所有错报）；

（4）被审计单位的财务指标是否勉强达到监管机构的要求或投资者的期望。

注意1:

注册会计师需要与被审计单位治理层和管理层沟通未更正错报（指明显微小错报临界值以上的、累积的未更正错报，并非所有发现的错报），并要求其更正未更正错报。若被审计单位治理层和管理层对沟通错报的期望比较强烈，希望沟通所有发现的错报，则可将明显微小错报临界值设为"0"，即累积并沟通所有错报。

结合第十八章"完成审计工作"中"评价审计过程中发现的错报"相关内容理解。

注意2:

1.明显微小错报明显不重大，但这不等同于"不重大"。明显微小错报金额的数量级与重要性的数量级相比，是完全不同的。

2.明显微小错报的临界值可能确定为整体重要性的3%~5%，也可能低一些或高一些，但通常不超过整体重要性的10%，除非认为有必要单独为重分类错报确定一个更高的临界值。

（右侧栏注释）

"明显微小" = "不重大" 吗？

明显微小错报临界值可以设定为零吗？

考霸笔记 可以定为零。

考霸笔记 见下面的"注意1"

考霸笔记 常考选择题。

考霸笔记 比"不重大"还不重大。

三、错报

（一）错报的定义

错报，是指某一财务报表项目的金额、分类或列报与按适用的财务报告编制基础应列示的金额、分类或列报之间存在的差异；或根据注册会计师的判断，为使财务报表在所有重大方面实现公允反映，需要对金额、分类、列报或披露作出必要的调整。

错报可能是由于错误或舞弊导致的。

（二）错报的根源

1. 收集或处理用以编制财务报表的数据时出现错误；

2. 遗漏某项金额或披露；

3. 由于疏忽或明显误解有关事实作出不正确的会计估计；

4. 管理层对会计估计作出不合理的判断或对会计政策作出不恰当的选择和运用。

（三）错报的类型（见表2-3）。

表2-3
错报的类型

识别出的错报	具体情形
事实错报	毋庸置疑的错报： （1）被审计单位收集和处理数据的错误 （2）对事实的忽略或误解 （3）故意舞弊行为
判断错报	（1）管理层和注册会计师对会计估计值的判断差异 （2）管理层和注册会计师对选择和运用会计政策的判断差异，由于注册会计师认为管理层选用会计政策造成错报，管理层却认为选用会计政策适当，导致出现判断差异
推断错报	通过测试样本估计出的总体的错报减去在测试中发现的已经识别的具体错报。例如，应收账款年末余额为2 000万元，注册会计师抽查余额合计为500万元的应收账款样本发现金额有100万元的高估，高估部分为账面金额的20%。据此注册会计师推断总体的错报金额为400万元（即2 000万×20%），那么上述100万元就是已识别的具体错报，其余300万元即推断误差

（四）对审计过程识别出的错报的考虑

1. 错报可能不会孤立地发生，一项错报的发生还可能表明存在其他错报（职业谨慎）。

2. 审计过程中累积错报的汇总数接近重要性，表明存在比可接受的低风险更大的风险，即未被发现的错报连同审计过程中累积错报的汇总数，可能超过重要性。

3. 注册会计师可能要求管理层检查某类交易、账户余额或披露，以使其了解错报的原因，确定错报的金额，并对财务报表作出适当的调整。

考霸笔记
考试题型：客观题为主，可以和第十八章结合考查。
考试频率：较高
考试套路：主要是考查错报的定义和分类，以及对明显微小错报临界值的理解和运用。

考霸笔记
即错报有两类：①未按标准的规定编制；②未能公允反映。

考霸笔记
了解即可。

考霸笔记
掌握！单选题高频考点。

考霸笔记
推断错报=总体错报–事实错报

考霸笔记
可能考选择题。

重大错报的判定

智能测评

在线练习	我要提问
扫码在线做题　　扫码看答案	扫码答疑
本书"本章同步强化训练"均配备二维码，打开微信"扫一扫"即可完成在线测评，查看本章详细的测评反馈报告，了解知识掌握情况，也可扫码直接看答案噢。 快来扫码做题吧！	本书配备答疑专用二维码，打开微信"扫一扫"，即可完成在线提问，获取专业老师全面个性化解答，让学习问题不再拖延。 快来扫码提问吧！

本章同步强化训练

一、单选题

1.下列不属于初步业务活动目的的是（　　）。

A.确保注册会计师已具备执行业务所需要的独立性和专业胜任能力

B.确定不存在因管理层诚信问题而影响注册会计师保持该项业务意愿的情况

C.就审计业务约定条款达成一致意见

D.确保与被审计单位不存在对业务约定条款的误解

2.关于审计的前提条件，下列表述正确的是（　　）。

A.确定被审计单位是否存在违反法律法规行为是审计前提条件之一

B.注册会计师应该就管理层认可并理解其责任与管理层达成一致意见

C.注册会计师需要获取针对管理层责任的书面声明或口头协议

D.注册会计师在确定财务报表所采用的财务报告编制基础的可接受性时不必考虑被审计单位的性质

3.总体审计策略用以确定审计范围、时间安排和方向，并指导具体审计计划的制订。下列各项中，在制定总体审计策略时，不需要考虑的是（　　）。

A.是否实施控制测试　　　　　　　　B.对利用在以前审计工作中获取的审计证据的预期

C.重大错报风险较高的审计领域　　　D.是否需要实施项目质量控制复核

4.下列关于审计计划的表述中，不正确的是（　　）。

A.计划审计工作贯穿于整个审计业务的始终

B.应当在必要时作出更新或修改

C.对审计工作进行指导、监督与复核需要以评估的重大错报风险为基础

D.单个项目组成员的专业素质不影响计划复核的性质、时间安排和范围

5.下列关于重要性的说法中，错误的是（　　）。

A.判断某事项对财务报表使用者是否重大，是在考虑财务报表使用者整体共同的财务信息需求基础上作出的

B.注册会计师应当在制订具体审计计划时确定财务报表整体的重要性

C.以前期间的审计经验表明内部控制运行有效，实际执行的重要性可选择接近财务报表整体

重要性的75%

D.获取新信息可能导致需要修改财务报表整体重要性

6.下列关于审计重要性含义的表述中，不正确的是（　　　）。

A.财务报告编制基础通常从编制和列报财务报表的角度阐释重要性的概念

B.如果合理预期错报单独或汇总起来可能影响财务报表使用者依据财务报表作出经济决策，则通常认为错报是重大的

C.判断某事项对财务报表使用者是否重大，可以考虑错报对个别财务报表使用者可能产生的影响

D.对重要性的判断依据是根据具体环境作出的，并受错报的金额或性质的影响，或受两者共同作用的影响

7.企业处于新兴行业，目前侧重于抢占市场份额、扩大企业知名度和影响力，确定财务报表整体重要性时可能选择的基准是（　　　）。

A.总资产　　　　　　　　B.净资产　　　　　　　C.成本与营业费用总额　　　D.营业收入

8.下列情形中，注册会计师可能考虑选择较低的百分比来确定实际执行的重要性的是（　　　）。

A.连续审计项目，以前年度审计调整较少　　　B.管理层能力欠缺

C.面临较低的市场竞争压力　　　　　　　　　　D.以前期间的审计经验表明内部控制运行有效

9.在确定明显微小错报的临界值时，注册会计师不需考虑的是（　　　）。

A.以前年度审计中识别出的错报的数量和金额

B.重大错报风险的评估结果

C.被审计单位的财务指标是否勉强达到监管机构的要求或投资者的期望

D.财务报表使用者是否特别关注财务报表中单独披露的业务的特定方面

10.下列关于错报的说法中，正确的是（　　　）。

A.明显微小错报不需要累积

B.错报仅指某一财务报表项目金额与按照企业会计准则应当列示的金额之间的差异

C.错报都是由于舞弊导致的

D.推断错报是指由于管理层对会计估计作出不合理的判断或不恰当地选择和运用会计政策而导致的差异

二、多选题

1.在确定执行审计工作的前提时，下列有关被审计单位管理层责任的说法中，注册会计师认为正确的有（　　　）。

A.被审计单位管理层应当允许注册会计师查阅与编制财务报表相关的所有文件

B.被审计单位管理层应当负责按照适用的财务报告编制基础编制财务报表

C.被审计单位管理层应当允许注册会计师接触所有必要的相关人员

D.被审计单位管理层应当负责设计、执行和维护必要的内部控制

2.下列属于审计业务约定书的特殊考虑事项的有（　　　）。

A.考虑特定需求　　　　B.组成部分的审计　　　　C.连续审计　　　　　　　D.审计业务约定条款的变更

3.下列关于审计业务约定条款变更的表述中，正确的有（　　　）。

A.对原来要求的审计业务性质存在误解，是变更业务的合理理由

B.审计业务变更为审阅业务，不需要评估变更业务对法律责任的影响

C.审计业务变更为审阅业务，可以提及在原审计业务中已执行的程序

D.审计业务变更为执行商定程序业务，注册会计师可以在报告中提及已执行的程序

4.下列各项中，属于具体审计计划活动的有（　　）。

A.项目组人员的选择

B.确定重要性水平

C.确定风险评估程序的性质、时间安排和范围

D.确定计划的其他审计程序的性质、时间安排和范围

5.注册会计师使用整体重要性水平的目的有（　　）。

A.决定风险评估程序的性质、时间安排和范围

B.识别和评估重大错报风险

C.确定进一步审计程序的性质、时间安排和范围

D.评价已识别的错报对财务报表的影响和对审计报告中审计意见的影响

6.确定重要性时，通常先选定一个基准，在选择基准时，需要考虑的因素包括（　　）。

A.财务报表要素

B.是否存在特定会计主体的财务报表使用者特别关注的项目

C.被审计单位的性质、所处的生命周期阶段以及所处行业和经济环境

D.被审计单位的所有权结构和融资方式

7.下列关于财务报表整体的重要性，说法正确的有（　　）。

A.就选定的基准而言，相关的财务数据通常不包括本期的预算和预测的结果

B.很多注册会计师根据所在会计师事务所的惯例及自己的经验考虑重要性

C.为选定基准确定百分比时，需要考虑被审计单位是否为上市公司或公众利益实体

D.注册会计师在确定重要性水平时，需要考虑与具体项目计量相关的固有不确定性

8.下列因素可能表明存在一个或多个特定类别的交易、账户余额或披露，其发生的错报金额虽然低于财务报表整体的重要性，但合理预期其将影响财务报表使用者依据财务报表作出经济决策的有（　　）。

A.法律法规或适用的财务报告编制基础是否影响财务报表使用者对特定项目计量或披露的预期

B.与被审计单位所处行业相关的关键性披露

C.财务报表使用者是否特别关注财务报表中单独披露的业务的特定方面

D.管理层是否特别关注财务报表中单独披露的业务的特定方面

9.注册会计师可能需要修改财务报表整体的重要性的情形有（　　）。

A.管理层对注册会计师与其沟通错报的预期发生变化

B.审计过程中情况发生重大变化

C.获取新信息

D.对被审计单位及其经营所了解的情况发生变化

10.下列关于实际执行的重要性的说法中，正确的有（　　）。

A.实际执行的重要性是指注册会计师确定的低于财务报表整体重要性的一个或多个金额

B.注册会计师应当确定实际执行的重要性，以评估重大错报风险并确定进一步审计程序的性质、时间安排和范围

C.确定实际执行的重要性，旨在将未更正和未发现错报的汇总数超过财务报表整体重要性的可能性降至适当的低水平

D.以前年度审计调整越多，评估的项目总体风险越高，实际执行的重要性越接近财务报表整体的重要性

第三章
审计证据

本章框架图

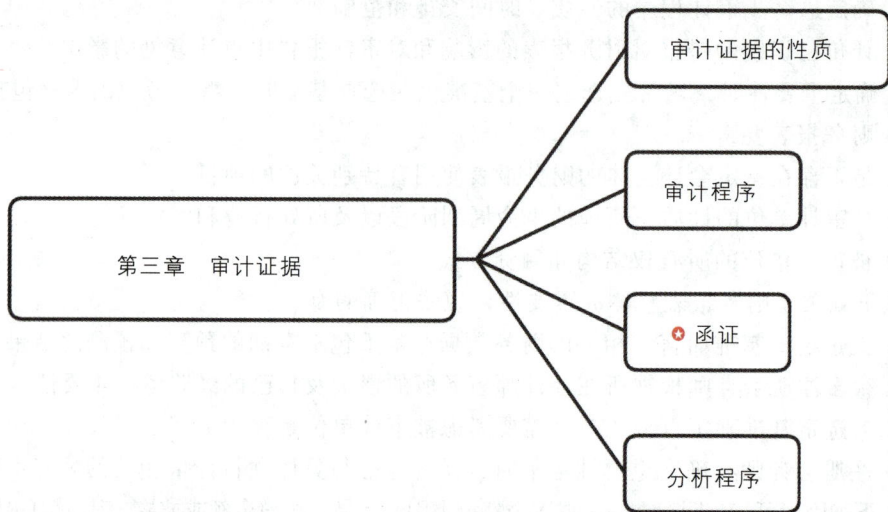

本章考情概述

考霸笔记
考试题型：客观题
考试频率：很高
考试套路：主要考查审计证据充分性和适当性之间的关系。
备考建议：除记忆两者之间的关系外，还要把握"适当性"里的具体要求，也经常会考到。

审计证据是形成审计结论的基础，因此，本章也是注册会计师审计理论知识中重要的内容。

本章知识不仅可以单独考查客观题，还可以结合实务考查简答题或在综合题中涉及，尤其本章第三节系统、全面地介绍函证程序相关知识，是近年来审计课程的核心考点，长期以来每年必考简答或综合题。本章建议与第九章的应收账款、第十章的应付账款、第十一章的存货，特别是第十二章的银行存款相关内容结合起来理解与应用。

近三年主要考点：函证、分析程序、审计证据的性质。

第一节　审计证据的性质

◇ 审计证据的含义
◇ 审计证据的充分性与适当性

注册会计师应当获取充分、适当的审计证据，以得出合理的审计结论，作为形成审计意见的基础。因此，注册会计师需要确定什么构成审计证据、如何获取审计证据、如何确定已收集的证据是否充分适当、收集的审计证据如何支持审计意见。上述内容构成了注册会计师审计工作的基本要求。

一、审计证据的含义

审计证据是指注册会计师为了得出审计结论、形成审计意见而使用的所有信息。审计证据包括构成财务报表基础的会计记录所含有的信息和其他的信息。

（一）会计记录中含有的信息

依据会计记录编制财务报表是被审计单位管理层的责任，注册会计师应当测试会计记录以获取审计证据。

会计记录主要包括原始凭证、记账凭证、总分类账和明细分类账、未在记账凭证中反映的对财务报表的其他调整，以及支持成本分配、计算、调节和披露的手工计算表和电子数据表。上述会计记录是编制财务报表的基础，构成注册会计师执行财务报表审计业务所需获取的审计证据的重要部分。

> **考霸笔记**
> 证账表

会计记录取决于相关交易的性质，它既包括被审计单位内部生成的手工或电子形式的凭证，也包括从与被审计单位进行交易的其他企业收到的凭证。除此之外，会计记录还可能包括：

> **考霸笔记**
> 了解，会区分。

1.销售发运单和发票、顾客对账单以及顾客的汇款通知单；

2.附有验货单的订购单、购货发票和对账单；

3.考勤卡和其他工时记录、工薪单、个别支付记录和人事档案；

4.支票存根、电子转移支付记录（EFTs）、银行存款单和银行对账单；

5.合同记录，例如，租赁合同和分期付款销售协议；

6.记账凭证；

7.分类账账户调节表。

（二）其他的信息

会计记录中含有的信息本身并不足以提供充分的审计证据作为对财务报表发表审计意见的基础，注册会计师还应当获取用作审计证据的其他信息。

> **考霸笔记**
> 常考内容

可用作审计证据的其他信息包括注册会计师从被审计单位内部或外部获取的会计记录以外的信息，如：

> **考霸笔记**
> 了解，会区分。

1.被审计单位会议记录、内部控制手册、询证函的回函、分析师的报告、与竞争者的比较数据等；

2.通过询问、观察和检查等审计程序获取的信息，如通过检查存货获取存货存在性的证据等；

3.以及自身编制或获取的可以通过合理推断得出结论的信息，如注册会计师编制的各种计算表、分析表等。

其他的信息示意图如图3-1所示。

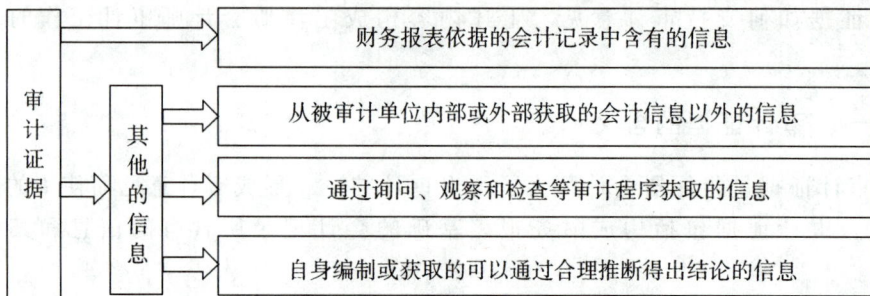

图3-1 其他的信息示意图

财务报表依据的会计记录中包含的信息和其他的信息共同构成了审计证据，两者缺一不可。如果没有前者，审计工作将无法进行；如果没有后者，可能无法识别重大错报风险。只有将两者结合在一起，才能将审计风险降至可接受的低水平，为注册会计师发表审计意见提供合理基础。

考霸笔记
常考

值得注意的是，用作审计证据的其他的信息，与注册会计师执行财务报表审计时应当阅读被审计单位年度报告中除财务报表和审计报告外的其他信息是两个不同的概念。（2019年新增）

二、审计证据的充分性与适当性

注册会计师应当保持职业怀疑态度，运用职业判断，评价审计证据的充分性和适当性。

考霸笔记
质量可以弥补数量，数量不能弥补质量。（注意，常考查原文）

（一）充分性

审计证据的充分性是对审计证据数量的衡量，主要与注册会计师确定的样本量有关。例如，对某个审计项目实施某一选定的审计程序，从200个样本项目中获得的证据要比从100个样本项目中获得的证据更充分。获取的审计证据应当充分，足以将与每个重要认定相关的审计风险限制在可接受的水平。

影响因素：

考霸笔记
必须同时满足"相关"、"可靠"，才是"高质量"

受注册会计师对重大错报风险评估的影响：评估的重大错报风险越高，需要的审计证据可能越多；

受审计证据质量的影响：审计证据质量越高，需要的审计证据可能越少。然而，注册会计师仅靠获取更多的审计证据可能无法弥补其质量上的缺陷。

考霸笔记
比如：存货监盘程序，可以提供期末存货数量和状况相关的审计证据，也就是可以证明"存在"认定（换言之，监盘程序获取的"审计证据"和存货的"存在"认定是相关的）。

（二）适当性

审计证据的适当性，是对审计证据质量的衡量，即审计证据在支持审计意见所依据的结论方面具有相关性和可靠性。相关性和可靠性是审计证据适当性的核心内容，只有相关且可靠的审计证据才是高质量的。

1.相关性

相关性，是指用作审计证据的信息与审计程序的目的和所考虑的相关认定之间的逻辑联系。

（1）相关性可能受测试方向的影响。

测试方向包括逆向追查与正向追查两个方向。

逆向[账→证]追查适于发现存在或发生认定的错报，不适于查完整性认定的错报。

例如，对应收账款是否存在的认定，相关的审计程序可能是从账簿记录中选取应收账款追查到发运凭证。

正向[证→账]追查适于发现完整性认定的错报，不适于发现存在或发生认定的错报。

例如，对应付账款的完整性的认定，相关的审计程序可能是从供应商对账单追查到应付账款明细账。

（2）相关性可能受审计程序的影响。

控制测试用于测试和评价内部控制运行的有效性，不能发现交易、余额、列报的重大错报；实质性程序专门用于发现交易、余额、列报的重大错报。

注意：*如针对存货的"存在"认定的审计证据，不能替代与存货"计价"认定相关的审计证据。*

①特定的审计程序可能只为某些认定提供相关的审计证据，而与其他认定无关。

②与特定认定相关的审计证据并不能替代与其他认定相关的审计证据。

③不同来源或不同性质的审计证据可能与同一认定相关。

考试题型：客观题；考试频率：很高；考试套路：考查对"可靠性"的理解。
备考建议：理解"可靠性"里的"对比关系"（详细内容见下文"注意1"）。

2.可靠性

审计证据的可靠性是指审计证据的可信程度。

审计证据的可信程度受其来源和性质的影响，并取决于获取审计证据的具体环境。注册会计师在判断审计证据的可靠性时，通常会考虑下列原则：

（1）从外部独立来源获取的审计证据比从其他来源获取的审计证据更可靠。

（2）内部控制有效时内部生成的审计证据比内部控制薄弱时内部生成的审计证据更可靠。

注意1：可靠性都是"对比"出来的："外部证据比内部证据更可靠"，这样说才是正确的。如果单独说"内部证据不可靠"就不对。
注意2：对于同一事项，从外部来源和从内部来源获取的审计证据不一致的时候，不能认为外部来源的审计证据一定比内部来源的审计证据更可靠。（"对比"关系是"相对来说"，不是"一定"。）

（3）直接获取的审计证据比间接获取的或推论得出的审计证据更可靠。

（4）以文件、记录形式（无论是纸质、电子或其他介质）存在的审计证据比口头形式的审计证据更可靠。

（5）从原件获取的审计证据比从传真件或复印件获取的审计证据更可靠。

注册会计师在按照上述原则评价审计证据的可靠性时，还应当注意可能出现的重要例外情况。例如，审计证据虽然是从独立的外部来源获得的，但如果该证据是由不知情者或不具备资格者提供，那么审计证据也可能是不可靠的。同样，如果注册会计师不具备评价证据的专业能力，那么即使是直接获取的证据，也可能不可靠。

考试题型：客观题
考试频率：非常高
考试套路：考查充分性和相关性之间的关系，常考教材原文。

3.充分性和相关性之间的关系 必须同时满足

充分性和适当性是审计证据的两个重要特征，两者缺一不可，只有充分且适当

◁◁◁◁

的审计证据才是有证明力的。

注册会计师需要获取的审计证据的数量也受审计证据质量的影响。审计证据质量越高，需要的审计证据数量可能越少。也就是说，审计证据的适当性会影响审计证据的充分性。

需要注意的是，尽管审计证据的充分性和适当性相关，但如果审计证据的质量存在缺陷，那么注册会计师仅靠获取更多的证据可能无法弥补其质量上的缺陷。

4.评价充分性和适当性时的特殊考虑

（1）对文件记录可靠性的考虑。

审计工作通常不涉及鉴定文件记录的真伪，注册会计师也不是鉴定文件记录真伪的专家，但应当考虑用作审计证据的信息的可靠性，并考虑与这些信息生成与维护相关的控制的有效性。

如果在审计过程中识别出的情况使其认为文件记录可能是伪造的，或文件记录中的某些条款已发生变动，则注册会计师应当作出进一步调查，包括直接向第三方询证，或考虑利用专家的工作以评价文件记录的真伪。例如，如发现某银行询证函回函有伪造或篡改的迹象，注册会计师应当作进一步的调查，并考虑是否有存在舞弊的可能性。必要时，应当通过适当的方法聘请专家予以鉴定。

（2）使用被审计单位生成信息时的考虑。

①注册会计师为获取可靠的审计证据，实施审计程序时使用的被审计单位生成的信息需要足够完整和准确；例如，通过用标准价格乘以销售量来对收入进行审计时，其有效性受到价格信息准确性和销售量数据完整性和准确性的影响。

②如果针对被审计单位生成信息的完整性和准确性获取审计证据是所实施审计程序本身不可分割的组成部分，则可以与对这些信息实施的审计程序同时进行。

③在某些情况下，注册会计师可能打算将被审计单位生成的信息用于其他审计目的，在这种情况下，获取的审计证据的适当性受到该信息对于审计目的而言是否足够精确和详细的影响。例如，注册会计师可能打算将被审计单位的业绩评价用于分析程序，或利用被审计单位用于监控活动的信息，如内部审计报告等。在这种情况下，获取的审计证据的适当性受到该信息对于审计目的而言是否足够精确和详细的影响。例如，管理层的业绩评价对于发现重大错报可能不够精确。

（3）证据相互矛盾时的考虑。

如果针对某项认定从不同来源获取的审计证据或获取的不同性质的审计证据能够相互印证，那么与该项认定相关的审计证据则具有更强的说服力。

如果从不同来源获取的审计证据或获取的不同性质的审计证据不一致，则表明某项审计证据可能不可靠，注册会计师应当追加必要的审计程序。

（4）获取审计证据时对成本的考虑。

注册会计师可以考虑获取审计证据的成本与所获取信息的有用性之间的关系，但不应以获取审计证据的困难和成本较大为由减少不可替代的审计程序。

在保证获取充分、适当的审计证据的前提下，控制审计成本也是会计师事务所增强竞争能力和获利能力所必需的，但为了保证得出的审计结论、形成的审计意见是恰当的，注册会计师不应将获取审计证据的成本高低和难易程度作为减少不可替代的审计程序的理由。例如，在某些情况下，存货监盘是证实存货存在认定的不可替代的审计程序，注册会计师在审计中不得以检查成本高和难以实施为由而不执行该程序。

第二节　审计程序

◇ 审计程序的作用
◇ 审计程序的种类
◇ 认定、审计目标和审计程序之间的关系举例

一、审计程序的作用

审计程序是指注册会计师在审计过程中的某个时间，对将要获得的某类审计证据如何进行收集的详细指令。

注册会计师利用审计程序获取审计证据涉及以下四个方面的决策：

（1）选用何种审计程序；

（2）对选定的审计程序，应当选取多大的样本规模；

（3）应当从总体中选取哪些项目；

（4）何时执行这些程序。

在四方面决策中，（2）和（3）是审计抽样解决的问题，（1）和（4）是审计程序要解决的问题。结合审计程序的定义，审计程序实际上解决了注册会计师在不同阶段、针对不同目的、具体做哪些事情来获取审计证据，那么我们可以从两个层面上来理解审计程序：

总体审计程序——解决不同阶段、不同目的——三大类。

具体审计程序——解决具体做哪些事情——七小项。

这一节主要介绍七小项具体审计程序，而在第七章、第八章中将着重展开讲三大类总体审计程序。　**第七章会具体阐述**

此处先对三大类总体审计程序作个总体介绍，给大家建立起初步的概念，也帮助大家更好地学习其后章节。三大类总体审计程序包括：风险评估程序、控制测试、实质性程序。

一、风险评估程序

含义：风险评估程序是注册会计师为了了解被审计单位及其环境所实施的审计程序，其目的是识别和评估财务报表重大错报风险。

1.风险评估程序是每次财务报表审计都应实施的必要程序。它为注册会计师确定重要性水平、识别需要特别考虑的领域、设计和实施进一步审计程序等工作提供了重要基础；并有助于注册会计师合理分配审计资源，获取充分、适当的审计证据。

2.风险评估程序并不能识别出所有的重大错报风险，虽然它可作为评估财务报表层次和认定层次重大错报风险的基础，但并不能为发表审计意见提供充分、适当的审计证据，所以注册会计师还需实施进一步审计程序（控制测试、实质性程序）。

二、控制测试　是相对于"风险评估程序"的"进一步程序"，也称"风险应对程序"，包括"控制测试"和"实质性程序"。第八章会具体阐述

含义：控制测试是为了获取关于控制防止或发现并纠正认定层次重大错报的有效性而实施的测试，其目的是测试控制运行的有效性。

三、实质性程序　简单地理解，就是"找错报"。

含义：实质性程序是指用于发现认定层次重大错报的审计程序，包括对各类

交易、账户余额和披露的细节测试以及实质性分析程序。

无论评估的重大错报风险结果如何，注册会计师都应当针对所有重大的各类交易、账户余额和披露实施实质性程序。三大类总体审计程序的运用如图3-2所示。

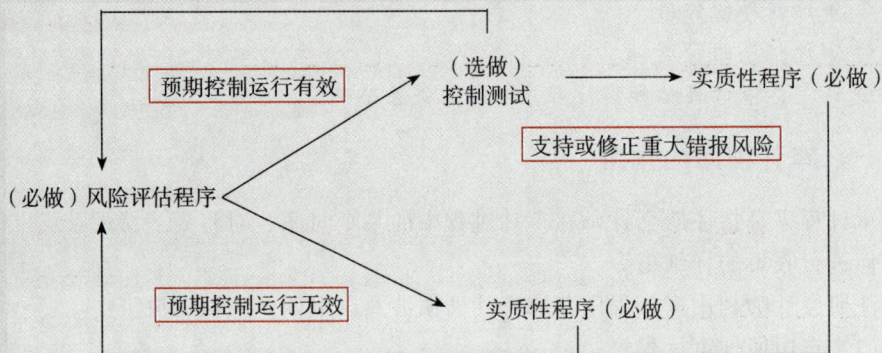

图3-2 三大类总体审计程序的运用

注册会计师实施风险评估程序，识别和评估财务报表重大错报风险，进而根据风险评估的结果，实施细节测试和实质性程序（合称进一步审计程序），以应对风险。如果通过实施进一步审计程序获得审计证据与初始评估获取的审计证据相矛盾，注册会计师应当修正风险评估的结果，并相应修改原计划实施的进一步审计程序。这就是三大类总体审计程序在识别、评估、应对风险的审计核心流程中的运用。

二、审计程序的种类

在审计过程中，注册会计师可根据需要单独或综合运用以下审计程序，以获取充分、适当的审计证据。

（一）询问

询问是指注册会计师以书面或口头方式，向被审计单位内部或外部的知情人员获取财务信息和非财务信息，并对答复进行评价的过程。

注册会计师不仅能向被审计内部人员询问，而且可以询问外部人员，比如被审计单位的客户、供应商、开户银行的人员等；询问的内容不仅包括财务信息，也包括非财务信息，比如经营状况、行业趋势等。尤其要注意，询问不是只局限于口头，也可以是书面形式。针对某些事项，注册会计师可能认为有必要向管理层和治理层（如适用）获取书面声明，以证实对口头询问的答复。

询问本身不足以发现认定层次存在的重大错报，也不足以测试内部控制运行的有效性，注册会计师还应当实施其他审计程序以获取充分、适当的审计证据。

询问作为其他审计程序的补充，广泛应用于整个审计过程中，审计人员与被审计单位人员的交流基本上都能被视作询问，但询问得到的信息的证明力是不够的，注册会计师不可能光依靠询问就得出审计结论，一般来说，知情人员对询问的答复①可能为注册会计师提供尚未获得信息或佐证证据，②也可能提供与注册会计师已获取的其他信息存在重大差异的信息，③为修改审计程序或实施追加的审计程序提供了基础，所以询问必须结合其他审计程序一起使用。

（二）观察

观察是指注册会计师查看相关人员正在<u>从事的活动或执行的程序</u>。例如，注册会计师对被审计单位人员执行的存货盘点或控制活动进行观察。

观察可以提供执行有关过程或程序的审计证据，但<u>观察所提供的审计证据仅限于观察发生的时点，而且被观察人员的行为可能因被观察而受到影响</u>，这也会使观察提供的审计证据受到限制。

> **考霸笔记**
> 观察的对象一定是活动或程序，是未留下痕迹的活动或程序，留下痕迹的话就是检查了。

（三）检查

检查是指注册会计师对被审计单位<u>内部</u>或外部生成的，以纸质、电子或其他介质形式存在的记录或<u>文件</u>进行审查，或对资产实物进行审查。

检查记录或文件可提供可靠程度不同的审计证据，审计证据的<u>可靠性取决于记录或文件的来源和性质</u>，而在检查内部记录或文件时，其可靠性则取决于<u>生成该记录或文件的内部控制的有效性</u>。

> 注册会计师并不对记录和文件进行处理，只是查看，所以审计证据的证明力直接取决于记录或文件的来源和性质（外部的比内部的可靠，内部的取决于生成文件记录的内控的可靠性）。

> 检查具有方向性：（1）"顺查"：原始凭据—记账凭证—明细账，按照财务流程的顺序，查完整性；（2）"逆查"：明细账—记账凭证—原始凭证，<u>查是否存在或是否发生</u>。

> **考霸笔记**
> 一定要掌握！常考！

某些文件是表明一项资产存在的直接审计证据，如构成金融工具的股票或债券，但检查此类文件并不一定能提供有关所有权或计价的审计证据。此外，检查已执行的合同可以提供与被审计单位运用会计政策（如收入确认）相关的审计证据。

<u>检查有形资产可为其存在性提供可靠的审计证据</u>，但不一定能够为权利和义务或计价认定提供可靠的审计证据。<u>对个别存货项目进行的检查，可与存货监盘一同实施</u>。

> **考霸笔记**
> 注意，常考查原文。

> 比如，被审计单位有受托代销的存货，虽然存货实际上在被审计单位仓库中，但所有权并不属于被审计单位。又比如，被审计单位正在使用的机器设备是经营租赁来的，那么所有权也不属于被审计单位。

（四）函证

函证是指注册会计师<u>直接</u>从<u>第三方</u>（被询证者）获取<u>书面答复</u>以作为审计证据的过程，书面答复可以采用纸质、电子或其他介质等形式。

当针对的是与特定账户余额及其项目相关的认定时，函证常常是相关的程序。如银行存款、应收账款的余额（<u>存在、权利和义务</u>）。

但是，函证不必仅仅局限于账户余额。例如，注册会计师可能要求对被审计单位与第三方之间的协议和交易条款进行函证。注册会计师可能在询证函中询问<u>协议是否作过修改</u>，如果作过修改，要求被询证者提供相关的详细信息。

此外，<u>函证程序还可以用于获取不存在某些情况的审计证据</u>，如不存在可能影响被审计单位收入确认的"背后协议"。

> **考霸笔记**
> 函证因是从外部第三方直接获得的书面证据，所以函证获得审计证据可靠性较高。函证是非常重要的审计程序，将在本章第三节进行专门讲解。

（五）重新计算

重新计算是指注册会计师对记录或文件中的数据计算的准确性进行核对，重新计算可通过手工方式或电子方式进行。

重新计算通常包括计算销售发票和存货的总金额、加总日记账和明细账、检查折旧费用和预付费用的计算、检查应纳税额的计算等。重新计算主要与计价和分摊/准确性认定相关。

（六）重新执行

重新执行是指注册会计师以人工方式或使用计算机辅助审计技术，重新独立执行作为被审计单位内部控制组成部分的程序或控制。

比如注册会计师重新编制银行存款余额调节表，并将其与被审计单位编制的银行存款余额调节表进行比较，就是一种重新执行程序。

注意：重新执行的对象只能是内部控制。

（七）分析程序

分析程序是指注册会计师通过研究不同财务数据之间以及财务数据与非财务数据之间的内在关系，对财务信息作出评价。分析程序还包括在必要时对识别出的、与其他相关信息不一致或与预期数据差异重大的波动或关系进行调查。

上述审计程序基于审计的不同阶段和目的单独或组合起来，可用作风险评估程序、控制测试和实质性程序，见表3-1。

表3-1

审计程序应用表

大类		具体程序
风险评估程序		询问、观察、检查、分析程序（穿行测试）
控制测试		询问、观察、检查、重新执行
实质性程序	细节测试	询问、检查、函证、重新计算
	实质性分析程序	分析程序

三、认定、审计目标和审计程序之间的关系举例（见表3-2）

表3-2

关系举例表

项目	认定	审计目标	审计程序
存货	存在	资产负债表列示的存货存在	实施存货监盘程序
营业收入	完整性	销售收入包括了所有已发货的交易	检查发货单和销售发票的编号以及销售明细账
营业收入	准确性	销售业务是否基于正确的价格和数量，计算是否准确	比较价格清单与发票上的价格、发货单与销售订购单上的数量是否一致，重新计算发票上的金额
营业收入	截止	销售业务记录在恰当的期间	比较上一年度最后几天和下一年度最初几天的发货单日期与记账日期
固定资产	权利和义务	资产负债表中的固定资产确实为公司拥有的	查阅所有权证书、购货合同、结算单和保险单
应收账款	准确性、计价和分摊	以净值记录应收款项	检查应收账款账龄分析表、评估计提的坏账准备是否充足

考霸笔记
注意：分析程序不运用在控制测试上。
分析程序是非常重要的审计程序，将在本章第四节进行专门讲解。

考霸笔记
分析程序用于分析数据的关系，而控制测试测的是制度怎么样，制度不是数据，所以分析程序不适用于控制测试。

考霸笔记
结合第七章、第八章掌握表格，易考查。

认定是确定具体审计目标的基础。注册会计师通常将管理层认定转化为能够通过审计程序予以实现的审计目标。针对财务报表每一项目所表现出的各项认定，注册会计师相应地确定一项或多项审计目标，然后通过执行一系列审计程序获取充分、适当的审计证据以实现审计目标。

考霸笔记
结合第一章第三节的"认定"一起理解。

第三节　函证

◇ 函证决策
◇ 函证的内容
◇ 询证函的设计
◇ 函证的实施与评价

考霸笔记
重要！
考试题型：结合具体实务考简答题
考试频率：每年必考！

一、函证决策

注册会计师应当确定是否有必要实施函证以获取认定层次的充分、适当的审计证据。在作出决策时，注册会计师应当考虑以下三个因素：

（一）评估的认定层次重大错报风险

评估的认定层次重大错报风险水平越高，注册会计师对通过实质性程序获取的审计证据的相关性和可靠性的要求越高。因此，随着评估的认定层次重大错报风险的增高，注册会计师就要设计实质性程序获取更加相关和可靠的审计证据，或者更具说明力的审计证据。在这种情况下，函证程序的运用对于提供充分、适当的审计证据可能是有效的。

考霸笔记
因为函证获取的证据证明力很强。

如果认为某项风险属于特别风险，那么注册会计师需要考虑是否通过函证特定事项以降低检查风险。例如，与简单的交易相比，异常或复杂的交易可能导致更高的错报风险。如果被审计单位从事了异常的或复杂的、容易导致较高重大错报风险的交易，除检查被审计单位持有的文件凭证外，注册会计师可能还需考虑是否向交易对方函证交易的真实性和详细条款。

（二）函证程序针对的认定

考霸笔记
易考。

函证可以为某些认定提供审计证据，但是对不同的认定，函证的证明力是不同的。在函证应收账款时，函证可能为存在、权利和义务认定提供相关可靠的审计证据，但是不能为计价和分摊认定（包括应收账款涉及的坏账准备计提）提供证据。

对特定认定函证的相关性受注册会计师选择函证信息的目标的影响。例如，在审计应付账款完整性认定时，注册会计师需要获取没有重大未记录负债的证据。相应地，向被审计单位主要供应商函证，即使记录显示应付金额为零，相对于选择大金额的应付账款进行函证，这在检查未记录负债方面通常更有效。

考霸笔记
查未记负债（低估、完整性），应从供应商列报中选取主要供应商进行函证，而不应从"应付账款"账面选取项目函证。

（三）实施除函证以外的其他审计程序

针对同一项认定可以从不同来源获取审计证据或获取不同性质的审计证据。

这里的其他审计程序是指除函证程序以外的其他审计程序。注册会计师应当考虑被审计单位的经营环境、内部控制的有效性、账户或交易的性质、被询证者处理询证函的习惯做法及回函的可能性等，以确定函证的内容、范围、时间和方式。例如，如果被审计单位与应收账款存在性有关的内部控制设计良好并有效运行，注册会计师可适当减少函证的样本量。

考霸笔记
如可选择其他程序，则不一定实施函证。

除了上述三个因素外，注册会计师还可以考虑下列因素以确定是否选择函证程序作为实质性程序：

1.被询证者对函证事项的了解。如果被询证者对所函证的信息具有必要的了解，那么其提供的回复可靠性更高。

2.预期被询证者回复询证函的能力或意愿。例如，在下列情况下，被询证者可能不会回复，也可能只是随意回复或可能试图限制对其回复的依赖程度：

（1）被询证者可能不愿承担回复询证函的责任；

（2）被询证者可能认为回复询证函成本太高或消耗太多时间；

（3）被询证者可能对因回复询证函而可能承担的法律责任有所担心；

（4）被询证者可能以不同币种核算交易；

（5）回复询证函不是被询证者日常经营的重要部分。

3.预期被询证者的客观性。如果被询证者是被审计单位的关联方，则其回复的可靠性会降低。

二、函证的内容

（一）函证的对象

1.银行存款、借款及与金融机构往来的其他重要信息

注册会计师应当对银行存款（包括零余额账户和在本期内注销的账户）、借款及与金融机构往来的其他重要信息实施函证，除非有充分证据表明某一银行存款、借款及与金融机构往来的其他重要信息对财务报表不重要且与之相关的重大错报风险很低。

一般来说银行账户都需要函证，包括零余额账户和在本期内注销的账户都要函证，例外情况是对财务报表不重要且与之相关的重大错报风险很低的账户（一定要两个条件同时满足）可以不函证，例如社保公积金账户、税款专户等。

如果不对这些项目实施函证程序，那么注册会计师应当在审计工作底稿中说明理由。

2.应收账款

注册会计师应当对应收账款实施函证，除非存在下列两种情形之一（（1）或（2））：

（1）根据审计重要性原则，有充分证据表明应收账款对财务报表不重要。

（2）注册会计师认为函证很可能无效。

如果认为函证很可能无效，那么注册会计师应当实施替代审计程序，获取充分、适当的审计证据。如果不对应收账款进行函证，那么注册会计师应当在审计工作底稿中说明理由。

3.函证的其他内容

注册会计师可以根据具体情况和实际需要对下列内容（包括但并不限于）实施函证：

（1）交易性金融资产；

（2）应收票据；

（3）其他应收款；

（4）预付账款；

（5）由其他单位代为保管、加工或销售的存货；

（6）长期股权投资；

（7）应付账款；

（8）预收账款；

（9）保证、抵押或质押；

（10）或有事项；

（11）重大或异常的交易。

可见，函证通常适用于账户余额及其明细组成部分（如应收账款明细账），但是不一定限于这些项目。例如，为确认合同条款没有发生变动及变化细节，注册会计师可以函证被审计单位与第三方签订的合同条款。注册会计师还可向第三方函证是否存在影响被审计单位收入确认的背后协议或某项重大交易的细节。

（二）函证程序实施的范围

如果采用审计抽样的方式确定函证程序的范围，则无论采用统计抽样方法，还是非统计抽样方法，选取的样本应当足以代表总体。

根据对被审计单位的了解、评估的重大错报风险以及所测试总体的特征等，注册会计师可以确定从总体中选取特定项目进行测试。选取函证的特定项目可能包括：

1.金额较大的项目；

2.账龄较长的项目；

3.交易频繁但期末余额较小的项目；

4.重大关联方交易；

5.重大或异常的交易；

6.可能存在争议、舞弊或错误的交易；

7.新增客户项目。

> 考霸笔记
> 重要！记忆！

（三）函证的时间

注册会计师通常以资产负债表日为截止日，在资产负债表日后适当时间内实施函证。如果重大错报风险评估为低水平，注册会计师可选择资产负债表日前适当日期为截止日实施函证，并对所函证项目自该截止日起至资产负债表日止发生的变动实施实质性程序。

> 考霸笔记
> 重要！易考
>
> 考霸笔记
> 重要！易考

（四）管理层要求不实施函证时的处理

> 对函证实施替代程序的判断

当被审计单位管理层要求对拟函证的某些账户余额或其他信息不实施函证时，注册会计师应当考虑该项要求是否合理，并获取审计证据予以支持。①如果认为管理层的要求合理，则注册会计师应当实施替代审计程序，以获取与这些账户余额或其他信息相关的充分、适当的审计证据。②如果认为管理层的要求不合理，且被其阻挠而无法实施函证，则注册会计师应当视为审计范围受到限制，并考虑对审计报告可能产生的影响。

分析管理层要求不实施函证的原因时，注册会计师应当保持职业怀疑态度，并考虑：

1.管理层是否诚信；

2.是否可能存在重大的舞弊或错误；

> 考霸笔记
> 这三项记忆。

3.替代审计程序能否提供与这些账户余额或其他信息相关的充分、适当的审计证据。

三、询证函的设计

（一）设计询证函的总体要求

注册会计师应当根据特定审计目标设计询证函。询证函的设计服从于审计目标的需要：

1.在针对账户余额的存在性认定获取审计证据时，注册会计师应当在询证函中列明相关信息，要求对方核对确认。

2.在针对账户余额的完整性认定获取审计证据时，注册会计师则需要改变询证函的内容设计或者采用其他审计程序。

> 例如，在函证应收账款时，询证函中不列出账户余额，而是要求被询证者提供余额信息，这样才能发现应收账款的低估或错报。再如，在对应付账款的完整性获取审计证据时，根据被审计单位的供货商明细表向被审计单位的主要供货商发出询证函，就比从应付账款明细表中选择询证对象更容易发现未入账的负债。

应对应付账款低估风险时的特殊考虑

（二）设计询证函需要考虑的因素

1.函证的方式。

函证的方式有两种：积极式函证和消极式函证。

不同的函证方式，其提供审计证据的可靠性不同。

2.以往审计或类似业务的经验。

在判断实施函证程序的可靠性时，注册会计师通常会考虑来自以前年度审计或类似审计业务的经验，包括回函率、以前年度审计中发现的错报以及回函所提供信息的准确程度等。当注册会计师根据以往经验认为，即使询证函设计恰当，回函率仍很低，应考虑从其他途径获取审计证据。

3.拟函证信息的性质。

信息的性质是指信息的内容和特点。注册会计师应当了解被审计单位与第三方之间交易的实质，以确定哪些信息需要进行函证。

例如，对那些非常规合同或交易，注册会计师不仅应对账户余额或交易金额作出函证，还应当考虑对交易或合同的条款实施函证，以确定是否存在重大口头协议，客户是否有自由退货的权利，付款方式是否有特殊安排等。

考霸笔记 一般针对关联方

4.选择被询证者的适当性。

注册会计师应当向对所询证信息知情的第三方发送询证函。

考霸笔记 对方要知情。

> 例如，对交易性金融资产和长期股权投资，注册会计师通常向股票、债券专门保管或登记机构发函询证或向接受投资的一方发函询证；对应收票据，通常向出票人或承兑人发函询证；对其他应收款，向形成其他应收款的有关方发函询证；对预付账款、应付账款，通常向供货单位发函询证；对委托贷款，通常向有关的金融机构发函询证；对预收账款，通常向购货单位发函询证；对保证、抵押或质押，通常向有关金融机构发函询证；对或有事项，通常向律师等发函询证；对重大或异常的交易，通常向有关的交易方发函询证。

函证所提供的审计证据的可靠性还受到被询证者的能力、独立性、客观性、回函者是否有权回函等因素的影响。当存在重大、异常、在期末前发生的、对财务报表产生重大影响的交易，而被询证者在经济上依赖于被审计单位时，注册会计师应当考虑被询证者可能被驱使提供不正确的回函。

5.被询证者易于回函的信息类型。

询证函所函证信息是否便于被询证者回答，影响到回函率和所获取审计证据的性质。例如，某些被询证者的信息系统十分便于对形成账户余额的每笔交易进行函证，而不是对账户余额本身进行函证。

询证函通常应当包含被审计单位管理层的授权，授权被询证者向注册会计师提供有关信息。对获得被审计单位管理层授权的询证函，被询证者可能更愿意回函。在某些情况下，如果没有获得授权，被询证者甚至不能够回函。

（三）积极与消极的函证方式

注册会计师可采用积极的或消极的函证方式实施函证，也可将两种方式结合使用。

1.积极的函证方式。

如果采用积极的函证方式，注册会计师应当要求被询证者在所有情况下必须回函，确认询证函所列示信息是否正确，或填列询证函要求的信息。

积极的函证方式又分为两种：

（1）在询证函中列明拟函证的账户余额或其他信息，要求被询证者确认所函证的款项是否正确。

优点：回函率高。

缺点：被询证者可能对所列示信息根本不加以验证就予以回函确认。

（2）在询证函中不列明账户余额或其他信息，而要求被询证者填写有关信息或提供进一步信息。

优点：可靠性高。

缺点：由于这种询证函要求被询证者做出更多的努力，可能会导致回函率降低，进而导致注册会计师执行更多的替代程序。

注意：在采用积极的函证方式时，只有注册会计师收到回函，才能为财务报表认定提供审计证据。注册会计师没有收到回函，可能是由于被询证者根本不存在，或是由于被询证者没有收到询证函，也可能是由于询证者没有理会询证函，因此，无法证明所函证信息是否正确。

2.消极的函证方式。

如果采用消极的函证方式，注册会计师只要求被询证者仅在不同意询证函列示信息的情况下才予以回函。

> 如果询证函中的信息对被询证者不利，则被询证者更有可能回函表示其不同意；相反，如果询证函中的信息对被询证者有利，回函的可能性就会相对较小。例如，被审计单位的供应商如果认为询证函低估了被审计单位的应付账款余额，则其更有可能回函；如果高估了该余额，则回函的可能性很小。因此，注册会计师在考虑这些余额是否可能被低估时，向供应商发出消极式询证函可能是有用的程序，但是，利用这种程序收集该余额被高估的证据就未必有效了。

对消极式询证函而言，未收到回函并不能明确表明预期的被询证者已经收到询证函或已经核实了询证函中包含的信息的准确性。因此，未收到消极式询证函的回函提供的审计证据，远不如积极式询证函的回函提供的审计证据有说服力。

当同时存在下列情况时，注册会计师可考虑采用消极的函证方式：

（1）重大错报风险评估为低水平；

（2）涉及大量余额较小的账户；

（3）预期不存在大量的错误；

（4）没有理由相信被询证者不认真对待函证。

3.两种方式结合使用。

在实务中，注册会计师也可将两种方式结合使用。以应收账款为例，当应收账款的余额是由少量的大额应收账款和大量的小额应收账款构成时，注册会计师可以对所有的或抽取的大额应收账款样本采用积极的函证方式，而对抽取的小额应收账款样本采用消极的函证方式。（大额用积极，小额用消极）

（1）积极式询证函

企业询证函

编号：

×××公司：

本公司聘请的××会计师事务所正在对本公司××年度财务报表进行审计，按照中国注册会计师审计准则的要求，应当询证本公司与贵公司的往来账项等事项。下列数据出自本公司账簿记录，如与贵公司记录相符，请在本函下端"信息证明无误"处签章证明；如有不符，请在"信息不符"处列明不符金额。回函请直接寄至××会计师事务所。

回函地址：

邮编：　电话：　传真：　联系人：

1.本公司与贵公司的往来账项列示如下：

单位：元

截止日期	贵公司欠	欠贵公司	备注

2.其他事项。

本函仅为复核账目之用，并非催款结算。若款项在上述日期之后已经付清，仍请及时函复为盼。

（公司盖章）

年　月　日

结论：1.信息证明无误。

（公司盖章）

年　月　日

经办人：

2.信息不符，请列明不符的详细情况：

（公司盖章）

年　月　日

经办人：

（2）消极式询证函

企业询证函

编号：

××公司：

　　本公司聘请的××会计师事务所正在对本公司××年度财务报表进行审计，按照中国注册会计师审计准则的要求，应当询证本公司与贵公司的往来账项等事项。下列数据出自本公司账簿记录，如与贵公司记录相符，则无须回复；如有不符，请直接通知会计师事务所，并请在空白处列明贵公司认为是正确的信息。回函请直接寄至××会计师事务所。

回函地址：

邮编：　　　电话：　　　传真：　　　联系人：

1.本公司与贵公司的往来账项列示如下：

单位：元

截止日期	贵公司欠	欠贵公司	备注

2.其他事项。

　　本函仅为复核账目之用，并非催款结算。若款项在上述日期之后已经付清，仍请及时核对为盼。

（公司盖章）
年　月　日

××会计师事务所：

上面的信息不正确，差异如下：

（公司盖章）
年　月　日
经办人：

四、函证的实施与评价

（一）对函证过程的控制——注册会计师应当对函证的全过程保持控制。

1.函证**发出前**的控制措施

询证函经被审计单位盖章后，应当由注册会计师直接发出。

为使函证程序能有效地实施，在询证函发出前，注册会计师需要恰当地设计询证函，并对询证函上的各项资料进行充分核对，注意事项可能包括：

（1）询证函中填列的需要被询证者确认的信息是否与被审计单位账簿中的有关记录保持一致。对于银行存款的函证，需要银行确认的信息是否与银行对账单等保持一致；

（2）考虑选择的被询证者是否适当，包括被询证者对被函证信息是否知情、是否具有客观性、是否拥有回函的授权等；

（3）是否已在询证函中正确填列被询证者直接向注册会计师回函的地址；

（4）是否已将被询证者的名称、地址与被审计单位有关记录进行核对，以确保询证函中的名称、地址等内容的准确性。可以执行的程序包括但不限于：

①拨打公共查询电话核实被询证者的名称和地址；

②通过被询证者的网站或其他公开网站核对被询证者的名称和地址；

③将被询证者的名称和地址信息与被审计单位持有的相关合同等文件核对；

④对于供应商或客户，可以将被询证者的名称、地址与增值税专用发票中的对方单位名称、地址进行核对。

2.通过不同方式发出询证函时的控制措施

根据注册会计师对舞弊风险的判断，以及被询证者的地址和性质、以往回函情况、回函截止日期等因素，询证函的发出和收回可以采用邮寄、跟函、电子形式函证（包括传真、电子邮件、直接访问网站等）等方式。

（1）通过邮寄方式发出询证函时采取的控制措施

为避免询证函被拦截、篡改等舞弊风险，在邮寄询证函时，注册会计师可以在核实由被审计单位提供的被询证者的联系方式后，不使用被审计单位本身的邮寄设施，而是独立寄发询证函（例如，直接在邮局投递）。

（2）通过跟函的方式发出询证函时采取的控制措施

如果注册会计师认为跟函的方式（即注册会计师独自或在被审计单位员工的陪伴下亲自将询证函送至被询证者，在被询证者核对并确认回函后，亲自将回函带回的方式）能够获取可靠信息，可以采取该方式发送并收回询证函。

如果被询证者同意注册会计师独自前往被询证者执行函证程序，注册会计师可以独自前往。

如果注册会计师跟函时需有被审计单位员工陪伴，注册会计师需要在整个过程中保持对询证函的控制，同时，对被审计单位和被询证者之间串通舞弊的风险保持警觉。

在我国目前的实务操作中，由于企业之间的商业惯例还比较认可印章原件，所以邮寄和跟函方式更为常见。如果注册会计师根据具体情况选择通过电子方式发送询证函，在发函前可以基于对特定询证方式所存在风险的评估，考虑相应的控制措施。

（二）评价函证的可靠性（收回后）

函证所获取的审计证据的可靠性主要取决于注册会计师设计询证函、实施函证程序和评价函证结果等程序的适当性。

在评价函证的可靠性时，注册会计师应当考虑：

（1）对询证函的设计、发出及收回的控制情况；

（2）被询证者的胜任能力、独立性、授权回函情况、对函证项目的了解及其客观性；

（3）被审计单位施加的限制或回函中的限制。

收到回函后，根据不同情况，注册会计师可以分别实施以下程序，以验证回函的可靠性。在验证回函的可靠性时，注册会计师需要保持职业怀疑。

1.通过邮寄方式收到的回函

通过邮寄方式发出询证函并收到回函后，注册会计师可以验证以下信息：

（1）被询证者确认的询证函是否是原件，是否与注册会计师发出的询证函是同一份；

（2）回函是否由被询证者直接寄给注册会计师；

（3）寄给注册会计师的回邮信封或快递信封中记录的发件方名称、地址是否与询证函中记载的被询证者名称、地址一致；

（4）回邮信封上寄出方的邮戳显示发出城市或地区是否与被询证者的地址一致；

（5）被询证者加盖在询证函上的印章以及签名中显示的被询证者名称是否与询证函中记载的被询证者名称一致。在认为必要的情况下，注册会计师还可以进一步与被审计单位持有的其他文件进行核对或亲自前往被询证者进行核实等。

如果被询证者将回函寄至被审计单位，被审计单位将其转交注册会计师，该回函不能视为可靠的审计证据。在这种情况下，注册会计师可以要求被询证者直接书面回复。

2.通过跟函方式收到的回函

对于通过跟函方式获取的回函，注册会计师可以实施以下审计程序：

（1）了解被询证者处理函证的通常流程和处理人员；

（2）确认处理询证函人员的身份和处理询证函的权限，如索要名片、观察员工卡或姓名牌等；

（3）观察处理询证函的人员是否按照处理函证的正常流程认真处理询证函，例如，该人员是否在其计算机系统或相关记录中核对相关信息。

3.以电子形式收到的回函

对以电子形式收到的回函，由于回函者的身份及其授权情况很难确定，对回函的更改也难以发觉，因此可靠性存在风险。注册会计师和回函者采用一定的程序为电子形式的回函创造安全环境，可以降低该风险。如果注册会计师确信这种程序安全并得到适当控制，则会提高相关回函的可靠性。

电子函证程序涉及多种确认发件人身份的技术，如加密技术、电子数码签名技术、网页真实性认证程序。

当注册会计师存有疑虑时，可以与被询证者联系以核实回函的来源及内容，例如，当被询证者通过电子邮件回函时，注册会计师可以通过电话联系被询证者，确定被询证者是否发送了回函。必要时，注册会计师可以要求被询证者提供回函原件。

4.对询证函的口头回复

只对询证函进行口头回复不是对注册会计师的直接书面回复，不符合函证的要求，因此，不能作为可靠的审计证据。

在收到对询证函口头回复的情况下，注册会计师可以要求被询证者提供直接书面回复。如果仍未收到书面回函，注册会计师需要通过实施替代程序，寻找其他审计证据以支持口头回复中的信息。

5.限制性条款对询证函可靠性的影响

无论是采用纸质还是电子介质，被询证者的回函中都可能包括免责或其他限制条款。回函中存在免责或其他限制条款是影响外部函证可靠性的因素之一，但这种限制不一定使回函失去可靠性，注册会计师能否依赖回函信息以及依赖的程度取决于免责或限制条款的性质和实质。

（1）对回函可靠性不产生影响的条款

回函中格式化的免责条款可能并不会影响所确认信息的可靠性，实务中常见的这种免责条款的例子包括：

"提供的本信息仅出于礼貌，我方没有义务必须提供，我方不因此承担任何明示或暗示的责任、义务和担保"。

"本回复仅用于审计目的，被询证方、其员工或代理人无任何责任，也不能免除注册会计师做其他询问或执行其他工作的责任"。

其他限制条款如果与所测试的认定无关，也不会导致回函失去可靠性。

（2）对回函可靠性产生影响的限制条款

实务中常见的此类限制条款的例子包括：

"本信息是从电子数据库中取得，可能不包括被询证方所拥有的全部信息"；

"本信息既不保证准确也不保证是最新的，其他方可能会持有不同意见"；

"接收人不能依赖函证中的信息"。

如果限制条款使注册会计师将回函作为可靠审计证据的程度受到了限制，则注册会计师可能需要执行额外的或替代审计程序。

如果注册会计师不能通过替代或额外的审计程序获取充分、适当的审计证据，注册会计师应当确定其对审计工作和审计意见的影响。

在特殊情况下，如果限制条款产生的影响难以确定，注册会计师可能认为要求被询证者澄清或寻求法律意见是适当的。

如果认为询证函回函不可靠，注册会计师应当评价其对评估的相关重大错报风险（包括舞弊风险），以及其他审计程序的性质、时间安排和范围的影响。例如，注册会计师可以通过直接打电话给被询证者等方式以验证回函的内容和来源。

（三）积极式函证未收到回函时的处理

1.如果在合理时间内没有收到回函，注册会计师应当考虑必要时再次向被询证者寄发询证函。

2.如果未能得到被询证者的回应，注册会计师应当实施替代审计程序。

如果注册会计师认为取得积极式函证回函是获取充分、适当的审计证据的必要程序，则替代程序不能提供注册会计师所需要的审计证据。这些情况可能包括：

1.可获取的佐证管理层认定的信息只能从被审计单位外部获得；

2.存在特定舞弊风险因素，例如，管理层凌驾于内部控制之上，员工和（或）管理层串通使注册会计师不能信赖从被审计单位获取的审计证据。

上述情况下，如果未获取回函，则注册会计师应当确定其对审计工作和审计意见的影响。

（四）对不符事项的处理

注册会计师应当调查不符事项，以确定是否表明存在错报。

询证函回函中指出的不符事项可能显示财务报表存在错报或潜在错报。当识别出错报时，注册会计师需要评价该错报是否表明存在舞弊。

不符事项可以为注册会计师判断来自类似的被询证者回函的质量及类似账户回

函质量提供依据。

不符事项还可能显示被审计单位与财务报告相关的内部控制存在缺陷。

某些不符事项并不表明存在错报。例如，注册会计师可能认为询证函回函的差异是由于函证程序的时间安排、计量或书写错误造成的。

（五）实施函证时需要关注的舞弊风险迹象以及采取的应对措施

在函证过程中，注册会计师需要始终保持职业怀疑，对舞弊风险迹象保持警觉。

1.注册会计师需要关注的舞弊风险迹象

（1）管理层不允许寄发询证函。

（2）管理层试图拦截、篡改询证函或回函，如坚持以特定的方式发送询证函。

（3）被询证者将回函寄至被审计单位，被审计单位将其转交注册会计师。

（4）注册会计师跟进访问被询证者，发现回函信息与被询证者记录不一致，例如，对银行的跟进访问表明提供给注册会计师的银行函证结果与银行的账面记录不一致。

（5）从私人电子信箱发送的回函。

（6）收到同一日期发回的、相同笔迹的多份回函。

（7）位于不同地址的多家被询证者的回函邮戳显示的发函地址相同。

（8）收到不同被询证者用快递寄回的回函，但快递的交寄人或发件人是同一个人或是被审计单位的员工。

（9）回函邮戳显示的发函地址与被审计单位记录的被询证者的地址不一致。

（10）不正常的回函率，例如，银行函证未回函；与以前年度相比，回函率异常偏高或回函率重大变动；向被审计单位债权人发送的询证函回函率很低。

（11）被询证者缺乏独立性，例如：被审计单位及其管理层能够对被询证者施加重大影响以使其向注册会计师提供虚假或误导信息（如被审计单位是被询证者唯一或重要的客户或供应商）；被询证者既是被审计单位资产的保管人又是资产的管理者。

2.针对舞弊风险迹象注册会计师可以采取的应对措施

针对舞弊风险迹象，注册会计师根据具体情况可以实施的审计程序的例子包括：

（1）验证被询证者是否存在、是否与被审计单位之间缺乏独立性，其业务性质和规模是否与被询证者和被审计单位之间的交易记录相匹配；

（2）将与从其他来源得到的被询证者的地址（如与被审计单位签订的合同上签署的地址、网络上查询到的地址）相比较，验证寄出方地址的有效性；

（3）将被审计单位档案中有关被询证者的签名样本、公司公章与回函核对；

（4）要求与被询证者相关人员直接沟通讨论询证事项，考虑是否有必要前往被询证者工作地点以验证其是否存在；

（5）分别在中期和期末寄发询证函，并使用被审计单位账面记录和其他相关信息核对相关账户的期间变动；

（6）考虑从金融机构获得被审计单位的信用记录，加盖该金融机构公章，并与被审计单位会计记录相核对，以证实是否存在被审计单位没有记录的贷款、担保、开立银行承兑汇票、信用证、保函等事项。根据金融机构的要求，注册会计师获取信用记录时可以考虑由被审计单位人员陪同前往。在该过程中，注册会计师需要注意确认该信用记录没有被篡改。

第四节　分析程序

◇ 分析程序的目的
◇ 分析程序用作风险评估程序
◇ 分析程序用作实质性程序
◇ 分析程序用于总体复核

一、分析程序的目的

分析程序是指注册会计师通过分析不同财务数据之间以及财务数据与非财务数据之间的内在关系，对财务信息作出评价。分析程序还包括在必要时对识别出的、与其他相关信息不一致或与预期值差异重大的波动或关系进行调查。分析程序的用途如图3-3所示。

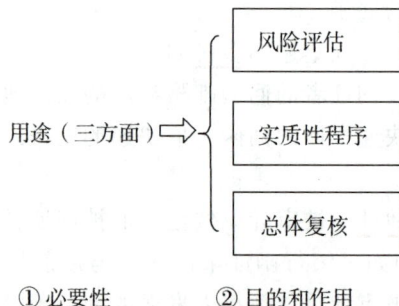

用途（三方面）⇒
风险评估
实质性程序
总体复核

① 必要性　　　② 目的和作用

图3-3　分析程序的用途

注册会计师实施分析程序的目的包括：

1.用作风险评估程序，以了解被审计单位及其环境。注册会计师实施风险评估程序的目的在于了解被审计单位及其环境并评估财务报表层次和认定层次的重大错报风险。在风险评估过程中使用分析程序也服务于这一目的。分析程序可以帮助注册会计师发现财务报表中的异常变化，或者预期发生而未发生的变化，识别存在潜在重大错报风险的领域。分析程序还可以帮助注册会计师发现财务状况或盈利能力发生变化的信息和征兆，识别那些表明被审计单位持续经营能力问题的事项。

2.当使用分析程序比细节测试能更有效地将认定层次的检查风险降至可接受的水平时，分析程序可以用作实质性程序。在针对评估的重大错报风险实施进一步审计程序时，注册会计师可以将分析程序作为实质性程序的一种，单独或结合其他细节测试，收集充分、适当的审计证据。此时运用分析程序可以减少细节测试的工作量，节约审计成本，降低审计风险，使审计工作更有效率和效果。

3.在审计结束或临近结束时对财务报表进行总体复核。在审计结束或临近结束时，注册会计师应当运用分析程序，在已收集的审计证据的基础上，对财务报表整体的合理性做最终把握，评价报表仍然存在重大错报风险而未被发现的可能性，考虑是否需要追加审计程序，以便为发表审计意见提供合理基础。

分析程序运用的不同目的，决定了分析程序运用的具体方法和特点。值得说明

的是，注册会计师在风险评估阶段和审计结束时的总体复核阶段必须运用分析程

序，在实施实质性程序阶段可选用分析程序。

二、分析程序用作风险评估程序

（一）总体要求。

注册会计师在实施风险评估程序时，应当运用分析程序，以了解被审计单位及其环境。如前所述，在实施风险评估程序时，运用分析程序的目的是了解被审计单位及其环境并评估重大错报风险，注册会计师应当围绕这一目的运用分析程序。在这个阶段运用分析程序是**强制要求**。

（二）在风险评估程序中的具体运用。

在运用分析程序时，注册会计师应重点关注关键的账户**余额、趋势**和财务比率关系等方面，对其形成一个合理的**预期**，并与被审计单位记录的金额、依据记录金额计算的比率或趋势相比较。如果分析程序的结果显示的比率、比例或趋势与注册会计师对被审计单位及其环境的了解**不一致**，并且被审计单位管理层无法提出合理的解释，或者无法取得相关的**支持性文件证据**，注册会计师应当考虑其是否表明被审计单位的财务报表存在**重大错报风险**。

例如，注册会计师根据对被审计单位及其环境的了解，**得知本期在生产成本中占较大比重的原材料成本大幅上升**。因此，**注册会计师预期在销售收入未有较大变化的情况下，由于销售成本上升，毛利率应相应下降**。但是，**注册会计师通过分析程序发现，本期与上期的毛利率变化不大**。**注册会计师可能据此认为销售成本存在重大错报风险，应对其给予足够的关注**。

需要注意的是，注册会计师**无须在了解被审计单位及其环境的每一方面时都实施分析程序**。例如，在对内部控制的了解中，注册会计师一般不会运用分析程序。

（三）风险评估过程中运用的分析程序的特点。

风险评估程序中运用分析程序的主要目的在于**识别**那些可能表明财务报表存在重大错报风险的**异常变化**。因此，所使用的数据汇总性比较强，其对象主要是财务报表中账户余额及其相互之间的关系；所使用的分析程序通常包括对账户余额变化的分析，并辅之以趋势分析和比率分析。风险评估的思路，如图3-4所示。

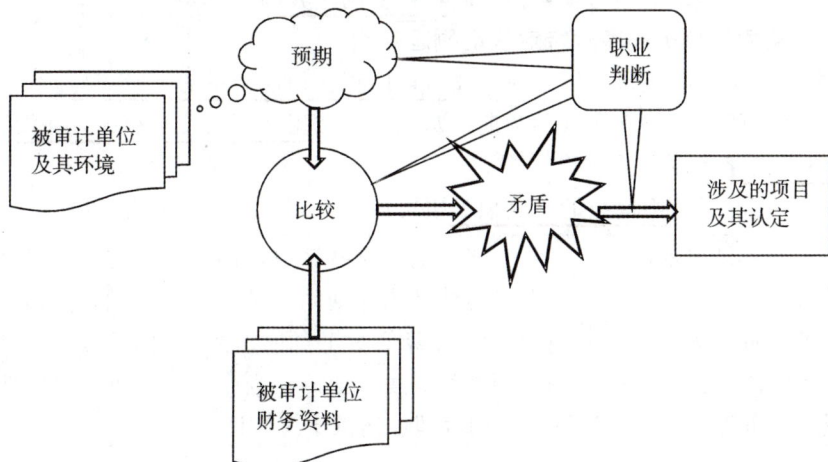

图3-4 风险评估的思路

与实质性分析程序相比，在风险评估过程中使用的分析程序所进行比较的性质、预期值的精确程度，以及所进行的分析和调查的范围都并不足以提供很高的保证水平。

三、分析程序用作实质性程序

（一）总体要求

1.目的

实质性分析程序的目的是应对重大错报风险、发现认定层次的重大错报。它不是强制程序，因为：

（1）细节测试同样可能实现目的；

（2）分析程序需要前提和基础，不一定适用于所有认定；

（3）实质性分析程序的精确度可能受到种种限制，所提供的证据在很大程度上是间接证据，证明力相对较弱。

从审计过程整体来看，注册会计师不能仅依赖实质性分析程序，而忽略对细节测试的运用。

2.实施的前提

（1）当使用分析程序比细节测试能更有效地将认定层次的检查风险降至可接受的水平时，注册会计师可以考虑单独或结合细节测试，运用实质性分析程序。

（2）如果重大错报风险较低且数据之间存在稳定的预期关系，注册会计师可以单独使用实质性分析程序获取充分、适当的审计证据。

3.设计和实施实质性分析程序时考虑的因素

（1）考虑针对所涉及认定评估的重大错报风险和实施的细节测试（如有），确定特定实质性分析程序对这些认定的适用性；

（2）考虑可获得信息的来源、可比性、性质和相关性以及与信息编制相关的控制，评价在对已记录的金额或比率作出预期时使用数据的可靠性；

（3）对已记录的金额或比率作出预期，并评价预期值是否足够精确以识别重大错报；

（4）确定已记录金额与预期值之间可接受的差异额。

（二）实质性分析程序对特定认定的适用性

实质性分析程序通常适用于在一段时期内存在预期关系的大量交易。

分析程序的运用建立在这种预期的基础上：数据之间的关系存在且在没有反证的情况下继续存在。

在某些情况下，不复杂的预测模型也可以用于实施有效的分析程序。

> 例如，如果被审计单位在某一会计期间对既定数量的员工支付固定工资，注册会计师可利用这一数据非常准确地估计出该期间的员工工资总额，从而获取有关该重要财务报表项目的审计证据，并降低对工资成本实施细节测试的必要性。一些广泛认同的行业比率（如不同类型零售企业的毛利率）通常可以有效地运用于实质性分析程序，为已记录金额的合理性提供支持性证据。

考霸笔记
链接分析程序的定义，要有"财务数据"。

考霸笔记
记忆！
提示：下述（二）～（五）即对这四点的具体展开。

不同类型的分析程序提供不同程度的保证。

> 例如，根据租金水平、公寓数量和空置率，可以测算出一幢公寓大楼的总租金收入。如果这些基础数据得到恰当的核实，上述分析程序能提供具有说服力的证据，从而可能无须利用细节测试再作进一步验证。相比之下，通过计算和比较毛利率，对于某项收入数据的确认，可以提供说服力相对较弱的审计证据，但如果结合实施其他审计程序，则可以提供有用的佐证。

①   ②

实质性分析程序的适用性受到认定的性质和评估重大错报风险的影响。

具体而言，实质性分析程序适用于存在、发生、完整性等定性认定，不大适用于准确性、计价和分摊、分类、截止等量化或精细认定，也不宜用于应对较高的重大错报风险。

（三）数据的可靠性

注册会计师对已记录的金额或比率作出预期时，需要采用内部或外部的数据。

来自被审计单位内部的数据包括：

（1）前期数据，并根据当期的变化进行调整；

（2）当期的财务数据；

（3）预算或预测；

（4）非财务数据等。

外部数据包括：

（1）政府有关部门发布的信息，如通货膨胀率、利率、税率，有关部门确定的进出口配额等；

（2）行业监管者、贸易协会以及行业调查单位发布的信息，如行业平均增长率；

（3）经济预测组织，包括某些银行发布的预测消息，如某些行业的业绩指标等；

（4）公开出版的财务信息；

（5）证券交易所发布的信息等。

数据的可靠性直接影响根据数据形成的预期值。数据的可靠性越高，预期的准确性也将越高，分析程序将更有效。注册会计师计划获取的保证水平越高，对数据可靠性的要求也就越高。

数据的可靠性受其来源和性质的影响，并取决于获取该数据的环境。因此，在确定数据的可靠性是否能够满足实质性分析程序的需要时，下列因素是相关的：

（1）可获得信息的来源。例如，从被审计单位以外的独立来源获取的信息可能更加可靠。

（2）可获得信息的可比性。例如，对于生产和销售特殊产品的被审计单位，可能需要对宽泛的行业数据进行补充，使其更具可比性。

（3）可获得信息的性质和相关性。例如，预算是否作为预期的结果，而不是作为将要达到的目标。

（4）与信息编制相关的控制，用以确保信息完整、准确和有效。例如，与预算的编制、复核和维护相关的控制。

当针对评估的风险实施实质性分析程序时，如果使用被审计单位编制的信息，注册会计师可能需要考虑测试与信息编制相关的控制（如有）的有效性。当这些控制有效时，注册会计师通常对该信息的可靠性更有信心，进而对分析程序的结果更有信心。

（四）评价预期值的准确程度

准确程度是对预期值与真实值之间接近程度的度量，也称精确度。

分析程序的有效性很大程度上取决于注册会计师形成的预期值的准确性。预期值的准确性越高，注册会计师通过分析程序获取的保证水平将越高。

在评价作出预期的准确程度是否足以在计划的保证水平上识别重大错报时，注册会计师应当考虑下列主要因素：

（1）对实质性分析程序的预期结果作出预测的准确性。例如，与各年度的研究开发和广告费用支出相比，注册会计师通常预期各期的毛利率更具有稳定性。

（2）信息可分解的程度。信息可分解的程度是指用于分析程序的信息的详细程度，如按月份或地区分部分解的数据。通常，数据的可分解程度越高，预期值的准确性越高，注册会计师将相应获取较高的保证水平。当被审计单位经营复杂或多元化时，分解程度高的详细数据更为重要。

（3）财务和非财务信息的可获得性。在设计实质性分析程序时，注册会计师应考虑是否可以获得财务信息（如预算和预测）以及非财务信息（如已生产或已销售产品的数量），以有助于运用分析程序。

（五）已记录金额与预期值之间可接受的差异额

预期值只是一个估计数据，大多数情况下与已记录金额并不一致。为此，在谁计和实施实质性分析程序时，注册会计师应当确定已记录金额与预期值之间可接受的差异额。

注册会计师在确定已记录金额与预期值之间可接受的且无需作进一步调查的差异额时，受①重要性、②计划的保证水平和③重大错报风险的影响。

> 通常，可容忍错报越低，可接受的差异额越小；计划的保证水平越高，可接受的差异额越小；评估的风险越高，可接受的差异额越小。可接受的差异额越小，注册会计师需要收集的审计证据就越多，以尽可能发现财务报表中的重大错报，维持计划的保证水平。

分析程序包括必要时（预期值与实际值之差大于可接受差异额）对识别出的不一致或与预期数据严重偏离的波动或关系进行调查。

如果在期中实施实质性程序，并计划针对剩余期间实施实质性分析程序，注册会计师应当考虑实质性分析程序对特定认定的适用性、数据的可靠性、预期值的准确程度以及可接受的差异额（上述展开4点），并评估这些因素如何影响针对剩余期间获取充分、适当的审计证据的能力。如果认为仅实施实质性分析程序不足以收集充分、适当的审计证据，注册会计师还应测试剩余期间相关控制运行的有效性或针对期末实施细节测试。

四、分析程序用于总体复核

1.总体要求。

在审计结束或临近结束时，注册会计师运用分析程序的目的是确定财务报表整体是否与其对被审计单位的了解一致，注册会计师应当围绕这一目的运用分析程序。这时运用分析程序是强制要求，注册会计师在这个阶段应当运用分析程序。

2.总体复核阶段分析程序的特点。

在总体复核阶段执行分析程序，所进行的比较和使用的手段与风险评估程序中使用的分析程序基本相同，但两者的目的不同，主要差别在于实施分析程序的时间和重点不同，以及所取得的数据的数量和质量不同。

因为在总体复核阶段实施的分析程序并非为了对特定账户余额和披露提供实质性的保证水平，因此并不如实质性分析程序那样详细和具体，而往往集中在财务报表层次。

3.再评估重大错报风险。

在运用分析程序进行总体复核时，如果识别出以前未识别的重大错报风险，注册会计师应当重新考虑对全部或部分各类交易、账户余额、列报评估的风险是否恰当，并在此基础上重新评价之前计划的审计程序是否充分，是否有必要追加审计程序。

智能测评

在线练习		我要提问
扫码在线做题	扫码看答案	扫码答疑
本书"本章同步强化训练"均配备二维码，打开微信"扫一扫"即可完成在线测评，查看本章详细的测评反馈报告，了解知识掌握情况，也可扫码直接看答案噢。 快来扫码做题吧！		本书配备答疑专用二维码，打开微信"扫一扫"，即可完成在线提问，获取专业老师全面个性化解答，让学习问题不再拖延。 快来扫码提问吧！

分析程序用于不同审计阶段的必要性

第三章

本章同步强化训练

一、单选题

1.在确定审计证据数量时，下列表述中，正确的是（　　）。

A.注册会计师可以通过调整重要性水平，减少审计证据的数量

B.审计证据质量越高，则注册会计师需要的审计证据可能越少

C.评估的重大错报风险越高，则注册会计师需要的审计证据可能越少

D.针对审计证据质量缺陷，注册会计师可以通过获取更多的审计证据予以弥补

2.下列与审计证据相关的表述，正确的是（　　）。

A.不应考虑获取审计证据的成本与获取信息的有用性之间的关系

B.会计记录的来源和被审计单位内部控制的相关强度不会影响其信赖程度

C.内部控制薄弱时内部生成的审计证据是不可靠的

D.会计记录中含有的信息本身并不足以提供充分的审计证据作为对财务报表发表审计意见的基础

3.下列关于审计证据的说法中，错误的是（　　）。

A.审计工作通常不涉及鉴定文件的真伪，对用作审计证据的文件记录，只需考虑相关内容控制的有效性

B.从不同来源获取的审计证据不一致，表明某项审计证据可能不可靠，注册会计师应当追加必要的审计程序

C.特定的审计程序可能只为某些认定提供相关的审计证据，而与其他认定无关

D.审计证据的充分性是对审计证据数量的衡量，主要与确定的样本量有关

4.下列关于审计程序运用的表述中正确的是（　　）。

A.检查有形资产可为其存在提供可靠的审计证据，但不一定能够为权利和义务、计价等认定提供可靠的审计证据

B.观察可以提供执行有关过程或程序的审计证据，观察所提供的审计证据并不局限于观察发生的时点，被观察人员的行为不会因此而受到影响

C.询问可以作为独立的审计程序进行实施

D.重新计算可以运用于风险评估程序

5.分析管理层要求不实施函证的原因时，注册会计师应当保持职业怀疑态度，并考虑相关因素。以下不属于注册会计师应当考虑的因素的是（　　）。

A.管理层是否诚信

B.是否可能存在重大的舞弊或错误

C.被审计单位是否实施了有效的内部控制

D.替代审计程序能否提供与这些账户余额或其他信息相关的充分、适当的审计证据

6.注册会计师应当对函证的全过程保持控制，下列控制措施不正确的是（　　）。

A.通过被询证者的网站或其他公开网站核对被询证者的名称和地址

B.注册会计师不可以独自前往被询证者执行函证程序

C.已在询证函中正确填列被询证者直接向注册会计师回函的地址

D.注册会计师直接在邮局投递询证函

7.收到回函后，根据不同情况，注册会计师可以分别实施不同的程序，以验证回函的可靠

性，下列程序不正确的是（　　　）。

A.通过邮寄方式收到回函的，验证回函是否由被审计单位直接寄给注册会计师

B.通过跟函方式收到回函的，要了解被询证者处理函证的通常流程和处理人员

C.以电子形式收到的回函，可以通过电话联系被询证者，确定被询证者是否发送了回函

D.在收到对询证函口头回复的情况下，可以要求被询证者提供直接书面回复

8.下列回函中格式化的免责条款可能并不会影响所确认信息的可靠性（　　　）。

A.本信息是从电子数据库中取得，可能不包括被询证方所拥有的全部信息

B.本信息既不保证准确性也不保证是最新的，其他方可能会持有不同的意见

C.接收人不能依赖函证中的信息

D.提供的本信息仅出于礼貌，我方没有义务必须提供，我方不因此承担任何明示或暗示的责任、义务和担保

9.下列各项中，不适用分析程序的是（　　　）。

A.风险评估程序　　　B.实质性程序　　　C.控制测试　　　D.总体复核

10.下列有关分析程序的说法中，正确的是（　　　）。

A.需要从实质性分析程序中获取的保证程度越高，可接受的差异额越高

B.注册会计师无须在了解被审计单位及其环境的各个方面实施分析程序

C.实质性程序中运用分析程序的主要目的在于识别那些可能表明财务报表存在重大错报风险的异常变化

D.总体复核阶段实施分析程序应当达到与实质性分析程序相同的保证水平

二、多选题

1.下列属于评价审计证据充分性和适当性特殊考虑事项的有（　　　）。

A.对文件记录的可靠性　　　　　　　　B.使用被审计单位生成信息时的考虑

C.证据相互矛盾时的考虑　　　　　　　D.获取审计证据时对成本的考虑

2.下列关于审计证据的表述中，错误的有（　　　）。

A.内部控制的无效性不构成审计证据

B.审计证据质量越高，需要的审计证据可能越少

C.初步评估的控制风险越低，需要通过控制测试获取的审计证据可能越少

D.检查内部记录或文件时，其可靠性取决于生成该记录或文件的内部控制的有效性

3.下列审计程序均可以运用于风险评估程序、控制测试和实质性程序的有（　　　）。

A.检查　　　　　　B.观察　　　　　　C.询问　　　　　　D.函证

4.下列选项中，在确定是否选择函证程序作为实质性程序时，应当考虑的因素有（　　　）。

A.被询证者可能以不同的币种核算交易　　B.被询证者是否是被审计单位的关联方

C.评估的认定层次重大错报风险　　　　　D.对不同的认定，函证的证明力是不同的

5.注册会计师函证应收账款，可以为下列哪些认定提供相关、可靠的审计证据（　　　）。

A.存在　　　　　　B.计价与分摊　　　　C.权利和义务　　　D.完整性

6.注册会计师应当对银行存款、借款及与金融机构往来的其他重要信息实施函证程序，除非有充分证据表明某一银行存款、借款及与金融机构往来的其他信息同时满足以下两个条件（　　　）。

A.这些信息对财务报表不重要

B.与之相关的重大错报风险很低

C.函证很可能无效

D.替代审计程序能够提供与这些账户余额或其他信息相关的充分、适当的审计证据

7.在某些情形下，注册会计师可能认为取得积极式询证函回函是获取充分、适当的审计证据的必要程序，这些情形可能包括（   ）。

A.在被审计单位的内部控制中发现重大缺陷

B.被审计单位存在特定舞弊风险因素

C.被审计单位高级管理人员近期发生变动

D.可获取的佐证管理层认定的信息只能从被审计单位外部获得

8.根据对被审计单位的了解、评估的重大错报风险以及所测试总体的特征等，注册会计师可以确定从总体中选取特定科目进行测试。选取的特定项目可能包括（   ）。

A.金额较大的项目   B.账龄较长的项目

C.交易频繁但期末余额较小的项目 D.可能存在争议、舞弊或错误的交易

9.使用分析程序时，数据的可靠性受其来源和性质的影响，并取决于获取该数据的环境，在确定数据的可靠性是否能够满足实质性分析程序的需要时，下列哪些因素是相关的（   ）。

A.可获得信息的来源

B.可获得信息的可比性

C.可获得信息的性质和相关性

D.与信息编制相关的控制，用以确保信息完整、准确和有效

10.在实施实质性分析程序时，注册会计师应当评价作出预期的准确程度是否足以在计划的保证水平上识别重大错报。以下关于注册会计师的考虑因素正确的有（   ）。

A.与各年度的研究开发和广告费用支出相比，注册会计师通常预期各期的毛利率更具有稳定性

B.预期值虽然只是估计值，但是应该与已记录的金额一致

C.当被审计单位经营复杂或多元时，分解程度高的详细数据更为重要

D.获取被审计单位的预算和预测数据以及已生产或已销售产品的数量，有助于运用分析程序

三、简答题

1.A注册会计师确定甲公司2018年度财务报表整体的重要性为200万元，明显微小错报的临界值为10万元。A注册会计师实施了银行存款及应收账款函证程序，相关审计工作底稿的部分内容摘录如下：

（1）对甲公司2018年12月31日有往来余额的银行账户实施函证程序。

（2）甲公司为乙银行重要客户，有业务专员上门办理各类业务。2019年2月18日，A注册会计师在甲公司财务经理的陪同下将函证交予上门办理业务的乙银行业务专员。银行业务专员当场盖章回函。函证结果满意。

（3）A注册会计师发现丙银行的回函有差异金额3万元，由于小于明显微小错报的临界值，认为无须实施进一步审计程序。

（4）丁公司的应收账款账户已全额计提坏账准备，故A注会计师认为不存在风险，选取另一样本实施函证。

（5）戊公司的应收账款询证函被退回，原因为"原址查无此单位"。A注册会计师实施了替代程序，未发现差异。

（6）由于未收到已公司的询证函回函，A注册会计师与已公司财务人员电话确认了余额，认为不存在重大错报。

要求：针对上述第（1）至（6）项，逐项指出A注册会计师的做法是否恰当。如不恰当，简要说明理由。

2.ABC会计师事务所负责审计甲公司2018年度财务报表，审计项目组确定的财务报表整体的重要性为400万元，实际执行的重要性为200万元，明显微小错报的临界值为20万元，审计工作底稿中与函证相关的部分内容摘录如下：

（1）针对甲公司的银行账户函证，审计项目组发出询证函前，将需要向银行函证确认的信息与银行存款日记账进行了核对。

（2）针对应收账款函证，审计项目组将应收账款明细账中账面金额低于400万元的明细项目全部采用消极式询证函，并以邮寄方式寄发询证函。

（3）审计项目组成员根据甲公司财务人员提供的电子邮箱地址，向甲公司境外客户丁公司发送了电子邮件，询证应收账款余额，并收到了电子邮件回复。丁公司确认余额准确无误。审计项目组成员将电子邮件打印后归入审计工作底稿。

（4）针对甲公司的长期股权投资减值准备计提可能不充分的错报风险，审计项目组利用计算机辅助审计技术从长期股权投资明细账中选取样本，并实施函证程序。

（5）审计项目组收到的一份甲公司的银行询证函回函，其回函中标注"本行只能说明甲公司投资款已经到账，本行不保证未来投资是否具有预期投资回报"。审计项目组致电该银行，银行工作人员表示这是银行业标准条款。审计项目组据此认为该回函可靠，并在工作底稿中记录了与银行的电话沟通内容。

（6）审计项目组针对甲公司的银行采用跟函的函证方式，在甲公司财务经理的陪同下完成跟函全过程，并及时取回询证函。

要求：1.针对上述第（1）至（5）项，逐项指出审计项目组的做法是否恰当，并简要说明理由。

2.针对上述第（6）项，指出审计项目组可以实施哪些审计程序验证回函的可靠性。

第四章
审计抽样

本章框架图

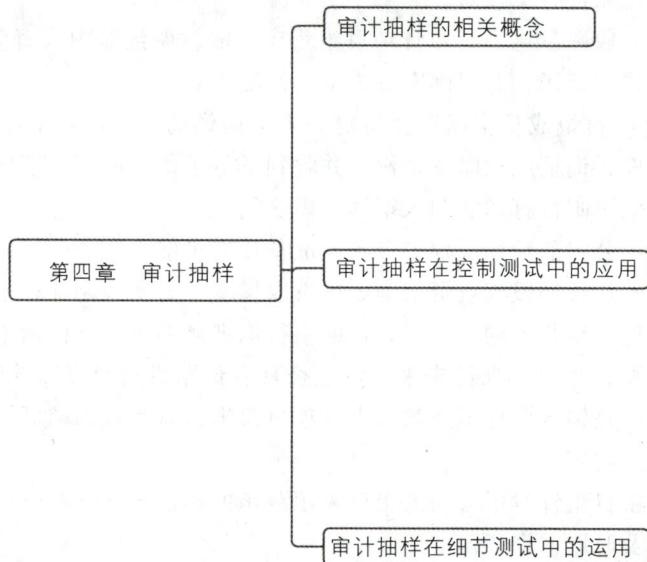

```
                                    ┌─ 审计抽样的相关概念

第四章  审计抽样 ──┼─ 审计抽样在控制测试中的应用

                                    └─ 审计抽样在细节测试中的运用
```

本章考情概述

从内容上看，本章核心内容是审计抽样的原理及其运用。

第一节更适合考选择题，其余各节适合各种题型。2017年教材在结构上删除了一节，将原内容整合进后两节中，内容上在细节测试中改为以统计抽样的分析为主，增加了货币单元抽样确定样本规模、评价样本结果等内容，这部分内容涉及计算、较为复杂，也可能在主观题中考察，仍是考生今年复习备考的重点。

近三年主要考点：属性抽样、抽样与非抽样风险、样本规模、抽样定义、PPS抽样优缺点。

第一节 审计抽样的相关概念

◇ 审计抽样

◇ 抽样风险与非抽样风险

◇ 统计抽样和非统计抽样

◇ 属性抽样与变量抽样

注册会计师在获取充分、适当证据时，需要选取项目进行测试。选取方法包括三种：

一是对某总体包含的全部项目进行测试（比如对资本公积项目）；

二是对选出的特定项目进行测试，但不推断总体；

三是审计抽样，以样本结果推断总体结论。

在现实社会经济生活中，企业规模的扩大和经营复杂程度的不断上升，使注册会计师对每一笔交易进行检查变得既不可行，又没有必要。为了在合理的时间内以合理的成本完成审计工作，审计抽样应运而生。审计抽样旨在帮助注册会计师确定实施审计程序的范围，以获取充分、适当的审计证据，得出合理的结论，作为形成审计意见的基础。本章将讨论审计抽样的方法。

一、审计抽样

（一）审计抽样的含义

审计抽样是指注册会计师对具有审计相关性的总体中低于百分之百的项目实施审计程序，使所有抽样单元都有被选取的机会，为注册会计师针对整个总体得出结论提供合理基础。审计抽样能够使注册会计师获取和评价有关所选取项目某一特征的审计证据，以形成或有助于形成有关总体的结论。总体，是指注册会计师从中选取样本并期望据此得出结论的整个数据集合。抽样单元，则是指构成总体的个体项目。

（二）审计抽样的特征

1. 对具有审计相关性的总体中低于百分之百的项目实施审计程序；

2. 所有抽样单元都有被选取的机会（不一定均等）；

3. 可以根据样本项目的测试结果推断出有关抽样总体的结论。

审计抽样时，注册会计师应确定适合于特定审计目标的总体，并从中选取低于百分之百的项目实施审计程序。在某些情况下，注册会计师可能决定测试某类交易或账户余额中的每一个项目，即针对总体进行百分之百的测试，这就是通常所说的全查，而不是审计抽样。

审计抽样时，所有抽样单元都应有被选取成为样本的机会，注册会计师不能存有偏向，只挑选具备某一特征的项目（例如，金额大或账龄长的应收账款）进行测试。如果只选取特定项目实施审计程序，那就不是审计抽样。在这种情形下，注册会计师只能针对这些特定项目得出结论，而不能根据特定项目的测试结果推断总体的特征。

审计抽样时，注册会计师的目的并不是评价样本，而是对整个总体得出结论。如果注册会计师从某类交易或账户余额中选取低于百分之百的项目实施审计程序，却不准备据此推断总体的特征，例如，注册会计师挑选几笔交易，追查其在被审计单位会计系统中的运行轨迹，以获取对被审计单位内部控制的总体了解，而不是评价该类交易的整体特征，这就不是审计抽样。

值得注意的是，只有当从抽样总体中选取的样本具有代表性时，注册会计师才能根据样本项目的测试结果推断出有关总体的结论。代表性，是指在既定的风险水平下，注册会计师根据样本得出的结论，与对整个总体实施与样本相同的审计程序得出的结论类似。样本具有代表性并不意味着根据样本测试结果推断的错报一定与总体中的错报完全相同，如果样本的选取是无偏向的，那么该样本通常就具有了代表性。代表性包括：

（1）与整个样本相关，而与样本中的单个项目无关；

（2）与如何选取样本相关，而与样本规模无关；

（3）与错报的发生率相关，而与错报的特定性质无关（如异常情况导致的样本错报就不具有代表性）。

（三）适用范围（见表4-1）

表4-1

适用范围表

项目	适用	不适用
风险评估程序	—	√
控制测试	留下运行轨迹的控制	未留下运行轨迹的控制
实质性程序	细节测试	实质性分析程序

此外，在被审计单位采用信息技术处理各类交易及其他信息时，注册会计师通常只需要测试信息技术一般控制，并从各类交易中选取一笔或几笔交易进行测试，就能获取有关信息技术应用控制运行有效性的审计证据，此时不需使用审计抽样。

审计抽样也可以与其他选取测试项目的方法结合进行。例如，在审计应收账款时，注册会计师可以使用选取特定项目的方法将应收账款中的单个重大项目挑选出来单独测试，再针对剩余的应收账款余额进行抽样。

二、抽样风险与非抽样风险

在获取审计证据时，注册会计师应当运用职业判断，评估重大错报风险，并设计进一步的审计程序，以确保将审计风险降至可接受的低水平。在使用审计抽样时，审计风险既可能受到抽样风险的影响，又可能受到非抽样风险的影响。抽样风险和非抽样风险通过影响重大错报风险的评估和检查风险的确定而影响审计风险。

（一）抽样风险

抽样风险，是指注册会计师根据样本得出的结论，可能不同于如果对整个总体实施与样本相同的审计程序得出的结论的风险。抽样风险是由抽样引起的，与样本规模和抽样方法相关。

从总体中抽取少于100%的样本进行审计，是导致抽样风险的唯一原因。注册会计师可以通过扩大样本规模将抽样风险降低到与保证程度相适应的可接受水平。如果样本规模扩大到总体的100%，抽样风险即可降低到零。

控制测试中的抽样风险包括信赖过度风险和信赖不足风险。

1.信赖过度风险是指推断的控制有效性高于其实际有效性的风险，也可以说，尽管样本结果支持注册会计师计划信赖内部控制的程度，但实际偏差率不支持该信

赖程度的风险。信赖过度风险与审计的效果有关。如果注册会计师评估的控制有效性高于其实际有效性，从而导致评估的重大错报风险水平偏低，注册会计师可能不适当地减少了从实质性程序中获取的证据，因此审计的有效性下降。对于注册会计师而言，信赖过度风险更容易导致注册会计师发表不恰当的审计意见，因而更应予以关注。

2.信赖不足风险是指推断的控制有效性低于其实际有效性的风险，也可以说，尽管样本结果不支持注册会计师计划信赖内部控制的程度，但实际偏差率支持该信赖程度的风险。信赖不足风险与审计的效率有关。当注册会计师评估的控制有效性低于其实际有效性时，评估的重大风险水平高于实际水平，注册会计师可能会增加不必要的实质性程序。在这种情况下，审计效率可能降低。

在实施细节测试时，注册会计师也要关注两类抽样风险：误受风险和误拒风险。

1.误受风险是指注册会计师推断某一重大错报不存在而实际上存在的风险。如果账面金额实际上存在重大错报而注册会计师认为其不存在重大错报，那么注册会计师通常会停止对该账面金额继续进行测试，并根据样本结果得出账面金额无重大错报的结论。与信赖过度风险类似，误受风险影响审计效果，容易导致注册会计师发表不恰当的审计意见，因此注册会计师更应予以关注。

2.误拒风险是指注册会计师推断某一重大错报存在而实际上不存在的风险。与信赖不足风险类似，误拒风险影响审计效率。如果账面金额不存在重大错报而注册会计师认为其存在重大错报，注册会计师会扩大细节测试的范围并考虑获取其他审计证据，最终注册会计师会得出恰当的结论。在这种情况下，审计效率可能降低。

抽样风险表见表4-2。

表4-2   抽样风险表

项目	影响审计效果	影响审计效率
控制测试	信赖过度风险	信赖不足风险
细节测试	误受风险	误拒风险

（二）非抽样风险

非抽样风险，是指注册会计师由于任何与抽样风险无关的原因而得出错误结论的风险。注册会计师即使对某类交易或账户余额的所有项目实施审计程序，也可能仍未能发现重大错报或控制失效。在审计过程中，可能导致非抽样风险的原因包括下列情况：

1.注册会计师选择了不适于实现特定目标的审计程序。例如，注册会计师依赖应收账款函证来揭露未入账的应收账款。

2.注册会计师选择的总体不适合于测试目标。例如，注册会计师在测试销售收入完整性认定时将主营业务收入日记账界定为总体。

3.注册会计师未能适当地定义误差（包括控制偏差或错报），导致注册会计师未能发现样本中存在的偏差或错报。例如，注册会计师在测试现金支付授权控制的

考霸笔记
能信赖的没信赖，那么就会多做实质性程序，影响效率。

考霸笔记
错误地接受了某风险。认为不存在某一重大错报风险，工作就会少做，实则有该风险，所以影响审计效果。

考霸笔记
错误地拒绝了某风险。认为存在某一重大错报风险，就会多做工作，实则没有该风险，这样就会影响审计效率。

考霸笔记
掌握！易考！

考霸笔记
不是由抽样引起的，都是由人为因素造成的。

有效性时，未将签字人未得到适当授权的情况界定为控制偏差。

4.注册会计师未能适当地评价审计发现的情况。例如，注册会计师错误解读审计证据可能导致没有发现误差。注册会计师对所发现误差的重要性的判断有误，从而忽略了性质十分重要的误差，也可能导致得出不恰当的结论。

非抽样风险是由人为因素造成的，虽然难以①量化非抽样风险，但通过采取适当的质量控制政策和程序，②对审计工作进行适当的指导、监督和复核，③仔细设计审计程序，④以及对审计实务的适当改进，注册会计师可以将非抽样风险降至可以接受的水平。

三、统计抽样和非统计抽样

所有的审计抽样都需要注册会计师运用职业判断，计划并实施抽样程序，评价样本结果。注册会计师在运用审计抽样时，既可以使用统计抽样方法，也可以使用非统计抽样方法，这取决于注册会计师的职业判断。

统计抽样，是指同时具备下列特征的抽样方法：

（1）随机选取样本项目；

（2）运用概率论评价样本结果，包括计量抽样风险。

如果注册会计师严格按照随机原则选取样本，却没有对样本结果进行统计评估，或者基于非随机选样进行统计评估，都不能认为使用了统计抽样。

注册会计师应当根据具体情况并运用职业判断，确定使用统计抽样或非统计抽样方法，以最有效率地获取审计证据。注册会计师在统计抽样与非统计抽样方法之间进行选择时主要考虑成本效益。统计抽样与非统计抽样对照表见表4-3。

表4-3　　　　　统计抽样与非统计抽样对照表

项目	统计抽样	非统计抽样
优点	1.客观地计量和精确地控制抽样风险 2.高效设计样本 3.计量已获得的审计证据的充分性 4.能定量评价样本的结果	1.操作简单，使用成本低 2.适合定性分析
缺点	1.需要特殊的专业技能，增加培训注册会计师的成本 2.单个样本项目要符合统计要求，增加了额外费用	无法量化抽样风险
相同点	1.在设计、实施和评价样本时都离不开职业判断 2.运用得当都可以获取充分、适当的审计证据，非统计抽样也能提供与统计抽样方法同样有效的结果 3.都是通过样本中发现的错报或偏差率推断总体的特征 4.都可以通过扩大样本量来降低抽样风险 5.对选取的样本项目实施的审计程序通常与使用的抽样方法无关	

四、属性抽样与变量抽样

（一）属性抽样

属性抽样是一种用来对总体中某一事件发生率得出结论的统计抽样方法。

属性抽样在审计中最常见的用途是测试某一设定控制的偏差率，以支持注册会计师评估的控制有效性。

无论交易的规模如何，针对某类交易的设定控制预期将以同样的方式运行。在属性抽样中，设定控制的每一次发生或偏离都被赋予同样的权重，而不管交易的金额大小。

（二）变量抽样

变量抽样是一种用来对总体金额得出结论的统计抽样方法。

变量抽样在审计中的主要用途是进行细节测试，通过细节测试发现样本错报，据以评估总体错报，对总体金额得出结论，以确定记录金额是否正确（即是否不存在重大错报）。

变量抽样包括非统计变量抽样、传统变量抽样与货币单元抽样。其中，货币单元抽样运用属性抽样原理得出以金额表示的结论，同时具备属性抽样与变量抽样的特征。这是个特例。

属性抽样与变量抽样总结表见表4-4。

表4-4　　　　　　　　　属性抽样与变量抽样总结表

抽样方法	测试环节	测试特征和目的
属性抽样	控制测试	对总体中某一事件发生率得出结论的统计抽样方法，其目的是测试控制的偏差率
变量抽样	细节测试	对总体金额得出结论的统计抽样方法，其目的是测试错报金额

审计抽样类型关系见表4-5。

表4-5　　　　　　　　　审计抽样类型关系表

抽样类型	统计抽样	非统计抽样
属性抽样	统计属性抽样	非统计属性抽样
变量抽样	统计变量抽样	非统计变量抽样

注意：统计抽样与非统计抽样、属性抽样与变量抽样是对审计抽样类型不同维度上的划分。

第二节　审计抽样在控制测试中的应用

◇ 样本设计阶段
◇ 选取样本阶段
◇ 评价样本结果阶段
◇ 记录抽样程序

在控制测试中应用审计抽样有两种方法。一种是发现抽样。这种方法在注册会计师预计控制高度有效时可以使用，以证实控制的有效性。在发现抽样中，注册会计师使用的预计总体偏差率是0。在检查样本时，一旦发现一个偏差就立即停止抽样。如果在样本中没有发现偏差，则可以得出总体偏差率可以接受的结论。另一种是属性估计抽样，用以估计被测试控制的偏差发生率，或控制未有效运行的频率。本节以第二种方法为主。

在控制测试中使用审计抽样可以分为样本设计、选取样本和评价样本结果三个阶段，见表4-6。

表4-6　　　　　　　　　　　　审计抽样阶段表

环节	目的
1.样本设计阶段	根据测试的目标和抽样总体，制订选取样本的计划
2.选取样本阶段	按照适当的方法从相应的抽样总体中选取所需的样本，并对其实施检查，以确定是否存在误差
3.评价样本结果	根据对误差的性质和原因的分析，将样本结果推断至总体，形成对总体的结论

一、样本设计阶段

（一）确定测试目标

注册会计师实施控制测试的目标是提供关于控制运行有效性的审计证据，以支持计划的重大错报风险评估水平。因此，控制测试主要关注：（1）控制在所审计期间的相关时点是如何运行的；（2）控制是否得到一贯执行；（3）控制由谁或以何种方式执行。

注册会计师必须首先针对某项认定详细了解控制目标和内部控制政策与程序之后，方可确定从哪些方面获取关于控制是否有效运行的审计证据。

（二）定义总体

总体，是指注册会计师从中选取样本并期望据此得出结论的整个数据集合。注册会计师在界定总体时，应当确保总体的适当性和完整性。

1.适当性。

注册会计师应确定总体适合于特定的审计目标，包括适合于测试的方向。

例如，在控制测试中，如果要测试用以保证所有发运商品都已开单的控制是否有效运行，则注册会计师从已开单的项目中抽取样本不能发现误差，因为该总体不包含那些已发运但未开单的项目。为发现这种误差，将所有已发运的项目作为总体通常比较适当。

又如，要测试现金支付授权控制是否有效运行时，如果从已得到授权的项目中抽取样本，则注册会计师不能发现控制偏差，因为该总体不包含那些已支付但未得到授权的项目。因此，为发现未得到授权的现金支付，注册会计师应当将所有已支付现金的项目作为总体。

2.完整性。

注册会计师应当从总体项目内容和涉及时间等方面确定总体的完整性。

例如，如果注册会计师从档案中选取付款证明，除非确信所有的付款证明都已归档，否则不能对该期间的所有付款证明得出结论。

又如，如果注册会计师需对某一控制活动在财务报告期间是否有效运行得出结论，则总体应包括来自整个报告期间的所有相关项目。

在控制测试中，注册会计师必须考虑总体的同质性。同质性是指总体中的所存项目应该具有同样的特征（性质），包括执行人员稳定、信息系统稳定、控制环境稳定、业务类型稳定等（类似于变量抽样中的总体变异性）。

例如，如果被审计单位的出口和内销业务的处理方式不同，则注册会计师应分别评价两种不同的控制情况，因而会出现两个独立的总体。又如，虽然被审计单位的所有分支机构的经营可能都相同，但每个分支机构是由不同的人运行的。如果注册会计师对每个分支机构的内部控制和员工感兴趣，则可以将每个分支机构作为一个独立的总体对待。另外，如果注册会计师关心的不是单个分支机构而是被审计单位整体的经营，且各分支机构的控制具有足够的相同之处，就可以将被审计单位视为一个单独的总体。

考霸笔记
可结合第八章、第二十章一起掌握。

需要注意的是，被审计单位在被审计期间可能改变某个特定控制。如果某控制（旧控制）被用于实现相同控制目标的另一控制（新控制）所取代，则注册会计师需要确定是否测试这两个控制的运行有效性，或只测试新控制。

（1）如果注册会计师需要就与销售交易相关的控制的运行有效性获取证据，以支持重大错报风险的评估水平，且预期新、旧控制都是有效的，则可以将被审计期间的所有销售交易作为一个总体。

（2）在新控制与旧控制差异很大时，也可以分别进行测试，因而出现两个独立的总体。

（3）如果注册会计师对重大错报风险的评估主要取决于控制在被审计期间的后期或截至某个特定时点的有效运行，也可能主要测试新控制，而对旧控制不进行测试或仅进行少量测试，此时，新控制针对的销售交易是一个独立的总体。

（三）定义抽样单元

抽样单元应与审计测试目标相适应。抽样单元通常是能够提供控制运行证据的一份文件资料、一个记录或其中一行，每个抽样单元构成了总体中的一个项目。在控制测试中，注册会计师应根据被测试的控制定义抽样单元。例如，如果测试目标是确定付款是否得到授权，且设定的控制要求付款之前授权人在付款单据上签字，则抽样单元可能被定义为每一张付款单据。如果一张付款单据包含了对几张发票的付款，且设定的控制要求每张发票分别得到授权，那么付款单据上与发票对应的一行就可能被定义为抽样单元。

对抽样单元的定义过于宽泛可能导致缺乏效率。例如，如果注册会计师将发票作为抽样单元，就必须对发票上的所有项目进行测试。如果注册会计师将发票上的某一行作为抽样单元，则只需对被选取的行所代表的项目进行测试。如果定义抽样单元的两种方法都适合于测试目标，则将每一行的项目作为抽样单元时能效率更高。

（四）定义偏差构成条件

注册会计师应根据对内部控制的理解，确定哪些特征能够显示被测试控制的运行情况，然后据此定义误差构成条件。在控制测试中，偏差是指偏离对设定控制的预期执行。在评估控制运行的有效性时，注册会计师应当考虑其认为必要的所有环节。

例如，设定的控制要求每笔支付都应附有发票、收据、验收报告和订购单等证明文件，且均盖上"已付"戳记。注册会计师认为盖上"已付"戳记的发票和验收报告足以显示控制的适当运行。在这种情况下，误差可能被定义为缺乏盖有"已付"戳记的发票和验收报告等证明文件的款项支付。

（五）定义测试期间

定义测试期间与期中实施控制测试相关。如在会计期末实施控制测试，则测试总体涵盖的测试期间通常就是整个会计年度，无须专门定义测试期间。

由于内部控制的相对稳定性，注册会计师通常在期中实施控制测试。由于期中测试获取的证据只与控制截止期中测试时点的运行有关，注册会计师需要确定如何获取关于剩余期间的证据。（期中测试日至年末的相关业务尚未发生，注册会计师在期中无法测试将在剩余期间执行的控制，这就需要恰当定义测试期间）。

注册会计师通常可以有两种做法：

1. 将测试扩展至在剩余期间发生的交易，以获取额外的证据。
2. 不将测试扩展至在剩余期间发生的交易。

无论哪一种选择，注册会计师都需要考虑如何确定剩余期间内部控制的有效性（不考虑，导致总体事实上的不完整）。

1. 将测试扩展至在剩余期间发生的交易，以获取额外的证据（即"将总体定义为整个被审计期间的交易"）。在这种情况下，总体由整个被审计期间的交易组成。

（1）初始测试。注册会计师可能将总体定义为包括整个被审计期间的交易，但在期中实施初始测试。在这种情况下，注册会计师可能估计总体中剩余期间将发生的交易的数量，并在期末审计时对所有发生在期中测试之后的被选取交易进行检查。例如，如果被审计单位在当年的前10个月开具了编号从1到10 000的发票，注册会计师可能估计，根据企业的经营周期，剩下两个月中将开具2 500张发票，因此注册会计师在选取所需的样本时用1到12500作为编号。所选取的发票中，编号小于或等于10 000的样本项目在期中审计时进行检查，剩余的样本项目将在期末审计时进行检查。

（2）估计总体。在估计总体规模时，注册会计师可能考虑上年同期的实际情况、变化趋势以及经营性质等因素。在实务中，注册会计师可能：

①高估剩余项目的数量。年底，如果部分被选取的编号对应的交易没有发生（由于实际发生的交易数量低于预计数量），则可以用其他交易代替。考虑到这种可能性，注册会计师可能希望多选取一些项目，对多余的项目只在需要作为替代项目时才进行检查。

②低估剩余项目的数量。如果剩余项目的数量被低估，则一些交易将没有被选取的机会，因此，样本不能代表注册会计师所定义的总体。在这种情况下，注册会计师可以重新定义总体，以将样本中未包含的项目排除在新的总体之外。对未包含在重新定义总体中的项目，注册会计师可以实施替代程序，例如，将这些项目作为一个独立的样本进行测试，或对其进行百分之百的检查，或询问剩余期间的情况。注册会计师应判断各种替代程序的效率和效果，并据此选择适合于具体情况的方法。

在许多情况下，注册会计师可能不需等到被审计期间结束，就能得出关于控制的运行有效性是否支持其计划评估的重大错报风险水平的结论。有时，虽然审计期间尚未结束，已发现的偏差数量就已经超过允许的偏差数了，则注册会计师可能决定中止控制测试，不将样本扩展至期中测试以后发生的交易，而是相应地修正计划的重大错报风险评估水平和实质性程序。

2.不将测试扩展至在剩余期间发生的交易（即"将总体定义为从年初到期中测试日为止的交易"）。

考霸笔记
10月进行控制测试，将总体定义为1—10月的所有交易。

在这种情况下，总体只包括从年初到期中测试日为止的交易，测试结果也只能针对这个期间进行推断，注册会计师可以使用替代方法测试剩余期间的控制有效性。

此时，"高估"或"低估"总体的问题不复存在，但注册会计师应确定如何获取关于剩余期间的证据。

考霸笔记
结合第八章"控制测试的时间"相关内容进行理解。

注册会计师应当获取与控制在剩余期间发生的所有重大变化的性质和程度有关的证据，包括其人员的变化。如果发生了重大变化，注册会计师应修正其对内部控制的了解，并考虑对变化后的控制进行测试。或者，注册会计师也可以考虑对剩余期间实施实质性分析程序或细节测试。

二、选取样本阶段

（一）确定抽样方法

选取样本时，只有从抽样总体中选出具有代表性的样本项目，注册会计师才能根据样本的测试结果推断有关总体的结论。因此，不管使用统计抽样还是非统计抽样，在选取样本项目时，注册会计师应当使总体中的每个抽样单元都有被选取的机会。在统计抽样中，注册会计师有必要使用适当的随机选样方法，如简单随机选样或系统随机选样。在非统计抽样中，注册会计师通常使用近似于随机选样的方法，如随意选样。计算机辅助审计技术（CAAT）可以提高选样的效率。选取样本的基本方法包括简单随机选样、系统随机选样、随意选样和整群选样。

考霸笔记
例如，选取5个数，则可能选取各种不同的组合，各种组合的可能性相等。

1.简单随机选样。使用这种方法，相同数量的抽样单元组成的每种组合被选取的概率都相等。注册会计师可以使用计算机或随机数表获得所需的随机数，选取匹配的随机样本。

简单随机选样在统计抽样和非统计抽样中均适用。

2.系统随机选样。使用这种方法，注册会计师需要确定选样间隔，即用总体中抽样单元的总数量除以样本规模，得到样本间隔，然后在第一个间隔中确定一个随机起点，从这个随机起点开始，按照选样间隔，从总体中顺序选取样本。

选样间距＝总体规模÷样本规模

例如，如果销售发票的总体范围是652～3151，设定的样本量是125，那么选样间距为20（（3152–652）÷125），注册会计师必须从第一个间隔（652～671）中随机选取一个样本项目，作为抽样起点。如果随机起点是661，那么其余的124个项目是681（661+20），701（681+20）…依此类推，直至第3141号。

优点：当从总体中人工选取样本时，这种方法尤为方便，节省时间，对总体中的项目不需要编号，只要简单数出每一个间距即可，并可用于无限总体。

考霸笔记
掌握方法！

缺点：要求总体项目随机排列，否则样本不具代表性。如果抽样单元在总体内的分布具有某种规律性，则样本的代表性就可能较差，容易发生较大的偏差。

> 例如，某建筑公司的员工工资清单按照项目组分类，每个项目组的工资均按照1个项目负责人和9个项目组成员的顺序排列，如果将员工工资清单作为总体，选样间隔为10，随着随机起点的不同，选择的样本要么包括所有的项目负责人，要么一个项目负责人都不包括。样本无法同时包括项目负责人和项目组成员，自然不具有代表性。

为克服这一缺点，可采用两种办法：一是增加随机起点的个数；二是在确定选样方法之前对总体特征的分布进行观察。如发现总体特征的分布呈随机分布状态，则采用系统选样法。否则，可考虑使用其他选样方法。

系统选样可以在非统计抽样中使用，在总体随机分布时也可适用于统计抽样。

3.随意选样。使用这种方法并不意味着注册会计师可以漫不经心地选择样本，注册会计师要避免任何有意识的偏向或可预见性（如回避难以找到的项目，或总是选择或回避每页的第一个或最后一个项目），从而保证总体中的所有项目都有被选中的机会，使选择的样本具有代表性。

随意选样仅适用于非统计抽样。在使用统计抽样时，运用随意选样是不恰当的，因为注册会计师无法量化选取样本的概率。

上述三种基本方法均可选出代表性样本。但随机选样和系统选样属于随机基础选样方法，即对总体的所有项目按随机规则选取样本，因而可以在统计抽样中使用，当然也可以在非统计抽样中使用。而随意选样虽然也可以选出代表性样本，但它属于非随机基础选样方法，因而不能在统计抽样中使用，只能在非统计抽样中使用。

4.整群选样。使用这种方法，注册会计师从总体中选取一群（或多群）连续的项目。例如，总体为20×1年的所有付款单据，从中选取2月3日、5月17日和7月19日这三天的所有付款单据作为样本。整群选样通常不能在审计抽样中使用，因为大部分总体的结构都使连续的项目之间可能具有相同的特征，但与总体中其他项目的特征不同。虽然在有些情况下注册会计师检查一群项目可能是适当的审计程序，但当注册会计师希望根据样本作出有关整个总体的有效推断时，极少将整群选样作为适当的选择方法。

（二）确定样本规模

样本规模是指从总体中选取样本项目的数量。在审计抽样中，如果样本规模过小，就不能反映出审计对象总体的特征，注册会计师就无法获取充分的审计证据，其审计结论的可靠性就会大打折扣，甚至可能得出错误的审计结论。因此，注册会计师应当确定足够的样本规模，以将抽样风险降至可接受的低水平。相反，如果样本规模过大，则会增加审计工作量，造成不必要的时间和人力上的浪费，加大审计成本，降低审计效率，就会失去审计抽样的意义。

1.影响样本规模的因素。在控制测试中影响样本规模的因素如下：

（1）可接受的信赖过度风险。信赖过度风险与审计效果有关，容易导致注册会计师发表不恰当的审计意见，因此在实施控制测试时，注册会计师主要关注抽样风险中的信赖过度风险。

在控制测试中，影响注册会计师可以接受的信赖过度风险的因素包括：

考霸笔记
不带任何偏见地选取样本。非统计抽样三个都能用，统计抽样不能用随意抽样。

考霸笔记
通常不能在审计抽样中使用。

考霸笔记
非常重要！常考！

为什么可接受的信赖过度风险与样本规模呈反向关系？

①该控制所针对的风险的重要性；

②控制环境的评估结果；

③针对风险的控制程序的重要性；

④证明该控制能够防止、发现和改正认定层次重大错报的审计证据的相关性和可靠性；

⑤在与某认定有关的其他控制的测试中获取的证据的范围；

⑥控制的叠加程度；

⑦对控制的观察和询问所获得的答复可能不能准确反映该控制得以持续适当运行的风险。

可接受的信赖过度风险与样本规模反向变动。注册会计师愿意接受的信赖过度风险越低，样本规模通常越大。反之，注册会计师愿意接受的信赖过度风险越高，样本规模越小。

由于控制测试是控制是否有效运行的主要证据来源，因此信赖过度风险应确定在相对较低的水平上。注册会计师一般将信赖过度风险确定为10%，特别重要的测试则可以将信赖过度风险确定为5%。在实务中，注册会计师通常对所有控制测试确定一个统一的可接受信赖过度风险水平，然后对每一测试根据计划的重大错报风险评估水平和控制有效性分别确定其可容忍偏差率。

（2）可容忍偏差率。在控制测试中，可容忍偏差率是指注册会计师设定的偏离规定的内部控制的比率，注册会计师试图对总体中的实际偏差率不超过该比率获取适当水平的保证。换言之，可容忍偏差率是注册会计师能够接受的最大偏差数量，如果偏差超过这一数量则减少或取消对内部控制的信赖。

可容忍偏差率与样本规模反向变动。在确定可容忍偏差率时，注册会计师应考虑计划评估的控制有效性。计划评估的控制有效性越低（注册会计师越不指望通过依赖该项控制来减少实质性程序），确定的可容忍偏差率通常越高，所需的样本规模就越小。

> 预期控制好，越寄予期望则要求越高，可容忍偏差率越低，最后抽样越多；预期控制不好，越失望则要求越低，可容忍偏差率越高，最后抽样越少。

偏离规定的内部控制将增加重大错报风险，但不是所有的偏离都一定会导致财务报表出现重大错报。因此，与细节测试中设定的可容忍错报相比，注册会计师通常为控制测试设定相对较高的可容忍偏差率。在实务中，注册会计师通常认为，当偏差率为3%~7%时，控制有效性的估计水平较高；可容忍偏差率最高为20%，偏差率超过20%时，由于估计控制运行无效，注册会计师不需进行控制测试。当估计控制运行有效时，如果注册会计师确定的可容忍偏差率较高就被认为不恰当。可容忍偏差率和计划评估的控制有效性之间的关系见表4-7。

表4-7　　　　可容忍偏差率和计划评估的控制有效性之间的关系

计划评估的控制有效性	可容忍偏差率（近似值，%）
高	3~7
中	6~12
低	11~20
最低	不进行控制测试

（3）预计总体偏差率。对于控制测试，注册会计师在考虑总体特征时，需要根据对相关控制的了解或对总体中少量项目的检查来评估预期偏差率。注册会计师可以根据上年测试结果和控制环境等因素对预计总体偏差率进行评估。在考虑上年测试结果时，应考虑被审计单位内部控制和人员的变化。在实务中，如果以前年度的审计结果无法取得或认为不可靠，注册会计师可以在抽样总体中选取一个较小的初始样本，以初始样本的偏差率作为预计总体偏差率的估计值。

预计总体偏差率与样本规模同向变动。在既定的可容忍偏差率下，预计总体偏差率越大，所需的样本规模越大。预计总体偏差率不应超过可容忍偏差率，如果预期总体偏差率高得无法接受，则意味着控制有效性很低，注册会计师通常决定不实施控制测试，而实施更多的实质性程序（在样本规模表中以"*"号表示：实施抽样不符合成本效益原则）。

（4）总体规模。除非总体非常小，一般而言，总体规模对样本规模的影响几乎为零。

注册会计师通常将抽样单元超过5 000个的总体视为大规模总体。对大规模总体而言，总体的实际容量对样本规模几乎没有影响。

对小规模总体而言，审计抽样比其他选择测试项目的方法的效率低（审计抽样不划算）。

（5）其他因素。①控制运行的相关期间越长（年或季度），需要测试的样本越多，因为注册会计师需要对整个拟信赖期间控制的有效性获取证据。②控制程序越复杂，测试的样本越多。样本规模还取决于所测试的控制的类型，通常对人工控制实施的测试要多过自动化控制，因为人工控制更容易发生错误和偶然的失败，而针对计算机系统的信息技术一般控制只要有效发挥作用，曾经测试过的自动化控制一般都能保持可靠运行。在确定被审计单位自动控制的测试范围时，如果支持其运行的信息技术一般控制有效，注册会计师测试一次应用程序控制便可能足以获得对控制有效运行的较高的保证水平。如果所测试的控制包含人工监督和参与（如：偏差报告、分析、评估、数据输入、信息匹配等），则通常比自动控制需要测试更多的样本。控制测试中影响样本规模的因素见表4-8。

表4-8　控制测试中影响样本规模的因素

影响因素	与样本规模的关系
可接受的信赖过度风险	反向变动
可容忍偏差率	反向变动
预计总体偏差风险	同向变动
总体规模	影响很小

2.针对运行频率较低的内部控制的考虑。某些重要的内部控制并不经常运行，例如，银行存款余额调节表的编制可能是按月执行，针对年末结账流程的内部控制则是一年执行一次。注册会计师可以根据表4-9确定所需的样本规模。一般情况下，样本规模接近表4-9中样本数量区间的下限是适当的。如果控制发生变化，或曾经发现控制缺陷，样本规模更可能接近甚至超过表4-9中样本数量区间的上限。如果拟测试的控制是针对相关认定的唯一控制，则注册会计师往往可能需要测试比表4-9中所列的更多的样本。

表4-9 测试运行频率较低的内部控制的有效性

控制影响频率和总体的规模	测试的样本数量
1次/季度（4）	2
1次/月度（12）	2~5
1次/半月（24）	3~8
1次/周（52）	5~15

3.确定样本量。实施控制测试时，注册会计师可能使用统计抽样，也可能使用非统计抽样。在非统计抽样中，注册会计师可以只对影响样本规模的因素进行定性的估计，并运用职业判断确定样本规模。使用统计抽样方法时，注册会计师必须对影响样本规模的因素进行量化，并利用根据统计公式开发的专门的计算机程序或专门的样本量表来确定样本规模。

若注册会计师确定的可接受信赖过度风险为10%，可容忍偏差率为7%，预计总体偏差为1.75%。在信赖过度风险为10%时所使用的表4-10中，7%可容忍偏差率与1.75%预计总体偏差率的交叉处为55，即所需的样本规模为55，可接受的偏差数为1。

表4-10 控制测试统计抽样样本规模——信赖过度风险10%

预计总体偏差率（%）	可容忍偏差率（%）					
	2	3	4	5	6	7
0.00	114（0）	76（0）	57（0）	45（0）	38（0）	32（0）
0.25	194（1）	129（1）	96（1）	77（1）	64（1）	55（1）
0.50	194（1）	129（1）	96（1）	77（1）	64（1）	55（1）
0.75	265（2）	129（1）	96（1）	77（1）	64（1）	55（1）
1.00	*	176（2）	96（1）	77（1）	64（1）	55（1）
1.25	*	221（3）	132（2）	77（1）	64（1）	55（1）
1.50	*	*	132（2）	105（2）	64（1）	55（1）
1.75	*	*	166（3）	105（2）	88（2）	55（1）

注：（1）表中括号内是可接受的偏差数。

（2）*表示样本规模太大，因而在大多数情况下不符合成本效益原则。

（3）括号内是可接受的偏差数，注册会计师为了接受总体而可以接受总体的最大偏差数。除了可以查表确定，还可以利用公式计算确定，两种方法的结果可能不同。

（4）本表假设总体为大总体，因此未考虑总体规模对样本规模的影响。总体规模不大时，实施控制测试可能不划算。

（三）选取样本并对其实施审计程序

使用统计抽样或非统计抽样时，注册会计师可以根据具体情况，从简单随机选样、系统选样或随意选样中挑选适当的选样方法选取样本。注册会计师应当针对选取的样本项目，实施适当的审计程序，以发现并记录样本中存在的控制偏差。

在对选取的样本项目实施审计程序时可能出现以下几种情况：

1.无效单据。

注册会计师选取的样本中可能包含无效的项目。例如，在测试与被审计单位的收据（发票）有关的控制时，注册会计师可能将随机数与总体中收据的编号对应。但是，某一随机数对应的收据可能是无效的（"作废"是典型的无效单据），如果注册会计师能够合理确信该收据的无效是正常的且不构成对设定控制的偏差，就要用另外的收据替代。而且，如果使用了随机选样，注册会计师要用一个替代的随机数与新的收据样本对应。

2.未使用或不适用的单据。

"未使用单据"：当总体定义为整个期间的交易但在期中实施控制测试时，可能高估总体规模和编号范围。此时，选取的样本中超出实际编号的都被视为未使用单据。

通常所说的空白单据也属于未使用单据。

"不适用单据"：例如定义的偏差为没有验收报告支持的付款交易，选取的样本中包含的电话费虽无验收报告，但不构成控制偏差。这意味着选取的项目不适用于定义的偏差。

如果合理确信"未使用或不适用"则不构成控制偏差，要用另一笔交易替代该项目，以满足控制测试的样本规模。

3.无法对选取的项目实施检查。（主要考这种情况）

有时，被测试的控制只在部分样本单据上留下了运行证据。如果找不到该单据（丢失），或出于其他原因注册会计师无法对选取的项目实施检查（如严重污损），也无法使用替代程序测试控制的运行是否适当（如系内部单据，可找其他部门留存的副联），就要考虑在评价样本时将该样本项目视为控制偏差。另外，注册会计师要考虑造成该限制的原因，以及该限制可能对其了解内部控制和评估重大错报风险产生的影响。

未检查项目的处理流程如图4-1所示。

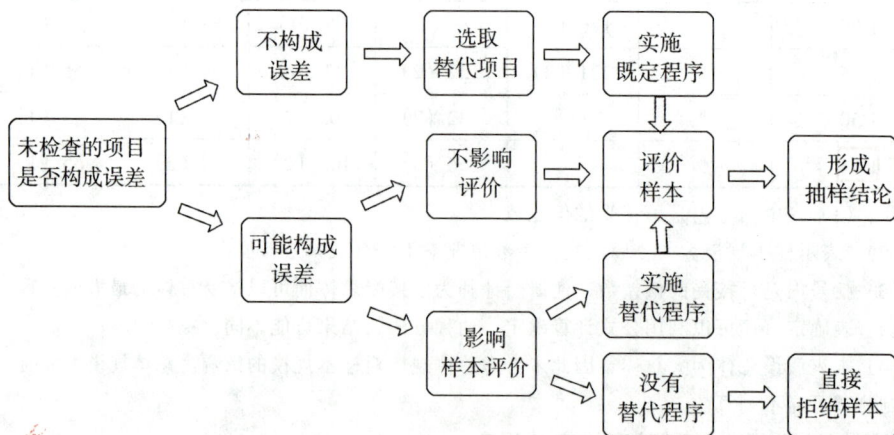

图4-1　未检查项目的处理流程

三、评价样本结果阶段

在完成对样本的测试并汇总控制偏差之后，注册会计师应当评价样本结果，对总体得出结论，即样本结果是否支持计划评估的控制有效性，从而支持计划的重大错报风险评估水平。在此过程中，无论使用统计抽样还是非统计抽样方法，注册会计师都需要运用职业判断。

（一）计算偏差率

样本偏差率=样本中发现的偏差数量÷样本规模

样本偏差率就是注册会计师对总体偏差率的最佳估计，因而在控制测试中无须另外推断总体偏差率，但注册会计师还必须考虑抽样风险。

实务中，多数样本可能不会出现控制偏差，因为注册会计师实施控制测试，通常意味着准备信赖内部控制，预期控制有效运行。如果在样本中发现偏差，注册会计师需要根据偏差率和偏差发生的原因，考虑控制偏差对审计工作的影响。

（二）**考虑抽样风险**

在控制测试中评价样本结果时，注册会计师应当考虑抽样风险。也就是说，如果总体偏差率（即样本偏差率）低于可容忍偏差率，注册会计师还要考虑实际的总体偏差率仍有可能大于可容忍偏差率的风险：

1.使用统计抽样方法。

注册会计师在统计抽样中通常使用公式、表格或计算机程序直接计算在确定的信赖过度风险水平下可能发生的偏差率上限。

（1）公式法。

$$总体偏差率上限 = \frac{风险系数}{样本量} = \frac{R}{n}$$

记忆！

其中的风险系数可以通过表4-11查得。

表4-11　　　　　　　　　　**控制测试中常用的风险系数**

样本中发现偏差的数量	信赖过度风险	
	5%	10%
0	3.0	2.3
1	4.8	3.9
2	6.3	5.3
3	7.8	6.7
4	9.2	8.0
5	10.5	9.3
6	11.9	10.6
7	13.2	11.8
8	14.5	13.0
9	15.7	14.2
10	17.0	15.4

例如，信赖过度风险为10%，样本规模为50，发现1例偏差时，估计的总体偏差率上限=R/n=3.9÷50×100%=7.8%。

（2）查表法

控制测试中统计抽样结果评价——信赖过度风险10%时的偏差率上限见表4-12。

考霸笔记 —— 掌握概念及公式

考霸笔记 —— 未考虑抽样风险，在非统计抽样中用。

考霸笔记 —— 考虑了抽样风险，所以统计抽样中，要用它去评价总体。

考霸笔记 —— 要会查表！

第四章

表4-12 控制测试中统计抽样结果评价——信赖过度风险10%时的偏差率上限

样本规模	实际发现的偏差数										
	0	1	2	3	4	5	6	7	8	9	10
20	10.9	18.1	*	*	*	*	*	*	*	*	*
25	8.8	14.7	19.9	*	*	*	*	*	*	*	*
30	7.4	12.4	16.8	*	*	*	*	*	*	*	*
35	6.4	10.7	14.5	18.1	*	*	*	*	*	*	*
40	5.6	9.4	12.8	16.0	19.0	*	*	*	*	*	*
45	5.0	8.4	11.4	14.3	17.0	19.7	*	*	*	*	*
50	4.6	7.6	10.3	12.9	15.4	17.8	*	*	*	*	*
55	4.1	6.9	9.4	11.8	14.1	16.3	18.4	*	*	*	*
60	3.8	6.4	8.7	10.8	12.9	15.0	16.9	18.9	*	*	*
70	3.3	5.5	7.5	9.3	11.1	12.9	14.6	16.3	17.9	19.6	*
80	2.9	4.8	6.6	8.2	9.8	11.3	12.8	14.3	15.8	17.2	18.6
90	2.6	4.3	5.9	7.3	8.7	10.1	11.5	12.8	14.1	15.4	16.6
100	2.3	3.9	5.3	6.6	7.9	9.1	10.3	11.5	12.7	13.9	15.0
120	2.0	3.3	4.4	5.5	6.6	7.6	8.7	9.7	10.7	11.6	12.6
160	1.5	2.5	3.3	4.2	5.0	5.8	6.5	7.3	8.0	8.8	9.5
200	1.2	2.0	2.7	3.4	4.0	4.6	5.3	5.9	6.5	7.1	7.6

注：（1）*表示超过20%。

（2）本表以百分比表示偏差率上限，本表假设总体足够大。

例如，信赖过度风险为10%，样本规模为50，发现1例偏差时，查表得到估计的总体偏差率上限为7.6%（公式法为7.8%，接近）。

计算出估计的总体偏差率上限后，注册会计师通常可以对总体进行如下判断：

注册会计师将估计的总体偏差率上限与可容忍偏差率比较，形成属性统计抽样的结论。规则如下：

> 在控制测试统计抽样中：
>
> 控制的实际有效性——总体实际偏差率（不能得出准确值）。
>
> 推断的控制有效性——总体偏差率上限（计算得出）。
>
> 如何判断控制是否有效：总体实际偏差率与可容忍偏差率的比较——先考虑总体实际偏差率超过总体偏差率上限的可能性（即信赖过度风险）。然后，考虑总体实际偏差率超过可容忍偏差率的可能性，确定总体是否可接受。
>
> 例如：总体偏差率上限为3%，可容忍偏差率为7%，信赖过度风险为5%。
>
> 那么我们说：总体实际偏差率超过总体偏差率上限（3%）的可能性为5%（信赖过度风险），即有95%的把握总体实际偏差率不超过3%，所以总体实际偏差率超过可容忍偏差率（7%）的风险很小，总体可接受。

例4-1

考霸笔记 2.3为查表4-11得出

考霸笔记 掌握！可能会考！

考霸笔记 运用信赖过度风险。

若注册会计师确定的可接受信赖过度风险为10%，可容忍偏差率为7%，预计总体偏差为1.75%，确定的样本规模为55。测试样本后，未发现偏差，则：

$$总体偏差率上限 = \frac{风险系数}{样本量} \times 100\% = \frac{R}{n} \times 100\% = 2.3 \div 55 \times 100\% = 4.18\%$$

这意味着：

（1）总体实际偏差率超过4.18%的风险为10%，即有90%的把握保证总体实际偏差率不超过4.18%。

（2）总体的实际偏差率超过可容忍偏差率（7%）的风险很小，总体可以接受。

（3）证实了注册会计师在风险评估程序时了解内部控制有效性的结论恰当，计划审计工作时评估的重大错报风险水平也是适当的，无须扩大实质性程序范围，无须修改审计计划。

考霸笔记
控制测试的意义。

例 4-2

若注册会计师确定的可接受信赖过度风险为 10%，可容忍偏差率为 7%，预计总体偏差为 1.75%，确定的样本规模为 55。测试样本后，发现 2 个偏差，则：

$$总体偏差率上限 = \frac{风险系数}{样本量} = \frac{R}{n} \times 100\% = 5.3 \div 55 \times 100\% = 9.64\%$$

考霸笔记
5.3 为查表 4-11 得出

考霸笔记
掌握！很可能考！

这意味着：

（1）总体实际偏差率超过 9.64% 的风险为 10%。（运用信赖过度风险）

（2）在可容忍偏差率 7% 的情况下，总体的实际偏差率超过可容忍偏差率（7%）的风险很大，总体不能接受。

（3）样本结果（9.64%>7%）不支持注册会计师对内部控制了解时对控制运行有效性的评估，计划审计工作时评估的重大错报风险水平不是适当的，注册会计师需要扩大原拟定的实质性程序范围，修改审计计划。

一般考题中，信赖过度风险、可容忍偏差率、预计总体偏差率和样本规模都是已知条件，不需要求解。偏差数量和风险系数也都会给定，实际上只要求会利用公式计算总体偏差率上限，然后用总体偏差率上限结合信赖过度风险、可容忍偏差率来评价和推断总体即可。

归纳来说（如图 4-2 所示）：

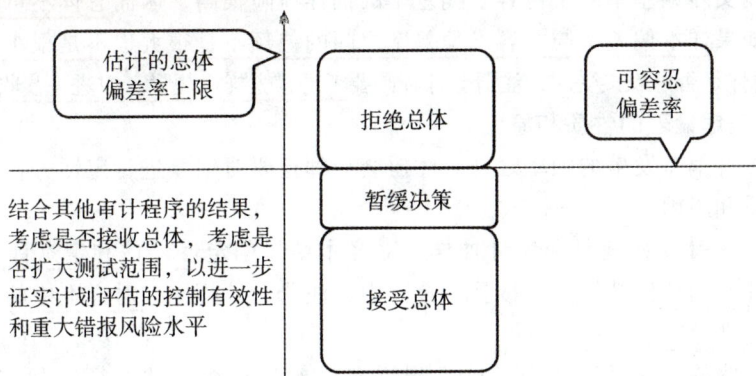

在评价样本结果阶段，结论有很多，该怎么记忆呢？

图 4-2 总结归纳图

如果估计的总体偏差率上限低于可容忍偏差率，则总体可以接受。这时注册会计师对总体得出结论，样本结果支持计划评估的控制有效性，从而支持计划的重大错报风险评估水平。

如果估计的总体偏差率上限大于或等于可容忍偏差率，则总体不能接受。这时注册会计师对总体得出结论，样本结果不支持计划评估的控制有效性，从而不支持计划的重大错报风险评估水平。此时注册会计师应当修正重大错报风险评估水平，并增加实质性程序的数量。注册会计师也可以对影响重大错报风险评估水平的其他控制进行测试，以支持计划的重大错报风险评估水平。

如果估计的总体偏差率上限低于但接近可容忍偏差率，注册会计师应当结合其他审计程序的结果，考虑是否接受总体，并考虑是否需要扩大测试范围，以进一步证实计划评估的控制有效性和重大错报风险水平。

2.使用非统计抽样方法。

在非统计抽样中，抽样风险无法直接计量。注册会计师通常将估计的总体偏差率（即样本偏差率）与可容忍偏差率相比较，以判断总体是否可以接受（如图4-3所示）。

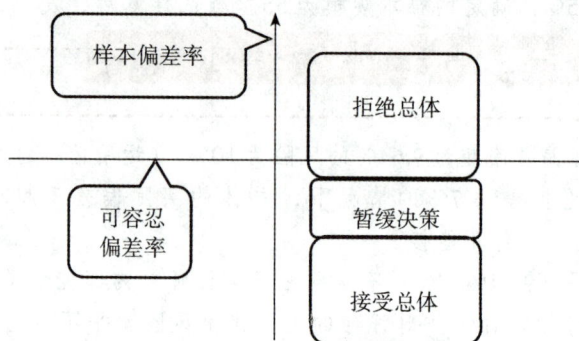

图4-3 总体偏差率与可容忍偏差率比较图

如果样本偏差率大于可容忍偏差率，则总体不能接受。

如果样本偏差率低于总体的可容忍偏差率，则注册会计师要考虑即使总体实际偏差率高于可容忍偏差率时仍出现这种结果的风险。

（1）如果样本偏差率大大低于可容忍偏差率，则注册会计师通常认为总体可以接受。

（2）如果样本偏差率虽然低于可容忍偏差率，但两者很接近，则注册会计师通常认为总体实际偏差率高于可容忍偏差率的抽样风险很高，因而总体不可接受。

（3）如果样本偏差率与可容忍偏差率之间的差额不是很大也不是很小，以至于不能认定总体是否可以接受时，注册会计师则要考虑扩大样本规模，以进一步收集证据。

（三）考虑偏差的性质和原因

除了评价偏差发生的频率之外，注册会计师还要对偏差进行定性分析，即分析偏差的性质和原因。

无论是统计抽样还是非统计抽样，对样本结果的定性评估和定量评估一样重要。即使样本的评价结果在可接受的范围内，注册会计师也应对样本中的所有控制偏差进行定性分析。

1.系统偏差：如果注册会计师发现许多偏差具有相同的特征，如交易类型、地点、生产线或时期等，则应考虑该特征是不是引起偏差的原因，是否存在其他尚未发现的具有相同特征的偏差。此时，注册会计师应将具有该共同特征的全部项目划分为一层，并对层中的所有项目实施审计程序，以发现潜在的系统偏差。

2.性质严重：如果对偏差的分析表明是故意违背了控制政策或程序，应考虑存在重大舞弊的可能性。

3.性质重要：控制偏差未必一定导致财务报表金额的错报。如偏差更容易导致金额错报，该偏差就更为重要了。

例如，与被审计单位没有定期对信用限额进行检查相比，如果被审计单位的销售发票出现错误，则注册会计师对后者的容忍度较低。这是因为，被审计单位即使没有对客户的信用限额进行定期检查，其销售收入和应收账款的账面金额也不一定发生错报，但如果销售发票出现错误，通常会导致被审计单位确认的销售收入和其他相关账户金额出现错报。

一般情况下，如果在样本中发现了控制偏差，注册会计师有两种处理办法：

（1）扩大样本规模，以进一步收集证据。

（2）认为控制没有有效运行，样本结果不支持计划的控制运行有效性和重大错报风险的评估水平，因而提高重大错报风险评估水平，增加对相关账户的实质性程序。

例如，初始样本量为45个，如果发现了1个偏差，可以扩大样本量，再测试45个样本，如果在追加测试的样本中没有再发现偏差，则可以得出结论，样本结果支持计划评估的控制有效性，从而支持计划的重大错报风险评估水平。不过将追加测试的样本量确定为至少与初始样本量相同，这种做法只是简单的"经验法则"。使用统计抽样方法时，注册会计师可以对需要追加的样本量进行更为精确的计算。如果在预期不存在偏差的初始样本中发现两个或更多偏差，那么追加测试的样本量通常会大大超过初始样本量。此时，注册会计师也可能认为采取第二种处理方法更有效，即不采取大量追加测试样本量，而是选择不再信赖内部控制。

此外，如果确定控制偏差是系统偏差或舞弊导致，扩大样本规模通常无效，注册会计师需要采用第二种处理办法。

（四）得出总体结论

在计算偏差率、考虑抽样风险、分析偏差的性质和原因之后，注册会计师需要运用职业判断得出总体结论。如果样本结果及其他相关审计证据支持计划评估的控制有效性，从而支持计划的重大错报风险评估水平，注册会计师可能不需要修改计划的实质性程序。

如果样本结果不支持计划的控制运行有效性和重大错报风险的评估水平，则注册会计师通常有两种选择：

（1）进一步测试其他控制（如补偿性控制），以支持计划的控制运行有效性和重大错报风险的评估水平；

（2）提高重大错报风险评估水平，并相应修改计划的实质性程序的性质、时间安排和范围。

四、记录抽样程序

注册会计师应当记录所实施的审计程序，以形成审计工作底稿。在控制测试中使用审计抽样时，注册会计师通常记录下列内容：（1）对所测试的设定控制的描述；（2）抽样的目标，包括与重大错报风险评估的关系；（3）对总体和抽样单元的定义，包括注册会计师如何考虑总体的完整性；（4）对偏差的构成条件的定义；（5）信赖过度风险，可容忍偏差率，以及在抽样中使用的预计总体偏差率；（6）确定样本规模的方法；（7）选样方法；（8）对如何实施抽样程序的描述，以及样本中发现的偏差清单；（9）对样本的评价及总体结论摘要。

对样本的评价和总体结论摘要可能包含样本中发现的偏差数量、对注册会计师如何考虑抽样风险的解释，以及关于样本结果是否支持计划的重大错报风险评估水平的结论。工作底稿中还可能记录偏差的性质、注册会计师对偏差的定性分析，以及样本评价结果对其他审计程序的影响。

第三节　审计抽样在细节测试中的运用

◇ 样本设计阶段

◇ 选取样本阶段

◇ 评价样本结果阶段

◇ 记录抽样程序

与控制测试相同，在细节测试中实施审计抽样也分为样本设计、选取样本和评价样本结果三个主要阶段。

一、样本设计阶段

（一）确定测试目标

在细节测试中，审计抽样通常用来测试有关财务报表金额的一项或多项认定（如应收账款的存在）的合理性。如果该金额是合理而正确的，则注册会计师将接受与之相关的认定，认为财务报表金额不存在重大错报。

（二）定义总体

在实施审计抽样之前，注册会计师必须仔细定义总体，确定抽样总体的范围，确保总体的适当性和完整性。

1.适当性。注册会计师应确信抽样总体适合于特定的审计目标。例如，注册会计师如果对已记录的项目进行抽样，就无法发现由于某些项目被隐瞒而导致的金额低估。为发现这类低估错报，注册会计师应从包含被隐瞒项目的来源选取样本。例如，注册会计师可能对期后的现金支付进行抽样，以测试由隐瞒采购所导致的应付账款低估，或者对装运单据进行抽样，以发现由已装运但未确认为销售的交易所导致的销售收入低估问题。

值得注意的是，不同性质的交易可能导致借方余额、贷方余额和零余额多种情况并存，注册会计师需要根据风险、相关认定和审计目标进行不同的考虑。例如，应收账款账户可能既有借方余额，又有贷方余额。借方余额由赊销导致（形成资产），贷方余额则由预收货款导致（形成负债）。对于借方余额，注册会计师较为关心其存在性；对于贷方余额，则更为关心其完整性。如果贷方余额金额重大，注册会计师可能认为分别测试借方余额和贷方余额能更为有效地实现审计目标，此时，注册会计师可以将存在借方余额的应收账款账户与存在贷方余额的应收账款账户区分开来，作为两个独立的总体对待。

2.完整性。总体的完整性包括代表总体的实物的完整性。例如，如果注册会计师将总体定义为特定时期的所有现金支付，代表总体的实物就是该时期的所有现金支付单据。由于注册会计师实际是从该实物中选取样本，所有根据样本得出的结论只与该实物有关。如果代表总体的实物和总体不一致，则注册会计师可能对总体得出错误的结论。因此，注册会计师必须详细了解代表总体的实物，确定代表总体的实物是否包括整个总体。注册会计师通常通过加总或计算来完成这项工作，例如，注册会计师可将发票金额总数与已记入总账的销售收入金额总数进行核对。如果注册会计师将选择的实物和总体比较之后，认为代表总体的实物遗漏了应包含在最终评价中的总体项目，注册会计师应选择新的实物，或对被排除在实物之外的项目实施替代程序，并询问遗漏的原因。

3.识别单个重大项目（错报金额可能超过可容忍错报的单个项目以及异常的余额或交易）。注册会计师应当运用职业判断，判断某账户余额或交易类型中是否存在及存在哪些应该单独测试而不能放在抽样总体中的项目，注册会计师应当对单个重大项目逐一实施检查（100%检查），以将抽样风险控制在合理的范围。注册会计师进行单独测试的所有项目都不构成抽样总体。增加单独测试的账户可以减少样本规模。

例如，应收账款中有5个重大项目，占到账面价值的75%。注册会计师将这5个项目视为单个重大项目，逐一进行检查，这是选取特定项目而不是抽样，注册会计师只能根据检查结果对这5个项目单独得出结论。如果占到账面价值25%的剩余项目汇总起来不重要，或者被认为存在较低的重大错报风险，则注册会计师可以无需对这些剩余项目实施检查，或仅在必要时对其实施分析程序。如果注册会计师认为这些剩余项目加总起来是重要的，需要实施细节测试以实现审计目标，那么这些剩余项目就构成了抽样总体。

值得注意的是，在审计抽样时，销售收入和销售成本通常被视为两个独立的总体。为了减少样本量而仅将毛利率作为一个总体是不恰当的，因为收入错报并非总能被成本错报抵消，反之亦然。例如，当存在舞弊时，被审计单位记录了虚构的销售收入，该笔收入并没有与之相匹配的销售成本。如果仅将毛利率作为一个总体，样本量可能太小，无法发现收入舞弊。

考霸笔记 掌握！

（三）定义抽样单元

在细节测试中，注册会计师应根据审计目标和所实施审计程序的性质，定义抽样单元。抽样单元可能是一个账户余额、一笔交易或交易中的一个记录（如销售发票中的单个项目），甚至是每个货币单元。

注册会计师定义抽样单元时也应考虑实施计划的审计程序或替代程序的难易程度。

（四）界定错报

在细节测试中，注册会计师应根据审计目标界定错报。如果错报定义为账面金额与注册会计师审定金额之间的差异，不符合相关特征的差异就不是错报。例如，在对应收账款存在的细节测试中（如函证），客户在函证信息针对的截止日之前已支付而被审计单位在该截止日之后才收到的款项不构成错报。而且，被审计单位在不同客户之间误登明细账也不影响应收账款总账余额。即使在不同客户之间误登明细账可能对审计的其他方面（如对舞弊的可能性或坏账准备的适当性的评估）产生重要影响，注册会计师在评价应收账款函证程序的样本结果时也不宜将其判定为错报。

注册会计师还可能将被审计单位自己发现并已在适当期间予以更正的错报排除在外。

二、选取样本阶段

（一）确定抽样方法

在细节测试中进行审计抽样，可能使用统计抽样，也可能使用非统计抽样。

注册会计师在细节测试中，常用的统计抽样方法包括货币单元抽样和传统变量抽样。

1.货币单元抽样。货币单元抽样是一种运用属性抽样原理对货币金额而不是对发生率得出结论的统计抽样方法，它是概率比例规模抽样方法的分支，有时也被称为金额单元抽样、累计货币金额抽样以及综合属性变量抽样等。

货币单元抽样以货币单元作为抽样单元，例如，总体包含100个应收账款明细账户，共有余额200 000元。若采用货币单元抽样，则认为总体含有200 000个抽样单元，而不是100个。总体中的每个货币单元被选中的机会相同，所以总体中某一项目被选中的概率等于该项目的金额与总体金额的比率，项目金额越大，被选中的概率就越大，这样有助于注册会计师将审计重点放在较大的账户余额或交易上。但实际上注册会计师并不是对总体中的货币单元实施检查，而是对包含被选取货币单元的账户余额或交易实施检查。注册会计师检查的账户余额或交易被称为逻辑单元。

2.传统变量抽样。传统变量抽样运用正态分布理论，根据样本结果推断总体的特征。传统变量抽样涉及难度较大、较为复杂的数学计算，注册会计师通常使用计算机程序确定样本规模，一般不需懂得这些方法所用的数学公式。

在细节测试中运用传统变量抽样时，常见的方法有以下三种：

（1）均值法。

均值法是指通过抽样审查确定样本的平均值，再根据样本平均值推断总体的平均值和总值的一种变量抽样方法。

考霸笔记
根据例子，掌握三种抽样方法！

为什么未对总体进行分层时，通常不使用均值法？

例4-3

假设总体账面额V=100万元，总体规模N=1 000，样本规模n=200，样本审定额u=19.6万元，求采用均值估计推断的总体错报。

样本的平均审定额= u/n=19.6÷200=0.098（万元）

估计的总体金额U=1 000×（19.6÷200）=98（万元）

推断的总体错报E= V−U=100−98=2（万元）（正高负低）

（2）差额法。

差额法是以样本实际金额与账面金额的平均差额来估计总体实际金额与账面金额的平均差额，然后再以这个平均差额乘以总体规模，从而求出总体的实际金额与账面金额的差额（即总体错报）的一种方法。

样本平均错报=样本实际金额与账面金额的差额÷样本规模

推断的总体错报=样本平均错报×总体规模

估计的总体金额=总体账面金额 − 推断的总体错报

例4-4

总体账面金额合计为7 500万元。确定的总体规模为4 000，样本规模为200，样本账面金额合计为400万元，样本审定金额合计为360万元，求采用差额估计法估计的总体错报。

平均错报=（400−360）÷200=0.2（万元）

推断的总体错报=0.2×4 000=800（万元）

（3）比率法。

比率法是指以样本的实际金额与账面金额之间的比率关系来估计总体实际金额与账面金额之间的比率关系，然后再以这个比率乘以总体的账面金额，从而求出估计的总体实际金额的一种抽样方法。

比率=样本审定金额÷样本账面金额

估计的总体金额=总体账面金额×比率

推断的总体错报=总体账面金额－估计的总体实际金额

例4-5

总体账面余额为1 500万元，由72笔业务构成。注册会计师从中选取6笔业务进行检查。6笔业务的账面余额为140万元，审定额为168万元。求运用比率估计法估计的总体错报。

比率=168÷140=1.2

估计的总体金额=1 500×1.2=1 800（万元）

推断的总体错报=1 500-1 800=-300（万元）

注意：

1.如果未对总体进行分层，通常不使用均值法，因为此时所需的样本规模可能太大，以至于不符合成本效益原则。

2.注册会计师在评价样本结果时常常用到比率法和差额法，如果发现错报金额与项目的金额紧密相关，则注册会计师通常会选择比率法；如果发现错报金额与项目的数量紧密相关，则注册会计师通常会选择差额法。

3.比率法和差额法一样都要求样本项目存在错报。如果样本账面额与审定额之间没有差异或只发现少量的差异，则这两种方法使用的公式所隐含的机理就会导致错误的结论（即不存在抽样风险，从而使注册会计师在评价样本结果时得出错误结论），就不应使用比率法和差额法，而考虑使用其他的替代方法，如均值法或货币单元抽样。

两类方法的优缺点见表4-13。

表4-13　货币单元抽样和传统变量抽样比较表

	货币单元抽样	传统变量抽样
优点	（1）货币单元抽样以属性抽样原理为基础，注册会计师可以很方便地计算样本规模和评价样本结果，因而通常比传统变量抽样更易于使用 （2）货币单元抽样在确定所需的样本规模时无须直接考虑总体的特征（如变异性），因为总体中的每一个货币单元都有相同的规模，而传统变量抽样的样本规模是在总体项目共有特征的变异性或标准差的基础上计算的 （3）货币单元抽样中，项目被选取的概率与其货币金额大小成比例，因而无须通过分层减少变异性，而传统变量抽样通常需要对总体进行分层以减小样本规模 （4）在货币单元抽样中使用系统选样法选取样本时，如果项目金额等于或大于选样间距，货币单元抽样将自动识别所有单个重大项目，即该项目一定会被选中 （5）如果注册会计师预计不存在错报，货币单元抽样的样本规模通常比传统变量抽样方法更小 （6）货币单元抽样的样本更容易设计，且可在能够获得完整的最终总体之前开始选取样本	（1）如果账面金额与审定金额之间存在较多差异，传统变量抽样可能只需较小的样本规模就能满足审计目标 （2）注册会计师关注总体的低估时，使用传统变量抽样比货币单元抽样更合适 （3）需要在每一层追加选取额外的样本项目时，传统变量抽样更易于扩大样本规模 （4）对零余额或负余额项目的选取，传统变量抽样不需要在设计时予以特别考虑

考霸笔记 常考查原文！

考霸笔记 掌握！

考霸笔记 对比掌握！易考！

传统变量抽样的计算

续表

	货币单元抽样	传统变量抽样
缺点	（1）货币单元抽样不适用于测试总体的低估，因为账面金额小但被严重高估的项目被选中的概率低，如果在货币单元抽样中发现低估，注册会计师在评价样本时需要特别考虑 （2）对零余额或负余额的选取需要在设计时予以特别考虑，例如，如果准备对应收账款进行抽样，注册会计师可能需要将贷方余额分离出去，作为一个单独的总体，如果检查零余额的项目对审计目标非常重要，则注册会计师需要单独对其进行测试，因为零余额的项目在货币单元抽样中不会被选取 （3）当发现错报时，如果风险水平一定，货币单元抽样在评价样本时可能高估抽样风险的影响，从而导致注册会计师更可能拒绝一个可接受的总体账面金额 （4）在货币单元抽样中，注册会计师通常需要逐个累计总体金额，以确定总体是否完整，是否与财务报表一致，不过如果相关会计数据以电子形式储存，就不会额外增加大量的审计成本 （5）当预计总体错报的金额增加时，货币单元抽样所需的样本规模也会增加，这种情况下，货币单元抽样的样本规模可能大于传统变量抽样所需的规模	（1）传统变量抽样比货币单元抽样更复杂，注册会计师通常需要借助计算机程序来完成 （2）在传统变量抽样中确定样本规模时，注册会计师需要估计总体特征的标准差，而这种估计往往难以作出，注册会计师可能利用以前对总体的了解或根据初始样本的标准差进行估计 （3）如果存在非常大的项目，或者在总体的账面金额与审定金额之间存在非常大的差异，而且样本规模比较小，正态分布理论可能不适用，注册会计师更可能得出错误的结论 （4）如果几乎不存在错报，则传统变量抽样中的差异法和比率法将无法使用

考霸笔记
重要！掌握！

（二）确定样本规模

提供充分审计证据所必需的样本规模取决于审计目标和抽样方法的效率。在既定目标下，如果一个样本能够以更小的样本规模实现相同的目标，它就比另一个样本更为有效。

1.影响样本规模的因素

（1）可接受的误受风险。在细节测试中使用非统计抽样方法时，注册会计师主要关注误受风险。

在确定可接受的误受风险水平时，注册会计师需要考虑下列因素：

①可接受的审计风险水平；

②评估的重大错报风险水平；

考霸笔记
了解。

③针对同一审计目标（财务报表认定）的其他实质性程序的检查风险，包括分析程序。

误受风险与样本规模反向变动。在实务中，注册会计师愿意承担的审计风险通常为5%~10%。当审计风险既定时，如果注册会计师将重大错报风险评估为低水平，或者更为依赖针对同一审计目标或财务报表认定的其他实质性程序，就可以在计划的细节测试中接受较高的误受风险，从而降低所需的样本规模。

考霸笔记
结合第二章第三节"重要性"来理解。

误拒风险与样本规模反向变动。在实务中，如果注册会计师降低可接受的误拒风险，所需的样本规模将增加，以审计效率为代价换取对审计效果的保证程度。当总体中的预期错报非常小时，拟从样本获取的保证程度也较低，且被审计单位拟更正事实错报，这种情况下，误拒风险的影响降低，注册会计师不必过多关注误拒风险。

（2）可容忍错报。可容忍错报，是指注册会计师设定的货币金额，注册会计师试图对总体中的实际错报不超过该货币金额获取适当水平的保证。细节测试中，某账户余额、交易类型或披露的可容忍错报是注册会计师能够接受的最大金额的错报。

考霸笔记
指认定层次的实际执行的重要性！

可容忍错报可以看作实际执行的重要性这个概念在抽样程序中的运用。与确定特定类别交易、账户余额或披露的重要性水平相关的实际执行的重要性，旨在将这些交易、账户余额或披露中未更正与未发现错报的汇总数超过这些交易、账户余额或披露的重要性水平的可能性降至适当的低水平。可容忍错报可能等于或低于实际执行的重要性，这取决于注册会计师考虑下列因素后作出的职业判断：

考霸笔记
掌握！

①事实错报和推断错报的预期金额（基于以往的经验和对其他交易类型、账户余额或披露的测试）；

②被审计单位对建议的调整所持的态度；

③某审计领域中，金额需要估计或无法准确确定的账户的数量；

④经营场所、分支机构或某账户中样本组合的数量，注册会计师分别测试这些经营场所、分支机构或样本组合，但需要将测试结果累积起来得出审计结论；

⑤测试项目占账户全部项目的比例。例如，如果注册会计师预期存在大量错报，或管理层拒绝接受建议的调整，或大量账户的金额需要估计，或分支机构的数量非常多，或测试项目占账户全部项目的比例很小，注册会计师很可能设定可容忍错报低于实际执行的重要性。反之，可以设定可容忍错报等于实际执行的重要性。

可容忍错报与样本规模反向变动。当误受风险一定时，如果注册会计师确定的可容忍错报降低，为实现审计目标所需的样本规模就增加。

（3）预计总体错报。指预计总体中存在的错报金额和频率。预计总体错报不应超过可容忍错报。在既定的可容忍错报下，预计总体错报的规模或频率越小，所需的样本规模也越小。相反，预计总体错报的规模或频率增加，所需的样本规模也增加。如果预期错报很高，注册会计师在实施细节测试时对总体进行100%检查或使用较大的样本规模可能较为适当。

注册会计师在运用职业判断确定预计错报时，应当考虑被审计单位的经营状况和经营风险，以前年度对账户余额或交易类型进行测试的结果，初始样本的测试结果，相关实质性程序的结果，以及相关控制测试的结果或控制在会计期间的变化等因素。

（4）总体规模。总体中的项目数量在细节测试中对样本规模的影响很小。因此，按总体的固定百分比确定样本规模通常缺乏效率。

（5）总体的变异性。衡量这种变异或分散程度的指标是标准差，注册会计师在使用非统计抽样时，不需量化期望的总体标准差，但要用"大"或"小"等定性指标来估计总体的变异性。总体项目的变异性越低，通常样本规模越小。

如果总体项目存在重大的变异性，注册会计师可以考虑将总体分层：

如何理解总体的变异性与样本规模呈同向变动关系？

①目的：为了降低总体变异性，从而在抽样风险没有成比例增加的前提下减小样本规模，或在不减小样本规模的情况下降低抽样风险。如总体变异性较小，则不需要分层。

②原理：分层将总体划分为多个子总体，每个子总体由一组具有相同特征（通常为货币金额）的抽样单元组成（降低每一层中项目的变异性）。

③处理：注册会计师通常对不同层采用不同的抽样比例或审计程序，先用各层样本推断各层总体，再将推断结论合并形成总体结论。

> 对某一层中的样本项目实施审计程序的结果，只能用于推断构成该层的项目。如果对整个总体得出结论，注册会计师应当考虑与构成整个总体的其他层有关的重大错报风险。例如，在对某一账户余额进行测试时，占总体数量20%的项目，其金额可能占该账户余额的90%。注册会计师只能根据该样本的结果推断至上述90%的金额。对于剩余10%的金额，注册会计师可以抽取另一个样本或使用其他收集审计证据的方法，单独得出结论，或者认为其不重要而不实施审计程序。

④操作：在细节测试中，分层的依据可能包括项目的账面金额，与项目处理有关的控制的性质，或与特定项目（如更可能包含错报的那部分总体项目）有关的特殊考虑等。

注册会计师应当仔细界定子总体，以使每一抽样单元只能属于一个层。

> **例4-6**
> 为了函证应收账款，注册会计师可以将应收账款账户按其金额大小分为三层，即账户金额在100 000元以上的；账户金额为5 000~100 000元的；账户金额在5 000元以下的。然后，根据各层的重要性分别采取不同的选样方法。对于金额在100 000元以上的应收账款账户，应进行全部函证；对于金额在5 000~100 000元以及5 000元以下的应收账款账户，则可采用适当的选样方法选取进行函证的样本。

细节测试中影响样本规模的因素见表4-14。

表4-14　　　　　　　　　　细节测试中影响样本规模的因素

影响因素	与样本规模的关系
可接受的误受风险	反向变动
可容忍错报	反向变动
预计总体错报	同向变动
总体规模	影响很小
总体的变异性	同向变动

2.确定样本量

（1）查表法。

①基于货币单元抽样法的样本量。细节测试货币单元抽样样本规模见表4-15。

表4-15 细节测试货币单元抽样样本规模

误受险	预计总体错报与可容忍错报之比	可容忍错报与总体账面金额之比										
		50%	30%	10%	8%	6%	5%	4%	3%	2%	1%	0.5%
5%	—	6	10	30	38	50	60	75	100	150	300	600
5%	0.1	8	13	37	46	62	74	92	123	184	386	736
5%	0.2	10	16	47	58	78	93	116	155	232	463	925
5%	0.3	12	20	60	75	100	120	150	200	300	600	1 199
5%	0.4	17	27	81	102	135	162	203	270	405	809	1 618
5%	0.5	24	39	116	145	193	231	289	385	577	1 154	2 308
10%	—	5	8	24	29	39	47	58	77	116	231	461
10%	0.2	7	12	35	43	57	69	86	114	171	341	682
10%	0.3	9	15	44	55	73	87	109	145	217	433	866
10%	0.4	12	20	58	72	96	115	143	191	286	572	1 144
10%	0.5	16	27	80	100	134	160	200	267	400	799	1 597

例如，注册会计师确定的误受风险为10%，可容忍错报与总体账面金额之比为5%，预计总体错报与可容忍错报之比为0.2，根据表4-15，注册会计师确定样本规模为69。

②传统变量抽样法的样本量。

使用传统变量抽样方法时，注册会计师通常运用计算机程序确定适当的样本规模。如果总体缺乏变异性，传统变量抽样确定的样本量可能太小，注册会计师可以考虑使用表4-15，设定最小样本规模（假定预计不存在错报），或按照经验将最小样本规模确定为50~75。

③非统计抽样的样本量。

如果使用非统计抽样，注册会计师也可以利用表4-15了解细节测试的样本规模，再考虑影响样本规模的各种因素及非统计抽样与货币单元抽样之间的差异，运用职业判断确定所需的适当样本规模。例如，如果在设计非统计抽样时没有对总体进行分层，则考虑到总体的变异性，注册会计师可能将样本规模调增50%。

（2）公式法。

注册会计师还可以使用下列公式确定样本规模：

样本规模=总体账面金额/可容忍错报×保证系数

货币单元抽样确定样本规模时的保证系数见表4-16。

考霸笔记
掌握公式！

考霸笔记
可理解为放大倍数。

表4-16　　　　　　　　　　货币单元抽样确定样本规模时的保证系数

预计总体错报与可容忍错报之比	误受险								
	5%	10%	15%	20%	25%	30%	35%	37%	50%
0.00	3.00	2.31	1.90	1.61	1.39	1.21	1.05	1.00	0.70
0.05	3.31	2.52	2.06	1.74	1.49	1.29	1.12	1.06	0.73
0.10	3.68	2.77	2.25	1.89	1.61	1.39	1.20	1.13	0.77
0.15	4.11	3.07	2.47	2.06	1.74	1.49	1.28	1.21	0.82
0.20	4.63	3.41	2.73	2.26	1.90	1.62	1.38	1.30	0.87
0.25	5.24	3.83	3.04	2.49	2.09	1.76	1.50	1.41	0.92
0.30	6.00	4.33	3.41	2.77	2.30	1.93	1.63	1.53	0.99
0.35	6.92	4.95	3.86	3.12	2.57	2.14	1.79	1.67	1.06
0.40	8.09	5.72	4.42	3.54	2.89	2.39	1.99	1.85	1.14
0.45	9.59	6.71	5.13	4.07	3.29	2.70	2.22	2.06	1.25
0.50	11.54	7.99	6.04	4.75	3.80	3.08	2.51	2.32	1.37
0.55	14.18	9.70	7.26	5.64	4.47	3.58	2.89	2.65	1.52
0.60	17.85	12.07	8.93	6.86	5.37	4.25	3.38	3.09	1.70

注：此表以泊松分布为基础。

如果注册会计师确定的误受险为10%，预计总体错报与可容忍错报之比为0.20，根据表4-16，保证系数为3.41，由于可容忍错报与总体账面金额之比为5%，注册会计师确定的样本规模为69（3.41÷5%＝68.2，出于谨慎考虑，将样本规模确定为69），这与根据表4-15得出的样本规模相同。

（三）选取样本并对其实施审计程序

注册会计师应当仔细选取样本，以使样本能够代表抽样总体的特征，注册会计师可以根据具体情况，从简单随机选样、系统选样或随意选样中挑选适当的选样方法选取样本，也可以使用计算机辅助审计技术提高选样的效果。

【非统计抽样选样示例】

在选取样本之前，注册会计师通常先识别单个重大项目。然后，从剩余项目中选取样本，或者对剩余项目分层，并将样本规模相应分配给各层。例如，排除需要100%检查的单个重大项目之后，剩余的应收账款账面金额为1 200 000元，注册会计师可以按照金额大小将其分成两层：第一层包含账面金额在1 000~10 000元之间的150个大额项目，该层账面金额小计为860 000元；第二层包含账面金额小于1 000元的1 500个小额项目，该层账面金额小计为340 000元，如果确定的样本量为60，则注册会计师可以根据各层账面金额在总体账面金额中的占比大致分配样本，从第一层选取40个项目（860 000÷1 200 000接近于2/3），从第二层选取20个项目。注册会计师也可以将总体分为金额大约相等的两个部分，然后在这两个部分之间平均分配样本量。注册会计师从每一层中选取样本，但选取的方法应当能使样本具有代表性。

【货币单元抽样选样示例】--------------------

它以货币单元作为抽样单元，因为总体中的任何一个货币单元都有相同的规模，项目被选取的概率与其货币金额大小成比例，因而无需分层。如果用系统选样法选取样本，则注册会计师需要先确定选样间隔，即用总体账面金额除以样本规模，得到样本间隔，然后在第一个间隔中确定一个随机起点，从这个随机起点开始，按照选样间隔，从总体中按顺序选取样本，注册会计师再对包含被选取货币单元的账户余额或交易（即逻辑单元）实施检查。

例如，在应收账款明细账户中，账户 A1，A2，A3，A4，A5，…的账面金额分别为200元、150元、350元、100元、700元……如果注册会计师确定的选样间隔为300元，然后从1元~300元（含300元）之间选择一个随机起点（如第150元），则账户表见表4-17。

表4-17　　　　　　　　　　账户表

账户（逻辑单元）	账目金额（元）	累计合计数	相关的货币单元	选取的数
A1	200	200	1~200	150
A2	150	350	201~350	—
A3	350	700	351~700	450
A4	100	800	701~800	750
A5	700	1 500	801~1500	1 050、1 350
⋮	⋮	⋮	⋮	⋮

即注册会计师将要实施检查的逻辑单元为账户 A1（包含第150元）、A3（包含第450元）、A4（包含第750元）、A5（包含第1 050元）……

从【货币单元抽样选样示例】可以看出，如果逻辑单元的账面金额大于或等于选样间隔，该项目一定会被挑选出来。如果逻辑单元的账面金额是选样间隔的数倍，则该项目将不止一次被挑选出来，如账户 A5，包含了第1 050元和第1 350元，有两次被选取的机会。在这种情况下，最终选取的逻辑单元数量小于确定的样本规模，为简化样本评价工作，注册会计师可能对账面金额大于或等于选样间隔的项目实施100%的检查，而不将其纳入抽样总体。

注册会计师应对选取的每一个样本实施适合于具体审计目标的审计程序。无法对选取的项目实施检查时，注册会计师应当考虑这些未检查项目对样本评价结果的影响。

三、评价样本结果阶段

（一）推断总体错报

1.注册会计师应当根据样本结果推断总体的错报。值得注意的是，未回函的消极函证不能证明被询证者已收到询证函并验证其中包含的信息是正确的，因此注册会计师不能根据未回函的消极函证推断总体的错报。

2.根据样本中发现的错报金额估计总体的错报金额时，注册会计师可以使用比率法、差额法及货币单元抽样法等。如果进行了分层，则要在每层分别推断错报，然后将各层推断的金额加总，计算估计的总体错报。注册会计师还要将在进行百分之百检查的个别重大项目中发现的所有错报与推断的错报金额汇总。

3.货币单元抽样法。

（1）如果逻辑单元的账面金额大于或等于选样间隔，推断的错报就是该逻辑单元的实际错报金额。

（2）如果逻辑单元的账面金额小于选样间隔，注册会计师首先计算存在错报的所有逻辑单元的错报百分比，这个百分比就是整个选样间隔的错报百分比（因为每一个被选取的货币单元都代表了整个选样间隔中的所有货币单元），再用这个错报百分比乘以选样间隔，得出推断错报的金额。

（3）将所有这些推断错报汇总后，再加上在金额大于或等于选样间隔的逻辑单元中发现的实际错报，注册会计师就能计算出总体的错报金额。

例如，注册会计师确定的选样间隔是3 000元，如果在样本中发现了3个高估错报，项目的账面金额分别为100元、200元和5 000元，审定金额分别为0、150元和4 000元，则注册会计师推断的错报金额为4 750元（100%×3 000+25%×3 000+1 000）：

①第一个高估错报逻辑单元小于选样间隔（100<3 000），错报百分比为100%（（100-0）÷100），推断的错报是100%×3 000=3 000；

②第二个高估错报逻辑单元小于选样间隔（200<3 000），错报百分比为25%（（200-150）÷200），推断的错报是25%×3 000=750；

③第三个高估错报逻辑单元大于选样间隔（5 000>3 000），推断的错报是1 000（5 000-4 000）。

（二）考虑抽样风险

1.在非统计抽样中，注册会计师运用职业判断和经验考虑抽样风险。如图4-4所示。

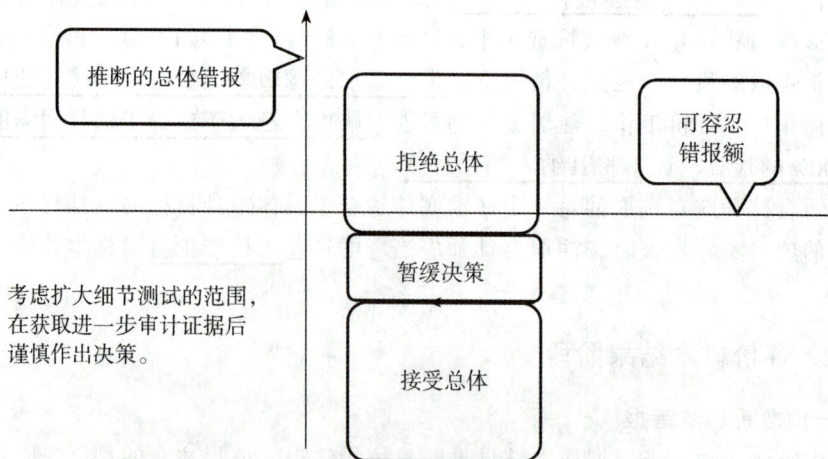

图4-4 抽样风险考虑示意图

如果推断的总体错报远远小于可容忍错报，注册会计师可能合理确信，总体实际错报金额超过可容忍错报的抽样风险很低，因而总体可以接受。

如果推断的错报总额接近或超过可容忍错报，则注册会计师通常得出总体实际错报大于可容忍错报的结论。

如果推断的错报总额与可容忍错报的差距既不很小又不很大时，注册会计师应当仔细考虑，总体实际错报超过可容忍错报的风险是否高得无法接受。这种情况下，注册会计师可能会扩大样本规模以降低抽样风险的影响。

如果推断的错报大于注册会计师确定样本规模时预计的总体错报，注册会计师也可能得出结论，认为总体实际错报金额超过可容忍错报的抽样风险是不可接受的。

> 考霸笔记
> 同非统计属性抽样！

2.在货币单元抽样中，需计算总体错报的上限。货币单元抽样评价样本结果时的保证系数，见表4-18。

> 考霸笔记
> 2017年新增！重点掌握！

表4-18　　　　　　　货币单元抽样评价样本结果时的保证系数

高估错报的数量	误受险								
	5%	10%	15%	20%	25%	30%	35%	37%	50%
0	3.00	2.31	1.90	1.61	1.39	1.21	1.05	1.00	0.70
1	4.75	3.89	3.38	3.00	2.70	2.44	2.22	2.14	1.68
2	6.30	5.33	4.73	4.28	3.93	3.62	3.35	3.25	2.68
3	7.76	6.69	6.02	5.52	5.11	4.77	4.46	4.35	3.68
4	9.16	8.00	7.27	6.73	6.28	5.90	5.55	5.43	4.68
5	10.52	9.28	8.50	7.91	7.43	7.01	6.64	6.50	5.68
6	11.85	10.54	9.71	9.08	8.56	8.12	7.72	7.75	6.67
7	13.15	11.78	10.90	10.24	9.69	9.21	8.79	8.63	7.67
8	14.44	13.00	12.08	11.38	10.81	10.31	9.85	9.68	8.67
9	15.71	14.21	13.25	12.52	11.92	11.39	10.92	10.74	9.67
10	16.79	15.41	14.42	13.66	13.02	12.47	11.98	11.79	1.067
11	18.21	16.60	15.57	14.78	14.13	13.55	13.04	12.84	11.67
12	19.45	17.79	16.72	15.90	15.22	14.63	14.09	13.89	12.67
13	20.67	18.96	17.86	17.02	16.32	15.70	15.14	14.93	13.67
14	21.89	20.13	19.00	18.13	17.40	16.77	16.20	15.98	14.67
15	23.10	21.30	20.13	19.24	18.49	17.84	17.25	17.02	15.67
16	24.31	22.46	21.26	20.34	19.58	18.90	18.29	18.06	16.67
17	25.50	23.61	22.39	21.44	20.66	19.97	19.34	19.10	17.67
18	26.70	24.76	23.51	22.54	21.74	21.03	20.38	20.14	18.67
19	27.88	25.91	24.63	23.64	22.81	22.09	21.43	21.18	19.67
20	29.07	27.05	25.74	24.73	23.89	23.15	22.47	22.22	20.67

注：此表以泊松分布为基础。

（1）如果在样本中没有发现错报，则：总体错报的上限=保证系数×选样间隔。

例如，假设误受险为5%，选样间隔为3 000元，注册会计师没有在样本中发现错报，总体错报的上限为9 000元（3×3 000）。

没有发现错报时估计的总体错报上限也被称作"基本精确度"。

（2）如果在账面金额大于或等于选样间隔的逻辑单元中发现了错报，无论该错报的百分比是否为100%，总体错报的上限=事实错报+基本精确度。

例如，如果误受险为5%，选样间隔为3 000元，注册会计师在样本中发现1个错报，该项目的账面金额为5 000元，审定金额为4 000元，总体错报的上限=事实错报+基本精确度=10 000元（1 000 + 3×3 000）。

又如，如果误受险为5%，选样间隔为3 000元，注册会计师在样本中发现1个错报，该项目的账面金额为5 000元，审定金额为0，总体错报的上限=事实错报+基本精确度=14 000元（5 000 + 3 × 3 000）。

考霸笔记
即：账面金额小于选样间隔的逻辑单元。

（3）如果在样本（排除账面金额大于或等于选样间隔的逻辑单元）中发现了错报百分比为100%的错报，总体错报的上限=保证系数×选样间隔。

例如，如果误受险为5%，选样间隔为3 000元，注册会计师在样本中发现1个错报，该项目的账面金额为20元，审定金额为0，则总体错报的上限=保证系数×选样间隔=14 250元（4.75× 3 000）。

（4）如果在样本（排除账面金额大于或等于选样间隔的逻辑单元）中发现了错报百分比低于100%的错报，注册会计师先计算推断错报，再将推断错报按金额降序排列后，分别乘以对应的保证系数增量（即在既定的误受风险水平下，特定数量的高估错报所对应的保证系数与上一行保证系数之间的差异），加上基本精确度之后，最终计算出总体错报的上限。总体错报的上限=推断错报×保证系数的增量+基本精确度。

考霸笔记
即：账面金额小于选样间隔的逻辑单元。

例如，如果误受险为5%，选样间隔为3 000元，注册会计师在样本中发现2个错报，账户A的账面金额为2 000元，审定金额为1 500元；账户B的账面金额为1 000元，审定金额为200元，则：

第一步：推断错报汇总（见表4-19）。

表4-19　　　　　　　　　　　　推断错报汇总表　　　　　　　　　金额单位：元

账户	账面金额 a	审定金额 b	错报金额 c=a−b	错报百分比 d=c/a	选样间隔 e	推断错报 f=d×e
A	2 000	1 500	500	0.25	3 000	750
B	1 000	200	800	0.8	3 000	2 400
合计						3 150

第二步：计算总体的错报上限（见表4-20）。

表4-20　　　　　　　　　　　　总体错报上限计算表　　　　　　　　　金额单位：元

考霸笔记
查表+计算

考霸笔记
降序排列

推断错报	保证系数的增量	推断错报×保证系数的增量
2 400	1.75（4.75−3.00）	4 200
750	1.55（6.30−4.75）	1 162.5
小计		5 362.5
加上：基本精确度		3×3 000=9 000
总体的错报上限		14 362.5

（5）如果样本中既有账面金额大于或等于选样间隔的逻辑单元，又有账面金额小于选样间隔的逻辑单元，而且在账面金额小于选样间隔的逻辑单元中，既发现了错报百分比为100%的错报，又发现了错报百分比低于100%的错报。注册会计师可以将所有样本项目分成两组：第一组是账面金额大于或等于选样间隔的逻辑单元，注册会计师计算出该组项目的事实错报；第二组是账面金额小于选样间隔的逻辑单元，无论该组项目的错报百分比是否为100%，注册会计师都先计算出各项目的推断错报，再将所有推断错报按金额降序排列后，分别乘以对应的保证系数增量，并将计算结果累积起来，用这个累积结果加上基本精确度，再加上第一组项目中的事实错报，就是最终总体错报的上限。

（6）在货币单元抽样中，注册会计师将总体错报的上限与可容忍错报进行比较。如果总体错报的上限小于可容忍错报，则注册会计师可以初步得出结论，样本结果支持总体的账面金额。

（三）考虑错报的性质和原因

除了评价错报的金额和频率以及抽样风险之外，注册会计师还应当考虑：（1）错报的性质和原因，是原则还是应用方面的差异？是错误还是舞弊导致？是误解指令还是粗心大意所致？（2）错报与审计工作其他阶段之间可能存在的关系。

（四）得出总体结论

在推断总体的错报，考虑抽样风险，分析错报的性质和原因之后，注册会计师需要运用职业判断得出总体结论。

1.如果样本结果不支持总体账面金额，且注册会计师认为账面金额可能存在错报，则注册会计师通常会建议被审计单位对错报进行调查，并在必要时调整账面记录。

2.依据被审计单位已更正的错报对推断的总体错报额进行调整后，注册会计师应当将该类交易或账户余额中剩余的推断错报与其他交易或账户余额中的错报总额累计起来，以评价财务报表整体是否存在重大错报。

3.无论样本结果是否表明错报总额超过了可容忍错报，注册会计师都应当要求被审计单位的管理层记录已发现的事实错报（除非明显微小）。

4.如果样本结果表明注册会计师作出抽样计划时依据的假设有误，则注册会计师应当采取适当的行动。例如，如果细节测试中发现的错报的金额或频率大于依据重大错报风险的评估水平作出的预期，注册会计师需要考虑重大错报风险的评估水平是否仍然适当。注册会计师也可能决定修改对重大错报风险评估水平低于最高水平的其他账户拟实施的审计程序。

例 4-7

非统计抽样示例

假设注册会计师准备使用非统计抽样方法，通过函证测试ABC公司20×6年12月31日应收账款余额的存在认定。20×6年12月31日，ABC公司应收账款账户共有935个，其中：借方账户有905个，账面金额为4 250 000元；贷方账户有30个，账面金额为5 000元。

注册会计师确定可接受的误受风险为10%，可容忍的错报为150 000元，预计的总体错报为30 000元。

注册会计师根据实际情况作出下列判断：

非统计抽样总体见表4-21。

表4-21　　　　　　　　　　　　**非统计抽样总体表**　　　　　　　　　　金额单位：元

项目分类	项目数量	总金额
贷方账户（单独测试）	30	5 000
单个重大项目（100%检查）	5	500 000
抽样总体	900	3 750 000
合计	935	4 255 000

注册会计师定义的抽样单元是每个应收账款明细账账户。考虑到总体的变异性，注册会计师根据各明细账账户的账面金额，将总体分成两层（见表4-22）：

表4-22　　　　　　　　　　　　**样本分层表**

层次	层账面总额（元）	层账户数量（个）	层样本规模（个）
第一层	2 500 000	250	58
第二层	1 250 000	650	28
合计	3 750 000	900	86

根据表4-15，当可接受的误受险为10%，可容忍的错报与总体账面金额之比为4%，预计总体错报与可容忍错报之比为20%时，样本量为86。注册会计师运用职业判断和经验，认为这个样本规模是适当的，不需要调整。注册会计师根据各层账面金额在总体账面金额中的占比大致分配样本，从第一层选取58个项目，从第二层选取28个项目（见表4-22）。

注册会计师对91个账户（86个样本加5个单个重大项目）逐一实施函证程序，收到了80个询证函回函。注册会计师对没有收到回函的11个账户实施了替代程序，认为能够合理保证这些账户不存在错报。在收到回函的80个账户中，有4个存在高估，注册会计师对其作了进一步调查，确定只是笔误导致，不涉及舞弊等因素。错报情况见表4-23。

表4-23　　　　　　　　　　　　**事实错报汇总表**　　　　　　　　　　单位：元

账户	总体账面金额	样本账面金额	样本审定金额	样本错报金额
单个重大账户	500 000	500 000	499 000	1 000
第一层	2 500 000	739 000	738 700	300
第二层	1 250 000	62 500	62 350	150
合计	4 250 000	1 301 500	1 300 050	1 450

注：为方便汇总错报，此表将单个重大账户一并纳入。但实际上，注册会计师需要对单个重大账户实施100%的检查。

注册会计师运用职业判断和经验认为，错报金额与项目的金额（而非数量）紧密相关，因此选择比率法评价样本结果。注册会计师分别推断每一层的错报金额，见表4-24。

表4-24 样本错报汇总表

层次	层样本账面总额（元）	层样本错报额（元）	层样本错报数量（个）	层错报额（元）
第一层	739 000	300	2	1 015
第二层	62 500	150	1	3 000
合计	801 500	450	3	4 015

第一层的推断错报金额约为1 015元（300÷739 000×2 500 000）；

第二层的推断错报金额约为3 000元（150÷62 500×1 250 000）。

再加上实施100%检查的单个重大账户中发现的错报，注册会计师推断的错报总额为5 015元（1 000+4015）。

ABC公司的管理层同意更正1 450元的事实错报，因此，剩余的推断错报为3 565元（5 015－1 450）。剩余的推断错报（3 565元）远远低于可容忍错报（150 000元），注册会计师认为总体实际错报金额超过可容忍错报的抽样风险很低，因而总体可以接受。也就是说，即使在其推断的错报上加上合理的抽样风险允许限度，也不会出现一个超过可容忍错报的总额。

注册会计师得出结论，样本结果支持应收账款账面金额。不过，注册会计师还应将剩余的推断错报与其他事实错报和推断错报汇总，以评价财务报表整体是否可能存在重大错报。

考霸笔记
2017年新增！必须掌握！可能会考简答题！

例4-8

统计抽样示例（货币单元抽样）

假设注册会计师准备使用货币单元抽样法，通过函证测试XYZ公司20×5年12月31日应收账款余额的存在性。20×5年12月31日，XYZ公司应收账款账户共有602个，其中：借方账户有600个，账面金额为2 300 000元；贷方账户有2个，账面金额为3 000元。注册会计师作出下列判断：

统计抽样总体见表4-25。

表4-25 统计抽样总体表

项目分类	项目数量	总金额（元）
贷方账户（单独测试）	2	3 000
单个重大项目（100%检查）	6	300 000
抽样总体	594	2 000 000
合计	602	2 303 000

考霸笔记
①确定总体。

594个应收账款借方账户就是注册会计师定义的总体，总体账面金额为2 000 000元。注册会计师定义的抽样单元是每个货币单元，可接受的误受风险为10%，可容忍的错报为40 000元，预计的总体错报为8 000元。

根据表4-15，当可接受的误受险为10%，可容忍的错报与总体账面金额之比为2%，预计总体错报与可容忍错报之比为20%时，样本量为171。注册会计师使用系统选样选取包含抽样单元的逻辑单元进行检查，选样间隔为11 695元（2 000 000÷171）。

考霸笔记
②确定样本规模及选样间隔。

注册会计师对样本中的171个账户（上述6个单个重大项目和2个贷方账户已单独测试，未发现错报）逐一实施函证程序，收到了155封询证函回函。注册会计师对没有收到回函的22个账户实施了替代程序，认为能够合理保证这些账户不存在错报。在收到回函的155个账户中，有4个存在高估，注册会计师对其作了进一步调查，确定只是笔误导致，不涉及舞弊等因素。推断错报汇总见表4-26。

表4-26 　　　　　　　　　　　　　　推断错报汇总 　　　　　　　　　　金额单位：元

账户	账面金额	审定金额	错报金额	错报百分比（%）	选样间隔	推断错报
A1	200	190	10	5	11 695	585
A2	50	40	10	20	11 695	2 339
A3	3 000	2 700	300	10	11 695	1 170
A4	16 000	15 000	1 000	不适用	不适用	1 000
合计						5 094

注：如果逻辑单元的账面金额大于或等于选样间隔，推断的错报就是该逻辑单元的实际错报金额，账户A4正是这种情况。

注册会计师使用表4-18中的保证系数，考虑抽样风险的影响，计算总体错报的上限见表4-27。

表4-27 　　　　　　　　　　　　　　计算总体的错报上限

推断错报	保证系数的增量	推断错报×保证系数的增量
2 399元	1.58（3.89-2.31）	3 696元
1 170元	1.44（5.33-3.89）	1 685元
585元	1.36（6.69-5.33）	796元
小计		6 177元
加上：基本精确度		2.31×11 695＝27 015元
加上：账户A4的事实错报		1 000元
总体的错报上限		34 192元

总体错报上限小于可容忍错报，因此注册会计师得出结论，样本结果支持应收账款账面金额。

四、记录抽样程序

在细节测试中使用审计抽样时，注册会计师通常在审计工作底稿中记录下列内容：（1）测试的目标，受到影响的账户和认定；（2）对总体和抽样单元的定义，包括注册会计师如何考虑总体的完整性；（3）对错报的定义；（4）可接受的误受风险；（5）可接受的误拒风险（如涉及）；（6）估计的错报及可容忍错报；（7）使用的审计抽样方法；（8）确定样本规模的方法；（9）选样方法；（10）选取的样本项目；（11）对如何实施抽样程序的描述，以及在样本中发现的错报的清单；（12）对样本的评价；（13）总体结论概要；（14）在进行样本评估和作出职业判断时，认为重要的性质因素。

智能测评

在线练习		我要提问
扫码在线做题	扫码看答案	扫码答疑
本书"本章同步强化训练"均配备二维码，打开微信"扫一扫"即可完成在线测评，查看本章详细的测评反馈报告，了解知识掌握情况，也可扫码直接看答案噢。 快来扫码做题吧！		本书配备答疑专用二维码，打开微信"扫一扫"，即可完成在线提问，获取专业老师全面个性化解答，让学习问题不再拖延。 快来扫码提问吧！

本章同步强化训练

一、单选题

1.下列抽样方法中，适用于控制测试的是（　　）。

A.变量抽样　　　　　　　B.PPS抽样　　　　　　　C.属性抽样　　　　　　　D.差额估计抽样

2.下列有关抽样风险的说法中，错误的是（　　）。

A.除非注册会计师对总体中所有项目都实施检查，否则存在抽样风险

B.在使用统计抽样时，注册会计师可以准确地计量和控制抽样风险

C.注册会计师可以通过扩大样本规模降低抽样风险

D.控制测试中的抽样风险包括误受风险和误拒风险

3.下列不属于非抽样风险的是（　　）。

A.注册会计师依赖应收账款函证来揭露未入账的应收账款

B.注册会计师在测试销售收入完整性认定时将主营业务收入日记账界定为总体

C.注册会计师根据样本得出结论认为账面金额不存在重大错报而实际上存在重大错报

D.注册会计师错误解读审计证据可能导致没有发现误差

4.下列有关统计抽样和非统计抽样的说法中，错误的是（　　）。

A.注册会计师应当根据具体情况并运用职业判断，确定使用统计抽样或非统计抽样方法

B.注册会计师在统计抽样与非统计抽样方法之间进行选择时主要考虑成本效益

C.非统计抽样如果设计适当，也能提供与统计抽样方法同样有效的结果

D.注册会计师使用非统计抽样时，不需要考虑抽样风险

5.影响注册会计师可以接受的信赖过度风险的因素不包括（　　）。

A.计划评估的控制有效性

B.控制环境的评估结果

C.针对风险的控制程序的重要性

D.控制的叠加程度

6.下列因素中，与样本规模呈反向变动关系的是（　　）。

A.控制运行的期间   B.可容忍偏差率

C.控制程序的复杂程度   D.预计总体偏差率

7.在使用审计抽样实施控制测试时，下列情形中，注册会计师不能另外选取替代样本的是（　　　）。

A.单据丢失   B.单据不适用   C.单据无效   D.单据未使用

8.下列关于货币单元抽样的说法中，错误的是（　　　）。

A.货币单元抽样通常比传统变量抽样更易于使用

B.货币单元抽样中无须通过分层减少变异性

C.如果账面金额与审定金额之间存在较多差异，可能只需较小的样本规模就能满足审计目标

D.在货币单元抽样中，注册会计师通常需要逐个累计总体金额，以确定总体是否完整并与财务报表一致

9.下列选项中，不属于在细节测试中影响样本规模的因素的是（　　　）。

A.可容忍错报   B.预计总体错报   C.总体的变异性   D.信赖不足风险

10.下列有关细节测试样本规模的说法中，错误的是（　　　）。

A.总体项目的变异性越低，通常样本规模越小

B.当总体被适当分层时，各层样本规模的汇总数通常等于在对总体不分层的情况下确定的样本规模

C.当误受风险一定时，可容忍错报越低，所需的样本规模越大

D.对于大规模总体，总体的实际规模对样本规模几乎没有影响

二、多选题

1.以下不属于审计抽样的有（　　　）。

A.注册会计师选择账龄较长的应收账款进行测试

B.注册会计师决定测试资本公积账户中的每一个项目

C.为了避免偏向性，注册会计师不对每页的第一个项目进行测试

D.注册会计师选取被审计单位9月的全部付款单据进行测试

2.下列各项审计程序中，通常不采用审计抽样的有（　　　）。

A.风险评估程序   B.控制测试   C.实质性分析程序   D.细节测试

3.下列有关抽样风险的说法中，正确的有（　　　）。

A.误受风险和信赖不足风险影响审计效果

B.误受风险和信赖过度风险影响审计效果

C.误拒风险和信赖不足风险影响审计效率

D.误拒风险和信赖过度风险影响审计效率

4.下列有关信赖过度风险的说法中，不恰当的有（　　　）。

A.信赖过度风险属于非抽样风险

B.信赖过度风险影响审计效率

C.信赖过度风险与控制测试和细节测试均相关

D.注册会计师可以通过扩大样本规模降低信赖过度风险

5.下列适用于统计抽样的选样方法有（　　　）。

A.简单随机选样   B.系统选样   C.随意选样   D.整群选样

6.在控制测试中应用审计抽样方法，在定义总体时需要考虑的总体特性有（　　）。

A.准确性　　　　　　　B.变异性　　　　　　C.完整性　　　　　　D.适当性

7.下列关于审计抽样在控制测试中的应用，说法正确的有（　　）。

A.如果总体偏差率低于可容忍偏差率，注册会计师通常认为总体可以接受

B.在评价样本结果时，注册会计师应当调查识别出的所有偏差的性质和原因，并评价其对审计程序的目的和审计的其他方面可能产生的影响

C.分析偏差的性质和原因时，注册会计师还要考虑已识别的偏差对财务报表的直接影响

D.在计算偏差率，考虑抽样风险，分析偏差的性质和原因之后，注册会计师需要运用职业判断得出总体结论

8.传统变量抽样的优点包括（　　）。

A.对零余额或负余额项目的选取，不需要在设计时予以特别考虑

B.注册会计师关注总体的高估时，使用传统变量抽样比货币单元抽样更合适

C.如果账面金额与审定金额之间存在较多差异，传统变量抽样可能只需较小的样本规模就能满足审计目标

D.需要在每一层追加选取额外的样本项目时，传统变量抽样更易于扩大样本规模

9.在确定可接受的误受风险水平时，注册会计师需要考虑的因素有（　　）。

A.评估的重大错报风险水平

B.注册会计师愿意接受的审计风险水平

C.测试项目占账户全部项目的比例

D.针对同一审计目标或财务报表认定的其他实质性程序的检查风险

10.下列有关注册会计师使用非统计抽样实施细节测试的说法中，错误的有（　　）。

A.注册会计师增加单独测试的重大项目，可以减少样本规模

B.在定义抽样单元时，注册会计师无须考虑实施计划的审计程序或替代程序的难易程度

C.在确定可接受的误受风险水平时，注册会计师无须考虑针对同一审计目标的其他实质性程序的检查风险

D.注册会计师根据样本中发现的错报金额推断总体错报金额时，可以采用比率法或差额法

三、简答题

A注册会计师负责审计甲公司2018年度财务报表。在针对应收账款实施细节测试时，A注册会计师决定采用传统变量抽样方法实施统计抽样。甲公司2018年12月31日应收账款账面余额合计为300 000 000元。A注册会计师确定的总体规模为6 000，样本规模为200，样本账面余额合计为12 000 000元，样本审定金额合计为9 000 000元。

要求：代A注册会计师分别采用均值法、差额法和比率法三种方法计算推断的总体错报金额。

本章导学

第五章
信息技术对审计的影响

本章框架图

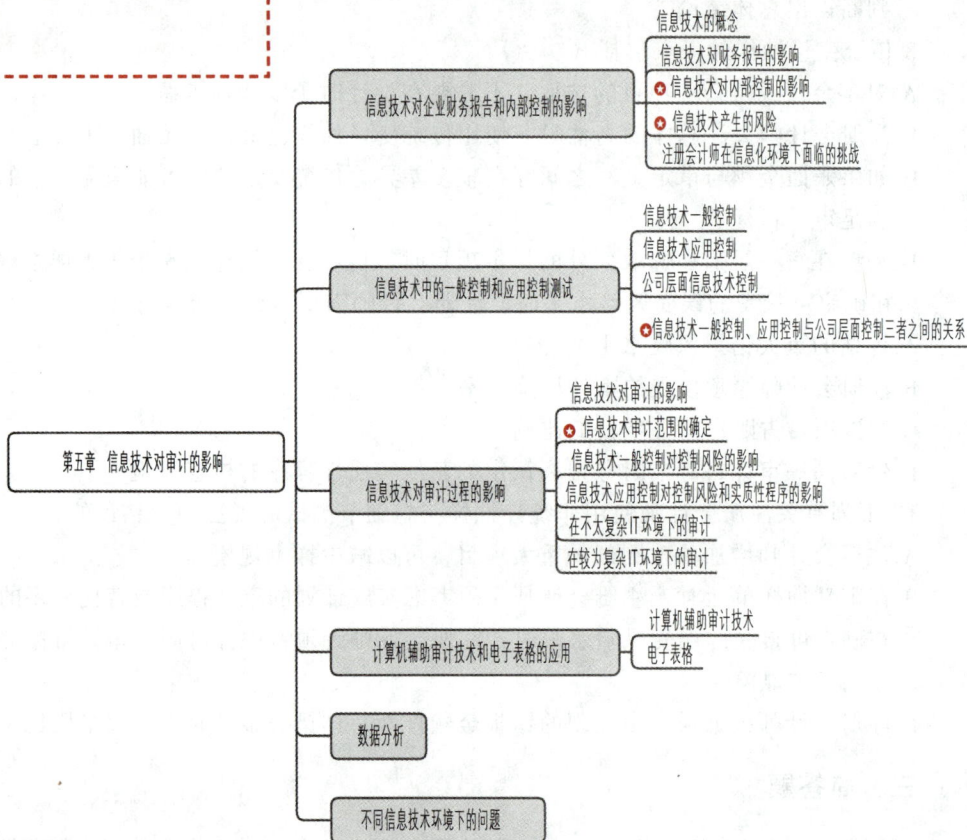

第五章 信息技术对审计的影响

- 信息技术对企业财务报告和内部控制的影响
  - 信息技术的概念
  - 信息技术对财务报告的影响
  - ✚ 信息技术对内部控制的影响
  - ✚ 信息技术产生的风险
  - 注册会计师在信息化环境下面临的挑战
- 信息技术中的一般控制和应用控制测试
  - 信息技术—般控制
  - 信息技术应用控制
  - 公司层面信息技术控制
  - ✚ 信息技术一般控制、应用控制与公司层面控制三者之间的关系
- 信息技术对审计过程的影响
  - 信息技术对审计的影响
  - ✚ 信息技术审计范围的确定
  - 信息技术一般控制对控制风险的影响
  - 信息技术应用控制对控制风险和实质性程序的影响
  - 在不太复杂IT环境下的审计
  - 在较为复杂IT环境下的审计
- 计算机辅助审计技术和电子表格的应用
  - 计算机辅助审计技术
  - 电子表格
- 数据分析
- 不同信息技术环境下的问题

本章考情概述

就本章的内容来看，更多的属于知识性的介绍，在近年命题中多未直接命题，但考生应关注客观题，相对而言，与信息技术控制测试相关的内容考核的可能性更高。

2018年教材新增"注册会计师在信息化环境下面临的挑战"小点，以理解把握为主；"第五节 计算机辅助审计技术和电子表格的运用"考试大纲中对其的能力等级要求由"1"变为"2"，值得予以关注。

第一节　信息技术概述

◇ 信息技术的概念

◇ 信息技术审计的演变

一、信息技术的概念

现代信息技术是指20世纪70年代以来，随着微电子技术、计算机技术和通信技术的发展，围绕信息的产生、收集、存储、处理、检索和传递，形成的一个全新的、用以开发和利用信息资源的高技术群，包括微电子技术、新型元器件技术、通信技术、计算机技术、各类软件及系统集成技术、光盘技术、传感技术、机器人技术、高清晰度电视技术等，其中微电子技术、计算机技术、软件技术、通信技术是现代信息技术的核心。

二、信息技术审计的演变

在计算机产生以前，企业内部的信息处理最初是以手工处理的方式进行的。一个企业的会计部门，通过不同岗位之间的分工协作，将日常经营活动中产生的财务资料进行加工处理，形成企业内部和外部需要的各种纸质会计信息，这种情况下的审计方式毫无疑问是手工的形式。

随着计算机的普及，尤其是微型计算机的大众化，一些企业开始用计算机来处理部分会计资料。例如，工资管理程序、存货管理程序等，逐步用机器替代了部分人工劳动。但由于计算机处理的范围还比较小，注册会计师可以忽略计算机的存在，直接对打印出来的纸质文档进行审计。

由于会计信息技术化的大规模普及，大部分企业的会计处理已经实现信息化。注册会计师开始意识到信息技术审计的重要性，但这时人们对信息技术审计的认识还停留在对财务数据的采集和分析阶段，注册会计师仍然可以绕过信息系统，对财务数据和报表进行核实，以获取审计证据。

伴随着会计信息技术化的成熟，以ERP为代表的企业信息系统的高度集成逐渐开始兴起。这时的企业信息系统已不仅仅是一个孤立的系统，而是集财务、人事、供销、生产为一体的综合性系统，财务信息只是这个系统所处理信息的一部分，因此，注册会计师必须在规划和执行审计工作时对企业信息技术进行全面考虑。

第二节　信息技术对企业财务报告和内部控制的影响

◇ 信息技术对企业财务报告的影响

◇ 信息技术对企业内部控制的影响

◇ 信息技术的好处

◇ 信息技术的风险

◇ 注册会计师在信息化环境下面临的挑战

一、信息技术对企业财务报告的影响

企业可以运用信息系统来创建、记录、处理和报告各项交易，以衡量和审查自身的财务业绩，并持续记录资产、负债及所有者权益。具体来讲，创建是指企业可以采取手工或自动的方式来创建各项交易信息；记录是指信息系统识别并保留交易及事项的相关信息；处理是指企业可以采取手工或自动的方式对信息系统的数据信息进行编辑、确认、计算、衡量、估价、分析、汇总和调整；报告是指企业以电子或打印的方式，编制财务报告和其他信息，并运用上述信息来衡量和审查企业的财务业绩及其他方面的职能。

信息系统的使用，会给企业的管理和会计核算程序带来很多重要的变化，包括：

1.计算机输入和输出设备代替了手工记录；

2.计算机显示屏和电子影像代替了纸质凭证；

3.计算机文档代替了纸质日记账和分类账；

4.网络通信和电子邮件代替了公司间的邮寄；

5.将管理需求固化到应用程序之中；

6.灵活多样的报告代替了固定的定期报告；

7.数据更加充分，信息实现共享；

8.系统问题的存在比偶然性误差更为普遍。

信息系统形成的信息质量影响企业编制财务报告、管理企业活动和作出适当的管理决策。因此，有效的信息系统需要实现下列功能并保留记录结果：

1.识别和记录全部授权交易；

2.及时、详细地记录交易内容，并在财务报告中对全部交易进行适当分类；

3.衡量交易价值，并在财务报告中适当体现相关价值；

4.确定交易发生的期间，并将交易记录在适当的会计期间；

5.将相关交易信息在财务报告中作适当披露。

因此，注册会计师在进行财务报告审计时，如果依赖相关信息系统所形成的财务信息和报告作为审计工作的依据，则必须考虑相关信息和报告的质量，而财务报告相关的信息质量是通过交易的录入到输出整个过程中适当的控制来实现的，所以，注册会计师需要在整个过程中考虑信息的准确性、完整性、授权体系及访问限制等四个方面。

二、信息技术对企业内部控制的影响

随着信息技术的发展，内部控制虽然在形式及内涵方面发生了变化，但内部控制的目标并没有发生改变。即：

1.提高管理层决策制定的效果和业务流程的效率；

2.提高会计信息的可靠性；

3.促使企业遵守法律和规章。

在信息技术环境下，传统的人工控制越来越多地被自动控制所替代。当然，被

如何理解信息的准确性、完整性、授权体系及访问限制？

5453

考霸笔记

结合第七章第四节中关于"了解内部控制"的相关内容进行理解。

审计单位采用信息系统处理业务，并不意味着人工控制被完全取代。信息系统对控制的影响，取决于被审计单位对信息系统的依赖程度。例如，在基于信息技术的信息系统中，系统进行自动操作来实现对交易信息的创建、记录、处理和报告，并将相关信息保存为电子形式（如电子的采购订单、采购发票、发运凭证和相关会计记录），但相关控制活动也可能同时包括手工的部分，例如，订单的审批和事后审阅以及会计记录调整之类的人工控制。由于被审计单位信息技术的特点及复杂程度不同，被审计单位的手工及自动控制的组合方式往往会有所区别。

三、信息技术的**好处**

概括地讲，自动控制能为企业带来以下好处：

1.自动控制能够有效处理大流量交易及数据，因为自动信息系统可以提供与业务规则一致的系统处理方法；

2.自动控制比较不容易被绕过；

3.自动信息系统、数据库及操作系统的相关安全控制可以实现有效的职责分离；

4.自动信息系统可以提高信息的及时性、准确性，并使信息变得更易获取；

5.自动信息系统可以提高管理层对企业业务活动及相关政策的监督水平。

四、信息技术的风险

信息技术在改造被审计单位内部控制的同时，也产生了特定的风险：

1.信息系统或相关系统程序可能会对数据进行错误处理，也可能会去处理那些本身就错误的数据；

2.自动信息系统、数据库及操作系统的相关安全控制如果无效，会增加对数据信息非授权访问的风险，这种风险可能导致系统对非授权交易及虚假交易请求的拒绝处理功能遭到破坏，系统程序、系统内的数据遭到不适当的改变，系统对交易进行不适当的记录，以及信息技术人员获得超过其职责范围的过大系统权限等；

3.数据丢失风险或数据无法访问风险，如系统瘫痪；

4.不适当的人工干预，或人为绕过自动控制。

五、注册会计师在信息化环境下面临的挑战

信息技术在会计处理和财务报告中的运用，把注册会计师带入了一个全新的、充满挑战的信息化环境。在这个环境中，注册会计师面对的是功能复杂、高度集成的大型信息系统，以及系统生成、处理、记录和报告的海量电子数据，甚至还有完全不同于传统形式的舞弊手法。如果作为审计工作对象的财务会计信息和报告是由企业财务报告相关信息系统作为载体所形成的，那么注册会计师在了解业务流程和内部控制、识别和评估审计风险、确定审计风险的应对以及审计范围、制订整体审计计划、执行审计程序以及收集审计证据等方面将面临来自信息化环境的众多挑战，主要体现在以下方面：

1.对业务流程开展和内部控制运作的理解。传统环境下，业务流程的开展和内部控制的运作主要依赖人工处理。信息化环境下，相当部分的内部控制环节转移到信息系统中自动执行，或者人工与信息系统相结合而执行。因此，注册会计师需要

信息技术的好处与风险举例。

✓了解

✓掌握

考霸笔记
不容易被绕过不等于不会被绕过。

考霸笔记
2018年教材新增，理解把握，可能考客观题！

重新建立对业务流程开展和内部控制运作的理解和认识。

2.对信息系统相关审计风险的认识。信息系统在带来效率效果提升的同时，也产生了由于信息技术导致的风险。注册会计师在执行财务报表审计时，需要充分识别并评估与会计核算和财务报告编制相关的信息技术运用相伴而生的风险，如程序逻辑的错误、权限的不当授予等。对相关控制风险缺乏认识，可能导致审计工作针对性的欠缺，难以有效识别财务报表重大错报。

3.审计范围的确定。注册会计师在确定审计范围时，往往受困于信息技术的复杂性和专业性。企业的应用系统架构如何？信息系统间的数据流向是怎样的？如果对这些根本性问题认识不清楚，往往会导致在确定审计范围时产生遗漏。

4.审计内容的变化。由于在信息化环境下，会计核算与财务报告是由信息系统通过程序进行自动处理的，因此审计内容很有可能包括对信息系统中的相关自动控制的测试。例如，在针对存货计价不准确的重大错报风险执行审计程序时，由于被审计单位存货的计价依赖于高度自动化处理，不存在或仅存在很少的人工干预，针对该风险仅实施实质性程序可能不可行。获取的审计证据，即存货的库龄分析仅以电子形式存在，注册会计师必须测试与存货的计价相关的内部控制的有效性，以及存货库龄计算的准确性。

5.审计线索的隐性化。在信息化环境下，会计信息已经全面数字化，传统的审计线索可能已经不复存在；在信息加工处理方面，信息系统封装了信息处理的过程，其内部处理逻辑、运算的中间过程，往往对系统的用户而言是独立的，传统的审计线索全面隐性化。

6.审计技术改进的必要性。面对海量的交易、数据和财务信息，传统的审计技术在抽样针对性和样本覆盖程度方面的局限性越来越突出。一方面，信息技术的运用改变了企业的运作模式和工作方式，传统审计技术针对的问题特征可能已经消失，或者发生了改变，注册会计师的经验可能无法简单移植，从而丧失了针对性；另一方面，面对海量数据，传统的抽样方式难以覆盖大量的数据，对于不同来源的数据缺乏深刻的洞察力，覆盖性方面也难以提供更强的审计信心。

7.有待优化的知识结构。信息技术的广泛运用，对注册会计师的知识结构提出了新的要求。他们不仅仅要具备丰富的会计、审计、经济、管理、法律方面的知识和技能，还必须对信息技术有所掌握和了解，熟悉系统的架构、信息处理的基本逻辑、系统运行的原理，以及与信息技术运用相伴而生的风险因素。在信息化环境下，注册会计师必须熟悉信息技术的运用和信息系统的风险及控制，应对以上新的挑战，对审计的策略、范围、内容、方法和手段作出有针对性的调整，获取充分、适当的审计证据，从而发表恰当的审计意见。

8.与专业团队的充分协同工作。新兴复杂技术的日新月异，使财务报表审计对专业知识的需求日益迫切。注册会计师在优化自身的知识结构体系的过程中，引入相关技术专业人员参与审计工作成为一种有效的审计手段而普遍存在。比较常见的专业领域如信息技术、税务等。因此，在审计全过程中如何整合各方资源，进行有效的审计成为审计过程中一个重要的议题和考虑方面。需要强调的是，注册会计师在引入专业人员进行审计的项目中，从审计规划、审计执行到审计完成的各个阶段都应该积极引入专业人员参与，以确保相关的审计风险被合理识别和应对，保证审计过程的有效执行和审计效果的提升。

第三节　信息技术中的一般控制、应用控制以及公司层面信息技术审计

◇ 公司层面信息技术控制
◇ 信息技术一般控制
◇ 信息技术应用控制
◇ 三个层面控制及其关系

一、公司层面信息技术控制

1.信息技术规划的制定；
2.信息技术年度计划的制订；
3.信息技术内部审计机制的建立；
4.信息技术外包管理；
5.信息技术预算管理；
6.信息安全和风险管理；
7.信息技术应急预案的制定；
8.信息系统架构和信息技术的复杂性。

✓熟悉。

二、信息技术一般控制

一般控制是为保证信息系统安全，对整个信息系统及外部各种环境要素实施的、对所有应用或控制模块有普遍影响的控制。一般包括程序开发、程序变更、程序和数据访问以及计算机运行四个领域（针对平台建设，不涉及具体应用）：

1.程序开发。程序开发领域的目标是确保系统的开发、配置和实施能够实现管理层的应用控制目标。程序开发控制一般包括但不限于以下要素：

（1）程序开发的管理方法论；
（2）项目启动、分析和设计；
（3）测试和质量确保；
（4）数据迁移；
（5）程序实施和应急计划；
（6）流程更新和用户培训；
（7）开发过程中的需求变更管理；
（8）开发过程中的职责分离。

2.程序变更。程序变更领域的目标是确保对程序和相关基础组件的变更是经过请求、授权、执行、测试和实施的，以达到管理层的应用控制目标。程序变更范围除包含代码类的常规变更，同时也需要关注配置类的变更以及紧急变更。程序变更一般包括但不限于以下要素：

（1）对变更维护活动的管理；
（2）对变更请求的规范、授权与跟踪；
（3）测试和质量确保；

考霸笔记
考试题型：选择题。
考试频率：常考。
考试套路：一般控制、应用控制以及公司层面技术控制的关系。
备考建议：需要掌握。

考霸笔记
四个领域要熟悉，具体内容了解即可。

（4）程序实施；

（5）流程更新和用户培训；

（6）变更过程中的职责分离。

3.程序和数据访问。程序和数据访问这一领域的目标是确保分配的访问程序和数据的权限是经过用户身份认证并经过授权的。程序和数据访问的子组件一般包括安全活动管理、安全管理、数据安全、操作系统安全、网络安全和物理安全。程序和数据访问一般包括但不限于以下要素：

（1）应用用户授权管理；

（2）高权限用户管理；

（3）职责分工和权限管理；

（4）认证和密码控制；

（5）用户监控；

（6）物理访问和环境控制；

（7）网络访问控制。

4.计算机运行。计算机运行这一领域的目标是确保业务系统根据管理层的控制目标完整、准确地运行，确保运行问题被完整准确地识别并解决，以维护财务数据的完整性。计算机运行一般包括但不限于以下要素：

（1）系统作业管理；

（2）问题和故障管理；

（3）数据备份和恢复；

（4）备份介质的异地存放；

（5）灾难恢复。

考霸笔记
此考点可能结合第七章第四节"了解内部控制"以及第八章第三节"控制测试"一起考查。

三、信息技术应用控制

信息技术应用控制一般要经过输入、处理及输出等环节。和人工控制类似，系统自动控制关注的要素包括：完整性、准确性、存在和发生等。各要素的主要含义如下：

1.完整性：系统处理数据的完整性，例如各系统之间数据传输的完整性、销售订单的系统自动顺序编号、总账数据的完整性等。

2.准确性：系统运算逻辑的准确性，例如金融机构利息计提逻辑的准确性、生产企业的物料成本运算逻辑的准确性、应收账款账龄的准确性等。

✓了解。

3.存在和发生：信息系统相关的逻辑校验控制，例如限制检查、合理性检查、存在检查和格式检查等。部分业务操作的授权管理，例如入账审批管理的权限设定和授予、物料成本逻辑规则修改权限的设定和授予等。

针对系统自动控制的信息技术应用控制审计需要在理解业务流程的基础之上进行识别和定义，常见的系统自动控制以及信息技术应用控制审计关注点列示如下：

1.系统自动生成报告。企业的业务或财务系统会定期或按需生成各类报告，例如账龄报告、贷款逾期报告、业务和财务数据核对差异报告等。信息技术应用控制审计包括对于这些报告的生成逻辑（包括完整性和准确性）的测试、异常报告跟进控制的审计等。

2.系统配置和科目映射。信息系统中包含了大量的自动校验控制和映射关系，包括数据完整性校验、录入合法性编辑检查、边界阈值设定、财务科目映射关系等。信息技术应用控制审计会对这些系统配置和映射关系的存在性和有效性进行验证。

3.接口控制。接口控制包括各业务系统之间、业务和财务系统之间、企业内部系统和合作伙伴/交易对手/监管机构之间的接口数据传输。信息技术应用控制审计会对这些接口数据传输的完整性和准确性进行验证。

4.访问和权限。企业内部各业务部门、财务部门、信息技术部门等均会根据各自的职责需要来对信息系统进行访问，各部门、各团队甚至各岗位访问的权限均可能存在差异，因此在系统控制层面需要对这些权限进行明确的定义和部署，以保证适当的人员配备适当的访问权限。信息技术应用控制审计会对这些访问权限授予情况的合理性进行验证。

四、三个层面控制及其关系

> **考霸笔记**
> 此知识点是本节中最为重要的内容，需重点关注。

公司层面信息技术控制情况代表了该公司的信息技术控制的整体环境，包括该公司对于信息技术的重视程度和依赖程度①、信息技术复杂性②、对于外部信息技术资源的使用和管理情况③、信息技术风险偏好④等，这些要素会影响该公司的信息技术一般控制和信息技术应用控制的部署和落实（决定了信息技术一般控制和信息技术应用控制的风险基调）。

> **如何理解三个层面的控制及其关系？**

根据目前信息技术审计的业内最佳实践，注册会计师在执行信息技术一般控制和信息技术应用控制审计之前，会首先执行配套的公司层面信息技术控制审计，以了解公司的信息技术整体控制环境，并基于此识别出信息技术一般控制和信息技术应用控制的主要风险点以及审计重点。

一般控制是应用控制的基础，对应用控制有效性具有普遍影响。一般控制有效与否直接关系到应用控制的有效性。

三层面控制关系图如图5-1所示。

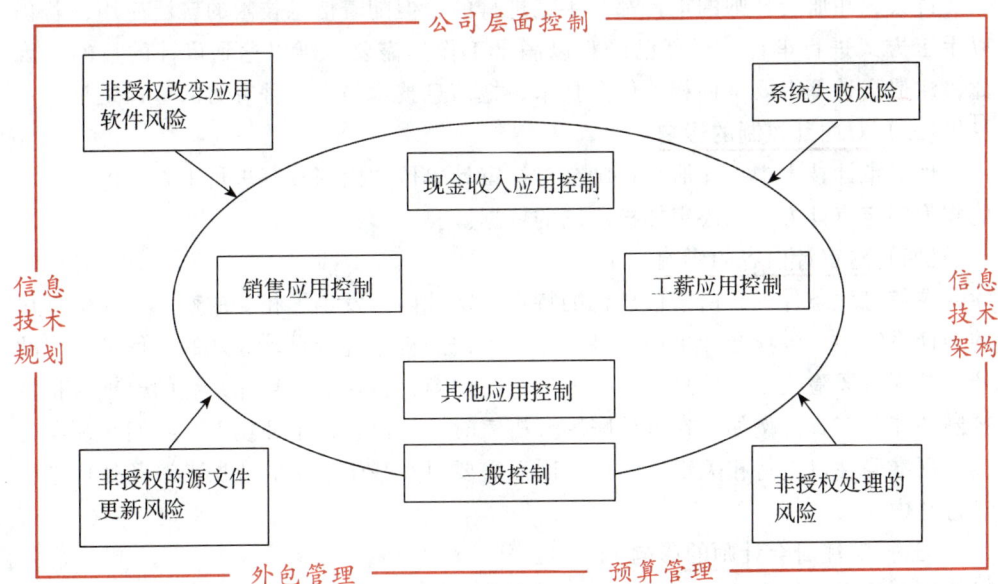

图5-1 三层面控制关系图

第四节 信息技术对审计过程的影响

◇ 信息技术对审计的影响

◇ 信息技术审计范围的确定

◇ 信息技术一般控制对控制风险的影响

◇ 信息技术应用控制对控制风险和实质性程序的影响

◇ 在不太复杂IT环境下的审计

◇ 在较为复杂IT环境下的审计

一、信息技术对审计的影响

信息技术在企业中的应用并不改变注册会计师制定审计目标、进行风险评估和了解内部控制的原则性要求，审计准则和财务报告审计目标在所有情况下都适用。

但是，注册会计师必须更深入地了解企业的信息技术应用范围和性质，因为系统的设计和运行对审计风险的评价、业务流程和控制的了解、审计工作的执行以及需要收集的审计证据的性质都有直接的影响。归纳起来，信息技术对审计过程的影响主要体现在以下几个方面：

（一）对审计线索的影响

审计线索对审计来说极其重要。在传统的手工会计系统中，审计线索包括凭证、日记账、分类账和报表。注册会计师通过顺查和逆查的方法来审查记录，检查和确定其是否正确地反映了被审计单位的经济业务，检查企业的会计核算是否合理、合规。而在信息技术环境下，从业务数据的具体处理过程到报表的输出都由计算机按照程序指令完成，数据均保存在磁性介质上，从而会影响到审计线索，如数据存储介质、存取方式以及处理程序等。

（二）对审计技术手段的影响

过去，注册会计师的审计都是手工进行的，但随着信息技术的广泛应用，若仍以手工方式进行审计，显然已经难以满足工作的需要，难以达到审计的目的。因此，注册会计师需要掌握相关信息技术，把信息技术当作一种有力的审计工具。

（三）对内部控制的影响

现代审计技术中，注册会计师会对被审计单位的内部控制进行审查与评价，以此作为制定审计方案和决定抽样范围的依据。

（四）对审计内容的影响

在信息化条件下，由于信息化的特点，审计内容发生了相应的变化，在信息化的会计系统中，各项会计事项都是由计算机按照程序进行自动处理的，信息系统的特点及固有风险决定了信息化环境下审计的内容，包括对信息化系统的处理和相关控制功能的审查。例如，在审计账龄分析表时，在信息技术环境下，我们必须考虑其数据准确性以支持相关审计结论，因而需要对其基于系统的数据来源及处理过程进行考虑。

（五）对注册会计师的影响

信息技术在被审计单位的广泛应用要求注册会计师一定要具备相关信息技术方面的知识。因此，注册会计师要成为知识全面的复合型人才，他们不仅要有丰富的会计、审计、经济、法律、管理等方面的知识和技能，还需要熟悉信息系统的应用技术、结构和运行原理，有必要对信息化环境下的内部控制作出适当的评价。

因此，注册会计师必须对系统内的风险和控制都非常熟悉，然后对审计的策略、范围、方法和手段作出相应的调整，以获取充分、适当的审计证据，以支持其发表的审计意见。

二、信息技术审计范围的确定

被审计单位的流程和信息系统可能拥有各自不同的特点，因此注册会计师应按各自特点制订审计计划中包含的信息技术审计内容。另外，如果注册会计师计划依赖自动控制或自动信息系统生成的信息，那么他们就需要适当扩大信息技术审计的范围。基于此，注册会计师在确定审计策略时，需要结合下列方面对信息技术审计范围进行适当考虑：

1.业务流程复杂度；

2.信息系统复杂度；

3.系统生成的交易数量和业务对系统的依赖程度；

4.信息和复杂计算的数量；

5.信息技术环境的规模和复杂度。

信息技术审计的范围与被审计单位在业务流程及信息系统相关方面的复杂度成正比，在具体评估复杂度时，可以从以下几个方面予以考虑。

（一）评估业务流程的复杂度（比如销售流程、薪酬流程、采购流程等）

对业务流程复杂度的评估并不是一个纯粹客观的过程，而是需要注册会计师的职业判断。注册会计师可以通过考虑以下因素，对业务流程复杂度作出适当判断：

1.某流程涉及过多人员及部门，并且相关人员及部门之间的关系复杂且界限不清；

2.某流程涉及大量操作及决策活动；

3.某流程的数据处理过程涉及复杂的公式和大量的数据录入操作；

4.某流程需要对信息进行手工处理；

5.对系统生成的报告的依赖程度。

（二）评估信息系统的复杂度

与评估业务流程的复杂度相类似，对企业信息系统复杂度的评估也不是一个纯粹客观的过程，评估过程包含大量的职业判断，也受到所使用系统类型（如商业软件或自行研发系统）的影响。

1.评估商业软件的复杂程度应当考虑系统复杂程度、市场份额、系统实施和运行所需的参数设置范围，以及客制化程度（对出厂标准配置的变更、变更类型，例如，是仅为报告形式的变更还是对数据处理方式的变更）。

2.评估自行研发系统复杂度时，应当考虑系统复杂程度、距离上一次系统架构重大变更的时间、系统变更对财务系统的影响结果，以及变更之后的系统运行情况及运行期间。

同时，还需要考虑系统生成的交易数量、信息和复杂计算的数量，包括：

（1）被审计单位是否存在大量交易数据，以至于用户无法识别并更正数据处理错误；

（2）数据是否通过网络传输，如EDI；

（3）是否使用特殊系统，如电子商务系统。

（三）信息技术环境的规模和复杂度

评估信息技术环境的规模和复杂度，主要应当考虑产生财务数据的信息系统数量、信息系统接口以及数据传输方式、信息部门的结构与规模、网络规模、用户数量、外包及访问方式（例如本地登录或远程登录）。信息技术环境复杂并不一定意味着信息系统是复杂的，反之亦然。

在对被审计单位的业务流程、信息系统和相关风险进行充分了解之后，注册会计师应判断被审计单位中是否包含信息技术关键风险，并且实质性程序是否无法完全控制该风险。如果符合上述情况的描述，那么注册会计师应将信息技术审计内容纳入财务审计计划之中。此外，如果注册会计师计划依赖系统自动控制，或依赖以自动系统生成信息为基础的人工控制或业务流程审阅结果，那么注册会计师也同样需要对信息技术相关控制进行评估。

综上所述，在信息技术环境下，审计工作与对系统的依赖程度是直接关联的，注册会计师需要全面考虑其关联关系，从而可以准确定义相关的信息系统审计范围。

了解内部控制有助于注册会计师识别潜在错报的类型和影响重大错报风险的因素，以及设计进一步审计程序的性质、时间安排和范围。无论被审计单位运用信息技术的程度如何，注册会计师均需了解与审计相关的信息技术一般控制和应用控制。

三、信息技术一般控制对控制风险的影响

信息技术一般控制对应用控制的有效性具有普遍性影响。无效的一般控制增加了应用控制不能防止或发现并纠正认定层次重大错报的可能性，即使这些应用控制本身得到了有效设计。如果一般控制有效，注册会计师可以更多地信赖应用控制，测试这些控制的运行有效性，并将控制风险评估为低于"最高"水平。考虑到公司层面信息技术控制是公司的整体控制环境，决定了信息技术的风险基准，因此，注册会计师通常优先评估公司层面信息技术控制和信息技术一般控制的有效性。

四、信息技术应用控制对控制风险和实质性程序的影响

在评估IT控制对控制风险和实质性程序的影响时，注册会计师需要将控制与具体的审计目标相联系，其一般原理将在本教材第二编"审计测试流程"中进一步阐述，在第三编"各类交易和账户余额的审计"中将演示这些原理在审计实务中如何具体运用。注册会计师首先针对每个具体的审计目标，了解和识别相关的控制与缺陷，在此基础上，对每个相关审计目标评估初步控制风险，但对于一般控制而言，由于其影响广泛，注册会计师通常不将控制与具体的审计目标相联系。

如果针对某一具体审计目标注册会计师能够识别出有效的应用控制，在通过测试确定其运行有效后，注册会计师能够减少实质性程序。

考霸笔记
结合第八章中关于"进一步审计程序"的相关内容进行理解。

五、在不太复杂IT环境下的审计

当面临不太复杂的IT环境时，例如在信息技术并不对传统的审计线索（Audit Trail）产生重大影响的情况下，注册会计师可采取传统方式进行审计，即"绕过计算机进行审计"。在此情形下，注册会计师虽然仍需要了解信息技术一般控制和应用控制，但不测试其运行有效性，即不依赖其降低评估的控制风险水平，更多的审计工作将依赖非信息技术类审计方法。

六、在较为复杂IT环境下的审计

当面临较为复杂的IT环境时，"绕过计算机进行审计"就不可行，而需要"穿过计算机进行审计"。这时，注册会计师可能需要更多地运用下述的各项审计技术和审计工具开展具体的审计工作。

> 结合本章第三、四节，可总结如下：
> 1.无论被审计单位运用信息技术的程度如何，均需了解与审计相关的信息技术一般控制和应用控制。
> 2.测试一般控制和应用控制前，应先测试公司层面信息技术控制，以识别信息技术整体控制环境，据此识别信息技术一般控制和应用控制的主要风险点以及审计重点。
> 3.通常优先评估公司层面信息技术控制和信息技术一般控制的有效性。如一般控制运行有效，就可以更多地信赖应用控制并测试其运行有效性。
> 4.如识别出有效的应用控制，经测试确定其有效，可适当减少实质性程序。

第五节　计算机辅助审计技术和电子表格的运用

◇ 计算机辅助审计技术
◇ 电子表格

一、计算机辅助审计技术

（一）计算机辅助审计技术的定义

计算机辅助审计技术（Computer Assisted Audit Techniques，CAATs），是指利用计算机和相关软件，使审计测试工作实现自动化的技术。人们通常将计算机辅助审计技术分为两类，一类是用来验证程序/系统的，即面向系统的计算机辅助审计技术，另一类是用于分析电子数据的，即面向数据的计算机辅助审计技术。

1.面向系统的计算机辅助审计技术包括：平行模拟（Parallel Simulation）、测试数据（Test Data）、嵌入审计模块法（Embedded Audit Module）、程序编码审查、程序代码比较和跟踪、快照等方法。

2.面向数据的计算机辅助审计技术包括：数据查询、账表分析、审计抽样、统计分析、数值分析等方法。

计算机辅助审计技术可以在以下方面使审计工作更富效率和效果：

1.将现有手工执行的审计测试自动化。例如，对报告数据的准确性和完整性进行测试。

2.在手工方式不可行的情况下执行测试或分析。例如，审阅大量的和非正常的销售交易，尽管这项工作有可能通过手工执行来实现，但对于多数大型公司而言，从时间角度出发，需要审阅的交易数量是无法通过手工方式来进行的。

计算机辅助审计技术不仅能够提高审阅大量交易的效率，而且计算机不会受到劳累过度的影响（而注册会计师在审阅了大量的交易后很容易产生疲劳），从这个意义上讲，计算机辅助审计技术还可以使审阅工作更具效果。与用手工的方式进行同样的测试相比较，即便是第一年使用计算机辅助审计技术进行审计，也会节省大量的审计工作量，而后续年度节约的审计时间和成本则会更多。

（二）计算机辅助审计技术的应用

考霸笔记
还能用于细节测试以及辅助审计抽样。

1.最广泛地应用计算机辅助审计技术的领域是实质性程序，特别是在与分析程序相关的方面。计算机辅助审计技术使得对系统中的每一笔交易进行测试成为可能，用于在交易样本量很大的情况下替代手工测试。

2.计算机辅助审计技术也可用于测试控制的有效性，选择少量的交易，并在系统中进行穿行测试，或是开发一套集成的测试工具，用于测试系统中的某些交易。在控制测试中使用计算机辅助审计技术的优势是，可以对每一笔交易进行测试（包括主文件和交易文件），从而确定是否存在控制失效的情况。

3.由于计算机辅助审计技术有助于详审海量数据，它也可用于辅助对舞弊的检查工作（如审阅非正常的日记账）。

（三）计算机辅助审计工具的使用

计算机辅助审计技术是一种审计方式，因此也需要使用一定的工具来加以实现。常见的工具包括：

1.通用类：Excel，Access等。Excel自带了大量的核算或分析的库函数或工具，但是它处理的数据量非常有限，Access可以灵活导入数据，并可使用简单的SQL语言进行分析，处理数据的范围和数量大于Excel。

2.数据库类：SQL Server，Oracle等。专用的数据库工具，可以快速高效地分析大量数据，但是对分析人员的技术水平要求较高，至少必须非常精通SQL语言。

3.专业工具类：ACI，IDEA等。专业的分析工具，一般只有审计和内部控制专业人士以及财务管理人员才会使用这些工具。

二、电子表格

即使在信息化程度极高的环境下，由于系统限制等原因，财务信息和报告的生成往往还需要借助电子表格来完成，所谓电子表格是指利用计算机作为表格处理工具，以实现制表工具、计算工具以及表格结果保存的综合电子化的软件。目前普遍使用的电子表格通常为Excel软件，通过电子表格可以进行数据记录、计算与分析，并能对输入的数据进行各种复杂统计运算后显示为可视性极佳的表格，因此，注册会计师在进行系统审计时，需要谨慎地考虑电子表格中的控制，以及类似于信息系统一般控制的设计与执行（在相关时）有效性，从而确保这些内嵌控制持续的完整性。

（一）电子表格的特性

电子表格的特性（即开放的访问、手工输入数据和容易出错）以及编制并使用电子表格的环境的特性（例如，用户开发不正式、开发文档不完整、保存在局域网或本地磁盘而不是其他受控的信息系统环境中），增加了电子表格所生成的数据存在错误的风险，从而影响审计工作的进行。

（二）确定重要的财务电子表格和其他最终用户计算工具的范围

重要的财务电子表格和其他最终用户计算工具（例如，按需报告工具或在数据仓库中运行查询）用来在重要的流程中（即自动控制或步骤）生成财务数据，或用来生成用于关键人工控制的财务或其他数据。作为起始点，注册会计师应该了解评估范围内重要的流程和账户，并识别用来支持这些流程或账户的相关的电子表格或工具。

（三）电子表格控制的考虑

因为电子表格非常容易被修改，并可能缺少控制活动，因此，电子表格往往面临重大固有风险和错误，例如：

1.输入错误：由错误数据录入、错误引用或其他简单的剪贴功能造成的错误。

2.逻辑错误：创建错误的公式从而生成了错误的结果。

3.接口错误：与其他系统传输数据时产生的错误。

4.其他错误：单元格范围定义不当、单元格参考错误或电子表格链接不当。

注册会计师应该了解相关的电子表格/数据库如何支持关键控制达到相关业务流程的信息处理目标。电子表格控制可能包括以下一项或多项内容：

1.对电子表格的、类似于信息系统一般控制的控制；

2.内嵌在电子表格中的控制（类似于一个自动应用控制）；

3.针对电子表格数据输入和输出的人工控制。

第六节　数据分析

◇ 数据分析的概念
◇ 数据分析的作用及其应用
◇ 数据分析面临的挑战

一、数据分析的概念

对审计而言，数据分析是注册会计师获取审计证据的一种手段，是指注册会计师在计划和执行审计工作时，通过对内部或外部数据进行分析、建模或可视化处理，以发现其中隐藏的模式、偏差或不一致，从而揭示出对审计有用的信息的方法。

数据分析对注册会计师来说是一门新学科，需要在硬件、软件、技能和质量控制等方面进行大量投入。在大中型会计师事务所对大型企业审计市场需求作出的响应中，数据分析居于重要地位，不仅可以应用于审计中，也可以广泛应用于其他鉴证业务中。

数据分析能够帮助注册会计师以快速、低成本的方式实现对被审计单位整套完整数据（而非运用抽样技术得出的样本数据）进行检查，不仅能够在很大程度上提高审计的效率和效果，也有助于注册会计师从全局的角度更好地把握被审计单位交易和事项的经济实质，从而提高审计质量。

二、数据分析的作用及其应用

数据分析是通过基础数据结构中的字段来提取数据的，而不是通过数据记录的格式。一个简单的例子是 Excel 工具中的 Power View，它可以过滤、排序、切分和突显出电子表格中的数据，然后用各种各样的气泡图、柱状图和饼状图等方式可视化地呈现数据。可视化与其基础数据几乎一样，因此提高分析质量的先决条件是必须以正确的方式提取、分析和连接的基础数据。

数据分析工具可用于风险分析、交易和控制测试、分析性程序，用于为判断提供支撑并提供见解。例如，它们可以利用外部市场数据（如第三方定价信息）为投资重新定价。利率、汇率、GDP 的变化以及其他增长指标也可用于分析性程序。许多数据分析常规工具可以很容易地由注册会计师执行。独立完成这些分析的能力非常重要。更高级的常规分析工具可用于风险分析以便发现问题，而更详细的分析可用来明确重点，提供审计证据和洞察力。

一些常规分析工具可以提供审计证据，为会计估计的计算方法是否适当的判断提供支持。例如，如果一家企业有冲销超过一定账龄的应收款项的政策，如果常规分析工具显示，大量的贷项通知单与开具账单错误有关，那么当冲销贷项通知单时，对运用该方法的分析结果可能导致该方法看起来不是那么恰当。

数据分析工具可以提高审计质量。审计质量不在于工具本身，而是在于分析和相应判断的质量。这种价值不在于数据转换，而是在于从分析产生的交谈和询问中提取的审计证据。

三、数据分析面临的挑战

许多大型事务所在其客户系统中有包括独立的用户名和密码的只读类型的账号，以便在一段时间里服务于报告的审计。当某一地区使用的是标准账户时，这是一个非常有效的生成审计所需信息的方法，虽然这与提取或转换数据不一样。

注册会计师有时自己去获取数据，但他们有时使用管理层提取并验证过的数据。注册会计师围绕管理层的数据提取和验证过程执行一套控制测试，然后将管理层生成的信息用于自己的分析。这项工作的常规方面正在逐渐外包。在任何情况下，管理层必须在注册会计师做任何事情以前进行广泛的安全性和完整性检查。

大型事务所普遍面临一个基本的技术问题——通过一个可使用的格式从系统中提取数据。为了开发一个可用的接口，注册会计师不得不为每一个大客户的每一种系统，按照每一个排列去映射所有编码。注册会计师正在开发多种策略，以使他们能够接入各种各样的系统。

专注于数据的提取、标准化和分析的软件供应商可以通过使用网页链接，从中小型公司广泛使用的专有会计系统中提取信息。供应商可以生成适合审计的信息，并对其进行分析。

数据和交易可以采用许多不同的方式进行分析，如通过交易类型，账户或活动代码，或者参考许多不同的数据成分。转换（Transformation）是使数据变为可用的，一个最新出现的问题是，为了实现可用性，数据应做多大程度的改变。事务所在做出这种改变之前需要仔细思考并消耗资源来进行关键决策。"更改"客户数据所带来的不安是一个问题，但有时是不可避免的。例如，分类账中将交易错误地按照几年前已不再是法定货币的货币加以记录，那么从这种分类账中提取的数据必须加以更改，以便让这些数据具有真实含义。

管理层提供给注册会计师的大量的数据中存在的一些问题，并不是"属于"事务所的。这不是一个新问题，但数据分析的规模和范围让这个问题成为了关注焦点。在大容量数据存储引起一些法律和实务问题的背景下，审计质量问题则是需要保留支持关键思考过程的文档记录。注册会计师为了适应数百万兆字节的数据，为了分析上百家报告单位的数百万交易所需的基础设施，已超出了标准服务器的容量。

以何种方式保留数据，从而满足审计准则的文件记录要求，人们有不同的观点。这实质上是一个测试单个交易所需的信息是否充分的问题。有观点认为，保留大量的数据不仅成本高昂，而且对于遵守审计准则而言也是不必要的。其他人则认为，分析的数据至少需要很多年，因为数据分析平台就是这样构建的，并且他们不相信与数据保留相关的风险状况发生了改变。有人认为，由于在数据分析中使用了海量数据，因此与数据保留相关的风险状况已经改变。虽然数据分析平台的质量对数据保留有影响，但什么应当被保留这一标准并没有改变。如果一个项目已被测试，那么关于它的信息就应该被保留，以便在必要时再次找出该项目信息。

第七节 不同信息技术环境下的问题

◇ 网络环境
◇ 数据库管理系统
◇ 电子商务系统
◇ 外包安排

考霸笔记
考试频率：从未考过。
备考建议：通读内容即可。

本章第一节至第五节阐述了在被审计单位 IT 职能予以集中化的情形下，IT 对审计过程的影响。本节将在前述的公司层面信息技术控制的范畴内，重点讨论被审计单位运用网络、数据库管理系统、电子商务、信息技术职能外包安排等不同信息技术环境下的问题。

一、网络环境

很多企业可能使用局域网或互联网将各种类型的计算机、工作站、打印机、服务器等互相连接起来。在网络环境下，用于处理交易的应用软件和数据文件可能分布于处在不同位置但互相连接的计算机上，由此产生了与内部控制相关的问题，包括对分布于不同位置的服务器的安全、数据和信息的分布问题，以及同步、管理监督、兼容性问题。

二、数据库管理系统

数据库管理系统（Database Management System）是一种操纵和管理数据库的大型软件，它被用于建立、使用和维护数据库，简称DBMS。它对数据库进行统一的管理和控制，以保证数据库的安全性和完整性。使用数据库管理系统能够实现不同应用软件之间的数据共享，减少数据冗余，改进对数据的控制，提高数据的决策支撑作用。

很多被审计单位使用ERP系统实现整个单位数据库系统的整合。ERP是企业资源计划（Enterprise Resource Planning）的简称。ERP是针对物资资源管理（物流）、人力资源管理（人流）、财务资源管理（财流）、信息资源管理（信息流）集成一体化的企业管理软件。ERP系统能够实现会计部门与业务部门的数据共享。当然，数据库管理系统也带来了与内部控制相关的问题，包括多重使用者能够访问和修改共享数据的风险。因此，需要实施严格的数据库管理和接触控制，以及数据安全备份制度。

三、电子商务系统

越来越多的被审计单位通过电子商务的方式进行交易。电子商务是指，在互联网开放的网络环境下，以信息技术为手段，买卖双方不谋面地进行各种商贸活动，实现消费者的网上购物、商户之间的网上交易和在线电子支付以及各种商务活动、交易活动、金融活动和相关的综合服务活动的一种新型的商业运营模式。在这种方式下，交易信息在网上传输，容易被拦截、篡改或不当获取，需要采取相应的安全控制。此外，被审计单位的会计信息系统可能与交易方的系统相联接，产生了互相依赖的风险，即被审计单位的风险部分取决于交易对手如何识别和管理其自身系统中的风险。

四、外包安排

被审计单位可能将全部或部分的信息技术职能外包给专门的应用软件服务提供商或云计算服务商等计算机服务机构。

如果被审计单位将信息技术职能外包给专门的服务机构，那么注册会计师应当实施下列程序：

1.了解服务机构中与内部控制相关的控制以及针对服务机构活动所实施的控制；

2.实施以下程序，获取相关控制运行有效性的证据：

（1）了解服务机构注册会计师对服务机构内部控制有效性出具的报告或与控制测试相关的商定程序报告；

（2）测试被审计单位对服务机构活动的控制；

（3）对服务机构实施控制测试。

如果可以获取服务机构注册会计师对服务机构内部控制有效性出具的报告，那么注册会计师应当评价该报告是否提供了充分、适当的证据，以支持注册会计师的意见。

在评价时，注册会计师可能考虑下列因素：

1.对控制的测试所涵盖的期间及其与管理层评估时间点的关系；

2.对控制的测试所涵盖的范围、测试的控制及其与企业控制的关联度；

3.对控制的测试结果，以及服务机构注册会计师对控制运行有效性发表的意见。

智能测评

在线练习	我要提问
扫码在线做题　　扫码看答案	扫码答疑
本书"本章同步强化训练"均配备二维码，打开微信"扫一扫"即可完成在线测评，查看本章详细的测评反馈报告，了解知识掌握情况，也可扫码直接看答案噢。 快来扫码做题吧！	本书配备答疑专用二维码，打开微信"扫一扫"，即可完成在线提问，获取专业老师全面个性化解答，让学习问题不再拖延。 快来扫码提问吧！

本章同步强化训练

一、单选题

1. 在信息技术环境下，下列关于人工控制与自动化控制的说法中，不恰当的是（　　）。

A.相对于自动化控制，人工控制的可靠性较低

B.人工控制可能更容易被规避、忽视或凌驾

C.在高度自动化信息系统处理业务的被审计单位，注册会计师无须了解人工控制

D.被审计单位的人工控制与自动化控制的组合方式，取决于被审计单位信息技术的特点及复杂程度

2. 关于信息技术环境下自动控制能为企业带来的好处，下列说法中，错误的是（　　）。

A.自动控制能够有效处理大流量交易及数据

B.自动控制比较容易被绕过

C.自动信息系统可以提高信息的及时性、准确性

D.自动信息系统可以提高管理层对企业业务活动及相关政策的监督水平

3. 下列有关注册会计师评估被审计单位信息系统的复杂度的说法中，错误的是（　　）。

A.信息技术环境复杂，意味着信息系统也是复杂的

B.评估信息系统的复杂度，需要考虑系统生成的交易数量

C.评估信息系统的复杂度，需要考虑系统中进行的复杂计算的数量

D.对信息系统复杂度的评估，受被审计单位所使用的系统类型的影响

4. 在财务报表审计中，注册会计师如拟依赖相关信息系统所形成的财务信息和报告作为审计工作的依据，则必须考虑的因素是（　　）。

A.内部控制的有效程度

B.相关信息和报告的质量

C.自动化控制和人工控制的比例

D.信息系统是商业软件还是自行研发的

5. 当被审计单位采用高度集成化信息技术系统时，虽然注册会计师针对信息技术的审计范围

与其对信息技术的依赖程度有直接关系，但无论依赖程度是高还是低，注册会计师必须执行的审计工作是（ ）。

A.了解、测试人工控制　　　　　　　　B.了解、测试信息技术系统应用控制

C.了解、测试信息技术系统一般控制　　D.了解与审计相关的信息技术一般控制和应用控制

6.关于计算机辅助审计技术的使用领域，应用最广泛的领域是（ ）。

A.了解内部控制　　B.分析程序　　　　C.控制测试　　　　D.细节测试

二、多选题

1.注册会计师在信息化环境下面临的挑战主要体现在（ ）。

A.审计内容的变化　　　　　　　　　　B.审计范围的确定

C.审计线索的隐性化　　　　　　　　　D.有待优化的知识结构

2.信息技术应用控制关注的要素主要包括（ ）。

A.存在和发生　　　B.权利和义务　　　C.准确性　　　　　D.完整性

3.下列各项中，属于公司层面的信息技术控制的有（ ）。

A.程序开发　　　　　　　　　　　　　B.信息技术规划的制定

C.信息技术预算管理　　　　　　　　　D.信息技术应急预案的制定

4.下列关于信息技术一般控制、应用控制与公司层面控制的说法中，正确的是（ ）。

A.应用控制是设计在计算机应用系统中的、有助于达到信息处理目标的控制

B.公司层面信息技术控制是公司信息技术整体控制环境，决定了信息技术一般控制和信息技术应用控制的风险基调

C.信息技术一般控制是指为了保证信息系统的安全，对整个信息系统以及外部各种环境要素实施的、对所有的应用或控制模块具有普遍影响的控制措施

D.公司层面信息技术控制是基础，公司层面信息技术控制的有效与否会直接关系到信息技术一般控制的有效性是否能够信任

5.信息技术对审计过程的影响主要体现在以下（ ）方面。

A.对注册会计师的影响　　　　　　　　B.对审计线索的影响

C.对内部控制的影响　　　　　　　　　D.对审计技术手段的影响

6.下列关于确定信息技术审计范围的说法中，正确的有（ ）。

A.在信息技术环境下，审计工作与对系统的依赖程度不直接相关

B.如被审计单位包含信息技术关键风险，且实质性程序无法完全控制该风险，则注册会计师应将信息技术审计内容纳入审计计划之中

C.如注册会计师计划依赖系统自动控制，或依赖以自动系统生成信息为基础的人工控制或业务流程审阅结果，则注册会计师需要对信息技术相关控制进行评估

D.无论被审计单位运用信息技术的程度如何，均需了解并测试与审计相关的信息技术一般控制和应用控制

第六章
审计工作底稿

本章框架图

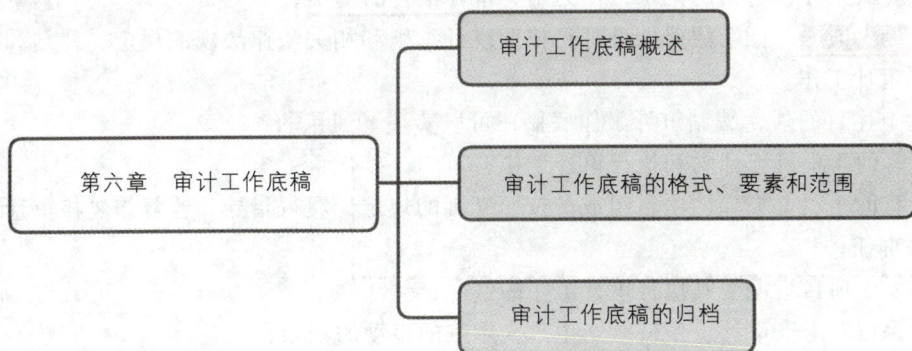

- 审计工作底稿概述
- 第六章　审计工作底稿
- 审计工作底稿的格式、要素和范围
- 审计工作底稿的归档

> **考霸笔记**
> 本章近5年平均分值为3分，一般考查客观题。但本章也容易与其他章节结合，考查主观题。

本章考情概述

　　本章内容既可以单独出客观题，也经常结合审计工作底稿的实务出简答题，但所占分数一般不会太高，考生应重点把握审计工作底稿的格式、要素、范围以及工作底稿的归档和变更。

　　近三年主要考点为：审计工作底稿的归档、审计工作底稿要素、审计工作底稿的内容。

第一节　审计工作底稿概述

◇ 审计工作底稿的含义
◇ 审计工作底稿的编制目的
◇ 审计工作底稿的编制要求
◇ 审计工作底稿的性质

> **考霸笔记**
> **考试题型：**选择题。
> **考试频率：**较冷门。
> **考试套路：**以知识点直接还原为主。
> **备考建议：**围绕主要概念记忆即可。

一、审计工作底稿的含义

　　审计工作底稿，是指注册会计师对制订的审计计划、实施的审计程序、获取的相关审计证据，以及得出的审计结论作出的记录。审计工作底稿是审计证据的载体，是注册会计师在审计过程中形成的审计工作记录和获取的资料。它形成于审计过程，也反映整个审计过程。

二、审计工作底稿的编制目的

审计工作底稿在计划和执行审计工作中发挥着关键作用。它提供了审计工作实际执行情况的记录，并形成审计报告的基础。审计工作底稿也可用于质量控制复核、监督会计师事务所对审计准则的遵循情况以及第三方的检查等。在会计师事务所因执业质量而涉及诉讼或有关监管机构进行执业质量检查时，审计工作底稿能够提供证据，证明会计师事务所是否按照审计准则的规定执行了审计工作。

因此，注册会计师应当及时编制审计工作底稿，以实现下列目的：

1.提供充分、适当的记录，作为出具审计报告的基础；

2.提供证据，证明注册会计师已按照审计准则和相关法律法规的规定，计划和执行了审计工作。

除上述目的外，编制审计工作底稿还可以实现下列目的：

1.有助于项目组计划和执行审计工作；

2.有助于负责督导的项目组成员按照准则的规定，履行指导、监督与复核审计工作的责任；

3.便于项目组说明其执行审计工作的情况；

4.保留对未来审计工作持续产生重大影响的事项的记录；

5.便于会计师事务所按照准则的规定，实施质量控制复核与检查；

6.便于监管机构和注册会计师协会根据相关法律法规或其他相关要求，对会计师事务所实施执业质量检查。

三、审计工作底稿的编制要求

注册会计师编制的审计工作底稿，应当使未曾接触该项审计工作的有经验的专业人士清楚地了解：

1.按照审计准则和相关法律法规的规定实施的审计程序的性质、时间安排和范围；

2.实施审计程序的结果和获取的审计证据；

3.审计中遇到的重大事项和得出的结论，以及在得出结论时作出的重大职业判断。

有经验的专业人士，是指会计师事务所内部或外部的具有审计实务经验，并且对下列方面有合理了解的人士：

1.审计过程；

2.审计准则和相关法律法规的规定；

3.被审计单位所处的经营环境；

4.与被审计单位所处行业相关的会计和审计问题。

四、审计工作底稿的性质

（一）审计工作底稿的存在形式

审计工作底稿可以以纸质、电子或其他介质形式存在。

随着信息技术的广泛运用，审计工作底稿的形式从传统的纸质形式扩展到电子或其他介质形式。在实务中，为便于复核，注册会计师可以将以电子或其他介质形式存在的审计工作底稿通过打印等方式，转换成纸质形式的审计工作底稿，并与其他纸质形式的审计工作底稿一并归档，同时，单独保存这些以电子或其他介质形式存在的审计工作底稿。

无论审计工作底稿以哪种形式存在，会计师事务所都应当针对审计工作底稿设计和实施适当的控制，以实现下列目的：

1.使审计工作底稿清晰地显示其生成、修改及复核的时间和人员；

2.在审计业务的所有阶段，尤其是在项目组成员共享信息或通过互联网将信息传递给其他人员时，保护信息的完整性和安全性；

3.防止未经授权改动审计工作底稿；

4.允许项目组和其他经授权的人员为适当履行职责而接触审计工作底稿。

（二）审计工作底稿通常包括的内容

审计工作底稿通常包括总体审计策略、具体审计计划、分析表、问题备忘录、重大事项概要、询证函回函和声明、核对表、有关重大事项的往来函件（包括电子邮件），注册会计师还可以将被审计单位文件记录的摘要或复印件（如重大的或特定的合同和协议）作为审计工作底稿的一部分。

此外，审计工作底稿通常还包括业务约定书、管理建议书、项目组内部或项目组与被审计单位举行的会议记录、与其他人士（如其他注册会计师、律师、专家等）的沟通文件及错报汇总表等。但是，审计工作底稿并不能代替被审计单位的会计记录。✓易考。

（三）审计工作底稿通常不包括的内容

审计工作底稿通常不包括：

1.已被取代的审计工作底稿的草稿或财务报表的草稿；

2.反映不全面或初步思考的记录；

3.存在印刷错误或其他错误而作废的文本；

4.重复的文件、记录等。

由于这些草稿、错误的文本或重复的文件、记录不直接构成审计结论和审计意见的支持性证据，因此，注册会计师通常无须保留这些记录。

> **注意：**
> 审计计划、重要性和风险评估等工作贯穿于审计过程的始终，需要不断完善与修改，应当保留修改的痕迹。

第二节　审计工作底稿的格式、要素和范围

◇ 确定审计工作底稿的格式、要素和范围时考虑的因素
◇ 审计工作底稿的要素

一、确定审计工作底稿的格式、要素和范围时考虑的因素　✓了解。

在确定审计工作底稿的格式、要素和范围时，注册会计师应当考虑下列因素：

考霸笔记
可以相互转换，但两种介质均需保存。

考霸笔记
熟悉内容，适当关注，可能考。

审计工作底稿包括的内容。

考霸笔记
重点关注，考过此内容。

考霸笔记
重点关注，此考点属于常考内容。

考霸笔记
修改过的底稿不等同于草稿。

编制审计工作底稿时无须考虑的因素。

考霸笔记
考试题型：选择题。
考试频率：冷门。
备考建议：建议适当掌握，性价比相对较低。

1.被审计单位的规模和复杂程度。通常来说，对大型被审计单位进行审计形成的审计工作底稿，通常比对小型被审计单位进行审计形成的审计工作底稿要多；对业务复杂的被审计单位进行审计形成的审计工作底稿，通常比对业务简单的被审计单位进行审计形成的审计工作底稿要多。

2.拟实施审计程序的性质。通常，不同的审计程序会使得注册会计师获取不同性质的审计证据，由此注册会计师可能会编制不同的审计工作底稿。例如，注册会计师编制的有关函证程序的审计工作底稿（包括询证函及回函、有关不符事项的分析等）和存货监盘程序的审计工作底稿（包括盘点表、注册会计师对存货的测试记录等）在内容、格式及范围方面是不同的。

3.识别出的重大错报风险。识别和评估的重大错报风险水平的不同可能导致注册会计师实施的审计程序和获取的审计证据不尽相同。例如，如果注册会计师识别出应收账款存在较高的重大错报风险，而其他应收款的重大错报风险较低，则注册会计师可能对应收账款实施较多的审计程序并获取较多的审计证据，因而对测试应收账款的记录会比针对测试其他应收款记录的内容多且范围广。

4.已获取的审计证据的重要程度。注册会计师通过执行多项审计程序可能会获取不同的审计证据，有些审计证据的相关性和可靠性较高，有些质量则较差，注册会计师可能区分不同的审计证据进行有选择性的记录，因此，审计证据的重要程度也会影响审计工作底稿的格式、内容和范围。

5.识别出的例外事项的性质和范围。有时注册会计师在执行审计程序时会发现例外事项，由此可能导致审计工作底稿在格式、内容和范围方面的不同。例如，某个函证的回函表明存在不符事项，如果在实施恰当的追查程序后发现该例外事项并未构成错报，注册会计师可能只在审计工作底稿中解释发生该例外事项的原因及影响。反之，如果该例外事项构成错报，注册会计师可能需要执行额外的审计程序并获取更多的审计证据，由此编制的审计工作底稿在内容和范围方面可能有很大不同。

6.当从已执行审计工作或获取审计证据的记录中不易确定结论或结论的基础时，记录结论或结论基础的必要性。在某些情况下，特别是在涉及复杂的事项时，注册会计师仅将已执行的审计工作或获取的审计证据记录下来，并不容易使其他有经验的注册会计师通过合理的分析，得出审计结论或结论的基础。此时注册会计师应当考虑是否需要进一步说明并记录得出结论的基础（即得出结论的过程）及该事项的结论。

7.审计方法和使用的工具。审计方法和使用的工具可能影响审计工作底稿的格式、内容和范围。例如，如果使用计算机辅助审计技术对应收账款的账龄进行重新计算，通常可以针对总体进行测试，而采用人工方式重新计算时，则可能会针对样本进行测试，由此形成的审计工作底稿会在格式、内容和范围方面有所不同。

考虑以上因素有助于注册会计师确定审计工作底稿的格式、内容和范围是否恰当。注册会计师在考虑以上因素时需注意，根据不同情况确定审计工作底稿的格式、内容、范围均是为达到审计准则中所述的编制审计工作底稿的目的，特别是提供证据的目的。例如，细节测试和实质性分析程序的审计工作底稿所记录的审计程序有所不同，但两类审计工作底稿都应当充分、适当地反映注册会计师执行的审计程序。

二、审计工作底稿的要素

通常，审计工作底稿包括下列全部或部分要素：

1. 审计工作底稿的标题；

2. 审计过程记录；

3. 审计结论；

4. 审计标识及其说明；　　　　　　✓**熟悉！**

5. 索引号及编号；

6. 编制者姓名及编制日期；

7. 复核者姓名及复核日期；

8. 其他应说明的事项。

下面分别对以上所述要素中的第1~7项进行说明。

（一）审计工作底稿的标题 - - - - - - - - - - - - - - - - - - -

> **考霸笔记**
> 标题是必备
> 要素。

每张底稿应当包括被审计单位的名称、审计项目的名称以及资产负债表日或底稿覆盖的会计期间（如果与交易相关）。

（二）审计过程记录

在记录审计过程时，应当特别注意以下几个重点方面：

1. 具体项目或事项的识别特征。

在记录实施审计程序的性质、时间安排和范围时，注册会计师应当记录测试的具体项目或事项的识别特征。记录具体项目或事项的识别特征可以实现多种目的，例如，既能反映项目组履行职责的情况，也便于对例外事项或不符事项进行调查，以及对测试的项目或事项进行复核。

识别特征是指被测试的项目或事项表现出的征象或标志。识别特征因审计程序的性质和测试的项目或事项不同而不同。对某一个具体项目或事项而言，其识别特征通常具有唯一性，这种特性可以使其他人员根据识别特征在总体中识别该项目或事项并重新执行该测试。

> **考霸笔记**
> 识别特征的含义
> 无须记忆，但要
> 重点理解。

为帮助理解，以下列举部分审计程序中所测试的样本的识别特征：

（1）如在对被审计单位生成的订购单进行细节测试时，注册会计师可以以订购单的日期和其唯一编号作为测试订购单的识别特征。

（2）对于需要选取或复核既定总体内一定金额以上的所有项目的审计程序，注册会计师可以记录实施程序的范围并指明该总体。例如，银行存款日记账中一定金额以上的所有会计分录。

（3）对于需要系统化抽样的审计程序，注册会计师可能会通过记录样本的来源、抽样的起点及抽样间隔来识别已选取的样本。例如，若被审计单位对发运单按顺序编号，测试的发运单的识别特征可以是：对4月1日至9月30日的发运记录，从第12345号发运单开始每隔125号系统抽取发运单。

（4）对于需要询问被审计单位中特定人员的审计程序，注册会计师可能会以询问的时间、被询问人的姓名及职位作为识别特征。

（5）对于观察程序，注册会计师可以以观察的对象或观察过程、相关被观察人员及其各自的责任、观察的地点和时间作为识别特征。

2.重大事项及相关重大职业判断。

注册会计师应当根据具体情况判断某一事项是否属于重大事项。**重大事项通常包括**：

（1）引起**特别风险**的事项；

（2）实施审计程序的结果，该结果表明财务信息可能存在重大错报，或需要修正以前对重大错报风险的评估和针对这些风险拟采取的应对措施；

（3）导致注册会计师**难以实施必要审计程序**的情形；

（4）导致出具无保留意见或者带强调事项段"与持续经营相关的重大不确定性"等段落的审计报告的事项。

注册会计师应当记录与管理层、治理层和其他人员对重大事项的讨论，包括所讨论的重大事项的性质以及讨论的时间、地点和参加人员。

有关重大事项的记录可能分散在审计工作底稿的不同部分。将这些分散在审计工作底稿中的有关重大事项的记录汇总在重大事项概要中，不仅可以帮助注册会计师集中考虑重大事项对审计工作的影响，还便于审计工作的复核人员全面、快速地了解重大事项，从而提高复核工作的效率。对于大型、复杂的审计项目，重大事项概要的作用尤为重要。因此，注册会计师编制重大事项概要有利于有效地复核和检查审计工作底稿，并评价重大事项的影响。

重大事项概要包括审计过程中识别的重大事项及其如何得到解决，或对其他支持性审计工作底稿的交叉索引。

注册会计师在执行审计工作和评价审计结果时运用职业判断的程度，是决定记录重大事项的审计工作底稿的格式、内容和范围的一项重要因素。在审计工作底稿中对重大职业判断进行记录，能够解释注册会计师得出的结论并提高职业判断的质量。这些记录对审计工作底稿的复核人员非常有帮助，同样也有助于执行以后期间审计的人员查阅具有持续重要性的事项（如根据实际结果对以前作出的会计估计进行复核）。

当涉及重大事项和重大职业判断时，注册会计师需要编制与运用职业判断相关的审计工作底稿。例如：

（1）如果审计准则要求注册会计师"应当考虑"某些信息或因素，并且这种考虑在特定业务情况下是重要的，那么记录注册会计师得出结论的理由；

（2）记录注册会计师对某些方面**主观判断**的合理性（如某些重大会计估计的合理性）得出结论的基础；

（3）如果注册会计师针对审计过程中识别出的导致其对某些文件记录的**真实性**产生怀疑的情况实施了进一步调查（如适当利用专家的工作或实施函证程序），则记录注册会计师对这些文件记录真实性得出结论的基础。

3.针对重大事项如何处理不一致的情况。

如果识别出的信息与针对某重大事项得出的最终结论不一致，则注册会计师应当记录如何处理不一致的情况。

上述情况包括但不限于：

（1）注册会计师针对该信息执行的审计程序；

（2）项目组成员对某事项的职业判断不同而向专业技术部门的咨询情况；

（3）项目组成员和被咨询人员不同意见（如项目组与专业技术部门的不同意见）的解决情况。

记录如何处理识别出的信息与针对重大事项得出的结论不一致的情况是非常必要的，它有助于注册会计师关注这些不一致，并对此执行必要的审计程序以恰当地解决这些不一致。

但是，对如何解决这些不一致的记录要求并不意味着注册会计师需要保留不正确的或被取代的审计工作底稿。例如，某些信息初步显示与针对某重大事项得出的最终结论不一致，注册会计师发现这些信息是错误的或不完整的，并且初步显示的不一致可以通过获取正确或完整的信息得到满意的解决，则注册会计师无须保留这些错误的或不完整的信息。此外，对于职业判断的差异，若初步的判断意见是基于不完整的资料或数据，则注册会计师也无须保留这些初步的判断意见。

（三）审计结论

审计工作的每一部分都应包含与已实施审计程序的结果及其是否实现既定审计目标相关的结论，还应包括审计程序识别出的例外情况和重大事项如何得到解决的结论。注册会计师恰当地记录审计结论非常重要。注册会计师需要根据所实施的审计程序及获取的审计证据得出结论，并以此作为对财务报表发表审计意见的基础。在记录审计结论时需注意，在审计工作底稿中记录的审计程序和审计证据是否足以支持所得出的审计结论。

考霸笔记

考试中一般不涉及此内容，了解即可。

（四）审计标识及其说明

审计标识被用于与已实施审计程序相关的底稿。每张底稿都应包含对已实施程序的性质和范围所作的解释，以支持每一个标识的含义。审计工作底稿中可使用各种审计标识，但应说明其含义，并保持前后一致。以下是注册会计师在审计工作底稿中列明标识并说明其含义的例子，供读者参考。在实务中，注册会计师也可以依据实际情况运用更多的审计标识。

∧：纵加核对；

＜：横加核对；

B：与上年结转数核对一致；

T：与原始凭证核对一致；

G：与总分类账核对一致；

S：与明细账核对一致；

T/B：与试算平衡表核对一致；

C：已发询证函；

C\：已收回询证函。

（五）索引号及编号

通常，审计工作底稿需要注明索引号及顺序编号，相关审计工作底稿之间需要保持清晰的勾稽关系。为了汇总及便于交叉索引和复核，每个事务所都会制定特定的审计工作底稿归档流程。因此，每张表或记录都应有一个索引号，例如：A1，D6等，以说明其在审计工作底稿中的放置位置。工作底稿中每张表所包含的信息都应当与另一张表中的相关信息进行交叉索引，例如，现金盘点表应当与列示所有现金余额的导表进行交叉索引。利用计算机编制工作底稿时，可以采用电子索引和

索引号及编号示例。

链接。随着审计工作的推进，链接表还可予以自动更新。例如，审计调整表可以链接到试算平衡表，当新的调整分录编制完后，计算机会自动更新试算平衡表，为相关调整分录插入索引号。同样，评估的固有风险或控制风险可以与针对特定风险领域设计的相关审计程序进行交叉索引。

在实务中，注册会计师可以按照所记录的内容层次审计工作的进行编号。例如，固定资产汇总表的编号为C1，按类别列示的固定资产明细表的编号为C1—1，房屋建筑物的编号为C1—1—1，机器设备的编号为C1—1—2，运输工具的编号为C1—1—3，其他设备的编号为C1—1—4。相互引用时，需要在审计工作底稿中交叉注明索引号。

（六）编制人员和复核人员及执行日期

为了明确责任，在各自完成与特定工作底稿相关的任务之后，编制者和复核者都应在工作底稿上签名并注明编制日期和复核日期。在记录已实施审计程序的性质、时间安排和范围时，注册会计师应当记录：

1.测试的具体项目或事项的识别特征；

2.审计工作的执行人员及完成审计工作的日期；

3.审计工作的复核人员及复核的日期和范围。

在需要项目质量控制复核的情况下，还需要注明项目质量控制复核人员及复核的日期。

通常，需要在每一张审计工作底稿上注明执行审计工作的人员和复核人员、完成该项审计工作的日期以及完成复核的日期。

在实务中，如果若干页的审计工作底稿记录同一性质的具体审计程序或事项，并且编制在同一个索引号中，此时可以仅在审计工作底稿的第一页上记录审计工作的执行人员和复核人员并注明日期。

第三节　审计工作底稿的归档

◇ 审计工作底稿归档工作的性质

◇ 审计档案的结构

◇ 审计工作底稿归档的期限

◇ 审计工作底稿归档后的变动

◇ 审计工作底稿的保存期限

一、审计工作底稿归档工作的性质

在出具审计报告前，注册会计师应完成所有必要的审计程序，取得充分、适当的审计证据并得出适当的审计结论。由此，在审计报告日后将审计工作底稿归整为最终审计档案是一项事务性的工作，不涉及实施新的审计程序或得出新的结论。

如果在归档期间对审计工作底稿作出的变动属于事务性的，那么注册会计师可以作出变动，主要包括：

1.删除或废弃被取代的审计工作底稿；

2.对审计工作底稿进行分类、整理和交叉索引；

3.对审计档案归整工作的完成核对表签字认可；

4.记录在审计报告日前获取的、与项目组相关成员进行讨论并达成一致意见的审计证据。

二、审计档案的结构

对每项具体审计业务，注册会计师应当将审计工作底稿归整为审计档案。

以下是典型的审计档案结构。

1.沟通和报告相关工作底稿。

（1）审计报告和经审计的财务报表；

（2）与主审注册会计师的沟通和报告；

（3）与治理层的沟通和报告；

（4）与管理层的沟通和报告；

（5）管理建议书。

2.审计完成阶段工作底稿。

（1）审计工作完成情况核对表；

（2）管理层声明书原件；

（3）重大事项概要；

（4）错报汇总表；

（5）被审计单位财务报表和试算平衡表；

（6）有关列报的工作底稿（如现金流量表、关联方和关联交易的披露等）；

（7）财务报表所属期间的董事会会议纪要；

（8）总结会会议纪要。

3.审计计划阶段工作底稿。

（1）总体审计策略和具体审计计划；

（2）对内部审计职能的评价；

（3）对外部专家的评价；

（4）对服务机构的评价；

（5）被审计单位提交资料清单；

（6）主审注册会计师的指示；

（7）前期审计报告和经审计的财务报表；

（8）预备会会议纪要。

4.特定项目审计程序表。

（1）舞弊；

（2）持续经营；

（3）对法律法规的考虑；

（4）关联方。

5.进一步审计程序工作底稿。

（1）有关控制测试工作底稿；

（2）有关实质性程序工作底稿（包括实质性分析程序和细节测试）。

三、审计工作底稿归档的期限

审计工作底稿的归档期限为审计报告日后60天内。

如果注册会计师未能完成审计业务，审计工作底稿的归档期限为审计业务中止后的60天内。

如果针对客户的同一财务信息执行不同的委托业务，出具两个或多个不同的报告，会计师事务所应当将其视为不同的业务，根据会计师事务所内部制定的政策和程序，在规定的归档期限内分别将审计工作底稿归整为最终审计档案。

四、审计工作底稿归档后的变动

在完成最终审计档案的归整工作后，注册会计师不应在规定的保存期限届满前删除或废弃任何性质的审计工作底稿。

（一）需要变动审计工作底稿的情形

注册会计师发现有必要修改现有审计工作底稿或增加新的审计工作底稿的情形主要有以下两种：

1.注册会计师已实施了必要的审计程序，取得了充分、适当的审计证据并得出了恰当的审计结论，但审计工作底稿的记录不够充分。

2.审计报告日后，发现例外情况要求注册会计师实施新的审计程序或追加审计程序，或导致注册会计师得出新的结论。例外情况主要是指审计报告日后发现与已审计财务信息相关，且在审计报告日已经存在的事实，该事实如果被注册会计师在审计报告日前获知，则可能影响审计报告。例如，注册会计师在审计报告日后才获知法院在审计报告日前已对被审计单位的诉讼、索赔事项作出最终判决。例外情况可能在审计报告日后发现，也可能在财务报表报出日后发现，注册会计师应当按照《中国注册会计师审计准则第1332号——期后事项》有关"财务报表报出后发现的事实"的相关规定，对例外事项实施新的或追加的审计程序。

（二）变动审计工作底稿时的记录要求

在完成最终审计档案的归整工作后，如果发现有必要修改现有审计工作底稿或增加新的审计工作底稿，无论修改或增加的性质如何，注册会计师均应当记录下列事项：

1.修改或增加审计工作底稿的理由；

2.修改或增加审计工作底稿的时间和人员，以及复核的时间和人员。

五、审计工作底稿的保存期限

会计师事务所应当自审计报告日起，将审计工作底稿至少保存10年。如果注册会计师未能完成审计业务，则会计师事务所应当自审计业务中止日起，将审计工作底稿至少保存10年。

> **注意：** 为集团审计目的出具审计报告，审计工作底稿保存期限应当自集团审计报告日起，不少于10年。即：如果组成部分审计报告日早于集团审计报告日，则应当自集团审计报告日起，将组成部分审计工作底稿至少保存10年。

智能测评

在线练习	我要提问
扫码在线做题　　扫码看答案	扫码答疑
本书"本章同步强化训练"均配备二维码，打开微信"扫一扫"即可完成在线测评，查看本章详细的测评反馈报告，了解知识掌握情况，也可扫码直接看答案噢。 快来扫码做题吧！	本书配备答疑专用二维码，打开微信"扫一扫"，即可完成在线提问，获取专业老师全面个性化解答，让学习问题不再拖延。 快来扫码提问吧！

本章同步强化训练

一、单选题

1.下列关于审计工作底稿性质的说法中，错误的是（　　　）。

A.会计师事务所都应当针对审计工作底稿设计和实施适当的控制，以便于会计师事务所内部进行质量控制和外部执业质量检查或调查

B.审计工作底稿通常不包括已被取代的审计工作底稿草稿

C.注册会计师通常无须保留反映不全面或初步思考的记录

D.审计工作底稿可以以纸质、电子或其他介质形式存在

2.下列记录或文件中，通常不将其作为审计工作底稿的是（　　　）。

A.审计过程中初步思考的记录

B.项目组与被审计单位举行的会议记录

C.有关重大事项的往来函件

D.审计业务约定书

3.下列各项中，不属于审计工作底稿要素的是（　　　）。

A.索引号及编号

B.审计过程记录

C.审计意见

D.编制者姓名及编制日期

4.下列关于识别特征的表述中，错误的是（　　　）。

A.记录询问仓库管理员产成品出库控制的执行情况，以询问时间为主要识别特征

B.记录应收账款信用授权控制的执行情况，以债务人名称、销售业务发生的时间为主要识别特征

C.记录销售发运单，以发运单编号为主要识别特征

D.记录销售合同和协议，以合同编号为主要识别特征

5.以下有关识别特征的说法中，错误的是（　　　）。

A.在询问被审计单位特定人员时，以询问的时间、被询问人的姓名及职位为识别特征

B.对于观察程序，以观察的对象或观察的过程，相关被观察人员及各自的责任，观察的地点和时间为识别特征

C.在系统抽样时，以记录样本的来源、抽样起点和抽样间隔为识别特征

D.在对被审计单位生成的订购单进行细节测试时，以订单的数量、单价和金额为识别特征

6.下列各项中，不属于在归档期间对审计工作底稿作出的事务性变动的是（　　）。

A.删除重复的文件记录

B.补充在审计报告日后实施追加审计程序的工作底稿

C.对审计档案归整工作的完成核对表签字认可

D.对审计工作底稿进行分类、整理和交叉索引

7.注册会计师对被审计单位2018年度财务报表进行审计，于2019年3月31日出具审计报告，相关审计工作底稿于2019年5月20日归档。关于审计工作底稿的保存期限，下列说法中，正确的是（　　）。

A.自2018年12月31日起至少10年　　　　B.自2019年3月31日起至少10年

C.自2019年5月20日起至少10年　　　　D.自2019年5月31日起至少10年

二、多选题

1.编制审计工作底稿可以实现的目的有（　　）。

A.便于实施质量控制复核与检查

B.提供证据，证明注册会计师已按照审计准则和相关法律法规的规定计划和执行了审计工作

C.有助于项目组计划和执行审计工作

D.保留对未来审计工作持续产生重大影响的事项的记录

2.关于审计工作底稿的存在形式，下列说法中，恰当的有（　　）。

A.以电子或其他介质形式存在的底稿应能够通过打印等方式转换成纸质形式的底稿

B.以电子或其他介质形式存在的底稿应与其他纸质形式的审计工作底稿一并归档

C.以电子或其他介质形式存在的底稿，通过打印转换成纸质形式的底稿后，没有必要再单独保存

D.以电子或其他介质形式存在的底稿转换成纸质形式的底稿后，除了要求与其他纸质形式的底稿一并归档外，还应当单独保存这些以电子或其他介质形式存在的底稿

3.在确定审计工作底稿的格式、内容和范围时，注册会计师应当考虑的主要因素有（　　）。

A.编制审计工作底稿使用的文字　　　　B.审计工作底稿的归档期限

C.实施审计程序的性质　　　　　　　　D.已获取审计证据的重要程度

4.关于审计工作底稿的归档，下列说法中正确的是（　　）。

A.在审计报告日后将审计工作底稿归整为最终审计档案是一项事务性的工作，不涉及实施新的审计程序或得出新的结论

B.如果注册会计师未能完成审计业务，审计工作底稿的归档期限为执行审计业务之日起的60天内

C.会计师事务所应当自审计报告日起，对审计工作底稿至少保存10年

D.在完成最终审计档案的归整工作后，注册会计师不应在规定的保存期限届满前删除或废弃任何性质的审计工作底稿

5.在某些例外情况下，如果在审计报告日后实施了新的或追加的审计程序，或者得出新的结论，应当形成相应的审计工作底稿。下列各项中，应当包括在审计工作底稿中的是（　　）。

A.有关例外情况的记录

B.实施的新的或追加的审计程序、获取的审计证据、得出的结论及对审计报告的影响

C.对审计工作底稿作出相应变动的时间和人员以及复核的时间和人员

D.审计报告日后，修改后的被审计单位财务报表草稿

6.下列有关注册会计师在审计报告日后对审计工作底稿做出变动的做法中，正确的有（　　）。

A.在归档期间删除或废弃被取代的审计工作底稿

B.在归档期间记录在审计报告日前获取的、与项目组相关成员进行讨论并达成一致意见的审计证据

C.以归档期间收到的询证函回函替换审计报告日前已实施的替代程序审计工作底稿

D.在归档后由于实施追加的审计程序而修改审计工作底稿，并记录修改的理由、时间和人员，以及复核的时间和人员

三、简答题

1.A注册会计师负责审计甲公司2018年度财务报表。与审计工作底稿相关的部分事项如下：

（1）A注册会计师在对销售发票进行细节测试时，将相关销售发票所载明的发票日期以及商品的名称、规格和数量作为识别特征记录于审计工作底稿。

（2）A注册会计师在审计过程中无法就关联方关系及交易获取充分、适当的审计证据，并因此出具了保留意见审计报告。A注册会计师将该事项作为重大事项记录在审计工作底稿中。

（3）审计报告日期为2019年4月18日。A注册会计师于2019年4月20日将审计报告提交给甲公司管理层，并于2019年6月19日完成审计工作底稿的归档工作。

（4）在归整审计档案时，A注册会计师删除了固定资产减值测试审计工作底稿初稿。

（5）在审计工作底稿归档之后，A注册会计师收到了一份银行询证函回函原件，于是用原件替换审计档案中的回函传真件。

要求：针对上述第（1）至（5）项，逐项指出A注册会计师的做法是否恰当。如不恰当，简要说明理由。

第二编 审计测试流程

本编进入风险导向审计的核心测试流程：对风险的识别、评估和应对。审计的过程简单地说就是在风险评估的基础上识别、评估风险，然后根据评估出来的风险设计进一步的审计程序来应对。具体来说，第七章讲述风险的识别和评估，第八章讲述风险的应对，如下图所示。

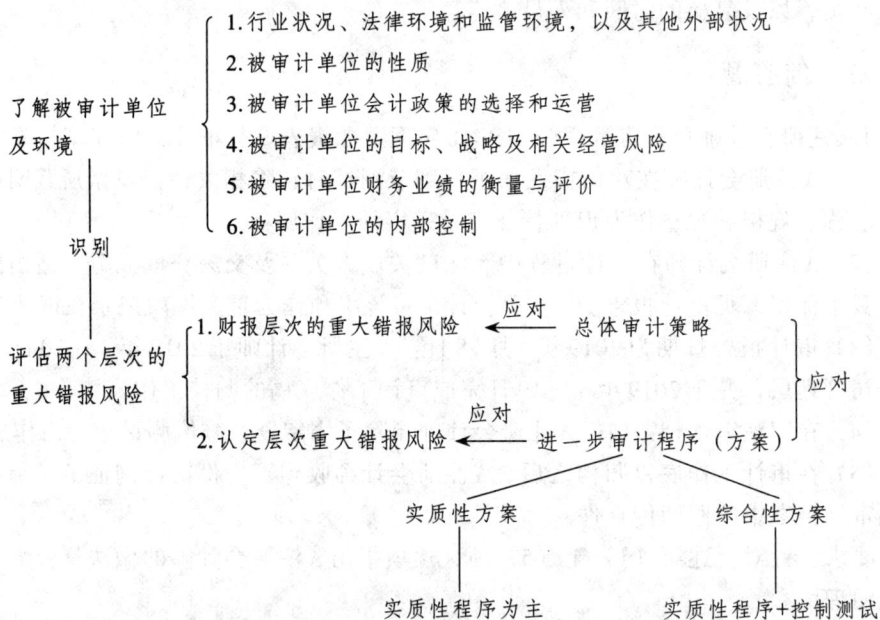

了解被审计单位及环境
1.行业状况、法律环境和监管环境，以及其他外部状况
2.被审计单位的性质
3.被审计单位会计政策的选择和运营
4.被审计单位的目标、战略及相关经营风险
5.被审计单位财务业绩的衡量与评价
6.被审计单位的内部控制

识别

评估两个层次的重大错报风险
1.财报层次的重大错报风险 ← 应对 → 总体审计策略
2.认定层次重大错报风险 ← 应对 ← 进一步审计程序（方案）

应对

实质性方案 —— 实质性程序为主

综合性方案 —— 实质性程序+控制测试

审计过程图

第七章
风险评估

本章导学

本章框架图

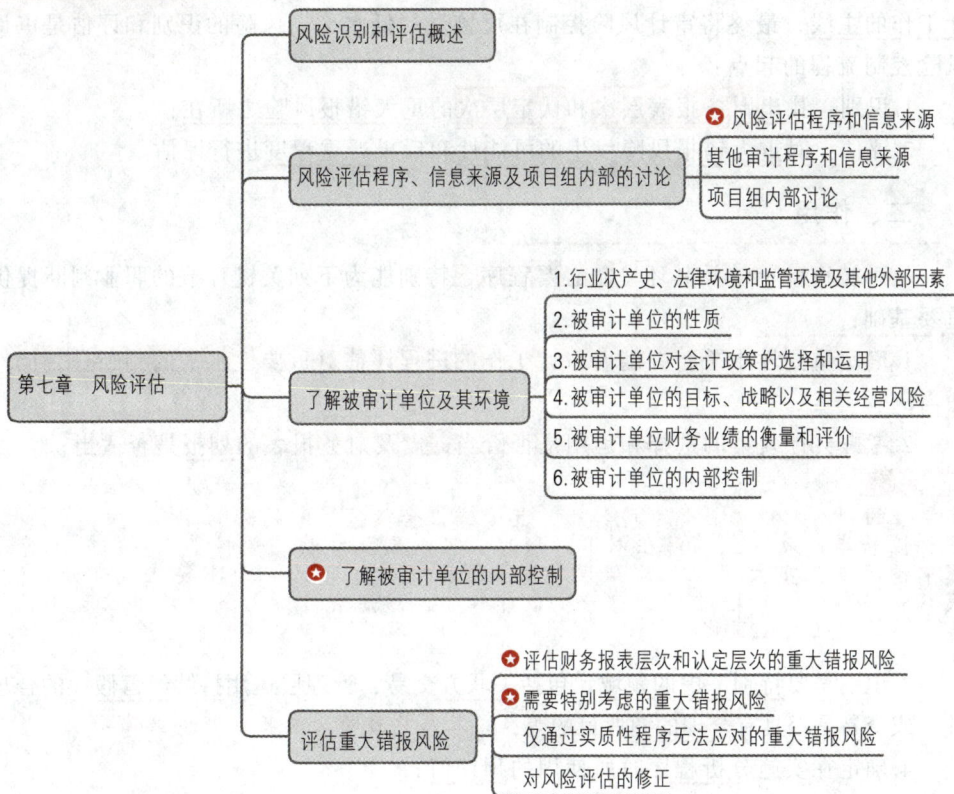

本章框架内容：
- 风险识别和评估概述
- 风险评估程序、信息来源及项目组内部的讨论
  - ☆ 风险评估程序和信息来源
  - 其他审计程序和信息来源
  - 项目组内部讨论
- 了解被审计单位及其环境
  - 1.行业状况、法律环境和监管环境及其他外部因素
  - 2.被审计单位的性质
  - 3.被审计单位对会计政策的选择和运用
  - 4.被审计单位的目标、战略以及相关经营风险
  - 5.被审计单位财务业绩的衡量和评价
  - 6.被审计单位的内部控制
- ☆ 了解被审计单位的内部控制
- 评估重大错报风险
  - ☆ 评估财务报表层次和认定层次的重大错报风险
  - ☆ 需要特别考虑的重大错报风险
  - 仅通过实质性程序无法应对的重大错报风险
  - 对风险评估的修正

考霸笔记
本章特别需要考生理解记忆。虽然本章可单独考查，但从历年考核的情况来看，单独以本章内容进行考核的题目较少，更多的是结合8~12章的内容进行考核，考生需建立这几个章节的逻辑联系。

考霸笔记
本章是风险导向审计中的核心内容，而且考试大纲对学习本章的要求为应达到第3能力等级，所以，考生应将本章作为非常重要的章节加以掌握。

本章考情概述

由于本章理论性较强，在考试时会更多地将本章的内容同审计实务结合考查各种题型，特别是综合题（从2007年起一直考查）；同时，本章还可单独出客观题或简答题，大部分考点都集中在第四、五两节，由于选择题占了绝大部分的比例，需要大量记忆这两节的内容。

近三年主要考点：了解被审计单位环境，评估财务报表层次和认定层次的重大错报风险。

第一节　风险识别和评估概述

◇ 概念
◇ 作用
◇ 了解程度

一、概念

在风险导向审计模式下，注册会计师以重大错报风险的识别、评估和应对为审计工作的主线，最终将审计风险控制在可接受的低水平。风险的识别和评估是审计风险控制流程的起点：

1.识别：找出财务报表层次和认定层次的重大错报风险之所在；
2.评估：对重大错报风险发生的可能性和后果严重程度进行评估。

二、作用

了解被审计单位及其环境是必要程序，特别能为下列关键环节的职业判断提供重要基础：

1.确定重要性水平，并随着审计工作的进程评估对重要性水平的判断是否仍然适当；

2.考虑会计政策的选择和运用是否恰当，以及财务报表的列报是否适当；

3.识别需要特别考虑的领域，包括关联方交易、管理层运用持续经营假设的合理性，或交易是否具有合理的商业目的等；　容易导致重大错报的交易或事项。
4.确定在实施分析程序时所使用的预期值；
5.设计和实施进一步程序，以将审计风险降至可接受的低水平；
6.评价所获取审计证据的充分性和适当性。

三、了解程度

了解被审计单位及其环境是一个连续和动态地收集、更新与分析信息的过程，贯穿于整个审计过程的始终。

评价对被审计单位及其环境了解的程度是否恰当，关键是看注册会计师对被审计单位及其环境的了解是否使其足以识别和评估财务报表的重大错报风险。要求注册会计师对被审计单位及其环境了解的程度，要低于管理层为经营管理企业而对被审计单位及其环境需要了解的程度。

第二节　风险评估程序、信息来源以及项目组内部讨论

◇ 风险评估程序
◇ 其他审计程序和信息来源
◇ 项目组内部讨论

考试题型：选择题。
考试频率：低频。
考试套路：以知识点直接还原为主。
备考建议：熟悉风险评估程序以及项目组讨论内容。

> 风险评估程序与了解被审计单位及其环境有什么区别？
>
> [二维码]
>
> 为什么风险评估程序是必做的程序？
>
> [二维码]

一、风险评估程序

为了解被审计单位及其环境而实施的程序称为"**风险评估程序**"，包括：

（1）询问被审计单位管理层和内部其他相关人员；

（2）分析程序；

> "穿行测试"也属于风险评估程序，将在本章第四节介绍。

（3）观察和检查。

> CPA在审计过程中这些程序都应当实施，但是在了解被审计单位及其环境的每一个具体方面时，无须将这些程序全部实施。

（一）询问管理层和被审计单位内部其他人员

1.询问管理层和财务负责人

一定要问（虽然被询问对象不一定说真话）。

（1）**管理层关注的主要问题**。如新的竞争对手、主要客户和供应商的流失、税收新法规的实施以及经营目标或战略的变化等。

> 考霸笔记
> 管理层面（宏观战略）。

（2）**被审计单位发生的其他重要变化**。如所有权结构、组织结构、内部控制的变化。

（3）被审计单位最近的财务状况、经营成果和现金流量。

（4）可能影响财务报告的交易和事项，或者目前发生的重大会计处理问题。如重大的购并事宜等。

> 考霸笔记
> 财务层面（具体业务层面）。

2.考虑（也可以）询问其他不同层级的人员

（1）询问治理层，或有助于理解财务报表编制的环境；

（2）询问内部审计人员，可能有助于注册会计师了解其针对被审计单位内部控制设计和运行有效性而实施的内部审计程序，以及管理层对内部审计发现的问题是否采取适当的措施；

> 考霸笔记
> 他负责什么，问他什么。

（3）询问参与生成、处理或记录复杂或异常交易的员工，可能有助于评估被审计单位选择和运用某项会计政策的适当性；

（4）询问内部法律顾问，有助于了解有关法律法规的遵循情况、产品保证和售后责任、合同条款的含义以及诉讼情况等；

> 考霸笔记
> 一般情况不一定要问，应对舞弊的时候一定要问，应结合第十三章相关内容去理解。

（5）询问营销或销售人员，有助于了解营销策略的变化、销售趋势或与客户的合同安排。

（二）分析程序

实施分析程序时，应当预期可能存在的合理关系，并与被审计单位记录的金额、依据记录金额计算的比率或趋势相比较。如发现异常或未预期的关系，应在识别重大错报风险时考虑这些比较结果。分析程序思路图如图7-1所示。

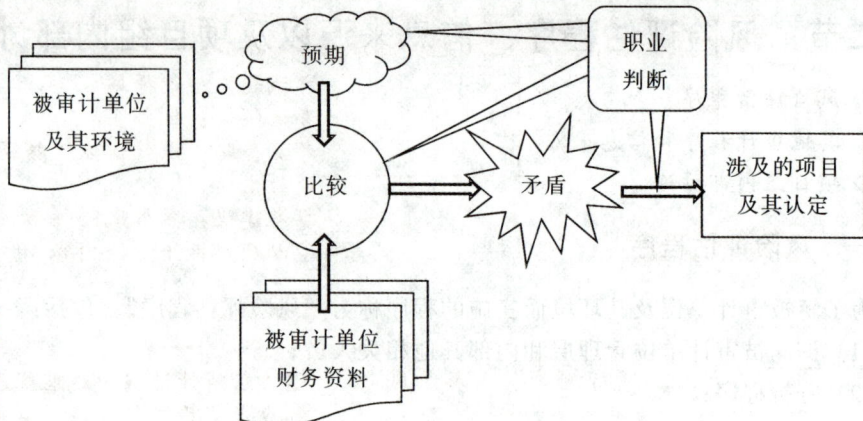

图7-1 分析程序思路图

如使用了高度汇总的数据，分析结果可能仅初步显示财务报表存在重大错报风险，应连同识别重大错报风险时获取的其他信息一并考虑，了解并评价分析程序的结果。

例如，被审计单位存在很多产品系列时，对总体毛利率实施分析程序的结果可能仅初步显示销售成本存在重大错报风险，注册会计师需要对每一产品系列进行毛利率分析，或者将总体毛利率分析的结果连同其他信息一并考虑，以便将评估的重大错报风险落实到具体的产品系列。

（三）观察和检查

观察和检查程序可以支持对管理层和其他相关人员的询问和分析的结果，并可提供被审计单位及其环境的信息。如：

1.观察被审计单位的生产经营活动。

2.检查文件、记录和内部控制手册。

3.阅读由管理层和治理层编制的报告。属于检查。

4.实地察看生产经营场所和厂房设备。实物检查。

5.追踪交易在财务报告信息系统中的处理过程（穿行测试）。

二、其他审计程序和信息来源

（一）其他审计程序

如根据职业判断认为从被审计单位外部获取的信息有助于识别重大错报风险，注册会计师应当实施其他审计程序以获取这些信息。例如：有条件，非强制。

1.询问外部人员，如聘请的外部法律顾问、专业评估师、投资顾问和财务顾问等。

2.阅读外部信息，如证券分析师、银行、评级机构出具的有关被审计单位及其所处行业的经济或市场环境等状况的报告，法规或金融出版物，政府部门或民间组织发布的行业报告和统计数据等。

（二）其他信息来源

注册会计师应当考虑在承接客户或续约过程中获取的信息，以及向被审计单位提供其他服务所获得的经验是否有助于识别重大错报风险。

1.对新的审计业务，注册会计师应在业务承接阶段对被审计单位及其环境有一个初步的了解，以确定是否承接该业务。

2.对于连续审计业务，如果拟利用以往与被审计单位交往的经验和以前审计中实施审计程序获取的信息，注册会计师应当确定被审计单位及其环境自以前审计后是否已发生变化，进而可能影响这些信息对本期审计的相关性。

3.注册会计师还应当考虑向被审计单位提供其他服务（如执行中期财务报表审阅业务）所获得的经验是否有助于识别重大错报风险。

注意：

需要说明的是，注册会计师从六个方面了解被审计单位及其环境，但注册会计师无须在了解每个方面时都实施以上所有的风险评估程序。例如，在了解内部控制时通常不用分析程序。但是，在对被审计单位及其环境获取了解的整个过程中，注册会计师通常会实施上述所有的风险评估程序。

三、项目组内部讨论

（一）讨论的目标

实施项目组讨论的目的在于明确以下方面：

1.了解在各自负责的领域中，由于舞弊或错误导致财务报表重大错报的可能性；

2.了解各自实施审计程序的结果如何影响审计的其他方面，包括对确定进一步审计程序的性质、时间安排和范围的影响。

（二）讨论的内容

讨论的内容和范围受项目组成员的职位、经验和所需要的信息的影响，应当包括：

1.被审计单位面临的经营风险；

2.财务报表容易发生错报的领域以及发生错报的方式，特别是由于舞弊导致重大错报的可能性。

（三）参与讨论的人员

项目组的关键成员应当参与讨论，但不要求所有成员每次都参与讨论。如果项目组需要拥有信息技术或其他特殊技能的专家，那么这些专家可以根据需要参与讨论。项目合伙人应当确定向未参与讨论的项目组成员通报哪些事项。

（四）讨论的时间和方式

在整个审计过程中持续交换有关财务报表发生重大错报可能性的信息。

项目组在讨论时，应当强调在整个审计过程中保持职业怀疑，警惕可能发生重大错报的迹象，并对这些迹象进行严格追踪。

项目组讨论的内容示例见表7-1。

考霸笔记
首次业务承接时、随后业务续约时，对被审计单位情况的了解。

考霸笔记
本章第三节详细讲解。

考霸笔记
也就是说，CPA想要对被审计单位进行一个客观的评价，就不能死板地只看一点，要结合通过各种途径综合得到的信息进行判断，这样才不至于得出有失偏颇的结论。

考霸笔记
关键成员到场就可以，以提高效率。

表7-1　　项目组讨论的内容示例　熟悉，可能会考。

讨论的目的	讨论的内容
分享了解的信息	1.被审计单位的性质、管理层对内部控制的态度、以往审计中获得的经验、重大经营风险因素 2.影响被审计单位的外部和内部舞弊因素，可能为管理层或其他人员实施下列行为提供动机或压力： （1）实施舞弊；（2）为实施构成犯罪的舞弊提供机会；（3）利用企业文化或环境寻找使舞弊行为合理化的理由；（4）侵占资产 3.确定财务报表哪些项目易于发生重大错报，发现管理层倾向于高估或低估收入的迹象
分享审计思路方法	1.管理层可能如何编报和隐藏虚假财务报告，如凌驾于内部控制。根据识别的舞弊风险因素，设想可能的舞弊场景对审计很有帮助。如销售经理可能通过高估收入达到提高奖励水平的目的。这可能通过修改收入确认政策或进行不恰当的收入截止来实现 2.出于个人目的的侵占或挪用资产的行为如何发生 3.考虑管理层高估/低估账目的方法、操纵准备和估计、变更会计政策等；考虑用于应对评估风险可能的审计程序/方法
为项目组指明审计方向	1.强调保持职业怀疑态度的重要性。不应将管理层当成是完全诚实的，但也不应将其作为罪犯对待 2.强调对表明管理层不诚实的迹象保持警觉 3.列示表明存在舞弊可能性的迹象。例如：识别警示信号（红旗），并予以追踪；一个不重要的金额可能表明存在很大的问题，例如管理层诚信 4.决定如何增加拟实施审计程序的不可预见性 5.总体考虑：每个项目组成员拟执行的审计工作、需要的审计方法、特殊考虑、时间、记录要求、出现问题应联系的人员、工作底稿复核以及其他预期事项

第三节　了解被审计单位及其环境

考霸笔记

★第三节、第四节最关键，要掌握内容的层次和结构！
考试题型：选择题。
考试频率：较高频。
考试套路：以知识点直接还原为主。
备考建议：着重记忆了解被审计单位及其环境的六个方面。

◇ 行业状况、法律环境和监管环境以及其他外部因素
◇ 被审计单位的性质
◇ 被审计单位对会计政策的选择和运用
◇ 被审计单位的目标、战略以及可能导致重大错报风险的相关经营风险
◇ 对被审计单位财务业绩的衡量和评价

注册会计师应当从下列方面了解被审计单位及其环境：

1.相关行业状况、法律环境与监管环境及其他外部因素；

2.被审计单位的性质；

3.被审计单位对会计政策的选择和运用；

4.被审计单位的目标、战略以及可能导致重大错报风险的相关经营风险；

5.对被审计单位财务业绩的衡量和评价；

6.被审计单位的内部控制。

注意：

1.第1点为外部因素，第2、3、4、6点为内部因素，第5点既有内部因素，也有外部因素；第1点为行业环境，第2、4点为经营环境，第3、5、6点为财务环境，由内而外，层层递进。

2.各方面的情况可能会互相影响，注册会计师在了解各方面情况时，应当考虑各个因素之间的相互关系。

考霸笔记
CPA以往审计中获得的经验，大部分可被利用到日后的审计工作中，再结合职业判断能使其更有效地完成审计工作。

考霸笔记
在年末或季度末，提前确认下期应当确认的收入，以期完成销售业绩，获得奖励。

考霸笔记
可以观察管理层的日常生活习惯、消费水平，有没有赌博等不良嗜好，或是否有明显超出其工资水平的奢侈消费，这些超出自己收入水平的高消费行为都是导致挪用资产行为的潜在不良因素。

考霸笔记
★重要考点，建议利用关键词来记忆！

一、行业状况、法律环境和监管环境以及其他外部因素

行业状况 {
（1）所处行业的市场供求与竞争；
（2）生产经营的季节性和周期性；
（3）产品生产技术的变化；
（4）能源供应与成本；
（5）行业的关键指标和统计数据。
}

具体而言，注册会计师可能需要了解以下情况：

（1）被审计单位所处行业的总体发展趋势是什么？

（2）被审计单位处于哪一发展阶段，如起步、快速成长、成熟或衰退阶段？

（3）被审计单位所处市场的需求、市场容量和价格竞争如何？

（4）该行业是否受经济周期波动的影响，以及采取了什么行动使波动产生的影响最小化？

（5）该行业受技术发展影响的程度如何？

（6）被审计单位是否开发了新的技术？

（7）被审计单位能源消耗在成本中所占比重，能源价格的变化对成本的影响。

（8）谁是被审计单位最重要的竞争者，它们各自所占的市场份额是多少？

（9）被审计单位与其竞争者相比主要的竞争优势是什么？

（10）被审计单位业务的增长率和财务业绩与行业的平均水平及主要竞争者相比如何，存在重大差异的原因是什么？

（11）竞争者是否采取了某些行动，如购并活动、降低销售价格、开发新技术等，从而对被审计单位的经营活动产生影响？

> 综合题中分析程序的素材：
>
> 例如，20×7年度，X公司所处行业的统计资料显示，生产A产品所需a原材料主要依赖进口，汇率因素导致a原材料采购成本大幅上涨；替代产品面市使A产品的市场需求减少，市场竞争激烈，导致销售价格明显下跌。（行业的市场供求）
>
> 又如，为加快新产品研发进度以应对激烈的市场竞争，甲公司于20×7年6月支付500万元购入一项非专利技术的永久使用权，并将其确认为使用寿命不确定的无形资产。最新行业分析报告显示，甲公司竞争对手乙公司已于20×7年初推出类似新产品，市场销售良好。同时，乙公司宣布将于次年12月推出更新的换代产品。（行业的市场竞争+产品生产技术的变化）

法律环境 {
（1）会计原则和行业特定惯例；
（2）受管制行业的法规框架；
（3）对被审计单位经营活动产生重大影响的法律法规，包括直接的监管活动；
（4）税收政策（关于企业所得税和其他税种的政策）；
（5）目前对被审计单位开展经营活动产生影响的政府政策，如货币政策（包括外汇管制）、财政政策、财政刺激措施（如政府援助项目）、关税或贸易限制政策等；
（6）影响行业和被审计单位经营活动的环保要求。
}

（1）宏观经济的景气度；

（2）利率和资金供求状况；

（3）通货膨胀水平及币值变动； } 其他外部因素

（4）国际经济环境和汇率变动。

注册会计师对行业状况、法律环境和监管环境及其他外部因素了解的范围和程度会因被审计单位所处行业、规模以及其他因素的不同而不同。

例如：

（1）对于从事计算机硬件制造的被审计单位，其可能更关心市场和竞争以及技术进步的情况；

（2）对于金融机构，其可能更关心宏观经济走势以及货币、财政等方面的宏观经济政策；

（3）对于化工等产生污染的行业，其可能更关心相关环保法规。

注册会计师应当考虑将了解的重点放在对被审计单位的经营活动可能产生重要影响的关键外部因素以及与前期相比发生的重大变化上。

二、被审计单位的性质

（1）所有权结构

（2）治理结构

（3）组织结构

（4）经营活动

（5）投资活动

（6）筹资活动

（7）财务报告

（一）所有权结构（报表层风险）

对所有权结构的了解有助于注册会计师识别关联方关系并了解被审计单位的决策过程。应了解的内容有：

1.被审计单位的所有权结构；

2.所有者与其他人员或实体的关系；

3.关联方关系是否已识别；

4.关联方交易是否恰当核算。

（二）治理结构（报表层风险）

良好的治理结构可以对被审计单位的经营和财务运作实施有效的监督，从而降低财务报表发生重大错报的风险。

例如：董事会构成情况，是否有独立董事；治理结构中是否设有审计委员会或监事会及其运作情况；治理层能否独立于管理层对被审计单位事务（包括财务报告）作出客观判断。

（三）组织结构（认定层风险）

复杂的组织结构可能导致某些特定的重大错报风险。注册会计师应当了解被审计单位的财务报表合并、商誉减值以及长期股权投资核算等。

（四）经营活动（认定层风险）

了解经营活动有助于发现被审计单位的<u>经营风险</u>，而经营风险是重大错报风险的前奏。

注册会计师应当了解被审计单位的经营活动。<mark>主要包括</mark>：

考霸笔记·

熟悉（了解
"经营活动"
时，需要知道
哪些内容）。

1. 主营业务的性质。制造还是商品批发？银行还是保险？是交通运输还是提供服务？

2. 与生产相关的市场信息。付款条件、市场份额、定价政策、营销策略和目标等。

3. <u>业务开展情况</u>。业务分部的设立、产品和服务的交付、经营的衰退或扩展的详情。

4. 联盟、合营与外包情况。

5. 从事电子商务的情况。通过互联网销售产品和提供服务以及从事营销活动。

6. 地区与行业分布。是否涉及跨地区经营和多种经营。

7. 生产设施、仓库的地理位置及办公地点。【仓库偏远，管理困难，容易出错】

8. 关键客户。少量的大客户还是众多的小客户？是否订立了不寻常的销售条款或条件？

9. 重要供应商。原材料供应的可靠性和稳定性，是否受重大价格变动的影响？

10. 劳动用工情况。劳动力供应情况、工薪水平、劳动用工事项相关的政府法规。

11. 研究与开发活动及其支出。【支出少，产品更新换代慢，可能会逐渐失去市场】

12. 关联方交易。对关联方和非关联方，是否采用不同的销售和采购条款？

> 也是综合题中分析程序的<u>素材</u>：
>
> 例如，年初，甲公司在5个城市增设了销售服务处，使销售服务处的数量增加到11个，销售服务人员数量比上年末增加50%。（业务开展情况）
>
> 又如，部分原材料只能堆放在生产车间外临时搭建、未设围栏的大棚里，但仍由在库房内办公的人员负责管理，并在大棚四周悬挂了"仓库重地，闲人莫入"的警示牌。（生产设施、仓库的地理位置及办公地点）
>
> 其他如原材料供应的可靠性和稳定性，是否受重大价格变动的影响，对关联方和非关联方是否采用不同的销售和采购条款等也常考。

（五）投资活动（认定层风险）

了解投资活动有助于注册会计师关注被审计单位在<u>经营策略</u>和<u>方向</u>上的<u>重大变化</u>。投资活动的主要内容包括：

1. 近期拟实施或已实施的并购活动与资产处置情况：业务重组或某些业务终止。

2. 证券投资、委托贷款的发生与处置。

3. 资本性投资活动：固定和无形资产投资、将要发生的变动、重大资本承诺。

4. 不纳入合并范围的投资：联营、合营或其他投资，近期计划的投资项目。

（六）**筹资活动**（认定层风险）

了解筹资活动有助于评估被审计单位在<u>融资方面</u>的压力，并可进一步考虑在可预见的未来被审计单位的<u>持续经营能力</u>。筹资活动的主要内容包括：

1. 债务结构和相关条款；

2. 主要子公司和联营企业；

3. 实际受益方及关联方；

4.衍生金融工具的使用。

（七）财务报告

1.会计政策和行业特定惯例，包括特定行业的重要活动（如银行业的贷款和投资、医药行业的研究与开发活动）；

2.收入确认惯例；

3.公允价值会计核算；

4.外币资产、负债与交易；

5.异常或复杂交易（包括有争议的或新兴领域的交易）的会计处理（如对股份支付的会计处理）。

> **考霸笔记**
> 争议事项、没有定论的事项的处理容易出错。

三、被审计单位对会计政策的选择和运用

1.重大和异常交易的会计处理方法；

2.在缺乏权威性标准或共识、有争议的或新兴领域采用重要的会计政策产生的影响；

3.会计政策的变更；

4.新颁布的财务报告准则、法律法规，以及被审计单位何时采用、如何采用这些规定。

✓ 熟悉

注册会计师还应对被审计单位下列与会计政策运用相关的情况予以关注：

1.是否采用激进的会计政策、方法、估计和判断；

2.财会人员是否拥有足够的运用会计准则的知识、经验和能力；

3.是否拥有足够的资源支持会计政策的运用，如人力资源及培训、信息技术的采用、数据和信息的采集等。

> **考霸笔记**
> 日常生产经营中不常遇到的交易容易出错。

> **考霸笔记**
> 熟悉内容，理解即可。

四、被审计单位的目标、战略以及可能导致重大错报风险的相关经营风险

（一）目标、战略与经营风险

目标是企业经营活动的指针。

战略是管理层为实现经营目标采用的方法。

经营风险是指可能对被审计单位实现目标和实施战略的能力产生不利影响的重要状况、事项、情况、作为（或不作为）所导致的风险，或由于制定不恰当的目标和战略而导致的风险。

> **考霸笔记**
> 通读即可，需要了解。

通过了解下列八个方面，考虑是否可能导致经营风险：

1.行业发展：可能导致人力资源和业务专长不具备等风险；

2.开发新产品或提供新服务：可能导致产品责任增加风险；

3.业务扩张：可能导致对市场需求的估计不准确等风险；

4.新的会计要求：可能导致会计处理成本增加等风险；

5.监管要求：可能导致被审计单位法律责任增加等风险；

6.本期及未来的融资条件：可能导致失去融资机会等风险；

7.信息技术的运用：可能导致与业务流程难以融合等风险；

> **考霸笔记**
> 谨记：CPA只提供合理保证，而非绝对保证。

8.实施战略的影响：可能需要运用新的会计要求的风险。

（二）经营风险对重大错报风险的影响

注册会计师了解被审计单位的经营风险有助于其识别财务报表重大错报风险，

但并非所有的经营风险都与财务报表相关，注册会计师没有责任识别或评估对财务报表没有影响的经营风险。掌握！易考！

并非所有经营风险都会导致重大错报风险。注册会计师应当根据被审计单位的具体情况考虑经营风险是否可能导致财务报表发生重大错报。

> 经营风险与财务报表重大错报风险是既有联系又相互区别的两个概念。前者比后者范围更广。
>
> 经营风险可能对各类交易、账户余额和披露的认定层次或财务报表层次产生直接影响。

（三）被审计单位的风险评估过程

管理层通常制定识别和应对经营风险的策略，注册会计师应当了解被审计单位的风险评估过程。此类风险评估过程是被审计单位内部控制的组成部分。被审计单位的风险评估过程图如图7-2所示。

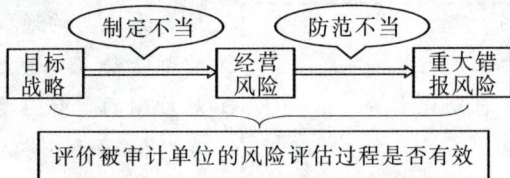

图7-2 被审计单位的风险评估过程图

五、对被审计单位财务业绩的衡量和评价

被审计单位管理层经常会衡量和评价关键业绩指标（包括财务和非财务的）、预算及差异分析、分部信息和分支机构、部门或其他层次的业绩报告以及与竞争对手的业绩比较。（内部）

外部机构也会衡量和评价被审计单位的财务业绩，如分析师的报告和信用评级机构的报告。

注册会计师了解被审计单位财务业绩的衡量与评价，是为了考虑管理层是否面临实现某些关键财务业绩指标的压力。受压力影响的人员可能是可以操纵财务报表的其他经理人员。

（一）了解的主要方面 ✓掌握。

1. 关键业绩指标（财务或非财务的）、关键比率、趋势和经营统计数据；
2. 同期财务业绩比较分析；
3. 预算、预测、差异分析，分部信息与分部、部门或其他不同层次的业绩报告；
4. 员工业绩考核与激励性报酬政策；
5. 被审计单位与竞争对手的业绩比较。

（二）关注内部财务业绩衡量的结果

内部财务业绩衡量可能显示被审计单位与同行业其他单位相比具有异常快的增长率或盈利水平，如果与业绩奖金或激励性报酬等因素结合起来考虑，可能显示管理层编制财务报表时存在某种倾向的错报风险。

（三）考虑财务业绩衡量指标的可靠性

如果注册会计师计划在审计中（如实施分析程序时）利用财务业绩指标，应当

考霸笔记

归纳为：
（1）多数经营风险最终都会产生财务后果，从而影响财务报表。
（2）并非所有的经营风险都与财务报表相关并导致重大错报风险。
（3）注册会计师没有责任识别或评估不影响报表的经营风险。

考霸笔记

注意注册会计师的目的。

考霸笔记

系综合题分析程序素材。

考霸笔记

（常考）
注意：只要用到被审计单位的信息，注册会计师都要关注两点：准确性、完整性。（联系第三章第四节"分析程序"相关内容）去理解。

考虑相关信息是否可靠（尤其是内部数据），以及在实施审计程序时利用这些信息是否足以发现重大错报。

第四节 了解被审计单位的内部控制

了解被审计单位的内部控制是了解被审计单位及其环境下的第六点，并非与了解被审计单位及其环境平行，只是内容比较多，所以单独作为一节，而且是非常重要的一节。

这一节共有十一个小标题，可分为三个层次：

一~五：对内控制及了解内控的概述；

六~十：对内控五要素的具体介绍；

十一：对从业务层面如何了解内部控制的详细介绍。

◇ 内部控制的含义和要素　　　　　　◇ 被审计单位的风险评估过程（要素之二）

◇ 与审计相关的控制　　　　　　　　◇ 信息系统与沟通（要素之三）

◇ 对内部控制了解的深度　　　　　　◇ 控制活动（要素之四）

◇ 内部控制的人工和自动化成分　　　◇ 对控制的监督（要素之五）

◇ 内部控制的局限性　　　　　　　　◇ 在整体层面和业务流程层面了解内部控制

◇ 控制环境（要素之一）

一、内部控制的含义和要素

（一）含义

内部控制是被审计单位为了合理保证财务报告的可靠性、经营的效率和效果以及对法律法规的遵守，由治理层、管理层和其他人员设计和执行的政策及程序。

（二）要素

（1）控制环境；

（2）风险评估过程；

（3）与财务报告相关的信息系统与沟通；

（4）控制活动；

（5）对控制的监督。

内部控制的要素图如图7-3所示。

无论怎样划分内部控制要素，注册会计师都应重点考虑某项控制是否能够以及如何防止或发现并纠正各类交易、账户余额和披露认定层次存在的重大错报。

二、与审计相关的控制

注册会计师了解内部控制只是了解与财务报表审计相关的内部控制，并非被审计单位所有的内部控制。

1.为实现财务报告可靠性目标设计和实施的控制

与审计相关的控制，包括被审计单位为实现财务报告可靠性目标设计和实施的控制。注册会计师应当运用职业判断，考虑一项控制单独或连同其他控制是否与评估重大错报风险以及针对评估的风险设计和实施进一步审计程序有关。

内部控制的目标

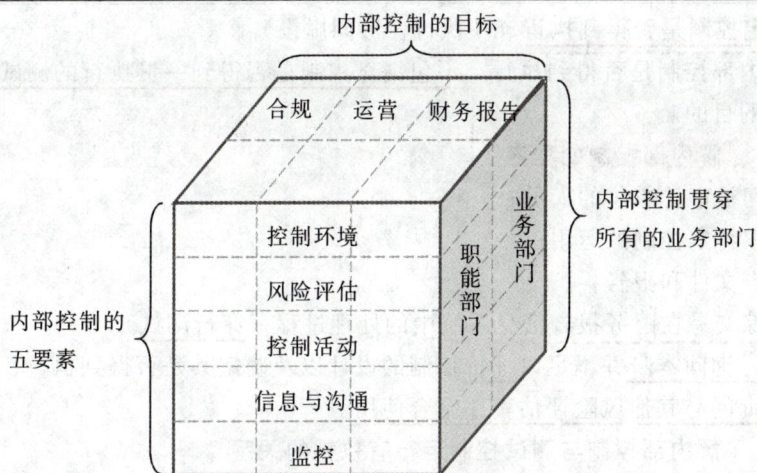

图7-3 内部控制的要素图

与财务报表审计最相关的内部控制目标是财务报告的可靠性（但并非所有与财务报告可靠性相关的控制都与审计相关），其他两个目标（经营效率和效果、对法律法规的遵守）如果间接影响财务报表也要予以关注。

2.其他与审计相关的控制

（1）如果在设计和实施进一步审计程序时拟利用被审计单位内部生成的信息，注册会计师应当考虑用以保证该信息完整性和准确性的控制可能与审计相关。

（2）如果用以保证经营效率、效果的控制以及对法律法规遵守的控制与实施审计程序时评价或使用的数据相关，注册会计师应当考虑这些控制可能与审计相关。例如，对于某些非财务数据（如生产统计数据）的控制，如果注册会计师在实施分析程序时使用这些数据，这些控制就可能与审计相关。

（3）被审计单位通常有一些与审计无关的控制，注册会计师无须对其加以考虑。例如，被审计单位可能依靠某一复杂的自动控制系统提高经营活动的效率和效果（如航空公司用于维护航班时间表的自动控制系统），但这些控制通常与审计无关。

（4）用以保护资产的内部控制可能包括与实现财务报告可靠性和经营效率、效果目标相关的控制。注册会计师在了解保护资产的内部控制各项要素时，可仅考虑其中与财务报告可靠性目标相关的控制。例如，保护存货安全的控制可能与审计相关，但在生产中防止材料浪费的控制通常就与审计不相关，只有所用材料的成本没有在财务报表中如实反映，才会影响财务报表的可靠性。

三、对内部控制了解的深度

（一）了解内部控制的程度

对内部控制了解的深度，是指在了解被审计单位及其环境时对内部控制了解的程度。

1.评价控制设计是否合理（执行后，是否有效）

设计不当的控制可能表明内部控制存在重大缺陷，不需要再考虑控制是否得到执行。

第七章

2.确定控制是否得到执行（不执行，形同虚设）

确定内部控制是否得到执行，<u>不包括对控制是否得到一贯执行的测试</u>，后者是控制测试的目的。

（二）了解内部控制的程序

1.询问被审计单位的人员；

2.观察特定控制的运用；

3.检查文件和报告；

4.追踪交易在财务报告信息系统中的处理过程（穿行测试）。

注意：询问本身并不足以评价控制的设计以及确定其是否得到执行，注册会计师<u>应当将询问与其他风险评估程序结合使用</u>。

（三）了解内部控制与测试控制运行有效性的关系

1.<u>人工控制</u>。某一人工控制在某一时点得到执行的审计证据，并不能证明该控制在所审计期间内的其他时点也有效运行（人工控制一贯性较差）。因此，<u>对控制的了解并不能够代替对控制运行有效性的测试</u>。

2.<u>自动化控制</u>。由于信息技术处理流程的<u>内在一贯性</u>，信息技术可以使被审计单位持续一贯地对大量数据进行处理，提高了被审计单位监督控制活动运行情况的能力（自动控制具有一贯性，测一次就行）。

可见，实施审计程序确定某项自动控制是否得到执行，也可能实现对控制运行有效性测试的目标。

> 归纳与拓展：
>
> 1）注册会计师通过询问、观察、检查和穿行测试了解被审计单位的内部控制，以评价内部控制设计得是否合理以及是否得到执行。
>
> 风险评估程序 ⟶ 进一步程序 ⟶ 报告
>
> 了解内控（必需）
>
> （1）设计的合理性　（2）是否得到执行
>
> 2）了解内控，设计也合理，得到执行，但不等于得到有效的运行，如果没有得到有效运行，重大错报风险依然会比较高。我们在进一步程序中，会设计实施控制测试程序，目的就是要确定内控的有效性。
>
> 风险评估程序 ⟶ 进一步程序 ⟶ 报告
>
> 了解内控（必需） ⟶ 控制测试 ⟶ 实质性程序
>
> （1）设计的合理性　（2）是否得到执行　（可以）
>
> 评价内控有效性
>
> 评价重大错报风险
>
> **务必掌握风险评估程序中了解内控与控制测试的区别和联系！**

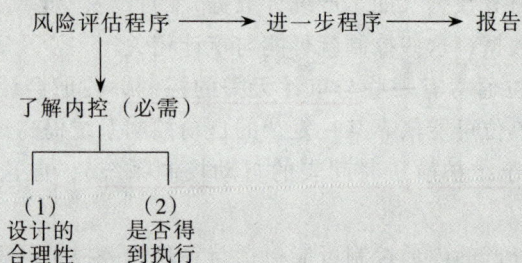

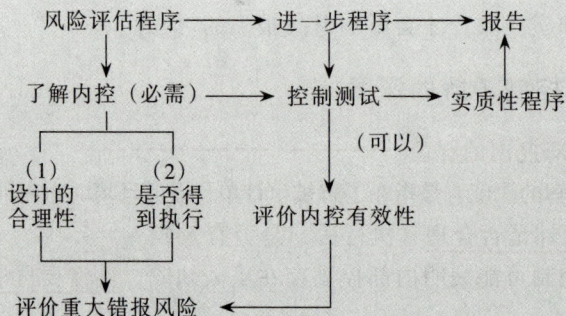

四、内部控制的人工和自动化成分

考霸笔记
掌握，可能考选择题。

（一）控制方式及其适用范围

尽管信息技术得到了广泛使用，但人工因素仍然会存在于这些系统之中。

1.人工控制适用于批准、复核、调节、跟踪，但不适宜：

考霸笔记
不可能完全自动化，总是会有人工掺杂进去。

（1）存在大量或重复发生的交易；

（2）控制活动可适当设计和自动化处理；

（3）事先可预见的错误能够通过自动化控制得以防范或发现并纠正。

2.自动控制适用于通过电子文档生成、记录、处理和报告交易（如订购单、发票、装运单及相关的会计记录），不适用于难以防范、需要灵活变通的控制。

考霸笔记
对于大量重复性的交易，自动化显然要比人工效率高，不能把人当机器用。

人工控制与自动控制互为补充。一种方式所不适用的，正是另一种方式所适用的；反之亦然。

（二）信息技术控制的优势与风险

1.控制优势：

（1）在处理大量的交易或数据时，一贯运用事先确定的业务规则，并进行复杂运算；

考霸笔记
也是自动化适宜的情况。

（2）提高信息的及时性、可获得性及准确性；

（3）有助于对信息的深入分析；

（4）提高对被审计单位的经营业绩及其政策和程序执行情况进行监督的能力；

考霸笔记
（并非消除）

（5）降低控制被规避的风险；

考霸笔记
联系第五章"信息技术的特点及影响"相关内容。

（6）通过实施安全控制，提高不相容职务分离的有效性。

2.控制风险：

（1）未能正确处理数据，或处理了不正确的数据，或两种情况并存；

（2）在未得到授权情况下访问数据，可能导致数据的毁损或对数据不恰当的修改；

（3）信息技术人员可能获得超越职责的数据访问权限，破坏系统职责分工；

（4）未经授权改变主文档的数据；

（5）未经授权改变系统或程序；

（6）未能对系统或程序做出必要的修改；

（7）不恰当的人为干预；

（8）数据丢失的风险或不能访问所需要的数据。

考霸笔记
掌握人工控制的优缺点即可。

（三）人工控制的优势与风险

1.控制优势

（1）存在大额、异常或偶发的交易（笔数少、金额大）；

（2）存在难以定义、防范或预见的错误（异常的、无规定的）；

（3）为应对情况的变化，需要对现有的自动化控制进行调整；

考霸笔记
也是人工适用的情况。

（4）监督自动化控制的有效性。

2.控制风险

（1）人工控制可能更容易被规避、忽视或凌驾（人情）；

（2）人工控制可能不具有一贯性（情绪）；

（3）人工控制可能更容易产生简单错误或失误（疲劳）。

五、内部控制的局限性

（一）导致固有局限性的主要原因为：

1.人为判断可能出现错误、人为失误导致内部控制失效。

2.可能由于人员串通或管理层凌驾于内部控制而被规避。

此外还包括：人员素质、成本效益及异常情况。

（二）内部控制固有局限性意味着：

1.无论如何设计和执行，只能对财务报告的可靠性提供合理的保证（不能提供绝对保证）。

2.无论评估的控制风险多低，都不能仅依赖内部控制而不实施实质性程序。

> 内部控制五要素：（五点要牢记，每一点具体内容也要全面掌握，尤其（1）、（4）两点）
> （1）控制环境；
> （2）风险评估过程；
> （3）与财务报告相关的信息系统与沟通；
> （4）控制活动；
> （5）对控制的监督。

六、控制环境（要素之一）

1.对诚信和道德价值观念的沟通与落实

2.对胜任能力的重视

3.治理层的参与程度

4.管理层的理念和经营风格

5.组织结构及职权与责任的分配

6.人力资源政策与实务

（一）概念

控制环境包括治理职能和管理职能，以及治理层和管理层对内部控制及其重要性的态度、认识和措施。

控制环境设定了被审计单位的内部控制基调，影响员工对内部控制的意识。良好的控制环境是实施有效内部控制的基础。

在审计业务承接阶段，注册会计师需要对控制环境作出初步了解和评价。

（二）内容

1.对诚信和道德价值观念的沟通与落实

诚信和道德价值观念是控制环境的重要组成部分，影响到重要业务流程的设计和运行。内部控制的有效性直接依赖于负责创建、管理和监控内部控制的人员的诚信和道德价值观念，包括：

（1）是否有书面的行为规范并向所有员工传达？

（2）企业文化是否强调诚信和道德价值观念的重要性？

（3）管理层是否身体力行，高级管理人员是否起表率作用？

（4）对违反有关政策和行为规范的情况是否采取适当的惩罚措施？

✓了解。

考霸笔记
易考点，重点掌握。

考霸笔记
易考点，重点掌握。

考霸笔记
企业的风险评估与注册会计师的风险评估。

考霸笔记
★★★重中之重，考试频率高。

考霸笔记
6点记忆！具体内容要熟悉。

考霸笔记
注意，常考查全文。

考霸笔记
（是否存在）

考霸笔记
熟悉，可能作为选择题选项。

考霸笔记
（能否有效执行）

考霸笔记
（执行后是否有评价考核）

2.对胜任能力的重视

对胜任能力的重视包括管理层对特定工作所需的胜任能力水平的设定、对达到该水平所必需的知识和能力的要求。对胜任能力的重视情况进行了解和评估时，考虑的主要因素包括：

（1）财务人员以及信息管理人员是否具备与被审计单位业务性质和复杂程度相称的足够的胜任能力和培训，在发生错误时，是否通过调整人员或系统来加以处理？

（2）管理层是否配备足够的财务人员以适应业务发展和有关方面的需要？

（3）财务人员是否具备理解和运用会计准则所需的技能？

3.治理层的参与程度

控制环境在很大程度上受治理层的影响。治理层对控制环境影响的要素有：

治理层相对于管理层的独立性、治理层成员的经验和品德、参与经营的程度和收到的信息、对经营活动的详细检查、治理层采取措施的适当性，包括提出问题的难度和对问题的跟进程度，以及治理层和内部审计人员和注册会计师的互动等。

4.管理层的理念和经营风格

管理层负责企业的运作以及经营策略和程序的制定、执行与监督。在有效的控制环境中，管理层的理念和经营风格有利于创造一个积极的氛围，促进业务流程和内部控制的有效运行，同时创造一个减少错报发生可能性的环境。衡量管理层对内部控制重视程度的重要标准，是管理层收到有关内部控制缺陷及违规事件的报告时是否做出适当反应。

5.组织结构及职权与责任的分配

被审计单位的组织结构为计划、运作、控制及监督经营活动提供了一个整体框架。通过集权或分权决策，可在不同部门间进行适当的职责划分，建立适当层次的报告体系。组织结构将影响权利、责任和工作任务在组织成员中的分配。

6.人力资源政策与实务

内部控制离不开人的参与，内部控制的有效性取决于人，人的表现受到人事政策与实务的影响。因此，被审计单位员工的能力与诚信是控制环境中不可缺少的因素。人力资源政策与实务涉及招聘、培训、考核、晋升和薪酬等方面。

（三）要点

1.注册会计师应当对控制环境的构成要素获取足够的了解，并考虑各个要素是否得到执行。

2.在确定各个要素是否得到执行时，应考虑将询问与其他风险评估程序结合：

通过询问，可以了解管理层如何就业务规程和道德价值观念与员工进行沟通。

通过检查和观察，可以了解：①管理层是否建立了正式的行为守则；②在日常工作中行为守则是否得到遵守；③管理层如何处理违反行为守则的情形。

3.控制环境对重大错报风险的评估具有广泛影响（报表层风险），注册会计师应当考虑控制环境的总体优势是否为内部控制的其他要素提供了适当的基础，并且未被控制环境中存在的缺陷所削弱。

考霸笔记 能力合格有助于减少出错。

考霸笔记 最在意财务人员的胜任能力。

考霸笔记 治理层对注册会计师的态度如何，其是否配合。

考霸笔记 可能作为选择题的选项。

考霸笔记 管理层对待内控缺陷的态度。

考霸笔记 注意，常考查原文。

考霸笔记 ★重要，比前6点更容易考！

考霸笔记 指前6点。

考霸笔记 只询问不行。

考霸笔记 常考，注意和控制活动作区分。

第七章

考霸笔记
注意，常考查原文。

4.控制环境虽不能绝对防止舞弊，但有助于降低舞弊风险。

控制环境的有效性能为注册会计师相信以前年度和期中测试过的控制将继续有效运行提供一定基础。

控制环境存在的弱点可能削弱控制的有效性：如认为控制环境薄弱，很难认定某一流程的控制是有效的。

5.控制环境本身并不能防止或发现并纠正认定层次的重大错报。在评估重大错报风险时，应将控制环境连同其他内部控制要素产生的影响一并考虑。例如，与对控制的监督和具体控制活动一并考虑。

七、被审计单位的风险评估过程（要素之二）

（一）风险评估过程的含义

考霸笔记
风险评估过程包括对与财务报表相关的经营风险的识别与应对。

风险评估过程包括识别与财务报告相关的经营风险，评估风险的重大性和发生的可能性，以及针对这些经营风险所采取的应对措施。

风险评估过程代表了被审计单位的风险意识，影响着管理层对风险的识别和防范。

如果风险评估过程存在缺陷，注册会计师就难以将重大错报风险评估为低水平。

（二）可能产生风险的事项和情形（变化）

考霸笔记
熟悉，可能作为题干资料。

1.监管及经营环境的变化；
2.新员工的加入；
3.新信息系统的使用或对原系统进行升级；
4.业务快速发展；
5.新技术的采用；
6.新的生产型号、产品和业务活动；
7.企业重组；
8.发展海外经营；
9.执行新的会计准则。

（三）对风险评估过程的了解与评价

考霸笔记
熟读原文，了解即可。

注册会计师在对被审计单位整体层面的风险评估过程进行了解和评估时，考虑的主要因素可能包括：

1.被审计单位是否已建立并沟通其整体目标，并辅以具体策略和业务流程层面的计划？

2.被审计单位是否已建立风险评估过程，包括识别风险，估计风险的重大性，评估风险发生的可能性以及确定需要采取的应对措施？

3.被审计单位是否已建立某种机制，识别和应对可能对被审计单位产生重大且普遍影响的变化？

4.会计部门是否建立了某种流程，以识别会计准则的重大变化？

5.当被审计单位业务操作发生变化并影响交易记录的流程时，是否存在沟通渠道以通知会计部门？

6.风险管理部门是否建立了某种流程，以识别经营环境包括监管环境发生的重大变化？

注意：

1.如果注册会计师发现了与财务报表有关的风险因素，可通过向管理层询问和检查有关文件确定被审计单位的风险评估过程是否也发现了该风险；

2.如果识别出管理层未能识别的重大错报风险，应考虑被审计单位的风险评估过程为何没有识别出这些风险，以及评估过程是否适合于具体环境。

考霸笔记：属于"值得关注的内部控制缺陷"。

八、信息系统与沟通（要素之三）

（一）与财务报告相关的信息系统的含义

与财务报告相关的信息系统，包括用以生成、记录、处理和报告交易、事项和情况，对相关资产、负债和所有者权益履行经营管理责任的程序和记录。

考霸笔记：包括人工和自动化程序。

考霸笔记：注意，常考查原文。

与财务报告相关的信息系统应当与业务流程相适应。业务流程是指被审计单位开发、采购、生产、销售、发送产品和提供服务、保证遵守法律法规、记录信息等一系列活动。

考霸笔记：6点需熟悉内容。

（二）对与财务报告相关的信息系统的了解

注册会计师应当从下列方面了解与财务报告相关的信息系统：

1.被审计单位对财务报表具有重大影响的各类交易。

2.交易生成、记录、处理、更正、结转至总账及在财务报表中报告的程序。

3.与交易生成、记录、处理和报告有关的会计记录、支持性信息和财务报表的特定项目。

4.信息系统如何获取除交易以外对报表重大的事项和情况。

5.编制财务报表（包括重大估计和披露）的财务报告过程。

6.与会计分录相关的控制，这些分录包括用以记录非经常性的、异常的交易或调整的非标准会计分录。

了解与财务报告相关的信息系统应当包括了解信息系统中与财务报表所披露信息相关的方面，无论这些信息是从总账和明细账中获取，还是从总账和明细账之外的其他途径获取。

考霸笔记：2019年新增。

自动化程序和控制可能降低了发生无意错误的风险，但没有消除个人凌驾于控制之上的风险，如某些高级管理人员可能篡改自动过入总分类账和财务报告系统的数据金额。当被审计单位运用信息技术进行数据的传递时，发生篡改可能不会留下痕迹或证据。

考霸笔记：是否对数据录入人员的权限进行设置，对权限设置得是否适当会影响信息系统的可靠性，是一种风险。

（三）与财务报告相关的沟通的含义

与财务报告相关的沟通包括使员工了解各自在与财务报告有关的内部控制方面的角色和职责、员工之间的工作联系，以及向适当级别的管理层报告例外事项的方式。

（四）对与财务报告相关的沟通的了解

注册会计师应当了解被审计单位内部如何对财务报告的岗位职责，以及与财务报告相关的重大事项进行沟通。注册会计师还应当了解管理层与治理层（特别是审计委员会）之间的沟通，以及被审计单位与外部（包括与监管部门）的沟通。

九、控制活动（要素之四）

1. 授权
2. 业绩评价
3. 信息处理
4. 实物控制
5. 职责分离

（一）授权

注册会计师应当了解与授权有关的控制活动，包括一般授权和特别授权。

授权的目的在于保证交易在管理层授权范围内进行。一般授权是指管理层制定的要求组织内部遵守的普遍适用于某类交易或活动的政策。特别授权是指管理层针对特定类别的交易或活动逐一设置的授权，特别授权也可能用于超过一般授权限制的常规交易。例如，同意出于某些特别原因，对某个不符合一般信用条件的客户赊销商品。

（二）业绩评价

注册会计师了解与业绩评价有关的控制活动，主要包括：

1. 分析评价实际业绩与预算（或预测、前期业绩）的差异；
2. 综合分析财务数据与经营数据的内在关系；
3. 将内部数据与外部信息来源相比较；
4. 评价职能部门、分支机构或项目活动的业绩；
5. 对发现的异常差异或关系采取必要的调查与纠正措施。

（三）信息处理

注册会计师应当了解与信息处理有关的控制活动，包括信息技术的一般控制和应用控制：

一般控制是针对计算机的控制，应用控制是针对具体业务的控制。

1. 一般控制存在缺陷→导致财务报表层的重大错报风险

一般控制包括：数据中心和网络运行控制，系统软件的购置、修改及维护控制，接触或访问权限控制，应用系统的购置、开发及维护控制。

2. 应用控制存在缺陷→直接导致认定层的重大错报风险

应用控制包括：检查数据计算的准确性，审核账户和试算平衡表，设置对输入数据和数字序号的自动检查以及对例外报告进行人工干预。应用控制的影响程度比一般控制要显著得多。

每个自动控制都有一个人工控制与其对应，且人工控制往往针对例外情况，属于关键控制点。自动控制要与对应的人工控制一起测试，才能得到控制是否可信赖的结论。

（四）实物控制

实物控制的效果影响资产的安全，从而对财务报表的可靠性及审计产生影响。实物控制主要包括：

1. 对资产和记录采取适当的安全保护措施；
2. 对访问计算机程序和数据文件设置授权；
3. 定期盘点并将盘点记录与会计记录相核对。

（五）职责分离

了解职责分离主要是了解被审计单位如何将交易授权、交易记录以及资产保管等职责分配给不同员工，以防范同一员工在履行多项职责时可能发生舞弊或错误。当信息技术运用于信息系统时，职责分离可以通过设置安全控制来实现。

注册会计师了解控制活动的工作重点是识别和了解针对重大错报可能发生的领域的控制活动。在了解控制活动时，注册会计师应当重点考虑一项控制活动单独或连同其他控制活动，是否能够以及如何防止或发现并纠正各类交易、账户余额和披露存在的重大错报。如果多项控制活动能够实现同一目标，不必了解与该目标相关的每项控制活动。

注册会计师对被审计单位整体层面的控制活动进行的了解和评估，主要是针对被审计单位的一般控制活动，特别是信息技术的一般控制。在了解和评估一般控制活动时，考虑的主要因素可能包括：

1.对被审计单位的主要经营活动是否都有必要的控制政策和程序；

2.管理层对预算、利润和其他财务和经营业绩方面是否都有清晰的目标，在被审计单位内部，是否对这些目标加以清晰的记录和沟通，并且积极地对其进行监控；

3.是否存在计划和报告系统，以识别与目标业绩的差异，并向适当层次的管理层报告该差异；

4.是否由适当层次的管理层对差异进行调查，并及时采取适当的纠正措施；

5.不同人员的职责应在何种程度上相分离，以降低舞弊和不当行为发生的风险；

6.会计系统中的数据是否与实物资产定期核对；

7.是否建立了适当的保护措施，以防止未经授权接触文件、记录和资产；

8.是否存在信息安全职能部门负责监控信息安全政策和程序。

十、对控制的监督（要素之五）

（一）对控制的监督的含义与活动

对控制的监督是指评价内部控制在一段时间内运行有效性的过程，包括及时评价控制的设计和运行，以及根据情况的变化采取必要的纠正措施。

实现对控制的监督，需要持续的监督活动、单独的评价活动或两者相结合。其中：

1.持续的监督活动通常贯穿于日常经营活动与常规管理工作中。

2.专门的评价活动可由内部审计人员或具有类似职能的人员针对内部控制进行设计和执行。

（二）了解对内部控制的监督的内容

1.被审计单位是否定期评价内部控制。

2.职员在履行正常职责时，能够在多大程度上获得内部控制是否有效运行的证据。

3.与外部的沟通能够在多大程度上证实内部产生的信息或者指出存在的问题。

4.管理层是否采纳内审人员和注册会计师有关内控的建议。

5.管理层是否及时纠正控制运行中的偏差。

考霸笔记
考过，应适当关注。

考霸笔记
易考点，注意把握。

考霸笔记
8点，了解即可。

对控制的监督会不会产生控制风险？

考霸笔记
控制在个别时点运行良好＋对控制的监督→控制在一个时期运行良好＋对控制的监督存在缺陷→财务报表层存在重大错报风险。

考霸笔记
熟悉内容，可能会结合内部控制的其他要素进行考核。

第七章

6.管理层是否及时根据监管机构报告及建议采取纠正措施。

7.是否存在协助管理层监督内部控制的职能部门（如内部审计部门）。

十一、在整体层面和业务流程层面了解内部控制

注册会计师应当从整体层面和业务流程层面分别了解和评价被审计单位的内部控制。

在控制要素中，控制环境、风险评估过程、对控制的监督更多地影响整体层面控制，而信息系统与沟通、控制活动则可能更多地与特定业务流程层面的控制相关。

在整体层面（宏观）了解内部控制：

背景：整体层面控制对内部控制在所有业务流程层面中得到严格的设计和执行具有重要影响。整体层面的控制较差甚至可能使最好的业务流程层面控制失效。

程序：询问被审计单位人员、观察特定控制的应用、检查文件和报告、穿行测试。

核心：针对控制环境、道德价值观念、被审计单位的风险评估过程、控制手册、对控制的监督等宏观要素。在了解时，需要特别注意内部控制的构成要素在实际中是否得到执行。

特点：这一评价过程需要大量的职业判断，并没有固定的评价标准。注册会计师应当考虑管理层本身的理念和态度、实际设计和执行的控制，以及对经营活动的密切参与是否能够实现控制的目标。

财务报表层次的重大错报风险很可能源于薄弱的控制环境，因此，注册会计师在评估财务报表层次的重大错报风险时，应当将被审计单位整体层面的内部控制状况和了解到的被审计单位及其环境其他方面的情况结合起来考虑。被审计单位整体层面的内部控制是否有效将直接影响重要业务流程层面控制的有效性，进而影响注册会计师拟实施的进一步审计程序的性质、时间安排和范围。

在业务流程层面了解内部控制：

1.确定重要业务流程和重要交易类别。

2.了解重要交易流程并进行记录。

3.确定可能发生错报的环节。

4.识别和了解相关控制。

5.执行穿行测试，证实对交易流程和相关控制的了解。

6.初步评价和风险评估。

（一）确定重要业务流程和重要交易类别

1.确定重要业务流程

制造业企业包括销售与收款循环、采购与付款循环、生产与存货循环、人力资源与工薪循环、投资与筹资循环等。

2.确定重要交易类别

销售收入和应收账款通常是一般制造业企业的重大账户，销售和收款都是重要交易类别；而计提资产的折旧或摊销，考虑应收款项的可回收性和计提坏账准备都属于具有重大影响的事项和情况。

考霸笔记
管理层对待内部控制缺陷的态度。

考霸笔记
注意，常考查原文。

什么是穿行测试？

穿行测试为什么不属于审计程序的七大种类之一？

考霸笔记
熟悉，易结合第八章内容进行考查。

考霸笔记
6点记忆，具体内容熟悉。

考霸笔记
联系第九至十二章内容。

考霸笔记
审计方法都一样，重点是识别出这一行业中重要的业务流程，然后针对这些重要的业务流程进行重点审查，以提高工作效率。

大部分被审计单位应国家法律要求，接受审计年检是为了获得无保留意见的审计报表，为了上市交易，获得更大范围的融资，进一步扩展公司规模。但是上市需要符合很多重要的财务指标，比如说近三年销售净利率不得低于6%。这样的话，上有政策，下有对策，主营业务收入与应收账款就成了问题频发的科目，虚构销售、虚增利润都会涉及这些科目，其属于审计的重点审查范围。

考霸笔记
掌握数据信息的来龙去脉，才能发现问题。

（二）了解重要交易流程并进行记录

1.了解重要交易流程，即了解每一类重要交易在信息技术或人工系统中生成、记录、处理及在财务报表中报告的程序。这是确定在哪些环节可能发生错报的基础。

2.了解重要交易流程时，要记录以下信息：

（1）输入信息的来源；

（2）所使用的重要数据档案，如客户清单及价格信息记录；

（3）重要的处理程序；

（4）重要的输出文件、报告和记录；

（5）基本的职责划分，即列示各部门所负责的处理程序。

（三）确定可能发生错报的环节

注册会计师需要确认和了解被审计单位应在哪些环节设置控制，以防止或发现并纠正各重要业务流程可能发生的错报。注册会计师所关注的控制，是那些能够通过防止错报的发生，或者通过发现和纠正已有错报，从而确保每个流程中业务活动的具体流程（从交易的发生到记录与账目）能够顺利运转的人工或自动化控制程序。

尽管不同的被审计单位会为确保会计信息的可靠性而对业务流程设计和实施不同的控制，但设计控制的目的是实现某些控制目标（见表7-2），这些控制目标与财务报表重大账户的相关认定相联系。

表7-2 控制目标

控制目标	解释
1.完整性：所有的有效交易都已记录	必须有程序确保没有漏记实际发生的交易
2.存在和发生：每项已记录的交易均真实	必须有程序确保会计记录中没有虚构的或重复入账的项目
3.适当计量交易	必须有程序确保交易以适当的金额入账
4.恰当确定交易生成的会计期间（截止性）	必须有程序确保交易在适当的会计期间内入账（例如，月、季度、年等）
5.恰当分类	必须有程序确保将交易记入正确的总分类账。必要时，记入相应的明细账内
6.正确汇总和过账	必须有程序确保所有作为账簿记录中的借贷方余额都被正确地归集（加总），确保加总后的金额被正确过入总账和明细分类账

对于每个重要交易流程的环节，注册会计师都会考虑这些控制目标。缺乏控制的环节通常属于可能发生错报的环节。对于设置了控制的环节，则需要进一步识别和了解相关的控制。

考霸笔记
没设置就不用再了解。

（四）识别和了解相关控制

如了解到业务流程层面的控制是无效的，或不拟信赖某控制，就没有必要进一步了解在业务流程层面的控制。

如仅通过实质性程序无法将认定层次的检查风险降至可接受水平，或者相关认定存在特别风险，则应当了解和评估业务流程层面的控制活动。

如果注册会计师计划对业务流程层面的有关控制进行进一步的了解和评价，那么针对业务流程中容易发生错报的环节，注册会计师应当确定：

（1）被审计单位是否建立了有效的控制，以防止或发现并纠正这些错报；

（2）被审计单位是否遗漏了必要的控制；

（3）是否识别了可以最有效测试的控制。

1.控制的类型

识别控制的类型是了解内部控制的基础。业务流程层面的控制类型包括预防性控制和检查性控制。

（1）预防性控制，即事前控制（防患于未然）。通常用于正常业务流程的每一项交易。例如，赊销前须经审批，否则出纳员不得登记债权债务、成本费用明细账，以防其贪污或挪用（职责分离、授权审批）。预防性控制可能是人工的，也可能是自动化的。具体示例见表7-3。

表7-3　　　　　　　　　　　**预防性控制示例**

对控制的描述	控制用来防止的错报
计算机程序自动生成收货报告，同时也更新采购档案	防止出现购货漏记账的情况
在更新采购档案之前必须先有收货报告	防止记录了未收到购货的情况
销货发票上的价格根据价格清单上的信息确定	防止销货计价错误
计算机将各凭证上的账户号码与会计科目表对比，然后进行一系列的逻辑测试	防止出现分类错报

（2）检查性控制，即事后控制，目的是及时发现已发生的错报。如，每月寄送顾客对账单，复核销售发票，核对已开出的发票等。检查性控制可以由人工执行，也可以由信息系统自动执行。具体示例见表7-4。

表7-4　　　　　　　　　　　**检查性控制示例**

对控制的描述	控制预期查出的错报
定期编制银行存款余额调节表，跟踪调查挂账的项目	在对其他项目进行审核的同时，查找存入银行但没有记入日记账的现金收入、未记录的现金支付或虚构入账的不真实的银行现金收入或支付、未及时入账或未正确汇总分类的银行现金收入或支付
将预算与实际费用间的差异列入计算机编制的报告中并由部门经理复核。记录所有超过预算2%的差异情况和解决措施	在对其他项目进行审核的同时，查找本月发生的重大分类错报或没有记录及没有发生的大笔收入、支出以及相关联的资产和负债项目
计算机每天比较运出货物的数量和开票数量。如果发现差异，产生报告，由开票主管复核和追查	查找没有开票和记录的出库货物，以及与真实发货无关的发票
每季度复核应收账款贷方余额并找出原因	查找没有记录的发票和销售与现金收入中的分类错误

2.识别和了解相关控制

两种控制相辅相成：缺乏有效的预防性控制导致重大错报风险上升，需要更为敏感的检查性控制。

如注册会计师确信存在以下情况，就可将检查性控制作为主要手段，来合理保证某特定认定发生重大错报的可能性较小：

（1）检查性控制所检查的数据是完整、可靠的；

（2）检查性控制对于发现重大错报足够敏感；

（3）检查性控制发现的所有重大错报都将被纠正。

需要指出的是，注册会计师并不需要了解与每一控制目标相关的所有控制活动。当然，如果在之后的穿行测试和评价中，发现已识别的控制实际并未得到执行，则应当重新针对该项控制目标识别是否存在其他的控制。

（五）执行穿行测试，证实对交易流程和相关控制的了解

穿行测试用少量事实验证了解所形成的结论，目的是确认各类重要交易在业务流程中发生、处理和记录的过程。

执行穿行测试可获得下列方面的证据（穿行测试的作用）：

（1）确认对业务流程的了解；

（2）确认对重要交易的了解是完整的，即所有与认定相关的可能错报环节都已识别；

（3）确认所获取的有关流程中的预防性控制和检查性控制信息的准确性；

（4）评估控制设计的有效性；

（5）确认控制是否得到执行；

（6）确认之前所做的书面记录的准确性。

如果不拟信赖控制，注册会计师仍需要执行穿行测试以确认以前对业务流程及可能发生错报环节的了解的准确性和完整性。

对于重要的业务流程，不管是人工控制还是自动化控制，注册会计师都要对整个流程执行穿行测试，涵盖交易从发生到记账的过程。

当某重要业务流程有显著变化时，注册会计师应当根据变化的性质，及其对相关账户发生重大错报的影响程度，考虑是否需要对变化前后的业务都执行穿行测试。

（六）初步评价和风险评估

1.对控制的初步评价

在识别和了解控制后，根据执行上述程序及获取的审计证据，注册会计师需要：①评价控制设计的合理性；②确定其是否得到执行。

对控制的评价结论可能是：

（1）所设计的控制单独或连同其他控制能够防止或发现并纠正重大错报，并得到执行；

（2）控制的设计是合理的，但没有得到执行；

（3）控制设计无效或缺乏必要的控制。

对控制的初评是在执行穿行测试后、执行控制测试前进行的，评价结论只是初步结论，这些可能随控制测试后实施实质性程序的结果而发生变化。

在识别和了解控制后，注册会计师实际上要回答以下问题：

（1）控制本身的设计是否合理。

（2）控制是否得到执行。

（3）是否更多地信赖控制并拟实施控制测试。

如果认为被审计单位控制设计合理并得到执行，能够有效防止或发现并纠正重大错报，那么，注册会计师通常可以信赖这些控制，减少拟实施的实质性程序。如果控制测试的结果进一步证实内部控制是有效的，注册会计师可以认为相关账户及认定发生重大错报的可能性较低，对相关账户及认定实施实质性程序的范围也将缩小。

有时，注册会计师也可能认为控制是无效的，包括控制本身设计不合理，不能实现控制目标，或者尽管控制设计合理，但没有得到执行。在这种情况下，注册会计师不需要测试控制运行的有效性，而直接实施实质性程序。但在评估重大错报风险时，需要考虑控制失效对财务报表及其审计的影响。

需要再次指出的是，除非存在某些可以使控制得到一贯运行的自动化控制，注册会计师对控制的了解和评价并不能够代替对控制运行有效性的测试。

考霸笔记
内部控制设计合理+得到执行→可以信赖这些控制→可以减少拟实施的实质性程序；控制本身设计不合理、无效或合理但没有执行→直接实施实质性程序

2.（业务流程层面控制）风险评估需考虑的因素

（1）账户特征及已识别的重大错报风险。如果已识别的重大错报风险水平为高（例如，复杂的发票计算或计价过程增加了开票错报的风险；经营的季节性特征增加了在旺季发生错报的风险），相关的控制应有较高的敏感度，即在错报率较低的情况下，也能防止或发现并纠正错报。

考霸笔记
了解，一般不单独考核。

（2）对被审计单位整体层面控制的评价。注册会计师应将对整体层面获得的了解和结论，同在业务流程层面获得的有关重大交易流程及其控制的证据结合起来考虑。

3.评价业务流程层面控制要素时，考虑的影响因素有：

（1）管理层及执行控制的员工的胜任能力及诚信度；

（2）员工受监督的程度及员工流动的频繁程度；

（3）管理层凌驾于控制之上的潜在可能性；

（4）缺乏职责划分（包括信息系统自动化的职责划分）的情况；

（5）内部审计人员或其他监督人员测试控制运行情况的程度；

（6）业务流程变更的影响，如是否削弱了控制程序的有效性；

（7）被审计单位的风险评估过程所识别的与某项控制运行相关的风险以及对于该控制是否有进一步的监督。

（七）对财务报告流程的了解

1.财务报告流程的内容

（1）将业务数据汇总记入总账的程序；

（2）在总账中生成、记录和处理会计分录的程序；

（3）记录对财务报表常规和非常规调整的程序；

（4）草拟财务报表和相关披露的程序。

考霸笔记
了解，一般不单独考核。

2.了解财务报告流程时，应考虑的评估内容

（1）主要的输入信息、执行的程序、主要的输出信息；

（2）每一财务报告流程要素中涉及信息技术的程度；

（3）管理层的哪些人员参与其中；

（4）记账分录的主要类型，如标准分录、非标准分录等；

（5）管理层和治理层对流程实施监督的性质和范围。

第五节　评估重大错报风险

◇ 评估两个层次的重大错报风险

◇ 需要特别考虑的重大错报风险（特别风险）

◇ 仅通过实质性程序无法应对的重大错报风险

◇ 对风险评估的修正

评估重大错报风险是风险评估阶段的最后一个步骤。注册会计师根据了解被审计单位及其环境获取的信息评估财务报表层次以及认定层次的重大错报风险。评估将作为确定进一步审计程序的性质、时间安排和范围的基础，以应对识别的风险。

一、评估两个层次的重大错报风险

（一）评估重大错报风险时考虑的因素（见表7-5）

表7-5　　　　　　　　　　风险评估时考虑的部分风险因素

1.已识别的风险是什么	
财务报表层次	1.源于薄弱的整体层面内部控制或信息技术一般控制 2.与财务报表整体广泛相关的特别风险 3.与管理层凌驾和舞弊相关的风险因素 4.管理层愿意接受的风险，如小企业缺乏职责分工导致的风险
认定层次	1.与完整性、准确性、存在或计价相关的特定风险： （1）收入、费用和其他交易 （2）账户余额 （3）财务报表披露 2.可能产生多重错报的风险
内部控制程序	1.特别风险 2.用于预防、发现或减轻已识别风险的设计恰当并执行的内部控制程序 3.仅通过执行控制测试应对的风险
2.错报（金额影响）可能发生的规模有多大（重大吗？）	
财务报表层次	什么事项可能导致财务报表重大错报？考虑： （1）管理层凌驾 （2）舞弊 （3）未预期事件 （4）以往经验
认定层次	考虑： （1）交易、账户余额或披露的固有性质 （2）日常和例外事件 （3）以往经验
3.事件（风险）发生的可能性有多大	
财务报表层次	考虑： （1）来自高层的基调 （2）管理层风险管理的方法 （3）采用的政策和程序 （4）以往经验
认定层次	考虑： （1）相关的内部控制活动 （2）以往经验
内部控制程序	识别对降低事件发生的可能性非常关键的管理层风险应对要素

第七章

（二）评估重大错报风险的审计程序

1.在了解被审计单位及其环境（包括与风险相关的控制）的整个过程中，结合对财务报表中各类交易、账户余额和披露的考虑，识别风险；

2.结合对拟测试的相关控制的考虑，将识别出的风险与认定层次可能发生错报的领域相联系；

3.评估识别出的风险，并评价其是否更广泛地与财务报表整体相关（报表层），进而潜在地影响多项认定；

4.考虑发生错报的可能性（包括发生多项错报的可能性），以及潜在错报的重大程度是否足以导致重大错报。

【举例】如从外部资料得知，被审计客户所属的行业情况不佳，销售降低，那么，这种行业的低迷会导致风险的存在。典型的风险是存货的变现问题，可能需要计提准备等。

首先，在会计报表层次上，存货的问题是什么？是存货计价的认定（跌价准备是否正确计提）。

其次，这个风险是否重大呢？可能会有多个方面的考虑：比如，存货的跌价程度是否很大？还有，企业在行业中的地位如何？

再次，如果评价出风险较大，那么，审计程序就"可能"会多一些，因为我们还需要考虑其他因素。比如，企业也很关注这个问题，也积极应对存货跌价准备，计提的过程中有高级人员来控制，那么，审计风险也可能不大；如果企业根本没有关注这个问题，计提跌价的时候也只是随便找一些低级人员来完成，那么，相关的审计风险可能很大。

最后，如果这种风险很大，但存货在企业中金额很小，对整体影响是很小的，那么，就算出现了错误，对报表整体影响也很小，我们需要执行的审计程序也可能是很有限的。

（三）识别两个层次的重大错报风险

注册会计师应当确定，识别的重大错报风险是与特定的某类交易、账户余额和披露的认定相关（认定层次），还是与财务报表整体广泛相关，进而影响多项认定（报表层次）。

1.认定层风险常常与具体的交易类别、账户余额或财务报表列报相联系。

例如，被审计单位存在复杂的联营或合资，表明长期股权投资账户的认定可能存在重大错报风险。又如，被审计单位存在重大的关联方交易，表明关联方及关联方交易的披露认定可能存在重大错报风险。

2.报表层风险的影响不限于具体的交易类别、账户余额或财务报表列报。

例如，在经济不稳定的国家和地区开展业务、资产的流动性出现问题、重要客户流失、融资能力受到限制等，可能导致对被审计单位的持续经营能力产生重大疑虑。

又如，管理层缺乏诚信或承受异常的压力可能引发舞弊风险，这些风险不限于具体认定，与报表整体相关。

（四）控制环境对评估财务报表层次重大错报风险的影响

报表层次的重大错报风险很可能源于薄弱的控制环境。薄弱的控制环境带来的风险可能对财务报表产生广泛影响，难以限于某类交易、账户余额、列报，注册会计师应当采取总体应对措施。

（五）控制对评估认定层次重大错报风险的影响

在评估重大错报风险时，注册会计师应当将所了解的控制与特定认定相联系。

由于控制有助于防止或发现并纠正认定层次的重大错报，所以在评估重大错报发生的可能性时，除了考虑可能的风险外，还要考虑控制对风险的抵消和遏制作用。有效的控制会减少错报发生的可能性，而控制不当或缺乏控制，错报就会有可能变成现实。

控制可能与某一认定直接相关，也可能与某一认定间接相关。关系越间接，控制在防止或发现并纠正认定中错报的作用越小。

注册会计师可能识别出有助于防止或发现并纠正特定认定发生重大错报的控制。在确定这些控制是否能够实现上述目标时，注册会计师应当将控制活动和其他要素综合考虑。因为单个的控制活动本身并不足以控制重大错报风险，只有多种控制活动和内部控制的其他要素综合作用才足以控制重大错报风险。

当然，也有某些控制活动可能专门针对某类交易或账户余额的个别认定。例如，确保盘点的工作人员能够正确地盘点和记录存货的控制活动，直接与存货账户余额的存在和完整性认定相关。此时，注册会计师只需要对盘点过程和程序进行了解，就可以确定控制是否能够实现目标了。

（六）考虑财务报表的可审计性

注册会计师在了解被审计单位内部控制后，可能对被审计单位财务报表的可审计性产生怀疑。

如果通过对内部控制的了解发现下列情况，并对财务报表局部或整体的可审计性产生疑问，注册会计师应当考虑出具：①保留意见的审计报告；或②无法表示意见的审计报告：

1.被审计单位会计记录的状况和可靠性存在重大问题，不能获取充分、适当的审计证据以发表无保留意见；

2.对管理层的诚信存在严重疑虑。

必要时，注册会计师应当考虑③解除业务约定。

二、需要特别考虑的重大错报风险（特别风险）

特别风险，是指注册会计师需要特别考虑的重大错报风险。

（一）确定特别风险的考虑事项

1.风险是否属于舞弊风险；

2.风险是否与近期经济环境、会计处理方法和其他方面的重大变化有关；

3.交易的复杂程度；

4.风险是否涉及重大的关联方交易；

5.财务信息计量的主观程度，特别是计量结果是否具有高度不确定性（会计估计）；

6.风险是否涉及异常或超出正常经营过程的重大交易。

考霸笔记
意味着风险太大，审计工作进行不下去了。

考霸笔记
CPA没办法审计被审计单位，没法完成审计工作。

考霸笔记
记忆！

如果对管理层的诚信存在严重疑虑，为什么不能立刻解除业务约定？

考霸笔记
管理层不可信赖，所做的业务处理也难以让人相信。能审的就审，不能审的，就不要接这个活了，CPA可以考虑解除业务。

考霸笔记
★★★非常重要，每年必考。

✓掌握！

在判断特别风险时，注册会计师应不考虑识别出的控制对相关风险的抵消效果。

（二）非常规交易和判断事项导致的特别风险

日常的、不复杂的、经正规处理的交易不太可能产生特别风险。特别风险通常与重大的非常规交易和判断事项有关。分为两类。

1.非常规交易的特征　例如，企业购并、债务重组、重大或有事项等。

（1）管理层更多地介入会计处理；　可能作为选择题选项出现。

（2）对数据收集和处理进行更多的人工干预；

（3）复杂的计算或会计处理方法；

（4）非常规交易的性质可能导致难以实施有效控制。

2.判断事项的特征

（1）对涉及会计估计、收入确认等会计原则存在不同的理解；　熟悉。

（2）所要求的判断可能是主观和复杂的，或需要对未来事项做出假设。

（三）考虑与特别风险相关的控制及实质性程序　★★★牢牢掌握，经常考！

1.与重大非常规交易或判断事项相关的风险很少受日常控制的约束。注册会计师应了解被审计单位是否针对特别风险设计和实施了专门控制。

2.如管理层未能实施控制以恰当应对特别风险，注册会计师应当认为内部控制存在重大缺陷，并考虑其对风险评估的影响。在此情况下，应当就此类事项与治理层沟通。　与第十四章相联系。

3.如果计划测试旨在减轻特别风险的控制运行的有效性，不应依赖以前审计获取的关于内部控制运行有效性的审计证据。

4.注册会计师应当专门针对识别的风险实施实质性程序，由于仅实施实质性分析程序并不足以应对特别风险，应当实施细节测试，或将实质性分析程序与细节测试结合运用。

特别风险列示：

1.舞弊风险（应当）。

2.管理层凌驾于内部控制之上的风险（应当）。

3.超常重大关联方交易（应当）。

4.具有高度估计不确定性的会计估计（可能）。

注意：前三项100%是特别风险，最后一项"可能"是特别风险。

三、仅通过实质性程序无法应对的重大错报风险

1.在被审计单位对日常交易采用高度自动化处理的情况下，审计证据可能仅以电子形式存在，其充分性和适当性通常取决于自动化信息系统相关控制的有效性，注册会计师应当考虑仅通过实施实质性程序不能获取充分、适当审计证据的可能性。

2.如果认为仅通过实质性程序获取的审计证据无法将认定层次的重大错报风险降至可接受的低水平，注册会计师应当评价被审计单位针对这些风险设计的控制，并确定其执行情况。　必须做控制测试。

考霸笔记
常考，一般出现在选择题中作为一个选项。

考霸笔记
识别特别风险时，无须考虑的因素。

考霸笔记
如资产减值准备金额的估计、需要运用复杂估值技术确定的公允价值计量等（可能作为选择题选项出现）。

考霸笔记
注意：
（1）对于控制一定要了解，但不一定要测试，"旨在减轻"的（设计有效，得到执行的）才测试。
（2）针对特别风险的控制，不管变没变，每年都要测试。

考霸笔记
联系第八章"控制测试""实质性程序"相关内容去理解。

考霸笔记
与第八章控制测试实施情形相联系。

四、对风险评估的修正

评估重大错报风险是一个连续和动态地收集、更新与分析信息的过程，贯穿于整个审计过程的始终。┄┄相应地，相关工作底稿要保留修改痕迹，不能删除修改前工作底稿上已有的文字等。

注册会计师对认定层次重大错报风险的评估应以获取的审计证据为基础，并可能随着不断获取审计证据而做出相应的变化。

智能测评

在线练习	我要提问
扫码在线做题　　扫码看答案	扫码答疑
本书"本章同步强化训练"均配备二维码，打开微信"扫一扫"即可完成在线测评，查看本章详细的测评反馈报告，了解知识掌握情况，也可扫码直接看答案噢。 快来扫码做题吧！	本书配备答疑专用二维码，打开微信"扫一扫"，即可完成在线提问，获取专业老师全面个性化解答，让学习问题不再拖延。 快来扫码提问吧！

本章同步强化训练

单选题

1.下列关于风险识别和评估的概念，说法错误的是（　　）。

A.风险识别和评估，是指注册会计师通过实施风险评估程序，识别和评估认定层次的重大错报风险

B.风险的识别和评估是审计风险控制流程的起点

C.风险识别是指找出财务报表层次和认定层次的重大错报风险

D.风险评估是指对重大错报发生的可能性和后果严重程度进行评估

2.下列关于了解被审计单位及其环境的说法中，正确的是（　　）。

A.注册会计师对被审计单位及其环境了解的程度，取决于会计师事务所的质量控制政策

B.注册会计师对被审计单位及其环境了解的程度，低于管理层为经营管理企业而对被审计单位及其环境需要了解的程度

C.注册会计师了解被审计单位及其环境，目的是识别和评估财务报表层次重大错报风险

D.注册会计师在制定总体审计策略时，是了解被审计单位及其环境的起点

3.下列关于了解被审计单位性质的表述中，错误的是（　　）。

A.注册会计师应当了解所有权结构以及所有者与其他人员或实体之间的关系，考虑关联方是否已经得到识别，以及关联方交易是否得到恰当核算

B.注册会计师应当了解被审计单位的治理结构

C.注册会计师应当了解被审计单位的组织结构

D.对于制造业企业，注册会计师应当了解被审计单位的经营活动，但对投资活动没有强制

要求

4.下列关于经营风险对重大错报风险的影响的说法中,错误的是（　　）。

A.经营风险范围比财务报表重大错报风险更广

B.注册会计师没有责任识别或评估对财务报表没有重大影响的经营风险

C.经营风险通常不会对财务报表层次重大错报风险产生直接影响

D.经营风险可能对某类交易、账户余额和披露的认定层次重大错报风险产生直接影响

5.下列有关经营风险的说法中,错误的是（　　）。

A.注册会计师了解被审计单位的经营风险有助于其识别财务报表重大错报风险

B.注册会计师有必要识别或评估所有重大的经营风险

C.管理层通常制定识别和应对经营风险的策略,注册会计师应当了解被审计单位的风险评估过程

D.对于小型被审计单位,注册会计师应当询问管理层或观察小型被审计单位如何应对经营风险,以获取了解,并评估重大错报风险

6.下列有关内部控制的说法中,错误的是（　　）。

A.注册会计师应当在所有审计项目中了解内部控制

B.内部控制无论如何有效,都只能为被审计单位实现财务报告目标提供合理保证

C.与经营目标和合规目标相关的控制均与审计无关

D.在某些情况下,控制得到执行,就能为控制运行的有效性提供证据

7.下列有关控制环境的说法中,错误的是（　　）。

A.控制环境宜与对控制的监督和具体控制活动一并考虑

B.被审计单位的控制环境在很大程度上受治理层的影响

C.控制环境的每个方面在很大程度上都受管理层采取的措施和作出决策的影响

D.管理层的态度、认识和措施对注册会计师了解小型被审计单位的控制环境不太重要

8.下列关于控制环境的说法中,错误的是（　　）。

A.控制环境对重大错报风险的评估具有广泛影响

B.令人满意的控制环境可以防止舞弊的发生

C.控制环境本身并不能防止或发现并纠正各类交易、账户余额和披露认定层次的重大错报

D.注册会计师在评估重大错报风险时,应当将控制环境连同其他内部控制要素产生的影响一并考虑

9.注册会计师了解控制活动时,应当包括（　　）。

A.信息处理　　　　　　　　　　　　B.信息系统与沟通

C.对控制的监督　　　　　　　　　　D.被审计单位的性质

10.下列各项中,属于对控制的监督的是（　　）。

A.授权与批准　　　　　　　　　　　B.业绩评价

C.内审部门定期评估控制的有效性　　D.职权与责任的分配

11.下列各项中,通常属于业务流程层面控制的是（　　）。

A、应对管理层凌驾于控制之上的控制　　B、信息技术一般控制

C、信息技术应用控制　　　　　　　　　D、对期末财务报告流程的控制

12.下列关于检查性控制与预防性控制的说法,错误的是（　　）。

A.职责分离属于预防性控制　　　　　B.检查性控制都由人工执行

C.测试检查性控制比测试预防性控制更容易　　D.授权审批属于预防性控制

13. 下列各项控制中，不属于检查性控制的是（　　）。

A.定期编制银行余额调节表，跟踪调查挂账项目

B.将预算与实际费用的差异列入计算机编制的报告中并由部门经理复核

C.每季度复核应收账款贷方余额并找出原因

D.系统将各凭证上的账户号码与会计科目表对比，然后进行一系列的逻辑测试

14. 下列有关评估重大错报风险的说法中，错误的是（　　）。

A.在判断哪些风险是特别风险时，注册会计师不应考虑识别出的控制对相关风险的抵消
　　效果

B.在评估重大错报发生的可能性时，不应考虑控制对风险的抵消和遏制作用

C.在识别重要账户、列报及其相关认定时，注册会计师不应考虑控制的影响

D.在评估重大错报风险时，注册会计师应当将所了解的控制与特定认定相联系

15. 下列情形中，通常表明存在财务报表层次重大错报风险的是（　　）。

A.被审计单位的竞争者开发的新产品上市　　B.被审计单位从事复杂的金融工具投资

C.被审计单位资产的流动性出现问题　　　　D.被审计单位存在重大的关联方交易

多选题

1. 了解被审计单位及其环境为注册会计师在下列（　　）关键环节作出职业判断提供重要
基础？

A.确定重要性水平，并随着审计工作的进程评估对重要性水平的判断是否依然适当

B.考虑会计政策的选择和应用是否恰当，以及财务报表的列报是否恰当

C.识别需要特别考虑的领域，包括关联方交易、管理层运用持续经营假设的合理性，或交易
　　是否具有合理的商业目的等

D.确定在实施分析程序时所使用的预期值

2. 实施风险评估程序时，注册会计师应当通过询问（　　）来获取相关信息。

A.管理层人员　　　　　B.治理层人员　　　　　C.负责财务报告的人员

D.参与生成、处理或记录复杂或异常交易的人员

3. 注册会计师实施审计程序来获得对被审计单位及其环境的了解，以下各项中不恰当的
有（　　）。

A.询问参与生成、处理或记录复杂或异常交易的员工可能有助于评估管理层对内部审计发
　　现的问题是否采取适当的措施

B.可以实施实质性分析程序来获取对被审计单位及其环境的了解

C.阅读由管理层和治理层编制的报告

D.追踪交易在财务报告信息系统中的处理过程

4. 下列关于项目组内部讨论的说法中，正确的有（　　）。

A.项目合伙人和项目组其他关键成员应当参与讨论

B.项目合伙人应当确定向未参与讨论的项目组成员通报哪些事项

C.在跨地区审计中，重要地区项目组成员都应该参加讨论

D.讨论的内容和范围不应受到项目组成员职位、经验的影响

5. 下列审计程序中，注册会计师在了解被审计单位内部控制时通常采用的是（　　）。

A.询问　　　　　　　　B.观察　　　　　　　　C.分析程序　　　　　　　　D.检查

6.下列有关注册会计师了解内部控制的说法中,正确的有（　　　）。

A.注册会计师在了解被审计单位内部控制时,应当确定其是否得到一贯执行

B.注册会计师对内部控制的了解通常不足以测试控制运行的有效性

C.注册会计师询问被审计单位人员不足以评价内部控制设计的有效性

D.注册会计师不需要了解被审计单位所有的内部控制

7.下列关于内部控制的局限性的说法，正确的有（　　　）。

A.在决策时人为判断可能出现错误或因人为失误而导致内部控制失效

B.控制可能由于两个或更多的人员串通或管理层不当地凌驾于内部控制之上而被规避

C.如果被审计单位内部控制行使控制职能的人员素质不适应岗位要求，也会影响内部控制功能的发挥

D.被审计单位实施内部控制的成本效益问题也会影响其效能

8.下列各项中，属于控制环境要素的有（　　　）。

A.被审计单位的人力资源政策与实务　　　　　　B.被审计单位的组织结构

C.被审计单位管理层的理念　　　　　　　　　　D.被审计单位的信息系统

9.下列关于识别和了解相关控制的说法中，正确的有（　　　）。

A.注册会计师了解重要业务流程后，应当进一步了解和评估相关业务流程层面的控制

B.某些情况下，注册会计师不打算信赖控制时，就没有必要进一步了解在业务流程层面的控制

C.如果认为仅通过实质性程序无法将认定层次的检查风险降至可接受的低水平，注册会计师应当了解和评估相关的控制活动

D.针对特别风险的控制，注册会计师应当了解和评估相关的控制活动

10.下列有关穿行测试的说法中，正确的有（　　　）。

A.执行穿行测试可以确认对业务流程的了解

B.执行穿行测试可以评估控制设计的有效性

C.执行穿行测试可以确认所获取的有关流程中的预防性控制和检查性控制信息的准确性

D.如果不拟信赖控制，注册会计师无需执行审计程序，以确认以前对业务流程及可能发生错报环节了解的准确性和完整性

11.对控制初步评价时，注册会计师通常需要在审计工作底稿中形成的结论有（　　　）。

A.控制本身的设计是否有效　　　　　　　　　　B.控制在相关时点是如何运行的

C.控制是否得到执行　　　　　　　　　　　　　D.控制由谁或以何种方式执行

12.下列关于特别风险的说法中，正确的有（　　　）。

A.确定哪些风险是特别风险时，应当在考虑识别出的控制对相关风险的抵销效果前，根据风险的性质、潜在错报的重要程度和发生的可能性进行判断

B.特别风险通常与重大的非常规交易和判断事项相关

C.管理层未能实施控制以恰当应对特别风险，并不一定表明内部控制存在重大缺陷的迹象

D.如果针对特别风险实施的程序仅为实质性程序，这些程序应当包括细节测试

13.下列选项中，注册会计师应当确定存在特别风险的有（　　　）。

A.将被审计单位资产挪为私用确定为特别风险

B.将滥用或随意变更会计政策确定为特别风险

C.将被审计单位将重要子公司转让给实际控制人控制的企业并取得大额转让收益确定为特别风险

D.将对未决诉讼结果的判断确定为特别风险

14.非常规交易容易导致特别风险。非常规交易具有（　　　）特征。

A.管理层更多地干预会计处理

B.数据收集和处理进行更多的人工干预

C.复杂的计算或会计处理方法

D.难以对产生的特别特别风险实施有效控制

15.下列有关重大错报风险的说法中，正确的有（　　　）。

A.重大错报风险包括固有风险和检查风险

B.注册会计师应当将重大错报风险与特定的交易、账户余额和披露的认定相联系

C.在评估一项重大错报风险是否为特别风险时，注册会计师不应考虑控制对风险的抵消作用

D.注册会计师对重大错报风险的评估，可能随着审计过程中不断获取审计证据而发生相应的变化

第八章 风险应对

本章框架图

本章导学

第八章 风险应对

- 针对财务报表层次重大错报风险的总体应对措施
  - 总体应对措施
  - ★ 增加审计程序不可预见性的方法
  - 总体审计方案
- 针对认定层次重大错报风险的进一步审计程序
  - 进一步审计程序的含义和要求
  - 进一步审计程序的性质
  - 进一步审计程序的时间
  - 进一步审计程序的范围
- ★ 控制测试
  - 控制测试的含义和要求
  - 控制测试的性质
  - ★ 控制测试的时间
  - 控制测试的范围
- 实质性程序
  - 实质性程序的含义和要求
  - 实质性程序的性质
  - ★ 实质性程序的时间
  - 实质性程序的范围

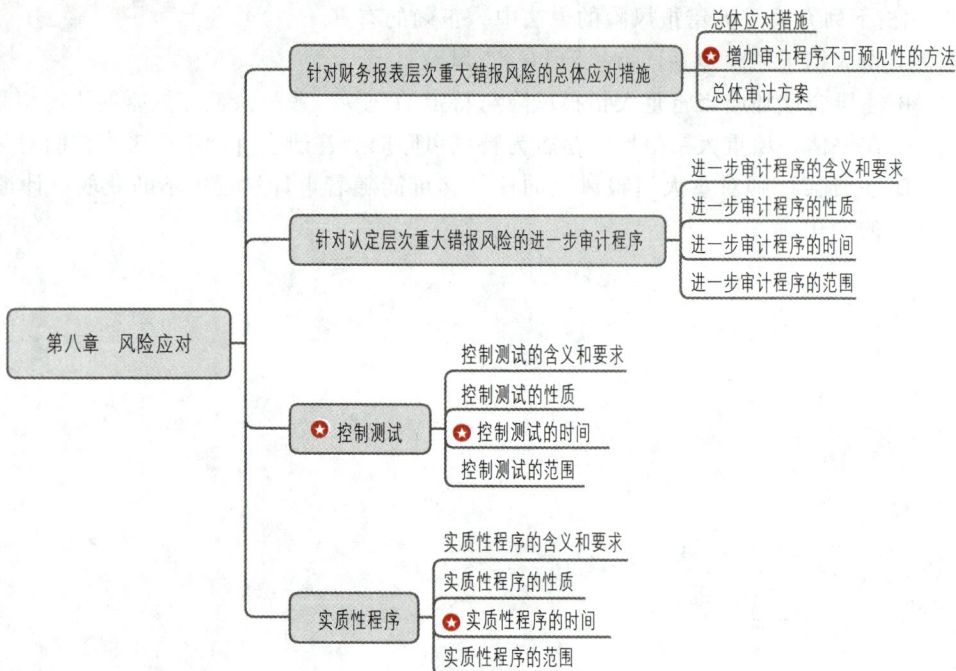

本章考情概述

通过学习，考生应明确注册会计师应当针对评估的财务报表层次重大错报风险确定总体应对措施，并针对评估的认定层次重大错报风险设计和实施进一步审计程序，以将审计风险降至可接受的低水平。

近三年主要考点：控制测试（时间）、实质性程序（时间）、总体应对措施（不可预见性）、进一步审计程序（时间）。

本章进入风险应对阶段。在风险评估阶段评估出两个层次的重大错报风险：财务报表层次重大错报风险和认定层次重大错报风险。接着就是对评估出来的两个层次风险分别进行应对：针对财务报表层次的重大错报风险的应对措施叫总体应对措施（第一节）；针对认定层次的重大错报风险的应对措施叫进一步审计程序（第二节）；进一步审计程序又分为控制测试（第三节）和实质性程序（第四节）。

第一节 针对财务报表层次重大错报风险的总体应对措施

考霸笔记
考试题型：选择题、主观题。
考试频率：较高频。
考试套路：知识点结合案例进行变形。
备考建议：记忆基础上总结归纳，灵活运用。

◇ 财务报表层次重大错报风险与总体应对措施
◇ 增加审计程序不可预见性的方法
◇ 总体应对措施对拟实施进一步审计程序的总体审计方案的影响

一、财务报表层次重大错报风险与总体应对措施

注册会计师应当针对评估的财务报表层次的重大错报风险确定下列总体应对措施：

1.向项目组强调保持职业怀疑态度的必要性。

2.指派更有经验或具有特殊技能的审计人员，或利用专家的工作。

3.提供更多的督导。

4.在选择拟实施的进一步审计程序时融入更多的不可预见因素。

5.对拟实施审计程序的性质、时间和范围作出总体修改。

> 考霸笔记
> 5点记忆！1、2、3点务虚，4、5点务实。接下来的小标题"二""三"是对4、5两点的具体展开。

二、增加审计程序不可预见性的方法 掌握的基础上灵活运用。

（一）增加审计程序不可预见性的思路

1.对某些未测试过的低于重要性水平或风险较小的账户余额和认定实施实质性程序；

2.调整实施审计程序的时间，使其超出被审计单位的预期；

3.采取不同的审计抽样方法，使当期抽取的测试样本与以前有所不同；

4.选取不同的地点实施审计程序，或预先不告知被审计单位所选定的测试地点。

> 考霸笔记
> 出其不意、攻其不备，才能掌握最真实的状况。

（二）增加审计程序不可预见性的实施要点

1.事先与被审计单位高层管理人员沟通，要求实施不可预见性程序，但不告知具体内容。可在签到审计业务约定书时明确提出这一要求。

2.虽然对于不可预见性程度没有量化的规定，但审计项目组可根据对舞弊风险的评估等确定具有不可预见性（程度高低）的审计程序。

3.项目负责人需要安排项目组成员有效地实施具有不可预见性的审计程序，但同时要避免使项目组成员处于困难境地。

> 考霸笔记
> 考过一次"可在"，不是"必须"。

> 考霸笔记
> 结合第十三章"应对舞弊风险"的相关内容。

> 实施不可预见的审计程序应当在签订审计业务约定书时提出吗？

（三）增加审计程序不可预见性的示例（见表8-1）

表8-1　　　　　　　审计程序的不可预见性示例

审计领域	一些可能适用的具有不可预见性的审计程序
存货	向以前审计过程中接触不多的被审计单位员工询问，例如采购、销售、生产人员等
	在不事先通知被审计单位的情况下，选择一些以前未曾到过的盘点地点进行存货监盘
销售和应收账款	向以前审计中接触不多或未曾接触过的被审计单位员工询问，例如负责处理大客户账户的销售部人员
	改变实质性分析程序的对象，例如按细类分析收入
	针对销售和销售退回延长截止测试时间
	实施以前未曾考虑过的程序，例如： （1）函证销售条款或对销售额较不重要、以前未曾关注的销售，例如对出口销售实施实质性程序 （2）实施更细致的分析程序，例如使用计算机辅助审计技术复核销售及客户账户 （3）测试以前未曾函证的账户余额，如金额为负或零的账户或余额低于以前设定的重要性水平的账户 （4）改变函证日期，把函证截止日提前或推迟 （5）对关联公司，除函证外，实施其他程序验证
采购和应付账款	如果以前未曾对应付账款余额普遍进行函证，可考虑直接向供应商函证确认余额。如果经常采用函证方式，可考虑改变函证的范围或者时间
	对以前由于低于设定的重要性水平而未曾测试过的采购项目，进行细节测试
	使用计算机辅助审计技术审阅采购和付款账户，以发现特殊项目，例如不同供应商使用相同银行账户
现金和银行存款	多选几个月的银行存款余额调节表进行测试
	对有大量银行账户的，考虑改变抽样方法
固定资产	对以前由于低于设定的重要性水平而未曾测试过的固定资产进行测试，例如考虑实地盘查一些价值较低的固定资产，如汽车和其他设备等
集团审计项目	修改组成部分审计工作的范围或区域（如增加某些不重要的组成部分的审计工作量，或实地去组成部分开展审计工作）

三、总体应对措施对拟实施进一步审计程序的总体审计方案的影响

（一）控制环境存在缺陷时对拟实施审计程序作出总体修改的方法

1.在期末而非期中实施更多的审计程序。控制环境的缺陷通常会削弱期中获得的审计证据的可信赖程度。（时间）

2.通过实施实质性程序获取更广泛的审计证据。（性质）

3.增加拟纳入审计范围的经营地点的数量。（范围）

考霸笔记

掌握表格！常考选择题！

考霸笔记
（从基层员工那里获得的信息可能可行性更强）

考霸笔记
（增加审计不可预见性）

考霸笔记
（增加审计不可预见性）

考霸笔记
（对以前未曾函证的账户进行测试，会超出被审计单位管理层的预期，可能会收到不错的效果）

考霸笔记
（增加审计不可预见性）

考霸笔记
（一些不太重要的组成部分容易使被审计单位放松警惕，其进行粉饰的可能性就会降低，注册会计师要具有强侦查能力，出其不意地选定被审计单位难以预计的地方，这样更容易接近真相）

考霸笔记
掌握！扩大范围，延长时间，增强证据。

（二）对拟实施进一步审计程序的总体审计方案的影响

进一步审计程序的总体方案包括实质性方案和综合性方案。

无论哪一种方案，都应对所有重大交易、账户余额和披露设计和实施实质性程序。

1.综合性方案 具体如何选择见第二节。

综合性方案是指控制测试与实质性程序结合使用。

（1）通常情况下，选择综合性方案。

（2）必须实施控制测试时，须选择综合性方案。

2.实质性方案

实质性方案意味着进一步审计程序以实质性程序为主。具体如何选择见第二节

（1）如仅实施实质性程序，选择实质性方案；

（2）如财务报表层重大错报风险高，倾向于选择实质性方案。

第二节 针对认定层次重大错报风险的进一步审计程序

◇ 进一步审计程序的含义和要求
◇ 进一步审计程序的性质
◇ 进一步审计程序的时间
◇ 进一步审计程序的范围

> **考霸笔记**
> 考试题型：选择题、主观题。
> 考试频率：高频。
> 考试套路：以知识点直接还原为主。
> 备考建议：理解+记忆"进一步审计程序的性质、时间、范围"。

一、进一步审计程序的含义和要求

（一）进一步审计程序的含义

进一步审计程序相对于风险评估程序而言，是指注册会计师针对评估的各类交易、账户余额和披露认定层次重大错报风险实施的审计程序，包括控制测试和实质性程序。

（二）设计和实施进一步审计程序的要求

注册会计师设计和实施的进一步审计程序的性质、时间和范围，应当与评估的认定层次重大错报风险具备明确的对应关系。

注册会计师评估的重大错报风险越高，实施进一步审计程序的范围通常越大。但是只有首先确保进一步审计程序的性质与特定风险相关，扩大审计程序的范围才是有效的。（✔易考，此结论需牢记）

> **考霸笔记**
> 通俗地说，如果注册会计师认为这个交易或事项错报的可能性很高，也就是有重大错报风险，那么就要多查一查，多查一些东西，多取一些证据，来证明这个事项是否被错报。但是要知道一个前提，即取得的证据必须与该事项相关，不能盲目地扩大审计程序的范围，那样只会徒劳无功。

尽管在应对评估的认定层次重大错报风险时，拟实施的进一步审计程序的性质、时间和范围都应当确保其具有针对性，但其中进一步审计程序的性质是最重要的。

（三）设计进一步审计程序时的考虑因素 记忆！可能考选择题。

1.风险的重要性。

2.重大错报发生的可能性。

3.涉及的各类交易、账户余额和披露的特征。

4.被审计单位采用的特定控制的性质。

5.注册会计师是否拟获取审计证据，以确定内部控制在防止或发现并纠正重大错报风险方面的有效性。

上述几方面因素为注册会计师确定进一步审计程序的总体审计方案奠定了基础。注册会计师应根据对认定层次重大错报风险的评估结果，恰当选用实质性方案或综合性方案：

（1）通常情况下，注册会计师出于成本效益的考虑，可以采用综合性方案设计进一步审计程序，即将测试控制运行的有效性与实质性程序结合使用。

但在某些情况下（如仅通过实质性程序无法应对重大错报风险），注册会计师必须通过实施控制测试，才可能有效应对评估出的某一认定的重大错报风险；

而在另一些情况下（如注册会计师的风险评估程序未能识别出与认定相关的任何控制，或注册会计师认为控制测试很可能不符合成本效益原则），注册会计师可能认为仅实施实质性程序就是适当的。

（2）当评估的财务报表层次重大错报风险属于高风险水平时，进一步审计程序应倾向于实质性方案。

（3）无论选择何种方案，注册会计师都应当对所有重大的各类交易、账户余额、列报设计和实施实质性程序。

设计进一步审计程序时的考虑因素如图8-1所示。

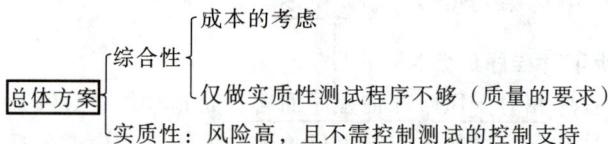

```
                    ┌─成本的考虑
          ┌─综合性 ┤
总体方案 ─┤          └─仅做实质性测试程序不够（质量的要求）
          └─实质性：风险高，且不需控制测试的控制支持
```

图8-1 设计进一步审计程序时的考虑因素

二、进一步审计程序的性质

（一）进一步审计程序性质的含义

进一步审计程序的性质：进一步审计程序的目的和类型。

进一步审计程序的目的：通过控制测试以确定内部控制运行的有效性，通过实质性程序以发现认定层次的重大错报。

进一步审计程序的类型：检查、观察、询问、函证、重新计算、重新执行、分析程序。

在应对评估的风险时，合理确定审计程序的性质是最重要的，因为不同审计程序应对特定认定错报风险的效力不同，例如：

1.对于与收入完整性认定相关的重大错报风险，控制测试通常更能有效应对。

2.对于与收入发生认定相关的重大错报风险，实质性程序通常更能有效应对。

3.实施应收账款的函证程序可以为应收账款在某一时点存在的认定提供审计证据，但通常不能为应收账款的计价认定提供审计证据。对应收账款的计价认定，通常需要检查应收账款账龄和期后收款情况，了解欠款客户的信用情况等。

（二）进一步审计程序性质的选择（见表8-2）

表8-2　　　　　　　　　　进一步审计程序性质的选择

选择步骤	考虑因素	对进一步审计程序的影响	性质的选择举例
第一步：在确定进一步审计程序的性质时	从总体上把握认定层次重大错报风险的评估结果	评估的认定层次重大错报风险越高，对通过实质性程序获取的审计证据的相关性和可靠性的要求越高，从而越可能影响进一步审计程序的类型及其综合运用	判断某类交易协议的完整性存在更高的重大错报风险时，除了检查文件以外，还可能决定向第三方询问或函证协议条款的完整性
第二步：在确定拟实施的审计程序时	评估认定层次重大错报风险产生的原因，包括考虑各类交易、账户余额、列报的具体特征以及内部控制	综合性方案或实质性方案	（1）可能判断某特定类别的交易即使在不存在相关控制的情况下发生重大错报的风险仍较低，此时可能认为仅实施实质性程序就可以获取充分、适当的审计证据 （2）对于经由被审计单位信息系统日常处理和控制的某类交易，如果预期此类交易在内部控制运行有效的情况下发生重大错报的风险较低，且拟在控制运行有效的基础上设计实质性程序，就会决定先实施控制测试
如果在实施进一步审计程序时，拟利用被审计单位信息系统生成的信息	就信息的准确性和完整性获取审计证据	综合性方案或实质性方案	（1）在实施实质性分析程序时，使用了被审计单位生成的非财务信息或预算数据 （2）在对被审计单位的存货期末余额实施实质性程序时，拟利用被审计单位信息系统生成的各个存货存放地点及其余额清单，应当获取关于这些信息的准确性和完整性的审计证据

归纳来说，注册会计师确定进一步审计程序性质时应当考虑的主要因素有：

1. 认定层次重大错报风险的评估结果。
2. 认定层次重大错报风险产生的原因。
3. 各类交易、账户余额、列报的具体特征及内部控制。
4. 不同的审计程序应对特定认定错报风险的效力。

三、进一步审计程序的时间

（一）进一步审计程序时间的含义

1. 何时实施进一步审计程序；
2. 审计证据适用的期间或时点。

通常，证据适用的时间决定了程序实施的时间：

1.对于期末账户余额，只能在接近期末或期末后实施程序；

2.对于期间的交易、事项，既可以选择在发生时获取证据，也可以选择在期末或期后实施审计，但必须权衡利弊。

（二）进一步审计程序时间的选择

1.选择何时实施审计程序，即如何权衡期中与期末实施审计程序的关系。

期末实施程序属于常态。

期中实施程序既有好处，也有局限性：

好处：早发现、早计划、早协商、早解决。

局限性：

（1）可能难以获取期中以前的充分、适当的审计证据；

（2）剩余期间还会发生重大交易或事项，从而对所审计期间的财务报表认定产生重大影响；

（3）管理层可能在期末调整甚至篡改期中以前的记录。

为此，当重大错报风险较高时，应考虑：①在期末或接近期末实施实质性程序；②采用不通知的方式；③管理层不能预见的时间实施审计程序。掌握！经常考。

2.确定何时实施审计程序应当考虑的几项重要因素：5点记忆！具体内容掌握。

（1）控制环境。良好的控制环境可以抵消在期中实施进一步审计程序的局限性，使注册会计师在确定实施进一步审计程序的时间时有更大的灵活度。

（2）何时能得到相关信息。例如，某些控制活动可能仅在期中（或期中以前）发生，而之后可能难以再观察到；再如，某些电子化的交易和账户文档如未能及时取得，可能会被覆盖。在这些情况下，注册会计师如果希望获取相关信息，则需要考虑能够获取相关信息的时间。

（3）错报风险的性质。例如，被审计单位可能为了保证盈利目标的实现，而在会计期末以后伪造销售合同以虚增收入，此时需要考虑在资产负债表日获取所有销售合同及相关资料，以防范日后伪造。

（4）审计证据适用的期间或时点。注册会计师应当根据需要获取的特定审计证据确定何时实施进一步审计程序。例如，为了获取资产负债表日的存货余额证据，不宜在与资产负债表日间隔过长的期中时点或期末以后时点实施存货监盘等相关审计程序。

（5）限制选择的情况。例如，某些审计程序只能在期末或期末以后实施，包括将财务报表与会计记录相核对，检查财务报表编制过程中所做的会计调整等；再如，被审计单位在期末或接近期末发生了重大交易，或重大交易在期末尚未完成，注册会计师应当考虑交易的发生或截止等认定可能存在的重大错报风险，并在期末或期末以后检查此类交易。

四、进一步审计程序的范围

（一）进一步审计程序范围的含义

进一步审计程序的范围是指实施进一步审计程序的数量，包括抽取的样本量、对某项控制活动的观察次数等。

考霸笔记
包括期中前交易、事项的延续，以及期中后新发生的交易、事项。

考霸笔记
为此，即使在期中实施了进一步审计程序，注册会计师也应当针对剩余期间获取审计证据。

考霸笔记
（涉及期中证据有效性能否延续到期末）

考霸笔记
期中只审计期中的数据，期末才产生的数据不能在期中审计。

考霸笔记
结合确认收入的截止日期。

重要性水平与进一步审计程序的范围之间有何关系？

扩大进一步审计程序的范围与实施追加的审计程序一样吗？

例如，交易或事项在期中尚未完结。

（二）确定进一步审计程序的范围时考虑的因素

1.通常情况下，确定进一步审计程序范围应当考虑的因素包括：✔记忆！

（1）确定的（认定层次的）重要性水平。重要性水平越低，实施进一步审计程序的范围越广。（反向）

（2）评估的重大错报风险。重大错报风险越高，实施的进一步审计程序的范围越广。（同向）

（3）计划获取的保证程度。保证程度越高，实施的进一步审计程序的范围越广。（同向）

（4）可容忍的错报或偏差。（反向）

（5）审计程序与特定风险的相关性。（只有当审计程序本身与特定风险相关时，扩大审计程序的范围才是有效的）

2.使用计算机辅助审计技术的情形。

使用计算机辅助审计技术可以对电子化的交易和账户文档进行更广泛的测试，对总体而非样本进行测试（代替抽样）。

3.使用审计抽样的情形。

使用恰当的抽样方法通常可以得出有效结论。但样本过小，抽样方法不当，或对例外的追踪不当，都可能导致抽样风险很大。

第三节 控制测试

◇ 控制测试的含义和要求　　　　◇ 控制测试的时间
◇ 控制测试的性质　　　　　　　◇ 控制测试的范围

一、控制测试的含义和要求

（一）控制测试的含义　必须掌握！经常考！

控制测试是指用于评价内部控制在防止或发现并纠正认定层次重大错报的运行有效性的审计程序。

控制运行有效性强调的是控制能够在各个不同时点按照既定设计得以一贯执行，具体包括：

掌握。
1.如何运行：控制在所审计期间的相关时点是如何运行的；
2.是否一贯：控制是否得到一贯执行；
3.何种方式：控制由谁或以何种方式运行（如人工控制或自动化控制）。

（二）控制测试的要求（必要性）

控制测试并非在任何情况下都需要实施。

当存在下列情形之一时，应当实施控制测试：

1.在评估认定层次重大错报风险时，预期控制运行有效；——出于成本效益

2.仅实施实质性程序不足以提供认定层次充分、适当的审计证据（通常指高度自动化处理的情形）。——必须

考霸笔记
（1）～（5）的内容，联系第四章"影响样本规范的因素"相关内容。

考霸笔记
考试题型：选择题、主观题。考试频率：超高频。考试套路：选择题中考核概念，主观题中考核运用。备考建议：注意区分与实质性程序在性质、时间、范围上的异同。

考霸笔记
分值占全章的42%出题的可能性最大。

考霸笔记
注意"了解内部控制"与"控制测试"在程度上的区别。结合第七章"对内部控制了解的深度"的相关内容。

控制测试与实质性程序的具体案例解析。

考霸笔记
记忆！了解并掌握原理。

考霸笔记
结合第七章"评估重大错报风险"。

考霸笔记
例如：若上半年使用某一需每日执行数次的控制，而下半年使用了新控制，应分别对上、下半年的控制各测试25个样本（结合"审计抽样"）。

注意：

（1）在认为仅通过实施实质性程序不能获取充分、适当的审计证据的情况下，注册会计师必须实施控制测试，且这种测试已经不再是单纯出于成本效益的考虑，而是必须获取的一类审计证据。

（2）如被审计单位在所审计期间不同时期使用了不同的控制，注册会计师应考虑不同时期控制运行的有效性。

二、控制测试的性质

（一）控制测试性质的含义

控制测试的性质是指控制测试所使用的审计程序的类型及其组合。

计划从控制测试中获取的保证水平是决定控制测试性质的主要因素之一。计划的保证水平越高，对有关控制运行有效性的审计证据的可靠性要求越高。当拟实施的进一步审计程序主要以控制测试为主，尤其是仅实施实质性程序获取的审计证据无法将认定层次重大错报风险降至可接受的低水平时，注册会计师应当获取有关控制运行有效性的更高的保证水平。

控制测试采用审计程序的类型包括询问、观察、检查、重新执行。

考霸笔记
记忆！注意与"了解内部控制"的区别。

1.询问。向被审计单位适当员工询问，获取与内部控制运行情况相关的信息。

2.观察。测试不留下书面记录的控制（如职责分离）的运行情况的有效方法。

3.检查。适用留有书面证据的控制。

4.重新执行。将所测试的内部控制重新执行一次，以确认控制效果。

考霸笔记
掌握！选择题和主观题均涉及此知识点。

例如：为了合理保证计价认定的准确性，被审计单位的一项控制是由复核人员核对销售发票上的价格与统一价格单上的价格是否一致。但是，要检查复核人员有没有认真执行核对，仅仅检查复核人员是否在相关文件上签字是不够的，注册会计师还需要自己选取一部分销售发票进行核对，这就是重新执行程序。（概念补充）

注意：

1.询问本身并不足以测试控制运行的有效性。注册会计师应当将询问与其他审计程序结合使用，以获取有关控制运行有效性的审计证据。在询问过程中，应当保持职业怀疑态度。

2.观察提供的证据仅限于观察发生的时点，在不观察时可能未被执行，观察适宜于证实某些时点上控制运行的有效性。观察也可运用于实物控制，如查看仓库门是否锁好，或空白支票是否被妥善保管。通常情况下，通过观察直接获取的证据比间接获取的证据更可靠。

3.检查程序不适用于对未留下运行轨迹的控制的测试。

4.重新执行很费时间。如果需要进行大量的重新执行，注册会计师就要考虑通过实施控制测试以缩小实质性程序的范围是否有效率。

通常情况下，将询问与检查或重新执行结合使用，能够比仅实施询问和观察获取更高的保证。

对控制测试性质的具体理解。

（二）确定控制测试性质时的要求

1.考虑特定控制的性质。

如存在反映控制运行有效性的文件记录，可实施检查程序；否则应考虑询问、观察，或借助计算机辅助审计技术。

2.考虑测试与认定直接相关和间接相关的控制。

不仅应考虑与认定直接相关的控制，还应考虑与认定间接相关的控制，以获取支持控制运行有效性的证据。

> 例如：被审计单位可能针对超出信用额度的例外赊销交易设置报告和审核制度（与认定直接相关的控制）；在测试该项制度的运行有效性时，注册会计师不仅应当考虑审核的有效性，还应当考虑与例外赊销报告中信息准确性有关的控制（与认定间接相关的控制）是否有效运行。

3.如何对自动化应用控制实施控制测试。　　　　　　　　　　①

由于信息技术处理过程的内在一贯性，如果获得应用控制已经得以执行、一般②控制已经有效运行这两个方面的审计证据，其就能作为自动控制在相关期间运行有效的重要证据。

（三）实施控制测试时对双重目的的实现（双重目的测试）

双重目的，是指针对同一交易同时实施控制测试和细节测试，以同时实现评价控制是否有效运行和发现认定层次重大错报的双重目的。

例如，检查某笔交易的发票可以确定其是否经过适当的授权，也可以获取关于该交易的金额、发生时间等细节证据。

（四）实施实质性程序结果对控制测试结果的影响

1.如实质性程序未发现某项认定存在错报，这本身并不能说明相关的控制运行有效。常考！

2.如通过实质性程序发现某项认定存在错报，应当在评价相关控制的运行有效性时：

①降低对相关控制的信赖程度。

②调整实质性程序的性质。

③扩大实质性程序的范围等。

3.如实质性程序发现被审计单位没有识别出的重大错报，通常表明内部控制存在重大缺陷，应当就这些缺陷与管理层和治理层进行沟通。

三、控制测试的时间

控制测试的时间这里主要考虑三个问题（见表8-3）：

表8-3　　　　　　　控制测试的时间主要考虑的三个问题

问题	控制测试
是否在期中实施？	一般都做
剩余期间是否追加？	可能
以前期间获取的证据是否还有效？	可能（符合条件）

（一）控制测试的时间含义

1.何时实施控制测试（测试控制的时间）；

为什么有些自动化的应用控制，无须对其扩大控制测试的范围？

考霸笔记
掌握！与第五章第二节相联系。

考霸笔记
联系第七章"对内部控制了解的深度"相关内容去理解。

考霸笔记
掌握！选择题和主观题均涉及。

考霸笔记
联系第十四章"与治理层沟通"相关内容。

考霸笔记
最常考！理解+记忆。

如何理解控制测试时间的含义？

第八章

2.测试所针对的控制适用的时点或期间（控制执行的时间）。

测试时间最好是控制执行的时间（尤其是时点性控制），也可以晚于执行的时间（通常指时期性控制），但不能早于该时间。

> 例如："盘点期末存货"这项控制就只在期末执行，属于时点性控制，所以对该控制的测试只能安排在期末；"赊销审批"这项制度在整个会计期间执行，属于时期性控制，不能只测试个别时点的执行情况。

若要获得控制在一个期间有效运行的充分、适当的证据，仅在多个不同时点测试运行的有效性并进行简单累加是不够的，还应测试其他控制，包括测试对控制的监督。

（二）如何考虑期中审计证据

在期中实施控制测试比在期末测试具有更积极的作用。但即使已获取有关控制在期中运行有效性的审计证据，仍需考虑如何能够将这些审计证据合理延伸至期末。

注册会计师应当实施下列程序，针对剩余期间控制运行情况获取充分、适当的审计证据：

1.获取控制在剩余期间发生重大变化的审计证据；

2.确定针对剩余期间还需获取的补充证据。

第1个程序是考察控制在剩余期间的变化情况：

（1）如没有发生变化，可能决定信赖期中获取的审计证据；

（2）如发生了变动（信息系统、业务流程或人事管理等），需要了解并测试这些变化对期中审计证据的影响。

第2个程序是针对剩余期间获取补充证据，应当考虑（取决于）：

（1）评估的认定层次重大错报风险的重要程度（同向）；

（2）在期中测试的特定控制（方式），以及自期中测试后发生的重大变动。例如，对自动化控制，更多地通过测试一般控制获取剩余期间控制运行有效性的证据；

（3）期中获取的控制运行有效性证据的充分程度（反向）；

（4）剩余期间的长度（同向）；

（5）在信赖控制的基础上拟缩小实质性程序的范围（同向）；

（6）控制环境的强弱（反向）；

（7）测试对控制的监督也能作为一项有益的补充证据，以便更有把握地将控制在期中运行有效性的审计证据延伸至期末。

（三）如何考虑以前获取的审计证据

注册会计师考虑以前审计获取的有关控制运行有效性的审计证据，其意义在于：一方面，内部控制中的诸多要素对于被审计单位往往是相对稳定的（相对于具体的交易、账户余额和列报），因此注册会计师在本期审计时还是可以适当考虑利用以前审计获取的有关控制运行有效性的审计证据；另一方面，内部控制在不同期间可能发生重大变化，注册会计师在利用以前审计获取的有关控制运行有效性的审计证据时需要格外慎重，充分考虑各种因素。

基本思路：考虑拟信赖的以前测试的控制至本期是否发生变化。

1. 发生变化。

应考虑以前获取审计证据是否与本期审计相关（有效）：

（1）如系统的变化仅仅使被审计单位从中获取新的报告，则通常不影响以前获取的表明原有控制执行有效的证据的相关性。

（2）如系统的变化引起数据累积或计算程序发生改变，则可能影响以前获取的控制测试证据的相关性。注册会计师应在本期测试这些控制的运行有效性。

2. 未发生变化。

如不属于旨在减轻特别风险的控制，应当运用职业判断确定是否在本期审计中测试其运行有效性（可能不加测试地利用），以及本次测试与上次测试的间隔期间，但每三年至少对控制测试一次。

如拟信赖以前审计获取的某些控制运行有效性的审计证据，应在每次审计时选取足够数量的控制，测试其运行有效性；不应将所有拟信赖控制的测试集中于某一次审计，而在之后的两次审计中不进行任何测试。

> **注意：**
>
> 1. 未发生变化。
>
> 2. 不属于旨在减轻特别风险的控制。
>
> 只有这两个条件同时满足，对拟信赖的控制才可以不加测试地利用。
>
> 但也不能一年测100%的控制，之后两年一点也不测地利用。
>
> 常规的做法是一年测1/3，下一年测另1/3，再下一年测剩下的1/3，第4年再测第1年测的1/3，做到每年测一部分，每三年至少对控制测试一次，依次类推。

在确定利用以前获取证据是否适当和测试控制的间隔时，应当考虑的因素或情况包括：

（1）控制要素（控制环境、对控制的监督、风险评估过程）的有效性。例如，控制环境薄弱或对控制的监督薄弱时，缩短测试间隔或不信赖以前的证据。

（2）控制特征（人工控制还是自动化控制）产生的风险。当相关控制中人工成分较大时，可能在本期继续测试该控制的有效性（不利用）。

（3）信息技术一般控制的有效性。一般控制薄弱时，可能更少地依赖以前审计获取的审计证据。

（4）影响内部控制的重大人事变动。如发生了重大人事变动，注册会计师可能决定在本期审计中不依赖以前审计获取的证据。

（5）环境变化。当环境的变化表明需要对控制做出相应的变动，但控制却没有作出相应变动时，原有的控制不再有效，可能导致本期财务报表发生重大错报，不应依赖以前的审计证据。

（6）重大错报风险和对控制的拟信赖程度。如果重大错报风险较高或对控制的拟信赖程度较高，注册会计师应当缩短再次测试控制的时间间隔或完全不信赖以前审计获取的审计证据。

3.不得依赖。

对于旨在减轻特别风险的控制，不论该控制在本期是否发生变化，都不应依赖以前审计获取的证据，应在本期审计中测试这些控制的运行有效性。本审

计期间测试某些控制的决策如图8-2所示。

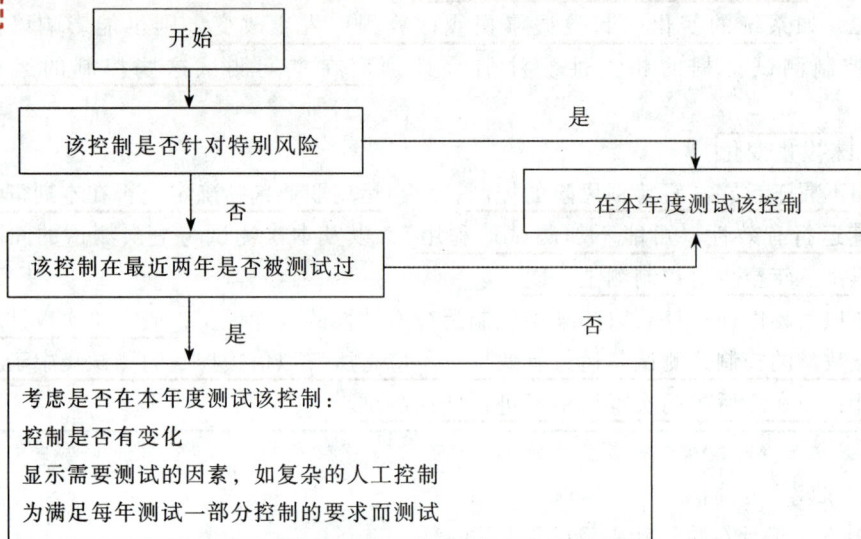

图8-2　本审计期间测试某些控制的决策

四、控制测试的范围

（一）确定控制测试范围的考虑因素

1.对控制的信赖程度。注册会计师在风险评估时对控制运行有效性的拟信赖程度越高，需要实施控制测试的范围越大。（同向）

2.整个拟信赖期间控制执行的频率。控制执行的频率越高，控制测试的范围越大。（同向）

3.所审计期间，拟信赖控制运行有效性的时间长度。拟信赖期间越长，控制测试的范围越大。（同向）

4.控制的预期偏差率。控制的预期偏差率越高，需要实施控制测试的范围越大。如果控制的预期偏差率过高，CPA应当考虑控制可能不足以将认定层次的重大错报风险降至可接受的低水平，从而针对某一认定实施的控制测试可能是无效的。（同向）

5.测试与认定相关的其他控制获取的证据的范围。针对同一认定，可能存在不同的控制。当针对其他控制获取审计证据的充分性和适当性较高时，测试该控制的范围可适当缩小。（反向）

6.拟获取的有关认定层次控制运行有效性的证据的相关性和可靠性。对审计证据的相关性和可靠性要求越高，控制测试的范围越大。（同向）

（二）对自动化控制的测试范围的特别考虑

信息技术处理具有内在一贯性。一旦确定其正在执行，通常无须扩大控制测试的范围（正在执行=一贯执行），但需要考虑执行下列测试以确定该控制持续有效运行：

1.测试与该应用控制有关的一般控制的运行有效性；

2.确定系统是否发生变动，如果发生变动，是否存在适当的系统变动控制；

3.确定对交易的处理是否使用授权批准的软件版本。

例如，检查信息系统安全控制记录，以确定是否存在未经授权的接触系统硬件和软件，以及系统是否发生变动。

（三）测试整体层面控制时应注意的问题

整体层次控制测试通常更加主观（如管理层对胜任能力的重视），通常比业务流程层次控制（如检查付款是否得到授权）更难以记录。

整体层次控制和信息技术一般控制的评价通常记录的是文件备忘录和支持性证据。

注册会计师最好在审计的早期测试整体层次控制，原因在于对这些控制测试的结果会影响其他计划审计程序的性质和范围。

第四节　实质性程序

◇ 实质性程序的含义和要求
◇ 实质性程序的性质
◇ 实质性程序的时间
◇ 实质性程序的范围

一、实质性程序的含义和要求

（一）实质性程序的含义

实质性程序是指用于发现认定层次重大错报的审计程序，包括：

1.对各类交易、账户余额和披露的细节测试；

2.实质性分析程序；

注册会计师实施的实质性程序还应当包括下列与财务报表编制完成阶段相关的程序（必做）：

1.将财务报表与其所依据的会计记录进行核对或调节；

2.检查财务报表编制过程中做出的重大会计分录和其他调整。

> **注意：**
>
> 1.上述4种程序中，后两种程序仅在财务报表编制完成阶段实施，了解即可，主要掌握前两种。
>
> 2.无论评估的重大错报风险结果如何，注册会计师都应当针对所有重大类别的各类交易、账户余额和披露实施实质性程序。

（二）针对特别风险实施的实质性程序

1.如果认为评估的认定层次重大错报风险是特别风险，注册会计师应当专门针对该风险实施实质性程序。

> 例如：如认为管理层面临实现盈利指标的压力而可能提前确认收入（舞弊、特别风险），在设计询证函时不仅应考虑函证应收账款的账户余额（常规），还应考虑：
>
> ①针对交货、结算及退货条款询证销售协议的细节条款；
>
> ②针对销售协议及其变动情况询问被审计单位非财务人员。

2.如果针对特别风险仅实施实质性程序，注册会计师应当使用细节测试，或将细节测试和实质性分析程序结合使用，以获取充分、适当的审计证据。——不能只做实

考霸笔记
熟悉！易考选择题。

考霸笔记
考试题型：选择题、主观题。考试频率：超高频。考试套路：选择题中考核概念，主观题中考核运用。备考建议：注意其与控制测试在性质、时间、范围上的区别。

实质性程序的含义剖析。

考霸笔记
实质性程序是必做程序！

考霸笔记
联系第七章"特别风险"相关内容去理解。

必须针对特别风险实施细节测试吗？

第八章

质性分析程序。

二、实质性程序的性质

（一）实质性程序的性质的含义

实质性程序的性质是指实质性程序的类型及其组合：

1.细节测试是对各类交易、账户余额和披露的具体细节进行测试，目的在于直接识别财务报表认定是否存在错报。

2.实质性分析程序从技术特征上讲仍然是分析程序，主要是通过研究数据间关系评价信息，只是将该技术方法用作实质性程序，即用以识别各类交易、账户余额和披露及相关认定是否存在错报。

（二）细节测试和实质性分析程序的适用性（确定性质时考虑的因素）

注册会计师应当根据各类交易、账户余额和披露的性质选择实质性程序的类型：

1.细节测试适用于对各类交易、账户余额和披露认定的测试，尤其是对存在或发生、计价认定的测试等。

2.对在一段时期内存在可预期关系的大量交易，注册会计师可以考虑实施实质性分析程序。

（三）细节测试的方向

1.在针对存在或发生认定设计细节测试时，选择包含在财务报表金额中的项目（逆查），并获取相关审计证据；

2.针对完整性认定的细节测试，应选择有证据表明应包含在财务报表金额中的项目（顺查），并调查是否确实包括在内；对漏记应付账款的风险，可检查期后付款记录。

（四）设计实质性分析程序时考虑的因素

1.对特定认定使用实质性分析程序的适当性；

2.对已记录的金额或比率做出预期时，所依据的数据的可靠性；

3.预期的准确程度是否足以在计划的保证水平上识别重大错报；

4.已记录金额与预期值之间可接受的差异额。

三、实质性程序的时间

控制实质性程序的时间还是考虑三个问题（见表8-4）：

表8-4　　　　控制实质性程序的时间考虑的三个问题

问题	控制测试	实质性程序
是否在期中实施？	一般都做	可以做
剩余期间是否追加？	可能	必须
以前期间获取的证据是否还有效	可能（符合条件）	基本不可用

实质性程序的时间选择与控制测试的时间选择比较（见表8-5）：

表8-5　　　　实质性程序的时间选择与控制测试的时间选择比较

时间	控制测试	实质性程序
期中	获取期中关于控制运行有效性审计证据的做法更具有一种"常态"	目的在于更直接地发现重大错报，在期中实施实质性程序时更需要考虑其成本效益的权衡
以前	拟信赖以前审计获取的有关控制运行有效性的审计证据，已经受到了很大的限制	对于以前审计中通过实质性程序获取的审计证据，则采取了更加慎重的态度和更严格的限制
共同点	两类程序都面临着对期中审计证据和对以前审计获取的审计证据的考虑	

注册会计师通常在期末或接近期末实施实质性程序，这是由财务报表审计的性质，即编制财务报表的时间决定的。

（一）考虑是否在期中实施实质性程序

1.对成本效益的权衡

期中实施实质性程序，本身要消耗审计资源；为使期中获得的证据的有效性能够合理延伸至期末，又需要进一步消耗审计资源。注册会计师需要权衡这两部分审计资源的总和是否能够显著小于完全在期末实施实质性程序所需消耗的审计资源。如不符合成本效益的原则，往往在期末实施实质性程序。

2.是否在期中实施实质性程序的考虑因素

（1）控制环境和其他相关的控制；

（2）实施审计程序所需信息在期中之后的可获得性；

（3）实质性程序的目的；

（4）评估的重大错报风险；

（5）特定类别交易或账户余额以及相关认定的性质；

（6）在剩余期间，能否通过实施实质性程序或将其与控制测试结合，降低期末存在错报而未被发现的风险。

3.如何将期中证据的有效性延伸到期末

注册会计师有两种选择：

（1）针对剩余期间实施进一步实质性程序；

（2）将实质性程序和控制测试结合使用。

例如，在期中审计时，检查并认可了被审计单位在期中之前确认的销售收入。为使这部分证据的有效性延伸到期末，注册会计师可能认为需要检查剩余期间的退货记录。

> **注意：**
> 1.如果拟将期中测试得出的结论延伸至期末而对剩余时间仅实施实质性程序不充分，还应测试剩余期间相关控制运行的有效性或针对期末实施实质性程序。
> 2.如果已识别出由于舞弊导致的重大错报风险，为将期中结论延伸至期末而实施的审计程序通常是无效的，应考虑在期末或者接近期末实施实质性程序。

（二）如何考虑以前审计获取的审计证据

以前年度实施实质性程序获取的审计证据，对本期只有很弱的证据效力或没有证据效力，不足以应对本期的重大错报风险。

只有以前的审计证据及事项未发生重大变动时（例如，以前审计通过实质性程序测试过的某项诉讼在本期没有任何实质性进展），以前的证据才可用作本期的有效证据。即便如此，如拟利用以前的证据，应在本期实施审计程序，以确定证据是否具有持续相关性。

四、实质性程序的范围

1.确定实质性程序范围时，应当考虑认定层次重大错报风险和控制测试结论：

（1）注册会计师评估的认定层次的重大错报风险越高，需要实施实质性程序的范围越广。

【考霸笔记】 记忆！易考选择题。

【考霸笔记】 不管哪种，实质性程序必须做！

【考霸笔记】 记忆！易考选择题。

对实质性程序时间的理解。

【考霸笔记】 掌握！注意与控制测试的范围进行比较记忆。

（2）如果对控制测试结果不满意，注册会计师应当考虑扩大实质性程序的范围。

2.确定细节测试范围时，既要考虑样本规模的大小，也要考虑选样方法的有效性。例如，从总体中选取大额或异常项目，而不是进行代表性抽样或分层抽样。（考虑审计抽样风险）

3.确定实质性分析程序的范围需要考虑两个方面：

（1）对什么层次上的数据进行分析。注册会计师可以选择在高度汇总的财务数据层次进行分析，也可以根据重大错报风险的性质和水平调整分析层次。例如，按照不同产品线、不同季节或月份、不同经营地点或存货存放地点等实施实质性分析程序。

（2）需要对什么幅度或性质的偏差展开进一步调查。实施分析程序可能发现偏差，但并非所有的偏差都值得展开进一步调查。可容忍或可接受的偏差（即预期偏差）越大，作为实质性分析程序一部分的进一步调查的范围就越小。于是，确定适当的预期偏差幅度同样属于实质性分析程序的范畴。

取决于认定层次的重要性水平。

智能测评

在线练习	我要提问
扫码在线做题　　扫码看答案	扫码答疑
本书"本章同步强化训练"均配备二维码，打开微信"扫一扫"即可完成在线测评，查看本章详细的测评反馈报告，了解知识掌握情况，也可扫码直接看答案噢。 快来扫码做题吧！	本书配备答疑专用二维码，打开微信"扫一扫"，即可完成在线提问，获取专业老师全面个性化解答，让学习问题不再拖延。 快来扫码提问吧！

本章同步强化训练

单选题

1.下列各项措施中，不能应对财务报表层次重大错报风险的是（　　）。

A.在期末而非期中实施更多的审计程序　　B.扩大控制测试的范围

C.增加拟纳入审计范围的经营地点的数量　　D.增加审计程序的不可预见性

2.下列有关注册会计师实施进一步审计程序的时间的说法中，错误的是（　　）。

A.如果被审计单位的控制环境良好，注册会计师可以在期中实施进一步审计程序

B.注册会计师在确定何时实施进一步审计程序时需要考虑能够获取相关信息的时间

C.对于被审计单位发生的重大交易，注册会计师应当在期末或期末以后实施实质性程序

D.如果评估的重大错报风险为低水平，注册会计师可以选择资产负债表日前适当日期为截止日实施审计程序

3.下列有关控制测试目的的说法中，正确的是（　　）。

A.控制测试旨在评价内部控制在防止或发现并纠正认定层次重大错报方面的运行有效性

B.控制测试旨在发现认定层次发生错报的金额

C.控制测试旨在验证实质性程序结果的可靠性

D.控制测试旨在确定控制是否得到执行

4.下列注册会计师实施的控制测试程序当中，通常能获取最为可靠的审计证据的是（　　）。

A.询问　　　　　　B.观察　　　　　　C.检查　　　　　　D.重新执行

5.如果注册会计师在期中执行了控制测试，并获取了控制在期中运行有效性的审计证据，下列说法中，正确的是（　　）。

A.如果在期末实施实质性程序未发现某项认定存在错报，说明与该项认定相关的控制是有效的，不需要再对相关控制进行测试

B.如果某一控制在剩余期间内发生变动，在评价整个期间的控制运行有效性时，无须考虑期中测试的结果

C.对某些自动化运行的控制，可以通过测试信息系统一般控制的有效性获取控制在剩余期间运行有效的审计证据

D.如果某一控制在剩余期间内未发生变动，不需要补充剩余期间控制运行有效性的审计证据

6.在利用以前年度获取的审计证据时，下列说法中，错误的是（　　）。

A.对于不属于旨在减轻特别风险的控制，如果在本年未发生变化，且上年经测试运行有效，本次审计中无须测试

B.对于旨在减轻特别风险的控制，如果在本年未发生变化，可以依赖上年的测试结果

C.如果相关事项未发生重大变化，则上年通过实质性测试获取的审计证据可以作为本年的有效审计证据

D.一般而言，上年通过实质性测试获取的审计证据对本年只有很弱的证据效力或没有证据效力

7.如果注册会计师拟信赖旨在应对由于舞弊导致的重大错报风险的人工控制，假设该控制没有发生变化，下列有关测试该控制运行有效性的时间间隔的说法中，正确的是（　　）。

A. 每年测试一次　　　　　　　　　B. 每二年至少测试一次

C. 每三年至少测试一次　　　　　　D. 每四年至少测试一次

8.下列有关针对重大账户余额实施审计程序的说法中，正确的是（　　）。

A.注册会计师应当实施实质性程序

B.注册会计师应当实施细节测试

C.注册会计师应当实施控制测试

D.注册会计师应当实施控制测试和实质性程序

9.下列关于实质性程序的说法中，正确的是（　　）。

A.针对特别风险，注册会计师应当采用实质性方案

B.应对舞弊风险的实质性程序应当在资产负债表日后实施

C.控制环境和其他相关的控制越薄弱，注册会计师越应当在期中实施实质性程序

D.应针对所有重大的各类交易、账户余额和披露实施实质性程序

10.下列有关实质性程序的时间安排的说法中，正确的是（　　）。

A.实质性程序应当在控制测试完成后实施

B.应对舞弊风险的实质性程序应当在资产负债表日后实施

C.针对账户余额的实质性程序应当在接近资产负债表日实施

D.实质性程序的时间安排受被审计单位控制环境的影响

多选题

1.注册会计师应当针对评估的财务报表层次重大错报风险确定总体应对措施。下列各项措施中，错误的有（　　）。

A.向项目组提供更多督导

B.指派更有经验、知识、技能和能力的项目组成员

C.评价被审计单位对会计政策的选择和运用，是否可能表明管理层通过操纵利润对财务信息作出虚假报告

D.修改财务报表整体的重要性

2.下列有关审计程序不可预见性的说法中，正确的有（　　）。

A.注册会计师应当在签订业务约定书中提出实施具有不可预见性的审计程序

B.注册会计师需要与被审计单位的高层管理人员事先沟通，要求实施具有不可预见性的审计程序，但不能告诉其具体内容

C.把所函证账户的截止日期提前或推迟，可以提高审计程序的不可预见性

D.对数量多、金额大的存货项目实施检查，可以提高审计程序的不可预见性

3.下列有关总体审计方案的说法中，正确的有（　　）。

A.总体审计方案包括实质性方案和综合性方案

B.应对特别风险，应当采用实质性方案

C.实质性方案是指注册会计师实施的进一步审计程序仅为实质性分析程序和细节测试

D.出于成本效益的考虑，注册会计师通常会选择综合性方案

4.下列有关控制测试的说法中，正确的有（　　）。

A.控制测试旨在确定内部控制的设计是否合理，是否能够防止或发现并纠正认定层次重大错报

B.控制测试旨在确定内部控制是否得到执行

C.如果在评估认定层次重大错报风险时，预期控制的运行是有效的，则应当实施控制测试

D.如果认为仅实施实质性程序不足以提供认定层次充分、适当的证据，则应当实施控制测试

5.下列有关控制测试程序的说法中，正确的有（　　）。

A.检查程序适用于所有控制测试

B.根据特定控制的性质选择所需实施审计程序的类型

C.当获取了某项自动化应用控制得以执行的审计证据时，即可确定该项控制已有效运行

D.观察是测试运行不留下书面记录的控制的有效方法，观察也可运用于测试对实物的控制

6.如果已获取有关控制在期中运行有效性的审计证据，并拟利用该证据，注册会计师应当实施下列哪些审计程序（　　）。

A.获取这些控制在剩余期间发生重大变化的审计证据

B.确定针对剩余期间还需获取的补充审计证据

C.仅获取这些控制在期末运行有效的审计证据

D.获取信息技术一般控制变化情况的审计证据

7.如果在期中实施了控制测试，在针对剩余期间获取补充审计证据时，注册会计师通常考虑的因素有（　　）。

A.控制环境

B.评估的重大错报风险水平

C.在期中对有关控制有效性获取的审计证据的程度

D.拟减少实质性程序的范围

8.对于以前审计获取的有关下列控制运行有效性的审计证据，A注册会计师在本期审计中通常不能直接利用的有（　　）。

A.信息技术一般控制　　　　　　　　B.自动化应用控制

C.自上次测试后已发生变化的控制　　D.旨在减轻特别风险的控制

9.下列有关确定控制测试范围的考虑因素的说法中，正确的有（　　）。

A.拟信赖期间越长，控制测试的范围越大

B.控制执行的频率越高，控制测试的范围越小

C.审计证据的相关性和可靠性要求越高，控制测试的范围越小

D.注册会计师在风险评估时对控制运行有效性的拟信赖程度越高，需要实施控制测试的范围越大

10.如果在期中实施了实质性程序，在确定对剩余期间实施实质性分析程序是否可以获取充分、适当的审计证据时，A注册会计师通常考虑的因素有（　　）。

A.数据的可靠性　　　　　　　　　　B.预期的准确程度

C.可接受的差异额　　　　　　　　　D.分析程序对特定认定的适用性

简答题

1.ABC会计师事务所负责审计甲公司2018年度财务报表，审计工作底稿中与内部控制相关的部分内容摘录如下：

（1）甲公司营业收入的发生认定存在特别风险。相关控制在2017年度审计中经测试运行有效。因这些控制本年未发生变化，审计项目组拟继续予以信赖，并依赖了上年审计获取的有关这些控制运行有效的审计证据。

（2）考虑到甲公司2018年固定资产的采购主要发生在下半年，审计项目组从下半年固定资产采购中选取样本实施控制测试。

（3）审计项目组对银行存款实施了实质性程序，未发现错报，因此认为甲公司与银行存款相关的内部控制运行有效。

（4）甲公司内部控制制度规定，财务经理每月应复核销售返利计算表，检查销售收入金额和返利比例是否准确，如有异常进行调查并处理，复核完成后签字存档。审计项目组选取了3个月的销售返利计算表，检查了财务经理的签字，认为该控制运行有效。

（5）审计项目组拟信赖与固定资产折旧计提相关的自动化应用控制。因该控制在2017年度审计中测试结果满意，且在2018年未发生变化，审计项目组仅对信息技术一般控制实施测试。

要求：

针对上述第（1）至第（6）项，逐项指出审计项目组的做法是否恰当。如不恰当，简要说明理由。

第三编　各类交易和账户余额的审计

从第九章起至第十二章，我们将以执行企业会计准则企业的财务报表审计为例，介绍主要业务循环审计的具体内容，以及对各业务循环中重要的财务报表项目如何进行审计测试。

财务报表审计的组织方式大致有两种：一是对财务报表的每个账户余额单独进行审计，此法称为账户法（Account Approach）；二是将财务报表分成几个循环进行审计，即把紧密联系的交易种类和账户余额归入同一循环中，按业务循环组织实施审计，此法称为循环法（Cycle Approach），见表1。

考霸笔记
目前，审计实务中普遍使用循环法。

表1　　财务报表审计的两种组织方式

组织方式	账户法	循环法
含义	对财务报表的每个账户余额单独进行审计	将财务报表分成几个循环进行审计，即把紧密联系的交易种类和账户余额归入同一循环中，按业务循环组织实施审计
特点	①操作方便：与多数被审计单位账户设置体系及财务报表格式相吻合②联系性差：将紧密联系的相关账户（如存货和营业成本）人为的予以分割，容易造成整个审计工作的脱节和重复	①更符合被审计单位的业务流程和内部控制设计的实际情况，可加深审计人员对被审计单位经济业务的理解②将特定业务循环所涉及的财务报表项目分配给一个或数个审计人员，增强了审计人员分工的合理性，有助于提高审计工作的效率和效果

控制测试是在了解被审计单位内部控制、实施风险评估程序的基础上进行的，与被审计单位的业务流程关系密切，因此，对控制测试通常应采用循环法实施。一般而言，在财务报表审计中，可将被审计单位的所有交易和账户余额划分为多个业务循环。由于各被审计单位的业务性质和规模不同，其业务循环的划分也应有所不同。即使是同一被审计单位，不同注册会计师也可能有不同的循环划分方法。在本书中，我们将交易和账户余额划分为销售与收款循环、采购与付款循环、生产与存货循环、人力资源与工薪循环、投资与筹资循环，并以销售与收款循环、采购与付款循环、生产与存货循环为例阐述各业务循环的审计。由于货币资金与上述多个业务循环均密切相关，并且货币资金的业务和内部控制又有着不同于其他业务循环和其他财务报表项目的鲜明特征，因此，将货币资金审计单独安排

考霸笔记
人力资源与工薪循环、投资与筹资循环审计未在本书中展开。

在第十二章。

对交易和账户余额的实质性程序，既可采用账户法实施，也可采用循环法实施。但由于控制测试通常按循环法实施，为有利于实质性程序与控制测试的衔接，提倡采用循环法。按照各财务报表项目与业务循环的相关程度，基本可以建立起各业务循环与其所涉及的主要财务报表项目（特殊行业的财务报表项目不涉及）之间的对应关系，见表2：

表2　　　　　　　　　　业务循环种类与主要财务报表项目对照表

种类	说明	资产负债表项目	利润表项目
货币资金	货币资金主要源于资本的投入和营业收入，主要用于资产的取得和费用的结付	库存现金、银行存款、其他货币资金	
采购与付款	从处理采购申请开始，经发出订购单，接收货品及服务，到处理给卖方的发票与收货报告和订购单，支付现金，最后记录货品的收取以及负债现金等项目的增减	预付款项、应付账款、应付票据、固定资产（在建工程、工程物资）、无形资产等	销售费用、管理费用
生产与存货	将原材料转化为产成品的有关活动：制订生产计划，控制、保持存货水平以及与制造过程中有关的交易和事项，涉及领料、生产加工、销售产成品等	存货（原材料、库存商品、生产成本、制造费用、劳务成本、存货跌价准备等）	营业成本
销售与收款	从处理客户订单开始，经过确定信用条件、装运货品、记录销售、给客户开账单等过程，再到收取并处理、记录现金收入，计提坏账等	应收票据、应收账款、预收账款、应交税费	营业收入（主营业务收入、其他业务收入）、税金及附加
投资与筹资	由筹资活动和投资活动的经济业务所构成： ● 筹资活动：导致企业资本及债务规模和构成发生变化的活动，主要由借款交易和股东权益交易组成 ● 投资活动：企业长期资产的构建和不包括在现金等价物范围内的投资及其处置活动，主要有取得和收回投资、构建和处置固定资产、购买和处置无形资产等	交易性金融资产、持有至到期投资、可供出售金融资产、长期股权投资、投资性房地产 短期借款、长期借款、应付债券、应付利息、应付股利 实收资本（股本）、资本公积、盈余公积、未分配利润	财务费用、资产减值损失、公允价值变动损益、投资收益、营业外收入、营业外支出、所得税费用
人力资源与工薪	从招聘员工开始，规范工资率与扣减项目，经计算工时、计算薪金、支付薪金等过程，最后支付个人所得税、填写个人所得税表	应付职工薪酬	营业成本、销售费用、管理费用

在财务报表审计中，将被审计单位的所有交易和账户余额划分为多

个业务循环，并不意味着各业务循环之间互不关联。事实上，各业务循环之间存在一定联系，比如投资与筹资循环同采购与付款循环紧密联系，生产与存货循环则同其他所有业务循环均紧密联系。各业务循环之间的流转关系如图1所示：

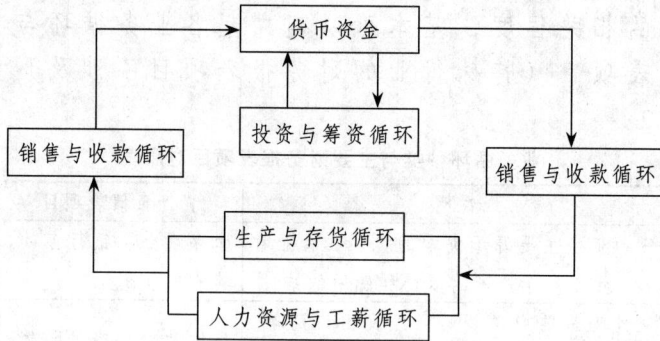

图1　各业务循环之间的关系

第九章
销售与收款循环的审计

本章框架图

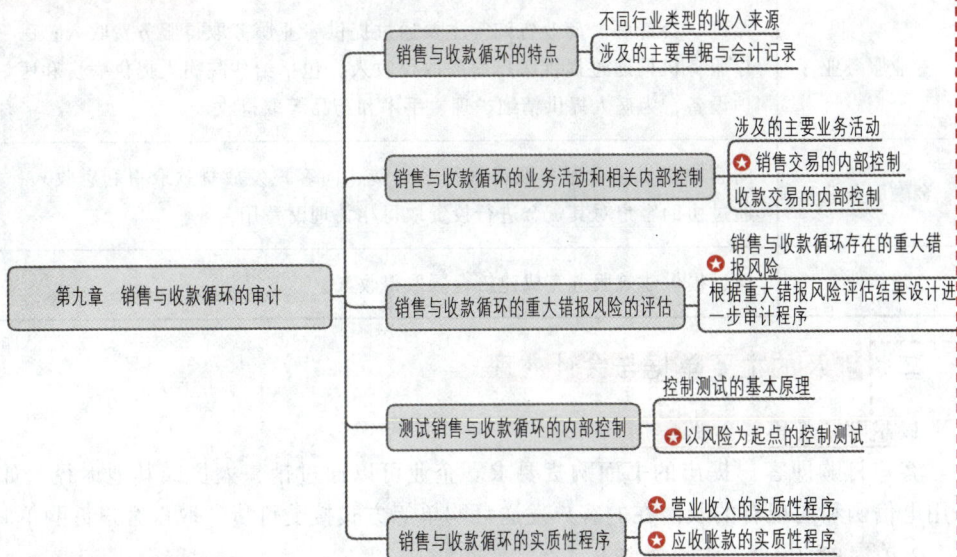

本章考情概述

　　本章属于非常重要的内容，在考试中各种题型均可涉及，尤其是简答题或综合题，属于高频率、高分值、高难度的重点章。

　　本章考点可概括为内部控制、风险评估与应对以及细节测试三部分。其中与内部控制相关的内容通常以识别控制缺陷、评价控制执行有效性的方式考核；风险评估最主要的考核方式是针对具体事项识别与评估重大错报风险，并将评估结论落实到财务报表具体项目的具体认定上；细节测试的考核内容通常包括收入确认与截止测试、应收账款账龄分析与函证等。

　　近三年主要考点包括：销售交易的内部控制与控制测试、营业收入的实质性程序、应收账款的实质性程序。

第一节　销售与收款循环的特点

◇ 不同行业类型的收入来源
◇ 涉及的主要单据与会计处理

一、不同行业类型的收入来源

企业的收入主要来自于销售商品、提供服务等，由于所处行业不同，企业具体的收入来源有所不同（见表9-1）。

表9-1   **不同行业类型的主要收入来源**

行业类别	收入来源
贸易业	作为零售商，向普通大众（最终消费者）零售商品；作为批发商，向零售商供应商品
一般制造业	通过采购原材料并将其用于生产流程制造产品卖给客户取得收入
专业服务业	律师、会计师、商业咨询等主要通过提供专业服务取得服务费收入；医疗服务机构通过提供医疗服务取得收入，包括给住院病人提供病房和医护设备，为病人提供精细护理、手术和药品等取得收入
金融服务业	向客户提供金融服务取得银行手续费；向客户发放贷款取得利息收入；通过协助客户对其资金进行投资取得相关理财费用
建筑业	通过提供建筑服务完成建筑合同取得收入

二、涉及的主要单据与会计处理

1.客户订购单（外部单据）

客户订购即客户提出的书面购货要求。企业可以通过销售人员或其他途径，如采用电信函和向现有的及潜在的客户发送订购单等方式接受订货，取得客户订购单。

2.销售单（★）（重要单据）

销售单是列示客户所订商品的名称、规格、数量以及其他与客户订货单有关信息的凭证，作为销售方内部处理客户订货单的依据。

3.发运凭证（★）（重要单据）

发运凭证即在发运货物时编制的，用以反映发出商品的规格、数量和其他有关内容的凭据。发运凭证的一联留给客户，其余联（一联或数联）由企业保留，通常其中有一联由客户在收到商品时签署并返还给销售方，用作销售方确认收入及向客户收取货款的依据。

4.销售发票（★）（重要单据）

考霸笔记

增值税专用发票基本联次为一式三联，分别为记账联、抵扣联和发票联。第一联是销货方发票联，即销货方据以登记入账的原始凭证。后两联交给客户，抵扣联是购货方用来抵扣增值税的，发票联是购货方用来登记入账的。

销售发票是一种用来表明已销售商品的规格、数量、价格、销售金额、运费和保险费、开票日期、付款条件等内容的凭证。以增值税发票为例，销售发票的两联（抵扣联和记账联）寄送给客户，一联由企业保留。销售发票也是在会计账簿中登记销售交易的基本凭证之一。

5.商品价目表

商品价目表是列示已经授权批准的、可供销售的各种商品的价格清单。

6. 贷项通知单

贷项通知单是一种用来表示由于销售退回或经批准的折让而引起的应收销货款减少的单据。这种凭证的格式通常与销售发票的格式类似。

7. 应收账款账龄分析表

通常，应收账款账龄分析表按月编制，反映月末尚未收回的应收账款总额的账龄，并详细反映每个客户月末尚未偿还的应收账款数额和账龄。

考霸笔记
详见"应收账款的实质性程序"。

8. 应收账款明细账

应收账款明细账是记录每个客户各项赊销、还款、销售退回及折让（不包括折扣）的明细账。

9. 主营业务收入明细账

主营业务收入明细账是记录销售交易，记载不同类别商品或服务的营业收入明细发生情况和总额的明细账。

10. 折扣与折让明细账

折扣与折让明细账是一种用来核算企业销售商品时，按销售合同规定为了及早收回货款而给予客户的销售折扣和因商品品种、质量等原因而给予客户的销售折让情况的明细账。当然，企业也可以不设置折扣与折让明细账，而将该类业务记录于主营业务收入明细账。

11. 汇款通知书

汇款通知书是一种与销售发票一起寄给客户，由客户在付款时再寄回销售单位的凭证。这种凭证注明客户的姓名、销售发票号码、销售单位开户银行账号以及金额等内容。

12. 库存现金日记账和银行存款日记账

库存现金日记账和银行存款日记账是记录各种库存现金、银行存款收入和支出的日记账。

13. 坏账核销审批表

坏账核销审批表是一种用来批准将无法收回的应收款项作为坏账予以核销的单据。

14. 客户对账单

客户月末对账单是一种定期寄送给客户的用于购销双方定期核对账目的凭证。客户月末对账单上应注明应收账款的月初余额、本月各项销售交易的金额、本月已收到的货款、各贷项通知单的数额以及月末余额等内容。对账单可能是月度、季度或年度的，取决于企业的经营管理需要。

15. 转账凭证

根据转账业务（不涉及现金、银行存款收付的各项业务）的原始凭证编制。

16. 现金和银行凭证

现金和银行凭证是指分别用来记录现金和银行存款收入业务和支付业务的记账凭证。

第二节 销售与收款循环的业务活动和相关内部控制

◇ 销售与收款循环涉及的主要业务活动
◇ 销售与收款循环的相关内部控制

一、销售与收款循环涉及的主要业务活动

对于大多数企业而言，销售与收款循环通常是重大的业务循环，注册会计师需要在审计计划阶段了解该循环涉及的业务活动及相关的内部控制。注册会计师通常通过**实施下列程序**，了解销售和收款循环的业务活动和相关内部控制（**见表9-2**）：

1. 询问参与销售与收款流程各业务活动的被审计单位人员，一般包括销售部门、仓储部门和财务部门的员工和管理人员；

2. 获取并阅读企业的相关业务流程图或内部控制手册等资料；**属于检查程序。**

3. 观察销售与收款流程中特定控制的运用，例如观察仓储部门人员是否以及如何将装运的商品与销售单上的信息进行核对；

4. 检查文件资料，例如检查销售单、发运凭证、客户对账等。

5. 实施穿行测试，即追踪销售交易从发生到最终被反映在财务报表中的整个处理过程。例如：选取一笔已收款的销售交易，追踪该笔交易从接受客户订购单直至收回货款的整个过程。

表9-2 　　　　　　　销售与收款循环相关知识表 ✓重要，全面掌握。

交易类别	相关财务报表项目	主要业务活动	常见主要凭证和会计记录
销售	营业收入 应收账款	接受客户订购单 批准赊销信用 按销售单编制发运凭证并发货 向客户开具发票 记录销售（赊销、现金销售等） 办理和记录销售退回、销售折扣与折让	客户订购单 销售单 发运凭证 销售发票 商品价目表 客户月末对账单 营业收入明细账 转账凭证 贷项通知单 折扣与折让明细账
收款	货币资金 应收账款（含原值及坏账准备） 资产减值损失	办理和记录现金、银行存款收入 提取坏账准备 坏账核销	应收账款账龄分析表 应收账款明细账 汇款通知书 库存现金日记账和银行存款日记账 客户月末对账单 收款凭证 坏账核销审批表 转账凭证

在审计工作的计划阶段，注册会计师应当对销售与收款循环中的业务活动进行充分了解和记录，通过分析业务流程中可能发生重大错报的环节，进而识别和了解被审计单位为应对这些可能的错报而设计的相关控制，并通过诸如穿行测试等方法对这些流程和相关控制加以证实。

（一）接受客户订购单

客户提出订货要求是整个销售与收款循环的起点。从法律上讲，这是购买某种货物或接受某种劳务的一项申请。客户的订购单只有在符合企业管理层的授权标准时，才能被接受。管理层一般会列出已批准销售的客户名单。销售单管理部门在决定是否同意接受某客户的订单时，应追查该客户是否被列入这张名单。如果该客户未被列入，则通常需要由销售单管理部门的主管来决定是否同意销售。

很多企业在批准了客户订购单之后，下一步就应编制一式多联的销售单。销售单是证明管理层有关销售交易的"发生"认定的凭据之一，也是此笔销售的交易轨迹的起点之一。此外，由于客户订购单也是来自外部的引发销售交易的文件起点之一，有时也能为有关销售交易的"发生"认定提供补充证据。

（二）批准赊销信用 ✔常考。

对于赊销业务，赊销批准是由信用管理部门根据管理层的赊销政策在每个客户的已授权的信用额度进行的。信用管理部门的职员在收到销售单管理部门的销售单后，应将销售单与该客户已被授权的赊销信用额度以及至今尚欠的账款余额加以比较。执行人工赊销信用检查时，还应合理划分工作职责，以避免销售人员为扩大销售而使企业承受不适当的信用风险。

企业应对每个新客户进行信用调查，包括获取信用评审机构对客户信用等级的评定报告。无论批准赊销与否，都要求被授权的信用管理部门人员在销售单上签署意见，然后再将已签署意见的销售单送回销售单管理部门。

设计信用批准控制的目的是降低坏账风险，因此，这些控制与应收账款账面余额的"准确性计价和分摊"认定有关。

（三）根据销售单编制发运凭证并发货 发运凭证即为仓库编制的"出库单"。

企业管理层通常要求商品仓库只有在收到经过批准的销售单时才能供货。设立这项控制程序的目的是防止仓库在未经授权的情况下擅自发货。因此，已批准销售单的一联通常应送达仓库。作为仓库按销售单供货和发货给装运部门的授权依据。

信息系统可以协助企业在销售单得到发货批准后才能生成连续编号的发运凭证，并能按照设定的要求核对发运凭证与销售单之间相关内容的一致性。

（四）按销售单装运货物 "供货"是指商品出库，"装运发货"是指商品出企业大门。

将按经批准的销售单供货与按销售单装运货物职责相分离，有助于避免负责装运货物的职员在未经授权的情况下装运产品。此外，装运部门职员在装运之前，还必须进行独立验证①，以确定从仓库提取的商品都附有经批准的销售单，并且，所提取商品的内容与销售单一致②。（①和②两个步骤缺一不同）

（五）向客户开具发票

开具发票是指开具并向客户寄送事先连续编号的销售发票。这项功能所针对的主要问题是：

1.是否对所有装运的货物都开具了账单；（完整性）

2.是否只对实际装运的货物才开具账单，有无重复开具账单或虚构交易；（发生）

3.是否按已授权批准的商品价目表所列价格计价开具账单。（准确性）

为了降低开具账单过程中出现遗漏、重复、错误计价或其他差错的风险，应设立以下的控制程序：

（1）负责开发票的员工在开具每张销售发票之前，检查是否存在发运凭证和相应的经批准的销售单；（发生）

（2）依据已授权批准的商品价目表编制销售发票；（准确性）

（3）将发运凭证上的商品总数与相对应的销售发票上的商品总数进行比较。（准确性）

上述的控制程序与销售交易的"发生"、"完整性"以及"准确性"认定有关。企业通常保留销售发票的存根联。

信息系统也可以协助实现上述内部控制，在单证核对一致的情况下生成连续编号的销售发票，并对例外事项进行汇总，以供企业相关人员进行进一步的处理。

（六）记录销售

记录销售的控制程序包括但不限于：

1.依据有效发运凭证和销售单记录销售。这些发运凭证和销售单应能证明销售交易的发生及其发生的日期。（发生、截止）

2.使用事先连续编号的销售发票并对发票使用情况进行监控。（完整性）

3.独立检查已处理销售发票上的销售金额同会计记录金额的一致性。（准确性）

4.记录销售的职责应与处理销售交易的其他功能相分离。

5.对记录过程中所涉及的有关记录的接触予以限制，以减少未经授权批准的记录发生。（发生）

6.定期独立检查应收账款的明细账与总账的一致性。（准确性计价和分摊）

7.由不负责现金出纳和销售及应收账款记账的人员定期向客户寄发对账单，对不符事项进行调查，必要时调整会计记录，编制对账情况汇总报告并交管理层审核。（存在、准确性计价和分摊）

（七）办理和记录现金、银行存款收入

这项功能涉及的是有关货款收回，现金、银行存款增加以及应收账款减少的活动。在办理和记录现金、银行存款收入时，最应关心的是货币资金的安全。企业通过出纳与现金记账的职责分离、现金盘点、编制银行余额调节表、定期向客户发送对账单等控制来实现这一目的。

（八）办理和记录销售退回、销售折扣与折让

客户如果对商品不满意，销售企业一般都会同意接受退货，或给予一定的销售折让；客户如果提前支付货款，销售企业则可能会给予一定的销售折扣。发生此类事项时，必须经授权批准并应确保销售、仓储、财务部门各司其职，分别控制实物

考霸笔记
记录销货时的依据：（1）销售单；（2）发运凭证；（3）销售发票。

考霸笔记
注意与相关认定的联系。

考霸笔记
注意：销售退回、折扣与折让零星发生，容易漏记；销售退回、折扣与折让是对销售收入的抵减，也可能有意漏记。销售退回、折扣与折让并非财务报表项目，漏记会导致相关项目违反准确性或准确性计价和分摊认定

流和会计处理。

（九）提取坏账准备

企业一般定期对应收账款的可回收性进行评估，并基于一定的指标（例如，账龄、客户的财务状况等）计提坏账准备。

（十）注销坏账

如有证据表明某项贷款已无法收回，企业即通过适当的审批程序核销该笔贷款。

二、销售与收款循环的相关内部控制

综合上述业务活动中设计的内部控制，可以看出，在销售与收款循环中企业通常从以下方面设计和执行内部控制：

（一）销售交易的内部控制

1.适当的职责分离

（1）主营业务收入与应收账款由不同职员记录（借贷分离）；

（2）由不记录账簿的职员定期调节总账和明细账，构成交互牵制（记账与调节分离，避免自我评价）；

（3）经手货币资金的职员（出纳）不记录主营业务收入和应收账款记账（出纳不登记货币资金对方科目，账款分离）；

（4）赊销批准职能与销售执行职能分离。销售人员通常乐观地对待销售数量，而不管是否将以巨额坏账损失为代价。赊销的审批则在一定程度上可以抑制这种倾向。

（5）销售、发货、收款业务的部门（或岗位）分别设立；

（6）订立销售合同前，指定专人就销售价格、信用政策、发货及收款方式等具体事项与客户进行谈判。谈判人员至少两人，并与订立合同的人员相分离（谈判与签订分离，相当于申请与审批分离）；

（7）编制销售发票通知单（销售单+发运凭证）的人员与开具销售发票的人员应相互分离；

（8）销售人员应当避免接触销货现款（销售与收款分离）；

（9）应收票据的取得和贴现必须经由保管票据以外的主管人员的书面批准（票据保管与办理分离）。

2.恰当的授权审批

（1）赊销须经审批。防止向信用不良客户发货导致坏账损失（应收账款准确性计价和分摊）；

（2）发货须经审批。控制目的：防止向虚构的或无力支付货款的客户发货而蒙受损失（应收账款存在/营业收入发生）；

（3）价格须经审批。销售价格、条件、运费、折扣等须经审批。保证销售交易按规定价格进行（准确性、准确性计价和分摊）；

（4）在授权范围内审批，不得越权审批。对超过规定范围的特殊销售交易，应当集体决策。防止审批人决策失误而造成严重损失（应收账款准确性计价和分摊）。

第九章

3.充分的凭证和记录

企业在收到客户订购单后，就立即编制一份预先编号的一式多联的销售单，分别用于批准赊销、审批发货、记录发货数量以及向客户开具账单和销售发票等。

在这种制度下，通过定期清点销售单和销售发票，可以避免漏开发票或漏记销售的情况（完整性）。

又如，财务人员在记录销售交易之前，对相关的销售单、发运凭证和销售发票上的信息进行核对，以确保入账的营业收入是真实发生的、准确的。

4.凭证的预先编号

（1）对凭证预先进行编号，旨在防止销售以后遗漏向客户开具账单或登记入账（完整性），也可防止重复开具账单或重复记账（存在、发生）。

（2）如果对凭证的编号不做清点，预先编号就会失去意义。定期检查全部凭证的编号，并调查凭证缺号或重号的原因，是实施这项控制的关键点。

（3）在目前信息技术得以广泛运用的环境下，凭证预先编号这一控制在很多情况下由系统执行，同时辅以人工的监控（例如对系统生成的例外报告进行复核）。

5.按月寄出对账单

由不负责现金出纳和销售及应收账款记账的人员按月向客户寄发对账单，能促使客户在发现应付账款余额不正确后及时反馈有关信息。

为了使这项控制更加有效，最好将账户余额中出现的所有核对不符的账项，指定一位既不掌管货币资金也不记录主营业务收入和应收账款账目的主管人员处理，然后由独立人员按月编制对账情况汇总报告并交管理层审阅。

6.内部核查程序

由内部审计人员或其他独立人员核查销售交易的处理和记录，是实现内部控制目标所不可缺少的一项控制措施。销售与收款内部控制检查的主要内容包括：

（1）销售与收款交易相关岗位及人员的设置情况。重点检查是否存在销售与收款交易不相容职务混岗的现象。

（2）销售与收款交易授权批准制度的执行情况。重点检查授权批准手续是否健全，是否存在越权审批行为。

（3）销售的管理情况。重点检查信用政策、销售政策的执行是否符合规定。

（4）收款的管理情况。重点检查销售收入是否及时入账，应收账款的催收是否有效，坏账核销和应收票据的管理是否符合规定。

（5）销售退回的管理情况。重点检查销售退回手续是否齐全，退回货物是否及时入库。

（二）收款交易的内部控制

1.企业应当按照《现金管理暂行条例》《支付结算办法》等的规定，及时办理销售收款业务。

2.企业应将销售收入及时入账，不得账外设账，不得擅自坐支现金。销售人员应当避免接触销售现款。

3.企业应当建立应收账款账龄分析制度和逾期应收账款催收制度。销售部门应当负责应收账款的催收，财会部门应当督促销售部门加紧催收。对催收无效的逾期应收账款可通过法律程序予以解决。

4.企业应当按客户设置应收账款台账，及时登记每一客户应收账款余额增加变动情况和信用额度适用情况。对长期往来客户应当建立起完善的客户资料，并对客户资料实施动态管理，及时更新。

5.企业对于可能成为坏账的应收账款应当报告有关决策机构，由其进行审查，确定是否确认为坏账。企业发生的各项坏账，应查明原因，明确责任，并在履行规定的审批程序后做出会计处理。

6.企业注销的坏账应当进行备查登记，做到账销案存。已注销的坏账又收回时应当及时入账，防止形成账外款。

7.企业应收票据的取得和贴现必须经由保管票据以外的主管人员的书面批准。应有专人保管应收票据，对于即将到期的应收票据，应及时向付款人提示付款；已贴现票据应在备查簿中登记，以便日后追踪管理；并应制定逾期票据的冲销管理程序和逾期票据追踪监控制度。

8.企业应当定期与往来客户通过函证等方式核对应收账款、应收票据、预收款项等往来款项。如有不符，应查明原因，及时处理。

第三节 销售与收款循环的重大错报风险的评估

◇ 销售与收款循环存在的重大错报风险
◇ 根据重大错报风险评估结果设计进一步审计程序

注册会计师结合本章第二节中所介绍的对销售与收款循环中业务流程和相关控制的了解，考虑在销售与收款循环中发生错报的可能性以及潜在错报的重大程度是否足以导致重大错报，从而评估销售与收款循环的相关交易和余额存在的重大错报风险，以为设计和实施进一步审计程序提供基础。

一、销售与收款循环存在的重大错报风险

收入确认是审计特别强调的高风险领域。以一般制造业的赊销销售为例，相关交易和余额存在的重大错报风险通常包括：

1.收入确认存在的舞弊风险。（发生、完整性）

收入是利润来源，直接关系到企业的财务状况和经营成果，是高风险领域。企业往往为粉饰财务报表而采用虚增或隐瞒收入等方式实施舞弊。

2.收入的复杂性导致的错误。（发生、完整性、准确性）

例如，被审计单位已开始采用网络销售方式，管理层对网络销售可能出现的问题缺乏经验，收入确认上就容易发生错误。

3.发生的收入交易未能得到准确记录。（准确性）

4.期末收入交易和收款交易可能未被计入正确的期间，包括销售退回交易的截止错误。（截止）

考霸笔记
注意：账外设账是禁止的，坐支现金不是禁止的，只是不得擅自坐支，经批准之后才可以。

考霸笔记
容易混淆点，要牢记。财会部门不负责应收账款的催收，只负责督促销售部门加紧催收。

考霸笔记
对发现的任何差异都需要查明原因，不管金额大小。

考霸笔记
即风险评估、风险应对的理论在实务中的具体运用。

考霸笔记
考试题型：主要在综合题中考查。
考试频率：几乎每年必考。
考试套路：识别重大错报风险并将相关风险与涉及的认定相联系。
备考建议：研读教材只是一部分，要大量练习，寻求思路。

第九章

5.收款未及时入账或被记入不正确的账户。（截止/分类）

6.应收账款坏账准备的计提不准确。（准确性计价和分摊）

在评估重大错报风险时，注册会计师应当落实到该风险所涉及的相关认定，从而更有针对性地设计进一步审计程序。

下文重点说明对收入确认存在的舞弊风险的评估。

（一）考虑收入的舞弊风险

1.注册会计师在识别和评估与收入确认相关的重大错报风险时，应当基于收入确认存在舞弊风险的假定，评价哪些类型的收入、收入交易或认定导致舞弊风险。

舞弊已被假定，清白需要自证。

2.如认为该假定不适用于具体情况，从而未将收入确认作为由于舞弊导致的重大错报风险领域，应当在审计工作底稿中记录得出该结论的理由。

3.假定收入确认存在舞弊风险，并不意味着应当将与收入确认相关的所有认定都假定为存在舞弊风险。注册会计师需要结合对被审计单位及其环境的具体了解，考虑收入确认舞弊可能如何发生：

（1）如果管理层难以实现利润目标，可能有高估收入的动机和压力（如提前确认收入或记录虚假收入），此时，收入发生认定存在舞弊风险的可能性较大，而完整性认定通常不存在舞弊风险；

（2）如管理层有隐瞒收入而降低税负的动机，则需要更加关注与收入完整性认定相关的舞弊风险；

（3）如预期难以达到下一年度销售目标，而已经超额实现了本年度销售目标，就可能将本期收入推迟至下一年度确认。（截止问题）

（二）实施风险评估程序

实施风险评估程序，对注册会计师识别与收入确认相关的舞弊风险至关重要，注册会计师应当评价通过实施风险评估程序和执行其他相关活动获取的信息是否表明存在舞弊风险因素。

例如，如果注册会计师通过实施风险评估程序了解到，被审计单位所处行业竞争激烈并伴随着利润率下降，而管理层过于强调提高被审计单位利润水平的目标，则需要警惕管理层通过实施舞弊高估收入，从而高估利润的风险。

（三）常用的收入确认舞弊手段

1.为粉饰财务报表而高估收入的舞弊手段

（1）利用与未披露的关联方之间的资金循环虚构交易。（发生）

（2）通过未披露的关联方进行显失公允的交易。（准确性）

（3）通过出售关联方的股权，使形式上不再构成关联方，但仍进行显失公允交易，或与未来或潜在的关联方进行显失公允的交易。（准确性）

（4）为虚构销售收入，将商品从某一地点移送至另一地点，以出库单和运输单据为依据记录销售收入。（发生）

（5）通过虚开销售发票虚增收入，将货款挂在应收账款中，期后冲销或在以后期间计提坏账准备。（发生）

（6）采用完工百分比法确认劳务收入时，故意高估完工百分比，以便当期多确认收入。（准确性）

（7）采用代理商销售模式时，在代理商仅向购销双方提供帮助接洽、磋商等中介代理服务的情况下，按交易总额而非净额（扣除佣金和代理费等）确认收入。

（8）在与商品相关的风险和报酬尚未全部转移给客户之前确认销售收入。（截止）

（9）当存在多种可供选择的收入确认会计政策或会计估计方法时，随意变更所选择的会计政策或会计估计方法。（发生）

（10）选择与销售模式不匹配的收入确认会计政策。（发生）

（11）通过隐瞒售后回购或售后租回协议，而将以售后回购或售后租回方式发出的商品作为销售商品确认收入。（发生）

2.为降低税负或转移利润而<u>低估收入</u>

（1）商品发出、收到货款并满足收入确认条件后，不确认收入，将收到的货款作为负债挂账，或转入本单位以外的其他账户。（完整性）

（2）采用以旧换新的销售方式时，以新旧商品的差价确认收入。（准确性）

（3）在提供劳务或建造合同的结果能够可靠估计的情况下，不在资产负债表日按完工百分比法确认收入，而推迟到劳务结束或工程完工时确认收入。

（四）表明可能存在舞弊风险的迹象

1.未经客户同意，在合同约定的发货期之前发送商品。

2.未经客户同意，将商品运送到合同约定地点以外的地点。

3.销售记录表明，已将商品发出，却未指明任何客户。

4.销售与订单不符，或根据已取消的订单发货或重复发货。

5.在发货之前开具销售发票，或未发货而开具销售发票。

6.在接近期末时发生了大量或大额的交易。

7.对于期末之后的发货，在本期确认相关收入。

8.已经销售给货运代理人的商品，在期后有大量退回。

9.发生异常大量的现金交易，或被审计单位有非正常的资金流转及往来，特别是有非正常现金收付的情况。

10.应收款项付款单位与买方不一致，存在较多代付款情况。

11.客户是否付款取决于：

（1）能否从第三方取得融资；

（2）能否转售给第三方；

（3）被审计单位能否满足特定重要条件。

12.交易之后长期不结算。

13.主要客户自身规模与其交易规模不匹配。

14.交易标的对交易对手而言不具有合理用途。

15.销售合同上加盖的公章不属于合同所指定的客户，或者销售合同或发运单上的日期被更改。

16.在被审计单位业务或其他相关事项未发生重大变化的情况下，询证函回函相符比例明显异于以前年度。

考霸笔记
一般不直接考查，会出现在主观题的背景资料中，是判断存在哪些风险的依据，理解记忆，灵活掌握。

第九章

（五）对收入确认实施分析程序

1.将本期销售收入金额与以前可比期间的对应数据或预算数相比较；

2.分析月度或季度销售量变动趋势；

3.将销售收入变动幅度与销售商品及提供劳务收到的现金、应收账款、存货、税金等项目的变动幅度进行比较；

4.将销售毛利率、应收账款周转率、存货周转率等关键财务指标与可比期间数据、预算数或同行业其他企业数据进行比较；

5.分析销售收入等财务信息与投入产出率、劳动生产率、产能、水电能耗、运输数量等非财务信息之间的关系；

6.分析销售收入与销售费用之间的关系，包括销售人员的人均业绩指标、销售人员薪酬、差旅费用、运费，以及销售机构的设置、规模、数量、分布等。

注册会计师通过实施分析程序，可能识别出未注意到的异常关系，或难以发现的变动趋势，从而有目的、有针对性地关注可能发生重大错报风险的领域，有助于评估重大错报风险，为设计和实施应对措施提供基础。例如，如果注册会计师发现被审计单位不断地为完成销售目标而增加销售量，或者大量的销售因不能收现而导致应收账款大量增加，需要对销售收入的真实性予以额外关注；如果注册会计师发现被审计单位临近期末销售量大幅增加，需要警惕将下期收入提前确认的可能性；如果注册会计师发现单笔大额收入能够减轻被审计单位盈利方面的压力，或使被审计单位完成销售目标，需要警惕被审计单位虚构收入的可能性。

如果发现异常或偏离预期的趋势或关系，注册会计师需要认真调查其原因，评价是否可能存在由于舞弊导致的重大错报风险。涉及期末收入和利润的异常关系尤其值得关注，例如在报告期的最后几周内记录了不寻常的大额收入或异常交易。对注册会计师可能采取的调查方法举例如下：

（1）如果注册会计师发现被审计单位的毛利率变动较大或与所在行业的平均毛利率差异较大，注册会计师可以采用定性分析与定量分析相结合的方法，从行业及市场变化趋势、产品销售价格和产品成本要素等方面对毛利率变动的合理性进行调查。

（2）如果注册会计师发现应收账款余额较大，或其增长幅度大于销售收入的增长幅度，注册会计师需要分析具体原因（如赊销政策和信用期限是否发生变化等），并在必要时采取恰当的措施，如提高函证比例、增加截止测试和期后收款测试的比例等。

（3）如果注册会计师发现被审计单位的收入增长幅度明显大于管理层的预期，可以询问管理层的适当人员，并考虑管理层的答复是否与其他审计证据一致，例如，如果管理层表示收入增长是由销售量增加所致，注册会计师可以调查与市场需求相关的情况。

二、根据重大错报风险评估结果设计进一步审计程序

注册会计师基于销售与收款循环的重大错报风险评估结果，制订实施进一步审计程序的总体方案（包括综合性方案和实质性方案）（见表9-3），继而实施控制测试和实质性程序，以应对识别出的认定层次的重大错报风险。注册会计师通过控制测试和实质性程序获取的审计证据综合起来应足以应对识别出的认定层次的重大错报风险。

表9-3　　　销售与收款循环的重大错报风险和进一步审计程序总体方案

重大错报风险描述	相关财务报表项目及认定	风险程度	是否信赖控制	进一步审计程序的总体方案	拟从控制测试中获取的保证程度	拟从实质性程序中获取的保证程度
销售收入可能未真实发生	收入：发生 应收账款：存在	特别	是	综合性方案	高	中
销售收入记录可能不完整	收入/应收账款：完整性	一般	否	实质性方案	无	低
期末收入交易可能未计入正确的期间	收入：截止 应收账款：存在/完整性	特别	否	实质性方案	无	高
发生的收入交易未能得到准确记录	收入：准确性 应收账款：准确性计价和分摊	一般	是	综合性方案	部分	低
应收账款坏账准备的计提不准确	应收账款：准确性计价和分摊	一般	否	实质性方案	无	中

注："拟从控制测试中获取的保证程度"一列所列示的"高、部分和无"以及"拟从实质性程序中获取的保证程度"一列所列示的"高、中、低"的级别的确定属于注册会计师的职业判断。针对不同的风险级别，其对应的拟获取的保证程度并非一定同表9-3。表9-3中的内容仅为向读者演示注册会计师基于特定情况所做出的对应的审计方案的评价结果，从而基于该结果确定控制测试和实质性程序的性质、时间安排和范围。

无论是采用综合性方案还是实质性方案，获取的审计证据都应当能够从认定层面应对所识别的重大错报风险，直至针对该风险所涉及的全部相关认定，都已获取了足够的保证。我们将在本章第四节和第五节，说明内部控制测试和实质性程序是如何通过"认定"与识别的重大错报风险相对应的。

第四节　销售与收款循环的内部控制

◇ 控制测试的基本原理
◇ 以风险为起点的控制测试

一、控制测试的基本原理

1.控制测试所使用的审计程序的类型主要包括询问、观察、检查和重新执行，其提供的保证程度依次递增。注册会计师需要根据所测试的内部控制的特征及需要获得的保证程度选用适当的测试程序。（性质）

2.如果在期中实施了控制测试，注册会计师应当在年末审计时实施适当的前推程序，就控制在剩余期间的运行情况获取证据，以确定控制是否在整个被审计期间持续运行有效。（时间）

考霸笔记
进一步审计程序是采用综合性方案还是实质性方案由是否信赖控制决定，不受风险程度的影响。

考霸笔记
这些是实施控制测试时的基本要求，就其原理而言，对其他业务循环的控制测试同样适用，因此，在后面讨论其他业务循环的控制测试时将不再重复。

考霸笔记
即指将审计程序合理延伸至期末的程序。

3.控制测试的范围取决于注册会计师需要通过控制测试获取的保证程度。（范围）

4 如果拟信赖的内部控制是由计算机执行的自动化控制，注册会计师除了测试自动化应用控制的运行有效性，还需要就相关的信息技术一般控制的运行有效性获取审计证据。如果所测试的人工控制利用了系统生成的信息或报告，注册会计师除了测试人工控制，还需就系统生成的信息或报告的可靠性获取审计证据。

二、以风险为起点的控制测试

风险评估和风险应对是整个审计过程的核心，因此，注册会计师通常以识别的重大错报风险为起点，选取拟测试的控制并实施控制测试。图9-1列示了通常情况下，注册会计师对销售与收款循环实施的控制测试。表9-4至表9-9列示了不同业务活动的控制测试。

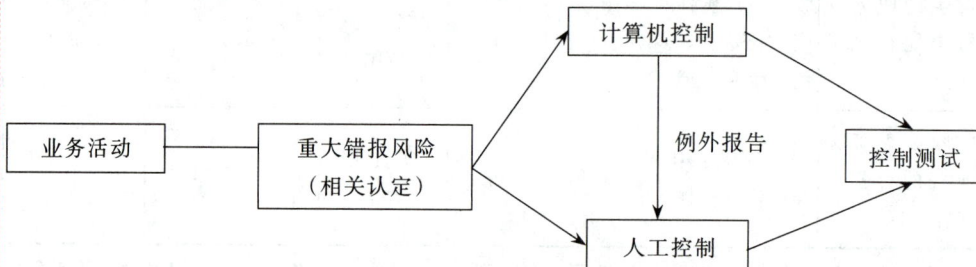

图9-1 以风险为起点的控制测试

在上述控制测试中，如果人工控制在执行时，依赖信息系统生成的报告，那么注册会计师还应当针对于系统生成报告的准确性执行测试。例如与坏账准备计提相关的管理层控制中使用了系统生成的应收账款账龄分析表，其准确性影响管理层控制的有效性，因此，注册会计师需要同时测试应收账款账龄分析表的准确性。

表9-4　　　　　　　　业务活动：订单处理和赊销的控制测试

可能发生错报的环节	相关的财务报表项目及认定	存在的内部控制（自动）	存在的内部控制（人工）	内部控制测试程序
可能向没有获得赊销授权或超出了其信用额度的客户赊销	收入：发生 应收账款：存在	订购单上的客户代码与应收账款主文档记录的代码一致。目前未偿付余额加上本次销售额在信用限额范围内。上述两项均满足才能生成销售单	对于不在主文档中的客户或是超过信用额度的客户订购单，需要经过适当授权批准，才可生成销售单	询问员工销售单的生成过程，检查是否所有生成的销售单均有对应的客户订购单为依据。检查系统中自动生成销售单的生成逻辑，是否确保满足了客户范围及其信用控制的要求。对于系统外授权审批的销售单，检查是否经过适当批准

表9-5　　　　　　　　　　业务活动：发运商品的控制测试

可能发生错报的环节	相关的财务报表项目及认定	存在的内部控制（自动）	存在的内部控制（人工）	内部控制测试程序
可能在没有批准发货的情况下发出了商品	收入：发生应收账款：存在	当客户销售单在系统中获得发货批准时，系统自动生成连续编号的发运凭证	保安人员只有同时看到附有经批准的销售单和发运凭证时才能放行	检查系统内发运凭证的生成逻辑以及发运凭证是否连续编号 询问并观察发运时保安人员的放行检查
发运商品与客户销售单可能不一致	收入：准确性应收账款：准确性计价与分摊	计算机把发运凭证中所有准备发出的商品与销售单上的商品种类和数量进行比对。打印种类或数量不符的例外报告，并暂缓发货	管理层复核例外报告和暂缓发货的清单，并解决问题	检查例外报告和暂缓发货的清单
已发出商品可能与发运凭证上的商品种类和数量不符	收入：准确性应收账款：准确性计价与分摊		商品打包发运前，装运部门对商品和发运凭证内容进行独立核对，并在发运凭证上签字以示商品已与发运凭证核对且种类和数量相符 客户要在发运凭证上签字以作为收到商品且商品与订购单一致的证据	检查发运凭证上相关员工及客户的签名，作为与发货一致的证据
已销售商品可能未实际发运给客户	收入：发生应收账款：存在		客户要在发运凭证上签字以作为收到商品且商品与订购单一致的证据	检查发运凭证上客户的签名，作为收货的证据

表9-6　　　　　　　　　　业务活动：开具发票的控制测试

可能发生错报的环节	相关的财务报表项目及认定	存在的内部控制（自动）	存在的内部控制（人工）	内部控制测试程序
商品发运可能未开具销售发票或已开出发票没有发运凭证的支持	应收账款：存在/完整性/权利和义务　收入：发生/完整性	发货以后系统根据发运凭证及相关信息自动生成连续编号的销售发票　系统自动复核连续编号的发票和发运凭证的对应关系，并定期生成例外报告	复核例外报告并调查原因	检查系统生成发票的逻辑　检查例外报告及跟进情况
由于定价或产品摘要不正确，以及销售单或发运凭证或销售发票代码输入错误，可能导致销售价格不正确	收入：准确性　应收账款：准确性计价与分摊	通过逻辑登录限制控制定价主文档的更改。只有得到授权的员工才能进行更改　系统通过使用和检查主文档版本序号，确定正确的定价，主文档版本已经被上传　系统检查录入的产品代码的合理性	核对经授权的有效的价格更改清单与计算机获得的价格更改清单是否一致　如果发票由手工填写或没有定价主文档，则有必要对发票的价格进行独立核对	检查文件以确定价格更改是否经授权　重新执行以确定打印出的更改后价格与授权是否一致　通过检查IT的一般控制和收入交易的应用控制，确定正确的定价主文档版本是否已被用来生成发票　如果发票由手工填写，检查发票上价格复核人员的签名　通过核对经授权的价格清单与发票上的价格，重新执行该核对过程
发票上的金额可能出现计算错误	收入：准确性　应收账款：准确性计价与分摊	每张发票的单价、计算、商品代码、商品摘要和客户账户代码均由计算机程序控制　如果由计算机控制的发票开具程序的更改是受监控的，在操作控制帮助下，可以确保使用的是正确的发票生成程序版本　系统代码有密码保护，只有经授权的员工才可以更改　定期打印所有系统上做出的更改	上述程序的所有更改由上级复核和审批　如果由手工开具发票，独立复核发票上计算的增值税和总额的正确性	自动：询问发票生成程序更改的一般控制情况，确定是否经授权以及现有的版本是否正在被使用　检查有关程序更改的复核审批程序　手工：检查与发票计算金额正确性相关的人员的签名　重新计算发票金额，证实其是否正确

表 9-7　　　　　　　　　　　业务活动：记录赊销的控制测试

可能发生错报的环节	相关的财务报表项目及认定	存在的内部控制（自动）	存在的内部控制（人工）	内部控制测试程序
销售发票入账的会计期间可能不正确	收入：截止发生 应收账款：存在/完整性/权利和义务	系统根据销售发票的信息自动汇总生成当期销售入账记录	定期执行人工销售截止检查程序 向客户发送月末对账单，调查并解决客户质询的差异	检查系统中销售记录生成的逻辑 重新执行销售截止检查程序 检查客户质询信件并确定问题是否已得到解决
销售发票入账金额可能不准确	收入：准确性 应收账款：准确性计价和分摊	系统根据销售发票的信息自动汇总生成当期销售入账记录	复核明细账与总账间的调节 向客户发送月末对账单，调查并解决客户质询的差异	检查系统销售入账记录的生成逻辑，对于手工调节项目进行检查，并调查原因是否合理 检查客户质询信件并确定问题是否已得到解决
销售发票可能被记入不正确的应收账款明细账户	应收账款：准确性计价和分摊	系统将客户代码、商品发送地址、发运凭证、发票与应收账款主文档中的相关信息进行比对	应收账款客户主文档中明细账的汇总金额应与应收账款总分类账核对。对于二者之间的调节项需要调查原因并解决 向客户发送月末对账单，调查并解决客户质询的差异	检查应收账款客户主文档中明细余额汇总金额的调节结果与应收账款总分类账是否核对相符，以及负责该项工作的员工签名 检查客户质询信件并确定问题是否已得到解决

表 9-8　　　　　　　　　　　业务活动：记录应收账款的收款（现金销售）

可能发生错报的环节	相关的财务报表项目及认定	存在的内部控制（自动）	存在的内部控制（人工）	内部控制测试程序
记录应收账款收款				
应收账款记录的收款与银行存款可能不一致	应收账款/货币资金：完整性/存在/权利和义务/准确性计价与分摊	在每日编制电子版存款清单时，系统自动贷记应收账款	将每日收款汇总表、电子版收款清单和银行存款清单相比较 定期取得银行对账单，独立编制银行存款余额调节表 向客户发送月末对账单，调查并解决客户质询的问题	检查核对每日收款汇总表、电子版收款清单和银行存款清单的核对记录和核对人签名 检查银行存款余额调节表和负责编制的员工的签名 检查客户质询信件并确定问题是否已被解决

可能发生错报的环节	相关的财务报表项目及认定	存在的内部控制（自动）	存在的内部控制（人工）	内部控制测试程序
收款可能被记入不正确的应收账款账户	应收账款：准确性计价和分摊、存在	电子版的收款清单与应收账款明细账之间建立连接界面，根据对应的客户名称、代码、发票号等将收到的款项对应到相应的客户账户。对于无法对应的款项生成例外事项报告系统定期生成按客户细分的应收账款账龄分析表	对生成的例外事项报告的项目进行手工核对，或调查产生的原因并解决向客户发送月末对账单，对客户质询的差异应予以调查并解决管理层每月复核按客户细分的应收账款账龄分析表，并调查长期余额或其他异常余额	检查系统中的对应关系审核设置是否合理检查对例外事项报告中的信息进行核对的记录以及无法核对事项的解决情况检查客户质询信件并确定问题是否已被解决检查管理层对应收账款账龄分析表的复核及跟进措施
记录现金销售				
登记入账的现金收入与企业实际已经收到的现金不符	收入：完整发生、截止/准确性货币资金：完整/存在	现金销售通过统一的收款台用收银机集中收款，并自动打印销售小票	销售小票应交予客户确认金额一致通过监视器监督收款台每个收款台都打印每日现金销售汇总表盘点每个收款台收到的现金，并与相关销售汇总表调节相符独立检查所有收到的现金已存入银行将每日现金销售汇总表与银行存款单相比较定期取得银行对账单，独立编制银行存款余额调节表	实地观察收银台、销售点的收款过程，并检查在这些地方是否有足够的物理监控检查收款台打印销售小票和现金销售汇总表的程序设置和修改权限设置检查盘点记录和结算记录上负责计算现金和与销售汇总表相调节工作的员工的签名检查银行存款单和销售汇总表上的签名，证明已实施复核检查银行存款余额调节表的编制和复核人员的审核记录

表9-9　　　　　　　　　　业务活动：坏账准备计提及坏账核销

可能发生错报的环节	相关的财务报表项目及认定	存在的内部控制（自动）	存在的内部控制（人工）	内部控制测试程序
坏账准备的计提可能不充分	应收账款：准确性计价和分摊	依据公司计提坏账的规则，自动生成应收账款账龄分析表	管理层对财务人员依据账龄分析表计算编制的坏账准备计提表进行复核。对于存在客观证据表明将无法按应收款项的原有条款收回的款项，复核财务人员是否已经获得该证据，并恰当计提了应计提的坏账准备金额。复核无误后，需在坏账准备计提表上签字。管理层复核坏账核销的依据，并进行审批	检查财务系统计算账龄分析表的规则是否正确　询问管理层如何复核坏账准备计提表的计算，检查是否有复核人员的签字　检查坏账核销是否经过管理层的恰当审批

第五节　销售与收款循环的实质性程序

◇ 营业收入的实质性程序
◇ 应收账款的实质性程序
◇ 坏账准备的实质性程序

一、营业收入的实质性程序

（一）审计目标与认定对应关系表（见表9-10）

表9-10　　　　　　　　　　审计目标与认定对应关系表

审计目标	财务报表认定				
	发生	完整性	准确性	截止	列报
A.利润表中记录的营业收入是否已发生，且与被审计单位有关	√				
B.所有应当记录的营业收入是否均已记录		√			
C.与营业收入有关的金额及其他数据是否已恰当记录			√		
D.营业收入是否已记录于恰当的会计期间				√	
E.营业收入是否已按照企业会计准则的规定在财务报表中做出恰当的列报					√

第九章

（二）主营业务收入的一般实质性程序（见表9-11）

表9-11　　　　　　主营业务收入的一般实质性程序

审计目标	可供选择的实质性程序
C	1.获取营业收入明细表 （1）复核加计是否正确，与总账数和明细账合计数核对相符 （2）检查以非记账本位币结算的主营业务收入的折算汇率及折算是否正确
AC/BC	2.实施实质性分析程序（常考）
ACD/BCD	3.检查主营业务收入确认方法是否符合企业会计准则的规定（常考）
ABCD	4.核对收入交易的原始凭证与会计分录（常考）
AC	5.结合对应收账款的审计，选择主要客户函证本期销售额
D	6.实施销售的截止测试（常考）
A	7.存在销货退回的，检查手续是否符合规定，结合原始销售凭证，检查其会计处理是否正确。结合存货项目审计，关注其真实性
C	8.销售折扣与折让
F	9.检查主营业务收入在财务报表中的列报和披露是否符合企业会计准则的规定

下面对一些重要的程序作具体介绍：

1.实施实质性分析程序：

（1）针对已识别需要运用分析程序的有关项目，并基于对被审计单位及其环境的了解，通过进行以下比较，同时考虑有关数据间关系的影响，以建立有关数据的期望值：

①将本期的主营业务收入与上期的主营业务收入、销售预算或预测数等进行比较，分析主营业务收入及其构成的变动是否异常，并分析异常变动的原因；

②计算本期重要产品的毛利率，与上期预算或预测数据相比较，检查是否存在异常，各期之间是否存在重大波动，查明原因；

③比较本期各月各类主营业务收入的波动情况，分析其变动趋势是否正常，是否符合被审计单位季节性、周期性的经营规律，查明异常现象和重大波动的原因；

④将本期重要产品的毛利率与同行业企业进行对比分析，检查是否存在异常。

（2）确定可接受的差异额。

（3）将实际的情况与期望值相比较，识别需要进一步调查的差异。

（4）如果其差额超过可接受的差异额，调查并获取充分的解释和恰当的佐证审计证据（如通过检查相关的凭证等）。需要注意的是，如果差异超过可接受差异额，注册会计师需要对差异额的全额进行调查证实，而非仅针对超出可接受差异额的部分。

（5）评估分析程序的测试结果。

2.收入确认方法结合会计知识掌握。

根据《企业会计准则第14号——收入》的规定，企业应当在履行合同中的履约义务，及在客户取得相关商品控制权时确认收入。取得相关商品控制权，是指能够主导该商品的使用并从中获得几乎全部的经济利益。

当企业与客户之间的合同同时满足下列条件时，企业应当在客户取得商品控制权时确认收入：

（1）合同各方已批准该合同并承诺履行各自义务；

（2）该合同明确了合同各方与所转让商品或提供劳务相关的权利和义务；

（3）该合同有明确的与所转让的商品相关的支付条款；

（4）该合同具有商业实质，即履行该合同将改变企业未来现金流量的风险、时间分布或金额；

（5）企业因向客户转让商品而有权取得的对价很可能收回。

《企业会计准则》分别对"在某一时段内履行的履约义务"和"在某一时点履行的履约义务"的收入确认作出规定。

对于在某一时段内履行的履约义务，企业应当在该段时间内按照履约进度确认收入。当履约进度能够合理确定时，采用产出法或投入法确定恰当的履约进度。当履约进度不能合理确定时，企业已经发生的成本预计能够得到补偿的，应当按照已经发生的成本金额确认收入，直到履约进度能够合理确定为止。

对于在某一时点履行的履约义务，企业应当在客户取得相关商品的控制权时确认收入。在判断客户是否已取得商品控制权时，企业应当考虑下列迹象：

（1）企业就该商品享有现时收款权利，即客户就该商品负有现时付款义务；

（2）企业已将该商品的法定所有权转移给客户，即客户已拥有该商品的法定所有权；

（3）企业已将该商品实物转移给客户，即客户已实物占有该商品；

（4）企业已将该商品所有权上的主要风险和报酬转移给客户，即客户已取得该商品所有权上的主要风险和报酬；

（5）客户已接受该商品；

（6）其他表明客户已取得商品控制权的迹象。

因此，注册会计师需要基于对被审计单位商业模式和日常经营活动的了解，判断被审计单位的合同履约义务是在某一时段内履行还是某一时点履行，据以评估被审计单位确认产品销售收入的会计政策是否符合《企业会计准则》的规定，并测试被审计单位是否按照其既定的会计政策确认产品销售收入。

注册会计师通常对所选取的交易，追查至原始的销售合同及与履行合同相关的单据和文件记录，以评价收入确认方法是否符合《企业会计准则》的规定。本章假定被审计单位在某一时点履行履约义务，在商品发运至客户并签收时确认收入（客户在该时点取得对商品的控制权）。

3. 核对收入交易的原始凭证与会计分录。

（1）以主营业务收入明细账中的会计分录为起点，检查相关原始凭证如订购单、销售单、发运凭证、发票等，以评价已入账的营业收入是否真实发生。逆查。

（2）检查订购单和销售单，用以确认存在真实的客户购买要求，销售交易已经过适当的授权批准。

（3）从发运凭证中选取样本，追查至销售发票存根和主营业务收入明细账，以确定是否存在遗漏事项。注册会计师必须能够确信全部发运凭证均已归档，这一点一般可以通过检查发运凭证的顺序编号来查明。顺查。

检查发运凭证连续编号的完整性为什么与营业收入完整性认定相关？

考霸笔记
考试题型：选择题、简答题。
考试频率：高频。
考试套路：简答题，一般与实务联系起来，难度较大。
备考建议：不能死记硬背，重在理解！

考霸笔记
考试题型：简答题。
考试频率：高频。
备考建议：理解最重要。关键单据是指能反映收入确认条件的单据。例如，货物出库时，可能不符合收入确认的条件，因此，仓储部门留存的发运凭证可能不是实现收入的充分证据，注册会计师需要查看由客户签署的那一联发运凭证。

考霸笔记
可能表明违反发生或截止认定。

（4）销售发票存根上所列的单价，通常还要与经过批准的商品价目表进行比较核对，对其金额小计和合计数也要进行复算。

（5）发票中列出的商品的规格、数量和客户代码等，则应与发运凭证进行比较核对，尤其是由客户签收商品的一联，若确定以按合同约定完成交易，可以确认收入。

（6）检查原始凭证中的交易日期，以确认收入计入了正确的会计期间。

4.截止测试　4个程序需记忆！

对销售实施截止期测试，其目的主要在于确定被审计单位主营业务收入的会计记录归属期是否正确：应记入本期或下期的主营业务收入是否被推延至下期或提前至本期。

实施截止测试的前提是注册会计师充分了解被审计单位的收入确认会计实务，并识别能够证明某笔销售符合收入确认条件的关键单据。

（1）选取资产负债表日前后若干天的发运凭证，与应收账款和收入明细账进行核对；同时，从应收账款和收入明细账选取在资产负债表日前后若干天的凭证，与发运凭证核对，以确定销售是否存在跨期现象。

（2）复核资产负债表日前后"销售和发货水平"，确定业务活动水平是否异常，并考虑是否有必要追加截止测试程序。　是否年前很多，年后没有？

（3）取得资产负债表日后所有的"销售退回记录"，检查是否存在提前确认收入的情况。

（4）结合对资产负债表日"应收账款的函证"程序，检查有无未取得对方认可的大额销售。

实务中由于增值税发票涉及企业的纳税和抵扣问题，开票日期滞后于收入可确认日期的情况并不少见，因此，通常不能将开票日期作为收入确认的日期。

若某一般生产制造型企业在货物送达客户并由客户签收时确认收入，注册会计师可以考虑选择两条审计路径实施主营业务收入的截止测试（见表9-12）：

表9-12　　实施主营业务收入截止测试的两条审计路径

项目	一是以账簿记录为起点	二是以发运凭证为起点
程序	从资产负债表日前后若干天的账簿记录查至记账凭证和客户签收的发运凭证	从资产负债表日前后若干天的已经由客户签收的发运凭证查至账簿记录
目的	证实已入账收入是否在同一期间已发货并由客户签收，有无多记收入	确定主营业务收入是否记入恰当的会计期间
优点	比较直观；容易追查至相关凭证记录，以确定其是否应在本期确认收入，特别是在连续审计两个以上会计期间时，检查跨期收入十分便捷，可以提高审计效率	
缺点	缺乏全面性和连贯性，只能查多记，无法查漏记，尤其是当本期漏记收入延至下期而审计时被审计单位尚未及时登账时，不易发现应记入而未记入报告期收入的情况	
主要用于	主要是为了防止多计收入	主要是为了防止少计收入

上述两条审计路径在实务中均被广泛采用，它们并不是孤立的，注册会计师可

以考虑在同一主营业务收入科目审计中并用这两条路径。

实际上，由于被审计单位的具体情况各异，管理层意图各不相同，有的出于完成利润目标、承包指标，更多地享受税收等优惠政策，便于筹资等目的，可能会多计收入；有的则出于以丰补欠、留有余地、推迟缴税时间等目的而少计收入。因此，为提高审计效率，注册会计师应当凭借专业经验和所掌握的信息、资料做出正确判断，选择适当的审计路径实施有效的收入截止测试。

（三）营业收入的特别审计程序

除上述较为常规的审计程序外，注册会计师还要根据被审计的特定情况和收入的重大错报风险程度，考虑是否实施一些特别的审计程序：

1.附有销售退回条件的商品销售，评估对退货部分的估计是否合理，以确定其是否按估计不会退货部分确认收入。

2.售后回购，了解回购安排属于远期安排，企业拥有回购选择权还是客户拥有回售选择权，以确定企业是否根据不同的安排进行恰当的会计处理。

3.以旧换新销售，确定销售的商品是否按照商品销售的方法确认收入，回收的商品是否作为购进商品处理。

4.出口销售，根据交易的定价和成交方式（离岸价格、到岸价格或成本加运费价格等），并结合合同（购销合同和运输合同）中有关货物运输途中风险承担的条款，确定收入确认的时点和金额。

如果注册会计师认为被审计单位存在通过虚假销售做高利润的舞弊风险，可能采取一些非常规的审计程序予以应对：

（1）调查被审计单位客户的工商登记资料和其他信息，了解客户是否真实存在，其业务范围是否支持其采购行为；

（2）检查与已收款交易相关的收款记录及原始凭证，检查付款方是否为销售交易对应的客户；

（3）考虑利用反舞弊专家的工作，对被审计单位和客户的关系及交易进行调查。

二、应收账款的实质性程序

（一）审计目标与认定对应关系表（见表9-13）

表9-13　　　　　　　　审计目标与认定对应关系表

审计目标	财务报表认定				
	存在	完整性	权利和义务	准确性计价和分摊	列报
A.资产负债表中记录的应收账款是否存在	√				
B.所有应当记录的应收账款是否均已记录		√			
C.记录的应收账款是否由被审计单位拥有或控制			√		
D.应收账款是否可收回，坏账准备的计提方法和比例是否恰当，计提是否充分				√	
E.应收账款及其坏账准备是否已按照企业会计准则的规定在财务报表中作出恰当列报					√

考霸笔记
注意：两条路径不是必须同时进行。

考霸笔记
考试题型：都有涉及。
考试频率：（重难点），常考。
备考建议：结合会计知识掌握。！

考霸笔记
2019 年重新表述。

营业收入发生认定的具体审计证据。

考霸笔记
考试题型：客观题、简答题。
考试频率：高频。
考试套路：理论结合实务进行考核。
备考建议：除了学习教材中的理论部分，更要结合习题去理解。

（二）应收账款的实质性程序（见表9-14）

表9-14　应收账款的实质性程序

审计目标	可供选择的实质性程序
D	1.取得应收账款明细表（复核加计正确，外币折算，重分类）（常考）
AD/BD	2.分析与应收账款的相关财务指标（与主营业务收入关系，周转率，周转天数）（常考）
D	3.检查应收账款账龄分析是否正确（常考）
ACD	4.函证应收账款（常考）
A	5.对应收账款余额实施函证以外的细节测试（替代程序）
D	6.检查坏账的冲销和转回。检查应收账款中是否存在债务人破产或者死亡，以及破产财产或者遗产清偿后仍无法收回，或者债务人长期未履行偿债义务的应收账款；检查被审计单位坏账的处理是否经授权批准，会计处理是否正确
E	7.确定应收账款的列报是否恰当

下面对一些重要的程序作具体介绍：

1.取得应收账款明细表

（1）复核加计正确，并与总账数和明细账合计数核对是否相符；结合坏账准备科目与报表数核对是否相符。

（2）检查非记账本位币应收账款的折算汇率及折算是否正确。

（3）分析有贷方余额的项目，查明原因，必要时，建议做重分类调整。

（4）结合其他应收款、预收款项等往来项目的明细余额，调查有无同一客户多处挂账、异常余额或与销售无关的其他款项（如，代销账户、关联方账户或员工账户。舞弊的迹象）。如有，应做出记录，必要时提出调整建议。

2.分析与应收账款相关的财务指标

（1）复核应收账款借方累计发生额与主营业务收入关系是否合理，并将当期应收账款借方发生额占销售收入净额的百分比与管理层考核指标和被审计单位相关赊销政策相比较。

（2）计算应收账款周转率、应收账款周转天数等指标，并与赊销政策、以前年度指标、同行业同期相关指标对比分析。

应收账款周转天数=应收账款年末余额/收入×365

或：

应收账款周转天数=应收账款年初年末平均余额/收入×365

3.检查应收账款账龄分析是否正确（见表9-15）。

（1）获取应收账款账龄分析表。

（2）测试应收账款账龄分析表计算的准确性，并将应收账款账龄分析表中的合计数与应收账款总分类账余额相比较，并调查重大调节项目。

（3）从账龄分析表中抽取一定数量的项目，<u>追查至相关销售原始凭证</u>，测试账龄划分的准确性。

表9-15　　　　　　　　　　测试账龄划分的准确性

客户名称	期末余额	账龄			
		1年以内	1～2年	2～3年	3年以上
合计					

注意：

1.本期"1年以内"应收余额与上期相当，但无勾稽关系；

2.本期"1～2年"应收余额不应超过上期"1年以内"；

3.本期"2～3年"应收余额不应超过上期"1~2年"；

4.本期"3年以上"可以大于上期"2～3年"或"3年以上"，但不应超过两者之和。

经过1年，账龄增加1年，只可能收到还款而金额减少，不可能反而增加，若大于，<mark>则可能存在重大错报风险</mark>。

4.函证应收账款

（1）函证决策

注册会计师<u>应当</u>对应收账款进行函证，除非有充分证据表明<u>应收账款对被审计单位财务报表而言是不重要的</u>，或者<mark>函证很可能是无效的</mark>。

如果不对应收账款进行函证，应当在审计工作底稿中说明理由。

如果认为函证很可能是无效的，应当实施替代审计程序，获取相关、可靠的审计证据。

（2）<mark>函证的范围和对象</mark>

函证范围是由诸多因素决定的，主要有：

①应收账款在全部资产中的重要性，即应收账款在全部资产中的比重 [同向]。

②被审计单位内部控制的强弱，即被审计单位内部控制的健全程度 [反向]。

③以前期间的函证结果，即以前期间函证中发现过重大差异或纠纷的多少 [同向]。

<mark>一般应选择以下项目作为函证对象</mark>：

①大额或账龄较长的项目；

②与债务人发生纠纷的项目；

③重大关联方项目；

④主要客户（包括关系密切的客户）项目；

⑤新增客户项目；

⑥交易频繁但期末余额较小甚至余额为零的项目；

⑦可能产生重大错报或舞弊的非正常项目。

如果应收账款余额由大量金额较小且性质类似的项目构成，则注册会计师通常

熟悉（✓标记）

第九章（侧边标签）

采用抽样技术选取函证样本。

（3）对不符事项的处理

对回函中出现的不符事项，注册会计师需要调查核实原因，确定其是否构成错报。注册会计师不能仅通过询问被审计单位相关人员对不符事项的性质和原因得出结论，而是要在询问原因的基础上，检查相关的原始凭证和文件资料予以证实。必要时与被询证方联系，获取相关信息和解释。

因登记入账的时间不同而产生的不符事项主要表现为：

①询证函发出时，客户已经付款，被审计单位尚未收到；

②询证函发出时，被审计单位的货物已经发出并已作销售记录，但货物仍在途中，客户尚未收到货物；

③客户由于某种原因将货物退回，而被审计单位尚未收到；

④客户对收到的货物的数量、质量及价格等方面有异议而全部或部分拒付货款。

（4）对未回函项目实施替代程序

①检查资产负债表日后收回的货款，值得注意的是，注册会计师不能仅查看应收账款的贷方发生额，更要查看相关的收款单据，以证实付款方确为该客户且确与资产负债表日的应收账款相关；

②检查相关的销售合同、销售单、发运凭证等文件。注册会计师需要根据被审计单位的收入确认条件和时点，确定能够证明收入发生的凭证；

③检查被审计单位与客户之间的往来邮件，如有关发货、对账、催款等事宜的邮件。

注册会计师应当将询证函回函作为审计证据，纳入审计工作底稿管理，询证函回函的所有权归属所在会计师事务所。

三、坏账准备的实质性程序

应收账款属于以摊余成本计量的金融资产，企业应当以预期信用损失为基础，对其进行减值会计处理并确认损失准备。

1.取得或编制坏账准备明细表，复核加计是否正确，与坏账准备总账数、明细账合计数核对是否相符。

2.将应收账款坏账准备本期计提数与资产减值损失相应明细项目的发生额核对是否相符。

3.检查坏账准备计提和核销的批准程序，取得书面报告等证明文件，结合应收账款函证回函结果，评价计提坏账准备所依据的资料、假设及方法。

企业应合理预计信用损失并计提坏账准备，不得多提或少提，否则视为滥用会计估计，按照前期差错更正的方法进行会计处理。

4.实际发生坏账损失的，检查转销依据是否符合有关规定，会计处理是否正确。对有确凿证据表明确实无法收回的应收账款，如债务单位已撤销、破产、资不抵债、现金流量严重不足等，经批准作为坏账损失，冲销提取的坏账准备。　　　　　　　　　　　　　　　　　　　　✓了解

5.已转销的坏账重新收回的，检查其会计处理是否正确。

6.确定应收账款坏账准备的披露是否恰当。

智能测评

在线练习	我要提问
扫码在线做题　　扫码看答案	扫码答疑
本书"本章同步强化训练"均配备二维码，打开微信"扫一扫"即可完成在线测评，查看本章详细的测评反馈报告，了解知识掌握情况，也可扫码直接看答案噢。 快来扫码做题吧！	本书配备答疑专用二维码，打开微信"扫一扫"，即可完成在线提问，获取专业老师全面个性化解答，让学习问题不再拖延。 快来扫码提问吧！

本章同步强化训练

一、单选题

1.下列认定中，与销售信用批准控制相关的是（　　）。

A.发生

B.准确性计价和分摊

C.权利和义务

D.完整性

2.财务人员根据核对一致的销售合同、客户签收单和销售发票编制记账凭证并确认销售收入，这项内部控制主要与（　　）认定相关。

A.准确性

B.准确性计价与分摊

C.权利义务

D.发生

3.以下不属于虚增收入或提前确认收入的舞弊手段的是（　　）。

A.利用与未披露关联方之间的资金循环虚构交易

B.在商品所有权全部转移给客户满足收入确认条件后，不确认收入，而将收到的货款作为负债挂账，或转入本单位以外的其他账户

C.通过隐瞒售后回购或售后租回协议，将以售后回购或售后租回方式发出的商品作为销售商品确认收入

D.在采用代理商的销售模式时，在代理商仅向购销双方提供接洽、磋商等中介代理服务的情况下，按照相关购销交易的总额而非净额（扣除佣金及代理费等）确认收入

4.下列审计程序中，不属于运用分析程序识别收入确认舞弊风险的是（　　）。

A.将本期销售收入金额与以前可比期间的对应数据或预算数进行比较

B.通过询问内部相关知情人员，识别收入确认的舞弊风险

C.分析月度或季度销售量变动趋势

D.分析销售收入等财务信息与投入产出率、劳动生产率、产能、水电能耗、运输数量等非财务信息之间的关系

5.下列有关收入确认的舞弊风险的说法中，错误的是（　　）。

A.关联方交易比非关联方交易更容易增加收入的发生认定存在舞弊风险的可能性

B.对于以营利为目的的被审计单位，收入的发生认定存在舞弊风险的可能性通常大于完整性认定存在舞弊风险的可能性

C.如果被审计单位已经超额完成当年的利润目标，但预期下一年度的目标较难达到，表明收入的截止认定存在舞弊风险的可能性较大

D.如果被审计单位采用完工百分比法确认收入，且合同完工进度具有高度估计不确定性，表明收入的准确性认定存在舞弊风险的可能性较大

6.下列实质性程序中，与营业收入"准确性"认定最相关的是（　　　）。

A.将发运凭证与相关的销售发票和营业收入明细账及应收账款明细账中的分录进行核对

B.复核营业收入总账、明细账以及应收账款明细账中的大额或异常项目

C.追查销售发票上的详细信息至发运凭证、经批准的商品价目表和顾客订购单

D.将发运凭证与存货永续记录中的发运分录进行核对

二、多选题

1.注册会计师在验证被审计单位登记入账的销售业务是否确已发生时，主要应关心（　　　）错报。

A.向假造的顾客发货并作为销货业务登记入账

B.销货业务已发生但尚未登记入账

C.未曾发货却作为销货业务登记入账

D.将次年年初发生的销货业务提前到本期入账

2.被审计单位下列有关销售业务的内部控制中，存在设计缺陷的有（　　　）。

A.订立销售合同前指定职员甲与客户谈判

B.销售、发货、收款业务分别由不同的人员负责

C.销售人员不得收款，审批人员不得发货

D.职员A将谈判结果向主管汇报后签订销售合同

3.以下属于少计收入或延后确认收入的舞弊手段的有（　　　）。

A.被审计单位采用以旧换新的方式销售商品时，以新旧商品的差价确认收入

B.在商品所有权全部转移给客户满足收入确认条件后，不确认收入，而将收到的货款作为负债挂账，或转入本单位以外的其他账户

C.通过虚开商品销售发票虚增收入，而将货款挂在应收账款中，并可能在以后期间计提坏账准备，或在期后冲销

D.通过隐瞒售后回购或售后租回协议，而将以售后回购或售后租回方式发出的商品作为销售商品确认收入

4.以下（　　　）迹象表明被审计单位收入确认可能存在舞弊风险？

A.被审计单位的销售记录表明，已将商品发往外部仓库或货运代理人，却未指明任何客户

B.对于期末之后的发货，在本期确认相关收入

C.销售合同或发运单上的日期被更改，或者销售合同上加盖的公章并不属于合同所指定的客户

D.发生异常大量的现金交易，或有非正常的资金流转及往来，特别是有非正常现金收付的情况

5.针对收入确认舞弊风险的调查方法，以下表述中，正确的有（　　　）。

A.对毛利率变动的合理性进行调查

B.对应收账款余额较大，或其增长幅度大于销售收入的增长幅度的现象进行调查

C.对收入增长幅度明显高于管理层预期的现象进行调查

D.如果注册会计师发现被审计单位的收入增长幅度明显高于管理层的预期，可以不进行调查，直接认定存在舞弊风险

6.假定在货物送达客户并由客户签收时确认收入，注册会计师可以考虑选择（　　）实施主营业务收入的截止测试。

A.以主营业务收入的账簿记录为起点　　　　B.以主营业务收入的发运凭证为起点

C.以主营业务收入的销售单为起点　　　　　D.以主营业务收入的订购单为起点

7.下列各项审计程序中，可以为营业收入发生认定提供审计证据的有（　　）。

A.结合对应收账款实施的函证程序，选择主要客户函证本期销售额

B.存在销货退回的，检查手续是否符合规定，结合原始销售凭证检查其会计处理是否正确，结合存货项目审计关注其真实性

C.调查被审计单位客户的工商登记资料和其他信息，了解客户是否真实存在，其业务范围是否支持其采购行为

D.检查与已收款交易相关的收款记录及原始凭证，检查付款方是否为销售交易对应的客户

8.注册会计师应如何检查应收账款账龄分析是否正确（　　）?

A.获取应收账款账龄分析表，以便了解和评估应收账款的可收回性

B.测试应收账款账龄分析表计算的准确性，并将应收账款账龄分析表中的合计数与应收账款总分类账余额相比较，并调查重大调节项目

C.从账龄分析表中抽取一定数量的项目，追查至相关销售原始凭证，以测试账龄划分准确性

D.对应收账款余额实施函证程序

三、简答题

A注册会计师负责对甲公司2018年12月31日的财务报告内部控制进行审计。A注册会计师了解到，甲公司将客户验货签收作为销售收入确认的时点。部分与销售相关的控制内容摘录如下：

（1）每笔销售业务均需与客户签订销售合同。

（2）赊销业务需由专人进行信用审批。

（3）仓库只有在收到经批准的发货通知单时才能供货。

（4）负责开具发票的人员无权修改开票系统中已设置好的商品价目表。

（5）财务人员根据核对一致的销售合同、客户签收单和销售发票编制记账凭证并确认销售收入。

（6）每月末，由独立人员对应收账款明细账和总账进行调节。

要求：

1.针对上述（1）至（6）项所列控制，逐项指出是否与销售收入的发生认定直接相关。

2.从所选出的与销售收入的发生认定直接相关的控制中，选出一项最应当测试的控制，并简要说明理由。

本章导学

第十章

采购与付款循环的审计

本章框架图

考霸笔记

本章是比较重要的章节，考试平均分值接近4分。

考试题型：主要是选择题，简答题和综合题也可能涉及，如采购付款内部控制、应付账款的实质性程序等。

备考建议：本章实务性较强，要在理解的基础上多做习题！

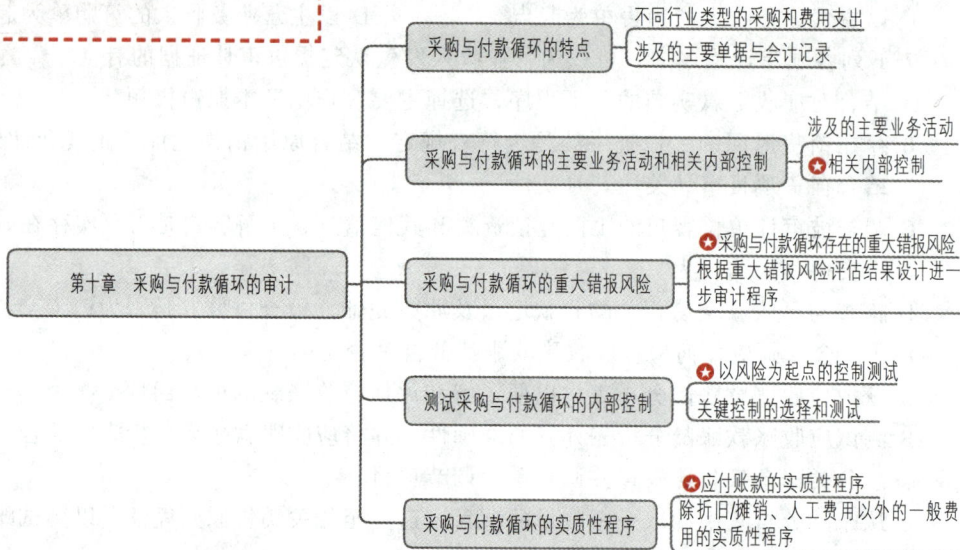

本章考情概述

2017年，本章的内容有较大变动，除了章节调整外，删除了固定资产的内部控制、控制测试及固定资产的实质性程序，即所有与固定资产相关的内容均不在本章讨论了，使得本章在内容上有所减少，难度上有所降低。重新编写的"以风险为起点的控制测试"表格及新增的"除折旧/弹性、人工费用以外的一般费用的实质性程序"值得考生适当关注。

近三年主要考点包括：应付账款的实质性程序、采购交易的内部控制与控制测试。

第一节　采购与付款循环的特点

◇ 不同行业类型的采购和费用支出

◇ 涉及的主要单据和会计记录

一、不同行业类型的采购和费用支出（见表10-1）

表10-1　　　　　　　　不同行业类型的采购和费用支出

行业类型	典型的采购和费用支出
贸易业	产品的选择和购买费用、产品的存储和运输费用、广告促销费用、售后服务费用
一般制造业	生产过程所需的原材料、易耗品、配件的购买与存储支出，市场经营费用，把产成品运达顾客或零售商处发生的运输费用，管理费用
专业服务业	律师、会计师、财务顾问的费用支出，包括印刷、通信、差旅、电脑、车辆等办公设备的购置和租赁费，书籍资料和研究设施的费用
金融服务业	支付储户的存款利息，支付其他银行的资金拆借利息、手续费，现金存放、现金运送和网络银行设施的安全维护费用，客户关系维护费用
建筑业	建材支出，建筑设备和器材的租金或购置费用，支付给分包商的费用；保险支出和安保成本；建筑保证金和许可审批方面的支出；交通费，通信费等。当在外地施工时，还会发生建筑工人的食宿费用

二、涉及的主要单据与会计记录

1.采购计划

企业以销售和生产计划为基础，考虑供需关系及市场计划变化等因素，制订采购计划，并经适当的管理层审批后执行。

2.供应商清单

企业通过文件审核及实地考察等方式对合作的供应商进行认证，对通过认证的供应商信息进行手工或系统维护，并及时进行更新。

3.请购单（谁需要，谁填写，不需要连续编号）

由生产、仓库等相关部门人员填写，送交采购部门，是申请购买商品、劳务或其他资产的书面凭据。

4.订购单（统一填写，预先连续编号）

由采购部门填写，经适当的管理层审核后发送供应商，是向供应商购买订购单上指定的商品、劳务或其他资产的书面凭证。

5.验收及入库单（验收部门统一编制，预先连续编号）

验收单是收到商品时编制的凭据，列示通过质量检验的、从供应商处收到的商品的种类和数量等内容。

入库单是由仓库管理人员填写的验收合格品入库的凭证。（先验收，后入库）

6.卖方发票（供应商发票、购货发票）

由供应商开具账单，交给买方以载明发运的货物或提供的劳务、应付款金额和付款条件等事项的凭证。

7.付款凭单（统一填写，预先连续编号）

由应付凭单部门编制，载明已收到的商品、资产或接受劳务的应付款金额和付款日期，是采购方企业内部记录和支付负债的授权证明文件。

付款凭单后附订购单、验收单、卖方发票，传递给财务部门，据以转账、填写付款凭证、付款。

> 注意其与付款凭证的区别：
> 付款凭单证明请购部门已收到商品或劳务并批准为采购交易买单（将来时态），付款凭证表明财务部门已按要求付款（完成时态）。

8.转账凭证

根据转账交易（不涉及现金、银行存款收付的各项交易）的原始凭证编制。

9.付款凭证

付款凭证包括现金付款凭证和银行存款付款凭证，是用来记录库存现金和银行存款支出交易的记账凭证。

10.应付账款明细账

11.库存现金日记账和银行存款日记账

12.供应商对账单

由供应商按月编制，标明期初余额、本期购买、本期支付给供应商的款项和期末余额的凭证。

实务中，对采购及应付账款的定期对账通常由供应商发起。

供应商对账单是供应商对有关交易的陈述，如果不考虑时间差，其期末余额通常应与采购方相应的应付账款期末余额一致（是证实应付账款存在、完整性、准确性计价和分摊认定的可靠证据）。

第二节　采购与付款循环的主要业务活动和相关内部控制

◇ 采购与付款循环涉及的主要业务活动
◇ 采购与付款循环的相关内部控制

一、采购与付款循环涉及的主要业务活动（见表10-2）

表10-2　　销售与收款循环涉及的交易类别、财务报表项目、主要业务活动及常见主要凭证和会计记录汇总表

交易类别	相关财务报表项目	主要业务活动	常见主要单据和会计记录
采购	存货、其他流动资产、销售费用、管理费用、应付账款、其他应付款、预付账款等	编制采购计划 维护供应商清单 请购商品和劳务 编制订购单 验收商品 储存已验收的商品 编制付款凭单 确认与记录负债	采购计划 供应商清单 请购单 订购单 验收单 卖方发票 付款凭单
付款	应付账款、其他应付款、应付票据、货币资金等	办理付款 记录现金、银行存款支出 与供应商定期对账	转账凭证/付款凭证 应付账款明细账 库存现金日记账和银行存款日记账 供应商对账单

（一）制订采购计划

基于企业的生产经营计划，生产、仓库等部门定期编制采购计划，<u>经部门负责人等适当的管理人员审批后提交采购部门</u>，具体安排商品及服务采购。

（二）供应商认证及信息维护

对于合作的供应商，企业通常先进行资质审核，将通过审核的供应商信息录入系统，形成完整的供应商清单，并及时对其信息变更进行更新。采购部门只能向通过审核的供应商进行采购。

（三）请购商品和劳务

<u>生产部门根据采购计划</u>，就需要购买的已列入存货清单的原材料等项目填写请购单，其他部门也可以就所需要购买的商品或劳务编制请购单。大多数企业对正常经营所需的物资的购买均作一般授权，比如，<u>生产部门在现有库存达到再订购点时就可直接提出采购申请</u>，其他部门也可为正常的维修工作和类似工作直接申请采购有关物品。请购单可由手工或计算机编制。<u>由于企业内不少部门都可以填列请购单，可以按照部门设置请购单的连续编号</u>，每张请购单必须经过对这类支出预算负责的主管人员签字批准。

请购单是证明有关采购交易的"发生"认定的凭据之一，也是采购交易轨迹的起点。

（四）编制订购单

采购部门在收到请购单后，只能对经过恰当批准的请购单发出订购单。对一些大额、重要的采购项目，应采取竞价方式来确定供应商，以保证供货的质量、及时性和低廉的成本。

订购单应正确填写所需要的商品品名、数量、价格、厂商名称和地址等，预先予以编号并由被授权的采购人员签名。其<u>正联应送交供应商</u>，副联则送至企业内部的验收部门、应付凭单部门和编制请购单的部门。随后，<u>应独立检查订购单的处理</u>，以确定是否确实收到商品并正确入账。这项检查与采购交易的"完整性"和"发生"认定有关。

（五）验收商品

有效的订购单代表企业已授权验收部门接受供应商发运来的商品。验收部门首先应比较所收商品与订购单上的要求是否相符，如商品的品名、说明、数量、到货时间等，然后再盘点商品并检查商品有无损坏。

验收后，验收部门应对已收货的每张订购单编制<u>一式多联、预先编号</u>的验收单，作为验收和检验商品的依据。验收人员将商品送交仓库或其他请购部门时，应取得经过签字的收据，或要求其在验收单的副联上签收，以确立他们对所采购的资产负保管责任。验收人员还应将其中的一联验收单送交应付凭单部门。

<u>验收单是支持资产或费用以及与采购有关的负债的"存在或发生"认定的重要凭证</u>。定期独立检查验收单的顺序以确定每笔采购交易都已编制凭单，则<u>与采购交易的"完整性"认定有关</u>。

（六）储存已验收的商品存货

将已验收商品的保管与采购的其他职责相分离，可减少未经授权的采购和盗用商品的风险。存放商品的仓储区应相对独立，限制无关人员接近。这些控制与商品

第十章

的"存在"认定有关。

（七）编制付款凭单

记录采购交易之前，应付凭单部门应核对订购单、验收单和卖方发票的一致性并编制付款凭单。这项功能的控制包括：

1.确定供应商发票的内容与相关的验收单、订购单的一致性。

2.确定供应商发票计算的正确性。（准确性计价和分摊）

3.编制有预先编号的付款凭单，并附上支持性凭证（如订购单、验收单和供应商发票等）。（完整性、存在）

4.独立检查付款凭单计算的正确性。（准确性计价和分摊）

5.在付款凭单上填入应借记的资产或费用账户名称。（分类）

6.由被授权人员在凭单上签字，以示批准照此凭单要求付款。

所有未付凭单的副联应保存在未付凭单档案中，以待日后付款。经适当批准和有预先编号的凭单为记录采购交易提供了依据，因此，这些控制与"存在"、"发生"、"完整性"、"权利和义务"和"准确性计价和分摊"等认定有关。

（八）确认与记录负债

正确确认已验收货物和已接受劳务的债务，要求准确、及时地记录负债。

与应付账款确认和记录相关的部门一般有责任核查购置的财产，并在应付凭单登记簿或应付账款明细账中加以记录。在收到供应商发票时，应付账款部门应将发票上所记载的品名、规格、价格、数量、条件及运费与订货单上的有关资料核对，如有可能，还应与验收单上的资料进行比较。

应付账款确认与记录的一项重要控制是要求记录现金支出的人员不得经手现金、有价证券和其他资产。

在手工系统下，应付凭单部门应将已批准的付款凭单送达会计部门，据以编制记账凭证和登记账簿。

登记入账前，会计部门要对付款凭单进行以下监督：

1.分类：会计主管应监督为采购交易而编制的记账凭证中账户分类（原材料、固定资产、管理费用等）的适当性。

2.及时性（截止）：通过定期核对编制记账凭证的日期与凭单副联的日期，监督入账的及时性。

3.重记（存在）或漏记（完整性）：独立会计人员应核对所记录的凭单总数与应付凭单部门送来的每日凭单汇总表是否一致。

4.准确性：定期独立检查应付账款总账余额与应付凭单部门未付款凭单档案中的总金额是否一致。

对于每月末尚未收到供应商发票的情况，则需根据验收单和订购单暂估相关的负债。

（九）付款

编制和签署支票的有关控制包括：

1.独立检查已签发支票的总额与所处理的付款凭单的总额的一致性。

2.应由被授权的财务部门的人员负责签署支票。

3.被授权签署支票的人员应确定每张支票都附有一张已经适当批准的未付款凭

单，并确定支票收款人姓名和金额与凭单内容一致。

4.支票一经签署就应在其凭单和支持性凭证上用加盖印戳或打洞等方式将其注销，以免重复付款。

5.支票签署人不应签发无记名甚至空白的支票。

6.支票应预先连续编号，保证支出支票存根的完整性和作废支票处理的恰当性。

7.应确保只有被授权的人员才能接近未经使用的空白支票。

（十）记录现金、银行存款支出

以支票结算方式为例。在手工系统下，会计部门应根据已签发的支票编制付款记账凭证，并据以登记银行存款日记账及其他相关账簿。

记录银行存款支出的控制包括：

1.会计主管独立检查记入银行存款日记账和应付账款明细账的金额的一致性，以及与支票汇总记录的一致性。

2.通过定期比较银行存款日记账记录的日期与支票副本的日期，独立检查入账的及时性。

3.独立编制银行存款余额调节表。

二、采购与付款循环的相关内部控制

1.适当的职责分离

（1）请购与审批；

（2）询价与确定供应商；

（3）采购合同的订立与审批；

（4）采购、验收、会计记录；

（5）付款审批与付款执行。

2.恰当的授权审批

付款需要由经授权的人员审批，审批人员在审批前需检查相关支持文件，并对其发现的例外事项进行跟进处理。

3.凭证的预先编号及对例外报告的跟进处理

通过对入库单的预先编号以及对例外情况的汇总处理，被审计单位可以应对存货和负债记录方面的完整性风险。如果该控制是人工执行的，被审计单位可以安排入库单编制人员以外的独立复核人员定期检查已经进行会计处理的入库单记录，确认是否存在遗漏或重复记录的入库单，并对例外情况予以跟进。如果在IT环境下，则系统可以定期生成列明跳号或重号的入库单统计例外报告，由经授权的人员对例外报告进行复核和跟进，可以确认所有入库单都进行了处理，且没有重复处理。

第三节　采购与付款循环的重大错报风险

◇ 采购与付款循环的相关交易和余额存在的重大错报风险

◇ 根据重大错报风险的评估结果设计进一步审计程序

考霸笔记
不相容职务要分离，该表不得由出纳员编制。

考霸笔记
基本内容与销售交易一致，此处只介绍与采购相关的特定内容。

考霸笔记
考试题型：选择题、简答题。考试频率：较高频。考试套路：不相容职务未分离。备考建议：书中举例一定要牢记。另外，一般相邻的两个岗位要分离，在做题的时候要学会归纳总结。

存在设计缺陷的控制活动。

考霸笔记
体现了不相容职务要分离的控制。

考霸笔记
考试题型：主要在综合题中考查。考试频率：不常考。考试套路：识别重大错报风险并将相关风险与涉及的认定相联系。备考建议：研读教材，并适当练习，摸索答题思路。

一、采购与付款循环的相关交易和余额存在的重大错报风险

影响采购与付款交易和余额的重大错报风险可能包括：

1.低估负债或相关准备。通常集中体现在：

（1）遗漏交易，例如未记录已收取货物但尚未收到发票的与采购相关的负债或未记录尚未付款的已经购买的服务支出等；

（2）采用不正确的费用支出截止期，例如将本期的支出延迟到下期确认；

（3）将应当及时确认损益的费用性支出资本化，然后通过资产的逐步弹性予以消化等。

这些将对完整性、截止、发生、存在、准确性和分类认定产生影响。

2.管理层错报费用支出的偏好和动因。被审计单位管理层可能为了完成预算，满足业绩考核要求，保证从银行获得额外的资金，吸引潜在投资者，而误导股东，影响公司股价，或通过把私人费用计入公司进行个人盈利而错报支出。常见的方法可能有：

（1）平滑利润。通过多计准备或少计负债和准备，把损益控制在被审计单位管理层希望的程度。

（2）利用特别目的实体把负债从资产负债表中剥离，或利用关联方间的费用定价优势制造虚假的收益增长趋势。

（3）被审计单位管理层把私人费用计入企业费用，把企业资金当作私人资金运作。

3.费用支出的复杂性。例如，被审计单位开始在国外开展销售交易，管理层对于可能遭遇的问题的解决经验有限，甚至不具备进行正确交易的能力。这可能导致费用支出分配的错误、外币换算错误和准备计提的错误。

4.不正确地记录外币交易。当被审计单位进口用于出售的商品时，可能由于采用不恰当的外币汇率而导致该项采购的记录出现差错。在存在诸如远期外汇担保或套期保值交易的情形下，外汇交易记录的复杂性也会导致在记录汇兑损益和套期保值损益时出错，从而使进口存货成本的核算产生错误。此外，还存在未能将诸如运费、保险费和关税等与存货相关的进口费用进行正确分摊的风险。

5.舞弊和盗窃的固有风险。如果被审计单位经营大型零售业务，由于所采购商品和固定资产的数量及支付的款项庞大，交易复杂，容易造成商品发运错误，员工和客户发生舞弊和盗窃的风险较高。如果那些负责付款的会计人员有权接触应付账款主文档，并能够通过在应付账款主文档中擅自添加新的账户来虚构采购交易，风险也会增加。

6.存在未记录的权利和义务。这可能导致资产负债表分类错误以及财务报表附注不正确或披露不充分。

二、根据重大错报风险的评估结果设计进一步审计程序（见表10-3）

表10-3　　采购及付款循环的重大错报风险及进一步审计程序总体审计方案

重大错报风险描述	相关财务报表科目及认定	风险程度	是否信赖控制	进一步的审计程序的总体方案	拟从控制测试中获取的保证程度	拟从实质性程序中获取的保证程度
确认的负债及费用并未实际发生	应付账款/其他应付款：存在 销售费用/管理费用：发生	一般	是	综合性方案	高	低
不计提采购相关的负债或不计提尚未付款的已经购买的服务支出	应付账款/其他应付款：完整 销售费用/管理费用：完整	特别	是	综合性方案	高	中
采用不正确的费用支出截止期，例如将本期的支出延迟到下期确认	应付账款/其他应付款：存在/完整 销售费用/管理费用：截止	一般	否	实质性方案	无	高
发生的采购未能以正确的金额记录	应付账款/其他应付款：准确性 销售费用/管理费用：准确性计价和分摊	一般	是	综合性方案	高	低

第四节　测试采购与付款循环的内部控制

◇ 以风险为起点的控制测试
◇ 关键控制的选择和测试

一、以风险为起点的控制测试（见表10-4到表10-10）

表10-4　　　　　　　　业务活动：制订采购计划

可能发生错报的环节	相关的财务报表项目及认定	存在的内部控制（自动）	存在的内部控制（人工）	内部控制测试程序
采购计划未经适当审批	存货：存在 其他费用：发生 应付账款：存在		生产、仓储等部门根据生产计划制订需求计划，采购部门汇总需求，按采购类型制订采购计划，经复核人复核后执行	询问复核人复核采购计划的过程，检查采购计划是否经复核人恰当复核

表10-5　　　　　　　　　　　业务活动：供应商认证及信息维护

可能发生错报的环节	相关的财务报表项目及认定	存在的内部控制（自动）	存在的内部控制（人工）	内部控制测试程序
新增供应商或供应商信息变更未经恰当的认证	存货：存在 其他费用：发生 应付账款：存在	采购订单上的供应商代码必须在系统供应商清单中存在匹配的代码，才能生效并发送给供应商	复核人复核并批准每一个供应商数据的变更请求，包括供应商地址或银行账户的变更以及新增供应商等。复核时，评估拟进行的供应商数据变更是否得到合适文件的支持，诸如由供应商提供的新地址或银行账户明细或经批准新供应商的授权表格。当复核完成后且复核人提出的问题/要求的修改已经得到满意的解决后，复核人在系统中确认复核完成	询问复核人复核供应商数据变更请求的过程，抽样检查变更需求是否有相关文件的支持及复核人的复核确认。检查系统中采购订单的生成逻辑，确认是否存在与供应商代码匹配的要求
录入系统的供应商数据可能未经恰当复核	存货：存在 其他费用：发生 应付账款/其他应付款：存在	系统定期生成对供应商信息所有新增变更的报告（包括新增供应商、更改银行账户等）	复核人员定期复核系统生成报告中的项目是否均经恰当授权，当复核工作完成或要求的修改得到满意解决后，签字确认复核工作完成	检查系统报告的生成逻辑及完整性。询问复核人对报告的检查过程，确认其是否签字

表10-6　　　　　　　　　　　业务活动：编制订购单

可能发生错报的环节	相关的财务报表项目及认定	存在的内部控制（自动）	存在的内部控制（人工）	内部控制测试程序
采购订单与有效的请购单不符	存货：存在、准确性计价和分摊 其他费用：发生、准确性 应付账款/其他应付款：存在、准确性计价和分摊		复核人复核并批准每一个采购订单，包括复核采购订单是否有经适当权限人员签署的请购单支持。复核人也确认采购订单的价格是否已与供应商协商一致且该已通过供应商的审批。当复核完成且复核人提出的问题/要求的修改已经得到满意的解决后，签字确认复核完成	询问复核人复核采购订单的过程，包括复核人提出的问题及其跟进记录。抽样检查采购订单是否有对应的请购单及复核人是否签字确认
订单未被录入系统或在系统中重复录入	存货：存在、完整性 其他费用：发生、完整性 应付账款/其他应付款：存在、完整性	系统每月末生成列明跳码或重码的采购订单的例外报告	复核人定期复核列明重码或跳码的采购订单编号的例外报告，以确定是否有遗漏、重复的记录。该复核确定所有采购订单是否都被输入系统，且是否仅输入了一次	检查系统例外报告的生成逻辑。询问复核人对例外报告的检查过程，确认发现的问题是否及时得到了跟进处理

表10-7　　　　　　　　　　　业务活动：验收及储存商品

可能发生错报的环节	相关的财务报表项目及认定	存在的内部控制（自动）	存在的内部控制（人工）	内部控制测试程序
接受了缺乏有效采购订单或未经验收的商品	应付账款：存在、完整性 存货：存在、完整性 其他费用：发生、完整性	入库确认后，系统生成连续编号的入库单	收货人员只有完成以下程序后，才能在系统中确认商品入库： 1.检查是否存在有效的采购订单 2.检查是否存在有效的验收单 3.检查收到的货物的数量是否与发货单一致	检查系统入库单编号的连续性。询问收货人员的收货过程，抽样检查入库单是否有对应一致的采购订单及验收单

表10-8		业务活动：编制付款凭单		
可能发生错报的环节	相关的财务报表项目及认定	存在的内部控制（自动）	存在的内部控制（人工）	内部控制测试程序
发票未被正确编码，导致在成本或费用之间的错误分类	存货：准确性计价和分摊、完整性 其他费用：准确性、完整性 应付账款：存在、完整性	系统自动将相关的发票归集到对应的总分类账费用科目	每张发票开具前均经复核人复核并批准，复核人评估正确的总分类账代码是否被应用到该项目	询问复核人对发票编号/总分类代码的复核过程，抽样检查相关发票是否被恰当分类到相关费用
	费用/成本：完整性、准确性 应付账款：完整性、准确性计价和分摊		定期编制所选定关键绩效指标（例如，分成本中心/部门的费用、费用占收入的比重等）与管理层预期（包括以前期间或预算等信息）相比较的报告，复核人识别关键绩效指标与预期之间差异的相关问题（例如波动、例外或异常调整），并与相关人员跟进。所有问题会被合理应对，复核人通过签署关键绩效指标报告以证明完成复核	根据样本量要求选取关键绩效报告，确定是否经管理层复核；复核是否在合理的时间内完成；检查关键绩效指标的计算是否准确，是否与账面记录核对一致；评估用于调差重大差异的界限是否适当 向复核人询问其复核方法，对于其提出的问题，检查是否经恰当处理 评价使用数据的完整性和准确性
批准付款的发票上存在价格/数量错误或劳务尚未提供的情形	应付账款：完整性、准确性计价和分摊 存货/成本：完整性、准确性计价和分摊	当入库单被录入系统后，系统将其与采购订单进行核对。当发票被录入系统后，系统将其详细信息与采购订单及入库单进行核对。如信息相符或差异不超过可接受差异，系统将自动批准发票可以付款。如信息不符，发票将被列示于例外报告中，由人工跟进	负责应付账款且无职责冲突的人员负责跟进例外报告中的所有项目。仅当不符信息从例外报告中消除后，发票才可以付款	检查系统报告的生成逻辑，确认例外报告的完整性及准确性。与复核人讨论其复核过程，抽样选取例外/删改情况报告。检查每一份报告并确定：1.是否存在管理层复核的证据 2.复核是否在合理的时间范围内完成 3.就复核人提出问题的跟进是否适当，是否能使交易被恰当记录于会计系统 4.抽样选取采购发票，检查是否与入库单和采购订单所记载的价格、供应商、日期、描述及数量一致

第十章

表 10-9   业务活动：确认与记录负债

可能发生错报的环节	相关的财务报表项目及认定	存在的内部控制（自动）	存在的内部控制（人工）	内部控制测试程序
临近会计期末的采购未被记录在正确的会计期间	应付账款：完整性 存货/其他费用：完整性	系统每月末生成列明跳码或重码的入库单的例外报告	复核人复核系统生成的例外报告，检查是否有遗漏、重复的入库单。当复核完成且复核人提出的问题/要求的修改已经得到满意的解决后，签署确认复核已经完成	检查系统例外报告的生成逻辑 询问复核人对例外报告的检查过程，确认发现的问题是否得到及时的跟进处理
	应付账款：存在、完整性 存货：存在、完整性 其他费用：发生、完整性	系统每月末生成包含所有已收货但相关发票未录入系统货物信息的例外报告	复核人复核该例外报告中的项目，确定采购是否被记录在正确的期间以及负债计提是否有效。当复核完成且复核人提出的问题/要求的修改已经得到满意的解决后，签署确认复核已经完成	检查系统例外报告的生成逻辑 询问复核人对报告的复核过程，核对报告中的采购是否计提了相应负债，检查复核人的签字确认
现金支付未记录、未记录在正确的供应商账户（串户）或记录金额不正确的情况	应付账款：准确性计价和分摊、存在 存货：准确性计价和分摊 其他费用：准确性		独立于负责现金交易处理的会计人员，每月末编制银行存款余额调节表。所有重大差异由调节表编制人跟进，并根据具体情形进行跟进处理。经授权的管理人员复核所编制的银行余额调节表，当复核工作完成或复核人提出的问题/要求的修改已得到满意的解决后，签字确认复核工作已完成	询问复核人对银行存款余额调节表的复核过程 抽样检查银行余额调节表，检查其是否得到及时复核，复核的问题是否得到恰当跟进处理，复核人是否签字确认
	应付账款：准确性计价和分摊、存在、完整性 存货：存在、完整性、准确性计价和分摊 其他费用：发生、完整性、准确性		应付账款会计人员将供应商提供的对账单与应付账款明细表进行核对，并对差异进行跟进处理 复核人定期复核供应商对账结果，该对账通过从应付账款明细账中抽取的一定数量的应付供应商余额与供应商提供的对账单进行核对。当复核工作完成或复核人提出的问题/要求的修改已得到满意的解决后，签字确认复核工作已完成	询问复核人对供应商对账结果的复核过程，抽样选取供应商对账单，检查其是否与应付账款明细账得到了正确的核对，差异是否得到了恰当的跟进处理。检查复核人的相关签字确认

表 10-10   业务活动：整体流程

可能发生错报的环节	相关的财务报表项目及认定	存在的内部控制（自动）	存在的内部控制（人工）	内部控制测试程序
员工具有不适当的访问权利，使其能够实施违规交易或隐瞒错误	应付账款：准确性计价和分摊、存在、完整性 存货：存在、完整性、准确性计价和分摊 其他费用：发生、完整性、准确性	采购系统根据管理层的授权进行权限设置，以支持采购职能所要求的上述职责分离	管理层分离以下活动：1.供应商主信息维护 2.请购授权 3.输入采购订单 4.开具供应商发票 5.按照订单收取货物 6.存货盘点调整等	检查系统中相关人员的访问权限 复核管理层的授权职责分配表，明确其是否对不相容职位（申请与审批等）设置了恰当的职责分离
总账与明细账中的记录不一致	应付账款：准确性计价和分摊及完整性 其他费用：完整性及准确性	应付账款/费用明细账的总余额与总账账户间的调节表会在每个期间末及时执行	任何差异都会被调查，如恰当，将进行调整 复核人会复核调节表及相关支持文档，任何差异/或调整都会被批准	核对总账与明细账的一致性，检查复核人的复核及差异跟进记录

二、关键控制的选择和测试

例如，针对存货及应付账款的存在性认定，企业制订的采购计划及审批主要是企业为提高经营效率效果设置的流程及控制，不能直接应对该认定，注册会计师不需要对其执行专门的控制测试；请购单的审批与存货及应付账款的存在性认定相关，但如果企业存在将订购单、验收单和卖方发票的一致性进行核对的"三单核对"控制，该控制足以应对存货及应付账款的存在性风险，则可以直接选择"三单核对"控制作为关键控制进行测试，这样更能提高审计效率。

控制测试的具体方法则需要根据具体控制的性质确定。例如，对于验收单连续编号的控制，如果该控制是人工控制，注册会计师可以根据样本量选取几个月经复核人复核的入库单清单。检查入库单的编号是否完整。若入库单编号跳号，与复核人跟进并通过询问确认跳号的原因。如需要，进行佐证并考虑是否对审计存在影响；如果该控制是系统设置的，则注册会计师可以选取系统生成的例外/删改情况报告，检查每一份报告并确定是否存在管理层复核的证据以及复核是否在合理的时间内完成；与复核人讨论其复核和跟进过程，如适当，确定复核人采取的行动以及这些行动在此环境下是否恰当。确认是否发现了任何调整，调整如何得以解决以及采取的行动是否恰当。同时，由专门的信息系统测试人员测试系统的相关控制以确认例外/删改报告的完整性和准确性。

第五节　采购与付款循环的实质性程序

◇ 应付账款的实质性程序

◇ 除折旧/摊销、人工费用以外的一般费用的实质性程序

一、应付账款的实质性程序

（一）审计目标与认定对应关系表（见表10-11）

表10-11　　　　　　　　　　审计目标与认定对应关系表

审计目标	财务报表认定				
	存在	完整性	权利和义务	准确性计价和分摊	列报
A.资产负债表中记录的应付账款是否存在	√				
B.所有应当记录的应付账款是否均已记录		√			
C.资产负债表中记录的应付账款是否为被审计单位应当履行的现时义务			√		
D.应付账款是否以恰当的金额包括在财务报表中，与之相关的计价调整是否已恰当记录				√	
E.应付账款是否已按照企业会计准则的规定在财务报表中作出恰当列报					√

（二）应付账款的实质性程序

1.获取或编制应付账款明细表

（1）复核加计是否正确，与报表数、总账数和明细账合计数核对相符；

（2）检查非记账本位币的折算汇率及折算是否正确；

（3）分析出现借方余额的项目，查明原因，必要时，建议作重分类调整；

（4）结合预付账款、其他应付款等往来项目的明细余额，调查有无同挂的项目、异常余额或与购货无关的其他款项，如有，应作出记录，必要时建议作调整。

2.函证应付账款

获取适当的供应商相关清单，例如本期采购量清单、所有现存供应商名单或应付账款明细账。询问该清单是否完整并考虑该清单是否应包括预期负债等附加项目。选取样本进行测试并执行如下程序：

（1）向债权人发送询证函。注册会计师应根据审计准则的规定对询证函保持控制，包括确定需要确认或填列的信息、选择适当的被询证者、设计询证函，包括正确填列被询证者的姓名和地址，以及被询证者直接向注册会计师回函的地址等信息，必要时再次向被询证者寄发询证函等。

（2）将询证函回函确认的余额与已记录金额相比较，如存在差异，检查支持性文件。评价已记录金额是否适当。

（3）对于未作回复的函证，实施替代程序：如检查至付款文件（如，现金支出、电汇凭证和支票复印件）、相关的采购文件（如，采购订单、验收单、发票和

掌握！

合同）或其他适当文件。

（4）如果认为回函不可靠，评价对评估的重大错报风险以及其他审计程序的性质、时间安排和范围的影响。

3.检查应付账款是否被计入了正确的会计期间，是否存在未入账的应付账款；

（1）对本期发生的应付账款增减变动，检查至相关支持性文件，确认会计处理是否正确；

（2）检查资产负债表日后应付账款明细账贷方发生额的相应凭证，关注其购货发票的日期，确认其入账时间是否合理；

（3）获取被审计单位与其供应商之间的对账单，并对对账单和被审计单位财务记录之间的差异进行调节（如在途款项、在途商品、付款折扣、未记录的负债等），查找有无未入账的应付账款，确定应付账款金额的准确性；

（4）针对资产负债表日后付款项目，检查银行对账单及有关付款凭证（如银行划款通知、供应商收据等），询问被审计单位内部或外部的知情人员，查找有无未及时入账的应付账款；

（5）结合存货监盘程序，检查被审计单位在资产负债日前后的存货入库资料（验收报告或入库单），检查是否有大额货到单未到的情况，确认相关负债是否被计入了正确的会计期间。

（6）针对已偿付的应付账款，追查至银行对账单、银行付款单据和其他原始凭证，检查其是否在资产负债表日前真实偿付。　查资产负债表日前应付账款的借方发生额。

4.寻找未入账负债的测试

获取期后收取、记录或支付的发票明细，包括获取支票登记簿/电汇报告/银行对账单（根据被审计单位情况的不同）以及入账的发票和未入账的发票。从中选取项目（尽量接近审计报告日）进行测试并实施以下程序：

（1）检查支持性文件，如相关的发票、采购合同/申请、收货文件以及接受劳务明细，以确定收到商品/接受劳务的日期及应在期末之前入账的日期。

（2）追踪已选取项目至应付账款明细账、货到票未到的暂估入账和/或预提费用明细表，并关注费用所计入的会计期间。调查并跟进所有已识别的差异。

（3）评价费用是否被记录于正确的会计期间，并相应确定是否存在期末未入账负债。

5.检查应付账款长期挂账的原因并作出记录，对确实无须支付的应付款的会计处理是否正确。

6.如存在应付关联方的款项：

（1）了解交易的商业理由。

（2）检查证实交易的支持性文件（例如，发票、合同、协议及入库和运输单据等相关文件）。

（3）检查被审计单位与关联方的对账记录或向关联方函证。

二、除折旧/摊销、人工费用以外的一般费用的实质性程序

（一）审计目标与认定对应关系表（见表10-12）

表10-12　　　　　　　审计目标与认定对应关系表

审计目标	财务报表认定			
	发生	完整性	准确性	截止
A.利润表中记录的一般费用是否确认发生	√			
B.所有应当记录的费用是否均已记录		√		
C.确定一般费用是否以恰当的金额包括在财务报表中			√	
D.费用是否已计入恰当的会计期间				√

（二）一般费用的实质性程序

1.获取一般费用明细表，复核其加计数是否正确，并与总账和明细账合计数核对是否正确。

2.实质性分析程序：

（1）考虑可获取信息的来源、可比性、性质和相关性以及与信息编制相关的控制，评价在对记录的金额或比率作出预期时使用数据的可靠性。

（2）将费用细化到适当层次，根据关键因素和相互关系（例如本期预算、费用类别与销售数量、职工人数的变化之间的关系等）设定预期值，评价预期值是否足够精确以识别重大错报。

（3）确定已记录金额与预期值之间可接受的、无须作进一步调查的可接受的差异额。

（4）将已记录金额与期望值进行比较，识别需要进一步调查的差异。

（5）调查差异，询问管理层，针对管理层的答复获取适当的审计证据；根据具体情况，在必要时，实施其他审计程序。

3.从资产负债表日后的银行对账单或付款凭证中选取项目进行测试，检查支持性文件（如合同或发票），关注发票日期和支付日期，追踪已选取项目至相关费用明细表，检查费用所计入的会计期间，评价费用是否被记录于正确的会计期间。（截止）

4.对本期发生的费用选取样本，检查其支持性文件，确定原始凭证是否齐全，记账凭证与原始凭证是否相符以及账务处理是否正确。（发生）

5.抽取资产负债表日前后的凭证，实施截止测试，评价费用是否被记录于正确的会计期间。（截止）

6.检查一般费用是否已按照企业会计准则及其他相关规定在财务报表中作出恰当的列示和披露。（列报）

在线练习	我要提问
扫码在线做题　　扫码看答案	扫码答疑
本书"本章同步强化训练"均配备二维码，打开微信"扫一扫"即可完成在线测评，查看本章详细的测评反馈报告，了解知识掌握情况，也可扫码直接看答案噢。 快来扫码做题吧！	本书配备答疑专用二维码，打开微信"扫一扫"，即可完成在线提问，获取专业老师全面个性化解答，让学习问题不再拖延。 快来扫码提问吧！

本章同步强化训练

一、单选题

1.以下审计程序中，能为应付账款存在认定提供审计证据的是（　　）。

A.获取或编制应付账款明细表

B.函证应付账款账面余额

C.检查订购单是否连续编号

D.从采购订单、卖方发票等原始凭证，追查至应付账款明细账

2.下列拟针对应付账款实施的审计程序中，与应付账款准确性计价和分摊认定直接相关的是（　　）。

A.检查是否存在借方余额的应付账款

B.检查外币应付账款的折算是否正确

C.要求财务负责人解释应付账款长期挂账的原因

D.从应付账款借方追查到银行存款日记账的贷方

3.为证实被审计单位是否存在未入账的应付账款，注册会计师最适宜结合（　　）情况进行查证。

A.检查营业成本的计算　　　　　　　B.检查验收单

C.检查营业收入的确认　　　　　　　D.函证应收账款

4.注册会计师在验证被审计单位应付账款期末余额的完整性时，获取的下列审计证据中，相关性最强的是（　　）。

A.被审计单位编制的连续编号的订货单　　B.被审计单位编制的连续编号的验收单

C.被审计单位的供应商开具的销售发票　　D.被审计单位的供应商提供的月对账单

5.下列审计程序中，最可能帮助注册会计师证实被审计单位应付账款存在认定的是（　　）。

A.从应付账款明细账追查至购货合同、卖方发票和入库凭单

B.抽取购货合同、购货发票和入库单，追查至应付账款明细账

C.检查与采购相关的文件以确定是否采用预先编号的采购单

D.选择零余额的供应商，以积极的方式函证零余额的应付账款

二、多选题

1.以下被审计单位材料采购业务内部控制中，注册会计师认为属于控制设计缺陷的有（　　）。

A.请购单没有连续编号，请购业务的审批人员几乎涉及各个部门

B.请购单既有仓库人员填制的，也有车间、管理部门人员填制的

C.如未收到卖方发票，被验收的原材料不能办理入库手续

D.验收人员出差期间，验收业务由采购部门人员代为执行

2.在对被审计单位采购交易完整性实施控制测试时，注册会计师应检查（　　）连续编号的完整性。

A.验收单　　　　　　　B.订购单　　　　　　　C.付款凭单　　　　　　　D.付款凭证

3.影响采购与付款交易和余额的重大错报风险可能包括（　　）。

A.管理层错报费用支出的偏好和动机　　　　B.费用支出的复杂性

C.不正确地记录外币交易　　　　　　　　　D.舞弊和盗窃的固有风险

4.注册会计师执行以下审计程序，能为未入账应付账款提供审计证据的有（　　）。

A.检查资产负债表日后应付账款明细账贷方发生额的相应凭证，关注其验收单、购货发票的日期，确认其入账时间是否合理

B.获取并检查被审计单位与其供应商之间的对账单以及被审计单位编制的差异调节表，确定应付账款金额的准确性

C.针对资产负债表日后付款项目，检查银行对账单及有关付款凭证，询问被审计单位内部或外部的知情人员，查找有无未及时入账的应付账款

D.结合存货监盘程序，检查被审计单位在资产负债日前后的存货入库资料，检查相关负债是否计入了正确的会计期间

5.注册会计师为查找未入账负债，可以获取期后收取、记录或支付的发票明细，以及入账的发票和未入账的发票，从中选取项目进行测试并实施以下程序（　　）。

A.检查相关的发票、合同、验收单等，以确定收到商品的日期及应在期末之前入账的日期

B.追踪已选取项目至应付账款明细账、货到票未到的暂估入账和/或预提费用明细表，并关注费用所计入的会计期间，调查并跟进所有已识别的差异

C.检查接受劳务明细等，以确定接受劳务的日期及应在期末之前入账的日期

D.评价费用是否被记录于正确的会计期间，并相应确定是否存在期末未入账负债

第十一章

生产与存货循环的审计

本章框架图

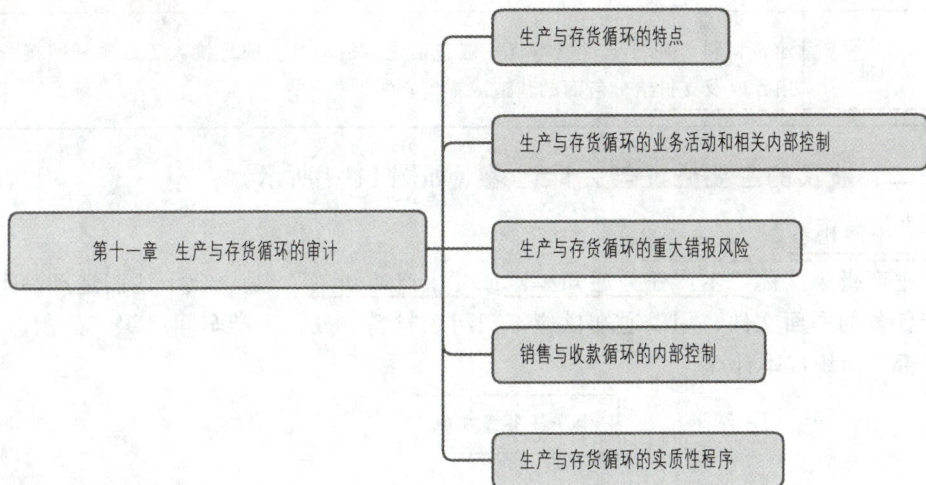

	生产与存货循环的特点
第十一章　生产与存货循环的审计	生产与存货循环的业务活动和相关内部控制
	生产与存货循环的重大错报风险
	销售与收款循环的内部控制
	生产与存货循环的实质性程序

本章导学

第十一章

本章考情概述

存货在财务报表审计中往往属于重要审计项目，因此，本章属于审计实务中非常重要的内容。

在考试中，各种题型均有可能涉及，特别是近年在简答题中考查存货监盘审计的内容非常常见，其特征是"事项在教材外，答案在教材内"，需要系统性记忆；本章综合题则侧重考核存货监盘与计价的实际应用，需要高度的职业判断。

近三年主要考点包括：存货监盘、评估存货重大错报风险。

第一节　生产与存货循环的特点

◇ 不同行业类型的存货性质
◇ 涉及的主要凭证与会计记录

一、不同行业类型的存货性质

存货代表了不同企业的类型和交易或生产流程，且存货的计价和相关销售成本都会对利润表和财务状况产生重大的影响。见表11-1。

表11-1　　　　　　　　不同行业类型的存货性质

行业类型	存货性质
一般制造商	采购的原材料、易耗品和配件等，生成的半成品和产成品
贸易业	从厂商、批发商或其他零售商处采购的商品
餐饮业	用于加工食品的食材、饮料等
建筑业	建筑材料、在建项目成本（一般包括建造活动发生的直接人工成本和间接费用，以及支付给分包商的建造成本等）

二、涉及的主要凭证与会计记录（如图11-1所示）

1.生产指令

生产指令又称"生产任务通知单"或"生产通知单"，是企业下达制造产品等生产任务的书面文件，用以通知供应部门组织材料发放，生产车间组织产品制造，会计部门组织成本计算。

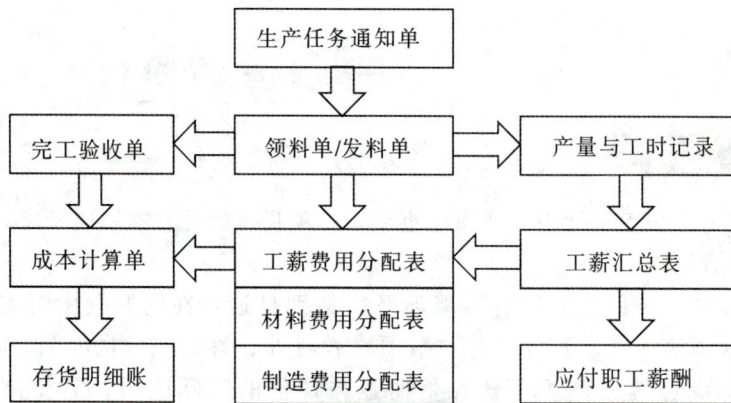

图11-1　涉及的主要凭证与会计记录

2.领发料凭证

领发料凭证是企业为控制材料发出所采用的各种凭证，如材料发出汇总表、领料单、限额领料单、领料登记簿、退料单等。

3.产量和工时记录

产量和工时记录是对工人或生产班组出勤内完成产品数量、质量和生产这些产品所耗费工时数量的原始记录。产量和工时记录的内容与格式是多种多样的，在不同的生产企业中，甚至在同一企业的不同生产车间中，也会由于生产类型不同而采用不同格式的产量和工时记录。常见的产量和工时记录主要有工作通知单、工序进程单、工作班产量报告、产量通知单、产量明细表、废品通知单等。

4.工薪汇总表及工薪费用分配表

工薪汇总表是为了反映全部工薪的结算情况，并据以进行工薪总分类核算和汇总整个企业工薪费用而编制的，是工薪费用分配的依据。工薪费用分配表反映了各生产车间各产品应负担的生产工人工薪及福利费。

5.材料费用分配表

材料费用分配表是用来汇总反映各生产车间各产品所耗费的材料费用的原始记录。

6.制造费用分配汇总表

制造费用分配汇总表是用来汇总反映各生产车间各产品所应负担制造费用的原始记录。

7.成本计算单

成本计算单是用来归集某一成本计算对象所应承担的生产费用，计算该成本对象的总成本和单位成本的记录。

8.产成品入库单和出库单

产成品入库单是产品生产完成并经检验合格后从生产部门转入仓库的凭证。产成品出库单是根据经批准的销售单发出产成品的凭证。

9.存货明细账

存货明细账是用来反映各种存货增减变动情况和期末库存数量及相关成本信息的会计记录。

10.存货盘点指令、盘点表及盘点标签

一般制造型企业通常会定期对存货实物进行盘点，将实物盘点数量与账面数量进行核对，对差异进行分析调查，必要时作账务调整，以确保账实相符。在实施存货盘点之前，管理人员通常编制存货盘点指令，对存货盘点的时间、人员、流程及后续处理等方面做出安排。在盘点过程中，通常会使用盘点表记录盘点结果，使用盘点标签对已盘点存货及数量作出标识。

> **考霸笔记**
> 对存货进行盘点是管理层的职责。

11.存货货龄分析表

很多制造型企业通过编制存货货龄分析表，识别流动较慢或滞销的存货，并根据市场情况和经营预测，确定是否需要计提存货跌价准备。这对于管理具有保质期的存货（如食物、药品、化妆品等）尤其重要。

第二节　生产与存货循环的业务活动和相关内部控制

◇ 生产与存货循环涉及的主要业务活动
◇ 生产与存货循环的相关内部控制

一、生产与存货循环涉及的主要业务活动

本循环涉及的交易类别、财务报表项目、主要业务活动及常见主要凭证和会计记录汇总表见表11-2。

> **考霸笔记**
> 考试题型：选择题、主观题。
> 考试频率：不常考。
> 备考建议：存货管理部分的业务活动比较重要，理解的基础上适当做一些习题。

第十一章

表11-2　　　　　　生产与存货循环涉及的交易类别、财务报表项目、
主要业务活动及常见主要凭证和会计记录汇总表

交易类别	涉及的财务报表项目	主要业务活动	常见主要凭证和会计记录
生产	存货	● 计划和安排生产 ● 发出原材料 ● 生产产品和成本核算	● 生产通知单 ● 原材料通知单 ● 领料单 ● 产量统计记录表 ● 生产统计报告 ● 入库单 ● 材料费用分配表 ● 工时统计记录表 ● 人工费用分配汇总表 ● 制造费用分配汇总表 ● 存货明细账
存货管理	存货 营业成本	● 产成品入库及存货保管 ● 发出产成品 ● 提取存货跌价准备	● 验收单 ● 入库单 ● 存货台账 ● 盘点计划 ● 盘点表单 ● 盘点明细表 ● 出库单 ● 营业成本明细账 ● 存货货龄分析表 ● 可变现净值计算表

*其他涉及发出产成品的主要凭证介绍已包含于本书第九章"销售与收款循环的审计"。

（一）计划和安排生产

生产计划部门的职责是根据顾客订单或者对销售预测和产品需求的分析来决定生产授权。如决定授权生产，即签发预先编号的生产通知单。该部门通常应将发出的所有生产通知单编号并加以记录控制。此外，还需要编制一份材料需求报告，列示所需要的材料和零件及其库存。

（二）发出原材料

仓库部门的责任是根据从生产部门收到的领料单发出原材料。领料单上必须列示所需的材料数量和种类，以及领料部门的名称。领料单可以一料一单，也可以多料一单，通常需一式三联。仓库发料后，将其中一联连同材料交给领料部门（生产部门存根联），一联留在仓库登记材料明细账（仓库联），一联交会计部门进行材料收发核算和成本核算（财务联）。

（三）生产产品

生产部门在收到生产通知单及领取原材料后，便将生产任务分解到每一个生产工人，并将所领取的原材料交给生产工人，据以执行生产任务。生产工人在完成生产任务后，将完成的产品交生产部门查点，然后转交检验员验收并办理入库手续；或是将所完成的产品移交下一个部门，作进一步加工。

（四）核算产品成本

为了正确核算并有效控制产品成本，必须建立健全成本会计制度，将生产控制和成本核算有机结合在一起。

（考霸笔记）连续编号控制。
（考霸笔记）注意领料单三联的去向，选择题中可能会涉及。
（考霸笔记）验收合格之后才能入库或进一步加工。
（考霸笔记）结合成本会计的相关内容，即对要素费用的归集和分配。

一方面，实物流转记录：生产过程中的各种记录、生产通知单、领料单、计工单、产量统计记录表、生产统计报告、入库单等文件资料都要汇集到会计部门，由会计部门对其进行检查和核对，了解和控制生产过程中存货的实物流转；

另一方面，成本会计核算：会计部门要设置相应的会计账户，会同有关部门对生产过程中的成本进行核算和控制。

（五）产成品入库及储存

产成品入库，须由仓库部门先行点验和检查，然后签收。签收后，将实际入库数量通知会计部门。据此，仓库部门确立了本身应承担的责任，并对验收部门的工作进行验证。除此之外，仓库部门还应根据产成品的品质特征对其进行分类存放，并填制标签。

（六）发出产成品

产成品的发出须由独立的发运部门进行。装运产成品时，必须持有经有关部门核准的发运通知单（销售单），并据此编制出库单。出库单至少一式四联，一联交仓储部门；一联交发运部门留存；一联送交顾客；一联给财务部作为依据。

（七）存货盘点

管理人员编制盘点指令，安排适当人员对存货实物（包括原材料、在产品和产成品等所有存货类别）进行定期盘点，将盘点结果与存货账面数量进行核对，调查差异并进行适当调整。

（八）计提存货跌价准备

财务部门根据存货货龄分析表信息及相关部门提供的有关存货状况的信息，结合存货盘点过程中对存货状况的检查结果，对出现损毁、滞销、跌价等降低存货价值的情况进行分析计算，计提存货跌价准备。

二、生产与存货循环的相关内部控制

以下对上述八个业务活动中可能存在的内部控制进行举例说明（见表11-3）：

表11-3　　　　对上述八个业务活动中可能存在的内部控制的举例说明

业务活动	内部控制
计划生产安排生产	根据经审批的月度生产计划书，由生产计划经理签发预先按顺序编号的生产通知单
发出原材料	（1）领料单应当经生产主管批准，仓库管理员凭经批准的领料单发料；领料单一式三联，分别作为生产部门存根联、仓库联和财务联
	（2）仓库管理员应把领料单编号、领用数量、规格等信息输入计算机系统，经仓储经理复核并以电子签名方式确认后，系统自动更新材料明细台账
生产产品核算成本	（1）生产成本记账员应根据原材料出库单，编制原材料领用凭证，与计算机系统自动生成的生产记录日报表核对材料耗用和流转信息；由会计主管审核无误后，生成记账凭证并过账至生产成本及原材料明细账和总分类账
	（2）生产部门记录生产各环节所耗用工时数，包括人工工时数和机器工时数，并将工时信息输入生产记录日报表
	（3）每月末，由生产车间与仓库核对原材料、半成品、产成品的转出和转入记录，如有差异，仓库管理员应编制差异分析报告，经仓储经理和生产经理签字确认后交会计部门进行调整
	（4）每月末，由计算机系统对生产成本中各项组成部分进行归集，按照预设的分摊公式和方法，自动将当月发生的生产成本在完工产品和在产品中按比例进行分配；由生产成本记账员编制成生产成本结转凭证，经会计主管审核批准后进行账务处理

考霸笔记
与采购入库类似。

考霸笔记
结合"销售与收款循环"，此处的"出库单"即是第九章提到的"发运凭证"。

考霸笔记
管理层通常制定程序，对存货每年至少进行一次实物盘点。

考霸笔记
考试题型：都会涉及。
考试频率：不常考。
考试套路：本知识点主要考查内部控制设计是否存在缺陷。
备考建议：多读几遍熟悉即可，重点放在存货盘点和计提存货跌价准备上。

第十一章

业务活动	内部控制
产成品入库和储存	（1）产成品入库时，质量检验员应检查并签发按预先顺序编号的产成品验收单，由生产小组将产成品送交仓库。仓库管理员应检查产成品验收单，并清点产成品数量，填写预先按顺序编号的产成品入库单经质检经理、生产经理和仓储经理签字确认后，由仓库管理员将产成品入库单信息输入计算机系统，计算机系统自动更新产成品明细台账并与采购订购单编号核对
	（2）存货存放在安全的环境（如上锁、使用监控设备）中，只有经过授权的工作人员可以接触及处理存货
发出产成品	（1）产成品出库时，由仓库管理员填写预先按顺序编号的出库单，并将产成品出库单信息输入计算机系统，经仓储经理复核并以电子签名方式确认后，计算机系统自动更新产成品明细台账并与发运通知单编号核对
	（2）产成品装运发出前，由运输经理独立检查出库单、销售订购单和发运通知单，确定从仓库提取的商品附有经批准的销售订购单，并且，所提取商品的内容与销售订购单一致
	（3）每月末，生产成本记账员根据计算机系统内状态为"已处理"的订购单数量，编制销售成本结转凭证，结转相应的销售成本，经会计主管审核批准后进行账务处理
存货盘点	（1）生产部门和仓储部门在盘点日前对所有存货进行清理和归整，便于盘点顺利进行
	（2）每一组盘点人员中应包括仓储部门以外的其他部门人员，即不能由负责保管存货的人员单独负责盘点存货；安排不同的工作人员分别负责初盘和复盘
	（3）盘点表和盘点标签事先连续编号，发放给盘点人员时登记领用人员；盘点结束后回收并清点所有已使用和未使用的盘点表和盘点标签
	（4）为防止存货被遗漏或重复盘点，所有盘点过的存货贴盘点标签，注明存货品名、数量和盘点人员；完成盘点前检查现场确认所有存货均已贴上盘点标签
	（5）将不属于本单位的代其他方保管的存货单独堆放并作标识；将盘点期间需要领用的原材料或出库的产成品分开摆放并作标识
	（6）汇总盘点结果，与存货账面数量进行比较，调查分析差异原因，并对认定的盘盈和盘亏提出账务调整，经仓储经理、生产经理、财务经理和总经理复核批准后入账
计提存货跌价准备	（1）定期编制存货货龄分析表，管理人员复核该分析表，确定是否有必要对滞销存货计提存货跌价准备，并计算存货可变现净值，据此计提存货跌价准备
	（2）生产部门和仓储部门每月上报残冷背次存货明细，采购部门和销售部门每月上报原材料和产成品最新价格信息，财务部门据此分析存货跌价风险并计提跌价准备，由财务经理和总经理复核批准并入账

第三节　生产与存货循环的重大错报风险

◇ 生产与存货循环存在的重大错报风险
◇ 根据重大错报风险评估结果设计进一步审计程序

一、生产与存货循环存在的重大错报风险

（一）可能导致重大错报风险的原因

以制造类企业为例，影响生产与存货交易和余额的重大错报风险可能包括：

1.交易的数量和复杂性。存货数量庞大，种类繁多，收发频繁，增加了错误和舞弊的风险，存在、完整性认定的重大错报风险高。

2.成本基础的复杂性。存货成本归集与费用分配的复杂、成本核算流程和方法

的复杂，均导致存货计价的重大错报风险。不同来源存货的计价方法各异。

3.产品的多元化（体现行业特点）。这可能要求聘请专家来验证其质量、状况或价值。另外，计算库存存货数量的方法也可能是不同的。例如，计量煤堆、筒仓里的谷物或糖、钻石或者其他贵重的宝石、圆木或者准备栽种的不同的木材、化工品和药剂产品的存储量的方法都可能不一样。这并不是要求注册会计师每次清点存货都需要专家配合，如果存货容易辨认，存货数量容易清点，就无须专家帮助。

4.某些存货项目的可变现净值难以确定。例如价格受全球经济供求关系影响的存货，由于其可变现净值难以确定，会影响存货采购价格和销售价格的确定，并将影响注册会计师对与存货的计价认定有关的风险进行评估。

5.将存货存放在于很多地点。增加商品途中毁损或遗失的风险，导致难以控制和盘点，可能失窃，可能被重复列示或漏列，也可能产生转移定价的错误或舞弊。

6.寄存的存货。存货虽然还存放在企业，但可能已不归企业所有；反之，企业的存货也可能被寄存在其他企业。

（二）具有更高重大错报风险的存货

1.具有漫长制造过程的存货。

2.具有固定价格合约的存货。预期发生成本的不确定性是其重大审计问题。

> 考霸笔记
> 简单了解即可！

3.与时装相关的服装行业。由于消费者对服装风格或颜色的偏好容易发生变化，存货是否过时是重要的审计事项。

4.鲜活、易腐商品存货。因为物质特性和保质期短暂，此类存货变质的风险很高。

5.具有高科技含量的存货。随着技术的进步，此类存货容易过时。

6.单位价值高昂、容易被盗窃的存货。例如，珠宝的错报风险通常高于铁制纽扣。

二、根据重大错报风险评估结果设计进一步审计程序（见表11-4）

表11-4　　生产和存货循环的重大错报风险和进一步审计程序总体方案

重大错报风险描述	相关财务报表项目及认定	风险程度	是否信赖控制	进一步审计程序的总体方案	拟从控制测试中获取的保证程度	拟从实质性程序中获取的保证程度
存货实物可能不存在	存货：存在	特别	是	综合性	中	高
存货的单位成本可能存在计算错误	存货：准确性计价和分摊 营业成本：准确性	一般	是	综合性	中	低
已销售产品的成本可能没有准确结转至营业成本	存货：准确性计价和分摊 营业成本：准确性	一般	是	综合性	中	低
存货的账面价值可能无法实现	存货：准确性计价和分摊	特别	否	实质性	无	高

第四节 销售与收款循环的内部控制

◇ 以风险为起点的控制测试

以风险为起点的控制测试

总体上看，生产与存货循环的内部控制主要包括存货数量的内部控制和存货单价的内部控制两方面。由于生产与存货循环和其他业务循环紧密联系，生产与存货循环中某些审计程序，特别是对存货余额的审计程序，与其他相关业务循环的审计程序同时进行将更为有效。例如，原材料的采购和记录是作为采购与付款循环的一部分进行测试的，人工成本（包括直接人工成本和制造费用中的人工费用）是作为工薪循环的一部分进行测试的。因此，在对生产与存货循环的内部控制实施测试时，要考虑其他业务循环的控制测试是否与本循环相关，避免重复测试。见表11-5到表11-12。

表11-5　　　　　　　　　业务活动：发出原材料

可能发生错误的环节	相关财务报表项目及认定	存在的内部控制（自动）	存在的内部控制（人工）	内部控制测试程序
原材料的发出可能未经授权	生产成本：存在		所有领料单由生产主管签字批准，仓库管理员凭经批准的领料单发出原材料	选取领料单，检查是否有生产主管的签字授权
发出的原材料可能未被正确记入相应产品的生产成本中	生产成本：准确性计价和分摊	领料单信息输入系统时需输入对应的生产任务单编号和所生产的产品代码，每月末系统自动归集生成材料成本明细表	生产主管每月末将其生产任务单及相关领料单存根联与材料成本明细表进行核对，调查差异并处理	检查生产主管核对材料明细表的记录，并询问其核对过程及结果

11-6　　　　　　　　　业务活动：记录人工成本

可能发生错误的环节	相关财务报表项目及认定	存在的内部控制（自动）	存在的内部控制（人工）	内部控制测试程序
生产工人的人工成本可能未得到准确反映	生产成本：准确性、准确性计价和分摊	所有员工有专属员工代码和部门代码，员工的考勤记录记入相应员工代码	人事部每月编制工薪费用分配表，按员工所属部门将工薪费用分配至生产成本、制造费用、管理费用和销售费用，经财务经理复核后入账	检查系统中员工的部门代码设置是否与其实际职责相符；询问并检查财务经理复核工资费用分配表的过程和记录

表11-7　　　　　　　　　　　　业务活动：记录制造费用

可能发生错误的环节	相关财务报表项目及认定	存在的内部控制（自动）	存在的内部控制（人工）	内部控制测试程序
发生的制造费用可能没有得到完整归集	制造费用：完整性	系统根据输入的成本和费用代码自动识别制造费用并进行归集	成本会计每月复核系统生成制造费用明细表并调查异常波动。必要时，由财务经理批准进行调整	检查系统的自动归集设置是否符合有关成本和费用的性质，是否合理询问并检查成本会计复核制造费用明细表的过程和记录，检查财务经理对调整制造费用的分录的批准记录

表11-8　　　　　　　　　　　　业务活动：计算产品成本

可能发生错误的环节	相关财务报表项目及认定	存在的内部控制（自动）	存在的内部控制（人工）	内部控制测试程序
生产成本和制造费用在不同产品之间、在产品和产成品之间的分配可能不正确	存货：准确性计价和分摊　营业成本：准确性		成本会计执行产品成本核算、日常成本核算，财务经理每月末审核产品成本计算表及相关资料（原材料成本核算表、制造费用分配表等），并调查异常项目	询问财务经理如何执行复核及调查。选取产品成本计算表及相关资料，检查财务经理的复核记录

表11-9　　　　　　　　　　　　业务活动：产成品入库

可能发生错误的环节	相关财务报表项目及认定	存在的内部控制（自动）	存在的内部控制（人工）	内部控制测试程序
已完工产品的生产成本可能没有被转移到产成品中	存货：准确性计价和分摊	系统根据当月输入的产成品入库单和出库单信息自动生成产成品收（入库）发（出库）存（余额）报表	成本会计将产成品收发存报表中的产品入库数量与当月成本计算表中结转的产成品成本对应的数量进行核对	询问并检查成本会计将产成品收发存报表与成本计算表进行核对的过程和记录

表11-10　　　　　　　　　　　　业务活动：发出产成品

可能发生错误的环节	相关财务报表项目及认定	存在的内部控制（自动）	存在的内部控制（人工）	内部控制测试程序
销售发出的产成品的成本可能没有被准确转入营业成本	存货：准确性计价和分摊　营业成本：准确性	系统根据确认的营业收入所对应的售出产品自动结转营业成本	财务经理和总经理每月对毛利率进行比较分析，对异常波动进行调查和处理	检查系统设置的自动结转功能是否正常运行，成本结转方式是否符合公司成本核算政策询问和检查财务经理和总经理进行毛利率分析的过程和记录，并对异常波动的调查和处理结果进行核实

表11-11　　　　　　　　　　　业务活动：盘点存货

可能发生错误的环节	相关财务报表项目及认定	存在的内部控制（自动）	存在的内部控制（人工）	内部控制测试程序
存货可能被盗用或因材料领用/产品销售未入账而出现账实不符	存货：存在		仓库保管员每月末盘点存货并与仓库台账核对并调节一致；成本会计监督其盘点与核对，并抽查部分存货进行复盘 每年末盘点所有存货，并根据盘点结果分析盘盈盘亏并进行账面调整	

表11-12　　　　　　　　　　　业务活动：计提存货跌价准备

可能发生错误的环节	相关财务报表项目及认定	存在的内部控制（自动）	存在的内部控制（人工）	内部控制测试程序
可能存在残冷背次的存货，影响存货的价值	存货：准确性计价和分摊资产减值损失：完整性	系统根据存货入库日期自动统计货龄，每月末生成存货货龄分析表	财务部根据系统生成的存货货龄分析表，结合生产和仓储部门上报的存货损毁情况及存货盘点中对存货状况的检查结果，计提存货减值准备，报总经理审核批准后入账	询问财务经理识别减值风险并确定减值准备的过程，检查总经理的复核批准记录

> 通过三个循环"以风险为起点的控制测试"表格的学习，可以总结出：
> 1.计算机控制一般用于：执行政策、比对、发现例外并打印报告
> 2.人工控制一般用于：制定政策、处理差异、纠正例外
> 3.控制测试一般用来：检查系统设置，检查人工控制，检查例外的处理情况

　　在上述控制测试中，如果人工控制在执行时依赖于信息系统生成的报告，注册会计师还应当针对系统生成报告的准确性执行测试，例如与计提存货跌价准备相关的管理层控制中使用了系统生成的存货货龄分析表，其准确性影响管理层控制的有效性，因此，注册会计师需要同时测试存货货龄分析表的准确性。

　　有些被审计单位采用信息系统执行全程自动化成本核算。在这种情况下，注册会计师通常需要对信息系统中的成本核算流程和参数设置进行了解和测试（可能需要利用信息技术专家的工作），并测试相关信息系统一般控制的运行有效性。

第五节　生产与存货循环的实质性程序

◇ 存货的审计目标
◇ 存货的一般审计程序
◇ 存货监盘
◇ 存货计价测试

一、存货的审计目标（见表11-13）

　　存货审计涉及数量和单价两个方面。针对存货数量的实质性程序主要是存货监

盘。此外，还包括对第三方保管的存货实施函证等程序，对在途存货检查相关凭证和期后入库记录等。针对存货单价的实质性程序包括对购买和生产成本的审计程序和对存货可变现净值的审计程序。其中原材料成本的计量较为简单，通常通过对采购成本的审计进行测试；在产品和产成品的单价较为复杂，其测试包括测试原材料成本、人工成本和制造费用的归集和分摊。

审计存货的另一个考虑就是其与采购、销售收入及销售成本间的相互关系，因为就存货认定取得的证据也同时为其对应项目的认定提供了证据。例如，通过存货监盘和对已收存货的截止测试取得的，与外购商品或原材料存货的完整性和存在认定相关的证据，自动为同一期间原材料和商品采购的完整性和发生提供了保证。类似地，销售收入的截止测试也为期末之前的销售成本已经从期末存货中扣除并正确计入销售成本提供了证据。

表11-13　　　　　　　　　　存货的审计目标

审计目标	财务报表认定				
	存在	完整性	权利和义务	准确性计价和分摊	列报
A.资产负债表中记录的存货是否真实存在	√				
B.所有应当记录的存货是否均已记录		√			
C.记录的存货是否由被审计单位拥有或控制			√		
D.存货单位成本的计量是否准确，存货的账面价值是否可以实现				√	
E.存货是否已按照企业会计准则的规定在财务报表中作出恰当列报					√

二、存货的一般审计程序

1.获取年末存货余额明细表，并执行以下工作：

（1）复核单项存货金额的计算（单位成本、数量）和明细表的加总计算是否准确。

（2）将本年末存货余额与上年末存货余额进行比较，总体分析变动原因。

2.实施实质性分析程序

存货的实质性分析程序中较常见的是对存货周转天数的实质性分析程序，过程如下：

（1）根据对被审计单位的经营活动、供应商、贸易条件、行业惯例和行业现状的了解，确定存货周转天数的预期值。

（2）根据对本期存货余额组成、实际经营情况、市场情况、存货采购情况等的了解，确定可接受的差异额。

（3）计算实际存货周转天数和预期周转天数之间的差异。

（4）通过询问管理层和相关员工，调查存在重大差异的原因，并评估差异是否表明存在重大错报风险，是否需要设计恰当的细节测试程序以识别和应对重大错报风险。

考霸笔记

可结合营业收入实质性分析程序对比学习。

三、存货监盘

(一) 存货监盘的作用

如果存货对财务报表是重要的，注册会计师应当实施下列审计程序，对存货的存在和状况获取充分、适当的审计证据： "状况"不要忘！

（1）在存货盘点现场实施监盘（除非不可行）；

（2）对期末存货记录实施审计程序，以确定其是否准确反映实际的存货盘点结果。

1.在存货盘点现场实施监盘时，注册会计师应当实施下列审计程序：

（1）评价管理层用于记录和控制存货盘点结果的指令和程序；（了解内部控制设计的合理性）

（2）观察管理层制定的盘点程序的执行情况；（评价内部控制的执行情况）

（3）检查存货；（实物检查）

（4）执行抽查。（实物检查）

注意：如果只有少数项目构成存货的主要部分，注册会计师可能选择将存货监盘用作实质性程序。（考过！）

2.监盘责任

尽管实施存货监盘，获取有关期末存货数量和状况的充分、适当的审计证据是注册会计师的责任，但这并不能取代被审计单位管理层定期盘点存货、合理确定存货的数量和状况的责任。

3.审计目标

存货监盘针对的主要是存货的存在认定，对存货的完整性认定及计价认定，也能提供部分审计证据。此外，注册会计师还可能在存货监盘中获取有关存货所有权的部分审计证据。但存货监盘本身并不足以供注册会计师确定存货的所有权，注册会计师可能需要执行其他实质性审计程序以应对所有权认定的相关风险。

(二) 存货监盘计划

1.制订存货监盘计划的基本要求

注册会计师应当根据被审计单位存货的特点、盘存制度和存货内部控制的有效性等情况，在评价被审计单位管理层制定的存货盘点程序的基础上，编制存货监盘计划，对存货监盘做出合理安排。

监盘计划编制要求：周密、细致。因为：

（1）存货风险高，存货存在与完整性认定具有较高的重大错报风险；

（2）监盘机会少：注册会计师通常只有一次机会通过存货的实地监盘对有关认定作出评价。

2.制订存货监盘计划应考虑的相关事项 经常考查选择题，7点要记忆，具体内容要掌握。

（1）与存货相关的重大错报风险

存货通常具有较高水平的重大错报风险。存货存在认定与完整性认定具有较高的重大错报风险。

（2）与存货相关的内部控制

与存货相关的内部控制涉及被审计单位供、产、销各个环节，包括采购、验收、仓储、领用、加工、装运出库等方面。

（3）管理层对存货盘点制定的适当程序和下达的正确指令

注册会计师应当考虑下列主要因素，以评价管理层制定的程序和下达的指令能否合理地确定存货的数量和状况：

①盘点的时间安排；

②存货盘点范围和场所的确定；

③盘点人员的分工及胜任能力；

④盘点前的会议及任务布置；

⑤存货的整理和排列，对毁损、陈旧、过时、残次及不属于被审计单位存货的区分；

⑥盘点期间存货移动的控制；

⑦存货收发截止的控制；

⑧存放在外单位的存货的盘点安排；

⑨存货的计量工具和计量方法；

⑩在产品完工程度的确定方法；

⑪盘点表单的设计、使用与控制；

⑫盘点结果的汇总以及盘盈或盘亏的分析、调查与处理。

（4）存货盘点的时间安排

存货盘点的理想时间是财务报表日。如在财务报表日以外的其他日期盘点，注册会计师应实施程序以确定存货盘点日与财务报表日之间的存货变动是否已得到恰当记录。

（5）被审计单位是否一贯采用永续盘存制

如一贯采用永续盘存制，注册会计师应在年度中一次或多次参加盘点。

如采用实地盘存制（年末倒挤存货减少，风险高），注册会计师要参加盘点。

（6）获取存货存放地点，以确定监盘地点

如果被审计单位的存货存放在多个地点，注册会计师可以要求被审计单位提供一份完整的存货存放地点清单（包括期末库存量为零的仓库、租赁的仓库，以及第三方代被审计单位保管存货的仓库等），并考虑其完整性。

注册会计师可以考虑执行以下一项或多项审计程序：

①询问被审计单位除管理层和财务部门以外的其他人员，如营销人员、仓库人员等，以了解有关存货存放地点的情况；

②比较被审计单位不同时期的存货存放地点清单，关注仓库变动情况，以确定是否存在因仓库变动而未将存货纳入盘点范围的情况；

③检查被审计单位存货的出、入库单，关注是否存在被审计单位尚未告知注册会计师的仓库（如期末库存量为零的仓库）；

④检查费用支出明细账和租赁合同，关注被审计单位是否租赁仓库并支付租金，如果有，该仓库是否已包括在被审计单位提供的仓库清单中；

⑤检查被审计单位"固定资产——房屋建筑物"明细清单，了解被审计单位可用于存放存货的房屋建筑物。

考霸笔记

即管理层的盘点计划，通读即可！

已全额计提跌价准备的存货为什么要纳入盘点范围？

考霸笔记

注意：存货盘点的时间不必须是财务报表日。

考霸笔记

高频考点，重点关注！

考霸笔记

考试题型：选择题、简答题。考试频率：高频。考试套路：如何考虑获取的存货存放清单的完整性？备考建议：5条要牢记！

在获取完整的存货存放地点清单的基础上，注册会计师可以根据**不同地点所存放存货的重要性**（金额大小），及各个地点与存货相关的**重大错报风险**的评估结果（例如，以往审计中可能注意到某些地点存在与存货相关的错报，在本期审计时对其予以特别关注），选择适当的地点进行监盘，并记录选择这些地点的原因。

如果识别出由于舞弊导致的影响存货数量的重大错报风险，注册会计师①在检查被审计单位存货记录的基础上，可能决定②在不预先通知的情况下对特定存放地点的存货实施监盘，或③在同一天对所有存放地点的存货实施监盘。

同时（无论是否存在舞弊），在连续审计中，可以考虑在不同期间的审计中变更所选择实施监盘的地点。

（7）是否需要专家协助

在获取确定资产数量或资产实物状况（如矿石堆），或在收集特殊类别存货（如艺术品、稀有玉石、房地产、电子器件、工程设计等）的审计证据时，可以考虑利用专家的工作。

当在产品存货金额较大时，可能面临如何评估在产品完工程度的问题：

如在产品的完工程度未被明确列出，考虑获取零部件明细清单、标准成本表以及作业成本表，与工厂的有关人员进行讨论，并运用职业判断确定完工程度的措施；也可以根据存货生产过程的复杂程度考虑利用专家的工作。

3.存货监盘计划的主要内容　**4点需记忆！**

（1）存货监盘目标、范围及时间安排

①**存货监盘的主要目标**：获取资产负债表日有关存货数量和状况，以及有关管理层存货盘点程序可靠性的审计证据，检查存货的数量是否真实完整，是否归属于被审计单位，存货有无毁损、陈旧、过时、残次和短缺等状况。

②存货监盘范围的大小取决于**存货的内容、性质**以及与存货相关的**内部控制**的完善程度和**重大错报风险**的评估结果。

③存货监盘的时间，包括**实地察看盘点现场**的时间、**观察存货盘点**的时间和**对已盘点存货实施检查**的时间等，应当与被审计单位实施存货盘点的时间相协调。

（2）存货监盘的要点及关注事项

重点关注盘点期间存货的**移动**、存货的**状况**、存货的**截止**、存货的**各个存放地点及金额**等（一个都不能少）。

（3）参加存货监盘人员的分工

根据被审计单位盘点人员分工、分组情况、存货监盘工作量的大小和人员素质情况确定存货监盘的人员及其职责和分工。

（4）检查存货的范围

在实施观察程序后，如果认为被审计单位内部控制设计良好且得到有效实施、存货盘点组织良好，可以相应缩小实施检查程序的范围。

（三）存货监盘程序

1.评价记录和控制存货盘点结果的指令与程序

（1）运用适当的控制活动。例如，收集已使用的存货盘点记录，清点未使用的存货盘点表单，实施盘点和复盘程序；

（2）准确认定在产品的完工程度，流动缓慢（呆滞）、过时或毁损的存货项目，以及第三方拥有的存货（如寄存货物）；

（3）评价在适用的情况下用于估计存货数量的方法，如可能需要估计煤堆的重量；

（4）评价对存货在不同存放地点之间的移动以及截止日前后期间出入库的控制。

2.观察管理层制定的盘点程序的执行情况（移动、截止）

（1）存货移动测试

注册会计师应确定被审计单位是否针对存货移动设置了相应的控制程序，确保对存货作出了准确记录。为此，注册会计师应当在观察的基础上实施下列程序：

①考虑无法停止存货移动的原因及其合理性（是否舞弊）。

②了解管理层针对存货移动所采取的控制程序和对存货收发截止影响的考虑。例如：在仓库内划分出独立的过渡区域；将预计在盘点期间领用的存货提前移至过渡区域，将盘点期间办理入库手续的存货暂时存放在过渡区域。观察控制程序是否得到执行，能否确保相关存货只被盘点一次。

③索取盘点期间存货移动的记录及出、入库资料，作为执行截止测试的资料。

（2）存货截止测试

截止测试目的是检查库存记录与会计记录期末截止是否正确。测试的技术关键是确定截止日存货实物是否在库，存货所有权是否转移。具体来说，注册会计师一般应当获取盘点日前后存货收发及移动的凭证，检查库存记录与会计记录期末截止是否正确。注册会计师通常应当关注：

①所有在截止日以前入库的存货项目是否均已包括在盘点范围内。

②所有已确认为销售但尚未装运出库的商品是否均未包括在盘点范围内。

③在途存货和被审计单位直接向顾客发运的存货是否均已得到了适当的会计处理。

注册会计师通常可观察存货的验收入库地点和装运出库地点以执行截止测试。在存货入库和装运过程中采用连续编号的凭证时，注册会计师应当关注截止日期前的最后编号。如果被审计单位没有使用连续编号的凭证，注册会计师应当列出截止日期以前的最后几笔装运和入库记录。

如果被审计单位使用运货车厢或拖车进行存储、运输或验收入库，注册会计师应当详细列出存货场地上满载和空载的车厢或拖车，并记录各自的存货状况。

考霸笔记
考试题型：选择题、简答题。
考试频率：高频。
备考建议：本节内容属于重点内容，一定要理解记忆！

考霸笔记
详见本层次第2点。

考霸笔记
重点关注！常考！

考霸笔记
考试题型：选择题。
考试频率：常考。
备考建议：3种情况要记清，可能会出选择题。

第十一章

提示：测试时，首先要确定存货所有权归属，然后确定存货实物是否被纳入盘点范围内。具体来说，如果存货所有权属于被审计单位，就应纳入盘点范围（截止日的库存记录）内，反映在账簿记录（截止日的会计记录）中。

3.检查存货

在存货监盘过程中检查存货，不一定能确定存货的所有权，但有助于确定存货的存在，以及识别过时、毁损或陈旧的存货（与准确性计价和分摊认定关系密切）。

注册会计师应把所有过时、毁损或陈旧存货的详细情况记录下来，既便于进一步追查这些存货的处置情况（涉及到存在认定），也能为测试被审计单位存货跌价准备计提的准确性提供证据（涉及到准确性计价和分摊认定）。

4.执行抽盘（常考）

注意：

1.对存货数量的点数必须由被审计单位完成，注册会计师执行抽盘以复核被审计单位盘点得对不对，而不能代替被审计单位进行盘点。

2.执行抽盘时应当开箱检查，不能仅数箱子、盒子。

（1）考虑双向追查：在对存货盘点结果进行测试时，可以从存货盘点记录中选取项目追查至存货实物（准确性），以及从存货实物中选取项目追查至盘点记录（完整性）。✓掌握易考！

（2）确定抽盘范围：应尽可能避免让被审计单位事先了解将抽盘的存货项目（不可预见性）。✓易考！

（3）获取盘点记录：获取盘点记录复印件有助于日后实施程序，以确定期末存货记录是否准确地反映了实际盘点结果。

（4）处理抽盘差异：抽盘差异很可能表明存货盘点的准确性或完整性存在错误，很可能意味着还存在其他错误。

处理差异时应当：

①查明原因，及时提请更正（已发现错误）；

②考虑错误的潜在范围和重大程度（未发现错误）。

在可能的情况下，可扩大检查范围以减少（未发现的）错误，还可针对某一特殊领域的存货或针对特定盘点小组要求重新盘点。

5.需要特别关注的情况

（1）盘点前观察盘点现场

在盘点存货前，注册会计师应观察盘点现场，确定应纳入盘点范围的存货是否已被适当整理和排列，并附有盘点标识，防止遗漏或重复盘点。对未纳入盘点范围的存货，应查明原因。

（2）确认代存存货不被盘点

对所有权不属于被审计单位的存货，应取得其规格、数量等资料，确定是否已单独存放、标明，且未被纳入盘点范围。

即使在被审计单位声明不存在受托代存存货时，监盘时也应关注是否存在某些存货不属于被审计单位的迹象。

（3）对特殊类型存货的监盘（见表11-14）

表11-14　✓掌握表格。　　　　　　**对特殊类型存货的监盘**

存货类型	可供实施的审计程序
木材、钢筋盘条、管子	检查标记或标识 利用专家或被审计单位内部有经验人员的工作
堆积型存货（如糖、煤、钢废料）	运用工程测算、几何计算、高空勘测，并依赖详细的存货记录 如果堆场中的存货堆不高，可进行实地监盘，或通过旋转存货堆加以估计
使用磅秤测量的存货	在监盘前和监盘过程中均应检验磅秤的精准度，并留意磅秤的位置移动与重新调校程序 将检查和重新称量程序相结合。检查称量尺度的换算问题
散装物品（如贮窖存货、使用桶、箱、罐、槽等容器储存的液、气体、谷类粮食、流体存货等）	使用容器进行监盘或通过预先编号的清单列表加以确定 使用浸蘸、测量棒、工程报告以及依赖永续存货记录 选择样品进行化验分析，或利用专家的工作
贵金属、石器、艺术品与收藏品	选择样品进行化验与分析，或利用专家的工作
生产纸浆用木材、牲畜	通过高空摄影确定其存在性，对不同时点的数量进行比较，并依赖永续存货记录

6.存货监盘结束时的工作

（1）再次观察盘点现场，确定所有应纳入盘点范围的存货是否均已盘点。

（2）取得并检查已填用、作废及未使用的盘点表单的号码记录，确定其是否连续编号，查明已发放的表单是否均已收回，并与存货盘点的汇总记录进行核对。

（3）根据存货监盘过程中获取的信息对最终的存货盘点结果汇总记录进行复核，评估其是否正确地反映了实际盘点结果。

（4）如盘点日不是资产负债表日，实施适当程序，确定盘点日与资产负债表日之间的存货变动是否已得到恰当记录。

注册会计师可以根据间隔期间的长短、相关内部控制的有效性等进行风险评估，设计和执行适当程序。

注册会计师可以实施的适当的实质性程序包括：

①比较盘点日和财务报表日之间的存货信息以识别异常项目，并对其执行适当的审计程序（例如实地察看等）；

②对存货周转率或销售周转天数等实施实质性分析程序；

③对盘点日至财务报表日之间的存货采购和存货销售分别实施双向检查；

④测试存货销售和采购在盘点日和财务报表日的截止是否正确。

考霸笔记
考试题型：选择题、简答题。
考试频率：近年较少涉及。
备考建议：表格中的例子容易混淆，一定要牢记！

考霸笔记
经常考，一定要背下来！

考霸笔记
常考！四个程序都要记住，可能会出多选题。

记忆！新增未考！

第十一章

（四）特殊情况的处理

1.在存货盘点现场实施存货监盘不可行

（1）正当理由：由存货性质和存放地点等因素造成，例如，存货存放在对注册会计师的安全有威胁的地点。

（2）不正当理由：审计中的困难、时间或成本等。

（3）替代程序：如现场监盘存货不可行，应实施替代审计程序，以获取有关存货的存在和状况的充分、适当的审计证据。如检查盘点日后出售盘点日之前取得或购买的特定存货的文件记录。

（4）若不能实施替代程序：按规定考虑发表非无保留意见。

2.因不可预见的情况导致无法实施现场监盘

（1）不可预见情况举例

①无法到达现场：不可抗力导致注册会计师无法亲临现场，即无法到达存货存放地实施存货监盘；

②无法实施监盘：恶劣天气导致注册会计师无法实施存货监盘程序或无法观察存货，如木材被积雪覆盖。

（2）不可预见情况应对

如因不可预见情况无法在存货盘点现场实施监盘，另择日期监盘，并对间隔期内的交易实施审计程序。

3.由第三方保管或控制的存货

如果由第三方保管或控制的存货对财务报表是重要的（金额重大），应实施下列一项或两项审计程序，以获取该存货存在和状况的充分、适当的审计证据：

①向第三方函证存货的数量和状况；

②实施检查或其他适合具体情况的审计程序。

其他审计程序可以作为函证的替代程序，也可以作为追加的审计程序。其他审计程序的示例包括：

①实施或安排其他注册会计师实施对第三方的存货监盘（如可行）；

②获取其他或服务机构注册会计师针对用以保证存货得到恰当盘点和保管的内部控制的适当性而出具的报告；

③检查与第三方持有的存货相关的文件记录，如仓储单；

④当存货被作为抵押品时，要求其他机构或人员确认。

四、存货计价测试

存货监盘程序主要是对存货的数量进行测试。为验证财务报表上存货余额的真实性，还应当对存货的计价进行审计。存货计价测试包括两个方面：一是被审计单位所使用的存货单位成本是否正确，二是是否恰当计提了存货跌价准备。

在对存货的计价实施细节进行测试之前，注册会计师通常先要了解被审计单位本年度的存货计价方法与以前年度是否保持一致。如发生变化，变化的理由是否合理，是否经过适当的审批。

1.存货单位成本测试。

针对原材料的单位成本，注册会计师通常基于企业的原材料计价方法（如先进

先出法、加权平均法等），结合原材料的历史购买成本，测试其账面成本是否准确，测试程序包括核对原材料采购的相关凭证（主要是与价格相关的凭证，如合同、采购订单、发票等）以及验证原材料计价方法的运用是否正确。

针对产成品和在产品的单位成本，注册会计师需要对成本核算过程实施测试，包括直接材料成本测试、直接人工成本测试、制造费用测试和生产成本在当期完工产品与在产品之间分配的测试四项内容，具体如下：

（1）直接材料成本测试。对采用定额单耗的企业，可选择某一成本报告期若干种具有代表性的产品成本计算单，获取样本的生产指令或产量统计记录及其直接材料单位消耗定额，根据材料明细账或采购业务测试工作底稿中各该直接材料的单位实际成本，计算直接材料的总消耗量和总成本，与该样本成本计算单中的直接材料成本核对。

对未采用定额单耗的企业，可获取材料费用分配汇总表、材料发出汇总表（或领料单）、材料明细账（或采购业务测试工作底稿）中该直接材料的单位成本，作如下检查：成本计算单中直接材料成本与材料费用分配汇总表中该产品负担的直接材料费用是否相符，分配标准是否合理；将抽取的材料发出汇总表或领料单中若干种直接材料的发出总量和各该种材料的实际单位成本之积，与材料费用分配汇总表中各该种材料费用进行比较。

对采用标准成本法的企业，获取样本的生产指令或产量统计记录、直接材料单位标准用量、直接材料标准单价及发出材料汇总表或领料单，检查下列事项：根据生产量、直接材料单位标准用量和标准单价计算的标准成本与成本计算单中的直接材料成本核对是否相符；直接材料成本差异的计算与账务处理是否正确。

（2）直接人工成本测试。对采用计时工资制的企业，获取样本的实际工时统计记录、员工分类表和员工工薪手册（工资率）及人工费用分配汇总表，作如下检查：成本计算单中直接人工成本与人工费用分配汇总表中该样本的直接人工费用核对是否相符；样本的实际工时统计记录与人工费用分配汇总表中该样本的实际工时核对是否相符；抽取生产部门若干天的工时台账与实际工时统计记录核对是否相符；当没有实际工时统计记录时，则可根据员工分类表及员工工薪手册中的工资率，计算复核人工费用分配汇总表中该样本的直接人工费用是否合理。

对采用计件工资制的企业，获取样本的产量统计报告、个人（小组）产量记录和经批准的单位工薪标准或计件工资制度，检查下列事项：根据样本的统计产量和单位工薪标准计算的人工费用与成本计算单中直接人工成本核对是否相符；抽取若干个直接人工（小组）的产量记录，检查是否被汇总计入产量统计报告。

对采用标准成本法的企业，获取样本的生产指令或产量统计报告、工时统计报告和经批准的单位标准工时、标准工时工资率、直接人工的工薪汇总表等资料，检查下列事项：根据产量和单位标准工时计算的标准工时总量与标准工时工资率之积，同成本计算单中直接人工成本核对是否相符；直接人工成本差异的计算与账务处理是否正确，并注意直接人工的标准成本在当年内有无重大变更。

（3）制造费用测试。获取样本的制造费用分配汇总表、按项目分列的制造费用明细账、与制造费用分配标准有关的统计报告及其相关原始记录，作如下检查：制造费用分配汇总表中，样本分担的制造费用与成本计算单中的制造费用核对是否相符；制造费用分配汇总表中的合计数与样本所属成本报告期的制造费用明细账总计数核对是否相符；制造费用分配汇总表选择的分配标准（机器工时数、直接人工工资、直接人工工时数、产量等）与相关的统计报告或原始记录核对是否相符，并对费用分配标准的合理性作出评估；如果企业采用预计费用分配率分配制造费用，则应针对制造费用分配过多或过少的差额，检查其是否作了适当的账务处理；如果企业采用标准成本法，则应检查样本中标准制造费用的确定是否合理，计入成本计算单的数额是否正确，制造费用差异的计算与账务处理是否正确，并注意标准制造费用在当年度内有无重大变更。

（4）生产成本在当期完工产品与在产品之间分配的测试。检查成本计算单中在产品数量与生产统计报告或在产品盘存表中的数量是否一致；检查在产品约当产量计算或其他分配标准是否合理；计算复核样本的总成本和单位成本。

2.存货跌价准备的测试。

注册会计师在测试存货跌价损失准备时，需要从以下两个方面进行测试：

（1）识别需要计提跌价损失准备的存货项目。

注册会计师可以通过询问管理层和相关部门（生产、仓储、财务、销售等）员工，了解被审计单位如何收集有关滞销、过时、陈旧、毁损、残次存货的信息并为之计提必要的跌价准备。如被审计单位编制存货货龄分析表，则可以通过审阅分析表识别滞销或陈旧的存货。此外，注册会计师还要结合存货监盘过程中检查存货状况而获取的信息，以判断被审计单位的存货跌价损失准备计算表是否有遗漏。

（2）检查可变现净值的计量是否合理。

在存货计价审计中，由于被审计单位对期末存货采用成本与可变现净值孰低的方法计价，所以注册会计师应充分关注其对存货可变现净值的确定及存货跌价准备的计提。

可变现净值是指企业在日常活动中，存货的估计售价减去至完工时估计将要发生的成本、估计的销售费用以及相关税费后的金额。企业确定存货的可变现净值，应当以取得的确凿证据为基础，并且考虑持有存货的目的以及资产负债表日后事项的影响等因素。

智能测评

在线练习		我要提问
扫码在线做题	扫码看答案	扫码答疑
本书"本章同步强化训练"均配备二维码，打开微信"扫一扫"即可完成在线测评，查看本章详细的测评反馈报告，了解知识掌握情况，也可扫码直接看答案噢。 快来扫码做题吧！		本书配备答疑专用二维码，打开微信"扫一扫"，即可完成在线提问，获取专业老师全面个性化解答，让学习问题不再拖延。 快来扫码提问吧！

本章同步强化训练

一、单选题

1.下列关于盘点存货的控制活动，表述错误的是（　　）。

A.生产部门和仓储部门在盘点日前对所有存货进行清理和归整，便于盘点顺利进行

B.盘点表和盘点标签事先连续编号，发放给盘点人员时登记领用人员，盘点结束后回收并清点所有已使用和未使用的盘点表和盘点标签

C.将不属于本单位的代其他方保管的存货单独堆放并作标识，将盘点期间需要领用的原材料或出库的产成品分开堆放并作标识

D.由仓储部门不同人员进行初盘和复盘

2.下列有关选择存货监盘地点的表述中，正确的是（　　）。

A.选择适当的地点进行监盘，并记录选择这些地点的原因

B.在连续审计中，注册会计师应当在不同期间的审计中选择相同的地点实施监盘

C.注册会计师应当在不预先通知的情况下对特定存放地点的存货实施监盘

D.注册会计师必须在同一天对所有存放地点的存货实施监盘

3.注册会计师在实施抽盘程序发现差异时，以下做法错误的是（　　）。

A.注册会计师应当查明抽盘差异的原因，并及时提请被审计单位更正

B.注册会计师应当考虑错误的潜在范围和重大程度，在可能的情况下，扩大检查范围以减少错报的发生

C.针对抽盘差异，注册会计师还可要求被审计单位重新盘点

D.注册会计师应当要求被审计单位重新盘点所有的存货

4.以下哪项是在存货盘点现场实施存货监盘不可行的情形（　　）。

A.存货存放在对注册会计师的安全有威胁的地点

B.受审计时间的限制，不能在存货盘点现场实施存货监盘程序

C.监盘的成本太高

D.受天气影响，存货被积雪覆盖

5.针对第三方保管或控制的存货，注册会计师实施的审计程序错误的是（　　）。

A.向持有被审计单位存货的第三方函证存货的数量和状况

B.检查与第三方持有的存货相关的文件记录，如仓储单

C.当存货被作为抵押品时，要求其他机构或人员进行确认

D.必须实施或安排其他注册会计师实施对第三方的存货监盘

二、多选题

1.在存货盘点现场实施监盘时，应当实施的审计程序有（　　）。

A.评价管理层用以记录和控制存货盘点结果的指令和程序

B.观察管理层制定的盘点程序的执行情况

C.检查存货

D.执行抽盘

2.有关存货监盘的目的，表述正确有（　　）。

A.监盘存货的目的在于获取有关存货数量和状况的审计证据

B.存货监盘针对的主要是存货的存在认定

C.不能对存货的完整性认定及准确性计价和分摊认定提供审计证据

D.注册会计师还可能在存货监盘中获取有关存货所有权的部分审计证据

3. 在考虑被审计单位提供存货存放地点清单的完整性时，注册会计师可考虑执行的审计程序有（   ）。

A.询问被审计单位除管理层和财务部门以外的其他人员，如营销人员、仓库人员等，以了解有关存货存放地点的情况

B.比较被审计单位不同时期的存货存放地点清单，关注仓库变动情况，以确定是否存在因仓库变动而未将存货纳入盘点范围的情况

C.检查被审计单位存货的出、入库单，关注是否存在被审计单位尚未告知注册会计师的仓库（如期末库存量为零的仓库）

D.检查费用支出明细账和租赁合同，关注被审计单位是否租赁仓库并支付租金，如果有，该仓库是否已被包括在被审计单位提供的仓库清单中

4. 在对存货盘点结果进行测试时，注册会计师可以选择的程序有（   ）。

A.从存货盘点记录追查至存货实物，确认存货盘点记录的准确性

B.从存货实物追查至盘点记录，确认存货盘点记录的完整性

C.从存货盘点记录追查至存货实物，确认存货盘点记录的完整性

D.从存货实物追查至盘点记录，确认存货盘点记录的准确性

5. 注册会计师在实施监盘程序时，以下做法正确的是（   ）。

A.注册会计师在对被审计单位钢筋盘条进行监盘时，通常难以确定存货的数量或等级，可以考虑利用专家的工作

B.注册会计师在对被审计单位煤堆进行监盘时，在估计存货数量时存在困难，可以考虑运用工程估测、几何计算、高空勘测，并依赖详细的存货记录

C.注册会计师在对被审计单位收藏品进行监盘时，在存货辨认与质量确定方面存在困难，可以考虑利用专家的工作

D.注册会计师在对被审计单位牲畜进行监盘时，可能无法对此类存货的移动实施控制，可以通过高空摄影以确定其存在，对不同时点的数量进行比较，并依赖永续存货记录

6. 当存货盘点日不是资产负债表日时，注册会计师可以实施的程序有（   ）。

A.比较盘点日和财务报表日之间的存货信息以识别异常项目，并对其执行适当的审计程序

B.对存货周转率或存货销售周转天数等实施实质性分析程序

C.对盘点日至财务报表日之间的存货采购和存货销售分别实施双向检查

D.测试存货销售和采购在盘点日和财务报表日的截止是否正确

7. 下列属于因不可预见的情况导致无法在存货盘点现场实施监盘的有（   ）。

A.注册会计师身体不适，无法到达存货存放地实施存货监盘

B.由于大雾天气，注册会计师无法实施存货监盘程序

C.因飞机延误，注册会计师不能准时到达存货存放地实施存货监盘

D.被审计单位的存货被积雪覆盖

8. 下列有关存货监盘的说法中，正确的有（   ）。

A.注册会计师在制订监盘计划时，需要考虑是否在监盘中利用专家的工作

B.如果存货盘点在财务报表日以外的其他日期进行，注册会计师除实施监盘相关审计程序外，还应当实施其他程序，以确定盘点日与财务报表日之间的存货变动已得到恰当记录

C.如果存货存放在不同地点，注册会计师的监盘应当覆盖所有存放地点

D.如果由于不可预见的情况，无法在存货盘点现场实施监盘，注册会计师应当实施替代的审计程序

三、简答题

1.ABC会计师事务所的A注册会计师负责审计甲公司等多家被审计单位2018年度财务报表。与存货审计相关的事项如下：

（1）在对甲公司存货实施监盘时，A注册会计师在存货盘点现场评价了管理层用以记录和控制存货盘点结果的程序，认为其设计有效。A注册会计师在检查存货并执行抽盘后结束了现场工作。

（2）因乙公司存货品种和数量均较少，A注册会计师仅将监盘程序用作实质性程序。

（3）由于丙公司财务部门人手不足，审计项目组受管理层委托，代为盘点C公司异地专卖店的存货，并将盘点记录作为C公司的盘点记录和审计项目组的监盘工作底稿。

（4）丁公司管理层未将以前年度已全额计提跌价准备的存货纳入本年末盘点范围。A注册会计师检查了以前年度的审计工作底稿，认可了管理层的做法。

（5）审计项目组按年末戊公司各存放地点存货余额进行排序，选取存货余额最大的20个地点（合计占年末存货余额的60%）实施监盘，结果满意。

（6）己公司2018年年末已入库未收到发票而暂估的存货金额占存货总额的40%。A注册会计师对存货实施了监盘，测试了采购和销售交易的截止，均未发现差错，据此认为暂估的存货记录准确。

要求：针对上述（1）至（6）项，逐项指出A注册会计师的做法是否恰当，如不恰当，简要说明理由。

2.甲公司主要从事家电产品的生产和销售。ABC会计师事务所负责审计甲公司2018年度财务报表。审计项目组在审计工作底稿中记录了与存货监盘相关的情况，部分内容摘录如下：

（1）审计项目组拟不信赖与存货相关的内部控制运行的有效性，故在监盘时不再观察管理层制定的盘点程序的执行情况。

（2）审计项目组获取了盘点日前后存货收发及移动的凭证，以确定甲公司是否将盘点日前入库的存货、盘点日后出库的存货以及已确认为销售但尚未出库的存货包括在盘点范围内。

（3）甲公司存在大量以标准规格包装箱包装的存货，审计项目组根据包装箱的数量及每箱的标识直接计算确定存货的数量。

（4）审计项目组按存货项目定义抽样单元，选取a产品为抽盘样本项目之一。a产品分布在5个仓库中，考虑到监盘人员安排困难，审计项目组对其中3个仓库的a产品执行抽盘，未发现差异，对该样本项目的抽盘结果满意。

（5）在甲公司存货盘点结束前，审计项目组取得并检查了已填用、作废及未使用盘点表单的号码记录，确定其是否连续编号以及已发放的表单是否均已收回，并与存货盘点汇总表中记录的盘点表单使用情况核对一致。

要求：针对上述第（1）至（5）项，逐项指出审计项目组的做法是否恰当。如不恰当，简要说明理由。

本章导学

第十二章

货币资金的审计

本章框架图

考霸笔记
本章是比较重要的章节，平均考试分值接近4分。
考试题型：选择题、简答题。
备考建议：本章与前三章的业务循环有密切关系，可结合前面三章内容进行学习。

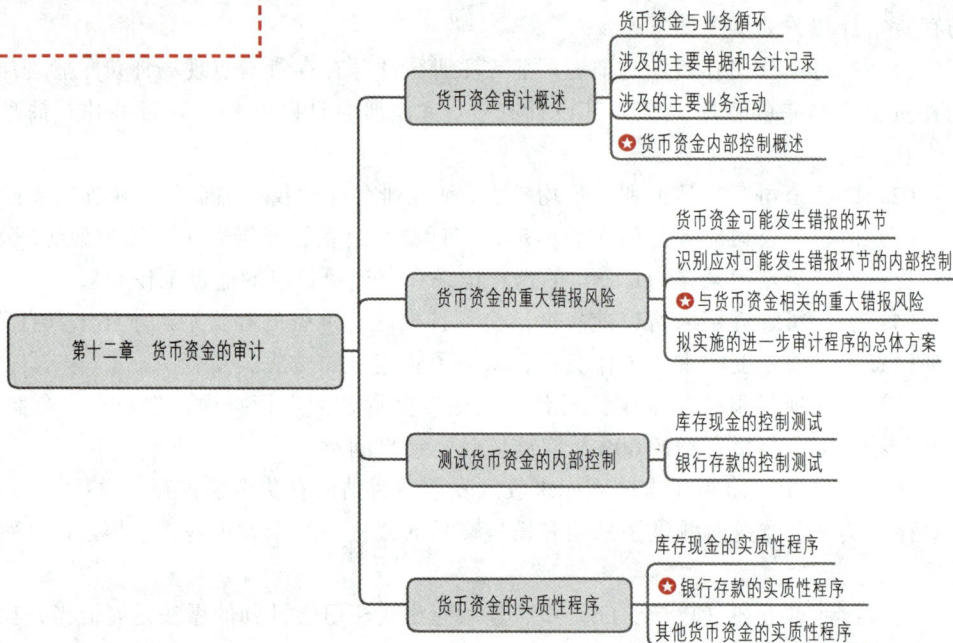

本章考情概述

　　本章第二节的现金监盘要关注；第三节的银行存款余额调节表命题比较灵活，需要强化应用能力；银行函证属于每年必考的知识点，需要结合第三章第三节理解并系统记忆相关规定。

　　近三年主要考点包括：银行存款函证、银行存款余额调节表、货币资金内部控制等。

第一节　货币资金审计概述

考霸笔记
会计知识补充：资产负债表"货币资金"项目="库存现金"+"银行存款"+"其他货币资金"。

◇ 货币资金与交易循环
◇ 涉及的主要单据和会计记录
◇ 涉及的主要业务活动
◇ 货币资金内部控制概述

　　根据货币资金存放地点及用途的不同，货币资金分为**库存现金**、**银行存款**及**其他货币资金**。

一、货币资金与交易循环

货币资金与各交易循环均直接相关，如图12-1所示。

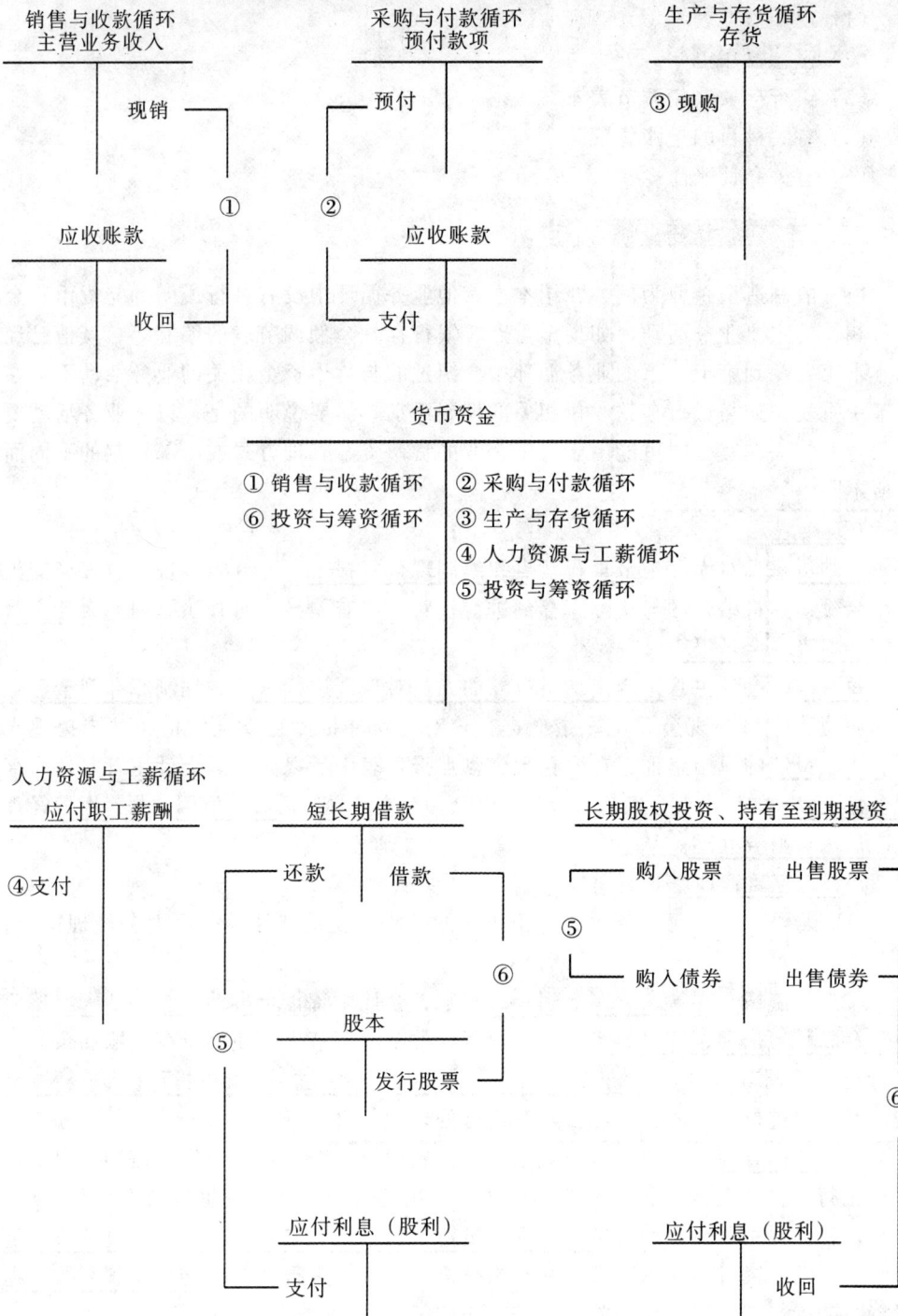

销售与收款循环
主营业务收入

采购与付款循环
预付款项

生产与存货循环
存货

现销

预付

③ 现购

①

②

应收账款

应收账款

收回

支付

货币资金

① 销售与收款循环　② 采购与付款循环
⑥ 投资与筹资循环　③ 生产与存货循环
　　　　　　　　　④ 人力资源与工薪循环
　　　　　　　　　⑤ 投资与筹资循环

人力资源与工薪循环
应付职工薪酬

短长期借款

长期股权投资、持有至到期投资

④支付

还款　借款

购入股票　出售股票

⑤

⑥

购入债券　出售债券

股本

⑤

发行股票

⑥

应付利息（股利）

应付利息（股利）

支付

收回

图12-1　货币资金与交易循环的关系

注：图 12-1 仅选取各业务循环中具有代表性的会计科目或财务报表项目予以列示，并未包括各业务循环中与货币资金有关的全部会计科目或财务报表项目。

二、涉及的主要单据和会计记录

货币资金审计涉及的单据和会计记录主要有：

（1）现金盘点表

（2）银行对账单

（3）银行存款余额调节表

（4）有关科目的记账凭证

（5）有关会计账簿

三、涉及的主要业务活动

以一般制造型企业为例，介绍本书其他业务循环中没有进行说明的与货币资金业务相关的主要业务活动，如现金盘点、银行存款余额调节表的编制等；其他已经在本书第九章到第十一章的业务循环中介绍过的与货币资金相关的业务活动不再在本节中重复，如与银行存款收付相关的控制活动。需要说明的是，以下业务活动要点仅为举例，在实务中可能由于每个企业的货币资金管理方式或内部控制的不同而有所不同。

1.现金管理。

出纳员每日对库存现金自行盘点，编制现金日报表，计算当日现金收入、支出及结余额，并将结余额与实际库存额进行核对，如有差异及时查明原因。会计主管不定期检查现金日报表。

每月末，会计主管指定出纳员以外的人员对现金进行盘点，编制库存现金盘点表，将盘点金额与现金日记账余额进行核对。对冲抵库存现金的借条、未提现支票、未做报销的原始票证，在库存现金盘点报告表中予以注明。会计主管复核库存现金盘点表，如果盘点金额与现金日记账余额存在差异，需查明原因并报经财务经理批准后进行财务处理。

2.银行存款管理。

（1）银行账户管理：企业的银行账户的开立、变更或注销须经财务经理审核，报总经理审批。

（2）编制银行存款余额调节表：每月末，会计主管指定出纳员以外的人员核对银行存款日记账和银行对账单，编制银行存款余额调节表，使银行存款账面余额与银行对账单调节相符。如调节不符，查明原因。会计主管复核银行存款余额调节表，对需要进行调整的调节项目及时进行处理。

（3）票据管理：财务部门设置银行票据登记簿，防止票据遗失或盗用。出纳员登记银行票据的购买、领用、背书转让及注销等事项。空白票据存放在保险柜中。每月末，会计主管指定出纳员以外的人员对空白票据、未办理收款和承兑的票据进行盘点，编制银行票据盘点表，并与银行票据登记簿进行核对。会计主管复核库存银行票据盘点表，如果存在差异，需查明原因。

（4）印章管理：企业的财务专用章由财务经理保管，办理相关业务中使用的个人名章出纳员由保管。

四、货币资金内部控制概述

在实务中，库存现金、银行存款和其他货币资金的转换比较频繁，三者的内部控制目标、内部控制制度的制定与实施大致相似，因此，统一对货币资金的内部控制作一个概述。

良好的货币资金内部控制应该达到以下几点：

（1）货币资金收支与记账的岗位分离。

（2）货币资金收支要有合理、合法的凭据。

（3）全部收支及时准确入账，并且资金支付应严格履行审批、复核制度。

（4）控制现金坐支，当日收入现金应及时送存银行。

（5）按月盘点现金，编制银行存款余额调节表，以做到账实相符。

（6）对货币资金进行内部审计。

（一）岗位分工及授权批准

1.企业应当建立货币资金业务的岗位责任制，明确相关部门和岗位的职责权限，确保办理货币资金业务的不相容岗位相互分离、制约和监督。出纳人员不得兼任稽核（包括编制银行存款余额调节表）、会计档案保管和收入、支出、费用、债权债务账目的登记工作。不得由一人办理货币资金业务的全过程。

2.企业应当对货币资金业务建立严格的授权审批制度，明确审批人对货币资金业务的授权批准方式、权限、程序、责任和相关控制措施，规定经办人办理货币资金业务的职责范围和工作要求。

审批人应按规定在授权范围内进行审批，不得超越审批权限。经办人应当在职责范围内，按照审批人的批准意见办理货币资金业务。对于超越授权范围审批的货币资金业务，经办人员有权拒绝办理，并及时向审批人的上级授权部门报告。

3.按规定程序办理货币资金支付业务。具体来说：

（1）支付申请。企业有关部门或个人用款时，应当提前向审批人提交货币资金支付申请，注明款项的用途、金额、预算、支付方式等内容，并附有效经济合同或相关证明。　*即付款凭证。*

（2）支付审批。审批人根据其职责、权限和相应程序对支付申请进行审批，审核付款业务的真实性、付款金额的准确性，以及申请人提交票据或者证明的合法性，严格监督资金支付。对不符合规定的货币资金支付申请，审批人应当拒绝批准。

（3）支付复核。财务部门收到经审批人审批签字的相关凭证或证明后，应再次复核业务的真实性、金额的准确性，以及相关票据的齐备性，相关手续的合法性和完整性，并签字认可。复核无误后，交由出纳人员办理支付手续。

（4）办理支付。出纳人员应当根据复核无误的支付申请，按规定办理货币资金支付手续，及时登记库存现金和银行存款日记账。

4.对于重要货币资金支付业务，应实行集体决策和审批，并建立责任追究制度，防范贪污、侵占、挪用货币资金等行为。

5.严禁未经授权的机构或人员办理货币资金业务或直接接触货币资金。

（二）现金和银行存款的管理

1.企业应当加强现金库存限额的管理，超过库存限额的现金应及时存入银行。

2.企业必须根据《现金管理暂行条例》的规定，结合本企业的实际情况，确定本企业现金的开支范围。不属于现金开支范围的业务应当通过银行办理转账结算。

3.企业现金收入应当及时存入银行，不得从企业的现金收入中直接支付（即坐支）。因特殊情况需坐支现金的，应事先报经开户银行审查批准，由开户银行核定坐支范围和限额。企业借出款项必须执行严格的授权批准程序，严禁擅自挪用、借出货币资金。

4.企业取得的货币资金收入必须及时入账，不得私设"小金库"，不得账外设账，严禁收款不入账。

5.企业应当严格按照《支付结算办法》等国家有关规定，加强银行账户的管理，严格按照规定开立账户，办理存款、取款和结算。银行账户的开立应当符合企业经营管理实际需要，不得随意开立多个账户，禁止企业内设管理部门自行开立银行账户。企业应当定期检查、清理银行账户的开立及使用情况，发现问题应及时处理。企业应当加强对银行结算凭证的填制、传递及保管等环节的管理与控制。

6.企业应当严格遵守银行结算纪律，不准签发没有资金保证的票据或远期支票，套取银行信用；不准签发、取得和转让没有真实交易和债权债务的票据，套取银行和他人资金；不准违反规定开立和使用银行账户。

7.企业应当指定专人（出纳以外的人员）定期核对银行账户，每月至少核对一次，编制银行存款余额调节表，使银行存款账面余额与银行对账单调节相符。如调节不符，应查明原因，及时处理。

出纳人员一般不得同时从事银行对账单的获取、银行存款余额调节表的编制工作。确需出纳人员办理上述工作的，应当指定其他人员定期进行审核、监督。

使用网上交易、电子支付方式的企业办理资金支付业务，不应因支付方式的改变而随意简化、变更必需的授权审批程序。企业在严格实行网上交易、电子支付操作人员不相容岗位相互分离控制的同时，应当配备专人加强对交易和支付行为的审核。

8.企业应当定期和不定期地进行盘点现金，确保现金账面余额与实际库存相符。发现不符，及时查明原因并做出处理。

（三）票据及有关印章的管理

1.企业应当加强与货币资金相关的票据的管理，明确各种票据的购买、保管、领用、背书转让、注销等环节的职责权限和程序，并专设登记簿进行记录，防止空白票据的遗失和盗用。

企业因填写、开具失误或其他原因导致作废的法定票据，应当按规定予以保存，不得随意处置或销毁。对超过法定保管期限、可以销毁的票据，在履行审核手续后进行销毁，但应当建立销毁清册并由授权人员监销。

2.企业应当加强银行预留印鉴的管理。财务专用章应由专人保管，个人名章由本人或其授权人员保管。严禁一人保管支付款项所需的全部印章。

按规定需要有关负责人签字或盖章的经济业务，必须严格履行签字或盖章手续。

（四）监督检查

1.企业应当建立对货币资金业务的监督检查制度，明确监督检查机构或人员的职责权限，定期和不定期地进行检查。

2.货币资金监督检查的内容主要包括：

（1）货币资金业务相关岗位及人员的设置情况。重点检查是否存在货币资金业务不相容岗位职责未分离的现象。

（2）货币资金授权批准制度的执行情况。重点检查货币资金支出的授权批准手续是否健全，是否存在越权审批行为。

（3）支付款项印章的保管情况。重点检查是否存在办理付款业务所需的全部印章交由一人保管的现象。

（4）票据的保管情况。重点检查票据的购买、领用、保管手续是否健全，票据保管是否存在漏洞。

3.对监督检查过程中发现的货币资金内部控制中的薄弱环节，应当及时采取措施，加以纠正和完善。

第二节 货币资金的重大错报风险

◇ 与货币资金相关的重大错报风险
◇ 拟实施的进一步审计程序的总体方案

一、与货币资金相关的重大错报风险

在评价货币资金业务的交易、账户余额和列报的认定层次的重大错报风险时，注册会计师通常运用职业判断，依据因货币资金业务的交易、账户余额和列报的具体特征而导致重大错报风险的可能性（固有风险），以及风险评估是否考虑了相关控制（控制风险），形成对与货币资金相关的重大错报风险的评估，进而影响进一步审计程序。

货币资金业务交易、账户余额和列报的认定层次的重大错报风险可能包括：

1.被审计单位存在虚假的货币资金余额或交易，因而导致银行存款余额的存在性或交易的发生存在重大错报风险。

2.被审计单位存在大额的外币交易和余额，可能存在外币交易或余额未被准确记录的风险。例如，对于有外币现金或外币银行存款的被审计单位，企业有关外币交易的增减变动或年底余额可能因未采用正确的折算汇率而导致计价错误（准确性、计价和分摊/准确性）。

3.银行存款的期末收支存在大额的截止性错误（截止）。例如，被审计单位期末存在金额重大且异常的银付企未付、企收银未收事项。

4.被审计单位可能存在未能按照企业会计准则的规定对货币资金作出恰当披露

考霸笔记

考试题型：选择题、简答题。考试频率：常考。考试套路：考试题中经常出现一人保管支付款项所需的全部印章的情形。备考建议：结合生活常识记忆！由一个人保管支付款所需的全部印章，支出就不受限制，后果很严重！

考霸笔记

即内部核查程序，检查上述内部控制设计及执行情况。

考霸笔记

主要关注涉及的相关认定！

第十二章

的风险。例如，被审计单位期末持有使用受限制的大额银行存款，但在编制财务报表时未在财务报表附注中对其进行披露。

在实施货币资金审计的过程中，如果被审计单位存在以下事项或情形，注册会计师需要保持警觉：

1.被审计单位的现金交易比例较高，并与其所在的行业常用的结算模式不同；

2.库存现金规模明显超过业务周转所需资金规模；

3.银行账户开立数量与企业实际的业务规模不匹配；

4.在没有经营业务的地区开立银行账户；

5.企业资金存放于管理层或员工个人账户；

6.货币资金收支金额与现金流量表不匹配；

7.不能提供银行对账单或银行存款余额调节表；

8.存在长期或大量银行未达账项；

9.银行存款明细账存在非正常转账的"一借一贷"；

10.违反货币资金存放和使用规定（如上市公司未经批准开立账户转移募集资金、未经许可将募集资金转作其他用途等）；

11.存在大额外币收付记录，而被审计单位并不涉足外贸业务；

12.被审计单位以各种理由不配合注册会计师实施银行函证。

除上述事项或情形外，在审计其他财务报表项目时，还可能关注到其他一些也需保持警觉的事项或情形。例如：

1.存在没有具体业务支持或与交易不相匹配的大额资金往来；

2.长期挂账的大额预付款项；

3.存在大额自有资金的同时，向银行高额举债；

4.付款方账户名称与销售客户名称不一致，收款方账户名称与供应商名称不一致；

5.开具的银行承兑汇票没有银行承兑协议支持；

6.银行承兑票据保证金余额与应付票据余额比例不合理。

二、拟实施的进一步审计程序的总体方案

注册会计师基于以上识别的重大错报风险评估结果，制订实施进一步审计程序的总体方案（包括综合性方案和实质性方案），继而实施控制测试和实质性审计程序，以应对识别出的重大错报风险。注册会计师通过综合性方案或实质性方案获取的审计证据应足以应对识别出的认定层次的重大错报风险。

第三节　测试货币资金的内部控制

◇ 库存现金的控制测试
◇ 银行存款的控制测试

一、库存现金的控制测试

在已识别的重大错报风险的基础上，注册会计师选取拟测试的控制并实施控制测试。以下举例说明几种常见的库存现金内部控制以及注册会计师相应可能实施的内部控制测试程序。

（一）现金付款的审批和复核

控制举例：部门经理审批本部门的付款申请，审核付款业务是否真实发生、付款金额是否准确，以及后附票据是否齐备，并在复核无误后签字认可。财务部门在安排付款前，财务经理再次复核经审批的付款申请及后附的相关凭据或证明，如核对一致，进行签字认可并安排付款。

控制测试：

（1）询问相关业务部门的部门经理和财务经理其在日常现金付款业务中执行的内部控制，以确定其是否与被审计单位内部控制政策要求保持一致。（询问）

（2）观察财务经理复核付款申请的过程，是否核对了付款申请的用途、金额及后附相关凭据，以及在核对无误后是否进行了签字确认。（观察）

（3）重新核对经审批及复核的付款申请及其相关凭据，并检查是否经签字确认。（重新执行、检查）

（二）现金盘点

注册会计师针对被审计单位的现金盘点实施的现金监盘可能涉及：

（1）检查现金以确定其是否存在，并检查现金盘点结果。

（2）观察执行现金盘点的人员对盘点计划的遵循情况，以及用于记录和控制现金盘点结果的程序的实施情况。

（3）获取有关被审计单位存货盘点程序可靠性的审计证据。

如何区分现金监盘表与现金盘点表

考霸笔记
与存货监盘程序类似，可比照学习。

现金监盘程序是用作控制测试还是实质性程序，取决于注册会计师对风险评估结果、审计方案和实施的特定程序的判断。注册会计师可以将现金监盘同时用作控制测试和实质性程序。如被审计单位库存现金存放部门有两处或两处以上，应同时进行盘点。

控制举例：会计主管指定应付账款会计每月末的最后一天对库存现金进行盘点，根据盘点结果编制库存现金盘点表，将盘点余额与现金日记账余额进行核对，并对差异调节项进行说明。会计主管复核库存现金盘点表，如盘点金额与现金日记账余额存在差异且差异金额超过2万元，需查明原因并报财务经理批准后进行财务处理。

控制测试：

（1）在月末最后一天参与被审计单位的现金盘点，检查是否由应付账款会计进行现金盘点。

（2）观察现金盘点程序是否按照盘点计划的指令和程序执行，是否编制了现金盘点表并根据内控要求经财务部相关人员签字复核。

（3）检查现金盘点表中记录的现金盘点余额是否与实际盘点金额保持一致，现金盘点表中记录的现金日记账余额是否与被审计单位现金日记账中余额保持一致。

（4）针对调节差异金额超过2万元的调节项，检查是否经财务经理批准后进行财务处理。

如果被审计单位的现金交易比例较高，注册会计师可以考虑在了解和评价被审计单位现金交易内部控制的基础上，针对相关控制运行的有效性获取充分、适当的审计证据。

第十二章

二、银行存款的控制测试

在已识别的重大错报风险的基础上，注册会计师选取拟测试的控制并实施控制测试。以下举例说明几种常见的银行存款内部控制以及注册会计师相应可能实施的内部控制测试程序。

（一）银行账户的开立、变更和注销

控制举例：会计主管根据被审计单位的实际业务需要就银行账户的开立、变更和注销提出申请，经财务经理审核后报总经理审批。

控制测试：

（1）询问会计主管被审计单位本年开户、变更、撤销的整体情况。

（2）取得本年度账户开立、变更、撤销申请项目清单，检查清单的完整性，并在选取适当样本的基础上检查账户的开立、变更、撤销项目是否已经得到财务经理和总经理的审批。

（二）银行付款的审批和复核

控制举例：部门经理审批本部门的付款申请，审核付款业务是否真实发生、付款金额是否准确，以及后附票据是否齐备，并在复核无误后签字认可。财务部门在安排付款前，财务经理再次复核经审批的付款申请及后附的相关凭据或证明，如核对一致，进行签字认可并安排付款。

控制测试：

（1）询问相关业务部门的部门经理和财务经理在日常银行付款业务中执行的内部控制，以确定其是否与被审计单位内部控制政策要求保持一致。

（2）观察财务经理复核付款申请的过程，确认其是否核对了付款申请的用途、金额及后附的相关凭据，以及在核对无误后是否进行了签字确认。

（3）重新核对经审批及复核的付款申请及其相关凭据，并检查是否经签字确认。

（三）编制银行存款余额调节表

控制举例：每月末，会计主管指定应收账款会计核对银行存款日记账和银行对账单，编制银行存款余额调节表，使银行存款账面余额与银行对账单调节相符。如存在差异项，查明原因并进行差异调节说明。会计主管复核银行存款余额调节表，对需要进行调整的调节项目及时进行处理，并签字确认。

控制测试：

（1）询问应收账款会计和会计主管，以确定其执行的内部控制是否与被审计单位内部控制政策要求保持一致，特别是针对未达账项的编制及审批流程。

（2）针对选取的样本，检查银行存款余额调节表，查看调节表中记录的企业银行存款日记账余额是否与银行存款日记账余额保持一致，调节表中记录的银行对账单余额是否与被审计单位提供的银行对账单中的余额保持一致。

（3）针对调节项目，检查是否经会计主管的签字复核。

（4）针对大额未达账项进行期后收付款的检查。

第四节　货币资金的实质性程序

◇ 库存现金的实质性程序
◇ 银行存款的实质性程序
◇ 其他货币资金的实质性程序

一、库存现金的实质性程序

（一）审计目标与认定对应关系表（见表12-1）

表12-1　　　　　　　　　　审计目标与认定对应关系表

审计目标	财务报表认定				
	存在	完整性	权利和义务	准确性计价和分摊	列报
A.资产负债表中记录的货币资金（库存现金）是存在的	√				
B.所有应当记录的货币资金（库存现金）均已记录		√			
C.记录的货币资金（库存现金）由被审计单位拥有或控制			√		
D.货币资金（库存现金）以恰当的金额包括在财务报表中，与之相关的计价调整已被恰当记录				√	
E.货币资金（库存现金）已按照企业会计准则的规定在财务报表中作出恰当列报					√

（二）库存现金的实质性程序（见表12-2）

表12-2　　　　　　　　库存现金的实质性程序

审计目标	可供选择的实质性程序
D	1.核对库存现金日记账与总账的金额是否相符，检查非记账本位币库存现金的折算汇率及折算金额是否正确
ADC/BDC	2.监盘库存现金 （常考）
AD/BD	3.抽查大额库存现金收支。检查大额现金收支的原始凭证是否齐全，原始凭证内容是否完整，有无授权批准，记账凭证与原始凭证是否相符，账务处理是否正确，是否记录于恰当的会计期间等
E	4.检查库存现金是否在财务报表中作出恰当列报

下面对一些重要的程序作具体介绍：

监盘库存现金

1.监盘目的：证实库存现金是否存在。

2.监盘时间：上午上班前或下午时。

3.监盘范围：已收到但未存入银行的各部门经管的现金、零用金、找换金等。如库存现金存放部门有两处或两处以上，应同时盘点。

4.盘点人员：现金出纳、会计主管盘点，注册会计师监盘。

5.监盘方式：最好实施突击性检查。

6.监盘过程：

考霸笔记
考试题型：客观题、简答题。
考试频率：高频考点。
备考建议：可比照存货监盘程序进行学习。

考霸笔记
防止不同存放地点的库存现金的相互移动。

考霸笔记
增加审计程序的不可预见性。

（1）在进行现金盘点前，应由出纳员将现金集中起来存入保险柜，必要时可以封存，然后由出纳员把已办妥现金收付手续的收付款凭证登入库存现金日记账。

（2）注册会计师审阅库存现金日记账并同时与现金收付凭证相核对：

①核对现金日记账与凭证的内容和金额是否相符；

②核对凭证日期与库存现金日记账日期是否相符或接近。

（3）由出纳员根据库存现金日记账加计累计数额，结出现金结余额。

（4）由出纳员盘点保险柜内的现金实存数，同时由注册会计师编制"库存现金监盘表"，分币种、面值列示盘点金额。

（5）将盘点金额与现金日记账余额进行核对，如有差异，应要求被审计单位查明原因，必要时应提请被审计单位作出适当调整；如无法查明原因，应要求被审计单位按管理权限批准后做出调整。

（6）若有冲抵库存现金的借条、未提现支票、未作报销的原始凭证，应在"库存现金监盘表"中注明，必要时应提请被审计单位作出调整。

7.库存现金追溯调整

如果在非资产负债表日对库存现金进行盘点和监盘，则应将监盘日的金额追溯调整至资产负债表日的金额。

二、银行存款的实质性程序

（一）审计目标与认定对应关系表（见表12-3）

表12-3　　　　　　　　审计目标与认定对应关系表

审计目标	财务报表认定				
	存在	完整性	权利和义务	准确性计价和分摊	列报
A.资产负债表中记录的货币资金（银行存款）是存在的	√				
B.所有应当记录的货币资金（银行存款）均已记录		√			
C.记录的货币资金（银行存款）由被审计单位拥有或控制			√		
D.货币资金（银行存款）以恰当的金额包括在财务报表中，与之相关的计价调整已被恰当记录				√	
E.货币资金（银行存款）已按照企业会计准则的规定在财务报表中作出恰当列报					√

（二）银行存款的实质性程序（见表12-4）

表12-4　　　　　　　　　　　银行存款的实质性程序

审计目标	可供选择的实质性程序
D	1.获取或编制银行存款余额明细表（复核加计、汇率折算、完整性）
ABD	2.实施实质性分析程序（与利息收入相比较）
AC	3.检查银行存款账户发生额（常考）
ABD	4.取得并检查银行对账单和银行存款余额调节表（常考）
AC	5.函证银行存款余额，编制银行函证结果汇总表，检查银行回函（常考）
C	6.检查银行存款账户存款人是否为被审计单位，若存款人非被审计单位，应获取该账户户主和被审计单位的书面声明，确认资产负债表日是否需要提请被审计单位调整
CE	7.关注是否存在质押、冻结等对变现有限制或存在境外的款项。如果存在，是否已提请被审计单位作必要的调整和披露
E	8.对不符合现金及现金等价物条件的银行存款在审计工作底稿中予以列明，以考虑对现金流量表的影响
ABD	9.抽查大额银行存款收支的原始凭证，检查原始凭证是否齐全、记账凭证与原始凭证是否相符、账务处理是否正确、是否记录于恰当的会计期间等项内容。检查是否存在非营业目的的大额货币资金转移，并核对相关账户的进账情况；如有与被审计单位生产经营无关的收支事项，应查明原因并作相应的记录
AB	10.检查银行存款收支的截止是否正确。选取资产负债表日前后若干张、一定金额以上的凭证实施截止测试，关注业务内容及对应项目，如有跨期收支事项，应考虑是否提请被审计单位进行调整
E	11.检查银行存款是否在财务报表中作出恰当列报。此外，如果企业的银行存款存在抵押、冻结等使用限制情况或者潜在回收风险，注册会计师应关注企业是否已经恰当披露有关情况

下面对一些重要的程序作具体介绍：

（一）获取或编制银行存款余额明细表，复核加计是否正确，并与总账数和日记账合计数核对是否相符；检查非记账本位币银行存款的折算汇率及折算金额是否正确。注册会计师核对银行存款日记账与总账的余额是否相符。如果不相符，应查明原因，必要时应建议作出适当调整。

如果对被审计单位银行账户的完整性存有疑虑，例如，当被审计单位可能存在账外账或资金体外循环时，除实施其他审计程序外，注册会计师可以考虑实施以下审计程序：

1.注册会计师亲自到中国人民银行或基本存款账户开户行查询并打印"已开立银行结算账户清单"，确认银行结算账户是否完整。

2.结合其他细节测试，关注原始单据中被审计单位的收（付）款银行账户是否包含在注册会计师获取的"已开立银行结算账户清单"内。

（二）检查银行存款账户发生额

对银行存款账户发生额进行审计，通常能够有效应对被审计单位编制虚假财务报告、管理层或员工非法侵占货币资金等舞弊风险。除实施其他（常规）审计程序外，还可以考虑对银行存款账户的发生额实施以下（专门）程序：

考霸笔记

考试题型：客观题、简答题。考试频率：常考。备考建议：两个程序要牢记！

为什么要检查银行存款账户发生额？

1.分析不同账户发生银行日记账漏记银行交易（存在、完整性）的可能性，获取相关账户相关期间的全部银行对账单。

2.如对银行对账单真实性（可靠性/舞弊）存有疑虑，可在被审计单位的协助下亲自到银行获取银行对账单。在获取银行对账单时，要全程关注银行对账单的打印过程。

3.选取银行对账单中交易与银行日记账记录核对（顺查-完整性）；从银行存款日记账上选取样本，核对至银行对账单（逆查-存在）。

4.浏览银行对账单，选取大额异常（关注舞弊）交易，如银行对账单上有一收一付相同金额，或分次转出相同金额等，检查银行存款日记账上有无该项收付金额记录。

（三）取得并检查银行对账单和银行存款余额调节表

1.取得并检查银行对账单

（1）取得被审计单位加盖银行印章的银行对账单，必要时，亲自到银行获取对账单，并对获取过程保持控制；

（2）将获取的银行对账单余额与银行日记账余额进行核对，如存在差异，获取银行存款余额调节表；

（3）将被审计单位资产负债表日的银行对账单与银行询证函回函核对，确认是否一致。

2.取得并检查银行存款余额调节表（见表12-5）

（1）检查调节表中加计数是否正确，调节后银行存款日记账余额与银行对账单余额是否一致。

（2）检查调节事项。

a.对于企业已收付、银行尚未入账的事项，检查相关收付款凭证，并取得期后银行对账单，确认未达账项是否存在，银行是否已于期后入账；

b.对于银行已收付、企业尚未入账的事项，检查期后企业入账的收付款凭证，确认未达账项是否存在，必要时提请被审计单位调整。

（3）关注长期未达账项，查看是否存在挪用资金等事项。

（4）特别关注银付企未付、企付银未付中支付异常的领款事项，包括没有载明收款人、签字不全等支付事项，确认是否存在舞弊。

（四）向银行函证（如图12-2所示）（联系第三章"函证"相关内容，主要学习第三章，此处为补充）

1.函证的作用

函证银行存款余额是证实资产负债表所列银行存款是否存在的重要程序。通过函证，不仅可了解企业资产的存在，还可了解企业账面反映所欠银行债务的情况，并有助于发现企业未入账的银行借款和未披露的或有负债。

2.函证的规定

银行函证需要以被审计单位名义向银行发函。银行要在收到询证函之日起的10个工作日内，根据函证要求及时回函并按有关规定收取询证费用；各有关企业或单位应根据函证的具体要求回函。

考霸笔记
关注举例，可能会出现在主观题的背景资料中。

考霸笔记
注意：必须是加盖银行印章的银行对账单，没有印章，可靠性会受到质疑。

银行存款余额调节表中的调节事项是否表明存在错报？

考霸笔记
提示：银付企未付：导致企有银无，可能挪用资金；企付银未付：导致企无银有，可能存在虚假负债，伺机贪污。

记忆！

表 12-5

银行存款余额调节表

年　　月　　日

编制人：　　　　　　日期：　　　　　　索引号：

复核人：　　　　　日期：　　　　　页数：

户别：　　　　　　　　　币别：

项　目

银行对账单余额（　　　　年　　月　　日）

加：企业已收，银行尚未入账金额

其中：1.＿＿＿＿元

　　　2.＿＿＿＿元

减：企业已附，银行尚未入账金额

其中：1.＿＿＿＿元

　　　2.＿＿＿＿元

调整后银行对账单金额

企业银行存款日记账金额（　年 月 日）

加：银行已收，企业尚未入账金额

其中：1.＿＿＿＿元

　　　2.＿＿＿＿元

减：银行已付，企业尚未入账金额

其中：1.＿＿＿＿元

　　　2.＿＿＿＿元

调整后企业银行存款日记账金额

经办会计人员：（签字）　　　　　　会计主管：（签字）

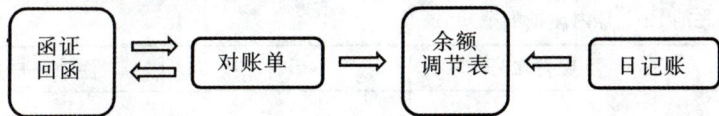

图 12-2　向银行函证

注意：向银行函证的金额是银行对账单上的金额。（记住！经常考）

3. 函证的范围

对所有银行存款（包括零余额账户和本期注销的账户）及与金融机构往来的其他重要信息实施函证程序，除非有充分证据表明某一银行存款及与金融机构往来的其他重要信息对财务报表不重要且与之相关的重大错报风险很低。如果不对这些项目实施函证程序，应在工作底稿中说明理由。银行询证函见表12-6。

表 12-6

银行询证函

编号：

××（银行）：

本公司聘请的××会计师事务所正在对本公司××年度财务报表进行审计，按照中国注册会计师审计准则的要求，应当询证本公司与贵行相关的信息。下列信息出自本公司记录，如与贵行记录相符，请在本函下端"信息证明无误"处签章证明；如有不符，请在"信息不符"处列明不符项目及具体内容；如存在与本公司有关的未列入本函的其他重要信息，也请在"信息不符"处列出其详细资料。回函请直接寄至××会计师事务所。

续表

向银行函证的
金额是账面余
额还是银行对
账单余额？

回函地址：　　　　　　　　　　　　　邮编：

电话：　　　　　　传真：　　　　　联系人：

截至××年×月×日止，本公司与贵行相关的信息列示如下：

1.银行存款

账户名称	银行账号	币种	利率	余额	起止日期	是否被质押、用于担保或存在其他使用限制	备注

除上述列示的银行存款外，本公司并无在贵行的其他存款。

注："起止日期"一栏仅适用于定期存款，如为活期或保证金存款，可只填写"活期"或"保证金"字样。

2.银行借款

借款人名称	币种	本息余额	借款日期	到期日期	利率	借款条件	抵（质）押品/担保人	备注

除上述列示的银行借款外，本公司并无自贵行的其他借款。

注：此项仅函证截至资产负债表日本公司尚未归还的借款。

3.截至函证日之前12个月内注销的账户

账户名称	银行账号	币种	注销账户日

除上述列示的账户外，本公司并无截至函证日之前12个月内在贵行注销的其他账户。

4.委托存款

账户名称	银行账号	借款方	币种	利率	余额	存款起止日期	备注

除上述列示的委托存款外，本公司并无通过贵行办理的其他委托存款。

5.委托贷款

账户名称	银行账号	资金使用方	币种	利率	本金	利息	贷款起止日期

除上述列示的委托贷款外，本公司并无通过贵行办理的其他委托贷款。

6.担保

（1）本公司为其他单位提供的、以贵行为担保受益人的担保。

被担保人	担保方式	担保金额	担保期限	担保事由	担保合同编号	被担保人与贵行就担保事项往来的内容（贷款等）	备注

除上述列示的担保外，本公司并无其他以贵行为担保受益人的担保。

注：如采用抵押或质押方式提供担保的，应在备注中说明抵押物或质押物情况。

（2）贵行向本公司提供的担保。

被担保人	担保方式	担保金额	担保期限	担保事由	担保合同编号	被担保人与贵行就担保事项往来的内容（贷款等）	备注

除上述列示的担保外，本公司并无贵行提供的其他担保。

7.本公司为出票人且由贵行承兑而尚未支付的银行承兑汇票

银行承兑汇票号码	票面金额	出票日	到期日

除上述列示的银行承兑汇票外，本公司并无由贵行承兑而尚未支付的其他银行承兑汇票。

8.本公司向贵行已贴现而尚未到期的商业汇票

商业汇票号码	付款人名称	承兑人名称	票面金额	票面利率	出票日	到期日	贴现日	贴现率	贴现净额

除上述列示的商业汇票外，本公司并无向贵行已贴现而尚未到期的其他商业汇票。

9.本公司为持票人且由贵行托收的商业汇票

商业汇票号码	承兑人名称	票面金额	出票日	到期日

除上述列示的商业汇票外，本公司并无由贵行托收的其他商业汇票。

10.本公司为申请人、由贵行开具的、未履行完毕的不可撤销信用证

信用证号码	受益人	信用证金额	到期日	未使用金额

续表

除上述列示的不可撤销信用证外，本公司并无由贵行开具的、未履行完毕的其他不可撤销信用证。

11.本公司与贵行之间未履行完毕的外汇买卖合约

类别	合约号码	买卖币种	未履行的合约买卖金额	汇率	交收日期
贵行卖予本公司					
本公司卖予贵行					

除上述列示的外汇买卖合约外，本公司并无与贵行之间未履行完毕的其他外汇买卖合约。

12.本公司存放于贵行的有价证券或其他产权文件

有价证券或其他产权文件名称	产权文件编号	数量	有价证券或其他产权文件名称

除上述列示的有价证券或其他产权文件外，本公司并无存放于贵行的其他有价证券或其他产权文件。

注：此项不包括本公司存放在贵行保管箱中的有价证券或其他产权文件。

13.其他重大事项

注：此项应填列注册会计师认为重大且应予函证的其他*项，如信托存款等；如无，则应填写"不适用"。

（公司盖章）

年　月　日

以下仅供被询证银行使用

结论：1.信息证明无误。

（银行盖章）

经办人：　　　　　　　年　月　日

2.信息不符，请列明不符项目及具体内容（对于在本函前述第1项至第13项中漏列的其他重要信息，请列出详细资料）。

（银行盖章）

经办人：　　　　　　　年　月　日

三、其他货币资金的实质性程序

1.如果被审计单位有定期存款，注册会计师可以考虑实施以下审计程序：

（1）向管理层询问定期存款存在的商业理由并评估其合理性。

（2）获取定期存款明细表，检查是否与账面记录金额一致，存款人是否为被审计单位，定期存款是否被质押或限制使用。

（3）在监盘库存现金的同时，监盘定期存款凭据。如果被审计单位在资产负债表日有大额定期存款，基于对风险的判断、考虑，选择在资产负债表日实施监盘。

易考！（4）对未质押的定期存款，检查开户证书原件，以防止被审计单位提供的复印件是未质押（或未提现）前原件的复印件。在检查时，还应认真核对相关信息，包括存款人、金额、期限等，如有异常，需实施进一步审计程序。

易考!（5）对已质押的定期存款，检查定期存单复印件，并与相应的质押合同核对。对于质押借款的定期存单，关注定期存单对应的质押借款有无入账，对于超过借款期限但仍处于质押状态的定期存款，还应关注相关借款的偿还情况，了解相关质权是否已行使；对于为他人担保的定期存单，关注担保是否逾期及相关质权是否已行使。

（6）函证定期存款相关信息。

（7）结合财务费用审计测算利息收入的合理性，判断是否存在体外资金循环的情形。

（8）对资产负债表日后已提取的定期存款，核对相应的兑付凭证等。

（9）关注被审计单位是否在财务报表附注中对定期存款给予充分披露。

2.除定期存款外，注册会计师对其他货币资金实施审计程序时，通常可能特别关注以下事项：

（1）保证金存款的检查，检查开立银行承兑汇票的协议或银行授信审批文件。可以将保证金账户对账单与相应的交易进行核对，根据被审计单位应付票据的规模合理推断保证金数额，检查保证金与相关债务的比例和合同约定是否一致，特别关注是否存在有保证金发生而被审计单位无对应保证事项的情形。

（2）对于存出投资款，跟踪资金流向，并获取董事会决议等批准文件、开户资料、授权操作资料等。如果投资于证券交易业务，通常结合相应金融资产项目审计，核对证券账户名称是否与被审计单位相符，获取证券公司证券交易结算资金账户的交易流水，抽查大额的资金收支，关注资金收支的财务账面记录与资金流水是否相符。

（旁注）对于已质押的定期存款，为什么不能检查开户证书原件？

（旁注）考霸笔记　简单了解即可！

智能测评

在线练习	我要提问
扫码在线做题　　扫码看答案	扫码答疑
本书"本章同步强化训练"均配备二维码，打开微信"扫一扫"即可完成在线测评，查看本章详细的测评反馈报告，了解知识掌握情况，也可扫码直接看答案噢。 　快来扫码做题吧！	本书配备答疑专用二维码，打开微信"扫一扫"，即可完成在线提问，获取专业老师全面个性化解答，让学习问题不再拖延。 　快来扫码提问吧！

本章同步强化训练

一、单选题

1. 注册会计师在对被审计单位实施风险评估程序时发现存在未经授权人员接触现金的情况，在评估重大错报风险时，首先应将货币资金的（　　）认定确定为重点审计领域。

A.存在 　　　　　　　　　　　　　B.完整性

C.准确性计价和分摊 　　　　　　　D.权利和义务

2. 被审计单位下列与货币资金相关的内部控制中，存在缺陷的是（　　）。

A.大额支付须办理支票转账

B.登记现金日记账人员应与现金出纳职责分离

C.现金折扣需经过审批

D.出纳员每日盘点库存现金并与账面现金余额核对

3. 下列有关库存现金监盘程序的表述错误的是（　　）。

A.监盘程序只能用作实质性程序

B.监盘库存现金的方式最好是实施突击式检查

C.监盘时间最好是上午上班前或下午下班时

D.在非资产负债表日进行监盘时，应将监盘金额调整至资产负债表日的金额，并对变动情况实施程序

4. 以下有关库存现金监盘表的说法中，不正确的是（　　）。

A.库存现金监盘表须由参加监盘的注册会计师亲自编制

B.被审计单位的会计主管与出纳员均应在监盘表上签字

C.库存现金监盘表中的金额应当与货币资金项目核对相符

D.库存现金监盘表应当注明报表日至监盘日的收支金额

5. 注册会计师在检查被审计单位 2018 年 12 月 31 日的银行存款余额调节表时，发现下列调节事项，其中有迹象表明性质或范围不合理的是（　　）。

A."银行已收、企业未收"项目包含一项 2018 年 12 月 31 日到账的应收账款，被审计单位尚未收到银行的收款通知

B."企业已付、银行未付"项目包含一项被审计单位于 2018 年 12 月 31 日提交的转账支付申请，用于支付被审计单位 2011 年 12 月份的电费

C."企业已收、银行未收"项目包含一项 2018 年 12 月 30 日收到的退货款，被审计单位已将供应商提供的支票提交银行

D."银行已付、企业未付"项目包含一项 2018 年 11 月支付的销售返利，该笔付款已经总经理授权，但由于经办人员未提供相关单据，会计部门尚未入账

6. 下列有关函证银行存款余额的表述中，正确的有（　　）。

A.银行函证需要以会计师事务所的名义向银行发函

B.银行要在收到询证函之日起的 10 个工作日内，将回函结果寄回会计师事务所

C.注册会计师不用对零余额账户实施函证程序

D.注册会计师不用对本期内注销的账户实施函证程序

二、多选题

1.一般而言，一个良好的货币资金内部控制应该达到（　　）。

A.货币资金收支与记账的岗位分离

B.货币资金收支要有合理、合法的凭据

C.全部收支及时准确入账，并且支出要有核准手续

D.控制现金坐支，当日收入现金应及时送存银行。按月盘点现金，编制银行存款余额调节表，以做到账实相符

2.如果被审计单位存在（　　）事项或情形，注册会计师需要保持警觉。

A.企业资金存放于管理层或员工个人账户

B.货币资金收支金额与现金流量表不匹配

C.存在大额外币收付记录，而被审计单位并不涉足外贸业务

D.库存现金规模明显超过业务周转所需资金

3.当注册会计师对被审计单位提供的银行账户的完整性存有疑虑时，可以考虑额外实施的实质性程序有（　　）。

A.注册会计师亲自到中国人民银行查询并打印《已开立银行结算账户清单》，以确认被审计单位账面记录的银行人民币结算账户是否完整

B.结合其他相关细节测试，关注原始单据中被审计单位的收（付）款银行账户是否包含在注册会计师已获取的开立银行账户清单内

C.要求被审计单位重新提供一份完整的银行账户清单

D.要求被审计单位管理层提供关于银行账户完整性的书面声明

4.被审计单位 2018 年 12 月 31 日的银行存款余额调节表包括一笔"企业已付、银行未付"调节项，其内容为以支票支付赊购材料款。下列审计程序中，能为该调节项提供审计证据的有（　　）。

A.检查付款申请单是否经适当批准

B.就 2018 年 12 月 31 日相关供应商的应付账款余额实施函证

C.检查支票开具日期

D.检查 2019 年 1 月的银行对账单

5.如果被审计单位有定期存款，注册会计师可以考虑实施的审计程序是（　　）。

A.在监盘库存现金的同时，监盘定期存款凭据

B.对未质押的定期存款，检查开户证书原件，以防止被审计单位提供的复印件是未质押（或未提现）前原件的复印件

C.对已质押的定期存款，检查定期存单复印件，并与相应的质押合同核对

D.函证定期存款相关信息

三、简答题

1.ABC 会计师事务所的 A 注册会计师负责审计甲公司 2018 年度财务报表，与货币资金审计相关的部分事项如下：

（1）对于账面余额存在差异的银行账户，A 注册会计师获取了银行存款余额调节表，检查了调节表中的加计数是否正确，并检查了调节后的银行存款日记账余额与银行对账账单余额是否一

致，据此认可了银行存款余额调节表。

（2）因对甲公司管理层提供的银行对账单的真实性存有疑虑，A注册会计师在出纳陪同下前往银行获取银行对账单，在银行柜台人员打印对账单时，A注册会计师前往该银行其他部门实施了银行函证。

（3）甲公司有一笔2017年10月存入的期限两年的大额定期存款。A注册会计师在2017年度财务报表审计中检查了开户证实书原件并实施了函证，结果满意，因此，未在2018年度审计中实施审计程序。

（4）为测试银行账户交易入账的真实性，A注册会计师在验证银行对账单的真实性后，从银行存款日记账中选取样本与银行对账单进行核对，并检查了支持性文件，结果满意。

（5）乙银行在银行询证函回函中注明："接收人不能依赖函证中的信息。"A注册会计师认为该条款不影响回函的可靠性，认可了回函结果。

要求：

针对上述第（1）至（5）项，逐项指出A注册会计师的做法是否恰当，如不恰当，简要说明理由。

第四编　对特殊事项的考虑

　　本编与第三编一样也是讲实务，但讲的是其他实务（表外实务），它有与循环审计类似的地方，如同样需要采用风险导向审计的总体思路，即对所考虑风险的识别、评估和应对；也有针对具体事项的特殊之处，这些特殊之处，则是在学习这一编时需要重点把握的内容。

　　从近几年的考试中可以发现，本编所占分值的比重越来越大，而本编的内容以准则的具体规定为主，从学习上来说也就是以记忆为主，故而值得考生多下工夫来学习把握。

第十三章

对舞弊和法律法规的考虑

本章框架图

考霸笔记

本章是比较重要的章节，平均考试分值为4分。

考试题型：都有涉及。

备考建议：本章较难理解，复习难度较大，需要记忆的地方较多，学习的时候要归纳总结，考前再专门记忆。

第十三章 对舞弊和法律法规的考虑

财务报表审计中与舞弊相关的责任
- 舞弊的含义和种类
- 治理层、管理层的责任与注册会计师的责任
- ✪风险评估程序和相关活动
- 识别和评估舞弊导致的重大错报风险
- ✪应对舞弊导致的重大错报风险
- ✪测试会计分录
- ✪评价审计证据
- 无法继续执行审计业务
- 书面声明
- 与管理层、治理层和监管机构的沟通

财务报表审计中对法律法规的考虑
- 违反法律法规的定义和类别
- 管理层遵守法律法规的责任
- 注册会计师的责任
- 对被审计单位遵守法律法规的考虑
- ✪识别出或者怀疑存在违反法律法规行为时实施的审计程序
- ✪对识别出或者怀疑存在的违反法律法规行为的报告

本章考情概述

本章属于比较重要的内容。考试大纲中将这部分内容主要作为第三能力等级来要求，命题形式以客观题为主，但也可出简答题或在综合题中涉及，尤其是第一节对舞弊的考虑。

本章大部分内容为准则原文，需要大量记忆；综合题常常考核对具体事项的舞弊风险识别与评估，需要具备应用能力。

近三年主要考点：识别、评估、应对舞弊风险，舞弊风险因素，会计分录测试，违反法规行为等。

第一节 财务报表审计中与舞弊相关的责任

◇ 舞弊的含义和种类

◇ 治理层、管理层的责任与注册会计师的责任

◇ 风险评估程序和相关活动

◇ 识别和评估舞弊导致的重大错报风险

◇ 应对舞弊导致的重大错报风险

◇ 会计分录测试

◇ 评价审计证据

◇ 无法继续执行审计业务

◇ 书面声明

◇ 与管理层、治理层和监管机构的沟通

一、舞弊的含义和种类

（一）舞弊的含义

舞弊是指被审计单位的管理层、治理层、员工或第三方使用欺骗手段获取不当或非法利益的故意行为。

（二）舞弊的种类

舞弊是一个宽泛的法律概念，但在财务报表审计中，注册会计师关注的是导致财务报表发生重大错报的舞弊。与财务报表审计相关的故意错报，包括编制虚假财务报告导致的错报和侵占资产导致的错报。

1.编制虚假财务报告导致的错报。

编制虚假财务报告涉及为欺骗财务报表使用者而作出的故意错报（包括对财务报表金额或披露的遗漏）。这可能是由于管理层通过操纵利润来影响财务报表使用者对被审计单位业绩和盈利能力的看法而造成的。在某些被审计单位，管理层可能有动机大幅降低利润以降低税负，或虚增利润以向银行融资。

管理层可能通过以下方式编制虚假财务报告：

（1）对编制财务报表所依据的会计记录或支持性文件进行操纵、弄虚作假（包括伪造）或篡改；

（2）在财务报表中错误表达或故意漏记事项、交易或其他重要信息；

（3）故意地错误使用与金额、分类、列报或披露相关的会计原则。

2.侵占资产导致的错报。

侵占资产包括盗窃被审计单位资产，通常的做法是员工盗窃金额相对较小且不重要的资产。侵占资产也可能涉及管理层，他们通常更能够通过难以发现的手段掩饰或隐瞒侵占资产的行为。侵占资产可以通过以下方式实现：

（1）贪污收到的款项。例如，侵占收到的应收账款或将与已注销账户相关的收款转移至个人银行账户。

（2）盗窃实物资产或无形资产。例如，盗窃存货以自用或出售，盗窃废料以再销售，通过向被审计单位竞争者泄露技术资料与其串通以获取回报。

（3）使被审计单位对未收到的商品或未接受的劳务付款。例如，向虚构的供应商支付款项，供应商向采购人员提供回扣以作为对其提高采购价格的回报，向虚构的员工支付工资。

（4）将被审计单位资产挪为私用。例如，将被审计单位资产作为个人或关联方贷款的抵押。

侵占资产通常伴随着虚假或误导性的记录或文件，其目的是隐瞒资产丢失或未

考霸笔记

考试题型：选择题。

考试频率：不常考。

考试套路：与侵占资产的方式混在一起考核，容易混淆。

备考建议：注意两种舞弊类型的舞弊方式的区别，不要混淆。

考霸笔记

与情形1对比学习，不要混淆！

第十三章

经适当授权而被抵押的事实。

二、治理层、管理层的责任与注册会计师的责任

（一）治理层、管理层的责任

被审计单位治理层和管理层对防止或发现舞弊负有主要责任。

管理层在治理层的监督下，高度重视对舞弊的防范（减少舞弊）和遏制（警示作用）是非常重要的。对舞弊的防范和遏制需要管理层营造诚实守信和合乎道德的企业文化，具体措施有：

（1）营造和保持讲诚信、讲道德的企业文化。

（2）评估舞弊风险并实施方案以控制、化解风险。

（3）建立适当的舞弊监督程序，如由审计监督内部控制和财务报告。

治理层的监督包括考虑管理层凌驾于控制之上或对财务报告过程施加其他不当影响的可能性，例如，管理层为了影响分析师对被审计单位业绩和盈利能力的看法而操纵利润。

（二）注册会计师的责任

1.在按照审计准则的规定执行审计工作时，注册会计师有责任对财务报表整体是否不存在由于舞弊或错误导致的重大错报获取合理保证。

编制虚假财务报告直接导致财务报表产生错报，侵占资产通常伴随着虚假或误导性的文件记录。因此，对能够导致财务报表产生重大错报的舞弊，无论是编制虚假财务报告，还是侵占资产，注册会计师均应合理保证能够予以发现，这是实现财务报表审计目标的内在要求，也是财务报表审计的价值所在。审计准则还规定，在获取合理保证时，注册会计师有责任在整个审计过程中保持职业怀疑，考虑管理层凌驾于控制之上的可能性，并认识到对发现错误有效的审计程序未必对发现舞弊有效。

2.由于审计的固有限制，即使注册会计师按照审计准则的规定恰当计划和执行了审计工作，也不可避免地存在财务报表中的某些重大错报未被发现的风险。注册会计师不能对财务报表整体不存在重大错报获取绝对保证。

在舞弊导致错报的情况下，固有限制的潜在影响尤其重大。舞弊导致的重大错报未被发现的风险，大于错误导致的重大错报未被发现的风险。其原因是舞弊可能涉及精心策划和蓄意实施以进行隐瞒（如伪造证明或故意漏记交易），或者故意向注册会计师提供虚假陈述。如果涉及串通舞弊，注册会计师可能更加难以发现蓄意隐瞒的企图。串通舞弊可能导致原本虚假的审计证据被注册会计师误认为具有说服力。

因此，如果在完成审计工作后发现舞弊导致的财务报表重大错报，特别是串通舞弊或伪造文件记录导致的重大错报，并不必然表明注册会计师没有遵守审计准则。注册会计师是否按照审计准则的规定实施了审计工作，取决于其是否根据具体情况实施了审计程序，是否获取了充分、适当的审计证据，以及是否根据证据评价结果出具了恰当的审计报告。

三、风险评估程序和相关活动

注册会计师在财务报表审计中考虑舞弊时，同样需要采用风险导向审计的总体思路，即首先识别和评估舞弊风险，然后采取恰当的措施有针对性地予以应对。注册会计师通常采用下列程序评估舞弊风险：

1. 询问
2. 评价舞弊风险因素
3. 实施分析程序
4. 考虑其他信息
5. 组织项目组内部讨论

（一）询问

1. 询问对象。

注册会计师应当询问治理层、管理层、内部审计人员，以确定其是否知悉任何舞弊事实、舞弊嫌疑或舞弊指控。注册会计师通过询问管理层可以获取有关员工舞弊导致的财务报表重大错报风险的有用信息。然而，这种询问难以获取有关管理层舞弊导致的财务报表重大错报风险的有用信息。因此，注册会计师还应当询问被审计单位内部的其他相关人员，为这些人员提供机会，使他们能够向注册会计师传递一些信息，而这些信息是他们本没有机会与其他人沟通的。

注册会计师应当考虑向被审计单位内部的下列人员询问：

（1）不直接参与财务报告过程的业务人员；
（2）拥有不同级别权限的人员；
（3）参与生成、处理或记录复杂或异常交易的人员及对其进行监督的人员；
（4）内部法律顾问；
（5）负责道德事务的主管人员或承担类似职责的人员；
（6）负责处理舞弊指控的人员。

2. 询问内容。

在了解被审计单位及其环境时，注册会计师应当向管理层询问下列事项：

（1）管理层对财务报表可能存在由于舞弊导致的重大错报风险的评估，包括评估的性质、范围和频率等；
（2）管理层对舞弊风险识别和应对的过程，包括管理层识别出的或注意到的特定舞弊风险，或可能存在舞弊风险的各类交易、账户余额或披露；
（3）管理层就其对舞弊风险的识别和应对过程向治理层的通报；
（4）管理层就其经营理念和道德观念向员工的通报。

除非治理层全部成员参与管理被审计单位，注册会计师应当了解治理层如何监督管理层对舞弊风险的识别和应对过程，以及为降低舞弊风险而建立的内部控制；应当询问治理层，以确定其是否知悉任何影响被审计单位的舞弊事实、舞弊嫌疑或舞弊指控。治理层对这些询问的答复，还可在一定程度上作为管理层答复的佐证信息。注册会计师可通过参加相关会议、阅读会议纪要或询问治理层等审计程序了解有关情况。

如果被审计单位设有内部审计部门，注册会计师应当询问内部审计人员，以确

考霸笔记

专门针对舞弊的，用以进行风险识别、评估的程序（工具），注意与第七章"风险评估程序"的对比。

考霸笔记

第七章询问其他人员是也可以（可选），此处是"还应当"（必须），注意区分。

考霸笔记

考试题型：选择题。
考试频率：不常考。
备考建议：理解记忆，防止出多选题。

考霸笔记

简单了解即可！

✓熟悉

定其是否知悉任何影响被审计单位的舞弊事实、舞弊嫌疑或舞弊指控，并获取这些人员对舞弊风险的看法。

(二) 评价舞弊风险因素

注册会计师应当评价通过其他风险评估程序和相关活动获取的信息，是否表明存在舞弊风险因素。存在舞弊风险因素并不必然表明发生了舞弊，但在舞弊发生时通常存在舞弊风险因素，因此，舞弊风险因素可能表明存在由于舞弊导致的重大错报风险。

根据舞弊存在时通常伴随着的三种情况，这些风险因素可以分为以下三类：

1.实施舞弊的首要因素。舞弊者具有舞弊的动机是舞弊发生的首要条件。例如，高级管理人员的报酬与财务业绩或公司股票的市场表现挂钩，公司正在申请融资等情况都可能促使管理层产生舞弊的动机。

2.实施舞弊的机会。舞弊者需要具有舞弊的机会，舞弊才可能成功。舞弊的机会一般源于内部控制在设计和运行上的缺陷，如公司对资产管理松懈，公司管理层能够凌驾于内部控制之上因而可以随意操纵会计记录等。

3.为舞弊行为寻找借口的能力。借口是指存在某种态度、性格或价值观念，使得管理层或雇员能够作出不诚实的行为，或者管理层或雇员所处的环境促使其能够将舞弊行为予以合理化。借口是舞弊发生的重要条件之一。只有舞弊者能够将舞弊行为予以合理化，舞弊者才可能作出舞弊行为，作出舞弊行为后才能心安理得。例如，侵占资产的员工可能认为单位对自身的待遇不公，编制虚假财务报告者可能认为造假不是出于个人私利而是出于公司集体利益。

上述风险因素也被称为"舞弊三角"。这三个风险因素在两类舞弊行为中有不同的体现：

A.与编制虚假财务报告导致的错报相关的舞弊风险因素

1.动机或压力（见表13-1）

表13-1　　　动机或压力在由编制虚假财务报告导致的错报中的表现

舞弊风险因素细类	舞弊风险因素具体示例
财务稳定性或盈利能力受到经济环境、行业状况或被审计单位经营情况的威胁	竞争激烈或市场饱和，且伴随着利润率的下降
	难以应对技术变革、产品过时、利率调整等因素的急剧变化
	客户需求大幅下降，所在行业或总体经济环境中经营失败的情况增多
	经营亏损使被审计单位可能破产、丧失抵押品赎回权或遭恶意收购
	在财务报表显示盈利或利润增长的情况下，经营活动产生的现金流量经常出现负数，或经营活动不能产生现金流入
	高速增长或具有异常的盈利能力，特别是在与同行业其他企业相比时
	新发布的会计准则、法律法规或监管要求

续表

舞弊风险因素细类	舞弊风险因素具体示例
管理层为满足第三方要求或预期而承受过度的压力	投资分析师、机构投资者、重要债权人或其他外部人士对盈利能力或增长趋势存在预期（特别是过分激进的或不切实际的预期），包括管理层在过于乐观的新闻报道和年报信息中作出的预期
	需要进行额外的举债或权益融资以保持竞争力，包括为重大研发项目或资本性支出融资
	满足交易所的上市要求、偿债要求或其他债务合同要求的能力较弱
	报告较差财务成果将对正在进行的重大交易（如企业合并或签订合同）产生可察觉的或实际的不利影响
管理层或治理层的个人财务状况受到被审计单位财务业绩的影响	在被审计单位中拥有重大经济利益
	其报酬中有相当一部分（如奖金、股票期权、基于盈利能力的支付计划）其发放与否取决于被审计单位能否实现激进的目标（如在股价、经营成果、财务状况或现金流量方面的目标）
	个人为被审计单位的债务提供了担保
管理层或经营者受到更高级管理层或治理层对财务或经营指标过高要求的压力	治理层为管理层设定了过高的销售业绩或盈利能力等激励指标

2. 机会（见表13-2）

表13-2　　　　机会在由编制虚假财务报告导致的错报中的表现

舞弊风险因素细类	舞弊风险因素具体示例
被审计单位所在行业或其业务的性质为编制虚假财务报告提供了机会	从事超出正常经营过程的重大关联方交易，或者与未经审计或由其他会计师事务所审计的关联企业进行重大交易
	被审计单位具有强大的财务实力或能力，使其在特定行业中处于主导地位，能够对与供应商或客户签订的条款或条件作出强制规定，从而可能导致不适当或不公允的交易
	资产、负债、收入或费用建立在重大估计的基础上，这些估计涉及主观判断或不确定性，难以印证
	从事重大、异常或高度复杂交易，特别是临近期末的复杂交易，对是否按实质重于形式原则处理存疑
被审计单位所在行业或其业务的性质为编制虚假财务报告提供了机会	在经济环境及文化背景不同的国家或地区从事重大经营或重大跨境经营
	利用商业中介，而似乎不具有明确的商业理由
	在"避税天堂"开立重要银行账户或设立子/分公司进行经营，而似乎不具有明确的商业理由

续表

舞弊风险因素细类	舞弊风险因素具体示例
组织结构复杂或不稳定	难以确定对被审计单位持有控制性权益的组织或个人
	组织结构过于复杂，有异常法律实体或管理层级
	高级管理人员、法律顾问或治理层频繁变更
对管理层的监督失效	管理层由一人或少数人控制（在非业主管理的实体中），且缺乏补偿性控制
	治理层对财务报告过程和内部控制实施的监督无效
内部控制要素存在缺陷	对控制的监督不充分，包括自动化控制以及针对中期财务报告（如要求对外报告）的控制
	由于会计人员、内部审计人员或信息技术人员不能胜任而频繁更换
	会计和信息系统无效，包括内部控制存在值得关注的缺陷

3. 态度或借口（见表13-3）

表13-3　　　　态度或借口在由编制虚假财务报告导致的错报中的表现

舞弊三角中"机会"与"态度或借口"如何区分？

舞弊风险因素细类	舞弊风险因素具体示例
管理层态度不端或缺乏诚信	管理层未能有效传递、执行、支持或贯彻被审计单位价值观或道德标准，或传递得不适当
	非财务管理人员过度参与或过于关注会计政策的选择或重大会计估计的确定
	被审计单位、高级管理人员或治理层存在违反证券法或其他法律法规的历史记录，或由于舞弊或违反法律法规而被指控
	管理层过于关注保持或提高股票价格或利润趋势
	管理层向分析师、债权人或其他第三方承诺实现激进的或不切实际的预期
	管理层未能及时纠正发现的值得关注的控制缺陷
	出于避税的目的，管理层表现出有意通过使用不适当的方法使报告利润最小化
	高级管理人员缺乏士气
	业主兼经理未对个人事务与公司业务进行区分
	股东人数有限的被审计单位股东之间存在争议
	管理层总是试图基于重要性原则解释处于临界水平的或不适当的会计处理
管理层与现任或前任注册会计师之间关系紧张	在会计、审计或报告事项上经常与现任或前任注册会计师产生争议
	对注册会计师提出不合理的要求，如对完成审计工作或出具审计报告提出不合理的时间限制
	对注册会计师接触某些人员、信息或与治理层进行有效沟通施加不适当的限制
	管理层对注册会计师表现出盛气凌人的态度，特别是试图影响注册会计师的工作范围，或者影响对执行审计业务的人员或被咨询人员的选择和保持

B. 与侵占资产导致的错报相关的舞弊风险因素

1. 动机或压力（见表13-4）

考霸笔记

关注，之前考得少！

表13-4 动机或压力在由侵占资产导致的错报中的表现

舞弊风险因素细类	舞弊风险因素具体示例
个人的生活方式或财务状况问题	接触现金或其他易被侵占（通过盗窃）资产的管理层或员工负有个人债务，可能会产生侵占这些资产的压力
接触现金或其他易被盗窃资产的员工与被审计单位之间存在紧张关系	已知或预期会发生裁员
	近期或预期员工报酬或福利计划发生变动
	晋升、报酬或其他奖励与预期不符

2. 机会（见表13-5）

表13-5 机会在由侵占资产导致的错报中的表现

舞弊风险因素细类	舞弊风险因素具体示例
资产的某些特性或特定情形可能增加其被侵占的可能性	持有或处理大额现金
	体积小、价值高或需求较大的存货
	易转手的资产，如无记名债券、钻石或计算机芯片
	体积小、易于销售或不易识别所有权的固定资产
与资产相关的不恰当的内部控制可能增加资产被侵占的可能性	职责分离或独立审核不充分
	对高级管理人员的支出监督不足，如差旅费及其他报销费用
	管理层对保管资产的员工监管不足（如对保管偏远地区资产的员工监管不足）
	对接触资产的员工选聘不严格
	对资产的记录不充分
	交易（如采购）授权及批准制度不健全
	对现金、投资、存货或固定资产等的实物保管措施不充分
	未对资产作出完整、及时的核对调节
	未对交易作出及时、适当的记录（如销货退回未作冲销处理）
	对处于关键控制岗位的员工未实行强制休假制度
	管理层对信息技术缺乏了解，从而使信息技术人员有机会侵占资产
	对自动生成的记录的访问控制（包括对计算机系统日志的控制和复核）不充分

3. 态度或借口（见表13-6）

表13-6 态度或借口在由侵占资产导致的错报中的表现

舞弊风险因素细类	舞弊风险因素具体示例
管理层或员工不重视相关控制	忽视监控或降低与侵占资产相关的风险的必要性
	忽视与侵占资产相关的内部控制，如凌驾于现有的控制之上或未对已知的内部控制缺陷采取适当的补救措施
	被审计单位人员在行为或生活方式方面发生的变化可能表明资产已被侵占
	容忍小额盗窃资产的行为
对被审计单位存在不满甚至敌对情绪	被审计单位人员的行为表明其对被审计单位感到不满，或对被审计单位对待员工的态度感到不满

（三）实施分析程序 （与第七章内容相似）

注册会计师实施分析程序有助于识别异常的交易或事项，以及对财务报表和审计产生影响的金额、比率和趋势。在实施分析程序以了解被审计单位及其环境时，注册会计师应当评价在实施分析程序时识别出的异常或偏离预期的关系（包括与收入账户有关的关系），是否表明存在由于舞弊导致的重大错报风险。

（四）考虑其他信息 （与第七章内容相似）

注册会计师应当考虑获取的其他信息是否表明存在由于舞弊导致的重大错报风险。其他信息可能来源于项目组内部的讨论、客户承接或续约过程以及向被审计单位提供其他服务所获得的经验。

（五）组织项目组内部讨论

1.讨论的目的

（1）经验较多的项目组成员与其他成员分享对舞弊导致的重大错报的方式和领域的见解；

（2）针对舞弊导致的重大错报的方式和领域考虑适当的应对措施，并确定分派哪些项目组成员实施特定的审计程序；

（3）确定如何在项目组成员中共享实施审计程序的结果，以及如何处理可能引起注册会计师注意的舞弊指控。

2.讨论的内容

（1）项目组成员认为财务报表易于发生由于舞弊导致的重大错报的方式和领域、管理层可能编制和隐瞒虚假财务报告的方式以及侵占资产的方式等；

（2）可能表明管理层操纵利润的迹象，以及管理层可能采取的导致虚假财务报告的利润操纵手段；

（3）已知悉的对被审计单位产生影响的外部和内部因素，这些因素可能产生动机或压力使管理层或其他人员实施舞弊、可能提供实施舞弊的机会、可能表明存在为舞弊行为寻找借口的文化或环境；（舞弊三因素）

（4）对接触现金或其他易被侵占资产的员工，管理层对其实施监督的情况；

（5）注意到的管理层或员工在行为或生活方式上出现的异常或无法解释的变化；

（6）强调在整个审计过程中对由于舞弊导致重大错报的可能性保持适当关注的重要性；

（7）遇到的哪些情形可能表明存在舞弊；

（8）如何在拟实施审计程序的性质、时间安排和范围中增加不可预见性；

（9）为应对由于舞弊导致财务报表发生重大错报的可能性而选择实施的审计程序，以及特定类型的审计程序是否比其他审计程序更为有效；

（10）注册会计师注意到的舞弊指控；

（11）管理层凌驾于控制之上的风险。

四、识别和评估舞弊导致的重大错报风险

舞弊导致的重大错报风险属于需要注册会计师特别考虑的重大错报风险，即特别风险。

在评估舞弊导致的重大错报风险时，注册会计师应当特别关注被审计单位收入确认方面的舞弊风险。对财务信息作出虚假报告导致的重大错报通常源于多计或少计收入。因此，审计准则规定，在识别和评估由于舞弊导致的重大错报风险时，注册会计师应当基于收入确认存在舞弊风险的假定，评价哪些类型的收入、收入交易或认定导致舞弊风险。（假定不是评估，更代替不了评估）

考霸笔记

该内容在第九章有介绍，可结合第九章第三节相关内容学习。

如果认为收入确认存在舞弊风险的假定不适用于业务的具体情况，从而未将收入确认作为由于舞弊导致的重大错报风险领域，注册会计师应当在审计工作底稿中记录得出该结论的理由。

五、应对舞弊导致的重大错报风险

在识别和评估舞弊导致的重大错报风险后，注册会计师需要采取适当的应对措施，以将审计风险降至可接受的低水平。

注册会计师通常从三个方面应对此类风险：

1.总体应对措施；

2.针对舞弊导致的认定层次的重大错报风险实施的审计程序；

3.针对管理层凌驾于控制之上的风险实施的程序。

两种舞弊的总体应对措施比较

（一）总体应对措施

在针对评估的由于舞弊导致的财务报表层次重大错报风险确定总体应对措施时，注册会计师应当：

1.在分派和督导项目组成员时，考虑承担重要业务职责的项目组成员所具备的知识、技能和能力，并考虑由于舞弊导致的重大错报风险的评估结果；

2.评价被审计单位对会计政策（特别是涉及主观计量和复杂交易的会计政策）的选择和运用，是否可能表明管理层通过操纵利润对财务信息作出虚假报告；

3.在选择审计程序的性质、时间安排和范围时，增加审计程序的不可预见性。

（二）针对舞弊导致的认定层次重大错报风险实施的（具体）审计程序

注册会计师应当考虑通过下列方式，应对舞弊导致的认定层次重大错报风险：

1.改变拟实施审计程序的性质，以获取更为可靠、相关的审计证据，或获取其他佐证性信息，包括更加重视实地观察或检查，在实施函证程序时改变常规函证内容，询问被审计单位的非财务人员等；

2.改变实质性程序的时间，包括在期末或接近期末实施实质性程序，或针对本期较早时间发生的交易事项或贯穿于本会计期间的交易事项实施测试；

3.改变审计程序的范围，包括扩大样本规模，采用更详细的数据实施分析程序等。

考霸笔记

改变审计程序的性质、时间和范围，即增加审计程序的不可预见性。

注册会计师针对舞弊导致的认定层次重大错报风险所采取的具体应对措施，取决于已发现的舞弊风险因素类型以及各类具体的交易、账户余额相关认定。表13-7和表13-8分别列举了针对两大类舞弊风险的具体应对措施：

应对舞弊导致的重大错报风险

考霸笔记

考试题型：选择题。

考试频率：高频考点。

备考建议：表格里的内容常考，需全面掌握！

A.应对编制虚假财务报告

表13-7　　　　　　　　　应对编制虚假财务报告舞弊风险的具体措施

特定认定	应对程序
管理层估计	聘用专家作出独立估计，并与管理层的估计进行比较
	将询问范围延伸至管理层和会计部门以外的人员，以印证管理层完成与作出会计估计相关的计划的能力和意图
★收入确认	针对收入项目，使用分解的数据实施实质性分析程序
	向被审计单位的客户函证相关的特定合同条款以及是否存在背后协议
	向销售和营销人员或法律顾问询问临近期末销售或发货情况以及他们了解的与这些交易相关的异常条款或条件
	期末在发货现场实地观察发货情况或准备发出的货物（或待处理的退货）并实施其他销售及存货截止测试
	对于通过电子方式自动生成、处理、记录的销售交易实施控制测试
★存货数量	检查被审计单位的存货记录
	在不预先通知的情况下对特定存放地点的存货实施监盘，或在同一天对所有存放地点实施存货监盘
	要求被审计单位在期末或临近期末实施存货盘点
	在观察存货盘点的过程中实施额外的程序
	按照存货等级、类别、地点或其他分类标准，将本期存货数量与前期相比较，或将盘点数量与永续盘存记录相比较
	利用计辅技术进一步测试存货实物盘点目录的编制

增加审计程序的不可预见性

应对舞弊导致的重大错报风险2

B.应对侵占资产

表13-8　　　　　　　　　应对侵占资产舞弊风险的具体措施

特定认定	应对程序
货币资金、有价证券	在期末或临近期末对现金或有价证券进行监盘
	直接向被审计单位客户询证所审计期间的交易活动
	分析已注销账户的恢复使用情况
存货	按照存货存放地点或产品类型分析存货短缺情况
	将关键存货指标与行业正常水平进行比较
	对于发生减计的永续盘存记录，复核其支持性文件
采购活动	利用计算机技术将供货商名单与被审计单位员工名单进行对比，以识别地址或电话号码相同的数据
劳务，包括应付职工薪酬、相关费用等	利用计算机技术检查工资单记录中是否存在重复的地址、员工身份证明、纳税识别编号或银行账号
	检查人事档案中是否存在只有很少记录或缺乏记录的档案，如缺少绩效考评的档案
销售活动	分析销售折扣和销售退回等
	向第三方函证合同的具体条款
	获取合同是否按照规定条款得以执行的审计证据
费用开支	复核大额和异常的费用开支是否适当
	复核高级管理人员提交的费用报告金额及其适当性
向员工提供资金或担保	复核被审计单位向高级管理人员和关联方提供贷款的授权及其账面价值

（三）针对**管理层凌驾于控制之上**的风险实施的程序

由于管理层在被审计单位的地位，管理层凌驾于控制之上的风险在所有被审计单位中都会存在。对财务信息作出虚假报告通常与管理层凌驾于控制之上有关。管理层通过凌驾于控制之上实施舞弊的手段**主要包括**：舞弊的必由之路。

考霸笔记
理解记忆，防止出选择题。

应对管理层凌驾于控制之上的风险

（1）编制虚假的会计分录，特别是在临近会计期末时；

（2）滥用或随意变更会计政策；

（3）不恰当地调整会计估计所依据的假设及改变原先作出的判断；

（4）故意漏记、提前确认或推迟确认报告期内发生的交易或事项；

（5）隐瞒可能影响财务报表金额的事实；

（6）构造复杂或虚假的交易以歪曲财务状况或经营成果；

（7）篡改与重大或异常交易相关的会计记录和交易条款。

管理层凌驾于控制之上的风险属于特别风险。无论对管理层凌驾于控制之上的风险的评估结果如何，注册会计师都应当设计和实施审计程序，用以：

考霸笔记
因为虽然管理层凌驾于控制之上的风险水平因被审计单位而异，但所有被审计单位都存在这种风险。

1.测试日常会计核算过程中作出的会计分录以及编制财务报表过程中作出的其他调整是否适当。在设计和实施审计程序，以测试日常会计核算过程中作出的会计分录以及编制财务报表过程中作出的其他调整是否适当时，**注册会计师应当**：

考霸笔记
考试题型：选择题。
考试频率：高频考点。
备考建议：三个审计程序要清楚，防止出选择题！

（1）向参与财务报告过程的人员询问与处理会计分录和其他调整相关的不恰当或异常的活动；

（2）选择在报告期末作出的会计分录和其他调整：（一定要测）不一定要测，但一定要考虑。

（3）考虑是否有必要测试整个会计期间的会计分录和其他调整。

考霸笔记
将在下述"六、会计分录测试"中展开。

2.复核会计估计是否存在偏向，并评价产生这种偏向的环境是否表明存在由于舞弊导致的重大错报风险。在复核会计估计是否存在偏向时，注册会计师应当：

（1）评价管理层在作出会计估计时所作的判断和决策是否反映出管理层的某种偏向（即使判断和决策单独看起来是合理的），从而可能表明存在由于舞弊导致的重大错报风险。如果存在偏向，注册会计师应当从整体上重新评价会计估计。

（2）追溯复核与以前年度财务报表反映的重大会计估计相关的管理层判断和假设。

3.对于超出被审计单位正常经营过程的重大交易，或基于对被审计单位及其环境的了解以及在审计过程中获取的其他信息而显得异常的重大交易，评价其商业理由（或缺乏商业理由）是否表明被审计单位从事交易的目的是对财务信息作出虚假报告或掩盖侵占资产的行为。

> 提示："超出被审计单位正常经营过程的重大交易"简称"超常交易"，"基于对被审计单位及其环境的了解以及在审计过程中获取的其他信息而显得异常的重大交易"简称"异常交易"，两者合称"非常交易"。

以下迹象可能表明被审计单位从事超出其正常经营过程的重大交易，或虽然未超出其正常经营过程但显得异常的重大交易：简单了解即可！

（1）交易的形式显得过于复杂（例如，交易涉及集团内部多个实体，或涉及多个非关联的第三方）；

（2）管理层未与治理层就此类交易的性质和会计处理进行过讨论，且缺乏充分的记录；

（3）管理层更强调采用某种特定的会计处理的需要，而不是交易的经济实质；

（4）对于涉及不纳入合并范围的关联方（包括特殊目的实体）的交易，治理层未进行适当的审核与批准；

（5）交易涉及以往未识别出的关联方，或涉及在没有被审计单位帮助的情况下不具备物质基础或财务能力完成交易的第三方。

六、会计分录测试

管理层可能通过作出不恰当的会计分录或未经授权的会计分录来操纵财务报表。这种操纵行为可能发生在整个会计期间或期末，或由管理层对财务报表金额作出调整，而该调整未在会计分录中反映（如合并调整和重分类调整）。了解管理层利用虚假会计分录和其他调整实施舞弊的常用手段，有助于注册会计师更加有针对性地实施审计程序。

在所有财务报表审计业务中，注册会计师都需要专门针对管理层凌驾于控制之上的风险设计和实施会计分录测试。

（一）会计分录和其他调整的类型

会计分录测试的对象是与被审计财务报表相关的所有会计分录和其他调整，包括编制合并报表时作出的调整分录和抵销分录。

基于会计分录测试的目的，注册会计师可将被审计单位的会计分录和其他调整分为下列三种类型：

1.标准会计分录。此类会计分录用于记录被审计单位的日常经营活动或经常性的会计估计，通常是由会计人员作出或会计系统自动生成，受信息系统一般控制和其他系统性控制的影响。

2.非标准会计分录。此类会计分录用于记录被审计单位日常经营活动之外的事项或异常交易，可能包括特殊资产减值准备的计提、期末调整分录等。非标准会计分录可能具有较高的重大错报风险，因为此类分录通常容易被管理层用来操纵利润，并且可能涉及任何报表项目。

3.其他调整。其他调整包括为编制合并财务报表而作出的调整分录和抵销分录、通常不作为正式的会计分录反映的重分类调整等。其他调整可能不受被审计单位内部控制的影响。

（二）会计分录测试的步骤

会计分录测试通常包括下列步骤：

1.了解被审计单位的财务报告流程，以及针对会计分录和其他调整已实施的控制，必要时，测试相关控制的运行有效性；

2.确定待测试会计分录和其他调整的总体，并测试总体的完整性；

3.从总体中选取待测试的会计分录及其他调整；

4.测试选取的会计分录及其他调整，并记录测试结果。

了解（对应（1）至（5）点）

考霸笔记
考试题型：都有涉及。
考试频率：高频考点。
备考建议：常考，尤其是主观题，需全面理解记忆！

会计分录测试的重要性

考霸笔记
三种类型都要掌握，并会区分。

考霸笔记
提示：以下（三）、（四）、（五）点即是对1、2、3点的展开。

考霸笔记
了解相关内部控制是必须做的，控制测试不是必须做的。

（三）被审计单位内部控制系统中针对会计分录和其他调整的控制

在被审计单位的内部控制系统中，针对会计分录和其他调整，通常包括下列类型的控制措施：

1.在针对会计分录和其他调整的授权、过账、审核、核对等方面设置职责分离；

2.在会计系统中设置系统访问权限，用以控制会计分录的记录权和审批权；

3.用以防止并发现虚假会计分录或未经授权的更改的控制措施；

4.由管理层、治理层或其他适当人员对会计分录记录和过入总账以及在编制财务报表过程中作出其他调整的过程进行监督；

5.由被审计单位的内部审计人员（如有）定期测试控制运行的有效性，注册会计师了解被审计单位针对会计分录和其他调整已实施的控制，有助于其确定会计分录测试的性质、时间安排和范围。

（四）确定待测试会计分录和其他调整的总体并测试总体的完整性　*易考*

注册会计师在测试会计分录和其他调整时，首先需要确定待测试会计分录和其他调整的总体，然后针对该总体实施完整性测试。

1.由于虚假会计分录和其他调整通常在报告期末作出，因此，审计准则要求注册会计师选择在报告期末作出的会计分录和其他调整进行测试。（期末必测）

2.由于舞弊导致的财务报表重大错报可能发生于整个会计期间，并且舞弊者可能运用各种方式隐瞒舞弊行为，因此，审计准则要求注册会计师考虑是否有必要测试整个会计期间的会计分录和其他调整。（不一定要测，但一定要考虑）

3.确定待测试会计分录和其他调整的总体时考虑的情况：

（1）某些会计分录和其他调整可能并不过入被审计单位的总账，因此，注册会计师需要全面了解各总账账户，以及各明细账户与被审计财务报表项目之间的对应关系。

（2）注册会计师可以结合对被审计单位财务报告流程以及被审计单位针对会计分录和其他调整实施的控制的了解，来确定待测试会计分录和其他调整的总体。在这一过程中，注册会计师可以了解会计分录和其他调整的来源和特征，例如，会计分录是由会计信息系统自动生成的，还是以手工方式生成的。

（3）以手工方式生成的会计分录或其他调整通常于月末、季末或年末作出，主要用于记录会计调整或会计估计，或者用于编制合并财务报表。

（4）对于以手工方式生成的会计分录或其他调整，特别是在期末用于记录会计调整或会计估计，或者用于编制合并财务报表的调整分录，注册会计师可以了解这些分录的编制者、所需要的审批，以及这些分录以何种方式得以记录（例如，这些分录是以电子形式记录的，没有实物证据，还是以纸质形式记录的）。

4.确定待测试会计分录和其他调整的总体后，注册会计师需要针对该总体实施审计程序，以确定总体的完整性。

以下是一套完整性测试的例子（假设注册会计师选择测试整个会计期间的会计分录和其他调整）：

考霸笔记
简单了解即可！

考霸笔记
大致了解即可！

考霸笔记
实施的那些审计程序一定要理解！

第十三章

了解（1）从被审计单位会计信息系统中导出所有待测试的会计分录和其他调整；

（2）加计从会计信息系统中导出的所有会计分录和其他调整中的本期发生额，与科目余额表（包括期初余额、本期借方累计发生额、本期贷方累计发生额、期末余额）中的各科目本期发生额核对相符；

（3）将系统生成的重要账户余额与明细账和总账及科目余额表中的余额核对，测试计算准确性；

（4）检查所有结账后作出的与本期财务报表有关的会计分录和其他调整，测试其完整性；

（5）将总账与财务报表核对，以检查是否存在其他调整。

（五）选取并测试会计分录和其他调整时考虑的因素

注册会计师在选取待测试的会计分录和其他调整，并针对已选取的项目确定适当的测试方法时，可以考虑下列因素：

1.对由于舞弊导致的重大错报风险的评估。注册会计师识别出的舞弊风险因素和在评估由于舞弊导致的重大错报风险过程中获取的其他信息，可能有助于注册会计师识别需要测试的特定类别的会计分录和其他调整。

2.对会计分录和其他调整已实施的控制。在注册会计师已经测试了这些控制运行的有效性的前提下，针对会计分录和其他调整的编制和过账所实施的有效控制，可以缩小所需实施的实质性程序的范围。但应注意的是，注册会计师需要充分考虑管理层凌驾于控制之上的风险。

3.被审计单位的财务报告过程以及所能获取的证据的性质。在很多被审计单位中，交易的日常处理同时涉及人工和自动化的步骤和程序。类似地，会计分录和其他调整的处理过程也可能同时涉及人工和自动化的程序和控制。当信息技术应用于财务报告过程时，会计分录和其他调整可能仅以电子形式存在。

4.虚假会计分录或其他调整的特征。不恰当的会计分录或其他调整通常具有一定的识别特征。这类特征可能包括：

（1）分录涉及不相关、异常或很少使用的账户；

（2）分录由平时不负责作出会计分录的人员作出；

（3）分录在期末或结账过程中作出，且没有或只有很少的解释或描述；

（4）分录在编制财务报表之前或编制过程中作出且没有科目代码；

（5）分录金额为约整数或尾数一致。

5.账户的性质和复杂程度。不恰当的会计分录或其他调整可能体现在以下账户中：

（1）包含复杂或性质异常的交易的账户；

（2）包含重大估计及期末调整的账户；

（3）过去易于发生错报的账户；

（4）未及时调节的账户，或含有尚未调节差异的账户；

（5）包含集团内部不同公司间交易的账户；

（6）其他虽不具备上述特征但与已识别的由于舞弊导致的重大错报风险相关的账户。

在审计拥有多个组成部分的被审计单位时，注册会计师需考虑从不同的组成部

考霸笔记

考试题型：主要是选择题。

考试频率：常考。

备考建议：考虑的6个因素一定要理解记忆！4、5因素其中的细节部分也需掌握。

考霸笔记

那些识别特征需要掌握！

考霸笔记

以下几点需要理解记忆！

分选取会计分录进行测试。

6.在日常经营活动之外处理的会计分录或其他调整。针对非标准会计分录实施的控制的水平与针对为记录日常交易（如每月的销售、采购及现金支出）所作出的分录实施的控制的水平可能不同。

此外，由于会计分录测试的主要目的是应对管理层凌驾于内部控制之上的风险，因此，注册会计师在选取并测试时应增加不可预见性。

七、评价审计证据　★★重要！易考

注册会计师应在临近审计结束时实施分析程序，并运用职业判断评价是否存在此前尚未识别的舞弊风险，涉及期末收入和利润的异常关系时尤其值得关注，如：在报告期的最后几周内记录了不寻常的大额收入或异常交易，或收入与经营活动产生的现金流量趋势不一致。

考霸笔记
异常的关系或趋势可能表明存在由于舞弊导致的重大错报风险，需要保持警惕！

如果识别出某项错报，注册会计师应当评价该项错报是否表明存在舞弊。如果存在舞弊的迹象，由于舞弊涉及实施舞弊的动机或压力、机会或借口，因此一个舞弊事项不太可能是孤立发生的事项，注册会计师应当评价该项错报对审计工作其他方面的影响，特别是对管理层声明可靠性的影响。

应对舞弊导致的重大错报风险具体举例

如果识别出某项错报，并有理由认为该项错报是或可能是由于舞弊导致的，且涉及管理层，特别是涉及较高级别的管理层，无论该项错报是否重大，注册会计师都应当：

（1）重新评价对由于舞弊导致的重大错报风险的评估结果，以及该结果对旨在应对评估的风险的审计程序的性质、时间安排和范围的影响。

（2）重新考虑此前获取的审计证据的可靠性（包括评价对管理层声明可靠性的影响），并考虑相关的情形是否表明存在涉及员工、管理层或第三方的串通舞弊。

如果确认财务报表存在由舞弊导致的重大错报，或无法确定财务报表是否存在由舞弊导致的重大错报，注册会计师应当评价这两种情况对审计（报告）的影响。

八、无法继续执行审计业务

（一）对继续执行审计业务的能力产生怀疑

遇到下列情形时，注册会计师可能对继续执行审计业务的能力产生怀疑：

1.被审计单位没有针对舞弊采取适当的、注册会计师根据具体情况认为必要的措施，即使该舞弊对财务报表并不重大；

2.注册会计师对由于舞弊导致的重大错报风险的考虑以及实施审计测试的结果，表明存在重大且广泛的舞弊风险；

3.注册会计师对管理层或治理层的胜任能力或诚信产生重大疑虑。

考霸笔记
三种异常情形一定要掌握！

遇到上述异常情形时，注册会计师应当：

1.确定适用于具体情况的职业责任和法律责任，包括是否需要向审计业务委托人或监管机构报告；

2.在相关法律法规允许的情况下，考虑是否需要解除业务约定。

考霸笔记
提示：不是必须解除业务约定。

（二）解除业务约定

由于可能出现的情形各不相同，因而难以确切地说明在何时解除业务约定是适当的。影响注册会计师得出结论的因素包括管理层或治理层成员参与舞弊可能产生的影响（可能会影响到管理层声明的可靠性），以及与被审计单位之间保持客户关系对注册会计师的影响。

如果决定解除业务约定，注册会计师应当采取以下措施：

1.与适当层级的管理层和治理层讨论解除业务约定的决定和理由；

2.考虑是否存在职业责任或法律责任，需要向审计业务委托人或监管机构报告解除业务约定的决定和理由。

九、书面声明

由于舞弊的性质以及注册会计师在发现舞弊导致的财务报表重大错报时遇到的困难，注册会计师向管理层和治理层（如适用）获取书面声明，确认其已向注册会计师披露了下列信息是非常重要的：

1.管理层对财务报表可能存在由于舞弊导致的重大错报风险的评估结果；

2.对影响被审计单位的舞弊事实、舞弊嫌疑或舞弊指控的了解程度。 ✓掌握

基于上述原因，注册会计师应当就下列事项向管理层和治理层（如适用）获取书面声明： ✓掌握！

1.管理层和治理层认可其设计、执行和维护内部控制以防止和发现舞弊的责任；

2.管理层和治理层已向注册会计师披露了管理层对由于舞弊导致的财务报表重大错报风险的评估结果；

3.管理层和治理层已向注册会计师披露了已知的涉及管理层、在内部控制中承担重要职责的员工以及其他人员（在舞弊行为导致财务报表出现重大错报的情况下）的舞弊或舞弊嫌疑；

4.管理层和治理层已向注册会计师披露了从现任和前任员工、分析师、监管机构等方面获知的、影响财务报表的舞弊指控或舞弊嫌疑。

十、与管理层、治理层和监管机构的沟通

（一）与管理层的沟通

当注册会计师已获取的信息表明存在或可能存在舞弊时，应尽快提请适当层级的管理层关注这一事项，即使该事项（如被审计单位组织结构中处于较低职位的员工挪用小额公款）可能被认为不重要。通常情况下，适当层级的管理层至少要比涉嫌舞弊的人员高出一个级别。

（二）与治理层的沟通

如果确定或怀疑舞弊涉及①管理层、②在内部控制中承担重要职责的员工以及其舞弊行为③可能导致财务报表重大错报的其他人员，注册会计师应当尽早就此类事项与治理层沟通，并与其讨论为完成审计工作所必需的审计程序的性质、时间安排和范围。

如果根据判断认为还存在与治理层职责相关的、涉及舞弊的其他事项，注册会计师应当就此与治理层沟通。这些事项可能包括：

（1）对管理层评估的性质、范围和频率的疑虑，这些评估是针对旨在防止和发现舞弊的控制及财务报表可能存在的重大错报风险而实施的；

（2）管理层未能恰当应对识别出的值得关注的内部控制缺陷或舞弊；

（3）注册会计师对被审计单位控制环境的评价，包括对管理层胜任能力和诚信的疑虑；

针对舞弊事项与监管机构的沟通

（4）可能表明存在编制虚假财务报告的管理层行为，例如，对会计政策的选择和运用可能表明管理层操纵利润，以影响财务报表使用者对被审计单位业绩和盈利能力的看法，从而欺骗财务报表使用者；

（5）对超出正常经营过程的交易的授权的适当性和完整性的疑虑。

（三）**与监管机构的沟通**

如果识别出舞弊或怀疑存在舞弊，注册会计师应当确定是否有责任向被审计单位以外的机构报告。

尽管注册会计师对客户信息负有的保密义务可能妨碍这种报告，但如果法律法规要求注册会计师履行报告责任，注册会计师应当遵守法律法规的规定。

第二节　财务报表审计中对法律法规的考虑

◇ 管理层遵守法律法规的责任

◇ 注册会计师的责任

◇ 对被审计单位遵守法律法规的考虑

◇ 识别出或怀疑存在违反法律法规行为时实施的审计程序

◇ 对识别出的或怀疑存在的违反法律法规行为的报告

违反法律法规，是指被审计单位、治理层、管理层或者为被审计单位工作或受其指导的其他人，有意或无意违背除适用的财务报告编制基础以外的现行法律法规的行为，违反法律法规不包括与被审计单位经营活动无关的不当个人行为。

> 考霸笔记
> 2019年变化：以前年度的教材中只提到"被审计单位"

不同的法律法规对财务报表的影响差异很大。被审计单位需要遵守的所有法律法规，构成注册会计师在财务报表审计中需要考虑的法律法规框架。某些法律法规的规定对财务报表有直接影响，决定财务报表中报告的金额和披露。而有些法律法规需要管理层遵守，或规定了允许被审计单位开展经营活动的条件，但不会对财务报表产生直接影响。因此，概括起来，被审计单位需要遵守以下两类不同的法律法规：

1.通常对决定财务报表中的重大金额和披露有直接影响的法律法规（如税收和企业年金方面的法律法规）。

2.对决定财务报表中的金额和披露没有**直接影响的其他法律法规**，但遵守这些法律法规（如遵守经营许可条件、监管机构对偿债能力的规定或环境保护要求）对被审计单位的经营活动、持续经营能力或避免大额罚款至关重要；违反这些法律法规，可能对财务报表产生重大影响。

> 考霸笔记
> 即有间接影响。

违反法律法规可能导致被审计单位面临罚款、诉讼或其他对财务报表产生重大影响的后果。

被审计单位的违反法律法规行为可能与财务报表相关，有些违反法律法规行为还可能产生重大财务后果，进而影响财务报表的合法性和公允性。如果不实施必要的审计程序，则可能导致注册会计师出具不恰当的审计报告。因此，在设计和实施审计程序以及评价和报告审计结果时，注册会计师应当充分关注被审计单位违反法律法规行为可能对财务报表产生的重大影响。

一、管理层遵守法律法规的责任

管理层有责任在治理层的监督下确保被审计单位的经营活动符合法律法规的规定。

法律法规可能以不同的方式影响被审计单位的财务报表。最直接的方式是可能规定了适用的财务报告编制基础或者影响被审计单位需要在财务报表中作出的具体披露。法律法规也可能确立了被审计单位的某些法定权利和义务，其中部分权利和义务将在财务报表中予以确认。此外，法律法规还可能规定了对违反法律法规行为的惩罚。

二、注册会计师的责任

注册会计师有责任对财务报表整体不存在由于舞弊或错误导致的重大错报获取合理的保证。

在执行财务报表审计时，注册会计师需要考虑适用于被审计单位的法律法规框架。由于审计的固有限制，即使注册会计师按照审计准则的规定恰当地计划和执行审计工作，也不可避免地存在财务报表中的某些重大错报未被发现的风险。就法律法规而言，由于下列原因，审计的固有限制对注册会计师发现重大错报能力的潜在影响会加大：

（1）许多法律法规主要与被审计单位经营活动相关，通常不影响财务报表，且不能被与财务报告相关的信息系统所获取；

（2）违反法律法规可能涉及故意隐瞒的行为，如共谋、伪造、故意漏记交易、管理层凌驾于控制之上或故意向注册会计师提供虚假陈述；

（3）某行为是否构成违反法律法规，最终只能由法院认定。

因此，注册会计师没有责任防止被审计单位违反法律法规，也不能期望其发现所有的违反法律法规行为。

针对前述被审计单位需要遵守的两类不同的法律法规，注册会计师应当承担不同的责任：

1.针对被审计单位需要遵守的第一类法律法规，注册会计师的责任是，就被审计单位遵守这些法律法规的规定获取充分、适当的审计证据；

2.针对被审计单位需要遵守的第二类法律法规，注册会计师的责任仅限于实施特定的审计程序，以有助于识别可能对财务报表产生重大影响的违反这些法律法规的行为。

在审计过程中，为了对财务报表形成审计意见而实施的其他审计程序，可能使注册会计师识别出或怀疑被审计单位存在违反法律法规行为，注册会计师对此应保持警觉。事实上，考虑到法律法规对被审计单位产生影响的范围，注册会计师在整个审计过程中均应保持职业怀疑。

三、对被审计单位遵守法律法规的考虑

（一）对法律法规框架的了解 联系第七章。

在了解被审计单位及其环境时，注册会计师应当总体了解下列事项：

1.适用于被审计单位及其所处行业或领域的法律法规框架；

2.被审计单位如何遵守这些法律法规框架。

为了总体了解法律法规框架以及被审计单位如何遵守该框架，注册会计师可以

采取下列措施：

1.利用对被审计单位行业状况、监管环境以及其他外部因素的了解；

2.更新对直接决定财务报表中的报告金额和列报的法律法规的了解；

3.向管理层询问对被审计单位经营活动预期可能产生至关重要影响的其他法律法规；

4.向管理层询问被审计单位制定的有关遵守法律法规的政策和程序；

5.向管理层询问在识别、评价诉讼索赔并对其进行会计处理时采用的政策和程序。

（二）对决定财务报表中的重大金额和披露有直接影响的法律法规

某些法律法规已经较为完善，为被审计单位及其所在行业或部门所知悉，并与被审计单位财务报表相关。这些法律法规可能与下列事项相关：

（1）财务报表的格式和内容；

（2）特定行业的财务报告问题；

（3）根据政府合同对交易进行的会计处理；

（4）所得税费用或退休金成本的应计或确认。

这些法律法规的某些规定可能与财务报表中的特定认定直接相关（如所得税费用的完整性），而其他规定可能与财务报表整体直接相关（如规定的构成整套财务报表的报表）。针对通常对决定财务报表中的重大金额和披露有直接影响的法律法规的规定，注册会计师应当获取被审计单位遵守这些规定的充分、适当的审计证据。

（三）识别违反其他法律法规的行为的程序　　（第二类法律法规）

其他法律法规可能因其对被审计单位的经营活动具有至关重要的影响，需要注册会计师予以特别关注。违反此类法律法规可能导致被审计单位终止业务活动或对其持续经营能力产生疑虑。例如，违反许可证规定或经营的权限（如对银行来说违反资本或投资规定），可能产生这种后果。同时，存在许多与被审计单位经营活动相关的法律法规，它们并不对财务报表产生影响，也不会被与财务报告相关的信息系统所反映。

因此，注册会计师应当实施下列审计程序，以有助于识别可能对财务报表产生重大影响的违反其他法律法规的行为：

1.向管理层和治理层（如适用）询问被审计单位是否遵守了这些法律法规；

2.检查被审计单位与许可证颁发机构或监管机构的往来函件。

（四）实施其他审计程序使注册会计师注意到违反法律法规行为

为形成审计意见所实施的审计程序，可能使注册会计师注意到识别出的或怀疑存在的违反法律法规行为。这些审计程序可能包括：

1.阅读会议纪要；

2.向被审计单位管理层、内部或外部法律顾问询问诉讼、索赔及评估情况；

3.对某类交易、账户余额和披露实施细节测试。

（五）书面声明

由于法律法规对财务报表的影响差异很大，对于管理层识别出的或怀疑存在的、可能对财务报表产生重大影响的违反法律法规行为，书面声明可以提供必要的审计证据。然而，书面声明本身并不提供充分、适当的审计证据，因此，不影响注册会计师拟获取的其他审计证据的性质和范围。

考霸笔记
第一类法律法规

考霸笔记
考试题型：主要考查选择题。
考试频率：常考。
备考建议：三个审计程序要理解记忆，常考！

为什么管理层书面声明不能证明被审计单位没有作出违反法律法规行为？

考霸笔记
结合第十八章"书面声明"的相关内容学习。

第十三章

四、识别出或怀疑存在违反法律法规行为时实施的审计程序

（一）注意到（与识别出的或怀疑存在的违反法律法规行为）相关信息时的审计程序

如果注册会计师发现下列事项或相关信息，**可能表明被审计单位存在违反法律法规行为**：

（1）受到监管机构、政府部门的调查，或者支付罚金或受到处罚；

（2）向未指明的服务付款，或向顾问、关联方、员工或政府雇员提供贷款；

（3）与被审计单位或所处行业正常支付水平或实际收到的服务相比，支付过多的销售佣金或代理费用；

（4）采购价格显著高于或低于市场价格；

（5）异常的现金支付，以银行本票向持票人付款的方式采购；

（6）与在"避税天堂"注册的公司存在异常交易；

（7）向货物或服务原产地以外的国家或地区付款；

（8）在没有适当的交易控制记录的情况下付款；

（9）现有的信息系统不能（因系统设计存在问题或因突发性故障）提供适当的审计轨迹或充分的证据；

（10）交易未经授权或记录不当；

（11）负面的媒体评论。

如果注意到与识别出的或怀疑存在的违反法律法规行为相关的上述信息，**注册会计师应当**：

1.了解违反法律法规行为的**性质**及其发生的**环境**。

2.获取进一步的信息，以评价对财务报表可能产生的影响。包括：

（1）违反法律法规行为对财务报表产生的**潜在财务后果**，如受到罚款、处分、赔偿、封存财产、强制停业和诉讼等；

（2）潜在财务后果**是否需要列报**；

（3）潜在财务后果**是否非常严重**，以致对财务报表的公允反映产生怀疑或导致财务报表产生误导。

（二）怀疑被审计单位存在违反法律法规行为时的审计程序

1.如果治理层能够提供额外的审计证据，注册会计师可以与治理层讨论其发现。例如，对与可能导致违反法律法规的交易或事项相关的事实和情况，注册会计师可以证实治理层是否对此具有相同的理解。

2.如果管理层或治理层（如适用）不能向注册会计师提供充分的信息，证明被审计单位遵守了法律法规，注册会计师可以考虑向被审计单位内部或外部的法律顾问咨询有关法律法规在具体情况下的运用，包括舞弊的可能性以及对财务报表的影响。

3.如果认为向被审计单位法律顾问咨询是不适当的或不满意其提供的意见，注册会计师可以考虑向所在会计师事务所的法律顾问咨询，以确定被审计单位是否存在违反法律法规行为、可能导致的法律后果（包括舞弊的可能性），以及可能采取的进一步行动。

（三）**评价违反法律法规行为的影响** ★掌握。易考

1.注册会计师应当评价违反法律法规行为对审计的其他方面可能产生的影响，包括对注册会计师风险评估和被审计单位书面声明可靠性的影响。

2.识别出的违反法律法规行为的影响，取决于该行为的实施和隐瞒与具体控制活动之间的关系（是否凌驾于内部控制之上），以及牵涉的管理人员或员工的级别，尤其是被审计单位最高权力机构参与违反法律法规行为所产生的影响。

3.如果管理层或治理层没有采取注册会计师认为适合具体情况的补救措施，即使违反法律法规行为对财务报表不重要，如果法律法规允许，注册会计师也可能考虑是否有必要解除业务约定。在决定是否有必要解除业务约定时，注册会计师可以考虑征询法律意见。

4.如果不能解除业务约定，注册会计师可以考虑替代方案，包括在审计报告的其他事项段中描述违反法律法规行为。

五、对识别出的或怀疑存在的违反法律法规行为的报告

（一）与治理层沟通

1.沟通的范围：除非治理层全部成员参与管理被审计单位，因而知悉注册会计师已沟通的、涉及识别出的或怀疑存在的违反法律法规行为的事项，注册会计师应当与治理层沟通审计过程中注意到的有关违反法律法规的事项，但不必沟通明显不重要的事项。

2.沟通的方式：沟通通常采用书面形式，应当将沟通文件副本作为审计工作底稿。如果采用口头沟通方式，应形成沟通记录并作为审计工作底稿保存。

3.违反法律法规行为情节严重时的沟通要求

（1）对故意和重大的违反法律法规行为的沟通要求：如果根据判断认为需要沟通的违反法律法规行为是故意和重大的，注册会计师应当就此尽快向治理层通报。

（2）怀疑故意违反重大法律法规行为涉及管理层或治理层时的沟通要求：如果怀疑违反法律法规行为涉及管理层或治理层，注册会计师应当向被审计单位审计委员会或监事会等更高层级的机构通报。如果不存在更高层级的机构，或者注册会计师认为被审计单位可能不会对通报作出反应，或者注册会计师不能确定向谁报告，注册会计师应当考虑是否需要征询法律意见。

（二）出具审计报告

1.考虑违反法律法规行为的影响。

如违反法律法规行为对财务报表有重大影响，应根据被审计单位在财务报表中是否恰当反映确定对审计意见的影响：

（1）如恰当反映，出具无保留意见审计报告；

（2）如未恰当反映，出具保留或否定意见审计报告。

2.考虑审计范围受到限制的影响。

（1）对来自被审计单位的限制。注册会计师应当根据审计范围受到限制的程度，发表保留意见或无法表示意见。

（2）对来自其他条件的限制。注册会计师应当评价这一情况对审计意见的影响。实务中，审计范围受到其他条件限制的情况较多，例如，客观因素致使注册会

考霸笔记

注意对这两方面的影响。

注册会计师针对违法违规行为与治理层进行沟通

考霸笔记

结合第十四章学习，结论很重要，一定要牢记！

考霸笔记

结合第十九章"审计报告"掌握！

第十三章

计师不能实施审计程序。

（三）向监管机构和执法机构报告违反法律法规行为

1.当识别出或怀疑存在"严重"违反法律法规的行为时，注册会计师应当考虑是否有责任向被审计单位以外的监管机构和执法机构等相关机构或人员报告。所谓"严重"主要是指有重大法律后果或涉及社会公众利益。

2.注册会计师应当了解相关法律法规是否要求报告违反法律法规行为，例如，商业银行监管法规可能要求注册会计师报告商业银行参与"洗钱"行为。同时，注册会计师应考虑采取何种方式、何时以及向谁进行报告。

3.如果无法确定是否有相关法律法规要求向监管机构报告发现的被审计单位的违反法律法规行为，或者无法确定某项违反法律法规行为是否应该向监管机构报告，注册会计师通常需要征询相关的法律意见，然后再确定如何处理。

> **考霸笔记**
>
> *法律法规要求报告的情况下，才报告，不然，本着保密的原则不应报告。*

智能测评

在线练习		我要提问
扫码在线做题	扫码看答案	扫码答疑
本书"本章同步强化训练"均配备二维码，打开微信"扫一扫"即可完成在线测评，查看本章详细的测评反馈报告，了解知识掌握情况，也可扫码直接看答案噢。		本书配备答疑专用二维码，打开微信"扫一扫"，即可完成在线提问，获取专业老师全面个性化解答，让学习问题不再拖延。
快来扫码做题吧！		快来扫码提问吧！

本章同步强化训练

一、单选题

1.下列关于对舞弊的责任，说法错误的是（　　　）。

A.被审计单位的管理层和治理层对防止或发现舞弊负有主要责任

B.注册会计师有责任对财务报表整体是否不存在由于舞弊或错误导致的重大错报获取合理保证

C.对能够导致财务报表发生重大错报的舞弊，无论是编制虚假的财务报告，还是侵占资产，注册会计师均应当合理保证能够予以发现

D.如果在完成审计工作后发现舞弊导致的财务报表重大错报，表明注册会计师没有遵守审计准则

2.下列不属于编制虚假财务报告的动机和压力的是（　　　）。

A.竞争激烈或市场饱和，且伴随着利润率的下降

B.被审计单位具有强大的财务实力和能力，使其在特定行业中处于主导地位

C.难以应对技术变革、产品过时、利率调整等因素的急剧变化

D.个人为被审计单位的债务提供了担保

3.下列各项中，不属于编制虚假财务报告的机会的是（　　　）。

A.从事超出正常经营过程的重大关联方交易

B.在经济环境及文化背景不同的国家或地区从事重大经营活动

C.难以确定对被审计单位持有控制性权益的组织或个人

D.业主兼经理未对个人事务与公司业务进行区分

4.下列针对识别和评估财务报表舞弊风险的说法中，正确的是（　　　）。

A.直接假定收入确认存在舞弊风险

B.直接假定收入舞弊风险低

C.直接假定期末应付账款存在低估的舞弊风险

D.直接假定期末存货存在较高跌价风险

5.下列有关因舞弊事项与管理层、治理层和监管机构沟通的说法中，错误的是（　　　）。

A.通常情况下，拟沟通的管理层应当至少与涉嫌舞弊人员的级别相同

B.如果注册会计师注意到可能表明管理层对财务信息作出虚假报告的行为，应当尽早告知适当层次的治理层

C.如果认为被审计单位的风险评估过程存在重大缺陷，注册会计师应当就此类内部控制缺陷与治理层沟通

D.如果发现舞弊涉及在内部控制中承担重要职责的员工以及其舞弊行为可能对财务报表产生重大影响的其他人员，注册会计师应当尽早将此类事项与治理层沟通

6.如发现舞弊涉及较高级别的管理层，注册会计师应当采取的措施中通常不包括（　　　）。

A.重新考虑此前获取的审计证据的可靠性

B.尽早向治理层报告

C.直接向监管机构报告

D.重新评估舞弊导致的重大错报风险，并考虑重新评估的结果对审计程序的性质、时间和

范围的影响

7.下列关于注册会计师在财务报表审计中对法律法规责任的说法，错误的是（　　）。

A.注册会计师没有责任防止被审计单位作出违反法律法规行为，也不能期望其发现所有的违反法律法规行为

B.注册会计师有责任对财务报表整体不存在由于舞弊或错误导致的重大错报获取合理保证

C.针对被审计单位需要遵守的第一类法律法规，注册会计师应当就被审计单位遵守这些法律法规的规定获取充分、适当的审计证据

D.针对第二类被审计单位需要遵守的法律法规，注册会计师的责任仅限于实施特定的审计程序，以有助于识别和应对可能对财务报表产生重大影响的违反这些法律法规的行为

8.下列审计程序中，通常不能识别被审计单位违反法律法规行为的是（　　）。

A.阅读董事会和管理层的会议纪要

B.向管理层、内部或外部法律顾问询问诉讼、索赔及评估情况

C.对营业外支出中的罚款及滞纳金支出实施细节测试

D.获取管理层关于被审计单位不存在违反法律法规行为的书面声明

二、多选题

1.下列各项中，属于与侵占资产导致错报相关的"动机或压力"的有（　　）。

A.已知或预期会发生裁员

B.近期或预期员工报酬或福利计划会发生变动

C.晋升、报酬或其他奖励与预期不符

D.被审计单位人员的行为表明其对被审计单位感到不满

2.下列各项中，属于与侵占资产导致错报相关的机会的有（　　）。

A.职责分离或独立审核不充分

B.容忍小额盗窃资产的行为

C.对处于关键控制岗位的员工未实行强制休假制度

D.对交易的授权及批准制度不健全

3.在组织审计项目组讨论舞弊风险时，A注册会计师认为应当讨论的内容有（　　）。

A.甲公司发生舞弊导致的重大错报风险的领域及方式

B.甲公司存在的舞弊风险因素

C.甲公司管理层凌驾于内部控制之上的可能性

D.审计项目组应对舞弊导致的重大错报风险的审计程序

4.在针对评估的由于舞弊导致的财务报表层次重大错报风险确定总体应对措施时，注册会计师应当（　　）。

A.在分派和督导项目组成员时，考虑承担重要业务职责的项目组成员所具备的知识、技能和能力，并考虑由于舞弊导致的重大错报风险的评估结果

B.评价被审计单位对会计政策的选择和运用，是否可能表明管理层通过操作利润对财务信息作出虚假报告

C.在选择审计程序的性质、时间安排和范围时，增加审计程序的不可预见性

D.改变实质性程序的性质、时间安排和范围

5.对于舞弊导致的重大错报风险，下列审计程序中，A注册会计师认为通常可以增加审计程

序不可预见性的有（　　　）。

A.在存货监盘时对大额存货进行抽盘

B.运用不同的抽样方法选择需要检查的存货

C.向以前审计过程中接触不多的甲公司员工询问存货采购和销售情况

D.在事先不通知甲公司的情况下，选择以前未曾到过的存货存放地点实施监盘

6.针对管理层凌驾于控制之上的风险，下列审计程序中，应当实施的有（　　　）。

A.测试被审计单位在报告期末做出的会计分录和其他调整

B.追溯复核与以前年度财务报表反映的重大会计估计相关的管理层判断和假设

C.对于超出被审计单位正常经营过程的重大交易，评价其商业理由

D.在年末对被审计单位的所有存货进行监盘

7.在设计和实施审计程序，以测试日常会计核算过程中作出的会计分录以及编制财务报表过程中作出的其他调整是否适当时，注册会计师应当（　　　）

A.向参与财务报告过程的人员询问与处理会计分录和其他调整相关的不恰当或异常活动

B.选择在报告期末作出的会计分录和其他调整

C.测试整个会计期间的会计分录和其他调整

D.检查与重大或异常交易相关的会计记录和交易条款

8.下列关于会计分录测试的说法中，不恰当的有（　　　）

A.会计分录测试的对象是与被审计单位相关的所有会计分录测试和其他调整，包括编制合并报表中作出的调整分录和抵消分录

B.在所有财务报表审计中，注册会计师都需要专门针对管理层凌驾于控制之上的风险设计和实施会计分录测试

C.其他调整具有较高的重大错报风险

D.针对非标准会计分录实施的控制水平应当与针对为记录日常交易所作出的会计分录实施的控制水平不同

9.识别出被审计单位违反法律法规的行为，下列各项程序中，注册会计师应当实施的有（　　　）。

A.了解违反法律法规行为的性质及其发生的环境

B.评价识别出的违反法律法规行为对注册会计师风险评估的影响

C.就识别出的所有违反法律法规的行为与治理层进行沟通

D.评价被审计单位书面声明的可靠性

10.以下属于需要和治理层沟通的事项的有（　　　）

A.对管理层评估的性质、范围和频率的疑虑，这些评估是针对旨在防止和发现舞弊的控制及财务报表可能存在的重大错报风险而实施的

B.管理层未能恰当应对识别出的值得关注的内部控制缺陷

C.对管理层胜任能力存有疑虑

D.可能表明存在虚假编制财务报告的管理层行为

三、简答题

A注册会计师负责审计甲公司2018年度财务报表。在审计过程中，A注册会计师遇到下列事项：

（1）甲公司拥有4家子公司，分别生产不同的饮料产品。甲公司所处行业整体竞争激烈，市场处于饱和状态，同行业公司的主营业务收入年增长率低于5%，但甲公司董事会仍要求管理层将2018年度主营业务收入增长率确定为10%。管理层编制的甲公司2018年度财务报表显示，已按计划实现收入。

（2）甲公司管理层除领取固定工资外，其奖金金额与当年完成主营业务收入的情况挂钩。

（3）在以前年度审计中，A注册会计师没有发现甲公司收入确认方面存在舞弊行为，因此，在2018年度审计中，A注册会计师未将收入确认作为由于舞弊导致的重大错报风险领域。

（4）在对日常会计核算过程中作出的会计分录以及编制财务报表过程中作出的其他调整进行测试时，A注册会计师向参与财务报告编制过程的人员询问了与处理会计分录和其他调整相关的不恰当或异常的活动。

要求：

（1）针对事项（1）和（2），分析甲公司是否存在舞弊风险因素，并简要说明理由。

（2）针对事项（3），分析A注册会计师未将收入确认作为由于舞弊导致的重大错报风险领域是否适当，并简要说明理由。

（3）针对事项（4），简要说明A注册会计师除实施询问程序外，还应当实施哪些程序。

第十四章

审计沟通

考霸笔记

本章是一般重要章节，平均考试分值4分左右。

考试题型：主要是选择题，简答题、综合题也有涉及。

备考建议：本章重点较突出，重要的观点结论一定要理解记忆！

本章框架图

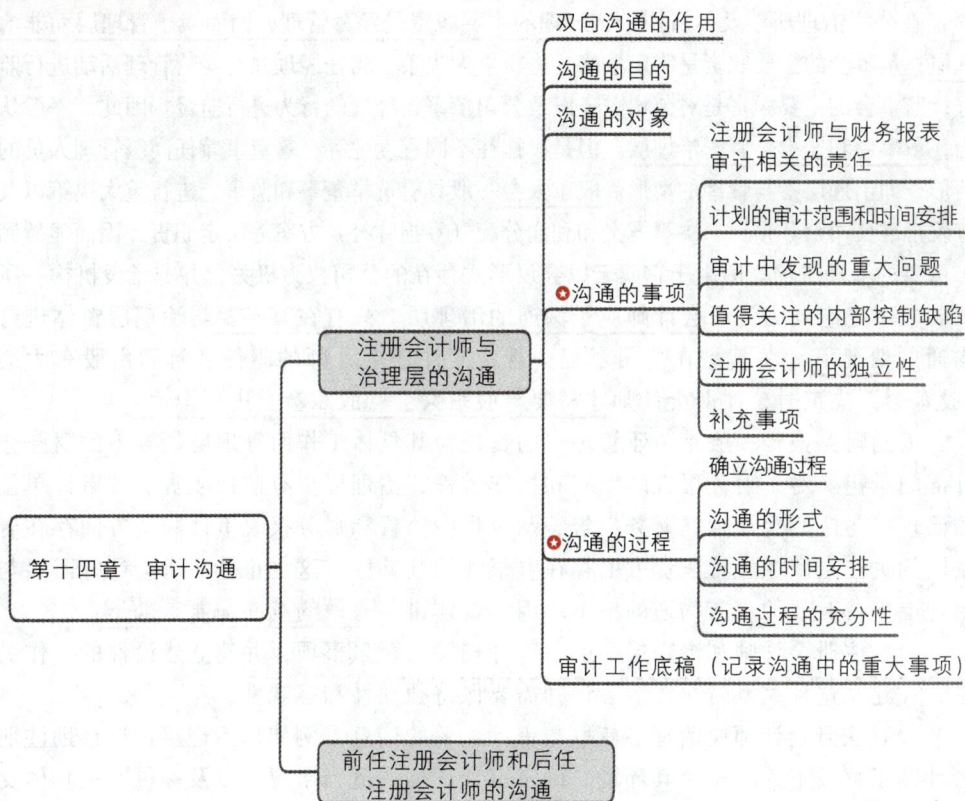

第十四章　审计沟通
- 注册会计师与治理层的沟通
  - 双向沟通的作用
  - 沟通的目的
  - 沟通的对象
  - ✚沟通的事项
    - 注册会计师与财务报表审计相关的责任
    - 计划的审计范围和时间安排
    - 审计中发现的重大问题
    - 值得关注的内部控制缺陷
    - 注册会计师的独立性
    - 补充事项
  - ✚沟通的过程
    - 确立沟通过程
    - 沟通的形式
    - 沟通的时间安排
    - 沟通过程的充分性
  - 审计工作底稿（记录沟通中的重大事项）
- 前任注册会计师和后任注册会计师的沟通

本章考情概述

本章主要介绍了注册会计师与治理层的沟通以及前后任注册会计师的沟通。

本章内容大都属于审计准则条款，需要较多的记忆。在第一节中，2017年教材根据准则的调整（在审计报告中新增"关键审计事项"）相应增加了部分内容，值得考生关注。

近三年主要考点：与治理层沟通的事项、沟通的过程，与前任注册会计师沟通的必要性、沟通的内容等。

第一节　注册会计师与治理层的沟通

◇ 沟通的对象

◇ 沟通的事项

◇ 沟通的过程

现代企业普遍存在由于所有权和经营权的分离而引发的代理问题，部分公司还可能存在处于控制地位的大股东与中小股东之间的代理问题，因此，为了合理保证企业目标，包括中小股东在内的所有者（股东）价值最大化的实现，需要引入一系列的结构和机制，即公司治理。一般认为，公司治理主要解决的是股东、董事会和经理之间的关系（有时也包括控股股东与中小股东之间的关系）。

在公司治理所涉及的机构中，经理的主要职责是经营管理，因而属于管理层而非治理层；董事会的主要职责是制定战略、进行重大决策、聘任经理并对经营管理活动进行监督；监事会的主要职责是对公司财务以及公司董事、经理的行为进行监督。因此，一般认为，董事会和监事会属于治理层。但是，往往不同程度地存在着董事兼任高级管理人员的情形，即治理层参与管理的情形。股东大会一般具有选举董事和监事、进行重大决策以及审议批准公司财务预算、决算方案和利润分配（亏损弥补）方案等法定职责，因而显然属于重要的治理机构。但由于它属于以会议形式存在的公司权力机关，并非常设机构，所以一般不把它列为注册会计师应予沟通的治理层。只有在有必要与治理层整体进行沟通的情况下，尤其是在公司章程中规定对注册会计师的聘任、解聘由股东大会（股东会）决定时，注册会计师才需要与股东大会（股东会）进行沟通。

编制财务报告一般是企业管理层的责任，其具体工作由管理层领导下的财务会计部门承担。对于财务报告的编制和披露过程，治理层负有监督职责。被审计单位的治理层与注册会计师在财务报告编制过程中监督和财务报表审计职责方面存在着共同的关注点，在履行职责方面存在着很强的互补性，这也正是注册会计师需要与治理层保持有效的双向沟通的根本原因。具体讲，有效的双向沟通有助于：

（1）注册会计师和治理层了解与审计相关的背景事项，并建立建设性的工作关系，在建立这种关系时，注册会计师需要保持独立性和客观性；

（2）注册会计师向治理层获取与审计相关的信息，例如，治理层可以帮助注册会计师了解被审计单位及其环境，确定审计证据的适当来源，以及提供有关具体交易或事项的信息；

（3）治理层履行其对财务报告过程的监督责任，从而降低财务报表重大错报风险。

注册会计师应当就与财务报表审计相关且根据职业判断认为与治理层责任相关的重大事项，以适当的方式及时与治理层进行明晰的沟通。这是注册会计师与治理层沟通的总体要求。"明晰的沟通"指沟通内容、沟通目标、沟通方式、沟通结果均要清晰明了。注册会计师与治理层沟通的主要目的是：

（✓了解）

（1）就审计范围和时间以及注册会计师、治理层、管理层各方在财务报表审计和沟通中的责任，取得相互了解；

（2）及时向治理层告知审计中发现的与治理层责任相关的事项；

（3）共享有助于注册会计师获取审计证据和治理层履行责任的其他信息。

明确与治理层沟通的目的，有助于注册会计师全面理解与治理层进行沟通的必要性，意识到自己向治理层告知审计中发现的与治理层责任相关的事项的义务，以期与治理层就履行各自职责达成共识并共享信息。

一、沟通的对象

（一）总体要求

1.确定沟通对象的一般要求

注册会计师应当确定与被审计单位治理结构中的哪些适当人员沟通，适当人员可能因沟通事项的不同而不同。例如：

（1）有关内部控制的情况，应当与内审人员沟通；

（2）有关会计处理的情况，应当与财务部门沟通；

（3）有关注册会计师独立性，沟通对象最好是治理结构中有权决定聘任、解聘注册会计师的组织或人员；

（4）有关管理层的胜任能力和诚信，不宜与兼任高级管理职务的治理层沟通。

（✔掌握）

在确定与哪些适当人员沟通特定事项时，注册会计师应当利用在了解被审计单位及其环境时获取的有关治理结构和治理过程的信息。

2.需要商定沟通对象的特殊情形

通常，被审计单位也会指定其治理结构中相对固定的人员或组织（如审计委员会）负责与注册会计师进行沟通。如果由于被审计单位的治理结构没有被清楚地界定，导致注册会计师无法清楚地识别适当的沟通对象，被审计单位也没有指定适当的沟通对象，注册会计师就应当尽早与审计委托人商定沟通对象，并就商定的结果形成备忘录或其他形式的书面记录。

（二）与治理层的下设组织或个人沟通

1.注册会计师在决定与治理层下设组织或个人沟通时，应当考虑的主要因素有：

（1）治理层的下设组织与治理层各自的责任；

（2）拟沟通事项的性质；

（3）相关法律法规的要求；

（4）下设组织是否有权就沟通的信息采取行动，以及是否能够提供注册会计师可能需要的进一步信息和解释。

2.被审计单位设有审计委员会的情形

尽管审计委员会的具体权力和职责可能不同，但与其沟通已成为注册会计师与治理层沟通的一个关键要素。良好的治理原则建议审计委员会：

（1）邀请注册会计师定期参加审计委员会会议；

（2）审计委员会主席和其他相关成员定期与注册会计师联系；

（3）审计委员会每年至少一次在管理层不在场的情况下会见注册会计师。

3.需要与治理层整体沟通的特殊情形

如果治理层全部成员参与管理，且注册会计师已与管理层沟通，就无须再次与负有治理责任的相同人员沟通，但应当确信与负有管理责任人员的沟通能够向所有负有治理责任的人员充分传递应予沟通的内容。如果不能确信这一点，就需要对沟通的要求进行调整。

第十四章

二、沟通的事项

注册会计师与治理层沟通的事项应当包括：

1.注册会计师与财务报表审计相关的责任；

2.计划的审计范围和时间安排；

3.审计中发现的重大问题；

4.值得关注的内部控制缺陷；

5.注册会计师的独立性；

6.补充事项。

（一）注册会计师与财务报表审计相关的责任

注册会计师应当与治理层沟通注册会计师与财务报表审计相关的责任，包括：

1.注册会计师负责对管理层在治理层监督下编制的财务报表形成和发表意见；

2.财务报表审计并不减轻管理层或治理层的责任。

向治理层提供审计业务约定书或其他适当形式的书面协议的副本，可能是与其就下列相关事项进行沟通的适当方式：

（1）注册会计师按照审计准则执行审计工作的责任，主要集中在对财务报表发表意见上。审计准则要求沟通的事项包括财务报表审计中发现的、与治理层对财务报告过程的监督有关的重大事项。

（2）审计准则并不要求注册会计师设计程序来识别与治理层沟通的补充事项。

（3）注册会计师依据法律法规的规定、与被审计单位的协议或适用于该业务的其他规定，承担所需要沟通特定事项的责任（如适用）。

（二）审计范围和时间安排

注册会计师应当与治理层沟通计划的审计范围和实际安排的总体情况，包括识别的特别风险。（✔记忆）

1.沟通的意义：

（1）帮助治理层更好地了解注册会计师工作的结果，与注册会计师讨论风险问题和重要性的概念，以及识别可能需要注册会计师追加审计程序的领域；

（2）帮助注册会计师更好地了解被审计单位及其环境。

2.沟通的事项可能包括：

（1）注册会计师拟如何应对由于舞弊或错误导致的特别风险以及重大错报风险评估水平较高的领域；

（2）注册会计师对与审计相关的内部控制采取的方案；

（3）在审计中对重要性概念的运用；

（4）实施计划的审计程序或评价审计结果需要的专门技术或知识的性质和程度，包括利用专家的工作；

（5）注册会计师对哪些事项可能需要重点关注，因而可能构成关键审计事项所作的初步判断。

3.可能适合与治理层讨论的计划方面的其他事项包括：

（1）如果被审计单位设有内部审计，注册会计师拟利用内部审计工作的程度，以及注册会计师和内部审计人员如何以建设性和互补的方式更好地协调和配合工作。

（2）治理层对下列问题的看法：

①与被审计单位治理结构中的哪些适当人员沟通；

②治理层和管理层之间的责任分配；

③被审计单位的目标和战略，以及可能导致重大错报的相关经营风险；

④治理层认为审计过程中需要特别关注的事项，以及治理层要求注册会计师追加审计程序的领域；

⑤与监管机构的重要沟通；

⑥治理层认为可能会影响财务报表审计的其他事项。

（3）治理层对下列问题的态度、认识和措施：

①被审计单位的内部控制及其在被审计单位中的重要性，包括治理层如何监督内部控制的有效性；

②舞弊发生的可能性或如何发现舞弊。

（4）治理层应对会计准则、公司治理实务、交易所上市规则和相关事项变化的措施。

（5）治理层对以前与注册会计师沟通作出的反应。

4.不宜沟通的内容（✓常考）

在就计划的审计范围和时间安排进行沟通时，尤其是在治理层部分或全部成员参与管理被审计单位的情况下，需保持职业谨慎，避免损害审计的有效性。

例如，沟通具体审计程序的性质和时间安排，可能因被预见而降低其有效性。

5.尽管与治理层的沟通可以帮助注册会计师计划审计的范围和时间安排，但并不改变注册会计师独自承担制定总体审计策略和具体审计计划（包括获取充分、适当的审计证据所需程序的性质、时间安排和范围）的责任。

（三）审计中发现的重大问题

（1）注册会计师对被审计单位会计实务重大方面的质量的看法；

（2）审计中遇到的重大困难；

（3）已与管理层讨论或需要书面沟通的重大事项；

（4）影响审计报告形式和内容的情形；

（5）根据职业判断认为对监督财务报告过程重大的其他事项。

1.注册会计师对被审计单位会计实务（包括会计政策、会计估计和财务报表披露）重大方面的质量的看法。

财务报告编制基础通常允许被审计单位作出会计估计以及有关会计政策和财务报表披露的判断。例如，当在存在重大计量不确定性的情况下作出会计估计时，对运用的关键假设作出的判断。此外，法律法规或财务报告编制基础可能要求披露重要会计政策概要、提及"重要的会计估计"或"重要的会计政策和实务"，以向财务报表使用者指明管理层在编制财务报表时作出的最困难、最主观或最复杂的判断，并提供相关的进一步信息。

注册会计师对于财务报表主观方面的看法可能与治理层履行对财务报告过程的监督职责尤其相关。例如，注册会计师对与导致特别风险的会计估计相关的估计不确定性是否得到充分披露进行了评价，治理层可能对这一评价感兴趣。

就被审计单位会计实务重大方面的质量进行开放的、建设性的沟通，可能包括评价重大会计实务的可接受性。

2.审计中遇到的重大困难：

（1）管理层在提供审计所需信息时出现严重拖延；

（2）不合理地要求缩短完成审计工作的时间；

（3）为获取充分、适当的审计证据要付出的努力远超预期；

（4）无法获取预期的信息；

（5）管理层对注册会计师施加限制；

（6）管理层不愿意按要求对持续经营能力进行评估，或不愿意延长评估期间。

3.已与管理层讨论或需要书面沟通的重大事项：

（1）影响被审计单位的业务环境，以及可能影响重大错报风险的经营计划和战略；

（2）对管理层就会计或审计问题向其他专业人士进行咨询的关注；

（3）管理层在首次委托或连续委托注册会计师时，就会计实务、审计准则应用、审计或其他服务费用与注册会计师进行的讨论或书面沟通。

4.影响审计报告形式和内容的情形。

按照相关审计准则的规定，注册会计师应当或可能认为有必要在审计报告中包含更多信息并应当就此与治理层沟通的情形包括：

（1）根据《中国注册会计师审计准则第1502号——在审计报告中发表非无保留意见》的规定，注册会计师预期在审计报告中发表非无保留意见；

（2）根据《中国注册会计师审计准则第1324号——持续经营》的规定，报告与持续经营相关的重大不确定性；

（3）根据《中国注册会计师审计准则第1504号——在审计报告中沟通关键审计事项》的规定，沟通关键审计事项；

（4）根据《中国注册会计师审计准则第1503号——在审计报告中增加强调事项段和其他事项段》或其他审计准则的规定，注册会计师认为有必要（或应当）增加强调事项段或其他事项段。

在这些情况下，注册会计师可能认为有必要向治理层提供审计报告的草稿，以便于讨论如何在审计报告中处理这些事项。

5.审计中出现的、根据职业判断认为对监督财务报告过程重大的其他事项。

审计中出现的、与治理层履行对财务报告过程的监督职责直接相关的其他重大事项，可能包括已更正的其他信息存在的对事实的重大错报或重大不一致。

沟通审计中发现的重大问题可能包括要求治理层提供进一步信息以完善获取的审计证据。

（四）值得关注的内部控制缺陷

1.内部控制缺陷

内部控制缺陷，是指在下列任一情况下内部控制存在的缺陷：

（1）某项控制的设计、执行或运行不能及时防止或发现并纠正财务报表错报；（控制无效）

（2）缺少防止或发现并纠正财务报表错报的必要控制。（控制无效）

2.值得关注的内部控制缺陷

值得关注的内部控制缺陷，是指注册会计师认为足够重要从而值得治理层关注的内部控制的一个缺陷或多个缺陷的组合。

如识别出内部控制缺陷，应确定该缺陷单独或连同其他缺陷是否构成值得关注的内部控制缺陷。

3.向治理层和管理层通报内部控制缺陷

注册会计师应当以书面形式及时向治理层通报识别出的值得关注的内部控制缺陷。书面沟通文件应当包括以下内容：

（1）对缺陷的描述以及对其潜在影响的解释；

（2）使治理层和管理层能够了解沟通背景的充分信息。

> 考霸笔记
> 关键结论，几乎每年都考，一定要牢记！

注册会计师还应当及时向相应层级的管理层通报下列内部控制缺陷：

（1）已向或拟向治理层通报的值得关注的内部控制缺陷，除非在具体情况下不适合直接向管理层通报；

（2）在审计过程中识别出的、其他方尚未向管理层通报而注册会计师根据职业判断认为足够重要从而值得管理层关注的内部控制其他缺陷。

> 考霸笔记
> 关注结论，易考！

4.通报时应说明的事项（免责条款）

（1）注册会计师执行审计工作的目的是对财务报表发表审计意见；

（2）审计工作包括考虑与财务报表编制相关的控制，目的是设计适合具体情况的审计程序，并非对控制有效性发表意见；

（3）报告事项仅限于审计过程中识别的、认为足够重要从而值得向治理层报告的缺陷。

知识点补充1：

审计准则第1152号应用指南，对存在值得关注的内部控制缺陷的迹象举例如下：（熟悉，考过选择题）

（1）控制环境无效的证据，例如：

① 与管理层经济利益相关的重大交易没有得到治理层适当审查；

② 识别出被审计单位内部控制未能防止的管理层舞弊（无论是否重大）；

③ 管理层未能对以前已经沟通的值得关注的内部控制缺陷采取适当的纠正措施；

（2）被审计单位内部缺乏通常应当建立的风险评估过程。

（3）被审计单位风险评估过程无效的证据，例如，管理层未能识别出注册会计师预期被审计单位的风险评估过程应当识别出的重大错报风险。

（4）没有有效应对识别出的特别风险的证据（如缺乏针对这种风险的控制）。

（5）注册会计师实施程序发现的、被审计单位的内部控制未能防止或发现并纠正的错报。

（6）重述以前公布的财务报表，以更正由于错误或舞弊导致的重大错报。

（7）管理层无力监督财务报表编制的证据。

> 注册会计师与治理层沟通的事项——值得关注的内部控制缺陷。

第十四章

知识点补充2：

审计准则第1152号应用指南第13段：

在确定何时致送书面沟通文件时，注册会计师可能考虑收到这些沟通文件是否是使治理层能够履行监督责任的重要因素。对于上市实体，治理层可能需要在批准财务报表前收到注册会计师的书面沟通文件，以履行出于监管或其他目的与内部控制有关的特定责任。对于其他实体，注册会计师可能会在较晚的日期致送书面沟通文件。但是，在后一种情形下，由于注册会计师关于值得关注的内部控制缺陷的书面沟通文件构成最终审计档案的一部分，书面沟通文件受到及时完成最终审计档案归档要求的约束。审计工作底稿的归档期限为审计报告日后六十天内。

（五）注册会计师的独立性

1.对独立性的不利影响：因自身利益、自我评价、过度推介、密切关系和外在压力产生的不利影响。

2.不利影响的防范措施：法律法规和职业规范规定的防范措施、被审计单位采取的防范措施、事务所内部自身的防范措施。

3.应当以书面形式沟通。

如果被审计单位是上市实体，注册会计师还应当与治理层沟通下列内容：

（1）就审计项目组成员、会计师事务所其他相关人员以及会计师事务所和网络事务所按照相关职业道德要求保持了独立性作出声明；

（2）根据职业判断，注册会计师认为会计师事务所、网络事务所与被审计单位之间存在的可能影响独立性的所有关系和其他事项，包括会计师事务所和网络事务所在财务报表涵盖期间为被审计单位和受被审计单位控制的组成部分提供审计、非审计服务的收费总额；

（3）为消除对独立性的不利影响或将其降至可接受的水平，已经采取的相关防范措施。

适用于上市实体的有关注册会计师独立性的沟通要求，可能对其他被审计单位也具有相关性，尤其是那些涉及重大公众利益的被审计单位，其经营活动、规模或公司地位使之具有广泛的利益相关者。不是上市实体，但可能适合沟通注册会计师的独立性的被审计单位的示例包括公共部门实体、信贷机构、保险公司和退休金基金等。

（六）补充事项　（✔简单了解）

1.概念

补充事项不一定与监督财务报告流程有关，但对治理层监督被审计单位的战略方向或与被审计单位受托责任相关的义务很可能是重要的。

2.内容

与治理结构或过程有关的重大问题、缺乏适当授权的高级管理层作出的重大决策或行动。

3.沟通顺序

在确定是否与治理层沟通补充事项时，注册会计师可能先与适当层级的管理层讨论。

4.沟通时应说明的内容

如果需要沟通补充事项，注册会计师可以使治理层注意：

（1）识别和沟通这类事项对审计目的而言，只是附带的；

（2）没有专门针对这些事项实施其他程序；

（3）没有实施程序来确定是否还存在其他的同类事项。

三、沟通的过程

（一）确立沟通过程

1.基本要求：清楚地沟通注册会计师的责任、计划的审计范围和时间安排以及期望沟通的大致内容，有助于为有效的双向沟通确立基础。

具体包括：①明确沟通目的；②讨论沟通形式；③讨论与治理层的哪些人员就特定事项沟通；④注册会计师对沟通的期望；⑤治理层、注册会计师对沟通进行反馈的过程。

2.与管理层的沟通

在与治理层沟通某些事项前，注册会计师可能就这些事项与管理层讨论，除非这种做法并不适当。不适合与管理层讨论的事项包括管理层的胜任能力或诚信问题等。如果被审计单位设有内部审计，注册会计师可以在与治理层沟通前与内部审计人员讨论相关事项。

> **考霸笔记**
> 常考，一定要牢记！

3.对治理层与第三方沟通的限制

治理层可能希望向第三方（如银行或特定监管机构）提供注册会计师书面沟通文件的副本。注册会计师在书面沟通文件中声明以下三方面内容，以告知第三方这些文件不是为他们编制的，可能是非常重要的：

> **考霸笔记**
> 三个方面内容要理解！

（1）书面沟通文件仅为治理层使用而编制，在适当的情况下也可供集团管理层和集团注册会计师使用，但不应被第三方依赖；

（2）注册会计师对第三方不承担责任；

（3）书面沟通文件向第三方披露或分发的任何限制。

> **考霸笔记**
> 注册会计师负有保密义务。

4.对注册会计师与第三方沟通的限制

除非法律法规要求向第三方提供，注册会计师在向第三方提供与治理层书面沟通文件前可能需要事先征得治理层同意。

（二）确定沟通的形式

1.对审计中发现的重大问题，如认为采用口头形式沟通不适当，应当以书面形式与治理层沟通。

2.对注册会计师的独立性，应当以书面形式与治理层沟通。

3.对于值得关注的内部控制缺陷，应当以书面形式与治理层沟通。

4.对于其他事项，可以采取口头或书面的方式沟通。书面沟通可能包括向治理层提供审计业务约定书。对于被审计单位的违反法律法规行为，通常以书面形式与治理层沟通。

> **考霸笔记**
> 考试题型：都有涉及。
> 考试频率：高频考点。
> 备考建议：只能以书面形式沟通的事项一定要牢记！其他的可以用排除法。

5.对于审计准则规定的应以书面形式沟通的事项，一般采用致治理层的沟通函件的方式进行书面沟通。

6.除特定事项的重要程度外，沟通的形式可能还受下列9个因素的影响：

（1）对该事项的讨论是否将包含在审计报告中。例如，在审计报告中沟通关键审计事项时，注册会计师可能认为有必要就确定为关键审计事项的事项进行书面沟通。

（2）特定事项是否已经得到满意的解决。

（3）管理层是否已事先就该事项进行沟通。

（4）被审计单位的规模、经营结构、控制环境和法律结构。

（5）在特殊目的财务报表审计中，注册会计师是否还审计被审计单位的通用目的财务报表。

（6）法律法规要求。

（7）治理层的期望，包括与注册会计师定期会谈或沟通的安排。

（8）注册会计师与治理层持续接触和对话的次数。

（9）治理机构的成员是否发生了重大变化。

（三）沟通的时间安排

1.对计划事项的沟通，通常在审计业务的早期进行，如系首次接受委托，沟通可以随同就审计业务条款达成一致意见一并进行。

2.对于审计中遇到的重大困难，如果治理层能够协助克服，或者这些困难可能导致发表非无保留意见，可能需要尽快沟通。如识别出值得关注的内部控制缺陷，进行书面沟通前，尽快同治理层口头沟通。

3.当《中国注册会计师审计准则第1504号——在审计报告中沟通关键审计事项》适用时，注册会计师可以在讨论审计工作的计划范围及时间安排时沟通对关键审计事项的初步看法，注册会计师在沟通重大审计发现时也可以与治理层进行更加频繁的沟通，以进一步讨论此类事项。

4.无论何时（如承接一项非审计服务和在总结性讨论中）就对独立性的不利影响和相关防范措施作出了重要判断，就独立性进行沟通都可能是适当的。

5.沟通审计中发现的问题，包括注册会计师对被审计单位会计实务质量的看法，也可能作为总结性讨论的一部分。

6.当同时审计通用目的和特殊目的财务报表时，注册会计师协调沟通的时间安排可能是适当的。

7.除了沟通事项的重要程度以外，可能与沟通的时间安排相关的其他因素包括：

（1）被审计单位的规模、经营结构、控制环境和法律结构；

（2）在规定的时限内沟通特定事项的法定义务；

（3）治理层的期望，包括与注册会计师定期会谈或沟通的安排；

（4）注册会计师识别出特定事项的时间。

（四）评价沟通过程的充分性

1.评价依据

注册会计师不需要设计专门程序以支持其对治理层之间的双向沟通的评价，这种评价可以建立在为其他目的而实施的审计程序所获取的审计证据的基础上，例如：

（1）针对注册会计师提出的沟通事项，治理层采取的措施的适当性和及时性；

（2）治理层在沟通过程中表现出来的坦率程度；

（3）治理层在没有管理层在场的情况下与注册会计师会谈的意愿和能力；

（4）治理层表现出来的对注册会计师所提出的事项的全面理解的能力；

（5）就拟沟通的形式、时间安排和期望与治理层达成相互理解的难度；

（6）治理层全部或部分参与管理时，表现出的对与注册会计师讨论的事项如何影响其治理责任和管理责任的了解；

（7）注册会计师与治理层之间的双向沟通是否符合法律法规的规定。

2.沟通不充分的应对措施

如沟通不充分且得不到解决，可采取下列措施：

（1）根据范围受到的限制发表非无保留意见；

（2）就采取不同措施的后果征询法律意见；

（3）与第三方（如监管机构），在被审计单位外部的治理结构中拥有更高权力的组织或人员或对公共部门负责的政府部门沟通；　　　　　　　　　　（✓记忆，常考）

（4）在法律法规允许的情况下解除业务约定。

（五）记录沟通过程（审计工作底稿）

1.以口头形式沟通的，应将其包括在审计工作底稿中，并记录沟通的时间和对象；

2.以书面形式沟通的，应保存一份沟通文件的副本，作为审计工作底稿的一部分；

3.如被审计单位编制的会议纪要是沟通的适当记录，可将副本作为沟通记录；

4.如果不容易识别出适当的沟通人员，应记录识别的过程，包括获取的治理结构和组织结构图、项目组内部就确定沟通对象的讨论、与委托人就沟通对象沟通的过程和商定的结果等；

5.如治理层全部参与管理，应记录考虑沟通充分性的过程，即与负有管理责任人员的沟通能否向所有负有治理责任的人员充分传递应予沟通内容。

第二节　前任注册会计师和后任注册会计师的沟通

◇ 沟通的总体要求
◇ 接受委托前的沟通
◇ 接受委托后的沟通
◇ 针对上期财务报表重大错报的沟通

一、沟通的总体要求

（一）前任注册会计师的界定（下文简称"前任"）

1.上期前任：对最近一期（上期）财务报表发表了审计意见的最后一家会计师事务所的注册会计师。　　　　　　　　　　　　╌╌╌╌只有一家。

2.本期前任：接受委托但未完成（本期）审计工作或可能解约的所有会计师事务所的注册会计师。

（二）后任注册会计师的界定（下文简称"后任"）

1.未签约后任：正在考虑是否接受委托，准备与前任注册会计师沟通，待了解情况之后再做决定的注册会计师。

2.已签约后任：已接受委托并签订业务约定书，接替前任注册会计师对被审计单位本期财务报表进行审计的注册会计师。

> 注意1：
> ①以投标方式承接审计业务时，只有中标的事务所的注册会计师才是后任注册会计师。（中标不等于签约）
> ②如果被审计单位委托注册会计师对已审计财务报表进行重新审计，正在考虑接受委托或已经接受委托的注册会计师也视为后任注册会计师。
> 注意2：前任注册会计师和后任注册会计师是就会计师事务所发生变更时的情况而言的。在未发生会计师事务所变更的情况下，同处于某一会计师事务所的先后负责同一审计项目的不同注册会计师不属于前后任注册会计师的范畴。

（三）前后任注册会计师沟通的总体原则

1.沟通的发起方：前后任注册会计师沟通通常由后任注册会计师主动发起；

2.沟通的前提：需征得被审计单位同意；

3.沟通形式：可以采用书面或口头的形式；

4.对沟通的记录：后任应当在审计工作底稿中记录沟通情况。

二、接受委托前的沟通

（一）接受委托前的必要沟通

1.接受委托前与前任沟通，是必要审计程序。

2.沟通的目的是了解更换事务所的原因以及是否存在不应接受委托的情况（包括管理层不诚信或事务所不具备专业胜任能力）。

3.后任应评价沟通结果，以确定是否接受委托。

如前任提供的信息与客户提供的更换事务所的原因不符，特别是客户与前任在会计、审计问题上存在重大意见分歧时，后任应慎重考虑，一般应拒绝接受委托，以抑制客户购买审计意见的企图，并保护前任利益。

（二）接受委托前沟通的核心内容

1.是否发现被审计单位管理层存在诚信方面的问题。

2.前任与管理层在重大会计、审计等问题上存在的分歧。

3.前任向治理层通报的管理层舞弊、违反法律法规行为以及值得关注的内部控制缺陷。

4.前任认为导致被审计单位变更事务所的原因。

（三）前任注册会计师的答复

1.应及时充分答复：在客户允许的情况下，前任应根据了解的事实，对后任的合理询问及时作出充分答复。

2.只答复一个后任：当多家事务所都在考虑接受委托时，前任在客户明确选定后任后，才对该后任作出答复。

3.答复有限应当说明：如受到客户限制或存在诉讼顾虑决定不作出充分答复，应向后任表明答复有限并说明原因。

4.前任拒绝答复的处理：如没有理由认为换所原因异常，设法以其他方式再沟通。如仍得不到答复，可致函前任说明如在适当的时间内得不到答复，将假设不存在专业方面的原因使其拒绝接受委托，并表明拟接受委托。

> **考霸笔记**
> 联系前文"只有中标的会计师事务所才是后任"。

（四）被审计单位不同意沟通时的处理

后任进行主动沟通的前提是征得被审计单位的同意。后任应当提请被审计单位以书面方式允许前任对其询问作出充分答复。如果被审计单位不同意前任作出答复，或限制答复的范围，后任应当向被审计单位询问原因，并考虑是否接受委托。

> 查阅前任注册会计师工作底稿的前提。

实际上，这种情况本身就向后任传递了一种信号，即被审计单位可能与前任在重大的会计、审计问题上存在意见分歧，或被审计单位管理层存在诚信方面的问题，对此后任应当提高警惕，慎重评估潜在的审计风险，并考虑是否接受委托。

当这种情况出现时，后任一般应当拒绝接受委托，除非可以通过其他方式获知必要的事实，或有充分的证据表明被审计单位财务报表的审计风险水平非常低。

三、接受委托后的沟通

（一）沟通的性质、前提和目的

1.性质：接受委托后与前任的沟通不是强制要求。

2.前提：也应在征得被审计单位同意后进行。

3.目的：沟通的主要目的是查阅前任工作底稿和询问有关事项。

> **考霸笔记**
> 接受委托前，前任几乎不会允许后任查阅其工作底稿。

> 查阅相关工作底稿及其内容的深入理解。

（二）查阅相关工作底稿及其内容

1.前任应自主决定供后任查阅、复印或摘录的工作底稿内容。

2.查阅的内容通常包括：审计计划、控制测试、审计结论，具有延续性且对本期审计产生重大影响的会计、审计事项，如有关资产负债表账户的分析和或有事项。

（三）前后任就使用工作底稿达成一致意见

获取接触工作底稿的机会，后任可考虑同意前任对查阅工作底稿所提的限制，就使用工作底稿达成一致意见。

前任的限制可能包括：

（1）不将查阅工作底稿获得的信息用于其他任何目的；

（2）不对任何人作出关于前任审计是否遵循了审计准则的评论；

（3）不提供任何专家证词、诉讼服务或承接关于前任审计质量的评论业务。

如后任作出了更高程度的限制性保证，前任可能愿意提供更多接触工作底稿的机会。

（四）利用前任工作底稿的责任

从前任工作底稿获取的信息可能影响后任实施审计程序的性质、时间和范围，但后任应对自身实施的审计程序和得出的审计结论负责。

后任不应在审计报告中表明，其审计意见全部或部分地依赖前任的审计报告或工作。

四、针对上期财务报表重大错报的沟通

如发现前任审计的财务报表存在重大错报，后任应提请被审计单位告知前任。必要时要求安排三方会谈，以便前后任沟通，并按规定妥善处理。

如被审计单位拒绝告知前任，或前任拒绝参加三方会谈，或后任对解决问题的方案不满意，后任应当考虑：

1.这种情况对当前审计业务的潜在影响，并根据具体情况出具恰当的审计报告；

2.是否退出当前的审计业务，可考虑向法律顾问咨询，以便决定如何采取进一步措施。

智能测评

在线练习		我要提问
扫码在线做题	扫码看答案	扫码答疑
本书"本章同步强化训练"均配备二维码，打开微信"扫一扫"即可完成在线测评，查看本章详细的测评反馈报告，了解知识掌握情况，也可扫码直接看答案噢。快来扫码做题吧！		本书配备答疑专用二维码，打开微信"扫一扫"，即可完成在线提问，获取专业老师全面个性化解答，让学习问题不再拖延。快来扫码提问吧！

本章同步强化训练

一、单选题

1. 在与治理层沟通计划的审计范围和时间安排时，下列各项中，A注册会计师通常认为不宜沟通的是（　　）。

A.重要性的具体金额

B.拟如何应对由于舞弊或错误导致的特别风险

C.对与审计相关的内部控制采取的方案

D.拟利用内部审计工作的程度

2. ABC会计师事务所的A注册会计师负责审计上市公司甲公司2018年度财务报表。下列各项中，A注册会计师可以以口头形式与甲公司治理层沟通的是（　　）。

A.涉及甲公司管理层的舞弊嫌疑

B.值得关注的内部控制缺陷

C.ABC会计师事务所和甲公司审计项目组成员按照相关职业道德要求与甲公司保持了独立性

D.ABC会计师事务所在2018年度为甲公司提供审计和非审计服务收费总额

3. 如果被审计单位未纠正注册会计师在上一年度审计时识别出的值得关注的内部控制缺陷，注册会计师在执行本年度审计时，下列做法中，正确的是（　　）。

A.在制订审计计划时予以考虑，不再与管理层沟通

B.以书面形式再次向治理层通报

C.在审计报告中增加强调事项段予以说明

D.在审计报告中增加其他事项段予以说明

4. 关于注册会计师与被审计单位治理层的沟通，下列说法中，正确的是（　　）。

A.对于与治理层沟通的事项，应当事先与管理层讨论

B.对于涉及舞弊等敏感信息的沟通，应当避免书面记录

C.与治理层沟通的书面记录是一项审计证据，所有权属于会计师事务所

D.如果注册会计师应治理层的要求向第三方提供为治理层编制的书面沟通文件的副本，注册会计师有责任向第三方解释其在使用中产生的疑问

5. 下列关于与治理层沟通形成工作底稿记录的说法中，不恰当的是（　　）。

A.如果审计准则要求沟通的事项是以书面形式沟通的，注册会计师应当保存一份沟通文件的副本，作为审计工作底稿的一部分

B.注册会计师应当记录与治理层沟通的重大事项

C.如果被审计单位编制了会议纪要，注册会计师可以将其副本作为对口头沟通的记录，并作为审计工作底稿的一部分

D.如果根据业务环境不容易识别出适当的沟通人员，注册会计师还应当记录识别治理结构中适当沟通人员的过程

6. 下列有关后任注册会计师的说法中，错误的是（　　）。

A.当会计师事务所发生变更时，正在考虑接受委托的会计师事务所是后任注册会计师

B.当会计师事务所发生变更时，已经接受委托的会计师事务所是后任注册会计师

C.被审计单位的财务报表已经审计但需要重新审计时，接受委托执行重新审计的会计师事务

所为后任注册会计师

D.会计师事务所以投标方式承接审计业务时，所有参与投标的会计师事务所均为后任注册会计师

7.下列关于前后任注册会计师沟通的说法中，错误的是（   ）。

A.接受委托前的沟通，是必要的审计程序

B.不管是接受委托前还是接受委托后的沟通，都需要征得被审计单位的同意

C.后任注册会计师应当提请被审计单位以书面方式允许前任注册会计师对其询问作出充分答复

D.在允许查阅底稿前，前任注册会计师可以向后任注册会计师获取确认函，就工作底稿的使用目的、范围和责任等与其达成一致意见

8.下列关于前后任沟通中，对前任注册会计师答复的要求的说法中，错误的是（   ）

A.接受委托前的沟通中，被审计单位允许前任注册会计师对后任注册会计师的询问作出充分答复的情况下，前任注册会计师应当根据所了解的事实，对后任注册会计师的询问及时作出充分答复

B.在接受委托前的沟通中，当有多家会计师事务所正在考虑是否接受被审计单位的委托时，前任注册会计师应当在被审计单位明确选定其中的一家会计师事务所作为后任注册会计师之后，才对该后任注册会计师的询问作出答复

C.在接受委托前的沟通中，如果受到被审计单位的限制或存在法律诉讼的顾虑，决定不向后任注册会计师作出充分答复，前任注册会计师应当向后任注册会计师表明其答复是有限的，并说明理由

D.在接受委托后的沟通中，前任注册会计师应当允许后任注册会计师查阅其审计工作底稿

二、多选题

1.下列关于审计沟通对象的说法中，正确的有（   ）。

A.不同的被审计单位，适当的沟通对象可能不同

B.同一家单位，适当的沟通对象可能会发生变动

C.有关注册会计师独立性的问题，其沟通对象最好是被审计单位治理结构中有权决定聘任、解聘注册会计师的组织或人员

D.有关管理层的胜任能力和诚信问题方面的事项，就不宜与兼任高级管理职务的治理层成员沟通

2.下列应当与治理层沟通的事项有（   ）。

A.注册会计师与财务报表审计相关的责任

B.注册会计师对被审计单位会计实务重大方面的质量的看法

C.审计工作中遇到的重大困难

D.影响审计报告形式和内容的情形

3.下列各项中，注册会计师应当与治理层沟通的有（   ）。

A.注册会计师发现的可能导致财务报表重大错报的员工舞弊行为

B.注册会计师识别出的特别风险

C.注册会计师对会计政策、会计估计和财务报表披露重大方面的质量的看法

D.管理层已更正的重大审计调整

4.注册会计师与治理层沟通审计工作中遇到的重大困难时，下列各项中，需要沟通的事项有（　　）。

A.管理层在提供审计所需的信息时严重拖延时间

B.管理层对注册会计师施加的限制

C.管理层不接受注册会计师提出的重大调整建议

D.管理层不愿意按要求对持续经营能力进行评估

5.下列关于与注册会计师与治理层沟通的事项，应当采用书面形式的有（　　）。

A.关于注册会计的独立性问题

B.值得关注的内部控制缺陷

C.影响审计报告形式和内容的事项

D.管理层对注册会计师施加的限制

6.下列各项中，可能表明被审计单位存在值得关注的内部控制缺陷的有（　　）。

A.被审计单位内部缺乏通常应当建立的风险评估过程

B.注册会计师识别出被审计单位内部控制未能防止的管理层舞弊

C.被审计单位重述以前公布的财务报表，以更正由于错误或舞弊导致的重大错报

D.管理层未对注册会计师以前已沟通的值得关注的内部控制缺陷采取适当的纠正措施

7.如果注册会计师与治理层之间的双向沟通不充分，并且这种情况得不到解决，注册会计师可以采取下列（　　）措施。

A.根据范围受到的限制发表非无保留意见

B.就采取不同措施的后果征询法律意见

C.与第三方、被审计单位外部的在治理结构中拥有更高权力的组织或人员或对公共部门负责的政府部门进行沟通

D.在法律法规允许的情况下解除业务约定

8.ABC会计事务所的A注册会计师是对甲公司2018年度进行审计的项目组成员之一，下列不属于A注册会计师的前任注册会计师的有（　　）。

A.对甲公司执行2017度审计的ABC会计师事务所的B注册会计师

B.对甲公司执行2017年度审计的XYZ会计师事务所的A注册会计师

C.对甲公司执行2018年度审计，但尚未完成工作的XYZ会计师事务所的X注册会计师

D.对甲公司执行2017年度报表审阅的XYZ事务所的Y注册会计师

9.注册会计师在接受委托前与前任注册会计师沟通的内容通常包括（　　）。

A.前任注册会计师与管理层在重大会计、审计等问题上存在的分歧

B.前任注册会计师向治理层通报的管理层舞弊、违反法律法规行为以及值得关注的内部控制缺陷

C.前任注册会计师认为导致被审计单位变更事务所的原因

D.前任注册会计师是否发现被审计单位管理层存在诚信方面的问题

第十五章

注册会计师利用他人的工作

考霸笔记

本章是一般重要章节，平均考试分值3分左右。
考试题型：主要以选择题为主。
备考建议：本章内容难度不高，主要以客观题的形式考查！需要记忆的部分不多，主要以理解为主。

本章框架图

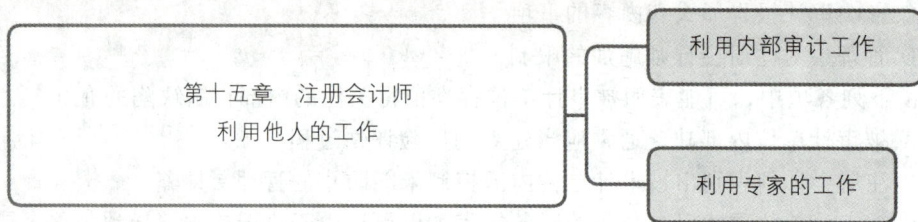

本章考情概述

第二节后半部分的考频略高于前半部分。

近三年主要考点：评价内审客观性、与专家达成一致、外部专家不受质量控制政策约束、评价内审是否足以实现审计目的等。

第一节　利用内部审计工作

◇ 内部审计和注册会计师的关系
◇ 确定是否利用、在哪些领域利用以及在多大程度上利用内部审计的工作
◇ 利用内部审计工作
◇ 确定是否利用、在哪些领域利用以及在多大程度上利用内部审计人员提供直接协助
◇ 利用内部审计人员提供直接协助
◇ 审计工作底稿

考霸笔记

2019年教材对本章第一节进行了重新编写，考生需重点把握！

考霸笔记

2019年新增。

内部审计是指被审计单位负责执行鉴证和咨询活动，以评价和改进被审计单位的治理、风险管理和内部控制流程有效性的部门、岗位或人员。内部审计的职能包括检查、评价和监督内部控制的恰当性和有效性等。内部审计目标是由其管理层和治理层确定的，可能包括下列一项或多项活动：

考霸笔记

从未考过！熟悉即可，以防出选择题。

（1）对内部控制的监督。
（2）对财务信息和经营信息的检查。
（3）对经营活动的评价。
（4）对遵守法律法规情况的评价。
（5）风险管理。
（6）治理。

内部审计人员，是指执行内部审计活动的人员。内部审计人员可能属于内部审

计部门或履行内部审计职责的类似部门。

一、内部审计和注册会计师的关系

（一）为什么要利用内部审计

1.注册会计师在审计过程中，需要了解和测试内部控制，而内部审计是内部控制的一个重要组成部分。因此，注册会计师应当考虑内部审计活动及其在内部控制中的作用，以评估财务报表重大错报风险及其对注册会计师审计程序的影响。

2.内部审计与注册会计师审计的某些手段相近，内部审计工作的某些部分可能有助于注册会计师的工作。例如，内部审计人员在评估销售与收款循环的内部控制时，其工作底稿可能包括相关控制政策的说明和控制流程图等。注册会计师可以通过复核和评价内部审计人员的工作底稿，获得对内部控制的了解。

3.注册会计师通过了解与评估内部审计工作，利用可信赖的内部审计工作，可以提高审计工作效率。

考霸笔记：三个方面的原因，理解即可！

（二）内部审计与注册会计师审计的联系（了解即可！）

1.双方实现目标的某些方式相似。

例如，都要获取充分、适当的审计证据，都可以运用观察、询问、函证和分析程序等审计方法。审计对象密切相关，甚至存在部分重叠。

2.内部审计的某些工作可能有助于注册会计师确定审计程序的性质、时间安排和范围。

例如，了解内部控制的程序、风险评估程序和实质性程序。

3.如果内部审计的工作结果表明财务报表在某些领域存在重大错报风险，注册会计师应当对这些领域给予特别关注。

4.注册会计师在审计中利用内部审计人员的工作包括：（2019年新增）

（1）在获取审计证据的过程中利用内部审计部门、岗位或人员的工作；

（2）在注册会计师的指导、监督和复核下利用内部审计人员提供直接协助。

考霸笔记：考试题型：选择题。考试频率：高频考点。备考建议：常考，3个结论一定要理解记忆！

（三）利用内部审计不能减轻注册会计师的责任

1.不能完全依赖：内部审计的独立性和客观性无法达到注册会计师要求的水平。注册会计师不应完全依赖内部审计工作。

2.要求亲自工作：审计过程中涉及的重大事项的职业判断均应由注册会计师负责执行。如评估重大错报风险、确定重要性水平、确定样本规模、评估会计政策和会计估计等。

3.要求独立担责：注册会计师对发表的审计意见独立承担责任，这种责任并不因利用内部审计人员的工作而减轻。

考霸笔记：常考选择题，这几个例子一定要牢记！

二、确定是否利用、在哪些领域利用以及在多大程度上利用内部审计的工作

当被审计单位存在内部审计，并且注册会计师预期将利用其工作以调整注册会计师直接实施的审计程序的性质、时间安排，或缩小其范围时，注册会计师应当确定：（1）是否能够利用内部审计的工作；（2）如果能够利用，在哪些领域利用以及

第十五章

在多大程度上利用；（3）内部审计的工作是否足以实现审计目的。

注册会计师应当通过评价下列事项，确定是否能够利用内部审计的工作以实现审计目的：

（1）内部审计在被审计单位中的地位，以及相关政策和程序支持内部审计人员客观性的程度；

（2）内部审计人员的胜任能力；

（3）内部审计是否采用系统、规范化的方法（包括质量控制）。

如果存在下列情形之一，注册会计师不得利用内部审计的工作：

（1）内部审计在被审计单位的地位以及相关政策和程序不足以支持内部审计人员的客观性；

（2）内部审计人员缺乏足够的胜任能力；

（3）内部审计没有采用系统、规范化的方法（包括质量控制）。

注册会计师应当考虑内部审计已执行和拟执行工作的性质和范围，以及这些工作与注册会计师总体审计策略和具体审计计划的相关性，以作为确定能够利用内部审计工作的领域和程度的基础。

注册会计师应当作出审计业务中的所有重大判断，并防止不当利用内部审计工作。当存在下列情况之一时，注册会计师应当计划较少地利用内部审计工作，而更多地直接执行审计工作：

（1）当在下列方面涉及较多判断时：

①计划和实施相关的审计程序；

②评价收集的审计证据。

（2）当评估的认定层次重大错报风险较高，需要对识别出的特别风险予以特殊考虑时。

（3）当内部审计在被审计单位中的地位以及相关政策和程序对内部审计人员客观性的支持程度较弱时。

（4）当内部审计人员的胜任能力较差时。

由于注册会计师对发表的审计意见独立承担责任，注册会计师应当评价从总体上而言，在计划的范围内利用内部审计工作是否仍然能够使注册会计师充分地参与审计工作。

当注册会计师按照《中国注册会计师审计准则第1151号——与治理层的沟通》的规定与治理层沟通计划的审计范围和时间安排的总体情况时，应当包括其计划如何利用内部审计工作。

三、利用内部审计工作（2019年新增）

如果计划利用内部审计工作，注册会计师应当与内部审计人员讨论利用其工作的计划，以作为协调各自工作的基础。

注册会计师应当阅读与拟利用的内部审计工作相关的内部审计报告，以了解其实施的审计程序的性质和范围以及相关发现。

注册会计师应当针对计划利用的内部审计工作整体实施充分的审计程序，以确定其对于审计目的是否适当，包括下列事项：

（1）内部审计工作是否经过恰当的计划、实施、监督、复核和记录；

（2）内部审计是否获取了充分、适当的证据，以使其能够得出合理的结论；

（3）内部审计得出的结论在具体环境下是否适当，编制的报告与执行工作的结果是否一致。

掌握，易考选择题

注册会计师实施审计程序的性质和范围应当与其对以下事项的评价相适应，并应当包括重新执行内部审计的部分工作：（即确定实施审计程序的性质和范围时考虑的因素）

（1）涉及判断的数量或金额；

（2）评估的重大错报风险；

（3）内部审计在被审计单位中的地位以及相关政策和程序支持内部审计人员客观性的程度；

（4）内部审计人员的胜任能力。

熟悉，可能考选择题

四、确定是否利用、在哪些领域利用以及在多大程度上利用内部审计人员提供直接协助（2019年新增）

当被审计单位存在内部审计，并且注册会计师预期将利用内部审计人员提供直接协助时，注册会计师应当：（1）确定是否能够利用内部审计人员提供直接协助；（2）如果能够利用，确定在哪些领域利用以及在多大程度上利用；（3）如果拟利用内部审计人员提供直接协助，适当地指导、监督和复核其工作。

如果法律法规不禁止利用内部审计人员提供直接协助，并且注册会计师计划利用内部审计人员在审计中提供直接协助，注册会计师应当评价是否存在对内部审计人员客观性的不利影响及其严重程度，以及提供直接协助的内部审计人员的胜任能力。注册会计师在评价是否存在对内部审计人员客观性的不利影响及其严重程度时，应当包括询问内部审计人员可能对其客观性产生不利影响的利益和关系。

当存在下列情形之一时，注册会计师不得利用内部审计人员提供直接协助：

考霸笔记
协助即协作，帮助共同完成，所以只考虑"人员"是否"客观"以及"胜任能力"即可。

（1）存在对内部审计人员客观性的重大不利影响；

（2）内部审计人员对拟执行的工作缺乏足够的胜任能力。

掌握，易考！

在确定可能分配给内部审计人员的工作的性质和范围，以及根据具体情况对内部审计人员进行指导、监督和复核的性质、时间安排和范围时，注册会计师应当考虑下列方面：

（1）在计划和实施相关审计程序以及评价收集的审计证据时，涉及判断的数量或金额；

（2）评估的重大错报风险；

（3）针对拟提供直接协助的内部审计人员，注册会计师关于是否存在对其客观性的不利影响及其严重程度的评价结果，以及关于其胜任能力的评价结果。

注册会计师不得利用内部审计人员提供直接协助以实施具有下列特征的程序：

（1）在审计中涉及作出<u>重大判断</u>；

（2）涉及<u>较高的重大错报风险</u>，在实施相关审计程序或评价收集的审计证据时需要作出较多的判断；

（3）涉及内部审计人员已经参与并且已经或将要<u>由内部审计向管理层或治理层报告的工作</u>；

（4）<u>涉及注册会计师按照规定就内部审计职能，以及利用内部审计工作或利用内部审计人员提供直接协助作出的决策</u>。

在恰当评价是否利用以及在多大程度上利用内部审计人员在审计中提供直接协助后，注册会计师在按照《中国注册会计师审计准则第1151号——与治理层的沟通》的规定<u>与治理层沟通计划的审计范围和时间安排的总体情况时</u>，<u>应当沟通拟利用内部审计人员提供直接协助的性质和范围</u>，以使双方就在业务的具体情形下并未过度利用内部审计人员提供直接协助达成共识。

由于注册会计师对发表的审计意见独立承担责任，注册会计师应当评价在计划的范围内利用内部审计人员提供直接协助，连同对内部审计工作的利用，总体上而言，是否仍然能够使注册会计师充分地参与审计工作。

五、利用内部审计人员提供直接协助（2019年新增）

在利用内部审计人员为审计<u>提供直接协助之前</u>，注册会计师应当：（获取两个书面协议）

（1）从拥有<u>相关权限的被审计单位代表人员处获取书面协议</u>，允许内部审计人员遵循注册会计师的指令，并且被审计单位不干涉内部审计人员为注册会计师执行的工作；

（2）从内部审计人员处获取书面协议，表明其将按照注册会计师的指令对特定事项保密，并将对其客观性受到的任何不利影响告知注册会计师。

注册会计师应当按照《中国注册会计师审计准则第1121号——对财务报表审计实施的质量控制》的规定对内部审计人员执行的工作进行指导、监督和复核。在进行指导、监督和复核时：

（1）注册会计师在确定指导、监督和复核的性质、时间安排和范围时，应当认识到内部审计人员并不独立于被审计单位，并且指导、监督和复核的性质、时间安排和范围应当恰当应对对涉及判断的数量或金额、评估的重大错报风险、拟提供直接协助的内部审计人员客观性和胜任能力的评价结果；

（2）复核程序应当包括由注册会计师检查内部审计人员执行的部分工作所获取的审计证据。

注册会计师对内部审计人员执行的工作的指导、监督和复核应当足以使注册会计师对内部审计人员就其执行的工作已获取充分、适当的审计证据以支持相关审计结论感到满意。

六、审计工作底稿（2019年新增）

如果利用内部审计工作，注册会计师应当在审计工作底稿中记录：

（1）对下列事项的评价：

①内部审计在被审计单位中的地位、相关政策和程序是否足以支持内部审计人员的客观性；②内部审计人员的胜任能力；③内部审计是否采用系统、规范化的方法（包括质量控制）。

（2）利用内部审计工作的性质和范围以及作出该决策的基础。

（3）注册会计师为评价利用内部审计工作的适当性而实施的审计程序。

如果利用内部审计人员为审计提供直接协助，注册会计师应当在审计工作底稿中记录：

（1）关于是否存在对内部审计人员客观性不利影响的严重程度的评价，以及关于提供直接协助的内部审计人员的胜任能力的评价；

（2）就内部审计人员执行工作的性质和范围作出决策的基础；

（3）根据《中国注册会计师审计准则第1131号——审计工作底稿》的规定，所执行工作的复核人员及复核的日期和范围；

（4）从拥有相关权限的被审计单位代表人员和内部审计人员处获取的书面协议；

（5）在审计业务中提供直接协助的内部审计人员编制的审计工作底稿。

第二节　利用专家的工作

◇ 确定是否利用专家

◇ 审计程序的性质、时间安排和范围

◇ 专家的胜任能力、专业素质和客观性

◇ 了解专家的专长领域

◇ 与专家达成一致意见

◇ 评价专家工作的恰当性

一、确定是否利用专家

（一）利用专家工作的目标与责任

专家是指在会计或审计以外的领域具有专长的个人或组织，如工程师、律师、资产评估师、精算师、环境专家、地质专家、IT专家以及税务专家。

1.利用专家工作的目标：确定是否利用专家的工作；如利用，确定利用专家工作是否足以实现审计目的。

2.利用专家工作的责任：注册会计师对发表审计意见独立承担责任，该责任不因利用专家工作而减轻。

（二）可能需要利用专家工作的审计程序范围

1.了解被审计单位及其环境；

2.识别和评估重大错报风险；

3.针对报表层风险的总体应对措施；

4.针对评估的认定层风险设计和实施进一步审计程序，包括控制测试和实质性程序；

5.在对财务报表形成审计意见时，评价已获取的审计证据的充分性和适当性。

（三）确定是否利用专家的考虑因素

在确定是否利用专家的工作以协助获取充分、适当的审计证据时，注册会计师可能考虑的因素包括：

1.管理层编制报表时是否利用了管理层的专家的工作；

如管理层编制报表时利用了专家工作，注册会计师决定是否利用该专家工作时可能需要考虑：

（1）管理层专家的工作的性质、范围和目标；

（2）管理层专家是否受雇于或受聘于被审计单位；

（3）管理层能够对专家工作实施控制或施加影响的程度；

（4）管理层专家的胜任能力和专业素质；

（5）管理层专家是否受到技术标准、其他职业准则或行业要求的约束；

（6）被审计单位对管理层专家的工作实施的各种控制。

2.需要利用专家工作的事项的性质、重要性、复杂程度；

3.需要利用专家工作的事项存在的重大错报风险；

4.应对风险的预期程序的性质，包括注册会计师对与这些事项相关的专家工作的了解，具有的经验以及是否可以获得替代性的审计证据。

二、审计程序的性质、时间安排和范围

1.在考虑利用专家的工作时，注册会计师应当：

（1）评价专家是否具有实现审计目的所必需的胜任能力、专业素质和客观性；

（2）充分了解专家的专长领域；

（3）与专家就相关重要事项达成一致意见；

（4）评价专家的工作是否足以实现审计目的。

2.在确定相关审计程序的性质、时间安排和范围时，注册会计师应当考虑：

（1）与专家工作相关的事项的性质；

（2）与专家工作相关的事项中存在的重大错报风险；

（3）专家的工作在审计中的重要程度；

（4）注册会计师对专家以前所做工作的了解，以及与之接触的经验；

（5）专家是否需要遵守会计师事务所的质量控制政策和程序。

注意：在考虑专家是否需要遵守会计师事务所的质量控制政策和程序时，应当区分内部专家和外部专家。内部专家可能是会计师事务所的合伙人或员工（包括临时工），因此需要遵守所在会计师事务所制定的政策和程序；而外部专家不是项目组成员，不受会计师事务所制定的质量控制政策和程序的约束。

3.下列情况可能表明需要实施与一般情况相比不同的或更广泛的审计程序：

（1）专家的工作与涉及主观和复杂判断的重大事项相关；

（2）注册会计师以前没有利用某个专家的工作，也不了解其胜任能力、专业素质和客观性；

（3）专家实施的程序构成审计工作必要的组成部分，而不是就某一事项提供建议；

（4）专家是会计师事务所外部专家，因此不受会计师事务所质量控制政策和程

考霸笔记

考试题型：选择题。

备考建议：多选题考点，理解四个大方面即可！

考霸笔记

比如，注册会计师的经验很丰富，自己可以解决相关问题，那就不需要利用专家了；还有，注册会计师可以实施替代审计程序以应对该风险，那也可以不利用专家的工作。

考霸笔记

理解要点，记忆关键词！

利用专家工作时对专家的要求

考霸笔记

后"三""四""五""六"即是对这4点的展开，这里先掌握4个大标题，易考选择题，综合题中也可能涉及。

考霸笔记

常考，结论一定要牢记！

考霸笔记

与上一条对比记忆！

序的约束。

三、专家的胜任能力、专业素质和客观性

1.专家的胜任能力与其专长的性质和水平有关。

2.专家的专业素质与在业务的具体情况下对胜任能力的发挥相关。影响专业素质发挥的因素包括地理位置（专家所在的国家或地区）、可用的时间和资源等。

3.专家的客观性与其偏见、利益冲突及其他可能影响其职业判断或商业判断的因素相关。

注册会计师应当评价专家是否具有实现审计目的所必需的胜任能力、专业素质和客观性。在评价外部专家的客观性时，注册会计师应当询问可能对外部专家客观性产生不利影响的利益和关系。

> **考霸笔记**
> 专业素质是专家的胜任能力在特定情况下的发挥。比如，外国专家由于语言障碍，可能也无法完成任务；专家的能力再强，由于时间太短，可能也无法完成任务。

> **考霸笔记**
> 注意：这里是评价外部专家的客观性时应该做的，对于内部专家，不需要。

四、了解专家的专长领域

注册会计师可以凭借审计工作经验或通过与专家及其他有关人士进行讨论的方式，了解专家的专长领域。

注册会计师对专家专长领域的了解可能包括下列方面：

1.与审计相关的、管理层的专家专长领域的进一步细分信息；

2.职业准则或其他准则以及法律法规是否适用；

3.专家使用哪些假设和方法（包括专家使用的模型，如适用），及其在专家的专长领域是否得到普遍认可，对实现财务报告目的是否适当；

4.专家使用的内外部数据或信息的性质。

> **考霸笔记**
> 都是资产评估专家，具体是房地产评估专家，还是机器设备评估专家？

> **考霸笔记**
> 考试题型：选择题。
> 考试频率：常考。
> 备考建议：易错点，关键结论一定要理解记忆！

五、与专家达成一致意见

无论是对外部专家还是内部专家，注册会计师都有必要与其达成一致意见（强制），并根据需要形成书面协议（非强制，不是一定要形成书面协议）。

与专家达成一致意见的内容包括：

1.专家工作的性质、范围和目标。注册会计师通常需要与专家讨论需要遵守的相关技术标准、其他职业准则或行业要求。

2.双方沟通的性质、时间安排和范围。

3.专家遵守保密的要求。注册会计师职业道德中的保密条款同样也适用于专家。（不管是内部专家还是外部专家）

4.双方各自的角色和责任。

（1）由注册会计师还是专家对原始数据实施细节测试。

（2）专家同意注册会计师与被审计单位或其他人员讨论其工作结果或结论，同意必要时将其工作结果或结论的细节作为在审计报告中发表非无保留意见的基础。

（3）将注册会计师对专家工作形成的结论告知专家。

（4）注册会计师和专家就各自的工作底稿的使用和保管达成一致意见：当专家是项目组的成员时，专家的工作底稿是审计工作底稿的一部分；外部专家的工作底稿属于外部专家，不是审计工作底稿的一部分，除非协议另作安排。

> 为什么不能在无保留意见的审计报告中提及专家的工作？

> **考霸笔记**
> 易错点，两者都可以，要事先约定好！

> 专家的工作底稿，所有权归谁？

六、评价专家工作的恰当性

（一）评价的目的和内容

1.评价的目的

判断专家工作是否足以实现审计目的。

2.评价的内容

（1）专家的工作结果或结论的相关性和合理性，以及与其他审计证据的一致性；

（2）专家的工作涉及使用重要的假设和方法在具体情况下的相关性和合理性；

（3）如果专家的工作涉及使用重要的原始数据，这些原始数据的相关性、完整性和准确性。

（二）评价专家工作是否足以实现审计目的所实施的特定程序

1.确定特定程序性质、时间安排和范围的考虑因素：

（1）对专家胜任能力、专业素质和客观性的评价；

（2）对专家的专长领域的熟悉程度；

（3）专家所执行工作的性质。

2.评价专家工作的特定程序：

（1）询问专家。

（2）复核专家的工作底稿和报告。

（3）实施用于证实的程序，例如：

①观察专家的工作；

②检查已公布的数据，如来源于信誉好、权威的渠道的统计报告；

③向第三方询证相关事项；

④执行详细的分析程序；

⑤重新计算。

（4）必要时与具有相关专长的其他专家讨论。

（5）与管理层讨论专家的报告。

（三）评价专家的工作结果或结论的相关性和合理性

1.专家提交结果或结论的方式是否符合职业或行业标准；

2.专家结果或结论是否得到清楚地表述，包括提及与注册会计师达成一致的目标，执行工作的范围和运用的标准；

3.专家结果或结论是否基于适当的期间，并考虑期后事项（如相关）；

4.专家结果或结论在使用方面是否有任何保留、限制或约束，如果有，是否对注册会计师的工作产生影响；

5.专家结果或结论是否适当考虑了其遇到的错误或偏差。

（四）评价专家的重要假设和方法的相关性和合理性

1.虽然注册会计师不具备与专家同等的专业技能，对专家选择的假设和方法提出异议存在困难，但应当：

（1）了解专家选择的假设和方法；

（2）评价专家使用的重要假设和方法的相关性和合理性；

（3）考虑专家选择的假设和方法与以前期间是否一致。

2.如果专家工作是评价管理层作出会计估计时使用的假设和方法（包括模型，如适用），注册会计师的程序可能主要是评价专家是否已经充分复核了这些假设和方法。

3.如果专家工作是形成注册会计师的点估计或与管理层点估计比较的范围，注册会计师的主要程序可能是评价专家使用的假设和方法（包括模型，如适用）。

4.评价重要假设和方法时，需要考虑以下方面：

（1）这些假设和方法在专家的专长领域是否得到普遍认可；

（2）这些假设和方法是否与适用的财务报告编制基础的要求相一致；

（3）这些假设和方法是否依赖某些专用模型的应用；

（4）这些假设和方法是否与管理层的假设、方法相一致，如不一致，考虑差异的原因及影响。

> **考霸笔记**
> 大标题需要记忆，内容适当了解！

（五）评价专家使用的重要原始数据的相关性、完整性和准确性

注册会计师应当实施相应的审计程序，评价专家工作涉及使用重要的原始数据的相关性、完整性和准确性。

当专家的工作涉及使用对专家工作具有重要影响的原始数据时，注册会计师可以实施下列程序测试这些数据：

1.核实数据的来源，包括了解和测试（适用时）针对数据的内部控制以及向专家传送数据的方式（如相关）。

2.复核数据的完整性和内在一致性。

3.在许多情况下，注册会计师可能测试原始数据。如果专家已测试，注册会计师可以通过询问专家、监督或复核专家的测试来评价数据的相关性、完整性和准确性。

> **考霸笔记**
> 提醒：注册会计师不能什么都不做，可以实施询问、监督、复核等工作。

（六）评价结果为不恰当时的措施

如确定专家工作不足以实现审计目的，应采取下列措施之一：

（1）就专家拟执行的进一步工作的性质和范围，与专家达成一致意见；

（2）根据具体情况，实施追加的审计程序；

（3）如实施追加的审计程序，或者通过雇用、聘请其他专家仍不能解决问题，则意味着没有获取充分、适当的审计证据，有必要按照规定发表非无保留意见。

> **考霸笔记**
> 注意层次问题，不能跳层（不考虑1、2，直接跳到3）！

智能测评

在线练习	我要提问
扫码在线做题　　扫码看答案	扫码答疑
本书"本章同步强化训练"均配备二维码，打开微信"扫一扫"即可完成在线测评，查看本章详细的测评反馈报告，了解知识掌握情况，也可扫码直接看答案噢。 快来扫码做题吧！	本书配备答疑专用二维码，打开微信"扫一扫"，即可完成在线提问，获取专业老师全面个性化解答，让学习问题不再拖延。 快来扫码提问吧！

第十五章

本章同步强化训练

一、单选题

1.下列各项中，对内部审计和注册会计师关系的描述错误的是（　　　）。

A.内部审计和注册会计师审计，两者用以实现各自目标的某些方式通常是相似的

B.注册会计师可以掌握内部审计发现的，可能对被审计单位财务报表和注册会计师审计产生重大影响的事项

C.注册会计师必须对与财务报表审计有关的所有事项独立作出职业判断，而不应完全依赖内部审计工作

D.注册会计师对发表的审计意见独立承担责任，这种责任不因利用内部审计人员的工作而减轻

2.下列各项中，注册会计师可以利用内部审计工作的是（　　　）。

A.检查高风险领域控制的有效性

B.确定重要性水平

C.评估会计政策和会计估计

D.确定样本规模

3.下列各项中，不属于审计准则规定的专家的是（　　　）。

A.处理复杂金融工具会计核算的专家

B.对无形资产进行估价的专家

C.税务专家

D.资产评估师

4.注册会计师在决定是否利用专家的工作时，通常不需要考虑的因素是（　　　）。

A.管理层在编制财务报表时是否利用了管理层的专家的工作

B.专家的胜任能力、专业素质和客观性

C.事项的性质和重要性，包括复杂程度

D.事项存在的重大错报风险

5.下列有关注册会计师利用外部专家工作的说法中，错误的是（　　　）。

A.外部专家需要遵守适用于注册会计师的相关职业道德要求中的保密条款

B.外部专家不受会计师事务所按照质量控制准则制定的质量控制政策和程序的约束

C.在审计报告中提及外部专家的工作并不减轻注册会计师对审计意见承担的责任

D.外部专家的工作底稿是审计工作底稿的一部分

6.有关注册会计师在审计报告中提及专家的工作，下列说法中，正确的是（　　　）。

A.如果注册会计师能够对专家的工作获取充分、适当的审计证据，可在无保留意见的审计报告中提及专家的工作

B.如果注册会计师确定专家的工作不足以实现审计目的，可在无保留意见的审计报告中提及专家的工作

C.注册会计师不应在无保留意见的审计报告中提及专家的工作，除非法律法规另有规定

D.如果注册会计师决定明确自身与专家各自对审计报告的责任，应当在无保留意见的审计报告中提及专家的工作

二、多选题

1.下列各项中，属于内部审计目标的有（　　）。

A.对内部控制的监督

B.对财务信息和经营信息的检查

C.对遵守法律法规情况的评价

D.风险管理

2.下列各项中，注册会计师评价内部审计的客观性时需要考虑的因素有（　　）。

A.内部审计在被审计单位中的地位

B.内部审计是否承担任何冲突的责任

C.被审计单位是否存在有关内部审计人员培训的政策

D.管理层或治理层是否对内部审计施加任何约束或限制

3.下列各项中，在确定内部审计人员的工作对注册会计师审计程序、时间安排和范围产生的预期影响时，注册会计师应当考虑的有（　　）。

A.内部审计人员的客观性

B.内部审计人员已执行或拟执行的特定工作的性质和范围

C.针对特定类别的交易、账户余额和披露，评估认定层次重大错报风险

D.在评价支持相关认定的审计证据时，内部审计人员的主观程度

4.如果拟利用内部审计人员的特定工作，注册会计师应当考虑的事项有（　　）。

A.内部审计人员已执行或拟执行的特定工作的性质和范围

B.在评价支持相关认定的审计证据时，内部审计人员的主观程度

C.评价内部审计人员的特定工作

D.针对内部审计人员的特定工作实施审计程序

5.下列各项中，注册会计师在确定内部审计人员的特定工作是否足以实现审计目的时应当评价的有（　　）。

A.内部审计工作是否由经过充分技术培训且精通业务的人员执行

B.内部审计人员的工作是否得到适当的监督、复核和记录

C.内部审计人员是否已获取充分、适当的审计证据，使其能够得出合理的结论

D.内部审计人员得出的结论是否恰当，编制的报告是否与已执行的工作的结果一致

6.下列各项中，注册会计师在确定专家的工作是否足以实现审计目的时，需要考虑的因素有（　　）。

A.专家的胜任能力、专业素质和客观性

B.专家的专长领域

C.与专家达成一致意见

D.评价专家工作的恰当性

7.注册会计师评价专家的工作是否足以实现审计目的时，下列各项中，需要评价的有（　　）。

A.专家的工作结果或结论的相关性和合理性

B.专家工作所涉及使用的所有假设和方法的合理性和相关性

C.专家工作涉及使用重要的原始数据，这些原始数据的相关性、完整性和准确性

D.专家工作结果或结论与其他审计证据的一致性

8.如果确定专家的工作不足以实现审计目的，注册会计师通常采取的措施有（　　）。

A.评价专家工作涉及使用的重要假设和方法的相关性和合理性

B.评价专家的工作所涉及使用重要原始数据的相关性、完整性和准确性

C.就专家拟执行的进一步工作的性质和范围，与专家达成一致意见

D.根据具体情况，实施追加的审计程序

9.下列各项中，注册会计师不得利用内审工作的有（　　）。

A.内部审计在被审计单位中的地位以及相关政策和程序不足以支持内部审计人员的客观性

B.内部审计人员缺乏足够的专业胜任能力

C.内部审计没有采用系统、规范化的方法

D.在评价支持相关认定的审计证据时，内部审计人员的主观程度

10.在确定是否可以利用内部审计工作时，A注册会计师通常需要考虑的因素有（　　）。

A.内部审计的组织地位

B.内部审计人员的薪酬

C.内部审计是否采用系统、规范化的方法

D.内部审计人员的专业胜任能力

11.在确定对内部审计工作实施审计程序的性质和范围时，A注册会计师通常需要考虑的因素有（　　）。

A.涉及判断的数量或金额

B.评估的重大错报风险

C.内部审计在被审计单位中的地位以及相关政策和程序支持内部审计人员客观性的程度

D.内部审计人员的胜任能力

12.下列情形中，注册会计师不得利用内部审计人员提供直接协助的有（　　）。

A.存在对内部审计人员客观性的重大不利影响

B.内部审计人员对拟执行的工作缺乏足够的胜任能力

C.内部审计没有采用系统的、规范化的方法

D.评估的认定层次的重大错报风险较高

第十六章
对集团财务报表审计的特殊考虑

本章导学

本章框架图

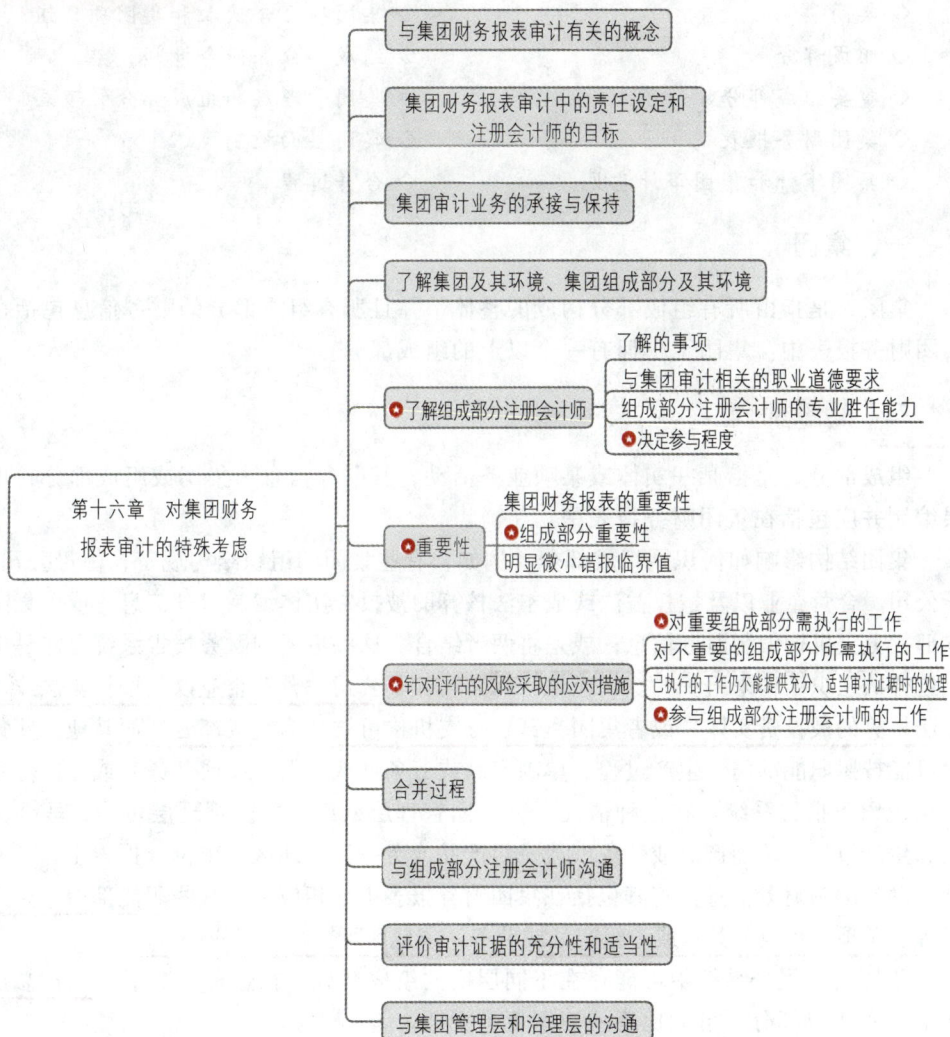

考霸笔记

本章近5年平均分值5分，客观题、综合题都可能涉及。本章内容相对简单，多准则条文，少职业判断，重点在第五、六、七节，属于性价比较高的章节。

第十六章　对集团财务报表审计的特殊考虑

- 与集团财务报表审计有关的概念
- 集团财务报表审计中的责任设定和注册会计师的目标
- 集团审计业务的承接与保持
- 了解集团及其环境、集团组成部分及其环境
- 了解组成部分注册会计师
  - 了解的事项
    - 与集团审计相关的职业道德要求
    - 组成部分注册会计师的专业胜任能力
  - 决定参与程度
- 重要性
  - 集团财务报表的重要性
  - 组成部分重要性
  - 明显微小错报临界值
- 针对评估的风险采取的应对措施
  - 对重要组成部分需执行的工作
  - 对不重要的组成部分所需执行的工作
  - 已执行的工作仍不能提供充分、适当审计证据时的处理
  - 参与组成部分注册会计师的工作
- 合并过程
- 与组成部分注册会计师沟通
- 评价审计证据的充分性和适当性
- 与集团管理层和治理层的沟通

本章考情概述

　　本章基于集团财报审计的背景，从确定审计目标，到业务的承接与保持，到了解集团及其环境、集团组成部分及其环境以及了解组成部分注册会计师，到针对评估的风险采取的应对措施，到评价审计证据的充分性和适当性以及与集团管理层和集团治理层的沟通，其实这就是整个审计的流程。所以这章简单来说只不过是基于

集团背景，把审计业务流程重新讲了一遍。考生也只需在原来所学知识的基础上，融入一些集团审计特有的内容，比如集团、组成部分、重要组成部分、集团财务报表、集团审计和集团审计意见、集团项目合伙人和集团项目组、组成部分注册会计师、集团管理层和组成部分管理层、集团层面控制、合并过程等概念。

近三年主要考点：重要性、针对不同组成部分实施的工作、了解组成部分注册会计师以及重要组成部分的识别等。

第一节　与集团财务报表审计有关的概念

◇ 集团　　　　　　　　　　◇ 集团项目合伙人和集团项目组
◇ 组成部分　　　　　　　　◇ 组成部分注册会计师
◇ 重要组成部分　　　　　　◇ 集团管理层和组成部分管理层
◇ 集团财务报表　　　　　　◇ 集团层面控制
◇ 集团审计和集团审计意见　◇ 合并过程

一、集团

集团，是指由所有组成部分构成的整体，并且所有组成部分的财务信息包括在集团财务报表中。集团至少拥有一个以上的组成部分。

二、组成部分

组成部分，是指某一实体或某项业务活动，其财务信息由集团或组成部分管理层编制并应包括在集团财务报表中。

集团结构影响如何识别组成部分。例如，有些集团的组织结构规定，由母公司、子公司、合营企业以及按权益法或成本法核算的被投资实体编制财务信息；或由集团本部、分支机构编制财务信息；或是将两者结合。这些集团的财务报告系统可能是按照这样的组织结构来组织的。相应地，母公司、子公司、合营企业以及按权益法或成本法核算的被投资实体，或者集团本部、分支机构可被视为组成部分。而其他一些集团可能按照职能部门、生产过程、单项产品或劳务（或一组产品或劳务）或地区分布来组织财务报告系统。在这种情况下，集团管理层或组成部分管理层可能以职能部门、生产过程、单项产品或劳务（或一组产品或劳务）或地区为单位（报告主体或业务活动）编制财务信息并将其包括在集团财务报表中。相应地，这些职能部门、生产过程、单项产品或劳务（或一组产品或劳务）或地区可被视为组成部分。

集团财务报告系统中可能存在不同层次的组成部分。在这种情况下，在汇总层次上识别组成部分，可能比逐一识别更为合适。

三、重要组成部分

重要组成部分，是指集团项目组识别出的具有下列特征之一的组成部分：

（1）单个组成部分对集团具有财务重大性；

（2）由于单个组成部分的特定性质或情况，可能存在导致集团财务报表发生重大错报的特别风险。

1.具有财务重大性的组成部分

如果某组成部分单独对集团具有财务重大性，则属于因财务而重要的组成部分。通常以集团公司的某项财务指标为基准，并乘以适当的百分比，作为判断一个组成部分是否因财务而重大的依据。

可以作为基准的财务指标包括：资产、负债、现金流量、利润总额或营业收入；适当的百分比通常为15%，较高或较低的比例也可能是适当的。

2.具有特定特别风险的组成部分

如果某些组成部分由于其特定性质或情况，可能存在特别风险，该特别风险可能导致集团财务报表发生重大错报，则属于因风险而重要的组成部分。

例如，某组成部分虽然对集团并不具有财务重大性，但从事外汇交易，执行特殊退货安排，从事远期外汇合同交易，使用衍生工具进行交易，或存在大量过时存货等，都可能存在导致集团财务报表产生重大错报的特别风险。

四、集团财务报表

集团财务报表，是指：（1）包括一个以上组成部分财务信息的财务报表；（2）由没有母公司但处在同一控制下的各组成部分编制的财务信息所汇总生成的财务报表。

五、集团审计和集团审计意见

集团审计，是指对集团财务报表进行的审计。

集团审计意见，是指对集团财务报表发表的审计意见。

六、集团项目合伙人和集团项目组

集团项目合伙人，是指会计师事务所中负责某项集团审计业务及其执行，并代表会计师事务所对集团财务报表出具的审计报告上签字的合伙人。

集团项目组，是指参与集团审计的，包括集团项目合伙人在内的所有合伙人和员工。集团项目组负责制定集团总体审计策略，与组成部分注册会计师沟通，针对合并过程执行相关工作，并评价根据审计证据得出的结论，作为形成集团财务报表审计意见的基础。

七、组成部分注册会计师

组成部分注册会计师，是指基于集团审计目的，按照集团项目组的要求，对组成部分财务信息执行相关工作的注册会计师。

基于集团审计目的，集团项目组成员可能按照集团项目组的工作要求，对组成部分财务信息执行相关工作。在这种情况下，该成员也是组成部分注册会计师。

八、集团管理层和组成部分管理层

集团管理层，是指负责编制集团财务报表的管理层。

组成部分管理层，是指负责编制组成部分财务信息的管理层。

考霸笔记

链接：基准、百分比的知识点在本书第二章第三节重要性中有所涉及。

考霸笔记

该基准与第二章设定财务报表层次重要性时所采用的基准可以不同。

考霸笔记

书上举例一定要熟悉，经常出现在简答题案例背景中。

考霸笔记

15%的比例在审计中只出现过两次，另一次出现在第23章第七节中。

考霸笔记

考试题型：选择题。

考试频率：较低。

考试套路：知识点直接还原为主。

备考建议：标题知道，通读内容即可。

导致集团面临重大错报的特别风险举例

对组成部分注册会计师的理解

九、集团层面控制

集团层面控制，是指集团管理层设计、执行和维护的与集团财务报告相关的控制。

十、合并过程

合并过程，是指：（1）通过合并、比例合并、权益法或成本法，在集团财务报表中对组成部分财务信息进行确认、计量、列报与披露；（2）对没有母公司但处在同一控制下的各组成部分编制的财务信息进行汇总。

第二节　集团财务报表审计中的责任设定和注册会计师的目标

◇ 集团财务报表审计中的责任设定
◇ 注册会计师的目标

一、集团财务报表审计中的责任设定

目前，各国对集团财务报表审计中的责任设定有两种模式：一种模式是集团项目组对整个集团财务报表审计工作及审计意见负全部责任，这一责任不因利用组成部分注册会计师的工作而减轻；另外一种模式是，集团项目组和组成部分注册会计师就各自执行的审计工作分别负责，集团项目组在执行集团财务报表审计时完全基于组成部分注册会计师的工作。为保证审计质量，《中国注册会计师审计准则第1401号——对集团财务报表审计的特殊考虑》采用了第一种模式。在这种模式下，尽管组成部分注册会计师基于集团审计目的对组成部分财务信息执行相关工作，并对所有发现的问题、得出的结论或形成的意见负责，集团项目合伙人及其所在的会计师事务所仍对集团审计意见负全部责任。也就是组成部分注册会计师对组成部分财务信息发现的问题、得出的结论、形成的意见负责；集团项目合伙人及其所在的事务所对集团审计意见负责。

两种责任不能相互替代、减轻。

> **注意：**
> 1.除非法律法规另有规定，注册会计师对集团财务报表出具的审计报告不应提及组成部分注册会计师。
> 2.除非法律法规要求在审计报告中提及并且提及是必要的，即使因未能就组成部分财务信息获取充分、适当的审计证据，导致集团审计范围受限，需要发表非无保留意见且需要说明原因，集团项目组也不应提及组成部分注册会计师。
> 3.即便法律法规要求提及，审计报告也应指明这种提及不减轻集团项目合伙人及其所在的会计师事务所的责任。

二、注册会计师的目标

在集团财务报表审计中，担任集团审计的注册会计师的目标是：
1.就组成部分注册会计师对组成部分财务信息执行工作的范围、时间安排和发现的问题，与组成部分注册会计师进行清晰的沟通；

考霸笔记

考试题型：选择题。

考试频率：较高。

考试套路：责任的划分；是否应提及组成部分注册会计师。

备考建议：理解记忆重要结论。

组成部分注册会计师的责任

考霸笔记

即使是因为组成部分注册会计师的问题导致出具非无保留意见，一般也不提。

考霸笔记

链接："提及"相关的内容对比：提及组成部分注册会计师（本节内容）。提及专家（第15章第二节）。提及前任注册会计师（第19章第七节）。

2.针对组成部分财务信息和合并过程，获取充分、适当的审计证据，以对集团财务报表是否在所有重大方面按照适用的财务报告编制基础编制发表审计意见。

第三节 集团审计业务的承接与保持

◇ 在承接与保持阶段获取了解
◇ 审计范围受到限制
◇ 业务约定条款

一、在承接与保持阶段获取了解

（一）集团项目合伙人评估承接业务的前提基础

1.集团项目合伙人应当确定是否能够合理预期获取与合并过程和组成部分财务信息相关的充分、适当的审计证据，以作为形成集团审计意见的基础；

2.集团项目组应当了解集团及其环境、集团组成部分及其环境，以足以识别可能的重要组成部分；

3.如果组成部分注册会计师对重要组成部分财务信息执行相关工作，集团项目合伙人应当评价集团项目组参与组成部分注册会计师工作的程度是否足以获取充分、适当的审计证据。

（二）首次接受集团审计

如果是新业务，集团项目组可以通过下列途径了解集团及其环境、集团组成部分及其环境：

（1）集团管理层提供的信息；

（2）与集团管理层的沟通；

（3）与前任集团项目组的沟通（如适用）；

（4）与组成部分管理层或组成部分注册会计师的沟通（如适用）。

集团项目组可能需要对下列事项进行了解：

（1）集团结构，包括法律意义上的结构和组织结构（集团财务报告系统是如何组织的）；

（2）组成部分中对集团重要的业务活动，包括业务活动在何种行业状况、监管环境以及经济和政治环境下发生；

（3）对服务机构的利用，包括共享服务中心；

（4）对集团层面控制的描述；

（5）合并过程的复杂程度；

（6）是集团项目合伙人所在的会计师事务所还是网络以外的组成部分注册会计师对组成部分财务信息执行相关工作，以及集团管理层委托多家会计师事务所的理由；

（7）集团项目组是否可以不受限制地接触集团治理层和管理层、组成部分治理层和管理层、组成部分信息和组成部分注册会计师（包括集团项目组需要获取的相关审计工作底稿），以及是否可以对组成部分财务信息执行必要的工作。

（三）连续执行集团审计业务

连续执行集团审计业务，为作出是否保持业务的决策，集团项目组应着重获取集团公司以下方面重大变化的证据：

第十六章

（1）集团组织结构的变化（如发生收购、处置或重组，或集团财务报告系统的组织方式发生变化）；

（2）对集团具有重要影响的组成部分业务活动的变化；

（3）集团治理层、管理层或重要组成部分的关键管理人员在构成上的变化；

（4）对集团或组成部分管理层诚信和胜任能力的疑虑；

（5）集团层面控制的变化；

（6）适用的财务报告编制基础的变化。

二、审计范围受到限制

1.如果集团项目合伙人认为由于集团管理层施加的限制，使集团项目组不能获取充分、适当的审计证据，由此产生的影响可能导致对集团财务报表发表无法表示意见，集团项目合伙人应当视具体情况采取下列措施：

（1）如果是新业务，拒绝接受业务委托，如果是连续审计业务，在法律法规允许的情况下，解除业务约定；

（2）如果法律法规禁止注册会计师拒绝接受业务委托，或者注册会计师不能解除业务约定，在可能的范围内对集团财务报表实施审计，并对集团财务报表发表无法表示意见。

在集团项目合伙人接受委托后，下列方面受到的限制将导致无法获取充分、适当的审计证据，从而可能影响集团审计意见：

①集团项目组接触组成部分信息、组成部分治理层和管理层，或组成部分注册会计师（包括集团项目组需要获取的相关审计工作底稿）；

②拟对组成部分财务信息执行的工作。

在极其特殊的情况下，如果适用的法律法规允许，这些限制可能导致解除业务约定。

2.即使接触信息受到限制，集团项目组仍有可能获取充分、适当的审计证据，然而这种可能性随着组成部分对集团重要程度的增加而降低。例如，对于按权益法核算的组成部分，集团项目组无法接触组成部分的治理层、管理层或注册会计师（包括集团项目组需要获取的相关审计工作底稿）。在这种情况下，如果该组成部分不是重要组成部分，且集团项目组拥有其整套财务报表和审计报告，并能够接触集团管理层拥有的与该组成部分相关的信息，则集团项目组可能认为这些信息已构成与该组成部分相关的充分、适当的审计证据。然而，如果该组成部分是重要组成部分，集团项目组就无法遵守审计准则中与集团审计相关的要求。

注意：

1.如果集团管理层限制集团项目组或组成部分注册会计师接触重要组成部分的信息，则集团项目组将无法获取充分、适当的审计证据。

✓掌握！

2.如果这类限制与不重要的组成部分有关，集团项目组仍有可能获取充分、适当的审计证据，但是受到限制的原因可能影响集团审计意见。例如，可能影响集团管理层对集团项目组的询问所作出回复的可靠性，以及集团管理层对集团项目组所作出声明的可靠性。

三、业务约定条款　了解即可！

集团项目合伙人应当就集团审计业务约定条款与管理层或治理层（如适用）达成一致意见。

除了明确适用的财务报告编制基础等通常的约定内容外，针对集团审计业务的特殊约定条款还可能包括：

（1）在法律法规允许的范围内，集团项目组与组成部分注册会计师的沟通应当尽可能地不受限制；

（2）组成部分注册会计师与组成部分治理层、组成部分管理层之间进行的重要沟通（包括就值得关注的内部控制缺陷进行的沟通），也应当告知集团项目组；

（3）监管机构与组成部分就财务报告事项进行的重要沟通，应当告知集团项目组；

（4）如果集团项目组认为有必要，应当允许集团项目组接触组成部分信息、组成部分治理层、组成部分管理层和组成部分注册会计师（包括集团项目组需要获取的相关审计工作底稿），以及允许集团项目组或允许其要求组成部分注册会计师对组成部分财务信息执行相关工作。

第四节　了解集团及其环境、集团组成部分及其环境

◇　集团管理层下达的指令

◇　舞弊

◇　集团项目组成员和组成部分注册会计师对集团财务报表重大错报风险（包括舞弊风险）的讨论

◇　了解集团及其环境、集团组成部分及其环境的程序

集团项目组应当：（1）在业务承接或保持阶段获取信息的基础上，进一步了解集团及其环境、集团组成部分及其环境，包括集团层面控制；（2）了解合并过程，包括集团管理层向组成部分下达的指令。

> **考霸笔记**
>
> **考试题型**：选择题。
> **考试频率**：低频。
> **考试套路**：考查知识点的直接还原。
> **备考建议**：通读内容，关注与个别报表审计的不同之处。

一、集团管理层下达的指令

为实现财务信息的一致性和可比性，集团管理层通常对组成部分下达指令。这些指令具体说明了对包括在集团财务报表中的组成部分财务信息的要求，通常采用财务报告程序手册和报告文件包的形式。报告文件包通常由标准模板组成，用以提供包括在集团财务报表中所需的财务信息，但报告文件包通常不采用按照适用的财务报告编制基础编制和列报的整套财务报表的形式。

集团管理层下达的指令通常包括：了解即可！

（1）运用的会计政策；

（2）适用于集团财务报表的法定和其他披露要求，包括分部的确定和报告、关联方关系及其交易、集团内部交易、未实现内部交易损益以及集团内部往来余额；

（3）报告的时间要求。

集团项目组对指令的了解可能包括下列方面：了解即可！

（1）就完成报告文件包而言，指令是否清晰、实用；

（2）指令是否充分说明了适用的财务报告编制基础的特点；

（3）指令是否规定了为遵守适用的财务报告编制基础的要求而需要充分披露的事项（如关联方关系及其交易和分部信息的披露）；

（4）指令是否规定了如何确定合并调整事项（如集团内部交易、未实现内部交易损益和集团内部往来余额）；

（5）指令是否规定了组成部分管理层对财务信息的批准程序。

二、舞弊　结合第十三章内容学习。

注册会计师需要识别和评估由于舞弊导致财务报表发生重大错报的风险，针对评估的风险设计和实施适当的应对措施。用以识别由于舞弊导致的集团财务报表重大错报风险所需的信息可能包括：

（1）集团管理层对集团财务报表可能存在由于舞弊导致的重大错报风险的评估；

（2）集团管理层对集团舞弊风险的识别和应对过程，包括集团管理层识别出的任何特定舞弊风险，或可能存在舞弊风险的账户余额、某类交易或披露；

（3）是否有特定组成部分可能存在舞弊风险；

（4）集团治理层如何监督集团管理层识别和应对集团舞弊风险的过程，以及集团管理层为降低集团舞弊风险而建立的控制；

（5）就集团项目组对是否知悉任何影响组成部分或集团的舞弊事实、舞弊嫌疑或舞弊指控的询问，集团治理层、管理层和内部审计人员（如适用，还包括组成部分管理层、组成部分注册会计师和其他人员）作出的答复。

> **考霸笔记**
> 链接：第七章第二节项目组内部讨论；第十三章第一节组织项目组讨论。

三、集团项目组成员和组成部分注册会计师对集团财务报表重大错报风险（包括舞弊风险）的讨论

项目组关键成员需要讨论由于舞弊或错误导致被审计单位财务报表发生重大错报的可能性，并特别强调舞弊导致的风险。在集团审计中，参与讨论的成员还可能包括组成部分注册会计师。

> **考霸笔记**
> 注意：组成部分注册会计师可能会参加，但不是必须参加。

讨论可以提供下列机会：了解即可！

（1）分享对组成部分及其环境的了解，包括对集团层面控制的了解。

（2）交流有关组成部分或集团的经营风险的信息。

（3）交流对下列有关舞弊问题的看法：

①集团财务报表可能如何以及在何处易于发生由于舞弊或错误导致的重大错报；

②集团管理层和组成部分管理层如何编制并隐瞒虚假财务报告；

③组成部分的资产可能如何被侵占。

（4）识别集团管理层或组成部分管理层可能倾向或有意操纵利润导致虚假财务报告而采取的惯常手段，例如，采用与适用的财务报告编制基础的规定不符的收入确认政策以操纵收入。

（5）考虑已知的、对集团产生影响的外部和内部因素。这些因素可能形成集团管理层、组成部分管理层或其他人员实施舞弊的动机或压力，从而为实施舞弊提供机会。这些因素还可能显示能够使集团管理层、组成部分管理层或其他人员将舞弊行为予以合理化的文化或环境。

（6）考虑集团或组成部分管理层可能凌驾于控制之上的风险。

（7）考虑是否基于集团财务报表编制目的而采用统一的会计政策编制组成部分财务信息，如果未采用统一的会计政策，如何识别和调整会计政策差异。

（8）讨论识别出的组成部分的舞弊，或显示组成部分存在舞弊的信息。

（9）分享可能显示违反法律法规的信息（如有关商业贿赂或不适当的转移定价的信息）。

四、了解集团及其环境、集团组成部分及其环境的程序

1.了解的目的

（1）确认或修正最初识别的重要组成部分；

（2）评估由于舞弊或错误导致集团财务报表发生重大错报的风险。

2.集团项目组可以基于下列信息，在集团层面评估集团财务报表重大错报风险：

（1）在了解集团及其环境、集团组成部分及其环境和合并过程时获取的信息，包括在评价集团层面控制以及与合并过程相关的控制的设计和执行时获取的审计证据；

（2）从组成部分注册会计师获取的信息。

3.在了解集团及其环境、集团组成部分及其环境的基础上，集团项目组应当制定集团总体审计策略和具体审计计划。集团项目合伙人应当复核集团总体审计策略和具体审计计划。

> **考霸笔记**
> 集团项目合伙人对制定的集团总体审计策略和具体审计计划负责。

集团项目合伙人对集团总体审计策略和具体审计计划的复核，是其履行集团审计业务指导责任的重要内容。

第五节　了解组成部分注册会计师

◇ 与集团审计相关的职业道德要求

◇ 组成部分注册会计师的专业胜任能力

◇ 决定参与程度

如果集团项目组计划仅在集团层面对某个不重要的组成部分实施分析程序，就无须了解该组成部分注册会计师。

如集团项目组要求组成部分注册会计师基于集团审计目的执行相关工作（对重要组成部分），则需要了解该组成部分注册会计师。

集团项目组应当了解：

> **考霸笔记**
> 利用就得了解！同内审/专家/前任等，宗旨一样，要利用别人的工作就要先从总体上评价一下对方，以决定是否利用。

1.组成部分注册会计师是否了解并将遵守与集团审计相关的职业道德，特别是独立性要求；

2.组成部分注册会计师是否具备专业胜任能力；

3.集团项目组参与组成部分注册会计师的工作的程度是否足以使其获取充分、适当的审计证据；

4.组成部分注册会计师是否处于积极的监管环境中。

> **考霸笔记**
> 4个方面要掌握，记忆关键词！

一、与集团审计相关的职业道德要求

组成部分注册会计师需要遵守与集团审计相关的职业道德要求，这些要求可能与组成部分注册会计师所在国家或地区有所不同，或需要其遵守更多的要求。组成部分注册会计师了解和遵守的程度是否足以使其履行其在集团审计中承担的责任。

二、组成部分注册会计师的专业胜任能力

集团项目组对组成部分注册会计师的专业胜任能力的了解可能包括下列方面：

1.组成部分注册会计师是否充分了解集团审计的审计准则和职业准则；

2.组成部分注册会计师是否拥有执行相关工作所必需的专门技能；

3.组成部分注册会计师是否充分了解财务报告编制基础。

三、决定参与程度

1.如组成部分注册会计师不符合集团审计的独立性要求，或集团项目组对组成部分注册会计师的职业道德、专业胜任能力和所处的监管环境存有重大疑虑，集团项目组应就组成部分财务信息亲自获取充分、适当的证据，而不应要求组成部分注册会计师执行相关工作。

2.如组成部分注册会计师不符合集团审计的独立性要求，集团项目组不能通过参与组成部分注册会计师的工作、实施追加的风险评估程序或进一步程序，以消除组成部分注册会计师不具有独立性的影响。

3.集团项目组可以通过参与组成部分注册会计师的工作、实施追加的风险评估程序或进一步程序，消除对其专业胜任能力的并非重大的疑虑，或未处于有效监管的影响。

第六节　重要性

◇ 集团项目组确定集团财务报表整体的重要性
◇ 集团项目组确定集团财务报表认定层次重要性
◇ 集团项目组确定组成部分整体的重要性
◇ 组成部分实际执行的重要性由集团项目组或组成部分注册会计师确定
◇ 集团项目组设定集团财务报表明显微小错报临界值

一、集团项目组确定集团财务报表整体的重要性

在制定集团总体审计策略时，集团项目组应确定集团财务报表整体的重要性。

二、集团项目组确定集团财务报表认定层次重要性

如集团公司特定类别交易、账户余额或披露发生的错报金额虽然低于集团财务报表整体的重要性，但合理预期影响集团财务报表使用者的经济决策，则集团项目组应当确定适用于这些交易、账户余额或披露的一个或多个重要性水平。

三、集团项目组确定组成部分整体的重要性

1.如组成部分注册会计师对组成部分财务信息实施审计或审阅，基于集团审计目的，集团项目组应为这些组成部分确定重要性。

2.集团项目组需要将组成部分整体的重要性设定为低于集团财务报表整体的重要性，以便将集团公司联同各组成部分未更正和未发现错报的汇总数超过集团财务报表整体重要性的可能性降至适当的低水平。

3.在确定组成部分重要性时，无须采用将集团财务报表整体重要性按比例分配的方式。因此，各个组成部分整体的重要性的汇总数有可能高于集团财务报表整体的重要性。

4.集团项目组不需要对计划仅在集团层面实施分析程序的不重要组成部分设定重要性。

四、组成部分实际执行的重要性

1.组成部分注册会计师或集团项目组需要确定组成部分实际执行的重要性。

2.如组成部分注册会计师对组成部分执行审计工作时确定了组成部分实际执行的重要性，集团项目组应当评价该实际执行的重要性是否适当。

3.在实务中，集团项目组可能按组成部分实际执行的重要性确定组成部分整体的重要性。

五、集团项目组设定集团财务报表明显微小错报临界值

集团项目组需要针对集团财务报表设定明显微小错报临界值。组成部分注册会计师需要将在组成部分财务信息中识别出的超过这个临界值的错报通报给集团项目组。

第七节　针对评估的风险采取的应对措施

◇ 总体要求

◇ 集团项目组确定对组成部分财务信息拟执行工作的类型以及参与工作程度的影响因素

◇ 对因财务而重要的组成部分应执行的工作

◇ 对因风险而重要的组成部分应执行的工作

◇ 对不重要的组成部分执行的工作

◇ 已执行工作不能提供充分、适当的审计证据

◇ 参与组成部分注册会计师的工作

一、总体要求

对于组成部分财务信息，集团项目组应当确定由其亲自执行或由组成部分注册会计师代为执行的相关工作的类型。集团项目组还应当确定参与组成部分注册会计师工作的性质、时间安排和范围。

二、集团项目组确定对组成部分财务信息拟执行工作的类型以及参与工作程度的影响因素

集团项目组确定对组成部分财务信息拟执行工作的类型以及参与组成部分注册会计师工作的程度，受下列因素影响：

1.组成部分的重要程度；

2.识别出的导致集团财务报表发生重大错报的特别风险；

3.对集团层面控制的设计的评价，以及其是否得到执行的判断；

4.集团项目组对组成部分注册会计师的了解。

如果预期集团层面控制运行有效，或者仅实施实质性程序不能提供认定层次的充分、适当的审计证据，集团项目组应当测试或要求组成部分注册会计师测试这些控制运行的有效性。

三、对因财务而重要的组成部分应执行的工作

由集团项目组或组成部分注册会计师运用该组成部分重要性对该组成部分财务信息实施审计。

四、对因风险而重要的组成部分应执行的工作

由集团项目组或组成部分注册会计师执行下列一项或多项工作：

1.使用组成部分重要性对该组成部分实施审计；（同因财务而重要）

2.针对与可能导致集团财务报表发生重大错报的特别风险相关的一个或多个账户余额、披露事项实施审计（要考虑多数报表项目是相互关联的）；

3.针对可能导致集团财务报表发生重大错报的特别风险实施特定的审计程序。

五、对不重要的组成部分执行的工作

对于不重要的组成部分，集团项目组应当在集团层面实施分析程序。

实施分析程序的结果，可以佐证集团项目组得出的结论，即汇总的不重要的组成部分的财务信息不存在特别风险。

六、已执行工作不能提供充分、适当的审计证据

如对重要组成部分执行的工作、对集团层面控制和合并过程执行的工作以及在集团层面实施的分析程序不能获取形成集团审计意见所依据的充分、适当的审计证据，应选择某些不重要的组成部分执行下列一项或多项工作：

1.使用该组成部分重要性对组成部分实施审计；

2.对一个或多个账户余额、交易或披露实施审计；

3.使用组成部分重要性对组成部分实施审阅，还可以实施追加的程序，作为对审阅程序的补充；

4.实施特定程序。

七、参与组成部分注册会计师的工作

（一）参与重要组成部分的风险评估程序

如组成部分注册会计师对重要组成部分财务信息执行审计，集团项目组应当参与风险评估程序，以识别导致集团财务报表重大错报的特别风险。参与的性质、时间和范围应当包括：

1.与组成部分注册会计师或组成部分管理层讨论对集团而言重要的组成部分业务活动；

2.与组成部分注册会计师讨论由于舞弊或错误导致组成部分信息发生重大错报的可能性；

3.复核组成部分注册会计师对导致集团特别风险形成的审计工作底稿。审计工作底稿可以采用备忘录的形式，反映组成部分注册会计师针对识别出的特别风险得出的结论。

（二）评价针对特别风险的进一步程序（进一步审计程序一定要评价，但不要参与）

如在由组成部分注册会计师执行相关工作的组成部分（必然是重要组成部分）内识别出导致集团重大错报的特别风险（风险重要的必然有，财务重要的不一定有），集团项目组应当评价针对识别出的特别风险拟实施的进一步审计程序的恰当性。根据对组成部分注册会计师的了解，集团项目组应当确定是否有必要参与进一步审计程序。

可能影响集团项目组参与组成部分注册会计师工作的因素包括：

1.组成部分的重要程度；

2.识别出的导致集团财务报表发生重大错报的特别风险；

3.集团项目组对组成部分注册会计师的了解。

（三）确定参与不重要组成部分工作的因素

如果组成部分是不重要的组成部分，集团项目组参与组成部分注册会计师工作的性质、时间安排和范围，将根据集团项目组对组成部分注册会计师的了解的不同而不同。该组成部分不是重要组成部分这一事实，成为次要的考虑因素。

（四）参与组成部分注册会计师工作的其他方式

1.与组成部分管理层或组成部分注册会计师会谈，获取对组成部分及其环境的了解；

2.复核组成部分注册会计师总体审计策略和具体审计计划；

3.单独或与组成部分注册会计师共同实施风险评估程序，识别和评估组成部分层面的重大错报风险；

4.单独或与组成部分注册会计师共同设计和实施进一步程序；

5.参加组成部分注册会计师与管理层的总结和其他重要会议；

6.复核组成部分注册会计师的审计工作底稿的其他相关部分。

图16-1说明了在确定对组成部分财务信息执行工作的类型时，组成部分重要性将如何影响集团项目组作出的决策。

考霸笔记
不能说由于该组成部分不是重要组成部分，就决定不参与其工作。

考霸笔记
考试题型：选择题、简答题。
考试频率：较高频。
考试套路：考查知识点的直接还原。
备考建议：记住关键语句即可。

考霸笔记
这张图很重要，理解记忆！

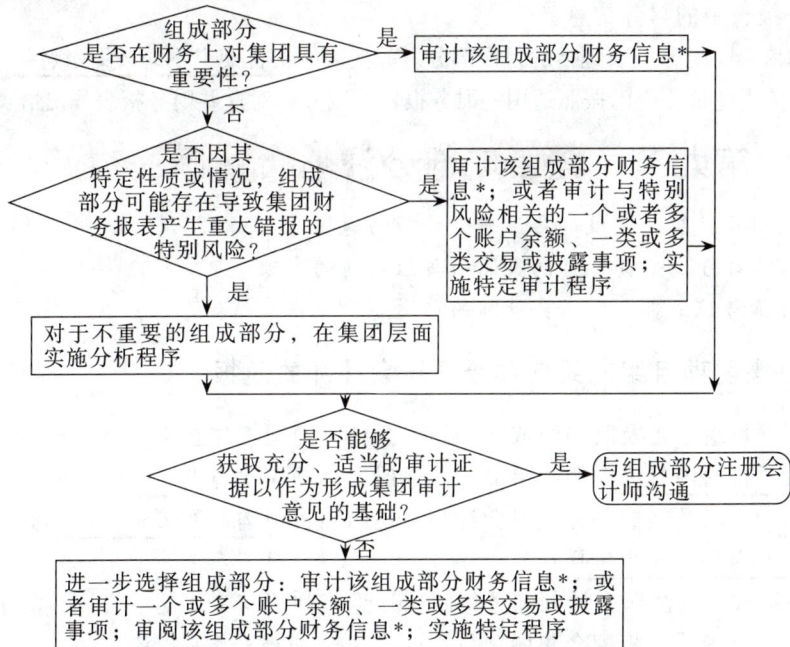

图16-1 组成部分重要性的影响

注：*为应当使用组成部分重要性。

第十六章

第八节　合并过程

◇ 评价合并过程
◇ 评价是否已经适当调整不恰当事项

集团项目组应当针对合并过程设计和实施进一步审计程序，以应对评估的、由合并过程导致的集团财务报表发生重大错报的风险。设计和实施的进一步审计程序应当包括评价所有组成部分是否均已包括在集团财务报表中。

一、评价合并过程

集团项目组应当评价合并调整和重分类事项的适当性、完整性和准确性，并评价是否存在舞弊风险因素或可能存在管理层偏向的迹象，包括：

1.重大调整是否恰当反映了相关事项和交易；

2.确定重大调整是否得到集团管理层和组成部分管理层（如适用）的正确计算、处理和授权；

3.确定重大调整是否有适当的证据支持并得到充分的记录；

4.检查集团内部交易、未实现内部交易损益以及集团内部往来余额是否核对一致并抵销。

二、评价是否已经适当调整不恰当事项

1.如果组成部分财务信息没有按照集团财务报表采用的会计政策编制，集团项目组应当评价组成部分财务信息是否已得到适当调整，以满足编制和列报集团财务报表的要求。

2.集团项目组应当确定，组成部分注册会计师上报的财务信息是否就是包括在集团财务报表中的财务信息。

3.如果集团财务报表包括的组成部分财务报表的报告期末不同于集团财务报表，集团项目组应当评价是否已按照适用的财务报告编制基础对这些财务报表作出恰当调整。

第九节　与组成部分注册会计师的沟通

◇ 集团项目组向组成部分注册会计师的通报
◇ 组成部分注册会计师向集团项目组沟通的事项
◇ 评价与组成部分注册会计师的沟通

一、集团项目组向组成部分注册会计师的通报

集团项目组应当及时向组成部分注册会计师通报工作要求。

主要通报的内容为：明确组成部分注册会计师应执行的工作和集团项目组对其工作的利用，以及组成部分注册会计师与集团项目组沟通的形式和内容。

通报的内容还应当包括：

1.在组成部分注册会计师知悉集团项目组将利用其工作的前提下，要求组成部分注册会计师确认其将配合集团项目组的工作。

2.与集团审计相关的职业道德要求，特别是独立性要求。

3.在对组成部分财务信息实施审计或审阅的情况下，组成部分的**重要性**和针对特定类别的交易、账户余额或披露采用的一个或多个重要性水平（如适用）以及临界值，超过临界值的错报不能视为对集团财务报表明显微小的错报。

4.识别出的与组成部分注册会计师工作相关的、由于舞弊或错误导致集团财务报表发生重大错报的**特别风险**。集团项目组应当要求组成部分注册会计师及时沟通所有识别出的、在组成部分内的其他由于舞弊或错误可能导致集团财务报表发生重大错报的特别风险，以及组成部分注册会计师针对这些特别风险采取的应对措施。

5.集团管理层编制的**关联方清单**和集团项目组知悉的任何其他关联方。集团项目组应当要求组成部分注册会计师及时沟通集团管理层或集团项目组以前未识别出的关联方。集团项目组应当确定是否需要将新识别的关联方告知其他组成部分注册会计师。

二、组成部分注册会计师向集团项目组沟通的事项

集团项目组应当要求组成部分注册会计师沟通与得出集团审计结论相关的事项。沟通的内容应当包括：

1.组成部分注册会计师是否已遵守与集团审计相关的**职业道德要求**，包括对**独立性**和**专业胜任能力**的要求；

2.组成部分注册会计师是否已遵守集团项目组的要求；

3.指出作为组成部分注册会计师出具报告对象的组成部分财务信息；

4.**因违反法律法规**而可能导致集团财务报表发生重大错报的信息；

5.组成部分财务信息中**未更正错报的清单**（清单不必包括低于集团项目组通报的临界值且明显微小的错报）；

6.表明可能存在**管理层偏向的迹象**；

7.描述识别出的组成部分层面**值得关注的内部控制缺陷**；

8.组成部分注册会计师向组成部分治理层已通报或拟通报的其他重大事项，包括涉及组成部分管理层、在组成部分层面内部控制中承担重要职责的员工以及其他人员（在舞弊行为导致组成部分财务信息出现重大错报的情况下）的**舞弊或舞弊嫌疑**；

9.可能与集团审计相关或者组成部分注册会计师期望集团项目组加以关注的其他事项，包括在组成部分注册会计师要求组成部分管理层提供的书面声明中指出的**例外事项**；

10.组成部分注册会计师的**总体发现**、得出的结论和形成的意见。

在配合集团项目组时，如果法律法规未予禁止，组成部分注册会计师可以允许集团项目组接触相关审计工作底稿。

三、评价与组成部分注册会计师的沟通

集团项目组应当：

1.与组成部分注册会计师、组成部分管理层或集团管理层（如适用）讨论在评价过程中发现的重大事项。

2.确定是否有必要**复核组成部分注册会计师审计工作底稿**的相关部分。如复核，**通常关注**的是与导致集团财务报表发生重大错报的**特别风险**相关的审计工作底稿。

3.如果认为组成部分注册会计师的**工作不充分**，集团项目组应当确定需要实施哪些**追加的程序**，以及这些程序是由**组成部分注册会计师**还是由**集团项目组**实施。

第十节　评价审计证据的充分性和适当性

1.集团项目组应当评价，通过对合并过程实施的审计程序以及由集团项目组和组成部分注册会计师对组成部分财务信息执行的工作，是否已获取充分、适当的审计证据，作为形成集团审计意见的基础。

2.如果认为未能获取充分、适当的审计证据作为形成集团审计意见的基础，集团项目组可以要求组成部分注册会计师对组成部分财务信息实施追加的程序。如果不可行，集团项目组可以直接对组成部分财务信息实施程序。

3.集团项目合伙人应当评价未更正错报和未能获取充分、适当的审计证据的情况对集团审计意见的影响。

4.集团项目合伙人对错报的汇总影响的评价，能够使其确定集团财务报表整体是否存在重大错报。

第十一节　与集团管理层和集团治理层的沟通

◇ 与集团管理层沟通
◇ 与集团治理层沟通

一、与集团管理层沟通

（一）控制缺陷

1.集团项目组识别出的集团层面内部控制缺陷；

2.集团项目组识别出的组成部分层面内部控制缺陷；

3.组成部分注册会计师提请集团项目组关注的内部控制缺陷（**代为转告/集团管理层职责所在**）。

（二）舞弊

如集团项目组识别出舞弊，或组成部分注册会计师提请集团项目组关注舞弊，或者有关信息表明可能存在舞弊，集团项目组应及时向适当层级的集团管理层通报，以便管理层告知主要负责防止和发现舞弊事项的人员。

（三）组成部分的重要事项

因法律法规要求或其他原因，组成部分注册会计师可能需要对组成部分财务报表发表审计意见。在这种情况下：

1.如集团项目组注意到可能对组成部分财务报表产生重要影响但组成部分管理层尚未知悉的的事项，应要求集团公司管理层告知组成部分管理层。

2.如集团管理层拒绝向组成部分管理层通报，集团项目组应与集团治理层讨论。

3.如事项仍未得到解决，集团项目组在遵守法律法规和职业准则有关保密要求的前提下，应当考虑是否建议组成部分注册会计师在该事项得到解决之前，不对组成部分财务报表出具审计报告。

二、与集团治理层沟通

（一）组成部分注册会计师提请关注的事项

组成部分注册会计师提请集团项目组关注，集团项目组根据职业判断认为与集团治理层责任相关的重大事项。

（二）集团项目组认为必要的其他事项　　（掌握！易考！）

1.对组成部分财务信息拟执行工作的类型的概述；

2.在组成部分注册会计师对重要组成部分财务信息拟执行的工作中，集团项目组计划参与其工作的性质的概述；

3.对组成部分注册会计师工作作出的评价，引起集团项目组对组成部分注册会计师工作质量产生疑虑的情形；

4.集团审计受到的限制，如接触某些信息受到的限制；

5.涉及集团管理层、组成部分管理层、在集团层面控制中承担重要职责的员工以及其他人员的舞弊或舞弊嫌疑。

考霸笔记

提示：不是所有的事项都需要与治理层沟通。

考霸笔记

这里的其他人员指其舞弊行为导致集团财务报表出现重大错报的人员。

智能测评

在线练习	我要提问
扫码在线做题　　扫码看答案	扫码答疑
本书"本章同步强化训练"均配备二维码，打开微信"扫一扫"即可完成在线测评，查看本章详细的测评反馈报告，了解知识掌握情况，也可扫码直接看答案噢。 快来扫码做题吧！	本书配备答疑专用二维码，打开微信"扫一扫"，即可完成在线提问，获取专业老师全面个性化解答，让学习问题不再拖延。 快来扫码提问吧！

第十六章

本章同步强化训练

一、单选题

1.下列各项中，关于集团审计相关概念的说法中，错误的是（　　）。

A.集团审计，是指对集团财务报表发表的审计意见

B.组成部分注册会计师，是指基于集团审计的目的，按照集团项目组的要求，对组成部分财务信息执行相关工作的注册会计师

C.集团项目组，是指参与集团审计的，包括集团项目合伙人在内的所有合伙人和员工

D.组成部分注册会计师是指，除集团项目组成员以外的注册会计师

2.下列关于集团财务报表审计中责任设定的说法中，错误的是（　　）。

A.集团项目合伙人及其所在的会计师事务所对集团审计意见负全部责任

B.组成部分注册会计师基于集团审计目的对组成部分财务信息执行相关工作，并对所有发现的问题、得出的结论或形成的意见负责

C.注册会计师对集团财务报表出具的审计意见可以提及组成部分注册会计师

D.如果在审计报告中提及组成部分注册会计师，审计报告应当指明，这种提及并不减轻集团项目合伙人及其所在的会计师事务所对集团审计意见承担的责任

3.下列各项中，集团项目组可以通过参与组成部分注册会计师的工作消除对组成部分注册会计师的疑虑的是（　　）。

A.组成部分注册会计师不符合集团审计相关的独立性的要求

B.集团项目组对组成部分注册会计师职业道德存有重大疑虑

C.集团项目组对组成部分注册会计师的专业胜任能力存有重大疑虑

D.组成部分注册会计师未处于积极有效的监管环境中

4.下列各项中，可以由组成部分注册会计师制定的是（　　）。

A.集团财务报表整体的重要性　　　　　　B.组成部分整体的重要性

C.组成部分实际执行的重要性　　　　　　D.明显微小错报临界值

5.下列各项中，关于组成部分重要性的说法中，错误的是（　　）。

A.只有当对组成部分实施审计时，才需要为组成部分确定一个重要性

B.集团项目组应当将组成部分重要性设定为低于集团财务报表整体的重要性

C.在确定组成部分重要性的时候，无须采用将集团财务报表重要性按比例分配的方式

D.对不同组成部分确定的重要性的汇总数，有可能高于集团财务报表整体的重要性

二、多选题

1.下列各项中，集团项目组可能将其识别为重要组成部分的有（　　）。

A.某组成部分拥有大量过时的存货

B.某组成部分是进行外汇交易的

C.某组成部分营业收入占集团营业收入的20%

D.某组成部分的资产总额占集团资产的10%

2.在审计范围受到限制的情况下，下列各项中，关于集团审计业务的承接与保持的说法中，正确的有（　　）。

A.如果是新业务，拒绝接受业务委托

B.如果是连续审计业务，在法律法规允许的情况下，解除业务约定

C.如果法律法规禁止注册会计师拒绝接受业务委托，或者注册会计师不能解除业务约定，在可能的范围内对集团财务报表实施审计，并对集团财务报表发表无法表示意见

D.即使接触信息受到限制，集团项目组仍有可能获取充分、适当的审计证据

3.下列各项中，如果要求由组成部分注册会计师执行组成部分财务信息的相关工作，集团项目组需要了解的有关组成部分注册会计师的事项有（ ）。

A.组成部分注册会计师是否了解并将遵守与集团审计相关的职业道德要求，特别是独立性的要求

B.组成部分注册会计师是否具备专业胜任能力

C.集团项目组参与组成部分注册会计师的程度是否足以获取充分、适当的审计证据

D.组成部分注册会计师是否处于积极的监管环境中

4.对由于其特定性质或情况，可能存在导致集团财务报表发生重大错报的特别风险的重要组成部分，集团项目组或代表集团项目组的组成部分注册会计师应当执行下列一项或多项工作（ ）。

A.使用组成部分重要性对组成部分财务信息实施审阅

B.针对与可能导致集团财务发生重大错报的特别风险相关的一个或多个账户余额实施审计

C.针对与可能导致集团财务发生重大错报的特别风险相关的一类或多类交易或披露事项实施审计

D.针对可能导致集团财务报表发生重大错报的特别风险实施特定的审计程序

5.集团项目组可以选择某些不重要的组成部分，亲自或由组成部分注册会计师执行下列一项或多项工作（ ）。

A.使用组成部分重要性对组成部分财务信息实施审计

B.对一个或多个账户余额、一类或多类交易或披露实施审计

C.使用组成部分的重要性对组成部分财务信息实施审阅

D.实施特定程序

6.如果组成部分注册会计师对重要组成部分财务信息执行审计，集团项目组应当参与组成部分注册会计师实施的风险评估程序，以识别导致集团财务报表发生重大错报的特别风险。其中具体事项应当包括（ ）。

A.与组成部分注册会计师或组成部分管理层讨论对集团而言重要的组成部分业务活动

B.与组成部分注册会计师讨论由于舞弊或错误导致组成部分财务信息发生重大错报的可能性

C.与组成部分注册会计师讨论组成部分存在高风险的领域

D.复核组成部分注册会计师对识别出的导致集团财务报表发生重大错报的特别风险形成的工作底稿

7.下列各项中，可能影响集团项目组参与组成部分注册会计师拟实施的进一步审计程序的因素包括（ ）。

A.组成部分的重要程度

B.组成部分财务信息发生重大错报的可能性

C.识别出的导致集团财务报表发生重大错报的特别风险

D.集团项目组对组成部分注册会计师的了解

8.下列各项中，属于集团项目组应当与集团治理层沟通的事项的有（ ）。

A.对组成部分财务信息拟执行工作的类型的概述

B.在组成部分注册会计师对重要组成部分财务信息拟执行的工作中，集团项目组计划参与其

工作性质的概述

C.对组成部分注册会计师的工作作出的评价，引起集团项目组对其工作质量产生疑虑的情形

D.集团审计受到的限制，如集团项目组接触某些信息受到的限制

三、简答题

1.ABC会计师事务所接受委托审计甲集团公司2018年财务报表，审计项目组在审计的过程中，遇到如下问题：

（1）在制订集团具体审计计划时，集团项目组确定了集团财务报表整体的重要性。

（2）乙公司2018年实现的利润占甲集团公司2018年利润总额的80%，注册会计师拟对乙公司财务信息实施审计程序。

（3）集团项目组经过了解发现组成部分注册会计师C兼任甲集团公司独立董事，因此集团项目组决定对组成部分财务信息实施进一步审计程序，来消除该不利影响。

（4）丙公司为不重要的组成部分。其他会计师事务所的注册会计师对丙公司财务报表执行了法定审计。集团项目组对丙公司财务报表执行了集团层面分析程序。

（5）丁公司为重要的组成部分，由代表集团项目组的组成部分注册会计师运用组成部分的重要性对其财务信息实施审计，集团项目组不再参与该组成部分的审计工作。

（6）对重要组成部分实施审计、在集团层面对不重要的组成部分实施分析程序后，集团项目组仍然认为无法获取充分适当的审计证据，拟考虑对集团财务报表发表保留意见。

要求：针对上述事项（1）至（6），逐项指出审计项目组的做法是否恰当，如果不恰当，简要说明理由。

2.ABC会计师事务所负责审计甲集团公司2018年度财务报表。集团项目组在审计工作底稿中记录了集团审计总结，部分内容摘录如下：

（1）联营公司乙公司为重要组成部分。组成部分注册会计师拒绝向集团项目组提供审计工作底稿或备忘录，乙公司管理层拒绝集团项目组对乙公司财务信息执行审计工作，向其提供了乙公司审计报告和财务报表。集团项目组就该事项与集团治理层进行了沟通。

（2）丙公司为重要组成部分。集团项目组利用了组成部分注册会计师对丙公司执行法定审计的结果。集团项目组确定该组成部分重要性为250万元，组成部分注册会计师执行法定审计使用的财务报表整体重要性为280万元，实际执行的重要性为200万元。

（3）丁公司为重要组成部分，存在导致集团财务报表发生重大错报的特别风险。集团项目组评价了组成部分注册会计师拟对该风险实施的进一步审计程序的恰当性，但根据对组成部分注册会计师的了解，未参与进一步审计程序。

（4）戊公司为不重要的组成部分。其他会计师事务所的注册会计师对戊公司财务报表执行了法定审计。集团项目组对戊公司财务报表执行了集团层面分析程序，未对执行法定审计的注册会计师进行了解。

（5）己公司为不重要的组成部分。集团项目组要求组成部分注册会计师使用集团财务报表整体的重要性对己公司财务信息实施审阅，并结果满意。

（6）庚公司为不重要的组成部分。因持续经营能力存在重大不确定性，组成部分注册会计师对庚公司出具了带强调事项段的无保留意见审计报告。甲集团公司管理层认为该事项不会对集团财务报表产生重大影响。集团项目组同意甲集团公司管理层的判断，拟在无保留意见审计报告中增加其他事项段，提及组成部分注册会计师对庚公司出具的审计报告类型、日期和组成部分注册会计师名称。

要求：针对上述第（1）至（6）项，逐项指出集团项目组的做法是否恰当，并简要说明理由。

第十七章
其他特殊项目的审计

本章导学

本章框架图

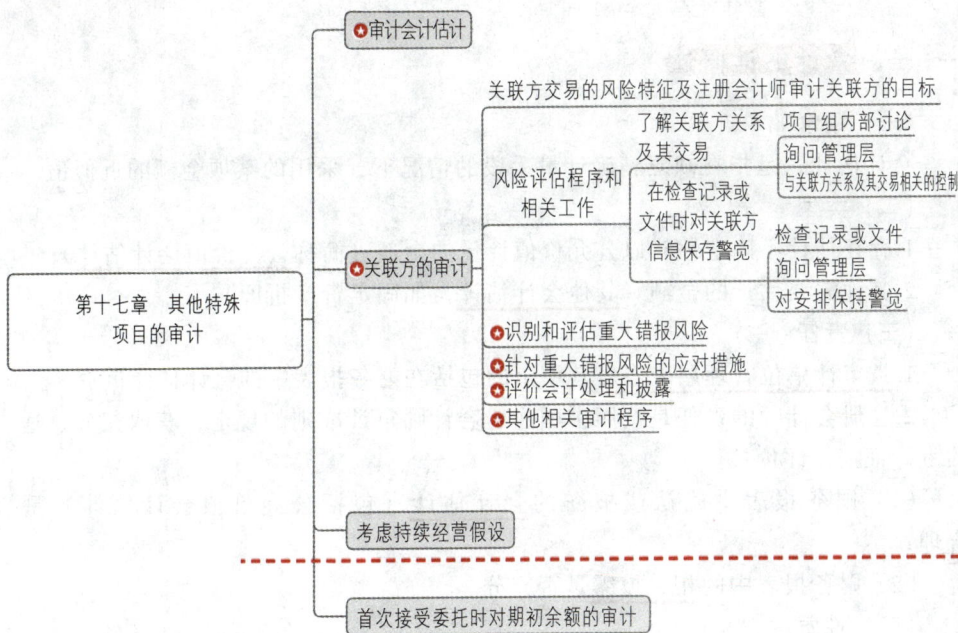

本章考情概述

　　本章四部分内容的专业性和独特性在风险评估与风险应对这两个重要方面都有突出的体现：

　　其一，风险评估的特色。会计估计、关联方均与特别风险挂钩，持续经营假设则与财务报表层次的重大错报风险挂钩。其中，会计估计、持续经营假设均含有较高程度的不确定性和主观性，关联方及其交易则是舞弊的温床。

　　其二，风险应对的特色。会计估计很可能涉及对专家工作的利用；关联方可能无法通过实施函证程序获得充分、适当的审计证据；考虑持续经营假设时常常要证实或排除各种重大疑虑；对期初余额实施审计往往要查阅前任注册会计师的工作底稿。

　　本章篇幅长，内容多，专业性很强，且涉及很多的职业判断，学习难度较大，希望考生作为重点把握。

　　近三年主要考点：关联方及其交易审计、持续经营假设、会计估计审计。

第十七章

第一节　审计会计估计

◇ 会计估计概述
◇ 风险评估程序和相关活动
◇ 识别和评估重大错报风险
◇ 应对评估的重大错报风险
◇ 实施进一步实质性程序以应对特别风险
◇ 评价会计估计的合理性并确定错报
◇ 其他相关审计程序

一、会计估计概述

（一）概念

会计估计，是指在缺乏精确计量手段的情况下，采用的某项金额的近似值。

（二）类型

1.存在估计不确定性时以公允价值计量的金额（简称公允价值会计估计）；

2.其他需要估计的金额（其他会计估计，如固定资产折旧）。

（三）责任

1.被审计单位管理层应当对其作出的包括在财务报表中的会计估计负责。

2.注册会计师的责任是按照中国注册会计师审计准则的规定，获取充分、适当的审计证据，评价：

（1）财务报表中确认或披露的会计估计（包括公允价值会计估计）是否合理；

（2）财务报表中的相关披露是否充分。

（四）性质

1.会计估计导致的重大错报风险可能属于特别风险。

2.会计估计的结果与财务报表中原已确认或披露的金额存在差异，并不必然表明财务报表存在错报。对于公允价值会计估计而言尤其如此。

二、风险评估程序和相关活动

注册会计师应当了解下列内容，作为识别和评估会计估计重大错报风险的基础：

1.了解编制基础的要求；

2.了解会计估计的识别；

3.了解会计估计的作出。

（一）了解适用的财务报告编制基础的要求

注册会计师需要了解适用的财务报告编制基础是否：

1.规定了会计估计的确认条件或计量方法；

2.明确了某些允许或要求采用公允价值计量的条件；

3.明确了要求或允许对会计估计作出的披露。

如有规定，则有助于对作出会计估计过程的制约，从而有助于降低会计估计的重大错报风险。

（二）了解管理层如何识别是否需要作出会计估计

1.目的：证实会计估计（特别是与负债相关的会计估计）的完整性，通常是注册会计师考虑的重要因素。

2.方法：通过询问下列问题，了解管理层如何识别需要作出会计估计的情形：

（1）被审计单位是否已从事可能需要作出会计估计的新型交易；

（2）需要作出会计估计的交易的条款是否已改变；

（3）由于适用的财务报告编制基础的要求或其他规定的变化，与会计估计相关的会计政策是否已经相应变化；

（4）可能要求管理层修改或作出新会计估计的外部监管变化或其他不受管理层控制的变化是否已经发生；

（5）是否已经发生可能需要作出新估计或修改现有估计的新情况或事项。

3.结论：如注册会计师识别出一些需要作出会计估计的情况但管理层没有识别出，应确定被审计单位的风险评估过程的相关内部控制是否存在值得关注的内部控制缺陷。

（三）了解管理层如何作出会计估计

注册会计师应当从以下六个方面了解管理层作出会计估计的方法和依据：

（1）用以作出会计估计的方法；

（2）相关控制；

（3）管理层是否利用专家的工作；

（4）会计估计所依据的假设；

（5）会计估计的方法是否变化及变化的原因；

（6）管理层是否评估以及如何评估估计不确定性的影响。

1.用以作出会计估计的方法，包括模型（如适用）。

有时，适用的财务报告编制基础可能规定会计估计的计量方法，如计量公允价值会计估计的特定模型。

当适用的财务报告编制基础没有规定具体环境下采用的特定计量方法时，注册会计师在了解管理层作出会计估计所采用的方法或模型（如适用）时可能考虑的事项包括：

（1）选择方法时，管理层如何考虑需要估计的资产或负债的性质；

（2）在从事经营活动的某些业务领域、行业或环境中是否存在作出会计估计的通用方法；

（3）如管理层作出估计时采用了内部开发的模型或偏离了通用方法，则存在更高的重大错报风险。

2.相关控制。

在了解与会计估计相关的控制时，注册会计师可能考虑的事项包括：

（1）作出会计估计的人员的经验与胜任能力；

（2）管理层如何确定所使用的数据的完整性、相关性和准确性；

（3）由适当层级的管理层和治理层对会计估计进行复核和批准；

（4）将批准交易的人员和负责作出会计估计的人员进行职责分离。

3.管理层是否利用专家的工作。

考霸笔记
关注新情况或变化的地方！

考霸笔记
链接：第十四章第一节值得关注的内部控制缺陷。

考霸笔记
六个大标题理解记忆，防止出选择题！

考霸笔记
注意：如果编制基础没有规定针对具体环境的特定估计方法，注册会计师还需要了解管理层做出会计估计的过程。

考霸笔记
该方法已经过市场检验，风险较低。

考霸笔记
未经过市场检验，风险较高。

管理层在下列情况下可能需要聘请专家作出会计估计：

（1）需要估计的事项性质特殊（如对矿产或油气储量的测量）；

（2）满足编制基础要求的模型具有一定技术含量（如对某些公允价值进行计量采用的模型）；

（3）需要估计的情况、交易或事项具有异常或偶发性。

4.会计估计所依据的假设。

在了解构成会计估计基础的假设时，注册会计师可能考虑的事项包括：

（1）假设（包括重大假设）的性质；

（2）管理层如何评价假设是否相关和完整；

（3）管理层如何确定所采用假设的内在一致性；

（4）假设是否与管理层所能控制的事项相关，以及这些假设是否与经营计划和外部环境相符，或假设与管理层控制之外的事项相关；

（5）支持假设的文件记录的性质和范围。

5.用以作出会计估计的方法是否已经发生或应当发生不同于上期的变化，以及变化的原因。

在评价管理层如何作出会计估计时，注册会计师需要了解会计估计方法与前期相比是否已经发生变化或应当发生变化。

如果管理层改变了会计估计方法，则注册会计师需要确定管理层能够证明新方法更加恰当，或者新方法本身就是对变化的应对。

6.管理层是否评估以及如何评估估计不确定性的影响。

在了解管理层是否评估以及如何评估估计不确定性的影响时，注册会计师可能考虑的事项包括：

（1）管理层是否已经及如何考虑各种可供选择的假设或结果，如通过敏感性分析确定假设变化对估计的影响；

（2）当敏感性分析表明存在多种可能结果时，管理层如何作出会计估计；

（3）管理层是否监控上期作出会计估计的结果，是否已恰当应对实施监控程序的结果。

为此，注册会计师应当复核上期财务报表中会计估计的结果，或复核管理层在本期对上期会计估计作出的后续重新估计。但是，复核目的不是质疑上期依据当时可获得的信息而作出的判断。

三、识别和评估重大错报风险

（一）会计估计风险评估的核心与可能考虑的因素

在识别和评估会计估计的重大错报风险时，注册会计师应当考虑以下要素：

（1）评价与会计估计相关的估计不确定性的程度；

（2）根据职业判断确定识别出的具有高度估计不确定性的会计估计是否会导致特别风险。

估计的不确定性是导致会计估计重大错报风险的根源，也是识别和评估会计估计重大错报风险的核心。估计的不确定程度越高，会计估计中存在管理层偏向的可能性越大。

在评估重大错报风险时，注册会计师考虑的事项也可能包括：

考霸笔记
应该聘请而没有聘请，则存在重大错报风险。

考霸笔记
复核的目的是看不确定性高不高。

考霸笔记
考试题型：选择题、简答题。考试频率：中频。备考建议：重点关注特别风险与会计估计的联系。

（✔熟悉）

（1）会计估计的实际的或预期的重要程度；

（2）会计估计的记录金额（管理层的点估计）与注册会计师预期应记录金额的差异；

（3）管理层在作出会计估计时是否利用专家工作；

（4）对上期会计估计进行复核的结果。

（二）会计估计不确定性的影响因素 理解记忆！

1.会计估计对判断的依赖程度；

2.会计估计对假设变化的敏感性；

3.是否存在可以降低估计不确定性的经认可的计量技术；

4.预测期长度和从过去事项得出的数据对预测未来事项的相关性；

5.是否能够从外部来源获得可靠数据；

6.会计估计依据可观察到或不可观察到的输入数据的程度。

（三）具有高度估计不确定性的会计估计

1.高度依赖判断的会计估计，如未决诉讼，多年后才能确定结果；

2.未采用经认可的计量技术计算的会计估计；

3.采用高度专业化的、由被审计单位自主开发的模型，或在缺乏可观察到的输入数据的情况下作出的公允价值会计估计；

4.复核上期估计结果表明与实际结果之间存在很大差异，在这种情况下管理层作出的会计估计。

（四）估计不确定性对风险评估的影响

1.注册会计师应当根据职业判断确定具有高度估计不确定性的会计估计是否会导致特别风险——很可能非必然。

2.在某些情况下，估计不确定性非常高，以致难以作出合理的会计估计，编制基础可能禁止在财务报表中对此进行确认或以公允价值计量（只要求披露。例如，当未决诉讼中赔偿金额难以估计时，只需披露，无须估计）。此时，特别风险不仅与会计估计是否应予确认或以公允价值计量相关，而且与披露的充分性相关。（掌握）

四、应对评估的重大错报风险

基于评估的重大错报风险，注册会计师应当确定：

（1）管理层是否恰当运用与会计估计相关的适用的财务报告编制基础的规定；

（2）作出会计估计的方法是否恰当，并得到一贯运用，以及会计估计或作出会计估计的方法不同于上期的变化是否适合于具体情况。

在应对评估的重大错报风险时，注册会计师应当考虑会计估计的性质，并实施下列一项或多项程序：

1.确定截至审计报告日发生的事项是否提供有关会计估计的证据；

2.测试管理层如何作出会计估计以及所依据的数据；

3.测试与管理层如何作出会计估计相关的控制的运行有效性，并实施恰当的实质性程序；

4.作出点估计或区间估计以评价管理层的点估计。

（一）确定截至审计报告日发生的事项是否提供有关会计估计的证据

尽管有时难以获得这类证据，但一旦存在这种证据，就具有很强的证明力（尤

考霸笔记：注意：复核上期会计估计是风险评估程序，用以考虑估计的不确定性，识别、评估重大错报风险，并非属于风险应对程序！

考霸笔记：（三）和（二）对比记忆！

考霸笔记：说明不确定性高。

考霸笔记：考试题型：选择题、简答题、综合题。考试频率：高频。备考建议：四项风险应对程序，一定要理解记忆。

第十七章

其是反证力），所以要优先考虑。

例如，期后不久出售存货，可能提供有关其可变现净值估计的审计证据。

（二）测试管理层如何作出会计估计以及所依据的数据

下列情况下，测试管理层如何作出会计估计以及所依据的数据可能是恰当的应对措施：

（✔熟悉）

（1）会计估计是依据模型作出的公允价值会计估计；

（2）会计估计源于被审计单位会计系统对数据的常规处理；

（3）注册会计师对上期类似估计的复核表明本期会计估计流程可能有效；

（4）会计估计建立在性质相似、单项不重要但数量众多的项目的基础上。

1.评价计量方法：

（1）选择计量方法的理由是否合理；

（2）管理层是否充分评价和恰当运用支持计量方法的标准；

（3）评价计量方法是否适用于具体情况；

（4）计量方法相对于被审计单位开展的业务、所处行业和环境是否恰当。

2.评价使用的模型：

（1）在使用前是否验证模型，并定期复核；

（2）是否存在针对模型变更的控制政策和程序；

（3）是否定期校准和测试模型的有效性；

（4）是否对模型输出数据作出调整；

（5）模型是否得到恰当记录。

3.评价使用的假设：

（1）单项假设是否合理；

（2）假设是否相互依赖且具有内在一致性；

（3）汇总考虑是否合理；

（4）对于公允价值会计估计，假设是否恰当地反映可观察到的市场假设。

（三）测试与管理层如何作出会计估计相关的控制的运行有效性，并实施恰当的实质性程序

当存在下列情形之一时，需要测试控制运行的有效性：

1.预期针对会计估计流程的控制运行是有效的；

2.仅实施实质性程序不能提供认定层次充分、适当的审计证据。

（四）作出点估计或区间估计以评价管理层的点估计

管理层作出的会计估计要在财务报表上列报，所以都是点估计，也只能作点估计，不允许作区间估计。

注册会计师作出估计，是为了评价管理层作出的会计估计。

当估计的不确定性较低时，注册会计师可以作出点估计，直接与管理层作出的点估计相比较。但随着估计的不确定性的增加，注册会计师作出合理的点估计的难度加大，仅能合理确定估计对象的范围，所以只能作出区间估计，与管理层的点估计相比较。

作出点估计或区间估计以评价管理层的点估计时，应注意：

考霸笔记

提示：了解内部控制属于风险评估程序，是必要程序。

宗旨：不管针对什么事项的内部控制，了解是必需的，但并非一定要测试。

考霸笔记

链接：第八章控制测试的前提。

考霸笔记

考试题型：选择题、简答题、综合题。

考试频率：高频。

备考建议：关键结论一定要理解记忆。

1.如使用有别于<mark>管理层的假设或方法</mark>作出点估计或区间估计，注册会计师应<mark>充分了解管理层的假设或方法</mark>，以确定在作出估计时已考虑了相关变量，并评价与管理层的点估计存在的任何重大差异。

2.如认为使用区间估计是恰当的，应当基于可获得的审计证据缩小区间，直至该<mark>区间范围内的所有结果均可被视为合理</mark>

如果注册会计师的区间估计范围足够小，以至于能够确定会计估计是否存在错报，它就是有用和有效的。

<mark>当区间估计的区间已缩小至等于或低于实际执行的重要性时，该区间估计对于评价管理层的点估计是适当的。</mark>

下列方法可以将区间估计的区间缩小至某一区域，使该区域内所有结果视为是合理的：

（1）从区间估计中剔除注册会计师认为<u>不可能</u>发生的<u>极端结果</u>；

（2）根据可获得的审计证据，<u>继续缩小</u>区间估计直至注册会计师认为该区间估计内的<u>所有结果均视为是合理</u>。

五、<mark>实施进一步实质性程序以应对</mark> <mark>特别风险</mark>

在审计导致特别风险的会计估计时，注册会计师在实施进一步实质性程序时需要重点评价：

（1）管理层如何评估估计不确定性对会计估计的影响，以及这种不确定性对财务报表中会计估计的确认的恰当性可能产生的影响；

（2）相关披露的充分性。

（一）应对管理层估计不确定性时的审计程序

<u>替代性假设是评价不确定性的有效方法</u>。注册会计师应当：

（1）<u>评价管理层如何考虑替代性的假设或结果，以及拒绝采纳的原因</u>，或者在管理层没有考虑替代性的假设或结果的情况下，评价管理层在作出会计估计时如何处理估计不确定性。（**易考**）

（2）评价管理层使用的重大假设是否合理。如果假设的合理变化可能对会计估计的计量产生重大影响，这些假设被视为重大假设。

（3）当管理层实施特定措施的意图和能力与其使用的重大假设的合理性或对适用的财务报告编制基础的恰当应用相关时，评价这些意图和能力。

（二）<mark>作出区间估计</mark>

如认为管理层没有适当处理估计不确定性对导致特别风险的会计估计的影响，注册会计师应当在必要时作出用于评价会计估计合理性的区间估计。

（三）<mark>考虑对导致特别风险的会计估计的确认和计量的标准</mark>

对导致特别风险的会计估计，注册会计师应当获取充分、适当的审计证据，以确定下列方面是否符合适用的财务报告编制基础的规定：

（1）管理层对会计估计在财务报表中予以确认或不予确认的决策；

（2）管理层作出会计估计所选择的计量基础。

六、评价会计估计的合理性并确定错报

1.注册会计师的点估计与管理层的点估计之间的差异构成错报。

2.在注册会计师区间估计之外的管理层点估计得不到审计证据的支持。相应的错报不小于管理层点估计与注册会计师区间估计之间的最小差异。

> 若注册会计师作出的区间估计是8~10，而管理层的点估计为12，则错报不小于2（12-10），不代表错报为2；若管理层的点估计为7，则错报不小于1（8-7），不代表错报为1。

考霸笔记

考试题型：选择题。
考试频率：高频。
考试套路：判断不同情形下的会计估计是哪一类型的错报。
备考建议：理解要点。

考霸笔记

因为会计估计的错误属于"判断错报"而非"事实错报"

3.当管理层根据对环境变化的主观判断而改变某项会计估计，或改变上期估计的方法时，可能认为管理层随意改变会计估计而产生错报，或者将其视为可能存在管理层偏向的迹象。在某些涉及会计估计的情形中，错报可能由事实错报/判断错报/推断错报共同导致，因此难以或不可能区分出由哪一具体因素导致。（考过！）

七、其他相关审计程序

（一）关注与会计估计相关的披露

1.按照适用的财务报告编制基础作出的披露。这些披露可能包括：

（1）使用的假设（尤其是关键假设）；

（2）所使用的估计方法，包括适用的模型；

（3）选择估计方法的基础；

（4）改变上期估计方法产生的影响；

（5）估计不确定性的原因和影响。

2.披露导致特别风险的会计估计的估计不确定性。

（1）对估计不确定性的披露可能包括定性内容（如影响的情况）和定量内容（如影响的程度）。

考霸笔记

考试题型：选择题。
考试频率：中频。
考试套路：存在管理层偏向迹象的情形；有关会计估计书面声明中包含的内容。
备考建议：理解记忆。

（2）对导致特别风险的会计估计，管理层应当披露估计的不确定性，并披露估计结果可能出现的区间和用以确定区间估计的假设。

（二）识别可能存在管理层偏向的迹象

管理层偏向是指管理层在编制和列报信息时缺乏中立性。

注册会计师应当复核管理层在作出会计估计时的判断和决策，以识别是否可能存在管理层偏向的迹象。

与会计估计相关的、可能存在管理层偏向迹象的例子包括：

1.管理层主观地认为环境发生变化，改变了估计或估计方法；

2.针对公允价值会计估计，使用与市场不一致的自有假设；

3.管理层选择或作出重大假设以产生有利于其目标的点估计；

4.选择带有乐观或悲观倾向的点估计。

（三）获取书面声明

考霸笔记

链接：第十八章 第三节 书面声明。

注册会计师应向管理层和治理层（如适用）获取书面声明，以确定其是否认为在作出会计估计时使用的重大假设是合理的。

有关财务报表中确认或披露的会计估计的书面声明可能包括：

1.计量流程（包括假设和模型）的恰当性与运用的一贯性；

2.假设恰当地反映了管理层执行特定措施的意图和能力；

3.与会计估计相关的披露的完整性和适当性；

4.不存在需要对会计估计和披露作出调整的期后事项。

对未在财务报表中确认或披露的估计，书面声明还可能包括管理层认为无须确认或披露、无须以公允价值计量或披露的依据的恰当性。

第二节　关联方的审计

◇ 关联方审计概述

◇ 风险评估程序和相关工作

◇ 识别和评估重大错报风险

◇ 针对重大错报风险的应对措施

◇ 评价会计处理和披露

◇ 其他相关审计程序

一、关联方审计概述 了解即可！

（一）风险特征

1.重大错报风险更高：

（1）关联方可能通过广泛而复杂的关系和组织结构运作，相应增加关联方交易的复杂程度；

（2）信息系统可能无法有效识别或汇总关联方交易和未结算金额；

（3）关联方交易可能未按照正常的市场交易条款和条件进行。

2.审计固有限制更多：

（1）管理层可能未能识别出所有关联方关系及其交易，特别是在适用的财务报告编制基础没有对关联方作出规定时；

（2）关联方关系可能为管理层的串通舞弊、隐瞒或操纵行为提供更多机会。

（二）审计责任

1.注册会计师的责任：

（1）实施审计程序以识别、评估和应对关联方关系及其交易导致的重大错报风险；

考霸笔记

考试题型：选择题。

考试频率：高频。

考试套路：判断哪些情形下表明存在管理层偏向。

备考建议：教材中举例要理解记忆，常考选择题。

考霸笔记

注意：在得出某项会计估计是否合理的结论时，可能存在管理层偏向的迹象本身并不构成错报。

关联方审计与集团审计的区别

（2）了解关联方关系及其交易以确定财务报表是否公允反映。

2.由于审计的固有限制，即使注册会计师按照审计准则的规定恰当计划和实施了审计工作，也不可避免地存在财务报表中的某些重大错报未被发现的风险。

（三）审计目标

1.无论适用的财务报告编制基础是否对关联方作出规定①，都应充分了解关联方关系及其交易，以便能够确认由此产生的、与识别和评估由于舞弊导致的重大错报风险相关的舞弊风险因素；根据获取的审计证据，就财务报表受到关联方关系及其交易的影响而言②，确定财务报表是否实现公允反映。

2.如果适用的财务报告编制基础对关联方作出规定，应获取充分、适当的审计证据，确定关联方关系及其交易是否已按照适用的财务报告编制基础得到恰当识别、会计处理和披露。

二、风险评估程序和相关工作

注册会计师在审计过程中应当实施以下风险评估程序和相关工作，以获取与识别关联方关系及其交易相关的重大错报风险的信息：

1.了解关联方关系及其交易明察。
- 项目组内部讨论
- 询问管理层
- 与关联方关系及其交易相关的控制

2.在检查记录或文件时对关联方信息保持警觉暗访。
- 检查记录或文件
- 询问管理层
- 对安排保持警觉

（一）了解关联方关系及其交易

1.项目组内部讨论。

讨论的一般内容包括：

（1）关联方关系及其交易的性质和范围；

（2）强调在整个审计过程中对关联方关系及其交易导致的重大错报风险保持怀疑的重要性；

（3）可能显示管理层未识别或未向注册会计师披露的关联方关系及其交易的情形或状况；　（完整性）

（4）可能显示存在关联方关系及其交易的记录或文件；　　（完整性）

（5）管理层和治理层对关联方关系及其交易识别、处理和披露的重视程度；

（6）管理层凌驾于相关控制之上的风险。

针对舞弊的特殊讨论内容包括：

（1）如何利用管理层控制的特殊目的实体进行利润操纵；

（2）如何为侵占资产安排被审计单位与关键管理人员的商业伙伴进行交易。

2.询问管理层。

询问的事项包括：

考霸笔记

注意：不能说财务报告编制基础未对关联方作出规定，注册会计师就不用充分了解关联方关系及其交易。

考霸笔记

考试题型：选择题、简答题。考试频率：中频。备考建议：重点关注询问管理层的内容、检查记录或文件的事项。

考霸笔记

链接：第七章第二节项目组内部讨论；第十三章第一节组织项目组讨论；第十六章第四节集团项目组成员与组成部分注册会计师对集团财务报表重大错报风险的讨论。

考霸笔记

辅助记忆：名称、特征、关系、交易。

（1）关联方的名称和特征，包括关联方自上期以来发生的变化；

（2）被审计单位和关联方之间关系的性质；

（3）本期是否与关联方发生交易，如发生，交易的类型、定价政策和目的。

3.了解与关联方关系及其交易相关的控制。

（1）向管理层了解与下列相关的内部控制：　　（✓熟悉）

①按照编制基础识别、处理和披露关联方关系及其交易；

②授权和批准重大关联方交易和安排；

③授权和批准超出正常经营过程的重大交易和安排。

> **考霸笔记**
> 关注！防止出选择题。

（2）询问非管理层的下列人员：

下列人员虽不属于管理层，但可能知悉关联方关系及其交易和控制：

①治理层成员；

②负责生成、处理、记录监督或监控超常重大交易的人员；

③内部审计人员；

④内部法律顾问；

⑤负责道德事务的人员。

（✓熟悉，可能考）

> **考霸笔记**
> 考试题型：选择题。
> 考试频率：较高频。
> 考试套路：应当检查和可以检查的文件或记录混在一起考核。
> 备考建议：牢记哪些是应当检查的文件，其他的就是可以检查的文件，做题时一定要看清要求。

（3）可能表明不存在相关控制或控制存在缺陷的情形：

> **考霸笔记**
> 了解即可！

①管理层对识别和披露关联方关系及其交易的重视程度较低；

②缺乏治理层的适当监督；

③由于披露关联方可能会泄露管理层认为敏感的某些信息（如关联方交易涉及管理层家庭成员），管理层有意忽视相关控制；

④管理层未能充分了解适用的财务报告编制基础对关联方的有关规定；

⑤适用的财务报告编制基础没有对关联方披露作出规定。

（4）管理层凌驾于控制的可能方式：

> **考霸笔记**
> 了解即可！

①指示被审计单位从事损害自身利益但能使关联方获益的交易；

②与关联方串通或控制其行动。

（5）管理层通过关联方实施舞弊的情形：

> **考霸笔记**
> 了解即可！

①虚构关联方交易条款，以对交易的商业理由作出不实表述；

②采用欺诈方式，安排与管理层或其他人员之间按照显著高于或低于市价的金额进行资产转让交易；

③与关联方从事复杂的交易，以使财务状况或经营成果存在不实表述。

（二）在检查记录或文件时对关联方信息保持警觉

1.检查记录或文件。

> **考霸笔记**
> 注意：以下三种是必须检查的。

为确定是否存在管理层以前未识别或未向注册会计师披露（完整性）的关联方关系及其交易，应当检查下列记录或文件：

（1）注册会计师实施审计程序时获取的银行和律师的询证函回函；

（2）股东会和治理层会议的纪要；

（3）注册会计师认为必要的其他记录和文件。

> **考霸笔记**
> 获知有决策权/重大影响力的股东。

除此以外，注册会计师还可以检查某些可能提供有关关联方关系及其交易信息的记录或文件，包括：

> **考霸笔记**
> 兜底条款。

> **考霸笔记**
> 注意：以下13种不是必须检查，而是可以检查。

（1）除了向银行和律师获取的询证函回函外，还包括注册会计师自其他第三方取得的询证函回函；

（2）被审计单位的所得税纳税申报表；

（3）被审计单位提供给监管机构的信息；

（4）被审计单位的股东登记名册（用以识别主要股东）；

（5）管理层和治理层的利益冲突声明；

（6）被审计单位有关投资和养老金计划的记录；

（7）与关键管理层或治理层成员签订的合同和协议；

（8）超出被审计单位正常经营过程的重要合同和协议；

（9）被审计单位与专业顾问的往来函件和发票；

（10）被审计单位购买的人寿保险单；

（11）被审计单位在报告期内重新商定的重要合同；

（12）内部审计人员的报告；

考霸笔记
如果涉及，就是特别风险。

（13）被审计单位向证券监管机构报送的文件（如招股说明书）。

2.针对识别出的超常重大交易询问管理层。

通过检查文件、记录，如果识别出超出正常经营过程的重大交易，应询问管理层这些交易的性质以及是否涉及关联方。

考霸笔记
常考，要理解教材中的例子。

超常交易的例子可能包括：

（1）复杂的股权交易，如公司重组或收购；

（2）与公司法制不健全的国家或地区的境外实体之间的交易；

考霸笔记
无偿。

（3）对外提供厂房租赁或管理服务，而没有收取对价；

（4）具有异常大额折扣或退货的销售业务；

（5）循环交易，如售后回购交易；

考霸笔记
通常做不到。

（6）在合同期限届满之前变更条款的交易。

3.在检查、询问过程中对安排保持警觉。

与关联方交易有关的特别风险

"安排"是指被审计单位和一方或多方基于下列目的签订的正式或非正式协议：

（1）通过适当方式（如投资工具）或组织架构建立商业关系；

（2）根据特定条款和条件从事某种类型的交易；

（3）提供指定的服务或财务支持。

某些安排或其他信息可能显示管理层以前未识别或未披露的关联方关系或交易。例如：

（1）与其他机构或人员组成不具有法人资格的合伙企业；

（✔熟悉）

哪些情况下会产生特别风险？

（2）按照超出正常经营过程的交易条款和条件，向特定机构或人员提供服务的安排；

（3）担保和被担保关系。

三、识别和评估重大错报风险

（一）特别风险

注册会计师应当将超出正常经营过程的重大关联方交易导致的风险确定为特别

考霸笔记
考试题型：选择题。
考试频率：较高频。
备考建议：重点关注导致特别风险的情形以及支配性影响的情形。

考霸笔记
三个条件：
超常＋重大＋关联方
＝特别风险

风险。

（二）关联方施加的支配性影响

1.支配性影响的概念。

如果关联方在被审计单位设立和日后管理中均发挥主导作用，可能存在支配性影响。

2.支配性影响的表现。

（1）关联方否决管理层或治理层作出的重大经营决策；

（2）重大交易需经关联方的最终批准；

（3）对关联方提出的业务建议，管理层和治理层未曾或很少进行讨论；

（4）对涉及关联方（或与关联方关系密切的家庭成员）的交易，极少进行独立复核和批准。

3.支配性影响的风险。

下列情形下，存在具有支配性影响的关联方，可能表明存在舞弊导致的特别风险：

（1）异常频繁变更高级管理人员或专业顾问，可能表明被审计单位为关联方谋取利益而从事不道德或虚假的交易；

（2）利用中间机构从事难以判断是否具有正当商业理由的重大交易，可能表明关联方出于欺诈目的，通过控制这些中间机构从交易中获利；　（熟悉）

（3）关联方过度干涉或关注会计政策的选择或重大会计估计的作出，可能表明存在虚假财务报告。

> **总结归纳：**
> "应当"确认为特别风险的有：舞弊风险，管理层凌驾于内部控制之上的风险，超常重大关联方交易。
> "可能"存在特别风险的有：收入确认，具有高度估计不确定性的会计估计，存在支配性影响的关联方出现在特定情形下。

四、针对重大错报风险的应对措施

（一）识别出可能表明存在管理层以前未识别出或未披露的关联方关系或交易的安排或信息

如识别出可能表明存在管理层以前未识别出或未披露的关联方关系及其交易的安排或信息，应确定是否能证实关联方关系及其交易的存在。

（二）识别出管理层以前未识别出或未披露的关联方关系或重大关联方交易

如识别出管理层以前未识别出或未披露的关联方关系或重大关联方交易，应当采取下列措施：

1.立即向项目组其他成员通报，确定是否需要重新评估重大错报风险。

2.要求管理层识别与新识别出的关联方之间发生的所有交易，以便注册会计师作出进一步评价，并询问与关联方关系及其交易相关的控制为何未能识别或披露该关联方关系或交易。

3.对新识别出的关联方或重大关联方交易实施恰当的实质性程序：

（1）询问新识别出的关联方关系的性质。

（2）分析与新关联方交易的会计记录。

（3）核实新关联方交易的条款和条件，评价是否按编制基础恰当处理和披露。

4.重新考虑可能存在"管理层以前未识别出或未披露的关联方关系或重大关联方交易"的风险，如有必要，实施追加的审计程序。

5.如果管理层不披露关联方关系或交易看似是有意的，因而显示可能存在由于舞弊导致的重大错报风险，评价这一情况对审计的影响。注册会计师因此还可能考虑是否有必要重新评价管理层对询问的答复以及管理层声明的可靠性。

（三）识别出超常重大关联方交易后的措施

1.检查相关合同或协议，并评价：

（1）交易的商业理由（或缺乏商业理由）是否表明虚假报告或隐瞒侵占资产的行为；

（2）交易条款是否与管理层的解释一致；

（3）关联方交易是否已按编制基础恰当处理和披露。

2.核实超常重大关联方交易是否经恰当的授权和批准：

（1）如经管理层、治理层或股东授权批准，可能表明该项交易已在适当层面进行了考虑，并在财务报表中恰当披露；

（2）授权和批准本身不足以就是否不存在由于舞弊或错误导致的重大错报风险得出结论，原因在于如果被审计单位与关联方串通舞弊或关联方对被审计单位具有支配性影响，被审计单位与授权和批准相关的控制可能是无效的。

（四）针对管理层财务报表中作出公平交易认定的措施

1.如果管理层认定关联方交易是按照等同于公平交易中通行的条款执行的，则管理层在编制财务报表时需要证实这项认定。管理层用以支持这项认定的措施可能包括：

（1）比较关联方交易条款与相同或类似的非关联方交易条款；

（2）聘请外部专家确定交易市场价格并确认交易条款和条件；

（3）比较关联方交易条款与公开市场进行的类似交易的条款。

2.注册会计师针对公平交易认定的评价内容：

（1）考虑管理层用于支持其认定的程序是否恰当；

（2）验证并测试支持管理层认定的内部或外部数据，判断其准确性、完整性和相关性；

（3）评价管理层认定所依据的重大假设的合理性。

如无法获取充分、适当的审计证据，可要求管理层撤销此披露。如管理层不同意撤销，考虑对审计报告的影响。

五、评价会计处理和披露

（一）评价对审计意见的影响

1.识别出的关联方关系及其交易是否已按照适用的财务报告编制基础得到恰当会计处理和披露。

2.关联方关系及其交易是否导致财务报表未实现公允反映。

（二）评价披露的可理解性

注册会计师需要考虑被审计单位是否已对关联方关系及其交易进行了恰当汇总和列报，以使披露具有可理解性。

下列情形可能表明对关联方交易的披露不具有可理解性：

1.关联方交易的商业理由以及交易对财务报表的影响披露不清楚，或存在错报；

2.未适当披露为理解关联方交易所必需的关键条款、条件或其他要素。

六、其他相关审计程序

（一）获取书面声明

1.如果适用的财务报告编制基础对关联方作出规定，注册会计师应当向管理层和治理层（如适用）获取下列书面声明：

（1）已向注册会计师披露了全部已知的关联方名称和特征、关联方关系及其交易；

（2）已按编制基础的规定对关联方关系及其交易进行恰当会计处理和披露。

2.针对下列特殊情况获取补充书面声明：

（1）治理层批准的某项特定关联方交易可能对财务报表产生重大影响或涉及管理层；

（2）治理层就某些关联方交易细节向注册会计师口头声明；

（3）治理层在关联方关系及其交易中享有财务或者其他利益。

3.就特殊认定获取书面声明。

如管理层声称特殊关联方交易不涉及未披露的背后协议。

（二）与治理层沟通

注册会计师应当与治理层沟通发现的与关联方相关的重大事项，以便双方就这些事项的性质和解决方法达成共识。

所谓相关的重大事项包括：

1.管理层有意或无意未向注册会计师披露关联方关系或重大关联方交易；

2.识别出的未经适当授权和批准的、可能产生舞弊嫌疑的重大关联方交易；

3.注册会计师与管理层在按编制基础披露重大关联方交易方面存在分歧；

4.违反适用的法律法规有关禁止或限制特定类型关联方交易的规定；

5.在识别被审计单位最终控制方时遇到的困难。

第三节　考虑持续经营假设

◇ 管理层责任和注册会计师责任

◇ 风险评估程序和相关活动

◇ 评价管理层对持续经营能力作出的评估

◇ 识别出事项或情况时实施追加的审计程序

◇ 审计结论与报告

◇ 与治理层沟通

持续经营假设是指被审计单位在编制财务报表时，假定其经营活动在可预见的

考霸笔记

考试题型：选择题、简答题。
考试频率：中频。
备考建议：对书面声明以及与治理层沟通的内容要和相关章节相结合，关注书面声明应包含哪些内容。

考霸笔记

链接：第十八章第三节书面声明。

考霸笔记

链接：第十三章第一节关于与治理层沟通的内容；第十四章第一节关于与治理层沟通的内容；第十六章第十一节关于与集团治理层沟通的内容；第十七章第二节关于与治理层沟通的内容。

第十七章

404 | 四维考霸之审计

将来会继续下去，不拟也不必终止经营或破产清算，可以在正常的经营过程中变现资产、清偿债务。持续经营假设通常是会计确认和计量的基本假定之一，对财务报表的编制和审计关系重大。是否以持续经营假设为基础编制财务报表，对会计确认、计量和列报将产生很大影响。

一、管理层责任和注册会计师责任

（一）管理层责任

1.某些适用的财务报告编制基础明确要求管理层对持续经营能力作出评估，并规定了与此相关的需要考虑的事项和作出的披露。相关的法律法规还可能对管理层评估持续经营能力的责任和相关财务报表披露作出具体规定。

2.其他财务报告编制基础可能没有明确要求管理层对持续经营能力作出评估。但由于持续经营假设是编制财务报表的基本原则，即使其他财务报告编制基础没有对此作出明确规定，管理层也需要在编制财务报表时评估持续经营能力。

（二）注册会计师责任

1.在执行财务报表审计业务时，注册会计师的责任是就管理层在编制和列报财务报表时运用持续经营假设的适当性获取充分、适当的审计证据，并就持续经营能力是否存在重大不确定性得出结论。

> 对适当性，积极取证，但不评估；对是否存在重大不确定性得出结论，属消极评估。
>
> 注意：并非由注册会计师对被审计单位的持续经营能力作出评估，而是由被审计单位管理层对其持续经营能力作出评估，注册会计师是去评价"管理层的评估"。

2.即使编制财务报表时采用的财务报告编制基础没有明确要求管理层对持续经营能力作出专门评估，注册会计师的这种责任仍然存在。

3.如存在可能导致被审计单位不再持续经营的未来事项或情况，注册会计师不得对这些事项或情况作出预测。

4.如果注册会计师未在审计报告中提及持续经营的不确定性，不能被视为对被审计单位持续经营能力的保证。

二、风险评估程序和相关活动

实施风险评估程序时，注册会计师应当：

（1）考虑是否存在单独或汇总起来可能导致对持续经营能力产生重大疑虑的事项或情况（简称"致疑情况"）及相关的经营风险；

（2）评价管理层对持续经营能力作出的评估：

①如管理层未初步评估，提请其评估，询问是否存在致疑情况，并与其讨论拟运用持续经营假设的基础；

②如管理层已初步评估，与管理层讨论并确定管理层是否已识别出致疑情况；

③如果管理层已识别出致疑情况，注册会计师应当与其讨论应对计划。

（3）考虑已识别的事项或情况对重大错报风险评估的影响。

注册会计师应当从财务、经营和其他方面识别致疑情况。

（一）财务方面

1.净资产为负或营运资金出现负数；

2.定期借款即将到期，但预期不能展期或偿还，或过度依赖短期借款为长期资产筹资；

3.存在债权人撤销财务支持的迹象；

4.历史财务报表或预测性财务报表表明经营活动产生的现金流量净额为负数；

5.关键财务比率不佳；

6.发生重大经营亏损或用以产生现金流量的资产的价值出现大幅下跌；

7.拖欠或停止发放股利；

8.在到期日无法偿还债务；

9.无法履行借款合同的条款；

10.与供应商由赊购变为货到付款；

11.无法获得开发必要新产品或其他必要投资所需的资金。

（二）经营方面

1.管理层计划清算被审计单位或终止经营；

2.关键管理人员离职且无人替代；

3.失去主要市场、关键客户、特许权、执照或主要供应商；

4.出现用工困难问题；

5.重要供应短缺；

6.出现非常成功的竞争者。

（三）其他方面

1.违反有关资本或其他法定要求；

2.未决诉讼或监管程序，可能导致无法支付索赔金额；

3.法律法规或政府政策的变化预期会产生不利影响；

4.对发生的灾害未购买保险或保额不足。

注意：

1.这些示例并不能涵盖所有项目，也不意味着存在其中一个或多个项目就存在重大不确定性，从而导致无法持续经营。某些措施通常可以减轻这些事项或情况的严重性，此时注册会计师不一定会得出无法持续经营的结论。

2.注册会计师就可能导致对持续经营能力产生重大疑虑的事项或情况以及相关经营风险的关注应当贯穿于审计工作的始终。

3.如果被审计单位存在资不抵债、无法偿还到期债务等事项或情况，这可能表明被审计单位存在因持续经营问题导致的重大错报风险，该项风险与财务报表整体广泛相关，从而影响多项认定。

考霸笔记

常考，一定要牢记！

三、评价管理层对持续经营能力作出的评估

管理层应当定期对其持续经营能力作出分析和判断，确定以持续经营假设为基础编制财务报表的适当性。管理层对被审计单位持续经营能力的评估，是注册会计师考虑管理层运用持续经营假设的一个关键部分。

（一）管理层评估涵盖的期间

1.持续经营假设是指被审计单位在编制财务报表时，假定其经营活动在可预见的将来会继续下去，而可预见的将来通常是指资产负债表日后十二个月。如果评估期间少于资产负债表日起的十二个月，注册会计师应当提请管理层将评估期间延伸至十二个月。

2.对于超出评估期间的事项或情况：

（1）注册会计师应当询问管理层是否知悉超出评估期间的、可能导致对持续经营能力产生重大疑虑的事项或情况。

（2）发生的时点越远，不确定程度就越高。在考虑更远期间发生的事项或情况时，只有持续经营事项的迹象达到重大时，注册会计师才需要考虑采取进一步措施。

（3）如果识别出这些事项或情况，注册会计师可能需要提请管理层评价这些事项或情况对于其评估被审计单位持续经营能力的潜在重要性。

（4）除询问管理层外，注册会计师没有责任实施其他任何审计程序，以识别超出管理层评估期间并可能导致对被审计单位持续经营能力产生重大疑虑的事项或情况。

（二）管理层的评估、支持性分析和注册会计师的评价

1.在某些情况下，管理层缺乏详细分析以支持其评估，可能不妨碍注册会计师确定管理层运用持续经营假设是否适合具体情况。

例如，如果被审计单位具有盈利经营的记录并很容易获得财务支持，管理层可能不需要进行详细分析就能作出评估。在这种情况下，如果其他审计程序足以使注册会计师认为管理层在编制财务报表时运用的持续经营假设适合具体情况，注册会计师可能无须实施详细的评价程序，就可以对管理层评估的适当性得出结论。

2.一般情况下，注册会计师评价管理层对持续经营能力的评估，内容可能包括：

（1）管理层作出评估时遵循的程序：

①管理层如何识别可能导致对其持续经营能力产生重大疑虑的事项或情况；

②所识别的事项或情况是否完整，是否已对注册会计师在实施审计程序过程中发现的所有相关信息进行了充分考虑。

（2）管理层作出评估时依据的假设是否合理，特别关注：

①对预测性信息具有重大影响的假设；

②特别敏感的或容易发生变动的假设；

③与历史趋势不一致的假设。

（3）管理层未来应对计划是否可行。

四、识别出事项或情况时实施追加的审计程序

如果识别出可能导致对持续经营能力产生重大疑虑的事项或情况，注册会计师应当通过实施追加的审计程序（包括考虑缓解因素），获取充分、适当的审计证据，以确定是否存在重大不确定性。这些程序应当包括：

1.如果管理层尚未对被审计单位持续经营能力作出评估，提请其进行评估。

2.评价管理层与持续经营能力评估相关的未来应对计划，这些计划的结果是否可能改善目前的状况，以及管理层的计划对于具体情况是否可行。

应对计划通常包括：变卖资产、对外借款、重组债务、削减或延缓开支或者获得新的资本。

3.如果被审计单位已编制现金流量预测，且对预测的分析是评价管理层未来应对计划时所考虑的事项或情况的未来结果的重要因素，评价用于编制预测的基础数据的可靠性，并确定预测所基于的假设是否具有充分的支持。

4.考虑自管理层作出评估后是否存在其他可获得的事实或信息。

5.要求管理层和治理层（如适用）提供有关未来应对计划及其可行性的书面声明。

注意：

1.如果合理预期不存在其他充分、适当的审计证据，注册会计师应当就对财务报表有重大影响的事项向管理层和治理层（如适用）获取书面声明。

2.有时，管理层会考虑主动寻求破产保护，以避免诸如诉讼事项可能发生的巨额赔偿支出。在这种情况下，可要求管理层和治理层声明：在财务报表日起的十二个月内，管理层和治理层没有申请破产保护的计划。

五、审计结论

注册会计师应当评价是否就管理层编制财务报表时运用持续经营假设的适当性获取了充分、适当的审计证据，并就运用持续经营假设的适当性得出结论。

如果认为运用持续经营假设适合具体情况，但存在重大不确定性，注册会计师应当确定：

1.财务报表是否已充分描述可能导致对持续经营能力产生重大疑虑的主要事项或情况，以及管理层针对这些事项或情况的应对计划；

2.财务报表是否已清楚披露可能导致对持续经营能力产生重大疑虑的事项或情况存在重大不确定性，并由此导致被审计单位可能无法在正常的经营过程中变现资产和清偿债务。

如果已识别出可能导致对被审计单位持续经营能力产生重大疑虑的事项或情况，但根据获取的审计证据，注册会计师认为不存在重大不确定性，则注册会计师应当根据适用的财务报告编制基础的规定，评价财务报表是否对这些事项或情况作出充分披露。

六、对审计报告的影响

(一) 持续经营假设适当但存在重大不确定性

1.如已作出充分披露，发表无保留意见，并在审计报告中增加以"与持续经营相关的重大不确定性"为标题的单独部分，以：

(1) 提醒财务报表使用者关注财务报表附注中对所述事项的披露；

(2) 说明这些事项或情况表明存在可能导致对被审计单位持续经营能力产生重大疑虑的重大不确定性，并说明该事项并不影响发表的审计意见。

2.如未作出充分披露，发表保留或否定意见。

3.在极少数情况下，存在多项对财务报表整体具有重要影响的重大不确定性事项，导致难以确定持续经营假设的合理性。无论是否充分披露，发表无法表示意见都可能是适当的。

(二) 运用持续经营假设不适当

1.出具否定意见审计报告的情形。

如果财务报表按照持续经营基础编制，而注册会计师运用职业判断认为管理层在编制财务报表时运用持续经营假设是不适当的，则无论财务报表对管理层运用持续经营假设的不适当性是否作出披露，注册会计师均应发表否定意见。

2.采用替代基础编制财务报表发表无保留意见。

(1) 如果在具体情况下运用持续经营假设是不适当的，但管理层被要求或自愿选择编制财务报表，则可以采用替代基础（如清算基础）编制财务报表；

(2) 注册会计师可以对财务报表进行审计，前提是注册会计师确定替代基础在具体情况下是可接受的编制基础；

(3) 如果财务报表对此作出了充分披露，注册会计师可以发表无保留意见，但也可能认为在审计报告中增加强调事项段是适当或必要的，以提醒财务报表使用者注意替代基础及其使用理由。

(三) 严重拖延对财务报表的批准

1.如果管理层或治理层在财务报表日后严重拖延对财务报表的批准，注册会计师应当询问拖延的原因；

2.如果认为拖延可能涉及与持续经营评估相关的事项或情况，注册会计师有必要实施前述识别出可能导致对持续经营能力产生重大疑虑的事项或情况时追加的审计程序，并就存在的重大不确定性考虑对审计结论的影响。

七、与治理层的沟通 (2019年新增)

注册会计师应当与治理层就识别出的可能导致对被审计单位持续经营能力产生重大疑虑的事项或情况进行沟通，除非治理层全部成员参与管理被审计单位。

与治理层的沟通应当包括下列方面：

(1) 这些事项或情况是否构成重大不确定性；

(2) 管理层在财务报表编制时运用持续经营假设是否适当；

(3) 财务报表中的相关披露是否充分；

（4）对审计报告的影响（如适用）。

第四节　首次接受委托时对期初余额的审计

◇ 期初余额的含义及理解要点
◇ 期初余额的审计目标
◇ 审计程序
◇ 审计结论和审计报告

一、期初余额的含义及理解要点

1.期初余额的含义

广义：（1）首次接受委托时涉及的期初余额问题；（2）连续开展审计业务时涉及的期初余额问题。

首次接受委托时又分为两种情况：

（1）会计师事务所在被审计单位财务报表首次接受审计时，接受委托；

（2）被审计单位上期财务报表由前任注册会计师审计的情况下，接受委托。

2.期初余额的理解要点

①是期初已存在的账户余额；

②反映了以前期间的交易和上期采用的会计政策的结果；

③与注册会计师首次接受委托相联系。

注册会计师对财务报表进行审计，是对被审计单位所审期间财务报表发表审计意见，一般无须专门对期初余额发表审计意见，但因为期初余额是本期财务报表的基础，所以要对期初余额实施适当的审计程序，判断期初余额对本期财务报表的影响程度，主要着眼于以下方面：

（1）上期结转至本期的金额；

（2）上期采用的会计政策；

（3）上期期末已存在的或有事项及承诺。

> 一方面，注册会计师应当保持应有的职业谨慎，充分考虑期初余额对所审计财务报表的影响。另一方面，注册会计师对期初余额的审计，应该遵循适度原则。（如对期初余额审计过于详细，势必增加审计成本，延长审计时间，加大审计费用）

二、期初余额的审计目标

在执行首次审计业务时，注册会计师针对期初余额的目标是，获取充分、适当的审计证据以确定：

1.期初余额是否含有对本期财务报表产生重大影响的错报；

2.期初余额反映的恰当的会计政策是否在本期财务报表中得到一贯运用，或会计政策的变更是否已按照适用的财务报告编制基础作出恰当的会计处理和充分的列报与披露。

（一）期初余额是否含有对本期财务报表产生重大影响的错报

1.确定期初余额是否存在对本期财务报表产生重大影响的错报，主要是判断期初余额的错报对本期财务报表使用者进行决策的影响程度，是否足以改变或影响其判断；

2.如果期初余额存在对本期财务报表产生重大影响的错报，则注册会计师在审计中必须对此提出恰当的审计调整或披露建议；

3.如果期初余额不存在对本期财务报表产生重大影响的错报，则注册会计师无须对此予以特别关注和处理。

（二）期初余额反映的恰当的会计政策是否在本期财务报表中得到一贯运用，或会计政策的变更是否已按照适用的财务报告编制基础作出恰当的会计处理和充分的列报与披露

1.可以变更会计政策的情形。

在满足下列条件之一的情形下，可以变更会计政策：

（1）法律、行政法规或者国家统一的会计制度等要求变更会计政策；

（2）会计政策变更能够提供更可靠、更相关的会计信息。

2.变更会计政策后的追溯调整。

将会计政策变更累积影响数调整列报前期最早期初留存收益，其他相关项目的期初余额和列报前期披露的其他比较数据也应当一并调整，但确定该项会计政策变更累积影响数不切实可行的情况除外。

三、审计程序

（一）对期初余额需要实施的审计程序的性质和范围取决的事项

注册会计师对期初余额需要实施的审计程序的性质和范围取决于下列事项：

1.被审计单位运用的会计政策；

2.账户余额、各类交易和披露的性质以及本期财务报表存在的重大错报风险；

3.期初余额相对于本期财务报表的重要程度；

4.上期财务报表是否经过审计，如果经过审计，前任注册会计师的意见是否为非无保留意见。

（二）期初余额的一般审计程序

1.确定上期期末余额是否已正确结转至本期，或在适当的情况下已作出重新表述

（1）上期期末余额已正确结转至本期。

（2）上期期末余额通常应直接结转至本期。在某些情形下，上期期末余额不应直接结转至本期，而应当进行重新表述。

2.确定期初余额是否反映对恰当会计政策的运用

（1）了解、分析被审计单位所选用的会计政策是否恰当，是否符合适用的财务报告编制基础的要求，按照所选用会计政策对被审计单位发生的交易或事项进行处理，是否能够提供可靠、相关的会计信息；

（2）如果认定被审计单位所选用的会计政策恰当，应确认该会计政策是否在每一会计期间和前后各期得到一贯执行，有无变更；

（3）如果发现会计政策发生变更，应审核其变更理由是否充分，是否按规定予以变更，或者由于具体情况发生变化，会计政策变更能够提供更可靠、更相关的会计信息，并关注被审计单位是否已经按照适用的财务报告编制基础的要求，对会计政策变更作出适当的会计处理和充分披露；

（4）如果被审计单位上期适用的会计政策不恰当或与本期不一致，注册会计师在实施期初余额审计时应提请被审计单位进行调整或予以披露。

（三）实施一项或多项审计程序

（1）查阅前任的工作底稿；

（2）评价本期实施的审计程序是否提供了有关期初余额的审计证据；

（3）其他专门程序。

1.查阅前任注册会计师的工作底稿。

（1）查阅的重点内容。

查阅的重点是对本期审计产生重大影响的事项，如前任的审计意见的类型和主要内容，针对上期财务报表的审计计划和审计总结等，具体来讲包括：

前任工作底稿中的所有重要审计领域；

前任实施的必要审计程序，获取的审计证据，以支持资产负债表重要账户期初余额；

前任编制的调整分录和未更正错报汇总表，评价对当期审计的影响。

（2）考虑前任的独立性和专业胜任能力。

如认为前任不独立或不具有专业胜任能力，则无法通过查阅其工作底稿获取有关期初余额的充分、适当的审计证据。

（3）与前任沟通时的考虑。

2.评价本期实施的审计程序是否提供了有关期初余额的审计证据。

3.实施其他专门的审计程序，以获取有关期初余额的审计证据。

（1）对流动性项目的审计程序。

对流动资产和流动负债，通常可以通过本期实施的审计程序获取部分审计证据。期初流动资产和流动负债在本期的交易事项中通常会有所反映（时隔一年，大部分流动性项目均有变化），因此，通过本期实施的审计程序有时可以印证期初流动资产和流动负债的存在性与金额。

> 例如，本期应收账款的收回（或应付账款的支付）为其在期初的存在、权利和义务、完整性和计价提供了部分审计证据。没有收回的应收账款与本期新增应收账款相比，无非是账龄增加了1年而已，可以作为函证的重点。审计程序并无实质性区别。

注意：存货是个特例。

存货是流动资产中几乎唯一（货币资金中的库存现金也是）的一个实物资产。实物资产必须监盘，而期初存货到期末时基本不复存在（领用、加工或销售）。

因为审计委托时间滞后，注册会计师可能未能对上期期末存货实施监盘，本期对存货的期末余额实施的审计程序，几乎无法提供有关期初持有存货的审计证据。因此，注册会计师有必要实施追加的审计程序。

考霸笔记

链接：第十四章第二节相关内容。

下列一项或多项审计程序可能提供有关期初存货余额的充分、适当的审计证据：

①监盘当前（签约后）的存货数量并调节至期初存货数量；

②对期初存货项目的计价实施审计程序；

③对毛利和存货截止实施审计程序。

（2）对非流动性项目的审计程序。

非流动性项目比较稳定，变动较少，通常检查形成期初余额的会计记录和其他信息即可。在某些情况下，可向第三方函证期初余额，或实施追加的审计程序。

四、审计结论和审计报告

（一）不能获取有关期初余额的充分、适当的审计证据

如果不能针对期初余额获取充分、适当的审计证据，注册会计师需要在审计报告中发表下列类型之一的非无保留意见：

1.发表适合具体情况的保留意见或无法表示意见；

2.除非法律法规禁止，对经营成果和现金流量（如相关）发表保留意见或无法表示意见，而对财务状况发表无保留意见。

> 原因在于：
>
> （1）期初余额审计范围受限可能不影响对期末余额的审计。例如，期初库存现金余额就不影响期末库存现金余额。
>
> （2）期初余额审计范围受限可能影响对本期经营成果的审计。例如，期初产成品的数量就可能影响对本期销售额的确认，从而影响本期经营成果。

（二）期初余额存在对本期财务报表产生重大影响的错报

1.如期初余额存在的错报对本期财务报表影响重大，应当告知管理层（提请管理层调整期初余额的错报）；

2.如上期财务报表由前任审计，应考虑提请管理层告知前任，安排三方会谈；

3.如期初余额错报对本期财务报表的影响未能得到正确处理和恰当列报，发表保留或否定意见。

（三）会计政策变更对审计报告的影响

与期初余额相关的会计政策未能在本期得到一贯运用，或者变更未能恰当的处理、列报、披露，发表保留或否定意见。

（四）前任对上期报表发表了非无保留意见

注册会计师不仅需要在评估本期重大错报风险时评价导致前任对上期财务报表发表非无保留意见的事项的影响，在确定针对本期报表的审计意见时，也需要考虑该事项对本期报表的影响：

1.如导致出具非标准审计报告的事项对本期仍然相关和重大，被审计单位继续坚持不在本期财务报表附注中披露，应对本期报表发表非无保留意见。

2.如导致前任发表非无保留意见的事项可能与对本期不相关也不重大，无须因上期的非无保留意见而对本期报表发表非无保留意见。

智能测评

在线练习	我要提问
扫码在线做题　　　　扫码看答案	扫码答疑
本书"本章同步强化训练"均配备二维码，打开微信"扫一扫"即可完成在线测评，查看本章详细的测评反馈报告，了解知识掌握情况，也可扫码直接看答案噢。 　快来扫码做题吧！	本书配备答疑专用二维码，打开微信"扫一扫"，即可完成在线提问，获取专业老师全面个性化解答，让学习问题不再拖延。 　快来扫码提问吧！

本章同步强化训练

一、单选题

1.下列各项中，不属于会计估计审计中风险评估阶段实施的程序的是（   ）。

A.了解适用的财务报告编制基础的要求

B.了解管理层如何识别是否需要作出会计估计

C.复核上期财务报表中会计估计的结果

D.管理层是否恰当运用与会计估计相关的适用的财务报告编制基础的规定

2.下列关于了解管理层的点估计的说法中，错误的是（   ）。

A.管理层的点估计是指管理层在财务报表中确认或披露一项会计估计而选择的金额

B.在有些情况下，财务报告编制基础规定了管理层的点估计

C.在有些情况下，管理层可能有能力直接作出点估计

D.在有些情况下，管理层只有在考虑了各个据以确定点估计的可供选择的假设或结果后，才可能作出可靠的点估计

3.以下关于审计会计估计的说法中，错误的是（   ）。

A.如果认为会计估计导致特别风险，注册会计师需要了解与会计估计相关的控制活动

B.当管理层没有考虑可供选择的假设或结果时，注册会计师有必要要求管理者提供支持性的证据

C.对导致特别风险的会计估计，注册会计师可以仅实施实质性分析程序

D.注册会计师应当在必要时作出评价会计估计合理性的区间估计

4.下列各项中，注册会计师认为不属于存在管理层偏向迹象的是（   ）。

A.管理层按照固定资产折旧政策进行的点估计

B.管理层主观地认为环境已经发生变化，并相应地改变会计估计或估计方法

C.管理层作出重大假设以产生有利于管理层目标的点估计

D.针对公允价值会计估计，被审计单位的自有假设与可观察到的市场假设不一致，但仍使用被审计单位的自有假设

5.在了解关联方关系及其交易时，注册会计师应当向管理层询问的事项不包括（   ）。

A.管理层对关联方关系及其交易进行识别、恰当会计处理和披露的重视程度

B.被审计单位和关联方之间关系的性质

C.关联方的名称和特征，包括关联方自上期以来发生的变化

D.被审计单位在本期是否与关联方发生交易

6.下列关于关联方审计的说法中，错误的是（   ）。

A.注册会计师在计划和实施与关联方关系及其交易有关的审计工作时，保持职业怀疑尤为重要

B.注册会计师应当将识别出的、超出被审计单位正常经营过程的重大关联方交易导致的风险确定为特别风险

C.获取交易已经恰当授权和批准的审计证据可以为注册会计师提供审计证据，就是否不存在由于舞弊或错误导致的重大错报风险得出结论

D.除非治理层全部成员参与管理被审计单位，注册会计师应当与治理层沟通审计工作中发现的与关联方相关的重大事项

7.下列关于注册会计师评估持续经营能力的适当性的说法中，正确的是（   ）。

A.管理层评估持续经营能力的期间不得少于自财务报表日起的6个月

B.管理层对持续经营能力作出评估时考虑的信息，应当包括注册会计师实施审计程序获取的信息

C.如果存在超出评估期间但可能对持续经营能力产生疑虑的事项，管理层没有义务确定其潜在的影响

D.如果被审计单位具有良好的盈利能力和外部资金支持，管理层无须针对持续经营能力作出评估

8.以下关于审计报告的说法，错误的是（　　　）。

A.如果运用持续经营假设是适当的，但存在重大不确定性，且财务报表对重大不确定性已作出充分披露，注册会计师应当发表无保留意见，并在审计报告中增加以"与持续经营相关的重大不确定性"为标题的单独部分

B.当存在多项对财务报表整体具有重要影响的重大不确定性时，注册会计师可能认为发表无法表示意见而非增加以"持续经营相关的重大不确定性"为标题的单独部分是适当的

C.如果财务报表未作出充分披露，注册会计师应当发表保留意见或否定意见

D.注册会计师运用职业判断认为管理层在编制财务报表时运用持续经营假设是不适当的，应发表保留意见或否定意见

9.甲公司2017年度财务报表已经XYZ会计师事务所的X注册会计师审计。ABC会计师事务所的A注册会计师负责审计甲公司2018年度财务报表。下列有关期初余额审计的说法中，错误的是（　　　）。

A.A注册会计师应当阅读甲公司2017年度财务报表和相关披露，以及X注册会计师出具的审计报告

B.为确定期初余额是否含有对本期财务报表产生重大影响的错报，A注册会计师需要确定适用于期初余额的重要性水平

C.A注册会计师评估认为X注册会计师具备审计甲公司需要的独立性和专业胜任能力，因此，可能通过查阅2012年度审计工作底稿，获取关于非流动资产期初余额的充分、适当的审计证据

D.A注册会计师未能对2017年12月31日的存货实施监盘，因此，除对存货的期末余额实施审计程序，有必要对存货期初余额实施追加的审计程序

10.以下关于期初余额对审计报告的影响的说法，错误的是（　　　）。

A.如果期初余额存在对本期财务报表产生重大影响的错报，而错报的影响未能得到正确的会计处理和恰当的列报，注册会计师应当对财务报表发表保留意见或否定意见

B.如果认为按照适用的财务报告编制基础与期初余额相关的会计政策未能在本期得到一贯运用，注册会计师应当对财务报表发表保留意见或否定意见

C.会计政策的变更未能得到恰当的会计处理或适当的列报与披露，注册会计师应当对财务报表发表保留意见或否定意见

D.如果不能针对期初余额获取充分、适当的审计证据，注册会计师应当对财务报表发表保留意见或无法表示意见

二、多选题

1.在识别和评估与会计估计相关的重大错报风险时，下列各项中，注册会计师认为应当了解的有（　　　）。

A.与会计估计相关的财务报告编制基础的规定

B.甲公司管理层如何识别需要作出会计估计的交易、事项和情况

C.甲公司管理层如何作出会计估计

D.会计估计所依据的数据

2.在评价会计估计的不确定性时，下列会计估计中，注册会计师通常认为具有高度不确定性的有（   ）。

A.上期财务报表中确认的金额与实际结果存在差异的会计估计

B.采用高度专业化的、由被审计单位自己开发的模型作出的公允价值会计估计

C.存在公开活跃市场情况下作出的公允价值会计估计

D.高度依赖判断的会计估计

3.注册会计师在了解管理层是否以及如何评估估计不确定性的影响时，可能考虑的事项包括（   ）。

A.管理层是否已经考虑以及如何考虑各种可供选择的假设或结果

B.管理层是否监控上期作出会计估计的结果

C.管理层是否已恰当应对实施监控程序的结果

D.当敏感性分析表明存在多种可能结果时，管理层如何作出会计估计

4.下列各项审计工作中，可以应对与会计估计相关的重大错报风险的有（   ）。

A.测试管理层如何做出会计估计以及会计估计所依据的数据

B.测试管理层做出会计估计相关的控制的运行有效性

C.确定截至审计报告日发生的事项是否提供有关会计估计的审计证据

D.做出注册会计师的点估计或区间估计，以评价管理层的点估计

5.在运用区间估计评价甲公司管理层点估计的合理性时，下列说法中，注册会计师认为正确的有（   ）。

A.注册会计师的区间估计应当采用与甲公司管理层一致的假设和方法

B.应当缩小区间估计，直至该区间估计范围内的所有结果均被视为是可能的

C.应当从区间估计中剔除不可能发生的极端结果

D.当区间估计的区间缩小至等于或小于实际执行的重要性时，该区间估计对于评价甲公司管理层的点估计通常是适当的

6.下列选项中，可能表明关联方对被审计单位施加支配性影响的有（   ）。

A.关联方在被审计单位的设立和日后管理中均发挥主导作用

B.对关联方提出的业务建议，管理层和治理层未曾或很少进行讨论

C.关联方否决管理层或治理层作出的重大经营决策

D.对涉及关联方（或与关联方关系密切的家庭成员）的交易，极少进行独立复核和批准

7.对于识别出的超出正常经营过程的重大关联方交易，注册会计师应当（   ）。

A.将相关信息向项目组其他成员通报

B.检查相关合同或协议

C.获取交易已被恰当授权和批准的审计证据

D.评价管理层对询问的答复以及管理层声明的可靠性

8.对于识别出的超出正常经营过程的重大关联方交易，如有相关合同或协议，注册会计师应当予以检查。下列各项中，注册会计师在检查时应当评估的有（   ）。

A.交易的商业理由

B.交易条款是否与管理层的解释一致

C.关联方交易是否已按照适用的财务报告编制基础得到恰当会计处理

D.关联方交易是否已按照适用的财务报告编制基础得到恰当披露

9.在适用的财务报告编制基础对关联方作出规定的情况下，下列各项中，应当包含在被审计单位管理层和治理层（如适用）书面声明中的有（　　）。

A.已向注册会计师披露了全部已知的关联方名称和特征

B.已向注册会计师披露了全部已知的关联方关系及其交易

C.已按照适用的财务报告编制基础的规定，对关联方关系和交易进行了恰当的会计处理

D.已按照适用的财务报告编制基础的规定，对关联方关系和交易进行了恰当的披露

10.在考虑持续经营假设时，注册会计师的责任包括（　　）。

A.对被审计单位的持续经营能力作出评估

B.就管理层在编制和列报财务报表时运用持续经营假设的适当性获取充分、适当的审计证据

C.纠正管理层缺乏对持续经营能力分析的错误

D.就持续经营能力是否存在重大不确定性得出结论

11.针对识别出的对持续经营事项的重大疑虑，应当与治理层沟通的有（　　）。

A.这些事项或情况构成，重大不确定性

B.财务报表披露是否充分

C.对该疑虑实施的进一步审计程序

D.持续经营是否合理

12.下列选项中，不属于注册会计师对期初余额进行审计的目标的有（　　）。

A.对期初余额发表审计意见

B.期初余额是否发生错报

C.期初余额是否含有对本期财务报表产生重大影响的错报

D.期初余额反映的恰当的会计政策是否在本期财务报表中得到一贯运用，或会计政策的变更是否已按照适用的财务报告编制基础作出恰当的会计处理和充分的列报与披露

13.注册会计师对期初余额实施的审计程序通常包括（　　）。

A.如果上期财务报表已经审计，查阅前任注册会计师的审计工作底稿，以获取有关期初余额的审计证据

B.评价本期实施的审计程序是否提供了有关期初余额的审计证据

C.确定上期期末余额是否已正确结转至本期，或在适当的情况下已作出重新表述

D.确定期初余额是否反映对恰当会计政策的运用

14.有关注册会计师首次接受委托时就期初余额获取审计证据的说法中，正确的有（　　）。

A.对非流动资产和非流动负债，注册会计师可以通过检查形成期初余额的会计记录和其他信息获取有关期初余额的审计证据

B.对流动资产和流动负债，注册会计师可以通过本期实施的审计过程获取有关期初余额的审计证据

C.如果上期财务报表已经审计，注册会计师可以通过审阅前任注册会计师的审计工作底稿获取有关期初余额

D.注册会计师可以通过第三方函证获取有关期初余额的审计证据

三、简答题

1.ABC会计师事务所负责审计上市公司甲公司2018年度财务报表。审计项目组在审计工作底稿中记录了与关联方关系及其交易相关的审计情况，部分内容摘录如下：

（1）甲公司管理层在未审财务报表附注中披露，其向关联方采购原材料的交易按照等同于公平交易中通行的条款执行。审计项目组将甲公司向关联方采购的价格与相同原材料活跃市场价格进行比较，未发现明显差异，据此认为该项披露不存在重大错报。

（2）因不拟信赖甲公司建立的与识别、记录和报告关联方关系及其交易相关的内部控制，审计项目组未了解和测试这些控制，通过实施细节测试应对相关重大错报风险。

（3）审计项目组向甲公司管理层获取了下列与关联方关系及其交易相关的书面声明：1）已向注册会计师披露了全部已知的关联方名称；2）已按照企业会计准则的规定，对关联方关系及其交易进行了恰当的会计处理和披露；3）所有关联方交易均不涉及未予披露的"背后协议"。

（4）2018年度，甲公司与其控股股东完成一项重大业务。审计项目组认为该交易是超出正常经营过程的重大关联方交易，存在特别风险。

要求：

（1）针对上述第（1）至（3）项，逐项指出审计项目组的做法是否恰当。如不恰当，提出改进建议。

（2）针对上述第（4）项，指出审计项目组应当采取哪些应对措施。

2.ABC会计师事务所负责审计甲公司2018年度财务报表，审计项目组在审计工作底稿中记录了与公允价值和会计估计审计相关的情况，部分内容摘录如下：

（1）为确定甲公司管理层在2017年度财务报表中作出的会计估计是否恰当，审计项目组复核了甲公司2017年度财务报表中的会计估计在2018年度的结果。

（2）甲公司年末持有上市公司乙公司的流通股股票200万股，账面价值为1 000万元，以公允价值计量。审计项目组核对了该股票于2018年12月31日的收盘价，并对结果满意。

（3）甲公司持有以公允价值计量的投资性房地产。审计项目组认为该项公允价值计量不存在特别风险，无须了解相关控制，聘请DEF资产评估公司对该投资性房地产的公允价值进行了评估。

（4）2018年末，甲公司针对一项未决诉讼确认了300万元预计负债。审计项目组作出的区间估计为350万元至400万元，据此认为预计负债存在少计50万元的事实错报。

（5）为减少利润总额和应纳税所得额之间的差异，甲公司自2018年1月1日起将固定资产折旧年限调整为税法规定的最低年限。审计项目组根据变更后的折旧年限检查了甲公司2018年度计提的折旧额，并对结果满意。

（6）审计项目组向管理层获取了有关会计估计的书面声明，内容包括在财务报表中确认或披露的会计估计和未在财务报表中确认或披露的会计估计。

要求：针对上述第（1）至（6）项，逐项指出审计项目组的做法是否恰当。如不恰当，简要说明理由。

第五编　完成审计工作与出具审计报告

　　审计完成阶段是审计的最后一个阶段。注册会计师按业务循环完成各财务报表项目的审计测试和一些特殊项目的审计工作后，在审计完成阶段汇总审计测试结果，进行更具综合性的审计工作，如评价审计中的重大发现，评价审计过程中发现的错报，关注期后事项对财务报表的影响，复核审计工作底稿和财务报表等。在此基础上，评价审计结果，在与客户沟通以后，获取管理层声明，确定应出具的审计报告的意见类型和措辞，进而编制并致送审计报告，终结审计工作。

第十八章
完成审计工作

本章框架图

```
                                              评价审计中的重大发现
                         完成审计工作概述    ★ 评价审计中发现的错报
                                              复核审计工作底稿和财务报表

                                              期后事项的种类
                                              第一时段期后事项
第十八章  完成审计工作     期后事项          第二时段期后事项
                                              第三时段期后事项

                                              针对管理层责任的书面声明
                                              其他书面声明
                                            ★ 书面声明的日期和涵盖的期间
                         ★ 书面声明          书面声明的形式
                                            ★ 对书面声明可靠性的疑虑以及管理层不提供
                                              要求的书面声明
```

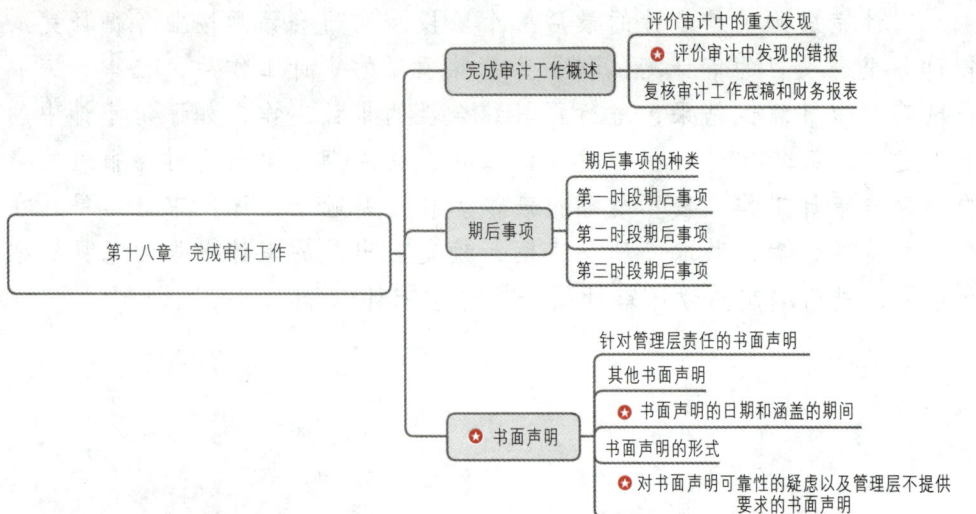

本章考情概述

考霸笔记
最近五年平均
5分左右。

本章属于比较重要的内容，通常结合审计实务考查，各种题型均可能涉及；考生不仅应把握好客观题，还应关注本章知识在简答题或综合题中的应用。

本章第一节的内容可结合第二章重要性中的相关内容进行考查；第二节的期后事项具有很高的专业性，适合以任何一种题型考核；第三节的书面声明内容少、篇幅短，但年年都考。

近三年主要考点：评价错报、书面声明、不同时段期后事项、复核工作底稿。

第一节 完成审计工作概述

◇ 评价审计中的重大发现
◇ 评价审计过程中发现的错报
◇ 复核审计工作底稿和财务报表

考霸笔记
考试题型：选择题
考试频率：低频
考试套路：知识点直接还原为主
备考建议：标题知道，通读内容即可

一、评价审计中的重大发现

在审计完成阶段，项目合伙人和审计项目组考虑的重大发现和事项的例子包括：

1.期中复核中的重大发现及其对审计方法的影响；

2.涉及会计政策的选择、运用和一贯性的重大事项，包括相关披露；

3.就识别出的重大风险，对审计策略和计划的审计程序所作的重大修正；

4.在与管理层和其他人员讨论重大发现和事项时得到的信息；

5.与注册会计师的最终审计结论相矛盾或不一致的信息。

对实施的审计程序的结果进行评价，可能全部或部分地揭示出以下事项：

1.为了实现计划的审计目标，是否有必要对重要性进行修订；

2.对审计策略和计划的审计程序的重大修正，包括对重大错报风险评估结果的重要变动；

3.对审计方法有重要影响的值得关注的内部控制缺陷和其他缺陷；

4.财务报表中存在的重大错报；

5.项目组成员内部，或项目组与项目质量控制复核人员或提供咨询的其他人员之间，就重大会计和审计事项达成最终结论所存在的意见分歧；

6.在实施审计程序时遇到的重大困难；

7.向事务所内部有经验的专业人士或外部专业顾问咨询的事项；

8.与管理层或其他人员就重大发现以及与注册会计师的最终审计结论相矛盾或不一致的信息进行的讨论。

注意：

　　1.注册会计师在审计计划阶段对重要性的判断，与其在评估审计差异时对重要性的判断是不同的。如果在审计完成阶段修订后的重要性水平远远低于在计划阶段确定的重要性水平，注册会计师应重新评估已经获得的审计证据的充分性和适当性。

　　2.如果审计项目组内部、项目组与被咨询者之间以及项目合伙人与项目质量控制复核人员之间存在意见分歧，审计项目组应当遵循事务所的政策和程序予以妥善处理。

二、评价审计过程中发现的错报

（一）错报的沟通和更正

1.及时与适当层级的管理层沟通错报事项是重要的，因为这能使管理层评价这些事项是否为错报，并采取必要行动，如有异议则告知注册会计师。

2.法律法规可能限制注册会计师向管理层或被审计单位内部的其他人员通报某些错报。此时，注册会计师可以考虑征询法律意见。

3.管理层更正所有错报（包括注册会计师通报的错报），能够保持会计账簿和记录的准确性，降低由于与本期相关的、非重大的且尚未更正的错报的累积影响而导致未来期间财务报表出现重大错报的风险。

4.注册会计师对管理层不更正错报的理由的理解，可能影响其对被审计单位会计实务质量的考虑。

知识补充：

《中国注册会计师审计准则第1251号——评价审计过程中识别出的错报》：

第七条　如果出现下列情况之一，注册会计师应当确定是否需要修改总体审计策略和具体审计计划：

考霸笔记
链接：第二十一章第五节 意见分歧

考霸笔记
链接：第二章第三节 重要性

考霸笔记
考试题型：选择题、简答题
考试频率：高频
考试套路：对未更正错报的判断
备考建议：深刻理解错报、未更正错报的含义

考霸笔记
适当层级的管理层通常是指有责任和权限对错报进行评价并采取必要行动的人员。

考霸笔记
注意：没有强制要求管理层更正所有错报。

第十八章

未更正错报是否包含明显微小错报？

有关错报的相关概念梳理

考霸笔记
链接：第二章第三节 明显微小错报临界值

考霸笔记
明显微小错报是不需要累积的。

考霸笔记
链接：第七章第五节
1.在评估重大错报发生的可能性时，除了考虑可能的风险外，还要考虑控制对风险的抵销和遏制作用。
2.在判断哪些风险是特别风险时，注册会计师不应考虑识别出的控制对相关风险的抵销效果。

什么情况下，即使错报超过了重要性水平，仍然认为其不重要？

1.识别出的错报的性质以及错报发生的环境表明可能存在其他错报，并且可能存在的其他错报与审计过程中累积的错报合计起来可能是重大的；

2.审计过程中累积的错报合计数接近按照《中国注册会计师审计准则第1221号——计划和执行审计工作时的重要性》的规定确定的重要性。

《中国注册会计师审计准则第1251号——评价审计过程中识别出的错报》第九条：除非法律法规禁止，注册会计师应当及时将审计过程中累积的所有错报与适当层级的管理层进行沟通。注册会计师还应当要求管理层更正这些错报。**（2019年新增）**

第十三条　除非法律法规禁止，注册会计师应当与治理层沟通未更正错报，以及这些错报单独或汇总起来可能对审计意见产生的影响。注册会计师在沟通时应当逐项指明重大的未更正错报。注册会计师应当要求被审计单位更正未更正错报。

第十四条　注册会计师应当与治理层沟通与以前期间相关的未更正错报对相关类别的交易、账户余额或披露以及财务报表整体的影响。

如果管理层拒绝更正沟通的部分或全部错报，注册会计师应当了解管理层不更正错报的理由，并在评价财务报表整体是否不存在重大错报时考虑该理由。

注意：

对大于明显微小错报临界值以上的错报都需要累积，这些错报都需要与管理层和治理层沟通，注册会计师都应当要求管理层更正，若其不更正，就成为"未更正错报"。对待"未更正错报"，注册会计师的态度仍然是要求治理层、管理层更正，并考虑对审计意见的影响。

（二）评价未更正错报的影响

1.未更正错报，是指注册会计师在审计过程中积累的且被审计单位未予更正的错报。　凡是需要更正的错报，都是需要累积的错报。

（1）在评价未更正错报的影响之前，注册会计师可能有必要依据实际的财务结果对重要性作出修改。

（2）如果注册会计师对重要性或重要性水平（如适用）进行的重新评价导致需要确定较低的金额，则应重新考虑实际执行的重要性和进一步审计程序的性质、时间安排和范围的适当性，以获取充分、适当的审计证据，作为发表审计意见的基础。

2.注册会计师需要考虑每一单项错报，以评价其对相关类别的交易、账户余额或披露的影响，包括评价该项错报是否超过特定类别的交易、账户余额或披露的重要性水平（如适用）。

（1）如果注册会计师认为某一单项错报是重大的，则该项错报不太可能被其他错报抵销。

（2）对于同一账户余额或同一类别的交易内部的错报，这种抵销可能是适当的。

（3）在得出抵销非重大错报是适当的这一结论之前，需要考虑可能存在其他未被发现的错报的风险。　如果注册会计师认为某一单项错报是重大的，则该项错报不太可能被其他错报抵销。

例如：

如果收入存在重大高估，即使这项错报对收益的影响完全可被相同金额的费用高估所抵销，注册会计师仍认为财务报表整体存在重大错报。

3.确定分类错报的影响。

（1）确定一项分类错报是否重大，需要进行定性评估。例如，分类错报对负债或其他合同条款的影响，对单个财务报表项目或小计数的影响，以及对关键比率的影响。

（2）即使分类错报超过了在评价其他错报时运用的重要性水平，注册会计师可能仍然认为该分类错报对财务报表整体不产生重大影响。

例如：

（1）注册会计师识别出某项应付账款误计入其他应付款的错报，金额超过财务报表整体的重要性。由于该错报不影响经营业绩和关键财务指标，注册会计师认为该项错报不重大。

（2）被审计单位没有及时将资产负债表日已达到可使用状态的在建工程转入固定资产，金额超过财务报表整体的重要性，相关折旧金额较小。注册会计师在考虑相关定性因素之后，认为该错报对固定资产账户余额及财务报表整体均不产生重大影响，认为该项错报不是重大错报。

4.对错报性质的考虑。

在某些情况下，即使某些错报低于财务报表整体的重要性，但因与这些错报相关的某些情况，在将其单独或连同在审计过程中累积的其他错报一并考虑时，注册会计师也可能将这些错报评价为重大错报。

例如，某项错报的金额虽然低于财务报表整体的重要性，但对被审计单位的盈亏状况有决定性的影响，注册会计师应认为该项错报是重大错报。

下列情况也可能影响注册会计师对错报的评价：

1.错报对遵守监管要求的影响程度。

2.错报对遵守债务合同或其他合同条款的影响程度。

3.错报与会计政策的不正确选择或运用相关，这些会计政策的不正确选择或运用对当期财务报表不产生重大影响，但可能对未来期间财务报表产生重大影响。

4.错报掩盖收益的变化或其他趋势的程度（尤其是在结合宏观经济背景和行业状况进行考虑时）。

5.错报对用于评价被审计单位财务状况、经营成果或现金流量的有关比率的影响程度。

6.错报对财务报表中列报的分部信息的影响程度。例如，错报事项对某一分部或被审计单位的经营或盈利能力有重大影响的其他组成部分的重要程度。

7.错报对增加管理层薪酬的影响程度。例如，管理层通过达到有关奖金或其他激励政策规定的要求以增加薪酬。

8.相对于注册会计师所了解的以前向财务报表使用者传达的信息（如盈利预测），错报是重大的。

9.错报对涉及特定机构或人员的项目的相关程度。例如，与被审计单位发生交易的外部机构或人员是否与管理层成员有关联关系。

10.错报涉及对某些信息的遗漏，尽管适用的财务报告编制基础未对这些信息作出明确规定，但是注册会计师根据职业判断认为这些信息对财务报表使用者了解被审计单位的财务状况、经营成果或现金流量是重要的。

考霸笔记
对重要性的判断错报的金额和性质两方面的影响。第二章 第三节重要性主要讲金额，此处讲性质。

考霸笔记
会使被审计单位从盈利变为亏损的错报即使金额再小也是重大错报，要出具否定意见。

考霸笔记
关注！以防出选择题。

11.错报对<u>其他信息</u>（如包含在"管理层讨论与分析"或"经营与财务回顾"中的信息）的<u>影响程度</u>，这些信息与已审计财务报表一同披露，并被合理预期可能影响财务报表使用者作出的经济决策。

（三）书面声明

注册会计师<u>应当要求</u>管理层和治理层（如适用）提供书面声明，<u>说明其是否认</u><u>为未更正错报单独或汇总起来对财务报表整体的影响不重大</u>。这些错报项目的概要应当包含在书面声明中或附在其后。

在某些情况下，管理层和治理层（如适用）可能并不认为注册会计师提出的某些未更正的错报是错报。基于这一原因，他们可能在书面声明中增加以下表述："因为［描述理由］，我们不同意……事项和……事项构成错报。"然而，即使获取了这一声明，注册会计师仍需要对未更正错报的影响形成结论。

考霸笔记
考试题型：选择题、简答题。考试频率：高频。考试套路：不同级别复核的范围容易混淆。备考建议：理解记忆三级复核的人员、时间、范围等。

三、复核审计工作底稿和财务报表

（一）对财务报表总体合理性进行总体复核

考霸笔记
链接：第三章第四节 用于总体复核。

在审计结束或临近结束时，注册会计师需要运用分析程序的目的是确定经审计调整后的财务报表整体是否与对被审计单位的了解一致，是否具有合理性。

在运用分析程序进行总体复核时，如果识别出以前未识别的重大错报风险，注册会计师应当重新考虑对全部或部分各类别的交易、账户余额、披露评估的风险是否恰当，并在此基础上重新评价之前计划的审计程序是否充分，是否有必要追加审计程序。

（二）复核审计工作底稿

（1）项目组内部复核；

（2）项目质量控制复核。

1.项目组内部复核。

（1）复核人员。 **不能相互复核**

会计师事务所在安排复核工作时，<u>应当由项目组内经验较多的人员复核经验较少的人员的工作</u>。会计师事务所应当根据这一原则，确定有关复核责任的政策和程序。项目组需要在制订审计计划时确定复核人员的指派，以确保所有工作底稿均得到适当层级人员的复核。

考霸笔记
链接：第六章"审计工作底稿"：所有工作底稿必须有"编制者姓名和日期"及"复核者姓名和日期"，即必须经过一级复核，可以有二级或三级复核。

对一些较为复杂、审计风险较高的领域，例如，舞弊风险的评估与应对、重大会计估计及其他复杂的会计问题、审核会议记录和重大合同、关联方关系和交易、持续经营存在的问题等，需要指派经验丰富的项目组成员执行复核，必要时可以由项目合伙人执行复核。

（2）复核范围。

所有的审计工作底稿至少要经过一级复核。

执行复核时，复核人员需要考虑的事项包括：

①审计工作是否已按照职业准则和适用的法律法规的规定执行；

②重大事项是否已提请进一步考虑；

③相关事项是否已进行适当咨询，由此形成的结论是否已得到记录和执行；

④是否需要修改已执行审计工作的性质、时间安排和范围；

⑤已执行的审计工作是否支持形成的结论，并已得到适当记录；

⑥已获取的审计证据是否充分、适当；

⑦审计程序的目标是否已实现。

（3）复核时间。

审计项目复核贯穿审计全过程，随着审计工作的开展，复核人员在审计计划阶段、执行阶段和完成阶段及时复核相应的工作底稿。

例如，在审计计划阶段复核记录审计策略和审计计划的工作底稿，在审计执行阶段复核记录控制测试和实质性程序的工作底稿，在审计完成阶段复核记录重大事项、审计调整及未更正错报的工作底稿等。

（4）项目合伙人复核。

根据审计准则的规定：项目合伙人应当对会计师事务所分派的每项审计业务的总体质量负责；项目合伙人应当对项目组按照会计师事务所复核政策和程序实施的复核负责。

项目合伙人复核的内容包括：

辅助记忆：项目合伙人复核的是特别的、关键的、重要的事项。

①对关键领域所作的判断，尤其是执行业务过程中识别出的疑难问题或争议事项；

②特别风险；

③项目合伙人认为重要的其他领域。

在审计报告日或审计报告日之前，项目合伙人应当通过复核审计工作底稿与项目组讨论，确信已获取充分、适当的审计证据，支持得出的结论和拟出具的审计报告。

2.项目质量控制复核。

项目质量控制复核又叫独立复核，是指在出具报告前，对项目组作出的重大判断和在准备报告时形成的结论作出客观评价的过程。

会计师事务所应当制定制度和程序，要求对特定业务（包括所有上市公司财务报表审计）实施项目质量控制复核，以客观评价项目组作出的重大判断以及在编制报告时得出的结论）。

（1）质量控制复核人员。

会计师事务所应当制定政策和程序，解决项目质量控制复核人员的委派问题，明确项目质量控制复核人员的资格要求，包括：

①履行职责需要的技术资格，包括必要的经验和权限；

②在不损害其客观性的前提下，项目质量控制复核人员能够提供业务咨询的程度。

（2）质量控制复核范围。

评价工作应当涉及下列内容：

①与项目合伙人讨论重大事项；

②复核财务报表和拟出具的审计报告；

③复核选取的与项目组作出的重大判断和得出的结论相关的审计工作底稿；

④评价在编制审计报告时得出的结论，并考虑拟出具审计报告的恰当性。

对于上市实体财务报表审计，项目质量控制复核人员在实施项目质量控制复核时，还应当考虑：

考霸笔记
链接：与第二十一章第一节的内容进行区分。即：会计师事务所主任会计师对质量控制制度承最终责任。
注意：最终责任和总体质量负责的承担人到底是谁？

考霸笔记
链接：第二十一章　第五节

考霸笔记
审计当中需注意对上市公司、上市实体、公众利益实体的适用情形进行区分。

对审核审计工作底稿的具体理解

考霸笔记
并非所有，也非任意选取。

第十八章

①项目组就具体审计业务对会计师事务所的独立性作出的评价；（掌握）

②项目组是否已就涉及意见分歧的事项，或者其他疑难问题或争议事项进行适当咨询，以及咨询得出的结论；（掌握）

③选取的用于复核的审计工作底稿，是否反映了项目组针对重大判断执行的工作，以及是否支持得出的结论。（掌握）注意：需要进行项目质量控制复核的业务中，只有完成项目质量控制复核，才可以签署业务报告。而非所有的审计业务都必须要进行项目质量控制复核。

（3）质量控制复核时间。

准则规定：只有完成了项目质量控制复核，才能签署审计报告。

如果项目负责人不接受项目质量控制复核人员的建议，并且重大事项未得到满意解决，项目负责人不应当出具报告。

注册会计师要考虑在审计过程与项目质量复核人员积极协调配合，使其能够及时实施质量控制复核，而非在出具审计报告前才实施复核。例如，在审计计划阶段，质量控制复核人员复核项目组对会计师事务所独立性作出的评价、项目组在制定审计策略和审计计划时作出的重大判断及发现的重大事项等。

第二节　期后事项

◇ 期后事项及其类型
◇ 期后事项的时段
◇ 第一时段期后事项
◇ 第二时段期后事项
◇ 第三时段期后事项

企业的经营活动是连续不断、持续进行的，但财务报表的编制却是建立在"会计分期假设"基础之上的。也就是说，作为主要审计对象的财务报表，其编制基础不过是对连续不断的经营活动的一种人为划分。因此，注册会计师在审计被审计单位某一会计年度的财务报表时，除了对所审会计年度内发生的交易和事项实施必要的审计程序外，还必须考虑所审会计年度之后发生和发现的事项对财务报表和审计报告的影响，以保证一个会计期间的财务报表的真实性和完整性。

一、期后事项及其类型

考试题型：选择题、简答题
考试频率：低频
考试套路：知识点直接还原为主
备考建议：关注举例

（一）期后事项的含义

期后事项是指财务报表日至审计报告日之间发生的事项以及审计报告日后知悉的事实。

结合注会《会计》中资产负债表表日后事项章节内容进行学习。

（二）期后事项的种类

（1）财务报表日后调整事项；

（2）财务报表日后非调整事项。

资产负债表日后调整事项，是指对资产负债表日已经存在的情况提供了新的或进一步证据的事项。

1.财务报表日后调整事项。

这类事项既为被审计单位管理层确定财务报表日账户余额提供信息，也为注册会计师核实这些余额提供补充证据。如果这类期后事项的金额重大，应提请被审计单位对本期财务报表及相关的账户金额进行调整。诸如：

如果资产负债表日及所属会计期间已经存在某种情况，当时并不知道其存在或不知道确切结果，资产负债表日后发生的事项能够证实该情况的存在或确切结果，则该事项就属于资产负债表日后事项中的调整事项。

（1）<u>财务报表日后诉讼案件结案</u>，法院判决证实了企业在财务报表日已经存在现时义务，需要调整原先确认的与该诉讼案件相关的预计负债，或确认一项新负债。

例如，被审计单位由于某种原因在财务报表日前被起诉，法院于财务报表日后判决被审计单位应赔偿对方损失。因这一负债实际上在财务报表日之前就已存在，所以，如果赔偿数额比较大，注册会计师应考虑提请被审计单位调整或增加财务报表有关负债项目的金额，并加以说明。

（2）<u>财务报表日后取得确凿证据，表明某项资产在财务报表日发生了减值或者需要调整该项资产原先确认的减值金额。</u>

例如，被审计单位原先对某库存商品未计提存货跌价准备，在资产负债表日后不久的销售情况显示其可变现净额低于库存商品期末成本，表明该库存商品在资产负债表日发生了减值，需要在被审计的财务报表中补记该项存货的跌价准备。

又如，财务报表日被审计单位认为可以收回的大额应收款项，因财务报表日后债务人突然破产而无法收回。在这种情况下，债务人财务状况显然早已恶化，所以注册会计师应考虑提请被审计单位计提坏账准备或增加计提坏账准备，调整财务报表有关项目的金额。

（3）<u>财务报表日后进一步确定了财务报表日前购入资产的成本或售出资产的收入。</u>

例如，被审计单位在财务报表日前购入一项固定资产，并投入使用。由于购入时尚未确定准确的购买价款，故先以估计的价格考虑其达到预定可使用状态前所发生的可归属于该项固定资产的运输费、装卸费、安装费和专业人员服务费等因素暂估入账，并按规定计提固定资产折旧。如果在财务报表日后商定了购买价款，取得了采购发票，被审计单位就应该据此调整该固定资产原值。

（4）<u>财务报表日后发现了财务报表舞弊或差错。</u>

例如，在财务报表日以前，被审计单位根据合同规定所销售的商品已经发出，当时认为与该项商品所有权相关的风险和报酬已经转移，货款能够收回，按照收入确认原则确认了收入并结转了相关成本，即在财务报表日被审计单位确认为销售实现，并在财务报表上反映，但在财务报表日后至审计报告日之间所取得的证据证明该批已确认为销售的商品确实已经退回。如果金额较大，注册会计师应考虑提请被审计单位调整财务报表有关项目的金额。

<mark>2.财务报表日后非调整事项</mark>

这类事项因不影响财务报表日财务状况，而<u>不需要调整被审计单位的本期财务报表</u>。但如果被审计单位的财务报表因此可能受到误解，就应在财务报表中以附注的形式<u>予以适当披露</u>。

资产负债表日后调整事项与非调整事项见表18-1。

表18-1　　资产负债表日后调整事项与非调整事项

财务报表日后调整事项	财务报表日后非调整事项
1.财务报表日后诉讼案件结案（诉讼案件在财务报表日前已存在） 2.财务报表日后取得确凿证据，表明某项资产在财务报表日已发生减值或需要调整已确认的减值 3.财务报表日后进一步确认了财务报表日前购入资产的成本或售出资产的收入 4.财务报表日后发现了财务报表舞弊或差错	1.财务报表日后发生重大诉讼、仲裁、承诺 2.财务报表日后资产价格、税收政策、外汇汇率发生重大变化 3.财务报表日后因自然灾害导致资产发生重大损失 4.财务报表日后发行股票和债券以及其他巨额举债 5.财务报表日后资本公积转增资本 6.财务报表日后发生巨额亏损 7.财务报表日后发生企业合并或处置子公司 8.财务报表日后企业利润分配方案中拟分配的以及经审议批准宣告发放的股利或利润

注意：

　　判断期后事项的类型时，应对资产负债表日已经存在的事项和资产负债表日后才出现的事项严加区分，不能混淆。

　　具体来说：如果确认相关事项在资产负债表日之前就已存在，应视为调整事项，并将资产负债表日后的信息并入财务报表中去。如果相关事项直到资产负债表日后才发生，应视为非调整事项，而不应将资产负债表日后的信息并入财务报表中去。

二、期后事项的时段（如图18-1所示）

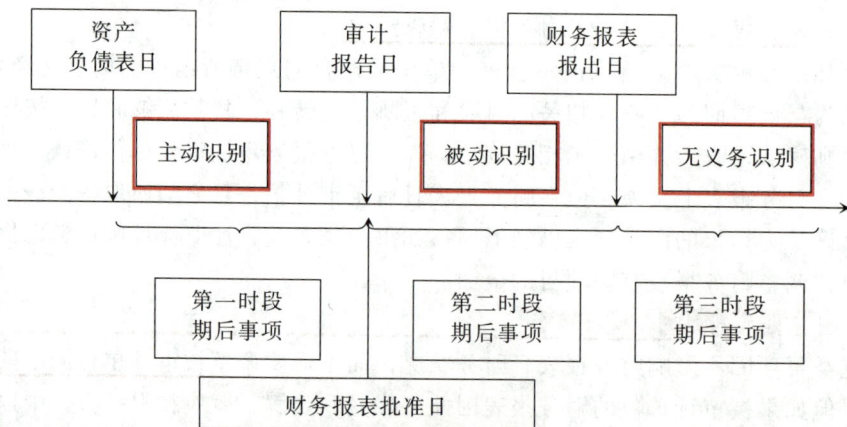

图18-1　期后事项的时段

注意：

　　第一，"审计报告日"不应早于注册会计师获取充分、适当的审计证据（包括管理层认可对财务报表的责任且已批准财务报表的证据），并在此基础上对财务报表形成审计意见的日期，通常与"财务报表批准日"为同一天。

考霸笔记

对于财务报表使用者而言，非调整事项说明的情况有的重要，有的不重要，其中重要的非调整事项虽然不影响资产负债表的财务报表数字，但可能影响资产负债表日后的财务状况和经营成果，如不加以说明，将会影响报表使用者作出正确的估计和决策，因此，需要适当披露。

考霸笔记

考试题型：选择题、简答题
考试频率：高频
考试套路：判断期后事项的种类

期后事项中的"发生的事项"和"发现的事项"有什么不同？

对于期后事项的处理

与审计相关的时间概念梳理

注册会计师在确定审计报告日期时，应当确信已获取下列审计证据：（1）构成整套财务报表的所有报表已编制完成；（2）被审计单位的董事会、管理层或类似机构已经认可其对财务报表负责。

第二，财务报告批准报出以后、实际报出之前又发生与财务报表日后事项有关的事项，并由此影响财务报告对外公布日期的，应以董事会或类似机构再次批准财务报告对外公布的日期为截止日期。

例如：假设ABC会计师事务所的A注册会计师审计甲公司2016年财务报表，经过审计工作后，甲公司于2017年3月15日召开董事会批准了财务报表，A注册会计师签署了审计报告。2017年3月20日财务报表实际对外报出，则：

第一时段：2016年12月31日—2017年3月15日

第二时段：2017年3月15日—2017年3月20日

第三时段：2017年3月20日后

注册会计师对不同时段的期后事项承担不同的责任。一般而言，离财务报表日越远，注册会计师的审计责任越轻。

具体来说：

1.主动识别第一时段期后事项；

2.被动识别第二时段期后事项；

3.没有责任识别第三时段期后事项。

三、第一时段期后事项

（一）主动识别第一时段期后事项 理解记忆！

1.注册会计师应当设计和实施审计程序，获取充分、适当的审计证据，以确定所有在财务报表日至审计报告日之间发生的、需要在财务报表中调整或披露的事项均已得到识别；

2.注册会计师并不需要对之前已实施审计程序并已得出满意结论的事项执行追加的审计程序。

（二）识别第一时段期后事项的审计程序

注册会计师应当设计专门审计程序来识别第一时段期后事项，判断对财务报表的影响，进而确定调整还是披露。

注册会计师**应尽量在接近审计报告日实施以下专门针对期后事项的程序：** 掌握！

1.了解管理层为确保识别期后事项而建立的程序；

2.询问管理层和治理层，确定是否发生可能影响财务报表的期后事项；

3.查阅所有者、管理层和治理层在财务报表日后举行会议的纪要，或询问此类会议讨论的事项；

4.查阅最近的中期财务报表。

除以上程序外，**注册会计师还可以实施下列一项或多项程序：** 了解即可！

1.查阅被审计单位在财务报表日后最近期间内的预算、现金流量预测和其他相关的管理报告；

2.就诉讼和索赔事项询问被审计单位的法律顾问，或扩大之前口头或书面查询的范围；

3.考虑是否有必要获取涵盖特定期后事项的书面声明以支持其他审计证据，从而获取充分、适当的审计证据。

（三）知悉对财务报表有重大影响的期后事项时的考虑　　理解要点！

1.如果注册会计师识别出对财务报表有重大影响的第一时段期后事项，应当确定这些事项是否按照适用的财务报告编制基础的规定在财务报表中得到恰当反映；

2.如果所知悉的期后事项属于调整事项，注册会计师应当考虑被审计单位是否已对财务报表作出适当的调整。如果所知悉的期后事项属于非调整事项，注册会计师应当考虑被审计单位是否在财务报表附注中予以充分披露。

四、第二时段期后事项

（一）被动识别第二时段期后事项

1.审计报告日后，注册会计师没有义务对财务报表实施任何审计程序。但这一阶段，财务报表并未报出，且管理层有责任将发现的可能影响财务报表的事实告知注册会计师。注册会计师还可能从媒体报道、举报信或者证券监管部门告知等途径获悉影响财务报表的期后事项。　　结论很重要，理解记忆！

2.如在第二时段知悉了某项事实，且若在审计报告日知悉可能导致修改审计报告（表明财务报表存在重大错报），注册会计师应当采取以下措施：

（1）与管理层和治理层（如适用）讨论该事项；

（2）确定财务报表是否需要修改；

（3）如果需要修改，询问管理层将如何在财务报表中处理该事项。

（二）知悉第二时段期后事项的考虑（见表18-2）　　易考！掌握表中内容。

表18-2　　　　　　　　　知悉第二时段期后事项的考虑

情形		注册会计师采取的措施
管理层修改财务报表	一般情况	1.对管理层的修改实施必要的审计程序 2.确定新的审计报告日：管理层对财务报表的修改意味着财务报表签发日的推迟，注册会计师应当重新确定审计报告日 3.将专门程序全面延伸至新的审计报告日 4.针对修改后的财务报表出具新的审计报告
管理层修改财务报表	特殊情况 指管理层对报表仅限于期后事项进行局部修改并在附注资料中适当披露修改的事项；董事会、管理层仅批准局部修改 注册会计师可以仅针对局部修改将专门程序延伸至新的审计报告日（局部延伸），并选用两方式之一修改审计报告	1.补充报告日期 在审计报告中增加补充报告日期：原审计报告日期表明全面审计工作何时完成；补充报告日期表明原审计报告日之后实施的审计程序仅针对财务报表的后续修改 示例："除附注×所述事项的日期为[仅针对附注×所述修改的审计程序完成日期]之外，[原审计报告日]" 2.增加专门段落 出具新的或经修改的审计报告，在强调事项段或其他事项段中说明实施的专门程序仅限于财务报表相关附注所述的修改

续表

情形		注册会计师采取的措施
管理层不修改财务报表	审计报告未提交	发表非无保留意见，然后再提交审计报告
	审计报告已提交	1.通知管理层和治理层在财务报表作出必要修改前不要向第三方报出 2.如财务报表仍被报出，采取适当措施，以防止财务报表使用者信赖该审计报告

五、第三时段期后事项

（一）没有义务识别第三时段期后事项

财务报表报出日后知悉的事实属于第三时段期后事项，注册会计师没有义务针对财务报表实施任何审计程序，但不排除通过媒体等其他途径获悉可能对财务报表产生重大影响的期后事项的可能性。

（二）知悉第三时段期后事项时的考虑（见表18-3） 易考！掌握表中内容。

表18-3 知悉第三时段期后事项时的考虑

情形	注册会计师采取的措施
管理层修改财务报表	1.实施必要的审计程序。例如，查阅法院判决文件、复核会计处理或披露事项，确定对财务报表的修改是否恰当 2.复核管理层采取的措施能否确保所有收到原报表和审计报告的人士了解修改情况（广而告之） 3.针对一般情况将专门程序全面延伸至新的审计报告日，并出具其新的审计报告 4.针对特殊情况局部延伸期后程序，在修改或重新提交的审计报告中增加强调事项段或其他事项段，提醒财务报表使用者关注修改原财务报表的原因和注册会计师提供的原审计报告
管理层不修改财务报表	1.通知管理层和治理层，注册会计师将设法防止财务报表使用者信赖该审计报告 2.如通知后管理层和治理层没有采取必要措施，注册会计师应当采取适当措施，以设法防止财务报表使用者信赖该审计报告 注册会计师采取的措施取决于自身的权利和义务。因此，注册会计师可能认为寻求法律意见是适当的

考霸笔记 例如，上市公司管理层刊登公告的媒体是否为中国证监会指定的媒体，若仅刊登在其注册地的媒体上，则异地的使用者可能无法了解这一情况。

考霸笔记 不采取补充报告日期的做法，注意与第二时段的区别。

1.在财务报表报出后，如果知悉了某事实，仅当下列条件同时满足时才采取行动：

（1）该事项在审计报告日已存在。

（2）如在审计报告日前获知该事实，可能影响审计报告。

2.如果采取行动，则应当：

（1）与管理层和治理层（如适用）讨论；

（2）确定财务报表是否需要修改；

（3）如需要修改，询问管理层如何在财务报表中处理该事项。

第三节　书面声明

◇ 书面声明的含义和特征
◇ 针对管理层责任的书面声明
◇ 其他书面声明
◇ 书面声明的日期和涵盖的期间
◇ 对书面声明可靠性的疑虑以及管理层不提供要求的书面声明

一、书面声明的含义和特征

（一）书面声明的含义

1.书面声明是指管理层向注册会计师提供的**书面陈述**，用以**确认某些事项**（针对管理层责任的书面声明）或**支持其他审计证据**（其他书面声明），并以声明书的形式致送注册会计师。

（1）针对管理层责任的书面声明（基本书面声明）；

（2）其他书面声明。

2.书面声明不包括财务报表及其认定，以及支持性账簿和相关记录。

（二）书面声明的特征　　常考，关键结论一定要理解记忆！

1.书面声明是注册会计师在财务报表审计中需要获取的**必要信息**，是审计证据的重要来源；

2.在很多情况下，要求管理层提供书面声明而非口头声明，可以促使管理层更加认真地考虑声明所涉及的事项，从而提高声明的质量；

3.尽管书面声明提供必要的审计证据，但**其本身并不为所涉及的任何事项提供充分、适当的审计证据**；

4.管理层已提供可靠书面声明的事实，并不影响注册会计师就管理层责任履行情况或具体认定获取的其他审计证据的性质和范围。

二、针对管理层责任的书面声明

1.**针对财务报表的编制**，注册会计师应当要求管理层提供书面声明，确认其根据审计业务约定条款，**履行了按照适用的财务报告编制基础编制财务报表并使其实现公允反映**（如适用）的责任。

2.针对**提供的信息和交易的完整性**，要求管理层就下列事项提供书面声明：

①按照审计业务约定条款，已向注册会计师提供所有相关信息，并允许注册会计师不受限制地接触所有相关信息以及被审计单位内部人员和其他相关人员；

②所有交易均已记录并反映在财务报表中。

3.**针对管理层责任的书面声明的形式、内容如下：**

致注册会计师：

本声明书是针对你们审计 ABC 公司截至 20×6 年 12 月 31 日的年度财务报表而提供的。审计的目的是对财务报表发表意见，以确定财务报表是否在所有重大方面已

该怎么审就怎么审，不是拿到书面声明就可以不审了，有它没用，无它不行。

按照企业会计准则的规定编制，并实现公允反映。

尽我们所知，并在作出了必要的查询和了解后，我们确认：

[财务报表]

1.我们已履行［×年×月×日］签署的审计业务约定书中提及的责任，即根据企业会计准则的规定编制财务报表，并对财务报表进行公允反映。

2.在作出会计估计时使用的重大假设（包括与公允价值计量相关的假设）是合理的。 链接：第十七章第一节会计估计

3.已按照企业会计准则的规定对关联方关系及其交易作出了恰当的会计处理和披露。 链接：第十七章第二节关联方审计

4.根据企业会计准则的规定，所有需要调整或披露的资产负债表日后事项都已得到调整或披露。

5.未更正错报，无论是单独还是汇总起来，对财务报表整体的影响均不重大。未更正错报汇总表附在本声明书后。 链接：本章第一节

6.［插入注册会计师可能认为适当的其他任何事项］。

[提供的信息]

7.我们已向你们提供下列工作条件： 审计前提条件，管理层责任之三。

（1）允许接触我们注意到的、与财务报表编制相关的所有信息（如记录、文件和其他事项）。

（2）提供你们基于审计目的要求我们提供的其他信息。

（3）允许在获取审计证据时不受限制地接触你们认为必要的本公司内部人员和其他相关人员。

8.所有交易均已记录并反映在财务报表中。 链接：第十三章

9.我们已向你们披露了由于舞弊可能导致的财务报表重大错报风险的评估结果。

10.我们已向你们披露了我们注意到的、可能影响本公司的与舞弊或舞弊嫌疑相关的所有信息，这些信息涉及本公司的：

（1）管理层；

（2）在内部控制中承担重要职责的员工；

（3）其他人员（在舞弊行为导致财务报表重大错报的情况下）。

11.我们已向你们披露了从现任和前任员工、分析师、监管机构等方面获知的、影响财务报表的舞弊指控或舞弊嫌疑的所有信息。

12.我们已向你们披露了所有已知的、在编制财务报表时应当考虑其影响的违反或涉嫌违反法律法规的行为。

13.我们已向你们披露了我们注意到的关联方的名称和特征、所有关联方关系及其交易。

14.［插入注册会计师可能认为必要的其他任何事项］。

附：未更正错报汇总表

［以下为签章与日期，略］

4.如果未获取该书面声明，在审计过程中获取的有关管理层已履行这些责任的其他审计证据是不充分的。

考霸笔记
审计前提条件，管理层责任之一。

考霸笔记
注意：期后事项一节并未提及需要获取有关资产负债表日后事项的书面声明，但从此处可以看出，资产负债表日后事项应当包含在必要声明当中。

考霸笔记
配合注册会计师的审计工作。

考霸笔记
链接：第十七章 第二节关联方审计。

管理层通过书面声明确认其根据审计业务约定条款，履行了按照适用财务报告编制基础编制财务报表并使其实现公允反映的责任。

5.书面声明通常不必包括陈述所涵盖的相关事项〔例如，关于会计估计（舞弊）的声明无须包括具体的会计估计（舞弊）〕。

但在下列情况下，可能要求管理层在声明中再次确认对自身责任的认可与理解：

（1）代表被审计单位签订审计业务约定的人员不再承担相关责任；

（2）审计业务约定条款是在以前年度签订的；

（3）有迹象表明管理层误解了其责任；

（4）情况的改变需要管理层再次确认其责任。

三、其他书面声明

如注册会计师认为有必要获取一项或多项其他书面声明，以支持与财务报表或者一项或多项具体认定相关的其他审计证据，应要求管理层提供。

其他书面声明可能是对关于管理层责任的书面声明的补充，但不构成其组成部分。其他书面声明可能与下列事项有关：

（一）关于财务报表的额外书面声明

1.会计政策的选择和运用是否适当。

2.是否按照适用的财务报告编制基础对下列事项（如相关）进行了确认、计量、列报或披露：

（1）可能影响资产和负债账面价值或分类的计划或意图；

（2）负债（包括实际负债和或有负债）；

（3）资产的所有权或控制权，资产的留置权或其他物权，用于担保的抵押资产；

（4）可能影响财务报表的法律法规及合同（包括违反法律法规及合同的行为）。

（二）与向注册会计师提供信息有关的内部控制缺陷的额外书面声明

除了针对管理层提供的信息和交易的完整性的书面声明外，注册会计师可能认为有必要要求管理层提供书面声明，确认其已将注意到的所有内部控制缺陷向注册会计师通报。

（三）有关财务报表特定认定的书面声明

1.投资意图的书面声明。

例如，如果管理层的意图对投资的计价基础非常重要，但若不能从管理层获取有关该项投资意图的书面声明，注册会计师就不可能获取充分、适当的审计证据。

2.书面声明的局限性。

尽管投资意图等书面声明能够提供必要的审计证据，但其本身并不能为财务报表特定认定提供充分、适当的审计证据。

四、书面声明的日期和涵盖的期间

（一）书面声明日期不得晚于审计报告日

1.书面声明的日期应当尽量接近对财务报表出具审计报告的日期，但不得在审计报告日后。

2.由于书面声明是必要的审计证据，在管理层签署书面声明前，注册会计师不能发表审计意见，也不能签署审计报告。

3.由于注册会计师关注截至审计报告日发生的、可能需要在财务报表中作出相应调整或披露的事项，书面声明的日期应当尽量接近对财务报表出具审计报告的日期，但不得在其之后。

（二）书面声明涵盖的期间应与报表一致

1.书面声明应当涵盖审计报告针对的所有财务报表和期间。

2.在某些情况下，注册会计师在审计过程中获取有关财务报表特定认定的书面声明可能是适当的。此时，可能有必要要求管理层更新书面声明。管理层有时需要再次确认以前期间作出的书面声明是否依然适当，因此，书面声明需要涵盖审计报告中提及的所有期间。

3.注册会计师和管理层可能认可某种形式的书面声明，以更新以前期间所作的书面声明。更新后的书面声明需要表明，以前的声明是否发生了变化以及发生了什么变化（如有）。

（三）现任管理层在所提及期间内未上任　　常考，结论一定要牢记！

如果在审计报告提及的所有期间内，现任管理层均尚未就任，他们可能由此声称无法就上述期间提供部分或全部书面声明。这一事实不能减轻现任管理层对财务报表整体的责任。注册会计师仍然需要向现任管理层获取涵盖整个相关期间的书面声明。

五、对书面声明可靠性的疑虑以及管理层不提供要求的书面声明

（一）对书面声明可靠性的疑虑

1.管理层胜任能力、诚信、道德价值观或勤勉尽责存在疑虑。

如果对管理层的胜任能力、诚信、道德价值观或勤勉尽责产生疑虑，应确定这些疑虑对书面或口头声明以及审计证据总体的可靠性产生的影响。

如果认为管理层在财务报表中作出不实陈述的风险很大，以至于审计工作无法进行，除非治理层采取适当的纠正措施，否则可能需要考虑解除业务约定。

很多时候，治理层采取的纠正措施可能并不足以使注册会计师发表无保留意见。

2.书面声明与其他审计证据不一致。

（1）注册会计师应实施审计程序以设法解决这些导致不一致的问题；

（2）如认为不一致表明风险评估结果不适当，不仅要修正风险评估结果，而且要修正进一步审计程序的性质、时间安排和范围，以应对重新评估的风险；

（3）如果导致不一致的问题仍未解决，应重新考虑对管理层的胜任能力、诚信、道德价值观或勤勉尽责的评估，并确定不一致对书面或口头声明和审计证据总体的可靠性可能产生的影响；

（4）如认为书面声明不可靠，应采取适当措施，包括确定其对审计意见可能产生的影响。

考霸笔记
如果管理层不提供要求的书面声明，要重新评价管理层的诚信。

考霸笔记
考试题型：选择题、简答题。考试频率：高频。考试套路：对书面声明有疑虑、不提供书面声明如何应对？备考建议：理解记忆。

考霸笔记
不一致不一定意味着书面声明不可靠，需调查后再下结论。

第十八章

（二）管理层不提供要求的书面声明

1.如管理层不提供要求的一项或多项书面声明，应当：

（1）与管理层讨论该事项；

（2）重新评价管理层的诚信，并评价该事项对书面或口头声明和审计证据总体的可靠性可能产生的影响；

（3）采取适当措施，包括确定该事项对审计意见可能的影响。 注意：这里是重大疑虑

2.如果存在下列情形之一，发表无法表示意见： 常考，两种情形一定要牢记！

（1）注册会计师对管理层的诚信产生重大疑虑，以至于认为其作出的书面声明不可靠；

（2）管理层不提供审计准则要求的书面声明（包括财务报表的编制和提供信息的完整性）。

智能测评

在线练习	我要提问
扫码在线做题　　扫码看答案	扫码答疑
本书"本章同步强化训练"均配备二维码，打开微信"扫一扫"即可完成在线测评，查看本章详细的测评反馈报告，了解知识掌握情况，也可扫码直接看答案噢。快来扫码做题吧！	本书配备答疑专用二维码，打开微信"扫一扫"，即可完成在线提问，获取专业老师全面个性化解答，让学习问题不再拖延。快来扫码提问吧！

本章同步强化训练

一、单选题

1.对于评价错报的理解，下列表述错误的是（　　）。

A.明显微小错报可以不累积

B.未更正错报是指注册会计师在审计过程中累积的且被审计单位未予更正的错报

C.某一单项重大错报不太可能被其他错报抵销

D.如果分类错报超过了在评价其他错报时运用的重要性水平，即表明其对财务报表产生了重大影响

2.下列关于审计工作底稿复核的工作的安排，不合理的是（　　）。

A.项目组内部复核，应当由项目组内经验较多的人员复核经验较少的人员的工作

B.所有的审计工作底稿至少要经过项目合伙人的复核

C.审计项目组内部复核贯穿审计全过程

D.只有完成了项目质量控制复核，才能签署审计报告

3.下列有关期后事项审计的说法中，错误的是（　　）。

A.在财务报表报出后，如果被审计单位管理层修改了财务报表，且注册会计师提供了新的审计报告或修改了原审计报告，注册会计师应当在新的或经修改的审计报告中增加强调事项段或其他事项段予以说明

B.如果组成部分注册会计师对某组成部分实施审阅，集团项目组可以不要求该组成部分注册

会计师实施审计程序以识别可能需要在集团财务报表中调整或披露的期后事项

C.在设计用以识别期后事项的审计程序时，注册会计师应当考虑风险评估的结果，但无须考虑对之前已实施审计程序并已得出满意结论的事项执行追加的审计程序

D.注册会计师应当设计和实施审计程序，以确定所有在财务报表日至审计报告日之间发生的事项均已得到识别

4.下列有关书面声明的表述中，错误的是（　　　）。

A.书面声明不包括财务报表及其认定，以及支持性账簿和相关记录

B.管理层已提供可靠书面声明的事实，并不影响注册会计师就管理层责任履行情况或具体认定获取的其他审计证据的性质和范围

C.注册会计师在审计过程中获取的有关管理层已履行责任的其他审计证据能够替代管理层确认已履行责任的书面声明

D.在很多情况下，要求管理层提供书面声明而非口头声明，可以促使管理层更加认真地考虑声明所涉及的事项，从而提高声明的质量

5.下列有关书面声明日期的说法中，正确的是（　　　）。

A.审计业务开始后的任何日期

B.尽量接近审计报告日，但不得在其之后

C.所审计会计期间截止日

D.注册会计师离开审计现场的日期

6.下列有关书面声明日期的表述中，错误的是（　　　）。

A.书面声明的日期应当尽量接近对财务报表出具审计报告的日期，但不得在审计报告日后

B.在管理层签署书面声明前，注册会计师不能发表审计意见，也不能签署审计报告

C.在某些情况下，管理层需要再次确认以前期间作出的书面声明是否依然适当，可能需要更新以前期间所作的书面声明

D.如果在审计报告中提及的所有期间内，现任管理层均尚未就任，现任管理层不用提供书面声明

7.在审计甲公司某项重要的金融资产时，A注册会计师就管理层持有该金融资产的意图向甲公司管理层获取了书面声明，但发现该书面声明与其他审计证据不一致，A注册会计师通常首先采取的措施是（　　　）。

A.提请甲公司管理层修改其对持有该金融资产意图的书面声明

B.实施审计程序解决书面声明与其他审计证据不一致的问题

C.考虑对审计证据总体可靠性和审计意见的影响

D.修改进一步审计程序的性质、时间安排和范围

8.如果管理层不提供要求的书面声明，注册会计师的做法错误的是（　　　）。

A.与管理层讨论该事项

B.重新评价管理层的诚信，并评价该事项对书面或口头声明和审计证据总体的可靠性可能产生的影响

C.如果注册会计师对管理层的诚信产生重大疑虑，以至认为其作出的书面声明不可靠，应当发表否定意见

D.若果管理层不提供针对财务报表的编制，确认其根据审计业务约定条款，履行了按照适用的财务报告编制基础编制财务报表并使其实现公允反映（如适用）的责任的书面声明，

注册会计师应当发表无法表示意见

二、多选题

1. 下列有关注册会计师对错报进行沟通的说法中。错误的是（　　）。

A.除非法律法规禁止，注册会计师应当及时将审计过程中发现的所有错报与适当层级的管理层进行沟通

B.注册会计师应当要求管理层更正审计过程中发现的超过明显微小错报临界值的错报

C.除非法律法规禁止，注册会计师应当与治理层沟通未更正错报

D.注册会计师应当与治理层沟通与以前期间相关的未更正错报对相关类别的交易、账户余额或披露以及财务报表整体的影响

2. 即使某些错报低于财务报表整体的重要性，注册会计师也可能将这些错报评价为重大错报，可能影响注册会计师对错报的评价的情况有（　　）。

A.错报掩盖收益的变化或其他趋势的程度

B.错报对增加管理层薪酬的影响程度

C.错报对遵守监管要求的影响程度

D.错报对用于评价被审计单位财务状况、经营成果或现金流量的有关比率的影响程度

3. 下列有关项目合伙人复核的说法中，正确的有（　　）。

A.项目合伙人无需复核所有审计工作底稿

B.项目合伙人通常需要复核项目组对关键领域所做的判断

C.项目合伙人应当复核与重大错报风险相关的所有审计工作底稿

D.项目合伙人应当在审计工作底稿中记录复核的范围和时间

4. 下列有关期后事项审计的说法中，正确的有（　　）。

A.期后事项是指财务报表日至审计报告日之间发生的事项，以及注册会计师在审计报告日后知悉的事实

B.注册会计师应当设计和实施审计程序，获取充分、适当的审计证据，以确定所有在财务报表日至审计报告日之间发生的、需要在财务报表中调整或披露的事项均已得到识别

C.在审计报告日后，注册会计师没有义务针对财务报表实施任何审计程序

D.如果注册会计师在财务报表报出后知悉了某事实，且若在审计报告日知悉可能导致修改审计报告，注册会计师应当采取措施

5. 下列有关期后事项审计的说法中，正确的有（　　）。

A.期后事项是指财务报表日至财务报表报出日之间发生的事项

B.注册会计师仅需主动识别财务报表日至审计报告日之间发生的期后事项

C.审计报告日后，如果注册会计师知悉某项若在审计报告日知悉将导致修改审计报告的事实，且管理层已就此修改了财务报表，应当对修改后的财务报表实施必要的审计程序，出具新的或经修改的审计报告

D.注册会计师应当要求管理层提供书面声明，确认所有在财务报表日后发生的、按照适用的财务报告编制基础的规定应予调整或披露的事项均已得到调整或披露

6. 下列书面文件中，注册会计师认为不可作为书面声明的有（　　）。

A.董事会会议纪要

B.财务报表副本

C.内部法律顾问出具的法律意见书

D.注册会计师列示管理层责任并经甲公司管理层确认的信函

7.下列各项中，注册会计师应当要求被审计单位管理层提供书面声明的有（　　）。

A.管理层是否认为在作出会计估计时使用的重大假设是合理的

B.管理层是否已向注册会计师披露了从现任和前任员工、分析师、监管机构等方面获知的、影响财务报表的舞弊指控或舞弊嫌疑

C.管理层是否已向注册会计师披露了所有知悉的、且在编制财务报表时应当考虑其影响的违反法律法规行为或怀疑存在的违反法律法规行为

D.管理层是否认为未更正错报单独或汇总起来对财务报表整体的影响不重大

8.下列有关书面声明的说法中，错误的有（　　）。

A.管理层对注册会计师所要求的书面声明内容进行了调整，表明管理层没有提供可靠的书面声明

B.注册会计师应当要求管理层在书面声明中确认，为作出所要求的书面声明，管理层已进行了适当询问

C.如果管理层在书面声明中使用限定性语言，注册会计师不应当接受该书面声明

D.如果在审计报告中提及的所有期间内，现任管理层均未就任，注册会计师仍然需要向现任管理层获取涵盖整个相关期间的书面声明

本章导学

第十九章

审计报告

本章是财务报表审计中非常重要的内容，是考试重点。各种题型均可能涉及，尤其是简答题和综合题，属于高频率、高分值、高难度的一章。

本章框架图

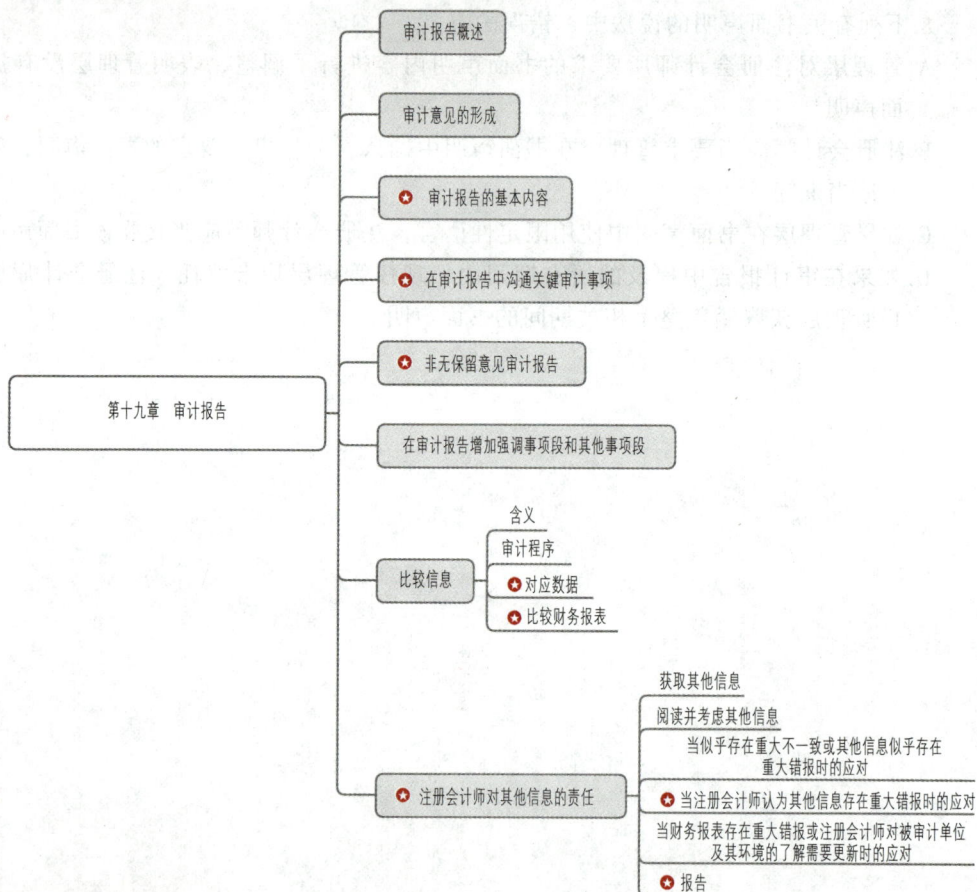

本章考情概述

本章考试内容历来以确定意见类型、续写审计报告为主题，2017年教材内容根据准则的变动进行了调整，更使本章成为了重中之重。最主要的考点包括："审计报告的要素"、"在审计报告中沟通关键审计事项"及"注册会计师对其他信息的责任"。今年考生仍需特别注意，掌握好与这些内容相关的主观题。

近三年主要考点：非标准审计报告、强调事项段、其他事项段、对应数据、广泛性、其他信息等。

第一节　审计报告概述

◇ 审计报告的含义
◇ 审计报告的作用

一、审计报告的含义

审计报告是指注册会计师根据审计准则的规定，在执行审计工作的基础上，对财务报表发表审计意见的书面文件。

注册会计师根据由审计证据得出的结论，清楚表达对财务报表的意见。注册会计师一旦在审计报告上签字并盖章，就表明对其出具的审计报告负责。

注册会计师应当将已审计的财务报表附于审计报告之后，以便于财务报表使用者正确理解和使用审计报告，并防止被审计单位替换、更改已审计的财务报表。

二、审计报告的作用

（一）鉴证作用

1.注册会计师签发的审计报告，是以超然独立的第三方身份，对被审计单位财务报表的合法性、公允性发表意见；　独立的、专业的第三方。

2.注册会计师签发的审计意见，具有鉴证作用，得到了政府、投资者和其他利益相关者的普遍认可；

3.政府有关部门判断财务报表是否合法、公允，主要依据注册会计师的审计报告；

4.企业的投资者主要依据注册会计师的审计报告来判断被投资企业的财务报表是否公允地反映了财务状况和经营成果，以进行投资决策等。

（二）保护作用

1.注册会计师通过审计，可以对被审计单位财务报表出具不同类型审计意见的审计报告，以提高或降低财务报表使用者对财务报表的信赖程度；

2.审计报告能够在一定程度上对被审计单位的债权人和股东以及其他利害关系人的利益起到保护作用；

3.投资者根据注册会计师的审计报告作出投资决策，可以降低其投资风险。

（三）证明作用

审计报告是对注册会计师审计任务完成情况及其结果所作的总结，它可以表明审计工作的质量并明确注册会计师的审计责任。

例如，是否以审计工作底稿为依据发表审计意见，发表的审计意见是否与被审计单位的实际情况相一致，审计工作的质量是否符合要求。

第二节　审计意见的形成

◇ 得出审计结论时考虑的领域
◇ 审计意见的类型

考霸笔记
考试题型：选择题；
考试频率：低频
考试套路：以知识点的直接还原为主；
备考建议：注意审计报告并不包含财务报表及其附注。

考霸笔记
注册会计师的价值也就在此，签字权。

考霸笔记
最终产品是审计报告，并不包括财务报表及其附注。

考霸笔记
考试题型：选择题；
考试频率：低频
考试套路：以知识点的直接还原为主；
备考建议：通读内容即可。

考霸笔记
财务报表使用者信任的是注册会计师，而不是被审计单位自己编制的财务报表。

考霸笔记
保护股东、债权人和其他利益相关者。

第十九章

一、得出审计结论时考虑的领域

注册会计师应当评价根据审计证据得出的结论，以作为对财务报表形成审计意见的基础。在对财务报表形成审计意见时，注册会计师应当根据已获取的审计证据，评价是否已对财务报表整体不存在重大错报获取合理保证。

得出审计意见时，注册会计师应当考虑下列因素：

1.是否已获取充分、适当的审计证据。

2.未更正错报单独或汇总起来是否构成重大错报。

3.评价财务报表是否在所有重大方面按照适用的财务报告编制基础编制。

4.评价财务报表是否实现公允反映。

5.评价财务报表是否恰当地提及或说明适用的财务报告编制基础。

二、审计意见的类型

1.无保留意见

如果认为财务报表在所有重大方面按照适用的财务报告编制基础编制并实现了公允反映，注册会计师应当发表无保留意见。

2.非无保留意见

当存在下列情形之一时，注册会计师应当在审计报告中发表非无保留意见：

（1）根据获取的审计证据，得出财务报表整体存在重大错报的结论；

（2）无法获取充分、适当的审计证据，不能得出财务报表整体存在重大错报的结论。 对于是否有重大错报，CPA根本拿不到审计证据。

非无保留意见，包括对财务报表发表的保留意见、否定意见或无法表示意见。

第三节　审计报告的基本内容

◇ 审计报告的要素

◇ 标题

◇ 收件人

◇ 注册会计师的签名和盖章

◇ 报告日期

一、审计报告的要素

审计报告应当包括下列要素：（1）标题。（2）收件人。（3）审计意见。（4）形成审计意见的基础。（5）管理层对财务报表的责任。（6）注册会计师对财务报表审计的责任。（7）按照法律法规的要求报告的事项（如适用）。（8）注册会计师的签名和盖章。（9）会计师事务所的名称、地址和盖章。（10）报告日期。

在适用的情况下，注册会计师还应当按照《中国注册会计师审计准则第1324号——持续经营》《中国注册会计师审计准则第1504号——在审计报告中沟通关键审计事项》《中国注册会计师审计准则第1521号——注册会计师对其他信息的责任》的相关规定，在审计报告中对与持续经营相关的重大不确定性、关键审计事项、被审计单位年度报告中包含的除财务报表和审计报告之外的其他信息进行报告。

均为单独的段落，注意在报告中的位置，以及三者的顺序！

参考格式19-1：对上市实体财务报表出具的审计报告

背景信息：

1.对上市实体整套财务报表进行审计。该审计不属于集团审计（即不适用《中国注册会计师审计准则第1401号——对集团财务报表审计的特殊考虑》）。

2.管理层按照企业会计准则编制财务报表。

3.审计业务约定条款体现了《中国注册会计师审计准则第1111号——就审计业务约定条款达成一致意见》关于管理层对财务报表责任的描述。

4.基于获取的审计证据，注册会计师认为发表无保留意见是恰当的。直接点出意见！

5.适用的相关职业道德要求为中国注册会计师职业道德守则。

6.基于获取的审计证据，根据《中国注册会计师审计准则第1324号——持续经营》，注册会计师认为可能导致对被审计单位持续经营能力产生重大疑虑的相关事项或情况不存在重大不确定性。

7.已按照《中国注册会计师审计准则第1504号——在审计报告中沟通关键审计事项》的规定沟通了关键审计事项。

8.负责监督财务报表的人员与负责编制财务报表的人员不同。

9.除财务报表审计外，按照法律法规的要求，注册会计师负有其他报告责任，且注册会计师决定在审计报告中履行其他报告责任。

审计报告　1-标题。

ABC股份有限公司全体股东：　2-收件人。

一、对财务报表出具的审计报告

（一）审计意见　3-审计意见。

我们审计了ABC股份有限公司（以下简称"ABC公司"）财务报表，包括20×1年12月31日的资产负债表，20×1年度的利润表、现金流量表、股东权益变动表以及相关财务报表附注。　第一部分指出已审计财务报表。

我们认为，后附的财务报表在所有重大方面按照企业会计准则的规定编制，公允反映了ABC公司20×1年12月31日的财务状况以及20×1年度的经营成果和现金流量。

（二）形成审计意见的基础　4-形成意见的基础。

①我们按照中国注册会计师审计准则的规定执行了审计工作。审计报告的"注册会计师对财务报表审计的责任"部分进一步②阐述了我们在这些准则下的责任。按照中国注册会计师职业道德守则，我们③独立于ABC公司，并履行了职业道德方面的其他责任。我们相信，我们④获取的审计证据是充分、适当的，为发表审计意见提供了基础。

（三）关键审计事项

关键审计事项是根据我们的职业判断，认为对本期财务报表审计最为重要的事项。这些事项是在对财务报表整体进行审计并形成意见的背景下进行处理的，我们不对这些事项提供单独的意见。

[按照《中国注册会计师审计准则第1504号——在审计报告中沟通关键审计事项》的规定描述每一关键审计事项。]

（四）管理层和治理层对财务报表的责任　　5-责任段。

管理层负责按照企业会计准则的规定编制财务报表，使其实现公允反映，并设计、执行和维护必要的内部控制，以使财务报表不存在由于舞弊或错误导致的重大错报。　第一章管理层责任1、2点。

在编制财务报表时，管理层负责评估ABC公司的持续经营能力，披露与持续经营相关的事项（如适用），并运用持续经营假设，除非计划清算ABC公司、停止营运或别无其他现实的选择。

治理层负责监督ABC公司的财务报告过程。

（五）注册会计师对财务报表审计的责任　　6-责任段。

我们的目标是对财务报表整体是否不存在由于舞弊或错误导致的重大错报获取合理保证，并出具包含审计意见的审计报告。合理保证是高水平的保证，但并不能保证按照审计准则执行的审计在某一重大错报存在时总能发现。错报可能由于舞弊或错误导致，如果合理预期错报单独或汇总起来可能影响财务报表使用者依据财务报表作出的经济决策，则通常认为错报是重大的。

在按照审计准则执行审计的过程中，我们运用了职业判断，保持了职业怀疑。我们同时：

（1）识别和评估由于舞弊或错误导致的财务报表重大错报风险；对这些风险有针对性地设计和实施审计程序；获取充分、适当的审计证据，作为发表审计意见的基础。由于舞弊可能涉及串通、伪造、故意遗漏、虚假陈述或凌驾于内部控制之上，未能发现由于舞弊导致的重大错报的风险高于未能发现由于错误导致的重大错报的风险。　实现目标所做的具体审计工作内容。

（2）了解与审计相关的内部控制，以设计恰当的审计程序，但目的并非对内部控制的有效性发表意见。实现目标所做的具体审计工作内容。

（3）评价管理层选用会计政策的恰当性和作出会计估计及相关披露的合理性。

（4）对管理层使用持续经营假设的恰当性得出结论。同时，根据获取的审计证据，就可能导致对ABC公司持续经营能力产生重大疑虑的事项或情况是否存在重大不确定性得出结论。如果我们得出结论认为存在重大不确定性，审计准则要求我们在审计报告中提请报表使用者注意财务报表中的相关披露；如果披露不充分，我们应当发表非无保留意见。我们的结论基于审计报告日可获得的信息。然而，未来的事项或情况可能导致ABC公司不能持续经营。

（5）评价财务报表的总体列报、结构和内容（包括披露），并评价财务报表是否公允反映相关交易和事项。

我们与治理层就计划的审计范围、时间安排和重大审计发现（包括我们在审计中识别的值得关注的内部控制缺陷）等事项进行沟通。与治理层沟通的事宜。

我们还就遵守关于独立性的相关职业道德要求向管理层提供声明，并就可能被合理认为影响我们**独立性**的所有关系和其他事项，以及相关的防范措施（如适用）**与治理层进行沟通**。

从与治理层沟通的事项中，我们确定哪些事项对本期财务报表审计最为重要，因而构成**关键审计事项**。我们在审计报告中描述这些事项，除非法律法规禁止公开披露这些事项，或在极其罕见的情形下，如果合理预期在审计报告中沟通某事项造成的负面后果超过在公众利益方面产生的益处，我们确定不应在审计报告中沟通该事项。

二、**按照相关法律法规的要求报告的事项**　　7-其他报告责任。

[本部分的格式和内容，取决于法律法规对其他报告责任的性质的规定。法律法规规范的事项（其他报告责任）应当在本部分处理，除非其他报告责任与审计准则所要求的报告责任涉及相同的主题。如果涉及相同的主题，其他报告责任可以在审计准则所要求的同一报告要素部分中列示。当其他报告责任和审计准则规定的报告责任涉及同一主题，并且审计报告中的措辞能够将其他报告责任与审计准则规定的责任予以清楚地区分（如差异存在）时，允许将两者合并列示（即包含在"对财务报表出具的审计报告"部分中，并使用适当的副标题）。]

×× 会计师事务所　　　　　**中国注册会计师**：×××（项目合伙人）

（盖章）　　　　　　　　　　　　　　　　（签名并盖章）

9-事务所名称、地址、盖章。　　中国注册会计师：×××

　　　　　　　　　　　　　　　　　　　　　　（**签名并盖章**）

　　　　　　　　　　　　　　　　　　　　8-签名和盖章。

中国××市　　　　　　　　　　**二〇×二年××月××日**　10-报告日期。

> **考霸笔记**
> 审计报告区分为两部分，一部分是"对财务报表出具的审计报告"，另一部分是"按照相关法律法规的要求报告的事项"。

二、标题

审计报告的标题应当统一规范为"审计报告"。

三、收件人

审计报告的收件人是指注册会计师按照业务约定书的要求致送审计报告的对象，一般是指审计业务的委托人。审计报告应当按照审计业务的约定载明收件人的全称。

审计报告的收件人如果是股份有限公司就应是"……**全体股东**"；如果是有限责任公司就应是"……**董事会**"。

四、**注册会计师的签名和盖章**

审计报告应当由**项目合伙人**和**另一名负责该项目的注册会计师**签名和盖章。在审计报告中指明项目合伙人有助于进一步增强对审计报告使用者的透明度，有利于增强项目合伙人的个人责任感。因此，对**上市实体整套通用目的财务报表**出具的审计报告应当注明项目合伙人。

> **考霸笔记**
> 需要两名注册会计师签字和盖章。

五、报告日期

1.审计报告日不应早于注册会计师获取充分、适当的审计证据①（包括管理层认可对财务报表的责任且已批准财务报表的证据），并在此基础上②对财务报表形成审计意见的日期。

2.确定审计报告日期应考虑的条件

（1）构成整套财务报表的所有报表（包括相关附注）已编制完成；

（2）被审计单位的董事会、管理层或类似机构已经认可其对财务报表负责。

3.审计报告日期的确定

（1）注册会计师在正式签署审计报告前，通常把审计报告草稿和已审计的财务报表草稿一同提交给管理层；

（2）如果管理层批准并签署已审计财务报表，注册会计师即可签署审计报告；

（3）注册会计师签署审计报告的日期通常与管理层签署已审计财务报表的日期为同一天，或晚于管理层签署已审计财务报表的日期。　常考，结论一定要牢记！

4.确定审计报告日期的作用

（1）向审计报告使用者表明，注册会计师已考虑知悉的、截至审计报告日发生的事项和交易的影响。

（2）注册会计师对不同时段的财务报表日后事项有着不同的责任，而审计报告的日期是划分时段的关键时点。

链接：第十八章期后事项。财务报表日至审计报告日之间发生的事项，以及注册会计师在审计报告日后知悉的事实，即期后事项，可以划分为三个时段：第一时段为财务报表日后至审计报告日，在此阶段注册会计师要主动识别；第二时段为审计报告日后至财务报表报出日，在此阶段被动识别；第三时段为财务报表报出日后，在此阶段注册会计师就没有义务识别期后事项了。

第四节　在审计报告中沟通关键审计事项

◇ 关键审计事项概述

◇ 确定关键审计事项的决策框架

◇ 在审计报告中沟通关键审计事项

◇ 不在审计报告中沟通关键审计事项的情形

◇ 就关键审计事项与治理层沟通

一、关键审计事项概述

（一）关键审计事项的定义

关键审计事项，是指注册会计师根据职业判断认为对当期财务报表审计最为重要的事项。

（二）关键审计事项的作用　理解要点，防止出选择题。

1.在审计报告中沟通关键审计事项，可以提高已执行审计工作的透明度，从而提高审计报告的决策相关性和有用性。

2.沟通关键审计事项还能够为财务报表使用者提供额外的信息，以帮助其了解被审计单位、已审计财务报表中涉及重大管理层判断的领域，以及注册会计师根据职业判断认为对当期财务报表审计最为重要的事项。

3.沟通关键审计事项，还能够为财务报表预期使用者就与被审计单位、已审计财务报表或已执行审计工作相关的事项进一步与管理层和治理层沟通提供基础。

（三）关键审计事项要求

《中国注册会计师审计准则第1504号——在审计报告中沟通关键审计事项》要求注册会计师在上市实体整套通用目的财务报表审计报告中增加关键审计事项部分，用于沟通关键审计事项。

二、确定关键审计事项的决策框架

根据关键审计事项的定义，注册会计师在确定关键审计事项时，需要遵循以下决策框架（如图19-1所示）：

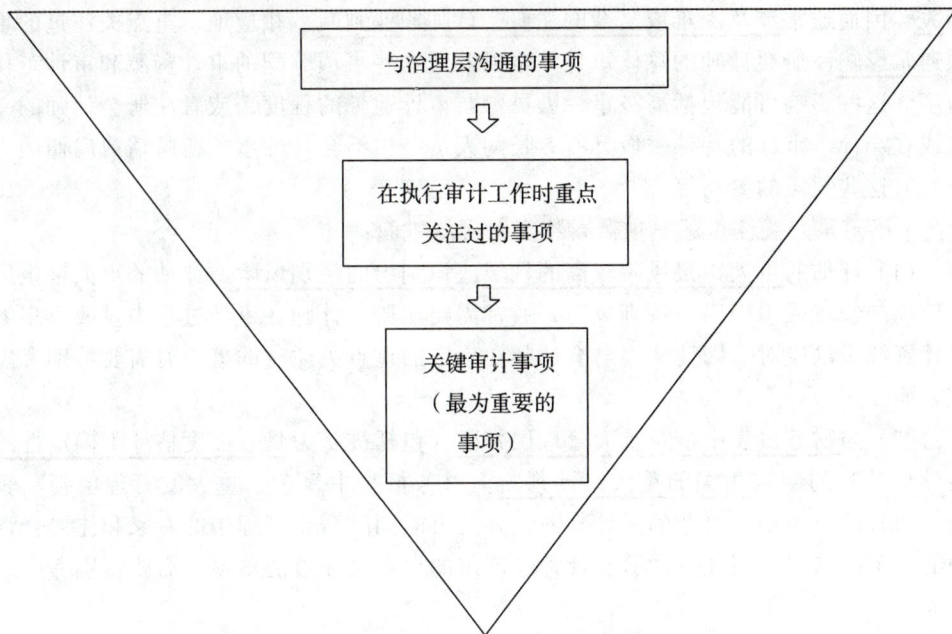

图19-1　关键审计事项的决策框架

（一）以"与治理层沟通的事项"为起点选择关键审计事项

注册会计师应与被审计单位治理层沟通审计过程中的重大发现，包括注册会计师对被审计单位的重要会计政策、会计估计和财务报表披露等会计实务的看法，审计过程中遇到的重大困难，已与治理层讨论或需要书面沟通的重大事项等，以便治理层履行其监督财务报告过程的职责。

对财务报表和审计报告使用者信息需求的调查结果表明，他们对这些事项感兴趣，并且呼吁增加这些沟通的透明度。因此，应从与治理层沟通事项中选取关键审计事项。

（二）从"与治理层沟通的事项"中选出"在执行审计工作时重点关注过的事项"

1.重点关注的概念。

重点关注的概念基于这样的认识：审计是风险导向的，注重识别和评估财务报

考霸笔记
注意：只有对上市实体整套通用目的财务报表审计时必须增加关键审计事项部分，其他的未作要求，可以选择增加或不增加关键审计事项部分。

考霸笔记
考试题型：选择题、综合题；考试频率：高频；考试套路：如何筛选出关键审计事项；备考建议：理解记忆。

考霸笔记
结合第十四章，与治理层沟通的事项共有六项，此处主要从"审计过程中的重大发现"这一项中选择。

考霸笔记
即从（一）中选择。

表重大错报风险，设计和实施应对这些风险的审计程序，获取充分、适当的审计证据，以作为形成审计意见的基础。

对于特定账户余额、交易类别或披露，评估的认定层次重大错报风险越高，在计划和实施审计程序并评价审计程序的结果时通常涉及的判断就越多。

在设计进一步审计程序时，注册会计师评估的风险越高，就越需要获取有说服力的审计证据。当由于评估的风险较高而需要获取更具说服力的审计证据时，注册会计师可能需要增加所需审计证据的数量，或者获取更具相关性或可靠性的审计证据，如更注重从第三方获取审计证据或从多个独立渠道获取互相印证的审计证据。

因此，对注册会计师获取充分、适当的审计证据或对财务报表形成审计意见构成挑战的事项可能与注册会计师确定关键审计事项尤其相关。

2.重点关注的领域。

注册会计师重点关注过的领域通常与财务报表中复杂、重大的管理层判断领域相关，因而通常涉及困难或复杂的注册会计师职业判断。相应地，重点关注过的事项通常影响注册会计师的总体审计策略以及对这些事项分配的审计资源和审计工作力度。这些影响可能包括高级审计人员参与审计业务的程度，或者注册会计师的专家或在会计、审计的特殊领域具有专长的人员（包括会计师事务所聘请或雇佣的人员）对这些领域的参与等。

3.确定重点关注过的事项需要特别考虑的方面：

（1）评估的重大错报风险较高的领域或识别出的特别风险。评估的重大错报风险较高的领域或识别出的特别风险，通常需要注册会计师在审计过程中投放更多的审计资源予以应对。因此，注册会计师在确定的重点关注过的事项时需要特别考虑该方面。

（2）与财务报表中涉及重大管理层判断（包括被认为具有高度估计不确定性的会计估计）的领域相关的重大审计判断。财务报表中复杂、重大的管理层判断领域，通常涉及困难、复杂的审计判断，并且可能同时需要管理层的专家和注册会计师的专家的参与。因此，注册会计师在确定的重点关注过的事项时需要特别考虑该方面。

（3）当期重大交易或事项对审计的影响。对财务报表或审计工作具有重大影响的事项或交易可能属于重点关注领域，并可能被识别为特别风险。

（三）从"在执行审计工作时重点关注过的事项"中选出"最为重要的事项"，从而构成关键审计事项　　从（二）中选择。

注册会计师可能已就需要重点关注的事项与治理层进行了较多的互动。就这些事项与治理层进行沟通的性质和范围，通常能够表明哪些事项对审计而言最为重要。

在确定某一与治理层沟通过的事项的相对重要程度以及该事项是否构成关键审计事项时，下列考虑也可能是相关的：

1.该事项对预期使用者理解财务报表整体的重要程度，尤其是对财务报表的重要性。

2.与该事项相关的会计政策的性质或者与同行业其他实体相比，管理层在选择适当的会计政策时涉及的复杂程度或主观程度。

3.从定性和定量方面考虑，与该事项相关的由于舞弊或错误导致的已更正错报和累积未更正错报（如有）的性质和重要程度。

4.为应对该事项所需要付出的审计努力的性质和程度，包括：

（1）为应对该事项而实施审计程序或评价这些审计程序的结果（如有）在多大程度上需要特殊的知识或技能。

（2）就该事项在项目组之外进行咨询的性质。

5.在实施审计程序、评价实施审计程序的结果、获取相关和可靠的审计证据以作为发表审计意见的基础时，注册会计师遇到的困难的性质和严重程度，尤其是当注册会计师的判断变得更加主观时。

6.识别出的与该事项相关的控制缺陷的严重程度。

7.该事项是否涉及数项可区分但又相互关联的审计考虑。例如，长期合同的收入确认、诉讼或其他或有事项等方面，可能需要重点关注，并且可能影响其他会计估计。

从需要重点关注的事项中，确定哪些事项以及多少事项对本期财务报表审计最为重要属于职业判断问题。"最为重要的事项"并不意味着只有一项。需要在审计报告中包含的关键审计事项的数量可能受被审计单位规模和复杂程度、业务和经营环境的性质，以及审计业务具体事实和情况的影响。总体来说，最初确定为关键审计事项的事项越多，注册会计师就越需要重新考虑每一事项是否符合关键审计事项的定义。对关键审计事项作冗长的列举可能与这些事项是审计中最为重要的事项这一概念相抵触。

三、在审计报告中沟通关键审计事项

（一）在审计报告中单设关键审计事项部分

1.关键审计事项部分的引言应当同时说明下列事项：

（1）关键审计事项是注册会计师根据职业判断，认为对本期财务报表审计最为重要的事项；

（2）关键审计事项的应对以对财务报表整体进行审计并形成审计意见为背景，注册会计师对财务报表整体形成审计意见，而不对关键审计事项单独发表意见。

2.导致非保留意见的事项、重大不确定性事项等不在关键审计事项部分披露。

（1）导致非无保留意见的事项、可能导致对被审计单位持续经营能力产生重大疑虑的事项或情况存在重大不确定性等，虽然符合关键审计事项的定义，但这些事项在审计报告中专门的部分披露，不在关键审计事项部分披露。

（2）在关键审计事项部分披露的关键审计事项必须是已经得到满意解决的事项，即不存在审计范围受到限制，也不存在注册会计师与被审计单位管理层意见分歧的情况。

（3）注册会计师应当按照适用的审计准则的规定报告这些事项，并在关键审计事项部分提及形成保留（否定）意见的基础部分或与持续经营相关的重大不确定性部分。

（二）描述单一关键审计事项

1.描述关键审计事项的内容

为帮助财务报表使用者了解注册会计师确定的关键审计事项，注册会计师应当在审计报告中逐项描述每一关键审计事项，并同时说明下列方面：

考霸笔记
最为重要的事项并不意味着只有一项，但也不是越多越好！

考霸笔记
注意：保留意见、否定意见可能有关键审计事项段，但无法表示意见就没有关键审计事项段。

对审计报告中沟通关键审计事项的理解

考霸笔记
常考！需要理解记忆。

考霸笔记
注册会计师与管理层意见分歧没有得到解决的情况下，不能在关键审计事项部分披露。

考试题型：选择题、综合题；
考试频率：高频；
考试套路：关键审计事项的基本概念以及注意事项；
备考建议：理解记忆。

（1）该事项被认定为审计中最为重要的事项之一，因而被确定为关键审计事项的原因。

（2）该事项在审计中是如何应对的。注册会计师可以描述下列要素：

① 审计应对措施或审计方法中，与该事项最为相关或对评估的重大错报风险最有针对性的方面；

② 对已实施审计程序的简要概述；

③ 实施审计程序的结果；

④ 对该事项作出的主要看法。

✓掌握！

在描述时，注册会计师还应当分别索引至财务报表的相关披露（如有），以使预期使用者能够进一步了解管理层在编制财务报表时如何应对这些事项。

2.描述关键审计事项的要求

（1）对关键审计事项进行描述的目的在于提供一种简明、不偏颇的解释，以使预期使用者能够了解为何该事项是对审计最为重要的事项之一，以及这些事项是如何在审计中加以应对的。为使预期使用者能够理解关键审计事项在对财务报表整体进行审计的背景下的重要程度，以及关键审计事项和审计报告其他要素（包括审计意见）之间的关系，注册会计师可能需要注意用于描述关键审计事项的语言，使之：

① 不暗示注册会计师在对财务报表形成审计意见时尚未恰当解决该事项。

② 将该事项与被审计单位的具体情形紧密相扣，避免使用通用或标准化的语言。

③ 考虑该事项在相关财务报表披露（如有）中是如何处理的。

④ 不包含或暗示对财务报表单一要素单独发表的意见。

限制使用高度技术化的审计学术语也能够帮助那些不具备适当审计知识的预期使用者了解注册会计师在审计过程中关注特定事项的原因。

（2）注册会计师提供信息的性质和范围需要在相关方各自责任的背景下作出权衡（即注册会计师以一种简明且可理解的形式提供有用的信息，而不应成为被审计单位原始信息的提供者）。

> 原始信息是指与被审计单位相关、尚未由被审计单位公布（例如，未包含在财务报表中、未包含在审计报告日可获取的其他信息或者管理层或治理层的其他口头或书面沟通中，如财务信息的初步公告或投资者简报）的信息。这些信息是被审计单位管理层和治理层的责任。

在描述关键审计事项时，注册会计师需要避免不恰当地提供与被审计单位相关的原始信息。对关键审计事项的描述通常不构成有关被审计单位的原始信息，这是由于关键审计事项是在审计的背景下描述的。然而，注册会计师仍可能认为提供进一步信息用于解释为何该事项被认为对审计最为重要，因而被确定为关键审计事项，以及这些事项如何在审计中加以应对是有必要的，除非法律法规禁止披露这些信息。如果确定这些信息是必要的，注册会计师可以鼓励管理层或治理层披露进一步的信息，而不是在审计报告中提供原始信息。

四、不在审计报告中沟通关键审计事项的情形

1.一般而言，在审计报告中沟通关键审计事项，通常有助于提高审计的透明度，是符合公众利益的。

描述关键审计事项

考霸笔记
理解要点，防止出选择题。

考霸笔记
结论很重要，理解记忆！

考霸笔记
结论很重要，理解记忆！

考霸笔记
考试题型：选择题；
考试频率：中频；
考试套路：哪些情形可以不在审计报告中沟通关键审计事项；
备考建议：理解记忆。

2.在极其罕见的情况下，关键审计事项可能涉及某些"敏感信息"，沟通这些信息可能为被审计单位带来较为严重的负面影响。在某些情况下，法律法规也可能禁止公开披露某事项。例如，公开披露某事项可能妨碍相关机构对某项违法行为或疑似违法行为的调查。

考霸笔记
除这两种情形外，都应在报告中沟通。

3.除非法律法规禁止公开披露某事项，或者在极其罕见的情况下，如果合理预期在审计报告中沟通某事项造成的负面后果超过产生的公众利益方面的益处，注册会计师确定不应在审计报告中沟通该事项，则注册会计师应当在审计报告中逐项描述关键审计事项。

考霸笔记
链接：第十四章第一节影响审计报告形式和内容的情形。

五、就关键审计事项与治理层沟通

就关键审计事项与治理层沟通，能够使治理层了解注册会计师就关键审计事项作出的审计决策的基础以及这些事项将如何在审计报告中作出描述，也能够使治理层考虑鉴于这些事项将在审计报告中沟通，作出新的披露或提高披露质量是否有用。因此，注册会计师就下列方面与治理层沟通：

（1）注册会计师确定的关键审计事项；

（2）根据被审计单位和审计业务的具体情况，注册会计师确定不存在需要在审计报告中沟通的关键审计事项（如适用）。

参考格式19-2：关键审计事项——商誉的减值测试

相关信息披露详见财务报表附注——××

（一）事项描述

截至20×1年12月31日，集团因收购YYY公司而确认了×××万元的商誉。贵公司管理层于每年年末对商誉进行减值测试。本年度，YYY公司产生了经营损失，该商誉出现减值迹象。

报告期末，集团管理层对YYY公司的商誉进行了减值测试，以评价该项商誉是否存在减值。管理层采用现金流预测模型来计算商誉的可收回金额，并将其与商誉的账面价值相比较。该模型所使用的折现率、预计现金流，特别是未来收入增长率等关键指标需要作出重大的管理层判断。通过测试，管理层得出商誉没有减值的结论。

（二）实施的审计程序

我们针对管理层减值测试所实施的审计程序包括：

1.对管理层的估值方法予以评估；

2.基于我们对相关行业的了解，我们质疑了管理层假设的合理性，如收入增长率、折现率等；

3.检查录入数据与支持证据的一致性，例如，已批准的预算以及考虑这些预算的合理性。

（三）实施审计程序的结果

我们认为，基于目前所获取的信息，管理层在对商誉减值测试所使用的假设是合理的，相关信息在财务报表附注——××中所作出的披露是适当的。

参考格式19-3：关键审计事项——研发费用资本化

相关信息披露详见财务报表附注——××

（一）事项描述

公司开发了大量的系统运行软件以及业务相关技术，并正在进一步开发其他技术以提高效率和产能。本年度，公司资本化的研发费用为××万元。

由于资本化的研发费用金额较大，且评估其是否达到企业会计准则规定的资本化标准涉及重大的管理层判断（特别是以下领域），因此该领域是关键审计事项。

1.项目的技术可行性；

2.项目产生足够未来经济利益的可能性。

我们尤其注意到公司目前正在投资开发新技术以满足其未来发展的需要，因此我们重点关注了这些在建项目的未来经济利益是否能够支撑资本化金额，这些项目包括：

1.为提高公司开发、运营和拓展能力重建其技术平台的项目，如能够投入使用，其经济利益需要在较长的期限内实现，因此涉及更多判断；

2.由于某些开发技术的创新性而使其未来经济利益涉及重大判断的项目。

鉴于新软件和系统的开发，我们也关注了已经资本化的现有软件及系统的账面余额是否发生减值。

（二）实施的审计程序及结果

我们获取了本年度资本化的研发费用的明细表，并将其调节至总账中记录的金额，未发现重大异常。

我们测试了资本化金额超过××万元的所有项目和剩余样本中抽取的金额较小的项目，具体如下：

1.我们获取了管理层就这些项目进行资本化的原因作出的解释，包括项目的技术可行性以及项目产生足够未来经济利益的可能性等方面。我们还与负责各选定项目的项目开发经理进行访谈，以印证上述解释并了解具体项目，从而使我们能够独立评估这些项目是否满足企业会计准则规定的资本化条件。我们发现项目经理给出的解释与我们从管理层获得的解释，以及我们对业务发展的理解一致，并认可管理层得出的这些支出满足资本化条件的评价。

2.我们询问了管理层及相关项目经理 新软件和系统的开发是否代替了资产负债表中任何现有资产或使其减值。除财务报表附注××所披露的××万元的减值准备外，我们未发现进一步的减值迹象。我们还根据我们对于新建项目及现有项目的了解，考虑是否存在任何项目中的软件因受开发活动的影响而停止使用或减少使用年限。我们未发现重大异常。

3.为确定支出是否可直接归属于各个项目，我们获取了单个项目耗用工时的清单，抽查了项目记录的某些工时数，并与相关项目经理讨论以了解项目，确认所测试的员工的确参与了项目，并确定这些员工所执行工作的性质。我们通过将耗用工时清单中某位员工的总工时数与其标准费率相乘来确认记录的工时工资与资本化的金额相一致。

4. 我们还按照相当于公司技术开发小组平均工资的每小时费率对上述的标准小时费率进行了调节。我们认为所用费率能恰当反映内部开发员工的薪酬水平，未发现重大异常。

第五节 非无保留意见审计报告

◇ 发表非无保留意见的情形
◇ 确定非无保留意见的类型
◇ 非无保留意见的审计报告的格式和内容

> 非无保留意见是指保留意见、否定意见或无法表示意见。

一、发表非无保留意见的情形

当存在下列情形之一时，注册会计师应当在审计报告中发表非无保留意见：

1. 根据获取的审计证据，得出财务报表整体存在重大错报的结论。
2. 无法获取充分、适当的审计证据，不能得出财务报表整体不存在重大错报的结论。

如果注册会计师能够通过实施替代程序获取充分、适当的审计证据，则无法实施特定的程序并不构成对审计范围的限制。

可见，导致注册会计师出具非无保留意见审计报告的事项，可能是财务报表存在重大错报，或者是审计范围受到重大限制。

1. 财务报表存在重大错报（列举，见表19-1）

表 19-1　　　　　　　　　重大错报列举表

重大错报	列　举
会计政策选择不恰当 选错	1. 选择的会计政策与编制基础不一致 2. 财务报表未按照公允列报方式反映交易和事项
会计政策运用不正确 用错	1. 没有一贯运用会计政策 2. 不当运用会计政策（会计处理不正确）
财务报表披露不充分	1. 未包括编制基础要求的所有披露（披露不完整） 2. 披露未按编制基础列报（披露不正确） 3. 未作出必要披露以实现公允反映（披露不充分）

2. 审计范围受到重大限制（列举，见表19-2）

表 19-2　　　　　　　　　重大限制列举表

重大限制	列　举
超出被审计单位控制的情形	1. 被审计单位会计记录已被毁坏 2. 重要组成部分会计记录被政府机构无限期查封
与注册会计师工作性质或时间安排相关的情形	1. 使用权益法对联营企业进行核算，注册会计师无法获取联营企业财务信息的充分、适当的审计证据以评价是否恰当运用了权益法 2. 接受审计委托的时间安排，无法实施存货监盘 3. 仅实施实质性程序不充分，但内部控制无效
管理层施加限制	1. 管理层阻止注册会计师实施存货监盘 2. 管理层阻止注册会计师对特定账户余额实施函证

二、确定非无保留意见的类型

（一）非无保留意见类型的判断原则（见表19-3）

表19-3　　　　　　　　　　　　非无保留意见类型的判断原则表

事　项	对财务报表的影响	
	重大不广泛	重大且广泛
重大错报	保留	否定
重大限制	保留	无法表示

（二）非无保留事项影响程度的判断

1.影响是否重大

（1）错报或范围受限达到或超过重要性（水平或性质），通常属于重大影响。

（2）错报或范围受限低于但接近重要性（水平或性质），应谨慎考虑影响是否重大。

2.影响是否广泛

（1）大范围影响：不限于对财务报表的特定要素、账户或项目产生影响。例如，未将重要组成部分的财务信息纳入合并范围。

（2）关键性影响：影响财务报表的主要组成部分。当与披露相关时，影响对理解财务报表至关重要。例如，将成熟期企业的亏损粉饰为盈利，管理层拒绝提交针对其责任的书面声明，运用的持续经营假设不合理等。

（三）对整体性审计意见的特殊要求

所谓整体性审计意见是指否定意见和无法表示意见。

1.不得局部无保留

如对报表整体发表否定意见或无法表示意见，则不应再在同一审计报告中对单一财务报表或者报表特定要素、账户或项目发表无保留意见，否则将会与对财务报表整体发表的意见相矛盾。

未对报表整体发表无法表示意见时，对经营成果、现金流量发表无法表示意见，对财务状况发表无保留意见是被允许的。

2.说明所有重大错报

发表否定或无法表示意见时，应在事项段中说明注意到的、导致发表非无保留意见的所有其他事项及其影响。这主要是考虑财务报表使用者的信息需求：

（1）如同时存在两项重大错报。单独来看，第一项错报影响广泛，导致否定意见，另一项错报影响重大或广泛，导致保留或否定意见，两项错报汇总后仍导致否定意见，应在事项段中说明两项错报，不应只选择一项进行说明。

（2）如同时存在两项重大范围受限。单独来看，第一项受限导致无法表示意见，第二项受限重大或广泛，单独导致保留意见或无法表示意见，两项受限的累积仍然导致无法表示意见的，应在事项段中说明两项范围受限，不应只选择一项进行说明。

（四）处理信息披露完整性的重大错报

1.存在与叙述性披露相关的重大错报　披露存在问题属于错报。

如果因财务报表披露相关的重大错报发表非无保留意见，则应在事项段中解释该错报错在何处。

2.存在与应披露而未披露信息相关的重大错报　了解即可！

（1）与治理层讨论未披露信息的情况；

（2）在事项段中描述未披露信息的性质；

（3）如可行并且已针对未披露信息获取了充分、适当的审计证据，则在事项段中包含对未披露信息的披露，除非法律法规禁止。

但是，在下列情况下，在事项段中披露遗漏的信息是不可行的：

（1）管理层还没有披露，或注册会计师不易获取这些披露；

（2）根据注册会计师的判断，在报告中披露过于庞杂。

（五）应对管理层对审计范围施加的限制

1.如可能导致保留或无法表示意见，则要求管理层消除限制。

2.如管理层拒绝消除，则应与治理层沟通，并确定能否实施替代程序获取充分、适当的审计证据。

3.如无法获取充分、适当的审计证据，则在"重大不广泛"的情况下发表保留意见，在"重大且广泛"情况下考虑解约。如解约被禁止或不可行，则应发表无法表示意见。在这种情况下，可能需要在审计报告中增加其他事项段。

4.无法解除审计业务约定的情况可能包括：

（1）接受委托审计公共部门实体的财务报表；

（2）接受委托审计涵盖特定期间的财务报表，或者接受一定期间的委托，在完成财务报表审计前或在受托期间结束前，不允许解除审计业务约定。

三、非无保留意见的审计报告的格式和内容　与无保留意见审计报告对比掌握！

参考格式19-4：由于财务报表存在重大错报而发表保留意见的审计报告

> **背景信息：**
>
> ……
>
> 4.存货存在错报，该错报对财务报表影响重大但不具有广泛性（即保留意见是恰当的）；
>
> ……
>
> **审计报告**
>
> ABC股份有限公司全体股东：
>
> **一、对财务报表出具的审计报告**
>
> （一）保留意见　注意标题！
>
> 我们审计了ABC股份有限公司（以下简称"ABC公司"）财务报表，包括20×1年12月31日的资产负债表，20×1年度的利润表、现金流量表、股东权益变动表以及相关财务报表附注。

我们认为，除"形成保留意见的基础"部分所述事项产生的影响外，后附的财务报表在所有重大方面按照企业会计准则的规定编制，公允反映了ABC公司20×1年12月31日的财务状况以及20×1年度的经营成果和现金流量。

（二）形成保留意见的基础　注意标题！

ABC公司20×1年12月31日资产负债表中存货的列示金额为×元。管理层根据成本对存货进行计量，而没有根据成本与可变现净值孰低的原则进行计量，这不符合企业会计准则的规定。ABC公司的会计记录显示，如果管理层以成本与可变现净值孰低来计量存货，存货列示金额将减少×元。相应地，资产减值损失将增加×元，所得税、净利润和所有者权益将分别减少×元、×元和×元。

我们按照中国注册会计师审计准则的规定执行了审计工作。审计报告的"注册会计师对财务报表审计的责任"部分进一步阐述了我们在这些准则下的责任。按照中国注册会计师职业道德守则，我们独立于ABC公司，并履行了职业道德方面的其他责任。我们相信，我们获取的审计证据是充分、适当的，为发表审计意见提供了基础。

（三）关键审计事项

关键审计事项是根据我们的职业判断，认为对本期财务报表审计最为重要的事项。这些事项是在对财务报表整体进行审计并形成意见的背景下进行处理的，我们不对这些事项提供单独的意见。除"形成保留意见的基础"部分所述事项外，我们确定下列事项是需要在审计报告中沟通的关键审计事项。

……

注意： 如果财务报表中存在与具体金额相关的重大错报，那么注册会计师应当在形成保留/否定/无法表示意见的基础部分说明并量化该错报的财务影响，即量化其对所得税、税前利润、净利润和所有者权益的影响。如果无法量化财务影响，注册会计师应当在形成保留/否定/无法表示意见的基础部分说明这一情况。

参考格式19-5：由于无法针对财务报表多个要素获取充分、适当的审计证据而发表无法表示意见的审计报告

背景信息：

……

4.对财务报表的多个要素，注册会计师无法获取充分、适当的审计证据。例如，对被审计单位的存货和应收账款，注册会计师无法获取审计证据，这一事项对财务报表可能产生的影响重大且具有广泛性。

……

7.按照审计准则要求在注册会计师的责任部分作出更有限的表述。

……

审计报告

ABC股份有限公司全体股东：

一、对财务报表出具的审计报告

（一）无法表示意见　注意标题！

我们接受委托，审计ABC股份有限公司（以下简称"ABC公司"）财务报表，

考霸笔记
注意与无保留意见的区别！

考霸笔记
陈述事实。

考霸笔记
指出错误。

考霸笔记
说明影响。

考霸笔记
删除无保留审计意见中6、7两点。

考霸笔记
注意与无保留意见的区别。

包括20×1年12月31日的资产负债表，20×1年度的利润表、现金流量表、股东权益变动表以及相关财务报表附注。

我们不对后附的ABC公司财务报表发表审计意见。由于"形成无法表示意见的基础"部分所述事项的重要性，我们无法获取充分、适当的审计证据以作为对财务报表发表审计意见的基础。

（二）形成无法表示意见的基础　　注意标题！

我们于20×2年1月接受ABC公司的审计委托，因而未能对ABC公司20×1年年初金额为X元的存货和年末金额为X元的存货实施监盘程序。此外，我们也无法实施替代审计程序获取充分、适当的审计证据（第一种情况）。并且，ABC公司于20×1年9月采用新的应收账款电算化系统，由于存在系统缺陷导致应收账款出现大量错误。截至审计报告日，管理层仍在纠正系统缺陷并更正错误，我们也无法实施替代审计程序，以对截至20×1年12月31日的应收账款总额X元获取充分、适当的审计证据（第二种情况）。因此，我们无法确定是否有必要对存货、应收账款以及财务报表其他项目作出调整，也无法确定应调整的金额。

（三）管理层和治理层对财务报表的责任（略）

（四）注册会计师对财务报表审计的责任

我们的责任是按照中国注册会计师审计准则的规定，对ABC公司的财务报表执行审计工作，以出具审计报告。但由于"形成无法表示意见的基础"部分所述的事项，我们无法获取充分、适当的审计证据以作为发表审计意见的基础。

……

第六节　在审计报告中增加强调事项段和其他事项段

◇ 强调事项段
◇ 其他事项段
◇ 与治理层的沟通

考试题型：选择题、综合题；
考试频率：高频；
考试套路：增加强调事项段与增加其他事项段的情形混在一起考核；
备考建议：理解记忆，并注意区分。

一、强调事项段

（一）增加强调事项段的要求

1.该事项已在财务报表中恰当列报或披露；

2.该事项对使用者理解财务报表至关重要。

另外：

1.按照《中国注册会计师审计准则第1502号——在审计报告中发表非无保留意见》的规定，该事项不会导致注册会计师发表非无保留意见；

2.当《中国注册会计师审计准则第1504号——在审计报告中沟通关键审计事项》适用时，该事项未被确定为在审计报告中沟通的关键审计事项。

考霸笔记　对"无法表示意见"的说明，删除无保留中形成审计意见的基础的相关内容。

考霸笔记　注意与无保留意见的区别。

考霸笔记　注意与无保留意见的区别。

考霸笔记　强调"财务信息"。

考霸笔记　如果未在财务报表汇总恰当列报或披露，那应该是非无保留意见的审计报告。

考霸笔记　如果对财务报表使用者理解财务报表不重要，那么就无需强调。

被确定为关键审计事项的事项，根据注册会计师的职业判断，也可能对财务报表使用者理解财务报表至关重要。在这些情况下，将该事项作为关键审计事项沟通时，注册会计师可能希望突出或提请进一步关注其相对重要程度。在关键审计事项部分，注册会计师可以使该事项的列报更为突出（如作为第一个事项），或在关键审计事项的描述中增加额外信息，以指明该事项对财务报表使用者理解财务报表的重要程度。

注意：

1.将强调事项段作为单独的一部分置于审计报告中，并使用包含"强调事项"这一术语的适当标题。

2.明确提及被强调事项以及相关披露的位置，以便能够在财务报表中找到对该事项的详细描述。

3.指出审计意见没有因该强调事项而改变。

4.在实务中，否定意见、无法表示意见审计报告一般不带强调事项段。（"无法表示意见"可以带其他事项段）

考霸笔记
"无保留"和"保留"的审计报告中可以带强调事项段。对于"保留意见"带强调事项段的情形，必须是对A事项保留，对B事项强调。不可以同时对A事项既保留又强调。同时，对于应当出具保留意见的报告，不能以强调事项段来代替。

审计意见与特殊事项段的实务处理

参考格式19-6：由于偏离适用的财务报告编制基础的规定导致的带强调事项段的保留意见审计报告

背景信息：

1.对非上市实体整套财务报表进行审计。该审计不属于集团审计（即不适用《中国注册会计师审计准则第1401号——对集团财务报表审计的特殊考虑》）。
……

4.由于偏离企业会计准则的规定导致发表保留意见。
……

7.在财务报表日至审计报告日之间，被审计单位的生产设备发生了火灾，被审计单位已将其作为期后事项披露。根据注册会计师的判断，该事项对财务报表使用者理解财务报表至关重要，但在本期财务报表审计中不是重点关注过的事项。

8.注册会计师未被要求，并且也决定不沟通关键审计事项。
……

审计报告

ABC股份有限公司全体股东：

一、对财务报表出具的审计报告

（一）保留意见（略）

（二）形成保留意见的基础（略）

（三）强调事项——火灾的影响

我们提醒财务报表使用者关注，财务报表附注×描述了火灾对ABC公司的生产设备造成的影响。本段内容不影响已发表的审计意见。
……

（二）**增加强调事项段的情形**（见表19-4）结合前后章节内容理解记忆。

表19-4　　　　　　　　　　　　增加强调事项段情形表

要求	情形
应当	法律法规规定的财务报告编制基础不可接受，但其是由法律或法规作出的规定
	提醒报表使用者注意财务报表按照特殊目的编制基础编制（持续经营假设不适当，但采用了适当的替代基础）
	针对第二时段期后事项，管理层局部修改报表，注册会计师局部延伸专门程序〔补充报告日期/强调/其他〕
	针对第三时段期后事项，管理层局部修改报表，注册会计师局部延伸专门程序〔强调/其他〕
可以	异常诉讼或监管行动的未来结果存在不确定性
	允许提前应用对报表有广泛影响的新会计准则
	特大灾难已经或持续对财务状况产生重大影响
	提醒报表使用者关注会计估计的重大不确定性
	法律法规规定的财务报告编制基础不可接受，但其是由法律或法规作出的规定
	持续经营假设不适当，但采用了适当的替代基础
	针对第二时段期后事项，管理层局部修改报表，注册会计师局部延伸专门程序（补充报告日期/强调/其他）
	对应数据：上期错报未更正（也没有重新出具审计报告），对应数据在本期报表中适当重述或披露。

（三）**强调事项段不能代替的情形**

在审计报告中包含强调事项段不影响审计意见。包含强调事项段不能代替下列情形：

1.根据审计业务的具体情况，按照《中国注册会计师审计准则第1502号——在审计报告中发表非无保留意见》的规定发表非无保留意见；

2.适用的财务报告编制基础要求管理层在财务报表中作出的披露，或为实现公允列报所需的其他披露；

3.按照《中国注册会计师审计准则第1324号——持续经营》的规定，当可能导致对被审计单位持续经营能力产生重大疑虑的事项或情况存在重大不确定性时作出的报告。

二、其他事项段　考虑"审计信息"。

（一）**增加其他事项段的要求**

其他事项段用以提及未在（无需在）财务报表中列报或披露的事项。该事项与财务报表使用者理解审计工作、注册会计师的责任或审计报告相关。

增加其他事项段，需同时满足下列条件：

（1）未被法律法规禁止；

（2）当《中国注册会计师审计准则第1504号——在审计报告中沟通关键审计事项》适用时，该事项未被确定为在审计报告中沟通的关键审计事项。

注意：

1.其他事项段不能代替非无保留意见。

2.如果在审计报告中包含其他事项段，注册会计师应当将该段落作为单独的一

考霸笔记

考试题型：选择题、综合题；

考试频率：高频；

考试套路：增加强调事项段与增加其他事项段的情形混在一起考核；

备考建议：理解记忆，并注意区分。

第十九章

部分，并使用"其他事项"或其他适当标题。

3.审计报告的其他事项段不涉及下列情形：

（1）除根据审计准则对财务报表出具审计报告外，注册会计师还有其他报告责任；

（2）注册会计师可能被要求实施额外的规定程序并予以报告，或对特定事项发表意见。

（二）其他事项段说明的事项（见表19-5）　掌握"应当"部分！

表19-5　　　　　　　　　　其他事项段说明事项表　　结合前后章节内容理解记忆。

要求	情　形
应当	对应数据：如上期报表已由前任审计，后任注册会计师可以提及前任的审计报告。当决定提及时，应当在其他事项段中说明前任的意见类型和报告日期
	对应数据：如上期财务报表未经审计，则应当增加其他事项段
	比较报表：如本期对上期财务报表发表的审计意见与以前发表的审计意见不同，则应当增加其他事项段，以披露导致不同意见的实质性原因
	比较报表：前任审计上期报表，但上期报表及审计报告均未公布，且未发现上期错报，应在其他事项段中说明
	比较报表：上期报表未经审计，应增加其他事项段
	针对第三时段期后事项，管理层局部修改报表，注册会计师局部延伸专门程序（强调/其他）
可以	管理层没有针对违反法律法规行为采取适合具体情况的补救措施，注册会计师不能解除业务约定
	由于管理层对审计范围施加的限制导致的影响具有广泛性，注册会计师不能解除业务约定，可以增加其他事项段，解释为何不能解除业务约定
	法律法规或惯例可能要求或允许注册会计师详细说明某些事项，以进一步解释注册会计师在财务报表审计中的责任或审计报告，可以增加其他事项段
	对两套以上财务报表出具审计报告。如两个编制基础在各自情形下是可接受的，可以增加其他事项段，说明被审计单位根据另一个通用目的编制基础编制了另一套财务报表，以及注册会计师对这些财务报表出具了审计报告
	限制审计报告分发和使用的情形。由于审计报告旨在提供给特定使用者，可以增加其他事项段，说明审计报告只是提供给财务报表预期使用者，不应分发给其他机构或人员或者被其他机构或人员使用
	针对第二时段期后事项，管理层局部修改报表，注册会计师局部延伸专门程序（补充报告日期/强调/其他）
	比较报表：发现前任对存在重大错报的上期报表发表了无保留意见，管理层更正了上期报表，但前任拒绝对上期报表重新出具报告。可以增加其他事项段，指出前任对更正前的上期报表出具了报告；如后任接受委托对更正的部分进行审计，也可以增加其他事项段予以说明

三、与治理层的沟通

如果拟在审计报告中增加强调事项段或其他事项段，则注册会计师应当就该事项和拟使用的措辞与治理层沟通。

与治理层的沟通能使治理层了解注册会计师拟在审计报告中所强调的特定事项的性质，并在必要时为治理层提供向注册会计师作出进一步澄清的机会。当然，当审计报告中针对某一特定事项增加其他事项段在连续审计业务中重复出现时，注册会计师可能认为没有必要在每次审计业务中重复沟通。

第七节　比较信息

◇ 比较信息的背景、类型与审计
◇ 对应数据
◇ 比较财务报表

一、比较信息的背景、类型与审计

（一）比较信息的背景

比较信息是指包含于财务报表中的、符合适用的财务报告编制基础的、与一个或多个以前期间相关的金额和披露。

1.报表使用者有需要。为了解被审计单位财务信息的变化趋势，财务报表使用者需要了解以前期间的比较信息。

2.会计准则有规定。当期财务报表的列报，至少应当提供所有列报项目上一可比会计期间的比较数据。

3.注册会计师应考虑。比较信息是当期财务报表不可缺少的组成部分。注册会计师应考虑比较信息对审计意见的影响。

（二）比较信息的类型

不同编制基础对比较信息的要求有所不同。通常要求列报对应数据，有时还要求列报比较报表。

1.对应数据是本期报表的组成部分，其本身可能不完整、不系统，其详细程度取决于与本期数据的相关程度，只能与本期数据联系起来阅读。

2.比较报表是与本期报表并列的以前年度报表，其详细程度与本期报表相似。例如，相关法规要求，拟上市公司在上市前至少应当公布以前连续三个年度的可比财务报表。

（三）比较信息的审计（见表 19-6）

表 19-6　　　　　　　　　比较信息审计表

比较信息	注册会计师的责任
对应数据	无需专门对对应数据发表审计意见

考霸笔记
链接：第十四章 第一节。

"对应数据"和"比较财务报表"有何区别？

考霸笔记
考试题型：选择题；
考试频率：低频；
考试套路：以知识点的直接还原为主；
备考建议：通读内容即可。

第十九章

续表

比较信息		注册会计师的责任
比较财务报表	经审计本期报表的CPA审计	应在审计报告的意见段中提及比较报表所属的各期以及审计意见涵盖的各期，可以对比较报表的一期或多期报表发表不同审计意见
	经前任审计	可以增加其他事项段进行说明
	未经审计直接对外公布	应当在其他事项段中指明

考霸笔记
考试题型：选择题；
考试频率：高频；
备考建议：针对不同情形的处理方式进行理解记忆。

二、对应数据

（一）导致上期非无保留意见的事项仍未解决（见表19-7）

表19-7　　　　　　　导致上期非无保留意见的事项处理表

导致上期非无保留意见的事项	对本期数据的影响	说　明	本期意见类型
仍未解决	重大	同时影响对应数据和本期数据	非无保留意见 在形成意见的基础中同时提及本期数据和对应数据（见参考格式19-7）
	不重大	仅影响对应数据	非无保留意见 在形成意见的基础中说明因未解决事项对本期数据和对应数据之间可比性的影响而发表非无保留意见（见参考格式19-8）
已经解决，并已恰当处理或适当披露		对本期报表发表的意见无需提及之前发表的非无保留意见	

考霸笔记
报表上只要有重大错报（即使仅是对应数据），也要出具非无保留意见，因为会影响可比性。

（二）本期发现上期审计未发现的重大错报

本期发现上期审计未发现的重大错报时，应向管理层通报，并根据管理层采取的措施决定是否在审计报告中提及以及如何提及，重大错报处理表1见表19-8。

表19-8　　　　　　　　　重大错报处理表1

管理层的措施		说　明	本期意见类型
拒绝调整上期报表	并拒绝重述或披露本期对应数据	本期、上期报表均存在重大错报	保留或否定意见
	对应数据已在本期报表中得到适当重述或披露	本期不存在错报，而上期存在	无保留意见 可以增加强调事项段，说明对应数据已经适当重述或披露
调整并重新公布了上期报表，本期对应数据同时得以调整		两期都不存在错报	应按第三时段期后事项对上期报表重新出具审计报告，无需在针对本期报表的审计报告中提及

（三）上期财务报表已由前任审计（见参考格式19-9）

注册会计师可在审计报告中提及前任注册会计师的审计报告（也可以不提及）。如决定提及，应在其他事项段中说明：

考霸笔记
注意：不能提及前任具体是哪个事务所，哪个注册会计师。

1.上期财务报表已由前任审计；

2.前任意见的类型（如为非无保留意见，还应说明理由）；

3.前任出具审计报告的日期。

（四）上期财务报表未经审计

如上期财务报表未经审计，则注册会计师应当在其他事项段中说明对应数据未经审计。但这种说明并不减轻注册会计师获取充分、适当的审计证据，以确定期初余额不含有对本期财务报表产生重大错报的责任。

参考格式19-7：有关对应数据的审计报告

考霸笔记
注意背景信息包含的内容。

背景信息：

……

4.以前对上期财务报表出具了保留意见的审计报告。

5.导致保留意见的事项仍未解决。

6.该尚未解决的事项对本期数据的影响或可能的影响是重大的，需要对本期数据发表非无保留意见。

……

审计报告

ABC股份有限公司全体股东：

一、对财务报表出具的审计报告

（一）保留意见（略）

（二）形成保留意见的基础

如财务报表附注×所述，ABC公司未按照企业会计准则的规定对房屋建筑物和机器设备计提折旧。这项决定是管理层在上一会计年度开始时作出的，导致我们对该年度财务报表发表了保留意见。如果按照房屋建筑物5%和机器设备20%的年折旧率计提折旧，20×1年度和20×0年度的当年亏损将分别增加×元和×元，20×1年年末和20×0年年末的房屋建筑物和机器设备的净值将因累计折旧而减少×元和×元，并且20×1年年末和20×0年年末的累计亏损将分别增加×元和×元。

我们按照中国注册会计师审计准则的规定执行了审计工作。审计报告的"注册会计师对财务报表审计的责任"部分进一步阐述了我们在这些准则下的责任。按照中国注册会计师职业道德守则，我们独立于ABC公司，并履行了职业道德方面的其他责任。我们相信，我们获取的审计证据是充分、适当的，为发表保留意见提供了基础。

……

第十九章

参考格式19-8：有关对应数据的审计报告

背景信息：

……

4. 以前对上期财务报表出具了保留意见的审计报告。

5. 导致保留意见的事项仍未解决。

6. 尽管尚未解决的事项对本期数据的影响或可能的影响并不重大，但由于尚未解决的事项对本期数据和对应数据的可比性存在影响或可能存在影响，需要对本期数据发表非无保留意见。

……

审计报告

ABC股份有限公司全体股东：

一、对财务报表出具的审计报告

（一）保留意见（略）

（二）形成保留意见的基础

由于我们在20×0年年末接受ABC公司的委托，我们无法对20×0年年初的存货实施监盘，也不能实施替代程序确定存货的数量。鉴于年初存货影响经营成果的确定，我们不能确定是否应对20×0年度的经营成果和年初留存收益作出必要的调整。因此，我们对20×0年度的财务报表发表了保留意见。由于该事项对本期数据和对应数据的可比性存在影响或可能存在影响，我们对本期财务报表发表了保留意见。

我们按照中国注册会计师审计准则的规定执行了审计工作。审计报告的"注册会计师对财务报表审计的责任"部分进一步阐述了我们在这些准则下的责任。按照中国注册会计师职业道德守则，我们独立于ABC公司，并履行了职业道德方面的其他责任。我们相信，我们获取的审计证据是充分、适当的，为发表保留意见提供了基础。

……

参考格式19-9：有关对应数据的审计报告

背景信息：

……

9. 已列报对应数据，且上期财务报表已由前任注册会计师审计。

10. 法律法规不禁止注册会计师提及前任注册会计师对对应数据出具的审计报告，并且注册会计师决定提及。

……

审计报告

ABC股份有限公司全体股东：

一、对财务报表出具的审计报告

（一）审计意见（略）

（二）形成审计意见的基础（略）

（三）其他事项

20×0年12月31日的资产负债表，20×0年度的利润表、现金流量表和股东权益变动表以及财务报表附注由其他会计师事务所审计，并于20×1年3月31日发表了无保留意见。

（四）其他信息（略）

……

三、比较财务报表

（一）比较财务报表的审计意见

1.应提及比较报表所属的各期以及审计意见涵盖的各期（见参考格式19-10）前提是审计了提及的各期报表。未经审计不得发表意见。

参考格式19-10：有关比较财务报表的审计报告

背景信息：

……

4.注册会计师需要结合本年审计对本期和上期财务报表同时出具审计报告。

5.对上期财务报表发表了保留意见。

6.导致非无保留意见的事项仍未解决。

7.尚未解决的事项对本期数据产生的影响或可能产生的影响，对于本期财务报表是重大的，需要发表非无保留意见。

……

审计报告

ABC股份有限公司全体股东：

一、对财务报表出具的审计报告

（一）保留意见

我们审计了ABC股份有限公司（以下简称"ABC公司"）财务报表，包括20×1年12月31日和20×0年12月31日的资产负债表，20×1年度和20×0年度的利润表、现金流量表、股东权益变动表以及相关财务报表附注。

我们认为，除"形成保留意见的基础"部分所述事项产生的影响外，后附的财务报表在所有重大方面按照企业会计准则的规定编制，公允反映了ABC公司20×1年12月31日和20×0年12月31日的财务状况以及20×1年度和20×0年度的经营成果和现金流量。

（二）形成保留意见的基础

如财务报表附注×所述，ABC公司未按照企业会计准则的规定对房屋建筑物和机器设备计提折旧。如果按照房屋建筑物5%和机器设备20%的年折旧率计提折旧，20×1年度和20×0年度的当年亏损将分别增加×元和×元，20×1年年末和20×0年年末的房屋建筑物和机器设备的净值将因累计折旧而分别减少×元和×元，并且20×1年年末和20×0年年末的累计亏损将分别增加×元和×元。

我们按照中国注册会计师审计准则的规定执行了审计工作。审计报告的"注册会计师对财务报表审计的责任"部分进一步阐述了我们在这些准则下的责任。按照中国注册会计师职业道德守则，我们独立于ABC公司，并履行了职业道德方面的其他责任。我们相信，我们获取的审计证据是充分、适当的，为发表保留意见提供了基础。

……

2.可以对比较报表的一期或多期报表发表不同审计意见

例如，对不同期间的报表分别发表保留意见、否定意见或无法表示意见，或者增加强调事项段。

（二）对上期报表发表的意见与上期发表的不同

当结合本期审计对上期财务报表出具审计报告时，在本期审计过程中可能注意到严重影响上期财务报表的情形或事项，因而本期对上期财务报表发表的意见与自己上期已发表的意见不同。

针对上述情况，注册会计师应当在其他事项段中披露导致不同意见的实质性原因。

（三）上期财务报表已由前任注册会计师审计

如上期报表由前任审计，则只需对本期报表发表审计意见。

如上期报表由前任审计，但上期财务报表和审计报告都没有对外公布（主要原因），则除对本期财务报表发表意见外，注册会计师还应当在增加的其他事项段中说明：

1.上期财务报表已由前任审计；

2.前任的意见类型（如系非无保留意见，还应说明理由）；

3.前任出具审计报告的日期。

（四）发现上期报表存在前任未曾发现的重大错报

与管理层及治理层沟通，要求管理层告知前任注册会计师并更正上期财务报表的重大错报，重大错报处理表2见表19-9。

表19-9 重大错报处理表2

管理层的措施	前任的应对	对本期的影响
更正上期报表	重新出具审计报告	仅对本期财务报表出具审计报告
	未重新出具审计报告	增加其他事项段，指出前任对更正前的报表出具了报告
		如接受委托针对更正的事项实施审计，可在审计报告中增加其他事项段予以说明
拒绝更正上期财务报表		视对应数据及本期数据是否受到影响以及影响情况，在针对本期财务报表的审计报告中反映。例如，发表非无保留意见或增加强调事项段等

（五）上期财务报表未经审计

如上期财务报表未经审计，则注册会计师应当在其他事项段中说明比较财务报表未经审计。但这种说明并不减轻注册会计师获取充分、适当的审计证据，以确定期初余额不含有对本期财务报表产生重大错报的责任。

第八节　注册会计师对其他信息的责任

◇ 其他信息的相关概念

◇ 阅读并考虑其他信息

◇ 当似乎存在重大不一致或其他信息似乎存在重大错报时的应对

◇ 当注册会计师认为其他信息存在重大错报时的应对

◇ 当财务报表存在重大错报或注册会计师对被审计单位及其环境的了解需要更新时的应对

◇ 报告

《中国注册会计师审计准则第1521号——注册会计师对其他信息的责任》规范了注册会计师对被审计单位年度报告中包含的除财务报表和审计报告之外的其他信息的责任。

一、其他信息的相关概念

（一）年度报告

年度报告，是指管理层或治理层根据法律法规的规定或惯例，一般以年度为基础编制的、旨在向所有者（或类似的利益相关方）提供实体经营情况和财务业绩及财务状况（财务业绩及财务状况反映于财务报表）信息的一个文件或系列文件组合。在被审计单位年度报告中，除包含财务报表和审计报告外，通常还包括实体的发展、未来前景、风险和不确定事项，治理层声明，以及包含治理事项的报告等信息。

根据法律法规或惯例，以下一项或多项文件可能构成年度报告：

1.董事会报告；

2.公司董事会、监事会及董事、监事、高级管理人员保证年度报告内容的真实、准确、完整，不存在虚假记载、误导性陈述或重大遗漏，并承担个别和连带法律责任的声明；

3.公司治理情况说明；

4.内部控制自我评价报告。

有些报告如作为独立的文件发布，通常不是组成年度报告的系列文件的一部分。这些报告的例子包括：

1.单独的行业或监管报告（如资本充足率报告），如可能由银行、保险和养老金行业编制的报告；

2.公司社会责任报告；

3.可持续发展报告；

4.多元化和平等机会报告；

5.产品责任报告；

6.劳工做法和工作条件报告。

注册会计师应当就及时获取组成年度报告的文件的最终版本与管理层作出适当安排。如果可能，在审计报告日之前获取。如果组成年度报告的部分或全部文件在审计报告日后才能取得，则要求管理层提供书面声明，声明上述文件的最终版本将在可获取时并且在被审计单位公布前提供给注册会计师，以使注册会计师可以完成准则要求的程序。

（二）其他信息

其他信息，是指在被审计单位年度报告中包含的除财务报表和审计报告以外的财务信息和非财务信息。

（三）其他信息的错报

其他信息的错报，是指对其他信息作出不正确陈述或其他信息具有误导性，包括遗漏或掩饰对恰当理解其他信息披露的事项必要的信息。

二、阅读并考虑其他信息

注册会计师应当阅读并考虑如下其他信息（见表19-10）。

表19-10   其他信息表

类　型	例　子	注册会计师的要求
其他信息中，有部分内容（金额或其他项目）与财务报表中的金额或其他项目相一致，或对其进行概括，或为其提供更详细的信息 （财务信息）	（1）包含了财务报表摘录的表格、图表或图形 （2）对财务报表中列示的余额或账户提供进一步细节的披露，例如"20×1年度的收入，由来自产品X的××万元和来自产品Y的××万元组成" （3）对财务结果的描述，例如，"20×1年度研究和开发费用合计数是××万元"	在阅读时，注册会计师应当考虑这些其他信息和财务报表之间是否存在重大不一致。作为考虑的基础，注册会计师应当将这类其他信息中选取的金额或其他项目与财务报表中的相应金额或其他项目进行比较，以评价其一致性
其他信息中，还有一部分内容，注册会计师在审计财务报表过程中，已经针对其了解到一些情况 （非财务信息，但与审计相关）	（1）对产量的披露，或者按地理区域汇总产量的表格 （2）对"公司本年度新推出产品X和产品Y"的声明 （3）对被审计单位主要经营地点的概括，例如"被审计单位的主要经营中心在X国，同时在Y国和Z国也有经营场所"	在阅读时，注册会计师应当考虑其与注册会计师在审计中了解到的情况是否存在重大不一致
其他信息中，除以上两部分内容外，还有一部分与财务报表或注册会计师在审计中了解到的情况不相关（非财务信息，与审计也无关）	例如，其他信息可能包括对被审计单位温室气体排放情况的陈述	对与财务报表或注册会计师在审计中了解到的情况不相关的其他信息中似乎存在重大错报的迹象保持警觉

三、当似乎存在重大不一致或其他信息似乎存在重大错报时的应对

如果注册会计师识别出似乎存在重大不一致，或者知悉其他信息似乎存在重大错报，注册会计师应当与管理层讨论该事项，必要时，实施其他程序以确定：

1.其他信息是否存在重大错报；   搞清楚是哪个错了。

2.财务报表是否存在重大错报；

3.注册会计师对被审计单位及其环境的了解是否需要更新。

四、当注册会计师认为其他信息存在重大错报时的应对

当注册会计师认为其他信息存在重大错报时的应对，见表19-11。

表19-11　　　　　　　　　　　　　**注册会计师应对知识表**

时　间	管理层态度	注册会计师应当采取的措施
如果认为审计报告日<u>前</u>获取的其他信息存在重大错报	同意更正	确定更正已经完成
	拒绝更正	1.就该事项与治理层进行沟通，并要求作出更正 2.在与治理层沟通后其他信息仍未得到更正： （1）考虑对审计报告的影响，并就注册会计师计划如何在审计报告中处理重大错报与治理层进行沟通。注册会计师可<u>在审计报告中指明其他信息存在重大错报</u> 在少数情况下，当拒绝更正其他信息的重大错报导致对管理层和治理层的诚信产生怀疑，进而质疑审计证据总体上的可靠性时，对财务报表<u>发表无法表示意见</u>可能是恰当的 （2）在相关法律法规允许的情况下，<u>解除业务约定</u>。当拒绝更正其他信息的重大错报导致对管理层和治理层的诚信产生怀疑，进而质疑审计过程中从其获取声明的可靠性时，解除业务约定可能是适当的
如果认为审计报告日<u>后</u>获取的其他信息存在重大错报	同意更正	根据具体情形实施必要的程序，包括确定更正已经完成，也可能包括复核管理层为与收到其他信息（如果之前已经公告）的人士沟通并告知其修改而采取的步骤
	拒绝更正	如果与治理层沟通后其他信息未得到更正，则注册会计师应当考虑其法律权利和义务，并采取恰当的措施，以提醒审计报告使用者恰当关注未更正的重大错报： （1）向管理层<u>提供一份新的或修改后的审计报告，其中指出其他信息的重大错报</u>。同时要求管理层将该新的或修改后的审计报告提供给审计报告使用者。在此过程中，注册会计师可能需要基于审计准则和适用的法律法规的要求，考虑对新的或修改后的审计报告的日期产生的影响。注册会计师也可以复核管理层采取的、向这些使用者提供新的或修改后的审计报告的步骤 （2）<u>提醒审计报告使用者关注其他信息重大错报</u>，例如，在股东大会上通报该事项 （3）与<u>监管机构</u>或相关职业团体沟通未更正的重大错报 （4）考虑对持续承接业务的影响

五、当财务报表存在重大错报或注册会计师对被审计单位及其环境的了解需要更新时的应对

如果注册会计师认为财务报表存在重大错报，或者注册会计师对被审计单位及其环境的了解需要更新，那么注册会计师应当作出恰当应对，包括修改注册会计师对风险的评估、评估错报、考虑注册会计师关于期后事项的责任。

六、报告

（一）需要单独披露的情形

如果在审计报告日存在下列两种情况之一，审计报告应当包括一个单独部分，以"其他信息"为标题：

1.对于上市实体财务报表审计，注册会计师已获取或预期将获取其他信息；

2.对于上市实体以外其他被审计单位的财务报表审计，注册会计师已获取部分或全部其他信息。

（二）"其他信息"部分描述的内容

审计报告包含的其他信息部分应当包括：

1.管理层对其他信息负责的说明。

2.指明：

（1）注册会计师于审计报告日前已获取的其他信息（如有）。

（2）对于上市实体财务报表审计，预期将于审计报告日后获取的其他信息（如有）。

（3）说明注册会计师的审计意见未涵盖其他信息，因此，注册会计师对其他信息不发表（或不会发表）审计意见或任何形式的鉴证结论。　　重要结论要牢记！

（4）描述注册会计师根据审计准则的要求，对其他信息进行阅读、考虑和报告的责任。

（5）如果审计报告日前已经获取其他信息，则选择下列两种做法之一进行说明：

①说明注册会计师无任何需要报告的事项；

②如果注册会计师认为其他信息存在未更正的重大错报，说明其他信息中的未更正重大错报。

（三）导致非无保留意见的事项对其他信息的影响

如果注册会计师根据《中国注册会计师审计准则第1502号——在审计报告中发表非无保留意见》的规定发表保留或者否定意见，注册会计师应当考虑导致非无保留意见的事项对上述说明的影响。

参考格式19-11：审计报告日前获取的其他信息不存在重大错报时的审计报告

背景信息：

......

8.注册会计师在审计报告日前已获取所有其他信息，且未识别出信息存在重大错报。

......

审计报告

ABC股份有限公司全体股东：

一、对财务报表出具的审计报告

（一）保留意见（略）

（二）形成保留意见的基础（略）

（三）关键审计事项（略）

（四）其他信息

管理层对其他信息负责。其他信息包括×报告中涵盖的信息，但不包括财务报表和我们的审计报告。

我们对财务报表发表的审计意见并不涵盖其他信息，我们也不对其他信息发表任何形式的鉴证结论。

　　结合我们对财务报表的审计，我们的责任是阅读其他信息，在此过程中，考虑其他信息是否与财务报表或我们在审计过程中了解到的情况存在重大不一致或者似乎存在重大错报。基于我们已经执行的工作，如果我们确定其他信息存在重大错报，我们应当报告该事实。在这方面，我们无任何事项需要报告。

　　……

智能测评

在线练习		我要提问
扫码在线做题	扫码看答案	扫码答疑
本书"本章同步强化训练"均配备二维码，打开微信"扫一扫"即可完成在线测评，查看本章详细的测评反馈报告，了解知识掌握情况，也可扫码直接看答案噢。 　　快来扫码做题吧！		本书配备答疑专用二维码，打开微信"扫一扫"，即可完成在线提问，获取专业老师全面个性化解答，让学习问题不再拖延。 　　快来扫码提问吧！

本章同步强化训练

一、单选题

1.下列有关审计报告日的表述，错误的是（　　　）。

A.注册会计师在正式签署审计报告前，通常把审计报告草稿和已审计财务报表草稿一同提交给管理层

B.如果管理层批准并签署已审计财务报表，注册会计师即可签署审计报告

C.在特殊情况下，注册会计师签署审计报告的日期可以早于管理层批准并签署已审计财务报表的日期

D.在管理层提供书面声明之前，注册会计师不得出具审计报告

2.注册会计师确定在审计报告中沟通哪些关键审计事项，具体做法错误的是（　　　）。

A.以与治理层沟通的事项作为起点

B.从与治理层沟通的事项中确定在执行审计工作时重点关注过的事项

C.注册会计师应当从重点关注过的事项中，确定哪些事项对本期财务报表审计最为重要，从而构成关键审计事项

D.注册会计师可以自行确定在审计报告中沟通哪些关键审计事项

3.下列关于关键审计事项的说法中，正确的是（　　　）。

A.关键审计事项通常只有一个

B.关键审计事项数量不宜过多

C.所有上市公司财务报表审计中均有关键审计事项

D.同一家被审计单位，各年的关键审计事项数量应当相同

4.下列关于审计报告的意见类型的表述，错误的是（　　　）。

A.如果注册会计师在获取充分、适当的审计证据后认为错报单独或汇总起来对财务报表的影响重大但不具有广泛性，则应当出具保留意见的审计报告

B.如果注册会计师在获取充分、适当的审计证据后认为错报单独或汇总起来对财务报表的影响重大且具有广泛性，则应当出具否定意见的审计报告

C.如果注册会计师无法获取充分、适当的审计证据以作为形成审计意见的基础，但认为未发现的错报对财务报表可能产生的影响重大但不具有广泛性，则应当出具无法表示意见的审计报告

D.如果注册会计师无法获取充分、适当的审计证据以作为形成审计意见的基础，但认为未发现的错报对财务报表可能产生的影响重大且具有广泛性，则应当出具无法表示意见的审计报告

5.下列关于对应数据的列报与披露事项的说法中，错误的是（　　　）。

A.对应数据是当期财务报表的附加部分

B.当期财务报表的列报，至少应当提供所有列报项目上一可比会计期间的对应数据

C.注册会计师在对财务报表发表审计意见时，应当考虑对应数据对审计意见的影响

D.注册会计师应当获取充分、适当的审计证据，确定在财务报表中包含的对应数据是否在所有重大方面按照适用的财务报告编制基础有关对应数据的要求进行列报

6.下列关于其他信息的说法中，错误的是（　　　）。

A.其他信息是指在被审计单位年度报告中包含的除财务报表和审计报告以外的财务信息和非财务信息

B.其他信息的错报是指对其他信息作出不正确陈述或其他信息具有误导性，包括遗漏或掩饰对恰当理解其他信息披露的事项必要的信息

C.如果注册会计师识别出其他信息与财务报表似乎存在重大不一致，则应当直接提请管理层更正

D.注册会计师应当阅读并考虑其他信息

二、多选题

1.以下关于沟通关键审计事项的作用的表述，正确的有（　　　）。

A.能够帮助财务报表预期使用者了解被审计单位，以及已审计财务报表中涉及重大管理层判断的领域

B.能够为财务报表预期使用者就与被审计单位、已审计财务报表或已执行审计工作相关的事项进一步与管理层和治理层沟通提供基础

C.有助于加强注册会计师与治理层就这些事项进行的沟通，同时还可以提高管理层和治理层对审计报告中提及的财务报表披露的关注程度

D.能够为财务报表预期使用者提供额外的信息，以帮助其了解注册会计师根据职业判断认为对本期财务报表审计最为重要的事项

2.注册会计师应当从与治理层沟通过的事项中确定在执行审计工作时重点关注过的事项。在确定重点关注过的事项时，注册会计师应当考虑的因素有（　　　）。

A.识别出的特别风险

B.评估的重大错报风险较高的领域

C.当期重大交易或事项对审计的影响

D.与财务报表中涉及重大管理层判断（包括被认为具有高度估计不确定性的会计估计）的领域相关的重大审计判断

3.下列关于不予沟通关键审计事项的情形的表述，正确的有（　　）。

A.在某些情况下，法律法规禁止公开披露某事项

B.在极其罕见的情况下，如果合理预期在审计报告中沟通某事项造成的负面后果超过在公众利益方面产生的益处，注册会计师确定不予披露

C.不在审计报告中沟通某项关键审计事项，需要与治理层沟通

D.在极其罕见的情况下，关键审计事项可能涉及某些"敏感信息"，沟通这些信息可能为被审计单位带来较为严重的负面影响

4.针对管理层应披露而未披露信息导致的财务报表重大错报，下列说法中，正确的是有（　　）。

A.与治理层讨论未披露信息的情况

B.在形成非无保留意见的基础部分描述未披露信息的性质

C.在意见段后增加强调事项段说明与未披露信息相关的重大错报

D.如果可行并且已针对未披露信息获取了充分、适当的审计证据，在形成非无保留意见的基础部分包含对未披露信息的披露，除非法律法规禁止

5.下列关于在审计报告中增加强调事项段的表述，正确的有（　　）。

A.可能导致对被审计单位持续经营能力产生重大疑虑的事项不应该在强调事项段中表述

B.当某一事项被确定为关键审计事项时，注册会计师应在强调事项段中再次强调该事项

C.强调事项段应当仅提及已在财务报表中列报或披露的信息

D.强调事项段提及未在财务报表中列报或披露的事项，根据注册会计师的职业判断，该事项与财务报表使用者理解审计工作、注册会计师责任或审计报告相关

三、简答题

1.ABC会计师事务所的A注册会计师担任多家被审计单位2018年度财务报表审计的项目合伙人，遇到下列事项：

（1）A注册会计师认为，导致对甲公司持续经营能力产生重大疑虑的事项和情况存在重大不确定性。管理层不同意A注册会计师的结论，因此，未在财务报表附注中作出与其持续经营能力有关的披露。A注册会计师拟在审计报告中增加其他事项段。

（2）因持续经营能力存在重大不确定性，组成部分注册会计师对乙公司的子公司出具了带强调事项段的无保留意见审计报告。乙公司管理层认为该事项不会对乙公司财务报表产生重大影响。A注册会计师同意乙公司管理层的判断，拟在无保留意见审计报告中增加其他事项段，提及组成部分注册会计师对子公司出具的审计报告类型、日期和组成部分注册会计师名称。

（3）丙公司大部分采购和销售交易为关联方交易，管理层在2018年度财务报表附注中披露关联方交易价格公允。由于缺乏公开市场数据，A注册会计师无法对该披露做出评估。鉴于关联方交易对丙公司的经营活动至关重要，A注册会计师拟在审计报告关键审计事项中描述此事项，提请财务报表使用者关注附注中披露的关联方交易价格的公允性。

（4）A注册会计师在阅读丁公司年度报告草稿时，注意到其他信息存在重大错报，且其他信息需要修改，但管理层拒绝作出修改，因此，A注册会计师拟在审计报告中增加其他事项段说明这一事项。

（5）戊公司 2018 年度某项重大交易的交易对方很可能是管理层未披露的关联方，A 注册会计师实施了追加审计程序并与治理层沟通后，仍无法证实。A 注册会计师认为，交易对方是否为关联方存在重大不确定性，拟在审计报告中增加强调事项段。

（6）庚公司管理层在财务报表附注中披露了某项重大会计估计存在高度估计不确定性，A 注册会计师认为该项披露不充分，拟在审计报告中增加强调事项段。

要求：针对上述第（1）至（6）项，假定不考虑其他条件，逐项指出 A 注册会计师的做法是否恰当。如不恰当，简要说明理由。

2.ABC 会计师事务所的 A 注册会计师担任多家被审计单位 2018 年度财务报表审计的项目合伙人，遇到下列导致出具非标准审计报告的事项：

（1）甲公司为 ABC 会计师事务所 2018 年度承接的新客户。前任注册会计师由于未就 2016 年 12 月 31 日存货余额获取充分、适当的审计证据，对甲公司 2017 年度财务报表发表了保留意见。审计项目组认为，导致保留意见的事项对本期数据本身没有影响。

（2）2018 年 10 月，上市公司乙公司因涉嫌信息披露违规被证券监管机构立案稽查。截至审计报告日，尚无稽查结论。管理层在财务报表附注中披露了上述事项。

（3）丙公司管理层对固定资产实施减值测试，按照未来现金流量现值与固定资产账面净值的差额确认了重大减值损失。管理层无法提供相关信息以支持现金流量预测中假设的未来 5 年的营业收入，审计项目组也无法作出估计。

（4）2019 年 2 月，丁公司由于生产活动产生严重污染，被当地政府部门责令无限期停业整改。截至审计报告日，管理层的整改计划尚待董事会批准。管理层按照持续经营假设编制了 2018 年度财务报表，并在财务报表附注中披露了上述情况。审计项目组认为，管理层运用的持续经营假设符合丁公司的具体情况。

（5）戊公司于 2018 年 9 月起停止经营活动，董事会拟于 2019 年内清算戊公司。2018 年 12 月 31 日，戊公司账面资产余额主要为货币资金、其他应收款以及办公家具等固定资产，账面负债余额主要为其他应付款和应付工资。管理层认为，如采用非持续经营编制基础，对上述资产和负债的计量并无重大影响，因此，仍以持续经营假设编制 2018 年度财务报表，并在财务报表附注中披露了清算计划。

（6）2018 年 1 月 1 日，己公司通过收购取得子公司庚公司。由于庚公司账目混乱，己公司管理层决定在编制 2018 年度合并财务报表时不将其纳入合并范围。庚公司 2018 年度的营业收入和税前利润约占己公司未审计合并财务报表相应项目的 35%。

要求：针对上述第（1）至（6）项，假定不考虑其他条件，逐项指出 A 注册会计师应当出具何种类型的非标准审计报告，并简要说明理由。

3.ABC 会计师事务所的 A 注册会计师负责审计多家上市公司 2018 年度财务报表，遇到下列与审计报告相关的事项：

（1）A 注册会计师对甲公司关联方关系及交易实施审计程序，并与治理层沟通后，对是否存在未在财务报表中披露的关联方关系及交易仍存有疑虑，拟将其作为关键审计事项在审计报告中沟通。

（2）A 注册会计师在乙公司审计报告日后获取并阅读了乙公司 2018 年年度报告的最终版本，发现其他信息存在重大错报，与管理层和治理层沟通后，该错报未得到更正。A 注册会计师拟重新出具审计报告，指出其他信息存在的重大错报

（3）ABC 会计师事务所首次接受委托，审计丙公司 2018 年度财务报表。A 注册会计师拟在

审计报告中增加其他事项段，说明上期财务报表由前任注册会计师审计及其出具的审计报告的日期。

（4）丁公司 2018 年发生重大经营亏损。A 注册会计师实施审计程序并与治理层沟通后，认为可能导致对持续经营能力产生重大疑虑的事项或情况不存在重大不确定性。因在审计工作中对该事项进行过重点关注，A 注册会计师拟将其作为关键审计事项在审计报告中沟通。

（5）戊公司管理层在 2018 年度财务报表附注中披露了 2019 年 1 月发生的一项重大收购。A 注册会计师认为该事项对财务报表使用者理解财务报表至关重要，拟在审计报告中增加其他事项段予以说明。

（6）A 注册会计师认为，己公司财务报表附注中未披露其对外提供的多项担保，构成重大错报，因拟就己公司持续经营问题对财务报表发表无法表示意见，不再在审计报告中说明披露错报。

要求：针对上述第（1）至（6）项，逐项指出 A 注册会计师的做法是否恰当。如不恰当，简要说明理由。

第六编　企业内部控制审计

内部控制审计是不同于财务报表审计的另一项鉴证业务。本编只包含一章内容，从内部控制审计的概念、计划审计工作、内部控制审计的测试方法，到具体的测试实务，再到评价内控缺陷和出具报告（参照前第一至十九章介绍财务报表审计的顺序），完整地介绍了内部控制审计这一业务的全过程。

第二十章

企业内部控制审计

本章框架图

本章导学

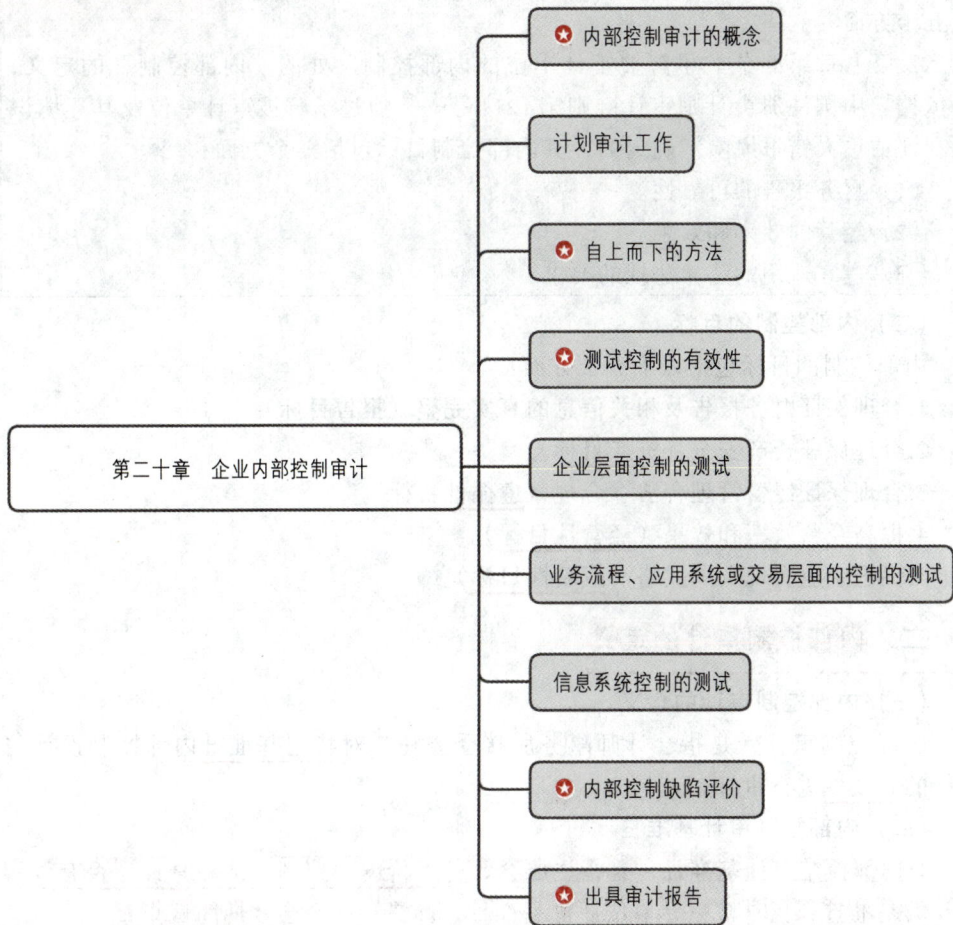

- ⭐ 内部控制审计的概念
- 计划审计工作
- ⭐ 自上而下的方法
- ⭐ 测试控制的有效性
- 企业层面控制的测试
- 第二十章　企业内部控制审计
- 业务流程、应用系统或交易层面的控制的测试
- 信息系统控制的测试
- ⭐ 内部控制缺陷评价
- ⭐ 出具审计报告

本章考情概述

详见"第六编　企业内部控制审计"相关内容。

第一节　内部控制审计的概念

◇ 内部控制的定义及目标

◇ 内部控制审计的定义

◇ 内部控制审计的范围

一、内部控制的定义及目标

（一）内部控制的定义

内部控制是由企业董事会、监事会、经理层和全体员工实施的，旨在实现控制目标的过程。内部控制的目标是合理保证企业经营管理合法合规、资产安全、财务报告及相关信息真实完整，提高经营效率和效果，促进企业实现发展战略。

> **注意：**
>
> 1.本章内部控制的定义是依据《企业内部控制基本规范》，其内部控制目标包括五个方面。
>
> 2.第七章第四节"了解被审计单位的内部控制"处的"内部控制"的定义，是依据《中国注册会计师审计准则第1211号——通过了解被审计单位及其环境识别和评估重大错报风险》确定的，其内部控制目标包括三个方面：
>
> （1）财务报告的可靠性。
>
> （2）经营的效率和效果。
>
> （3）遵守适用的法律法规的要求。

（二）内部控制的目标

内部控制的目标包括以下五个方面：

1.合理保证财务报告及相关信息的真实完整（报告目标）。

2.合理保证资产安全（资产目标）。

3.合理保证经营管理合法、合规（遵循性目标）。

4.提高经营效率和效果（经营性目标）。

5.促进企业实现发展战略（战略性目标）。

二、内部控制审计的定义

（一）内部控制审计的含义

内部控制审计，是指会计师事务所接受委托，对特定基准日内部控制设计与运行的有效性进行审计。

（二）内部控制审计基准日

1.内部控制审计基准日，是指注册会计师评价内部控制在某一时日是否有效所涉及的基准日，也是被审计单位评价基准日，即最近一个会计期间截止日。

2.注册会计师对特定基准日内部控制的有效性发表意见，并不意味着注册会计师只测试基准日这一天的内部控制，而是需要考察足够长一段时间内部控制设计和运行的情况。

3.在单独的内部控制审计中，注册会计师基于基准日对内部控制的有效性发表意见，而不是对财务报表涵盖的整个期间的内部控制有效性发表意见。

4.在整合审计中，控制测试所涵盖的期间应当尽量与财务报表审计中拟信赖内部控制的期间保持一致。

（三）整合审计

整合审计，是指注册会计师将内部控制审计与财务报表审计整合进行。

在整合审计中，注册会计师应当对内部控制设计与运行的有效性进行测试，以同时实现下列目标：

1.获取充分、适当的证据，支持其在内部控制审计中对内部控制有效性发表的意见；

2.获取充分、适当的证据，支持其在财务报表审计中对控制风险的评估结果。

三、内部控制审计的范围

（一）内部控制审计意见覆盖的范围

尽管本章提及的是内部控制审计，但无论从国外审计规定和实践看，还是从我国的相关规定看，注册会计师执行的内部控制审计严格限定在财务报告内部控制审计。审计意见覆盖范围见表20-1。

表20-1　　　　　　　　　　　　　　审计意见覆盖范围表

内部控制的分类	包含的目标	审计意见覆盖的范围
财务报告内部控制	是指公司的董事会、监事会、经理层及全体员工实施的旨在合理保证财务报告及相关信息真实、完整而设计和运行的内部控制，以及用于保护资产安全的内部控制中与财务报告可靠性目标相关的控制	注册会计师对其有效性发表审计意见
非财务报告内部控制 主要涉及内部控制的遵循性目标，经营性目标和战略性目标。	是指除财务报告内部控制之外的其他控制，通常是指为了合理保证除财务报告及相关信息、资产安全外的其他控制目标的实现而设计和运行的内部控制	注册会计师针对内部控制审计过程中注意到的非财务报告内部控制的重大缺陷，在内部控制审计报告中增加"非财务内部控制重大缺陷描述段"予以披露

（二）财务报告内部控制内容

从注册会计师审计的角度来看，财务报告内部控制的内容包括：

1.企业层面的内部控制。

（1）与控制环境相关的控制（如对诚信和道德价值沟通和落实、对胜任能力的重视、治理层的参与程度、管理层的理念和经营风格、组织结构、职权与责任的分配、人力资源政策与实务）。

（2）针对管理层和治理层凌驾于内部控制之上的风险而设计的内部控制（例如针对重大非常规交易的控制、针对关联方交易的控制、减弱伪造或不恰当操纵财务结果的动机和压力的控制）。

（3）被审计单位的风险评估过程（如何识别经营风险、估计其重要性、评估其发生的可能性、采取措施应对和管理风险及其结果）。

整合审计中内部控制测试的目的

考霸笔记
考试题型：选择题；
考试频率：高频；
考试套路：以知识点的直接还原为主；
备考建议：注意内部控制审计的范围具体是哪些。

考霸笔记
链接：第七章第四节了解被审计单位的内部控制。

财务报告内部控制为什么也是合理保证？

考霸笔记
注意，对非财务报告内部控制不发表审计意见，但要披露。

考霸笔记
宏观的内部控制，宏观的控制越好，微观的控制也差不到哪儿去。但是，如果宏观的控制不好，微观的控制再好也没什么大的作用。

第二十章

（4）对内部信息传递和期末财务报告流程的控制（例如与会计政策选择和运用的程序、调整分录和合并分录的编制和批准、编制财务报表的流程相关的）。

（5）对控制有效性的内部监督（即监督其他控制的控制）和内部控制评价。

（6）集中化的处理和控制、监控经营成果的控制，以及重大经营控制和风险管理实务的政策。

> **考霸笔记**
> 微观控制，类似第七章了解内部控制中控制活动的内容。

2.**业务流程、应用系统或交易层面的内部控制**。例如：

（1）授权与审批；

（2）信息技术应用控制；

（3）实物控制（如保护资产的实物安全、对接触计算机程序和数据文档设置授权、定期盘点并将盘点记录与控制记录相核对）；

（4）复核和调节。

【归纳与比较】（见表20-2）

表20-2　　　　　　　　　　　　归纳与比较表

项　目	内部控制审计	财务报表审计
审计目的	对财务报告内部控制的有效性发表审计意见，并对内部控制审计过程中注意到的非财务报告内部控制的重大缺陷，在内部控制审计报告中增加"非财务内部控制重大缺陷描述段"予以披露	对财务报表整体是否不存在重大错报提供合理保证，对财务报表是否在所有重大方面按照适用的财务报告编制基础编制发表审计意见
了解和测试内部控制的目的	对内部控制的有效性发表审计意见	识别、评估、应对重大错报风险，据此确定实质性程序的性质、时间安排和范围，并获取与财务报表是否在所有重大方面按照适用的财务报告编制基础编制相关的审计证据，以支持对财务报表发表的审计意见
测试要求	应针对所有重要账户和列报的每一个相关认定获取控制设计和运行有效性的审计证据，以便对内部控制整体的有效性发表审计意见	当存在下列情形之一时，应当实施控制测试，针对相关控制运行的有效性获取充分、适当的审计证据： 1.在评估认定层次重大错报风险时，预期控制运行有效 2.仅实施实质性程序不足以提供认定层次充分、适当的审计证据 如果以上两种情况均不存在，则注册会计师可能对部分，甚至全部认定都不测试内部控制运行的有效性

续表

项　目	内部控制审计	财务报表审计
测试期间	对特定基准日内部控制的有效性发表意见，不需要测试整个会计期间，但要测试足够长的期间	一旦决定需要测试，则需要测试内部控制在整个拟信赖期间的运行有效性
测试样本量	对结论可靠性要求高，测试的样本量大	对结论可靠性要求取决于计划从控制测试中得到的保证程度，样本量相对要小
审计报告	1.对外披露 2.以正面、积极的方式对内部控制是否有效发表审计意见	1.通常不对外披露内部控制的情况，除非内部控制影响到对财务报表发表的审计意见 2.以管理建议书的方式向管理层或治理层报告财务报表审计过程中发现的内部控制重大缺陷，但注册会计师没有义务专门实施审计程序，以发现和报告内部控制的重大缺陷

第二节　计划审计工作

◇ 计划审计工作时应当考虑的事项
◇ 总体审计策略和具体审计计划

一、计划审计工作时应当考虑的事项

在计划审计工作时，注册会计师应当评价下列事项对财务报告内部控制、财务报表及审计工作的影响：

1.与企业相关的风险；

2.相关法律法规和行业概况；

3.企业组织结构、经营特点和资本结构等相关重要事项；

4.企业内部控制最近发生变化的程度；

5.与企业沟通过的内部控制缺陷；

6.重要性、风险等与确定内部控制重大缺陷相关的因素；

7.对内部控制有效性的初步判断；

8.可获取的、与内部控制有效性相关的证据的类型和范围。

（一）与企业相关的风险

1.了解内容：注册会计师通常通过询问被审计单位的高级管理人员、考虑宏观形势对企业的影响并结合以往的审计经验，了解企业在经营活动中面临的各种风险，并重点关注那些对财务报表可能产生重要影响的风险以及这些风险当年的变化。

2.了解目的：了解企业面临的风险可以帮助识别重大错报风险，继而帮助注册会计师识别重要账户、重要列报和相关认定以及识别重大业务流程，对内部控制审计的重大风险形成初步评价。

> 例如，在国家货币政策趋于紧缩的形势下，企业可能较以前年度难于获得银行的贷款而普遍面临资金短缺的压力，当被审计单位的应收账款余额较高且当年逾期应收账款有明显上升时，被审计单位的坏账风险很可能高于往年。这时，注册会计师应考虑应收账款坏账风险将导致认定层次重大错报风险。
>
> 在整合审计中，注册会计师在审计计划阶段既需要关注应收账款的坏账准备这一重要账户，又需要关注被审计单位计提应收账款坏账准备的这一重大业务流程的内部控制，将此设定为内部控制审计的一个重大风险。

（二）相关法律法规和行业概况

考霸笔记
链接：第十三章第二节财务报表审计中对法律法规的考虑。

1.了解相关法律法规

注册会计师应当了解与被审计单位业务相关的法律法规及其合规性。在整合审计中，注册会计师应当重点关注可能直接影响财务报表金额与披露的法律法规，如税法、高度监管行业的监管法规（如适用）等。

注册会师通过询问董事会、管理人员和相关部门人员以及检查被审计单位与监管部门的往来函件，关注被审计单位的违法违规情况，考虑违法违规行为可能导致的罚款、诉讼及其他可能对企业财务报表产生重大影响的事件，并初步判断是否可能造成非财务报告内部控制的重大缺陷。

2.了解行业概况

注册会计师应了解行业因素以确定其对被审计单位经营环境的影响。例如，注册会计师应考虑：

（1）被审计单位的竞争环境，如市场容量、市场份额、竞争优势、季节性因素等；

（2）被审计单位与客户及供应商的关系，如信用条件、销售渠道、是否为关联方等；

（3）技术的发展，如与企业产品、能源供应及成本有关的技术发展。

（三）企业组织结构、经营特点和资本结构等相关重要事项

1.了解事项：注册会计师应当了解被审计单位的股权结构、企业的实际控制人及关联方；企业的子公司、合营公司、联营公司以及财务报表合并范围；企业的组织机构、治理结构；业务及区域的分部设置和管理架构；企业的负债结构和主要条款，包括资产负债表外的筹资安排和租赁安排等。

2.了解目的：注册会计师了解企业的这些情况，以便评价企业是否存在重大的、可能引起重大错报非常规业务和关联交易，是否构成重大错报风险，以及相关的内部控制是否可能存在重大缺陷。

（四）企业内部控制最近发生变化的程度

1.了解事项：注册会计师应当了解被审计单位本期内部控制发生的变化以及变化的程度，包括新增的业务流程、原有业务流程的更新、内部控制执行人的变更等。这些企业内部控制的变化将会直接影响到注册会计师内部控制审计程序的性质、时间安排和范围。

2.了解目的：有助于注册会计师相应地调整审计计划。

例如，针对企业新增业务的重大业务流程，注册会计师应当安排有经验的审计人员了解该业务流程，并在实施审计工作中的前期识别该流程相关控制，以尽早地与企业沟通该流程中的相关控制是否可能存在重大的设计缺陷。

（五）与企业沟通过的内部控制缺陷

1.了解事项：注册会计师应当了解被审计单位对以前年度审计中发现的内部控制缺陷所采取的改进措施及改进结果，并相应适当地调整本年的内部控制审计计划。如果以前年度发现的内部控制缺陷未得到有效整改，则注册会计师需要评价这些缺陷对当期的内部控制审计意见的影响。

2.了解目的：注册会计师应当阅读企业当期的内部审计报告，评价内部审计报告中发现的控制缺陷是否与内部控制审计相关且对内部控制审计程序和审计意见的影响。

（六）重要性、风险等与确定内部控制重大缺陷相关的因素

1.总体要求：注册会计师应当对与确定内部控制重大缺陷相关的重要性、风险及其他因素进行初步判断。

2.了解目的：对于已识别的风险，注册会计师应当评价其对财务报表和内部控制的影响程度。注册会计师应当更多地关注内部控制审计的高风险领域，而没有必要测试那些即使有缺陷也不可能导致财务报表重大错报的控制。

（七）对内部控制有效性的初步判断

注册会计师综合上述考虑以及借鉴以前年度的审计经验，形成对企业内部控制有效性的初步判断。

对于内部控制可能存在重大缺陷的领域，注册会计师应给予充分的关注，具体表现在：

1.对相关的内部控制亲自进行测试而非利用他人工作；

2.在接近内部控制评价基准日的时间测试内部控制；

3.选择更多的子公司或业务部门进行测试；

4.增加相关内部控制的控制测试量等。

（八）可获取的、与内部控制有效性相关的证据的类型和范围

1.注册会计师应当了解可获取的、与内部控制有效性相关的证据的类型和范围。

2.注册会计师应当根据《中国注册会计师审计准则第1301号——审计证据》对可获取的审计证据的充分性和适当性进行评价，以更好地计划内部控制测试的时间、性质和范围。

3.内部控制的特定领域存在重大缺陷的风险越高，注册会计师所需获取的审计证据客观性、可靠性越强。

二、总体审计策略和具体审计计划

（一）总体审计策略

总体审计策略用以总结计划阶段的成果，确定审计的范围、时间和方向，并指导具体审计计划的制订。

制定总体审计策略的过程有助于注册会计师结合风险评估程序的结果确定下列

考霸笔记
考试题型：选择题；
考试频率：中频；
考试套路：以知识点的直接还原为主；
备考建议：链接第二章第二节总体审计策略和具体审计计划。

事项：

1.向具体审计领域分配资源的类别和数量，包括向高风险领域分派经验丰富的项目组成员，向高风险领域分配的审计时间预算等；

2.何时分配这些资源，包括是在期中审计阶段还是在关键日期调配资源等；

3.如何管理、指导和监督这些资源，包括预期何时召开项目组预备会和总结会，预期项目合伙人和经理如何进行复核，是否需要实施项目质量控制复核等。

注册会计师应当在总体审计策略中体现下列内容：

1.审计范围；

2.报告目标、时间安排和所需沟通的性质；

3.审计方向；

4.初步业务活动及其他业务活动的经验；

5.审计资源。

1.确定审计业务的特征，以界定审计范围。注册会计师通常需要考虑下列方面：

（1）被审计单位采用的内部控制标准。

（2）预期审计工作涵盖的范围，包括涵盖的组成部分的数量及所在地点。内部控制审计范围应当包括被审计单位在基准日或在此之前收购的实体，以及在基准日作为终止经营进行会计处理的业务。对于按照权益法核算的投资，审计的范围应当包括针对权益法下相关会计处理而实施的控制，但通常不包括对权益法下被投资方的控制。

（3）拟审计的经营分部的性质，包括是否需要具备专门知识。

（4）注册会计师对被审计单位内部控制评价工作的了解以及拟利用被审计单位内部相关人员工作的程度。

（5）被审计单位使用服务机构的情况，以及注册会计师如何取得有关服务机构内部控制设计和运行有效性的证据。

（6）对利用在以前审计工作中或财务报表审计工作中获取的审计证据的预期。

（7）信息技术对审计程序的影响，包括数据的可获得性和对使用计算机辅助审计技术的预期。

2.明确审计业务的报告目标，以及计划审计的时间安排和所需沟通的性质。注册会计师通常需要考虑下列方面：

（1）被审计单位对外公布内部控制审计报告的时间安排。

（2）注册会计师与管理层和治理层讨论内部控制审计工作的性质、时间安排和范围。

（3）注册会计师与管理层和治理层讨论注册会计师拟出具的报告的类型和时间安排以及沟通的其他事项，包括审计报告、管理建议书和向治理层通报的其他事项。

（4）注册会计师与管理层讨论预期就整个审计业务中对审计工作的进展进行的沟通。

（5）项目组成员之间沟通的预期性质和时间安排。

（6）预期是否需要和第三方进行其他沟通。

3.根据职业判断，考虑用以指导项目组工作方向的重要因素。注册会计师通常需要考虑下列方面：

（1）财务报表整体的重要性和实际执行的重要性。

（2）初步识别的可能存在较高重大错报风险的领域。

（3）评估的财务报表层次的重大错报风险对指导、监督和复核的影响。

（4）被审计单位经营活动或内部控制最近发生变化的程度。

（5）与被审计单位沟通过的内部控制缺陷。

（6）有关管理层对设计、执行和维护健全的内部控制重视程度的证据，包括有关这些控制得以适当记录的证据。

（7）注册会计师对内部控制有效性的初步判断和对内部控制重大缺陷的初步识别。

（8）可获取的、与内部控制有效性相关的证据的类型和范围。

（9）与评价财务报表发生重大错报的可能性和内部控制有效性相关的公开信息。

4.考虑初步业务活动的结果，并考虑对被审计单位执行其他业务时获得的经验是否与内部控制审计业务相关。注册会计师通常需要考虑下列方面：

（1）注册会计师在执行其他业务时对被审计单位财务报告内部控制的了解。

（2）影响被审计单位所处行业的事项，如行业财务报告惯例、经济状况和技术革新等。

（3）与被审计单位相关的法律法规和监管环境。

（4）与被审计单位经营相关的事项，包括组织结构、经营特征和资本结构。

（5）被审计单位经营活动的复杂程度以及与被审计单位相关的风险。

（6）以前审计中对内部控制运行有效性评价的结果，包括识别出的缺陷的性质和应对措施。

（7）影响被审计单位的重大业务发展变化，包括信息技术和业务流程的变化，关键管理人员变化，以及收购、兼并和处置。

5.确定执行业务所需资源的性质、时间安排和范围。例如，项目组成员的选择以及对项目组成员审计工作的分派，项目时间预算等。

（二）具体审计计划

具体审计计划比总体审计策略更加详细，内容包括项目组成员拟实施的审计程序的性质、时间安排和范围。计划这些审计程序，会随着具体审计计划的制订逐步深入，并贯穿于审计的整个过程。

注册会计师应当在具体审计计划中体现下列内容：

1.了解和识别内部控制的程序的性质、时间安排和范围；

2.测试控制设计有效性的程序的性质、时间安排和范围；

3.测试控制运行有效性的程序的性质、时间安排和范围。

第三节　自上而下的方法

◇ 自上而下的方法概述

◇ 识别、了解和测试企业层面控制

运用自上而下的方法的目的是什么？

◇ 识别重要账户、列报及其相关认定
◇ 了解潜在错报的来源并识别相应的控制
◇ 选择拟测试的控制

一、自上而下的方法概述　　相当于"风险评估"。

注册会计师应当采用自上而下的方法选择拟测试的控制。

1.自上而下的方法的思路：

自上而下的方法始于财务报表层次，以注册会计师对财务报告内部控制整体风险的了解开始，然后，将关注重点放在企业层面的控制上，并将工作逐渐下移至重要账户、列报及其相关认定。随后，确认其对被审计单位业务流程中风险的了解，并选择能足以应对评估的每个相关认定的重大错报风险的控制进行测试。

2.自上而下的方法的步骤：

自上而下的方法分为下列步骤：

（1）从财务报表层次初步了解内部控制整体风险；

（2）识别、了解和测试企业层面控制；　　宏观控制。

（3）识别重要账户、列报及其相关认定；

（4）了解潜在错报的来源并识别相应的控制；

（5）选择拟测试的控制。

二、识别、了解和测试企业层面控制

（一）企业层面控制的内涵

1.企业的内部控制分为企业层面控制和业务流程、应用系统或交易层面的控制两个层面。　　宏观控制；微观控制。

2.企业层面的控制通常为应对企业财务报表整体层面的风险而设计，或作为其他控制运行的"基础设施"，通常在比业务流程更高的层面上乃至整个企业范围内运行，其作用比较广泛，通常不局限于某个具体认定。

企业层面控制包括下列内容：

（1）与控制环境（即内部环境）相关的控制；

（2）针对管理层和治理层凌驾于控制之上的风险而设计的控制；

（3）被审计单位的风险评估过程；

（4）对内部信息传递和期末财务报告流程的控制；

（5）对控制有效性的内部监督（即监督其他控制的控制）和内部控制评价。

此外，"（6）集中化的处理和控制（包括共享的服务环境）"，"（7）监控经营成果的控制"，以及"（8）针对重大经营控制及风险管理实务的政策"也属于企业层面控制。

3.业务流程、应用系统或交易层面的控制为应对交易和账户余额认定的重大错报风险而设计，通常在业务流程内的交易或账户余额层面上运行，主要针对交易的生成、记录、处理和报告等环节，其作用通常能够对应到具体某类交易和账户余额的具体认定。

（二）**企业层面控制对其他控制及其测试的影响**

不同的企业层面控制在性质和精确度上存在差异，注册会计师应当从下列方面考虑这些差异对其他控制及其测试的影响：

1.某些企业层面控制，例如某些与控制环境相关的控制，对重大错报是否能够被及时防止或发现的可能性有重要影响，虽然这种影响是间接的，但这些控制可能影响注册会计师拟测试的其他控制及其对其他控制所执行程序的性质、时间安排和范围。　*间接影响。*

2.某些企业层面控制能够监督其他控制的有效性。管理层设计这些控制可能是为了识别其他控制可能出现的失效情况。但是，这些控制本身并非精确到足以及时防止或发现相关认定的重大错报。当这些控制运行有效时，注册会计师可以减少原本拟对其他控制的有效性进行的测试。　*粗略影响。*

> 例如，被审计单位的财务总监定期审阅经营收入的详细月度分析报告。由于这个控制没有足够的精确度以及时防止或发现某个财务报表相关认定的重大错报，所以这个控制不可以完全替代注册会计师对其他控制的测试。但是，如果这个控制有效，可能可以使注册会计师修改其原本拟对其他控制所进行的测试程序。

3.某些企业层面控制本身能精确到足以及时防止或发现一个或多个相关认定中存在的重大错报。如果一项企业层面控制足以应对已评估的重大错报风险，那么注册会计师可以不必测试与该风险相关的其他控制。　*精确制导。*

> 例如，被审计单位设立了银行余额调节表的监督审阅流程，并且对下属所有分级机构作出定期检查，以确定所有下属单位已经做好银行余额调节表的编制、审阅及跟踪工作。如果这个监督审阅流程中的程序有足够的精确度以复核各个下属单位的工作是否恰当，那么注册会计师可以考虑测试这个企业层面的控制，并且不必对下属每个单位的银行余额调节表相关控制进行测试。

一般而言，注册会计师可以分析某个控制是否有足够的精确度以及时防止或发现财务报表重大错报，并且考虑以下因素：

（1）内部控制对应的重要账户及列报的性质；

（2）对某些比较稳定或具备预期内在关系的账户，管理层实施的分析对发现财务报表重大错报具有足够的精确度；

（3）管理层分析的细化程度。

（三）**识别、了解和测试企业层面控制的要求**

正是由于企业层面控制的上述作用，注册会计师才应当识别、了解和测试对内部控制有效性结论有重要影响的企业层面控制：

1.注册会计师对企业层面控制的评价，可能增加或减少本应对其他控制所进行的测试。

2.由于对企业层面控制的评价结果将影响注册会计师测试其他控制的性质、时间安排及范围，所以注册会计师可以考虑在执行业务的早期阶段对企业层面控制进行测试。

3.在完成对企业层面控制的测试后，注册会计师可以根据测试结果评价被审计

单位的企业层面控制是否有效，并且计划需要测试的其他控制及对其他控制所执行程序的性质、时间安排和范围。

三、识别重要账户、列报及其相关认定

注册会计师在确定重要性水平之后，应当识别重要账户、列报及其相关认定。

（一）重要账户、列报及其相关认定的含义

如果某账户或列报可能存在一个错报，该错报单独或连同其他错报将导致财务报表发生重大错报，则该账户或列报为重要账户或列报。

如果某财务报表认定可能存在一个或多个错报，这个或这些错报将导致财务报表发生重大错报，则该认定为相关认定。某认定是否为相关认定，依被审计单位和账户而异。

（二）识别重要账户、列报及其相关认定

1.评价标准

在识别重要账户、列报及其相关认定时，注册会计师应当从定性和定量两个方面作出评价，包括考虑舞弊的影响。

2.定量评价

（1）超过财务报表整体重要性的账户，无论是在内部控制审计还是财务报表审计中，通常情况下被认定为重要账户。

（2）一个账户或列报，即使从性质方面考虑与之相关的风险较小，但只要其金额超过财务报表整体重要性越多，该账户或列报被认定为重要账户或列报的可能性就越大。

但是，一个账户或列报的金额超过财务报表整体重要性，并不必然表明其属于重要账户或列报，因为注册会计师还需要考虑定性的因素。同理，定性的因素也可能导致注册会计师将低于财务报表整体重要性的账户或列报认定为重要账户或列报。

3.定性评价

从性质上说，注册会计师可能因为某账户或列报受固有风险或舞弊风险的影响而将其确定为重要账户或列报，因为即使该账户或列报从金额上看并不重大，但这些固有风险或舞弊风险很有可能导致重大错报（该错报单独或连同其他错报将导致财务报表发生重大错报）。

4.深入成分

注册会计师不仅应当在重要账户或列报层面考虑风险，而且应当深入账户或列报的成分（例如，固定资产账户由机器设备、房屋建筑物等部分组成），如果某账户或列报的各成分存在的风险差异较大，被审计单位可能需要采用不同的控制以应对这些风险，注册会计师应当分别予以考虑，并针对各自的风险设计审计程序。

5.评价重大错报的可能来源

在确定某账户、列报是否重要和某认定是否相关时，注册会计师应当将所有可获得的信息加以综合考虑。例如，在识别重要账户、列报及其相关认定时，注册会计师还应当确定重大错报的可能来源。注册会计师可以通过考虑在特定的重要账户或列报中错报可能发生的领域和原因，确定重大错报的可能来源。

6.根据以前年度审计中了解的情况评价

（1）以前年度审计中了解到的情况影响注册会计师对固有风险的评估，因而应当在确定重要账户、列报及其相关认定时加以考虑。

（2）以前年度审计中识别的错报会影响注册会计师对某账户、列报及其相关认定固有风险的评估。

在内部控制审计中，注册会计师在识别重要账户、列报及其相关认定时应当评价的风险因素，与财务报表审计中考虑的因素相同。因此，在这两种审计中识别的重要账户、列报及其相关认定应当相同。

> 例如，A公司的年度管理费用总额为1亿元。已知年度管理费用的核算比较简单。错误或舞弊导致管理费用发生重大错报的固有风险很低。在以前年度审计中从未发现管理费用存在错报，也从未发现过相关控制缺陷。注册会计师确定的财务报表整体重要性金额为2000万元。根据以上信息，注册会计师确定管理费用账户属于重要账户。然而，对于该账户，只有完整性和发生认定可能导致财务报表发生重大错报的风险，因此，注册会计师将这两项认定确定为相关认定。

四、了解潜在错报的来源并识别相应的控制

（一）了解潜在错报的来源

注册会计师应当实现下列目标，以进一步了解潜在错报的来源，并为选择拟测试的控制奠定基础：

1.了解与相关认定有关的交易的处理流程，包括这些交易如何生成、批准、处理及记录；

2.验证注册会计师识别出的业务流程中可能发生重大错报（包括由于舞弊导致的错报）的环节；

3.识别被审计单位用于应对这些错报或潜在错报的控制；

4.识别被审计单位用于及时防止或发现并纠正未经授权的、导致重大错报的资产取得、使用或处置的控制。

注册会计师应当亲自执行能够实现上述目标的程序，或对提供直接帮助的人员的工作进行督导。

（二）实施穿行测试

1.需要实施穿行测试的情况

穿行测试通常是实现上述目标和评价控制设计的有效性以及确定控制是否得到执行的有效方法。穿行测试是指追踪某笔交易从发生到最终被反映在财务报表中的整个处理过程。

在某些特定情况下，注册会计师一般会实施穿行测试，这些情况包括：

（1）存在较高固有风险的复杂领域；

（2）以前年度审计中识别出的缺陷（需要考虑缺陷的严重程度）；

（3）由于引入新的人员、新的系统、收购和采取新的会计政策而导致流程发生重大变化。

"表审"与"控审"分别是什么意思?

考霸笔记
考试题型：选择题；
考试频率：低频；
考试套路：以知识点的直接还原为主；
备考建议：重点关注穿行测试的相关内容。

考霸笔记
链接：第七章第四节了解内部控制。

如注册会计师首次接受委托执行内部控制审计，通常预期会对重要流程实施穿行测试（在实施穿行测试时，可以利用他人的工作）。

2.穿行测试的规模

（1）一般而言，对每个重要流程，选取一笔交易或事项实施穿行测试即可。

（2）如果被审计单位采用集中化的系统为多个组成部分执行重要流程，则可能不必在每个重要的经营场所或业务单位选取一笔交易或事项实施穿行测试。

3.穿行测试涉及的审计程序

注册会计师在实施穿行测试时往往综合运用询问、观察、检查相关文件记录和重新执行。穿行测试是一种评估设计有效性的有效方法。

4.穿行测试的要求

（1）在实施穿行测试时，对于每个发生重要处理程序或控制的节点，注册会计师应询问相关人员对既定程序和控制规定的了解，并确定相关人员是否根据其设计的原意及时执行这些处理程序或控制。注册会计师应当关注那些不符合既定程序和控制规定的例外事项。

（2）注册会计师应当使用与被审计单位人员相同的文件和信息技术对业务流程实施穿行测试，并向参与该流程或控制重要方面的相关人员进行询问。

（3）为佐证穿行测试中各个测试节点的信息，注册会计师可以请相关人员描述其对此前和此后处理或控制活动的了解，并演示具体操作。此外，注册会计师在询问中还应提出更深入的问题，以便于识别无效控制或舞弊迹象。

五、选择拟测试的控制

（一）选择拟测试控制的基本要求

1.注册会计师应当针对每一相关认定获取控制有效性的审计证据，以便对内部控制整体的有效性发表意见，但没有责任对单项控制的有效性发表意见。

2.注册会计师应当对被审计单位的控制是否足以应对评估的每个相关认定的错报风险形成结论。因此，注册会计师应当选择对形成这一评价结论具有重要影响的控制进行测试。

3.对特定的相关认定而言，可能有多项控制用以应对评估的错报风险；反之，一项控制也可能应对评估的多项相关认定的错报风险。注册会计师没有必要测试与某项相关认定有关的所有控制。

4.在确定是否测试某项控制时，注册会计师应当考虑该项控制单独或连同其他控制，是否足以应对评估的某项相关认定的错报风险，而不论该项控制的分类和名称如何。

（二）选择拟测试的控制的考虑因素

1.选择关键控制测试。

注册会计师在选取拟测试的控制时，通常不会选取整个流程中的所有控制，而是选择关键控制，即能够为一个或多个重要账户或列报的一个或多个相关认定提供最有效果或最有效率的证据的控制。每个重要账户、认定和/或重大错报风险至少应当有一个对应的关键控制。

2.在选择关键控制时考虑的因素：

考霸笔记
考试题型：选择题；
考试频率：中频；
考试套路：以知识点的直接还原为主；
备考建议：重点关注关键控制相关内容。

考霸笔记
能应对错报风险的控制就是好控制，无论该控制的"出身"如何。

（1）哪些控制是不可缺少的？

（2）哪些控制直接针对相关认定？

（3）哪些控制可以应对错误或舞弊导致的重大错报风险？

（4）控制的运行是否足够精确？

选取关键控制需要注册会计师作出职业判断。注册会计师无须测试那些即使有缺陷也合理，预期不会导致财务报表重大错报的控制。

3.考虑企业层面控制

（1）在采用自上而下的方法执行内部控制审计时，如果识别并选取了能够充分应对重大错报风险的控制，则不需要再测试针对同样认定的其他控制。

（2）注册会计师在考虑是否有必要测试业务流程、应用系统或交易层面的控制之前，首先要考虑测试那些与重要账户的认定相关的企业层面控制的有效性。

（3）如果企业层面控制是有效的且得到精确执行，能够及时防止或发现并纠正影响一个或多个认定的重大错报，那么注册会计师可能不必就所有流程、交易或应用层面的控制的运行有效性获取审计证据。*精确制导。*

4.选择能够以最有效的方式予以测试的控制

注册会计师应当选择测试那些对形成内部控制审计意见有重大影响的控制。对于与所有重要账户和列报相关的所有相关认定，注册会计师都需要取得关于控制设计和运行是否有效的证据。如果存在多个控制均能应对相关认定的重大错报风险，注册会计师通常会选择那个（些）能够以最有效的方式予以测试的控制。

5.管理层在执行内部控制自我评价时选择测试的控制对注册会计师的影响

企业管理层在执行内部控制自我评价时选择测试的控制，可能多于注册会计师认为为了评价内部控制的有效性有必要测试的控制。管理层的这种决定，不影响注册会计师的控制测试决策，注册会计师只需要测试那些对形成内部控制审计意见有重大影响的控制。

第四节　测试控制的有效性

◇ 内部控制的有效性

◇ 与控制相关的风险

◇ 测试控制有效性的程序的性质

◇ 控制测试的时间安排

◇ 控制测试的范围

一、内部控制的有效性

内部控制的有效性包括内部控制设计的有效性和内部控制运行的有效性。

（一）内部控制设计的有效性

注册会计师应当测试控制设计的有效性。如果某项控制由拥有有效执行控制所需的授权和具备专业胜任能力的人员按规定的程序和要求执行，能够实现控制目标，从而有效地防止或发现并纠正可能导致财务报表发生重大错报的错误或舞弊，则表明该项控制的设计是有效的。

（二）内部控制运行的有效性

注册会计师应当测试控制运行的有效性。如果某项控制正在按照设计运行、执行人员拥有有效执行控制所需的授权和专业胜任能力，能够实现控制目标，则表明该项控制的运行是有效的。

注册会计师获取的有关控制运行有效性的审计证据包括：

1.控制在所审计期间的相关时点是如何运行的；

2.控制是否得到一贯执行；

3.控制由谁或以何种方式执行。

考霸笔记
链接：第八章第三节 控制测试。

二、与控制相关的风险

考霸笔记
考试题型：选择题；
考试频率：低频；
考试套路：以知识点的直接还原为主；
备考建议：关注影响与某项控制的相关风险。

在测试所选定控制的有效性时，注册会计师应当根据与控制相关的风险，确定所需获取的审计证据。①

与控制相关的风险包括一项控制可能无效的风险，以及如果该控制无效，可能②导致重大缺陷的风险。与控制相关的风险越高，注册会计师需要获取的审计证据就越多。　　注意与财务报表审计中控制测试的区别！

下列因素影响与某项控制相关的风险：

（1）该项控制拟防止或发现并纠正的错报的性质和重要程度；

（2）相关账户、列报及其认定的固有风险；

（3）交易的数量和性质是否发生变化，进而可能对该项控制设计或运行的有效性产生不利影响；

（4）相关账户或列报是否曾经出现错报；

（5）企业层面控制（特别是监督其他控制的控制）的有效性；

（6）该项控制的性质及其执行频率；

（7）该项控制对其他控制（如控制环境或信息技术一般控制）有效性的依赖程度；

考霸笔记
人工控制的缺点是稳定性差。

（8）执行该项控制或监督该项控制执行的人员的专业胜任能力，以及其中的关键人员是否发生变化；

（9）该项控制是人工控制还是自动化控制；

考霸笔记
自动化控制的缺点是难以随机应变。

（10）该项控制的复杂程度，以及在运行过程中依赖判断的程度。

在连续审计中，影响与控制相关的风险的因素除上述因素外，还包括：

（1）以前审计所执行的审计程序的性质、时间安排和范围；

（2）以前审计控制测试的结果；

（3）自上次审计以来控制或流程是否发生变化。

三、测试控制有效性的程序的性质

考霸笔记
考试题型：选择题；
考试频率：高频；
考试套路：考审计程序；
备考建议：理解记忆。

测试控制有效性的审计程序类型包括询问、观察、检查和重新执行。

1.询问

注册会计师通过与被审计单位有关人员进行讨论以取得与内部控制相关的信息。在讨论中注册会计师要注意保持职业怀疑态度。

仅实施询问程序不能为某一特定控制的有效性提供充分、适当的证据。注册会计师通常需要获取其他信息以印证询问所取得的信息，这些其他信息包括被审计单位其他人员的佐证，控制执行时所使用的报告、手册或其他文件等。

虽然询问是一种有用的手段，但它必须与其他测试手段结合使用才能发挥作用。

2.观察

观察是测试运行不留下书面记录的控制的有效方法。例如，对于与职责分离相关的控制，注册会计师需要获得第一手证据，不仅应通过询问取得关于责任分工的信息，而且应通过实地观察，证实责任分工控制是按规定执行的。

观察也可运用于测试对实物的控制，例如查看仓库门是否锁好，或空白支票是否得到妥善保管。通常情况下，注册会计师通过观察直接获取的证据比间接获取的证据更可靠。

观察可以提供执行有关过程或程序的审计证据，但观察所提供的审计证据仅限于观察发生的时点，而且被观察人员的行为可能因被观察而受到影响，这也会使观察提供的审计证据受到限制。

仅实施询问程序是否可以提供充分适当的审计证据？

3.检查

检查通常用于确认控制是否得以执行。例如，对偏差报告进行调查与跟进这一控制，负责调查和跟进的人员在偏差报告中添加的书面说明、管理人员审核时留下的记号，或其他标记都可以作为控制得到执行的证据。

注册会计师需要检查显示控制得以执行的、可以合理预期其存在的证据。缺乏证据可能表示控制没有按规定运行，注册会计师需要执行进一步程序以确定事实上是否存在有效的控制。

检查记录和文件可以提供可靠程度不同的审计证据，审计证据的可靠性取决于记录或文件的性质和来源，而在检查内部记录和文件时，其可靠性则取决于生成该记录或文件的内部控制的有效性。例如，被审计单位通过定期复核账龄分析表应对应收账款计价认定错报，如果账龄分析表不准确或不完整，就会影响控制的有效性。

测试控制有效性的审计程序的性质

在有些情况下，存在书面证据不一定表明控制一定有效。例如，凭证审核是一种常见的控制，但是看到签名不一定能证明审核人员认真审核了凭证，审核人员可能只粗略浏览了凭证，甚至未审核而直接签名。因此通过检查凭证签名获得的审计证据的质量可能不具有说服力。

4.重新执行

重新执行的目的是评价控制的有效性而不是测试特定交易或余额的存在或准确性，即定性而非定量，因此一般不必选取大量的项目，也不必特意选取金额重大的项目进行测试。

> 例如，测试管理层审核银行存款余额调节表这一控制时，根据测试目的，注册会计师可以检查银行存款余额调节表是否存在，浏览调节事项是否得到适当处理，以及检查调节表上是否有编制者和审批者的签字。如果需要更多的审计证据，例如发现调节表上有非正常项目时，可以考虑重新执行调节过程以确定控制是否有效。

第二十章

重新执行通常包括重新执行审核者实施的步骤，如将调节表上的金额与相关支持性文件进行核对；查看与非正常调节项目相关的支持性文件及对有关调节事项做进一步调查等。如果注册会计师认为银行存款余额调节表编制不当，但审核者仍然签名，就需要跟进了解为什么在这种情况下审核者仍然认可调节表，以便决定这种审核是否有效。

四、控制测试的时间安排

（一）总体要求

1.对控制有效性的测试涵盖的期间越长，提供的控制有效性的审计证据越多。

2.对于内部控制审计业务，注册会计师应当获取内部控制在基准日之前一段足够长的期间内有效运行的审计证据。

3.在整合审计中，注册会计师控制测试所涵盖的期间应尽量与财务报表审计中拟信赖内部控制的期间保持一致。对控制有效性测试的实施时间越接近基准日，提供的控制有效性的审计证据越有力。

（二）确定测试时间的因素

为了获取充分、适当的审计证据，注册会计师应当在下列两个因素之间作出平衡，以确定测试的时间：

1.尽量在接近基准日实施测试；

2.实施的测试需要涵盖足够长的期间。

在整合审计中测试控制在整个会计年度的运行有效性时，注册会计师可以进行期中测试，然后对剩余期间实施前推测试，或将样本分成两部分，一部分在期中测试，剩余部分在临近年末的期间测试。

（三）考虑风险的影响

1.与所测试的控制相关的风险越低，注册会计师需要对该控制获取的审计证据就越少，可能对该控制实施期中测试就可以为其运行有效性提供充分、适当的审计证据。

2.与所测试的控制相关的风险越高，需要获取的证据就越多，注册会计师应当取得一部分更接近基准日的证据。

（四）考虑被取代的控制

1.当被审计单位为了提高控制效果和效率或整改控制缺陷而对控制作出改变时，注册会计师应当考虑这些变化并适当予以记录。

2.如果注册会计师认为新的控制能够满足控制的相关目标，而且新的控制已运行足够长的时间，足以使注册会计师通过实施控制测试评估其设计和运行的有效性，那么注册会计师不再需要测试被取代的控制的设计和运行的有效性。

3.如果被取代的控制的运行有效性对注册会计师执行财务报表审计时的控制风险评估具有重要影响，那么注册会计师应当适当地测试这些被取代的控制的设计和运行的有效性。

（五）考虑剩余期间控制运行情况

1.在已获取有关控制在期中运行有效性的审计证据后，注册会计师应当确定还需要获取哪些补充审计证据，以证实剩余期间控制的运行情况。

2.在将期中测试结果前推至基准日时，注册会计师应当考虑下列因素以确定需获取的补充审计证据：

（1）基准日之前测试的特定控制，包括与控制相关的风险、控制的性质和测试的结果；

（2）期中获取的有关审计证据的充分性和适当性；

（3）剩余期间的长短；

（4）期中测试之后，内部控制发生重大变化的可能性；

（5）注册会计师基于对控制的依赖程度拟减少进一步实质性程序的程度（仅适用于整合审计）；

（6）控制环境。

（六）考虑自动化控制

1.一般控制有效时

（1）自动化控制一旦被证明其运行有效，通常不会发生运行故障或质量下降的情况，前提是存在适当且持续有效的信息技术一般控制。

（2）如果信息技术一般控制有效且关键的自动化控制未发生任何变化，注册会计师就不需要对该自动化控制实施前推程序。

（3）如果注册会计师在期中对重要的信息技术一般控制实施了测试，则通常还需要对其实施前推程序（这与对标策略是一致的，对标策略允许跨期间运用相同的方法）。

2.一般控制无效时

（1）如果注册会计师认为一个或一个以上重要的信息技术一般控制无效，则注册会计师需要评估其对总体信息技术环境以及对任何依赖这些信息技术一般控制的自动化控制的持续有效性的影响。

（2）如果重要的信息技术一般控制无效，且无法获得其他替代证据以证实关键的自动化控制自其上次被测试后未发生变化，那么注册会计师在执行内部控制审计时，通常就需要获取有关该自动化控制在接近基准日的期间内是否有效运行的证据。

五、控制测试的范围

注册会计师在测试控制的运行有效性时，应当在考虑与控制相关的风险的基础上，确定测试的范围（样本规模）。注册会计师确定的测试范围，应当足以使其能够获取充分、适当的审计证据，为基准日内部控制是否不存在重大缺陷提供合理保证。

（一）测试人工控制的最小样本规模

在测试人工控制时，如果采用检查或重新执行程序，注册会计师测试的最小样本规模区间参见表20-3。

在运用表20-3时，注册会计师应当注意下列事项：

（1）测试的最小样本规模是指所需测试的控制运行次数。

（2）注册会计师应当根据与控制相关的风险，基于最小样本规模区间确定具体的样本规模。

表20-3   测试人工控制的最小样本规模区间表

控制运行频率	控制运行的总次数	测试的最小样本规模区间
每年1次	1	1
每季1次	4	2
每月1次	12	2 ~ 5
每周1次	52	5 ~15
每天1次	250	20 ~ 40
每天多次	大于250	25 ~ 60

考霸笔记
记忆表格！尤其最后一行，结合案例，易考！

（3）表20-3假设控制的运行偏差率预期为零。如果预期偏差率不为零，注册会计师应当扩大样本规模。

（4）如果注册会计师不能确定控制运行的频率，但是知道控制运行的总次数，仍可根据"控制运行的总次数"一列确定测试的最小样本规模。

考霸笔记
"乐观"可以用最低值。

在下列情况下，注册会计师可以使用表20-3中测试的最小样本规模区间的最低值（如对于每天运行多次的控制，选择25个样本规模）：

（1）与账户及其认定相关的固有风险和舞弊风险为低水平；

（2）是日常控制，执行时需要的判断很少；

（3）从穿行测试得出的结论和以前年度审计的结果表明未发现控制缺陷；

考霸笔记
熟悉！

（4）管理层针对该项控制的测试结果表明未发现控制缺陷；

（5）存在有效的补偿性控制，且管理层针对补偿性控制的测试结果为运行有效；

（6）根据对控制的性质以及内部审计人员客观性和胜任能力的考虑，注册会计师拟更多地利用他人的工作。

案例：某公司存在一项每月运行1次的控制（如某一员工对50个银行账户每月编制银行存款余额调节表）。第一步，计算控制每年运行的总次数，12×50=600。第二步，根据总次数选择表20-3中对应的部分，应为大于250次，每天多次，样本规模应为25 ~ 60。

如果由多个人员执行同一控制，则应当分别确定总体，针对每个人员确定样本规模。如果由2个人执行600次控制，样本规模应为25，即应针对每个人测试25次，一共50个样本。

在确定控制运行的总次数时，还要注意拟测试的控制是否属于同质的，能否作为一个总体。在本例中，如果由统一的财务主管复核每个人编制的银行存款余额调节表，通过了解和评价财务主管的复核控制，可以保证经复核的控制是同质的，则可以将2个人执行的控制作为1个总体。

（二）测试自动化应用控制的最小样本规模

信息技术处理具有内在一贯性，除非系统发生变动，否则一项自动化应用控制应当一贯运行。对于一项自动化应用控制，一旦确定被审计单位正在执行该控制，注册会计师通常无须扩大控制测试的范围，但需要考虑执行下列测试以确定该控制持续有效运行：

（1）测试与该应用控制有关的一般控制的运行有效性；

（2）确定系统是否发生变动，如果发生变动，是否存在适当的系统变动控制；

（3）确定对交易的处理是否使用授权批准的软件版本。

例如，注册会计师可以检查信息系统安全控制记录，以确定是否存在未经授权的接触系统硬件和软件，以及系统是否发生变动。在信息技术一般控制有效的前提下，除非系统发生变动，否则注册会计师或其专家可能只需要对某项自动化应用控制的每一相关属性进行一次系统查询以检查其系统设置，即可得出所测试自动化应用控制是否运行有效的结论。

如果无法采用系统查询的方法，注册会计师或其专家可以考虑采用其他的测试方法，例如在系统中提交测试数据并与实际数据结果或根据业务规则预期将得到的数据相对比等方法。

除非系统（包括系统使用的表格、文档或其他永久性数据）发生变动，否则注册会计师通常不需要增加自动化控制的测试范围。

（三）发现偏差时的处理

1.针对发现控制偏差的考虑

如果发现控制偏差，注册会计师应当确定对下列事项的影响：

（1）与所测试控制相关的风险的评估；

（2）需要获取的审计证据；

（3）控制运行有效性的结论。

2.考虑偏差的性质

评价控制偏差的影响需要注册会计师运用职业判断，并受到控制的性质和所发现偏差数量的影响。如果发现的控制偏差是系统性偏差或人为有意造成的偏差，注册会计师应当考虑舞弊的可能迹象以及对审计方案的影响。

3.考虑偏差是否构成控制缺陷

在评价控制测试中所发现的某项控制偏差是否为控制缺陷时，注册会计师可以考虑的因素包括：，

（1）该偏差是如何被发现的。例如，如果某控制偏差是被另外一项控制所发现的，则可能意味着被审计单位存在有效的检查性控制。

（2）该偏差是与某一特定的地点、流程或应用系统相关，还是对被审计单位有广泛影响。

（3）就被审计单位的内部政策而言，该控制出现偏差的严重程度。例如，某项控制在执行上晚于被审计单位政策要求的时间，但仍在编制财务报表之前得以执行，还是该项控制根本没有得以执行。

（4）与控制运行频率相比，偏差发生的频率大小。

4.针对发现偏差的应对措施

（1）由于有效的内部控制不能为实现控制目标提供绝对保证，单项控制并非一定要毫无偏差地运行才被认为有效。

（2）如果发现控制偏差，注册会计师应当考虑偏差的原因及性质，并考虑采用扩大样本规模等适当的应对措施以判断该偏差是否对总体不具有代表性。

控制有偏差等同于控制有缺陷吗？

例如，对每日发生多次的控制，如果初始样本规模为25个，当测试发现一项控制偏差，**且该偏差不是系统性偏差时**，注册会计师可以扩大样本规模进行测试，所增加的样本规模至少为15个。如果测试后再次发现偏差，则注册会计师可以得出该控制无效的结论。如果扩大样本规模没有再次发现偏差，则注册会计师可以得出控制有效的结论。

考霸笔记
注意，非系统性偏差一定是人工控制导致的偏差。因为系统性偏差具有内在一贯性，一个有偏差，其他的也都会有偏差。

第五节　企业层面控制的测试

◇ 与控制环境相关的控制
◇ 针对管理层和治理层凌驾于控制之上的风险而设计的控制
◇ 被审计单位的风险评估过程
◇ 对内部信息传递和期末财务报告流程的控制
◇ 对控制有效性的内部监督（即监督其他控制的控制）和内部控制评价
◇ 集中化的处理和控制（包括共享的服务环境）
◇ 监督经营成果的控制
◇ 针对重大经营控制及风险管理实务的政策

考霸笔记
对企业层面控制的具体展开。

一、与控制环境相关的控制

考霸笔记
链接：第七章第四节控制环境。

控制环境包括治理职能、管理职能，以及治理层和管理层对内部控制及其重要性的态度、认识和行动。

控制环境设定了被审计单位的内部控制基调，影响员工的内部控制意识。良好的控制环境是实施有效内部控制的基础。

在了解和评价控制环境时，注册会计师需要考虑与控制环境有关的各个要素及其相互联系，需要考虑的方面主要包括：

1.管理层的理念和经营风格是否促进了有效的财务报告内部控制；

2.管理层在治理层的监督下，是否营造并保持了诚信和合乎道德的文化；

3.治理层是否了解并监督财务报告过程和内部控制。

在进行内部控制审计时，注册会计师可以首先了解控制环境的各个要素，在此过程中注册会计师应当考虑其是否得到执行。因为管理层可能建立了合理的内部控制，但未能有效执行。在了解的基础上，注册会计师可以选择那些对财务报告内部控制有效性的结论产生重要影响的企业层面控制进行测试。

二、针对管理层和治理层凌驾于控制之上的风险而设计的控制

针对管理层和治理层凌驾于控制之上的风险（以下简称"凌驾风险"）而设计的控制，**对所有企业保持有效的财务报告相关的内部控制都有重要的影响**。在不同的企业，管理层和治理层凌驾于内部控制之上的风险水平不同。注册会计师可以根据对被审计单位进行的舞弊风险评估作出判断，选择相关的企业层面控制进行测试，并评价这些控制是否能有效应对已识别的可能导致财务报表发生重大错报的凌驾风险。

一般而言，针对凌驾风险采用的控制可以包括但不限于：

1.针对重大的异常交易（尤其是那些导致会计分录延迟或异常的交易）的

控制。

2.针对关联方交易的控制。

3.与管理层的重大估计相关的控制。

4.能够减弱管理层伪造或不恰当操纵财务结果的动机及压力的控制。

5.建立内部举报投诉制度。

考霸笔记
熟悉！

三、被审计单位的风险评估过程

考霸笔记
链接：第七章第四节 被审计单位的风险评估过程。

风险评估过程包括识别与财务报告相关的经营风险，以及针对这些风险所采取的措施。

1.被审计单位需要有充分的内部控制去识别来自外部环境的风险，比如在经济、政治、法律法规、竞争者行为、债权人需求、技术变革等方面。

2.充分且适当的风险评估过程应当包括对重大风险的估计，对风险发生可能性的评定以及确定应对方法。注册会计师可以首先了解被审计单位及其环境的其他方面信息，以初步了解被审计单位的风险评估过程。

3.结合内部控制审计业务的目的和性质，在了解和测试被审计单位与风险评估过程相关的内部控制时，可以考虑以下因素：

（1）被审计单位是否根据设定的控制目标，有计划地全面、系统、持续地收集内外部相关信息，并结合实际情况，及时进行风险评估。

（2）被审计单位是否在目标设定的基础上，密切关注内外部主要风险因素，通过日常或定期的评估程序与方法对各种主要风险加以识别，并将各类风险进行分类整理，形成企业的风险清单。

（3）被审计单位是否在风险识别的基础上，采用定性和定量相结合的方法，按照风险发生的可能性及其影响程度等，对识别的风险进行分析和排序，确定关注重点和优先控制的风险。被审计单位在进行风险分析时，是否充分吸收专业人员，组成风险分析团队，按照严格规范的程序开展工作，确保风险分析结果的准确性。

（4）被审计单位是否根据内部控制目标，结合风险评估结果和风险应对策略，综合运用控制措施，将风险控制在可承受范围之内。

四、对内部信息传递和期末财务报告流程的控制

财务报告流程的内部控制可以确保管理层按照适当的会计准则编制合理、可靠的财务报告，以对外进行报告。

期末财务报告流程对内部控制审计和财务报表审计有重要影响，注册会计师应当对期末财务报告流程进行评价。期末财务报告流程包括：

（1）将交易总额登入总分类账的程序；

（2）与会计政策的选择和运用相关的程序；

（3）总分类账中会计分录的编制、批准等处理程序；

（4）对财务报表进行调整的程序；

（5）编制财务报表的程序。

注册会计师应当从下列方面评价期末财务报告流程：

（1）被审计单位财务报表的编制流程，包括输入、处理及输出；

（2）期末财务报告流程中运用信息技术的程度；

（3）管理层中参与期末财务报告流程的人员；

（4）纳入财务报表编制范围的组成部分；

（5）调整分录及合并分录的类型；

（6）管理层和治理层对期末财务报告流程进行监督的性质及范围。

由于期末财务报告流程通常发生在管理层评价日之后，注册会计师一般只能在该日之后测试相关控制。

同时，结合财务报表审计的要求，注册会计师还应当了解管理层为确保识别期后事项而建立的程序。注册会计师可以基于对财务报告流程的了解，确定可能发生错报的环节，识别用于防止或发现并纠正错报的控制，并对控制的有效性进行评估。

五、对控制有效性的内部监督（即监督其他控制的控制）和内部控制评价

管理层的一项重要职责就是持续不断地建立和维护控制。管理层对控制的监督包括考虑控制是否按计划运行，以及控制是否根据情况的变化作出恰当修改。

控制监督可以在企业层面或业务流程层面上实施。

（一）控制监督的方式

对于企业或业务流程层面的监督可通过以下方式来实现：

1.持续的监督和管理活动；

2.审计委员会或内部审计部门的活动；

3.内部控制自我评价。

（二）控制监督的内容

对控制的监督可能包括：

1.对运营报告的复核和核对；

2.与外部人士的沟通；

3.其他未参与控制执行人员的监控活动；

4.信息系统所记录的数据与实物资产的核对等。

（三）对控制监督特别考虑的因素

结合内部控制审计业务的目的和性质，在对被审计单位对控制有效性的内部监督进行了解和对其有效性进行测试时，注册会计师还可以特别考虑如下因素：

1.管理层是否定期地将会计系统中记录的数额与实物资产进行核对；

2.管理层是否为保证内部审计活动的有效性而建立了相应的控制；

3.管理层是否建立了相关的控制以保证自我评价或定期的系统评价的有效性；

4.管理层是否建立了相关的控制以保证监督性控制能够在一个集中的地点有效进行，如共享服务中心等。

六、集中化的处理和控制（包括共享的服务环境）

（一）集中化的处理

1.集中化的处理可以视作一种企业内部的"外包"安排，以取得规模效益并通

过将某些或全部的财务报告过程与负责经营的管理层分离以改进控制环境。例如，被审计单位可能会设立共享服务中心，并向被审计单位内部的其他下属单位或分部提供日常的会计处理及财务报表编制服务。

2.由于采用集中化管理可以降低各个下属单位或分部负责人对该单位或分部财务报表的影响，并且可能会使财务报表相关的内部控制更为有效，所以集中化的财务管理可能有助于降低财务报表错报的风险。

（二）共享服务中心

共享服务中心是集中化处理和控制的一种方式。

1.注册会计师在对共享服务中心执行审计程序时，可以先了解共享服务中心的服务对象以及服务范围，并分析其服务对象的重大财务报表错报风险。针对这些风险，注册会计师可以分析被审计单位是否有相关的内部控制用以降低其下属单位或分部财务报表发生重大错报的风险。

2.一般而言，特定服务对象单位与财务报表相关的风险越大，注册会计师在进行内部控制测试过程中可能更需要到共享服务中心或其服务对象单位测试与特定服务对象单位相关的内部控制。

3.由于共享服务中心的内部控制的影响较大，注册会计师可以考虑在内部控制审计工作初期就开始分析其内部控制的性质、对被审计单位的影响等，并且考虑在较早的阶段执行对共享服务中心内部控制的有效性测试，以确定其对进一步审计程序的性质、时间安排以及范围的影响。

4.在对共享服务中心的内部控制进行了解或测试时，注册会计师还可以关注共享服务中心与财务报表相关的信息技术系统，特别是系统的复杂程度、使用的软件等因素，以选择合适的内部控制进行测试，其中包括集中处理环境下的信息技术一般控制是否有效。

七、监督经营成果的控制

监督经营成果的控制可以视为所有监督性内部控制的一种。一般而言，管理层对于各个单位或业务部门经营情况的监控是企业层面的主要内部控制之一。

> 例如，被审计单位管理层可能将各个下属单位和业务部门上报的实际生产量、销售量和其他资料，与预算或者其预期的数字作对比分析，并且跟进这些差异（如有）的原因及其合理性，以确定财务报表中的金额是否有异常变动。此外，下属单位或业务部门的管理人员可能定期复核其上报的财务报表的准确性，并在上报的资料上签字确认，同时下属单位或业务部门对财务报表发生的错报承担责任。

注册会计师在了解和测试与监督经营成果相关的企业层面的内部控制时可以考虑的因素包括（但不限于）：

（1）管理层是否定期将经营成果与预算进行对比分析及复核，以分析财务资料是否存在异常情况；　（了解）

（2）是否定期编制主要经营指标并对这些指标进行审阅及分析，以分析财务资料是否存在异常情况；　（了解）

（3）是否定期更新经营预测，并且与期末的实际经营结果进行对比分析。

此外，监督经营成果的控制还可能包括在控制环境以及风险评估流程方面的监控，具体包括（但不限于）：

（1）对客户投诉报告的复核及分析，以查找被审计单位的各个下属单位或业务部门是否存在违规、不合法或管理不善的情况；

（2）对违反被审计单位政策或守则行为的处理的复核；

（3）对与员工报酬或晋升相关的员工业绩评价流程的复核，以确定企业内部公平及平衡的奖惩制度的执行；

（4）对企业记录的财务报表编制流程中存在的主要风险的复核，以考虑企业内部及外部存在的可能导致财务报表错报的重大风险是否已经被清楚地反映。

在了解监督经营成果相关的控制时，注册会计师可以从性质上分析这些监督经营成果的控制是否有足够的精确程度以取代对业务流程、应用系统或交易层面的控制的测试。

例如，如果管理层对财务报表的定期复核缺乏足够的精确度，注册会计师可能需要对被审计单位的财务报表编制流程中的内部控制进行测试。但是，如果这些监督经营成果的内部控制是有效的，则注册会计师可以考虑减少对其他控制的测试。

八、针对重大经营控制及风险管理实务的政策

保持良好的内部控制的企业通常针对重大经营控制及风险管理实务采用相应的内部控制政策，在对内部控制进行审计时，注册会计师在这方面可以考虑的主要因素包括（但不限于）：

（1）企业是否建立了重大风险预警机制，明确界定哪些风险是重大风险，哪些事项一旦出现必须启动应急处理机制。应急预案、预警机制等相关的政策和方案应非常明确地传达到相关人员，一旦出现紧急情况，企业能够在第一时间作出反应，将损失降到最低。

（2）企业是否建立了突发事件应急处理机制，确保突发事件得到及时、妥善处理。注册会计师可以关注突发事件应急管理机制，例如，事前的预防、发生突发事件的应急处理、事后相关措施的改进。

第六节　业务流程、应用系统或交易层面的控制的测试

◇ 了解企业经营活动和业务流程
◇ 识别可能发生错报的环节
◇ 识别和了解相关控制
◇ 记录相关控制

一、了解企业经营活动和业务流程

（一）业务流程的含义

在实务中，通常可以将被审计单位的整个经营活动划分为几个重要的业务循环（又称"业务流程"），有助于注册会计师更有效地了解和评估重要业务流程及相关控制。例如，对制造业企业，可以划分为销售与收款循环、采购与付款循环、存货

与生产循环、工资与人员循环、筹资与投资循环等。

业务流程通常包括一系列工作：输入数据的核准与修订、数据的分类与合并、计算、更新账簿资料和客户信息记录、生成新的交易、归集数据、列报数据。与注册会计师审计工作相关的流程通常包括生成、记录、处理和报告交易等活动。

（二）了解业务流程前应考虑的事项

在了解业务流程前，注册会计师还需要考虑以下事项：

（1）该业务流程中的交易所影响的重要账户及其相关认定；

（2）注册会计师已经识别的有关这些重要账户及其相关认定的经营风险和财务报表重大错报风险；

（3）交易生成、记录、处理和报告的过程以及相关的信息技术处理系统。

（三）了解业务流程的方法

1.检查

（1）注册会计师可以通过检查被审计单位的手册和其他书面指引获得有关信息。

（2）在询问过程中，注册会计师可以检查并在适当的情况下保存部分被审计单位文件（如流程图、程序手册、职责描述、文件、表格等）的复印件，以帮助其了解交易流程。

2.询问

（1）向适当人员询问通常是比较有效的方法。需要注意的是，很多重要交易的流程涉及被审计单位的多个部门。例如，销售业务可能涉及销售部门（负责订单处理和开票）、会计部门（负责账务处理）和仓库（负责发货）等。因此，注册会计师需要考虑分别向不同部门的适当人员询问。

（2）向负责处理具体业务人员的上级进行询问通常更加有效，因为这些人员很可能对分管的整个业务流程十分熟悉。

（3）对一些简单的业务，被审计单位的财会人员可以向注册会计师提供足够的信息。然而，注册会计师如要了解关于一项复杂的业务是如何发生、处理、记录和报告信息的，通常需要和信息技术处理人员进行讨论。

3.观察

在了解过程中，注册会计师通常还能注意到许多正在执行的控制。虽然这个阶段的工作重点不是确定控制是否存在，但注册会计师仍需留意可能存在缺乏控制的情况，以及可能发生错报而需要控制的环节。注册会计师也可能发现在识别和评估控制时需要进一步审查的常规程序和数据档案。

4.流程图或文字表述

注册会计师会获得某些信息系统的文件资料，如系统的文字说明、系统图表以及流程图。为了有助于理解，注册会计师可以考虑在图表及流程图上加入自己的文字表述，归纳总结被审计单位提供的有关资料。

如果可行的话，流程图或文字表述应反映所有相关的处理程序，无论这些处理程序是人工完成的，还是自动完成的。流程图或文字表述应足够详细，以帮助注册会计师确定在什么环节可能会发生重大错报。因此，流程图或文字表述通常会反映业务流程中数据发生、入账或修改的活动。在较为复杂的环境中，一份流程图可能需要其他的流程图和文字表述予以支持。

二、识别可能发生错报的环节

注册会计师需要了解和确认被审计单位应在哪些环节设置控制，以防止或发现并纠正各重要业务流程可能发生的错报。注册会计师所关注的控制，是那些能通过防止错报的发生，或者通过发现和纠正已有错报，从而确保每个流程中业务活动（从交易的发生到记录于账目）能够顺利运转的人工或自动化控制程序。

（一）控制目标与相关认定

尽管不同的被审计单位为确保会计信息的可靠性而对业务流程设计和实施不同的控制，但设计控制的目的是实现某些控制目标（见表20-4），这些控制目标与财务报表重要账户的相关认定相联系。但注册会计师在此时通常不考虑列报认定，列报及其相关认定通常在财务报告流程中予以考虑。

表20-4　　　　　　　　　　　控制目标表

目　标	条　件
1.完整性：所有的有效交易都已记录	必须有程序确保没有漏记实际发生的交易
2.存在/发生：每项已记录的交易均真实发生	必须有程序确保会计记录中没有虚构的或重复入账的项目
3.准确性：准确计量交易	必须有程序确保交易以准确的金额入账
4.截止：恰当确定交易生成的会计期间	必须有程序确保交易在适当的会计期间内入账（例如，月、季、年等）
5.分类	必须有程序确保将交易记入正确的总分类账，必要时，记入相应的明细账
6.正确汇总和过账	必须有程序确保所有作为账簿记录中的借贷方余额都正确地归集（加总），确保加总后的金额正确过入总账和明细账

（二）评价控制目标的关键

对于每个重要交易流程，注册会计师都会考虑这些控制目标。评价是否实现这些目标的重要标志是，是否存在控制来防止错报的发生，或发现并纠正错报，然后重新提交到业务流程处理程序中进行处理。

（三）确认某项业务中需要控制的环节

注册会计师通过设计一系列关于控制目标是否实现的问题，来确认某项业务流程中需要加以控制的环节。这些问题针对的是业务流程中数据生成、转移或被转换的环节。表20-5列举了部分在销售交易中的控制目标是否实现的问题。

为实现某项审计目标而设计问题的数量，取决于下列因素：

（1）业务流程的复杂程度；

（2）业务流程中发生错报而未能被发现的概率；

（3）是否存在一种具有实效的总体控制来实现控制目标。

表20-5　　　　　　　　　　销售交易中的控制目标示例

控制目标是否实现	相关认定
怎样确保没有记录虚构或重复的销售？	发生
怎样确保所有的销售和收款均已记录？	完整性
怎样保证货物运送给正确的收货人？	发生
怎样保证发货单据只有在实际发货时才开具？	发生
怎样保证发票正确反映了发货的数量？	完整性

三、识别和了解相关控制

通过对被审计单位的了解，包括对被审计单位企业层面控制的了解，以及在上述程序中对重要业务流程的了解，注册会计师需要进一步了解流程、交易和应用层面的控制。针对业务流程中容易发生错报的环节，注册会计师应当确定：

（1）被审计单位是否建立了有效的控制，以防止或发现并纠正这些错报；

（2）被审计单位是否遗漏了必要的控制；

（3）被审计单位是否识别了可以最有效测试的控制。

（一）控制的类型

1.预防性控制

（1）预防性控制通常用于正常业务流程的每一项交易，以防止错报的发生。在流程中防止错报是信息系统的重要目标。缺少有效的预防性控制增加了数据发生错报的可能性，特别是在相关账户及其认定存在较高重大错报风险时，更是如此。

（2）表20-6是预防性控制及其能防止错报的示例。

表20-6　　　　　　　　　　预防性控制示例

对控制的描述	拟防止的错报
计算机程序自动生成收货报告，同时更新采购档案	防止出现购货漏记账的情况
在更新采购档案之前必须先有收货报告	防止记录未收到货物的采购交易
销货发票上的价格根据价格清单上的信息确定	防止销货计价错误
计算机将各凭证上的账户号码与会计科目表对比，然后进行一系列的逻辑测试	防止出现分类错报

（3）预防性控制可能是人工的，也可能是自动化的。与简单的业务流程相比，对于较复杂的业务流程，被审计单位通常更依赖自动控制。

（4）对于处理大量业务的复杂业务流程，被审计单位通常使用对程序修改的控制和访问控制，来确保自动控制的持续有效：

①实施针对程序修改的控制，是为了确保所有对计算机程序的修改在实施前都经过适当的授权、测试以及核准。

②实施访问控制，是为了确保只有经过授权的人员和程序才有权访问数据，且只能在预先授权的情况下才能处理数据（如查询、执行和更新）。

③程序修改的控制和访问控制通常不能直接防止错报，但对于确保自动控制在整个拟信赖期间内的有效性有着十分重要的作用。

2.检查性控制

（1）建立检查性控制的目的是发现流程中可能发生的错报（就是那些尽管有预防性控制还是会发生的错报）。被审计单位通过检查性控制，监督其流程和相应的预防性控制能否有效地发挥作用。检查性控制通常是管理层用来监督实现流程目标的控制。

（2）检查性控制通常并不适用于业务流程中的所有交易，而适用于一般业务流程以外的已经处理或部分处理的某类交易，可能一年只运行几次，如每月将应收账款明细账与总账相比较；也可能每周运行，甚至一天运行几次。

（3）与预防性控制相比，不同被审计单位之间检查性控制差别很大。许多检查性控制取决于被审计单位的性质，执行人员的能力、习惯和偏好。检查性控制可以由人工执行也可以由信息系统自动执行。检查性控制可能是正式建立的程序，如编制银行存款余额调节表，并追查调节项目或异常项目，也可能是非正式的程序。

（4）表20-7为检查性控制及其可能查出的错报的示例。

表20-7　　　　　　　　　　　　　　检查性控制示例

对控制的描述	控制预期查出的错报
定期编制银行存款余额调节表，跟踪调查调节项目	在对其他项目进行审核的同时，查找银收企未收项目、银付企未付项目或虚构入账的不真实的银行收支项目，未及时入账或未正确汇总分类的银行收支项目
计算机每天比较运出货物的数量和开票数，如果发现差异，则产生报告，由开票主管复核和追查	查找没有开票和记录的出库货物，以及与真实发货无关的发票
每季度复核应收账款贷方余额并找出原因	查找没有记录的发票和销售与现金收入中的分类错误

（5）如果确信存在以下情况，那么可以将检查性控制作为一个主要的手段，来合理保证某特定认定发生重大错报的可能性较小：

①控制所检查的数据是完整、可靠的；

②控制对发现重大错报足够敏感；

③发现的所有重大错报都将被纠正。

（二）识别和了解控制的方法

1.询问

（1）识别和了解控制采用的主要方法是，询问被审计单位各级别的负责人员。业务流程越复杂，注册会计师越有必要询问信息系统人员，以辨别有关的控制。

（2）"从高到低"的询问方法。

通常，应首先询问那些级别较高的人员，再询问级别较低的人员，以确定他们认为应该运行哪些控制，以及哪些控制是重要的。这种方法使注册会计师能迅速地辨别被审计单位重要的控制，特别是检查性控制。

从级别较低人员处获取的信息，应向级别较高的人员核实其完整性，以确定他们是否与级别较高的人员所理解的预定控制相符。这一步骤不仅可以向注册会计师提供有关实际执行的控制的信息，而且可以使注册会计师了解管理层对控制运行情况的熟悉程度。

（3）注册会计师应当重点关注被审计单位相关控制的运行情况，包括预防性控制和检查性控制的运行情况。从内部控制要素来看，还包括对控制的监督活动。

2.与被审计单位讨论

在许多情况下，注册会计师可以通过与被审计单位讨论，了解确保信息系统生成数据的完整性与准确性的控制。这些检查性控制可能包括①对输入与输出的数据进行比较②定期复核信息记录的数据，③监督生成数据与预期数据的差异。这些控制可能是正式制定的，也可能是非正式的。

对生成数据与预期数据的差异，注册会计师应当了解控制如何识别和判断这些差异，如何追查这些差异以及纠正发现的错报。在评价这些控制时，应重点看其是否足够敏感，是否能查出所有重要的错报，包括那些在自动化信息系统中可能发生的错报。

四、记录相关控制

在被审计单位已设置的控制中，如果有可以对应"哪个环节需设置控制"这一问题的，注册会计师应将其记录于工作底稿中，同时记录由谁执行该控制。注册会计师可以通过备忘录、笔记或复印被审计单位相关资料而逐步使信息趋于完整。

第七节 信息系统控制的测试

第八节 内部控制缺陷评价 本节重要！

◇ 控制缺陷的分类
◇ 评价控制缺陷的严重程度
◇ 内部控制缺陷整改

一、控制缺陷的分类

（一）内部控制缺陷按成因分类（见表20-8）

表20-8　　　　内部控制缺陷分类表（按成因分类）

内部控制缺陷类别	含 义
设计缺陷	指缺少为实现控制目标所必需的控制，或现有控制设计不适当，即使正常运行也难以实现预期的控制目标
运行缺陷	指现存设计适当的控制没有按设计意图运行，或执行人员没有获得必要授权或缺乏胜任能力，无法有效地实施内部控制

（二）内部控制缺陷按严重程度分类（见表20-9）

表20-9　　　　　　　　内部控制缺陷分类表（按严重程度分类）

内部控制缺陷类别	含义
重大缺陷	内部控制中存在的、可能导致不能及时防止或发现并纠正财务报表出现重大错报的一项控制缺陷或多项控制缺陷的组合　主要关注。
重要缺陷	内部控制中存在的、其严重程度不如重大缺陷但足以引起负责监督被审计单位财务报告的人员（如审计委员会或类似机构）关注的一项控制缺陷或多项控制缺陷的组合
一般缺陷	内部控制中存在的、除重大缺陷和重要缺陷之外的控制缺陷

考霸笔记
考试题型：选择题；
考试频率：高频；
考试套路：重大缺陷判断流程；
备考建议：理解记忆。

二、评价控制缺陷的严重程度

（一）总体要求

注册会计师应当评价其识别的各项控制缺陷的严重程度，以确定这些缺陷单独或组合起来，是否构成内部控制的重大缺陷。

但是，在计划和实施审计工作时，不要求注册会计师寻找单独或组合起来不构成重大缺陷的控制缺陷。

（二）控制缺陷的严重程度

控制缺陷的严重程度取决于：

考霸笔记
以下（1）、（2）做具体展开。

1.控制不能防止或发现并纠正账户或列报发生错报的可能性的大小；

控制缺陷的严重程度与错报是否发生无关，而取决于控制不能防止或发现并纠正错报的可能性的大小。

2.因一项或多项控制缺陷导致的潜在错报的金额大小。

（1）在评价一项控制缺陷或多项控制缺陷的组合是否可能导致账户或列报发生错报时，注册会计师应当考虑的风险因素包括：

①所涉及的账户、列报及其相关认定的性质；

②相关资产或负债易于发生损失或舞弊的可能性；

③确定相关金额时所需判断的主观程度、复杂程度和范围；

④该项控制与其他控制的相互作用或关系；

⑤控制缺陷之间的相互作用；

⑥控制缺陷在未来可能产生的影响。

评价控制缺陷是否可能导致错报时，注册会计师无需将错报发生的概率量化为某特定的百分比或区间。

考霸笔记
易考查原文。

如果多项控制缺陷影响财务报表的同一账户或列报，错报发生的概率会增加。在存在多项控制缺陷时，即使这些缺陷从单项来看不重要，但组合起来也可能构成重大缺陷。因此，注册会计师应当确定，对同一重要账户、列报及其相关认定或内部控制要素产生影响的各项控制缺陷，组合起来是否构成重大缺陷。

（2）在评价因一项或多项控制缺陷导致的潜在错报的金额大小时，注册会计师应当考虑的因素包括：

①受控制缺陷影响的财务报表金额或交易总额；

②在本期或预计的未来期间受控制缺陷影响的账户余额或各类交易涉及的交易量。

在评价潜在错报的金额大小时，账户余额或交易总额的最大多报金额通常是已记录的金额，但其最大少报金额可能超过已记录的金额。通常，小金额错报比大金额错报发生的概率更高。

此外，在确定一项控制缺陷或多项控制缺陷的组合是否构成重大缺陷时，注册会计师应当评价补偿性控制的影响。在评价补偿性控制是否能够弥补控制缺陷时，注册会计师应当考虑补偿性控制是否有足够的精确度以防止或发现并纠正可能发生的重大错报。

（三）内部控制缺陷评价的步骤

内部控制缺陷评价的步骤如图20-1所示：

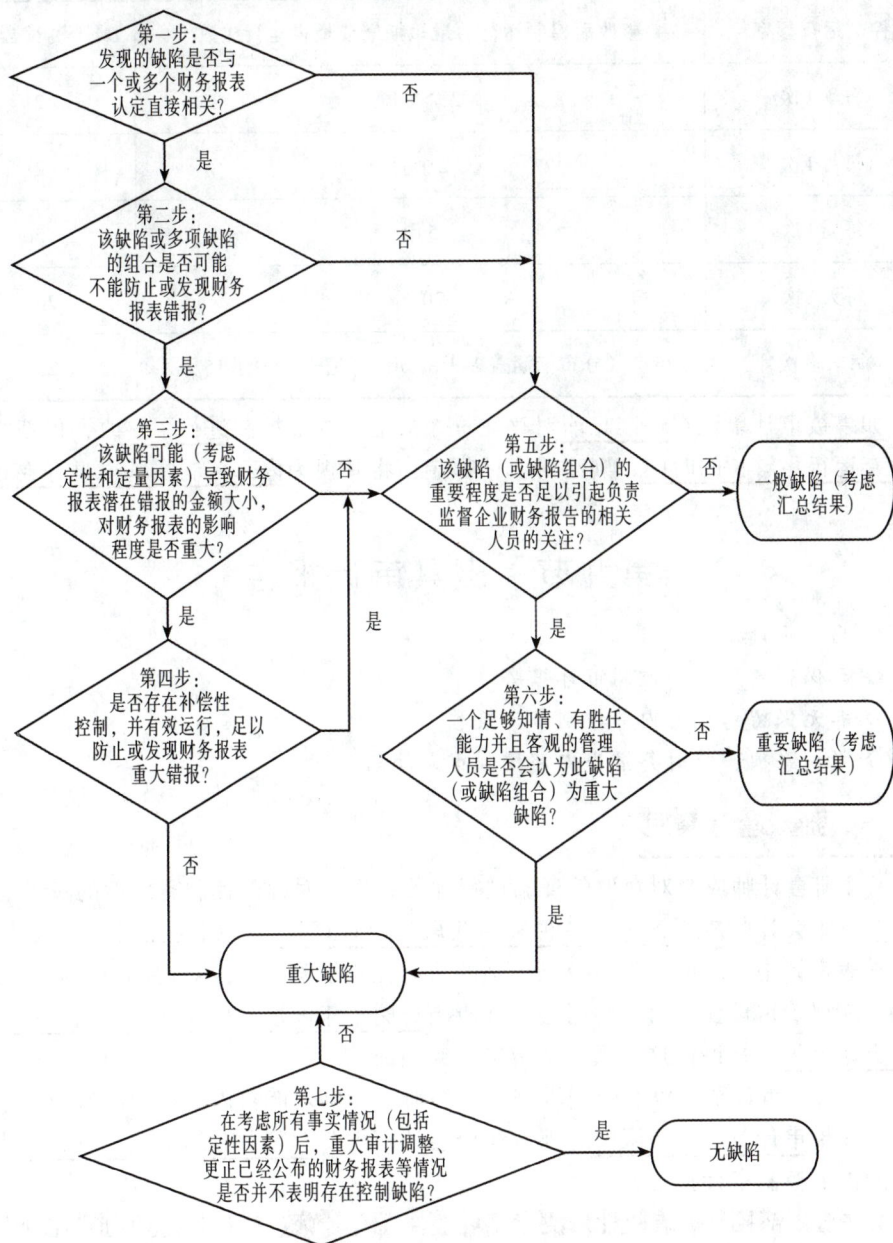

图20-1 控制缺陷评价流程

三、内部控制缺陷整改

如果被审计单位在基准日前对存在缺陷的控制进行了整改，那么整改后的控制需要运行足够长的时间，才能使注册会计师得出其是否有效的审计结论。

注册会计师应当根据控制的性质和与控制相关的风险，合理运用职业判断，确定整改后控制运行的最短期间（或整改后控制的最少运行次数）以及最少测试数量。

整改后控制运行的最短期间（或最少运行次数）和最少测试数量参见表20-10。

表20-10 整改后控制运行的最短期间（或最少运行次数）和最少测试数量

控制运行频率	整改后控制运行的最短期间或最少运行次数	最少测试数量
每季1次	2个季度	2
每月1次	2个月	2
每周1次	5周	5
每天1次	20天	20
每天多次	25次（分布于涵盖多天的期间，通常不少于15天）	25

如果被审计单位在基准日前对存在重大缺陷的内部控制进行了整改，但新控制尚没有运行足够长的时间，则注册会计师应当将其视为内部控制在基准日存在重大缺陷。

第九节 出具审计报告

◇ 形成审计意见
◇ 无保留意见内部控制审计报告
◇ 非无保留意见的内部控制审计报告
◇ 强调事项、非财务报告内部控制重大缺陷

一、形成审计意见

1.注册会计师应当对获取的证据进行评价，形成对内部控制有效性的意见。

2.注册会计师应当评价从各种来源获取的审计证据，包括对控制的测试结果、财务报表审计中发现的错报以及已识别的所有控制缺陷，形成对内部控制有效性的意见。在评价审计证据时，注册会计师应当查阅本年度涉及内部控制的内部审计报告或类似报告，并评价这些报告中指出的控制缺陷。

3.只有在审计范围没有受到限制时，注册会计师才能对内部控制的有效性形成意见。如果审计范围受到限制，那么注册会计师需要解除业务约定或出具无法表示意见的内部控制审计报告。

4.在对内部控制的有效性形成意见后，注册会计师应当评价企业内部控制评价报告对相关法律法规规定的要素的列报是否完整和恰当。

根据中国证监会《上市公司实施企业内部控制规范体系监管问题解答》的规定，公开发行证券的公司在年度报告中应披露的财务报告内部控制评价报告应包括以下内容：

（1）公司董事会关于建立健全和有效实施财务报告内部控制是公司董事会的责任，并就公司财务报告内部控制评价报告的真实性作出的声明。

（2）财务报告内部控制评价的依据。

（3）根据自我评价情况，认定于评价基准日存在的财务报告内部控制重大缺陷情况。

（4）对发现的重大缺陷已采取或拟采取的整改措施的说明。

（5）公司董事会对评价基准日财务报告内部控制有效性的自我评价结论。

（6）在财务报告内部控制自我评价过程中关注到的非财务报告内部控制重大缺陷情况。

> **考霸笔记**
> ✓了解！

> **考霸笔记**
> 考试题型：选择题；
> 考试频率：高频；
> 考试套路：无保留意见的报告格式；
> 备考建议：理解。

二、无保留意见内部控制审计报告

（一）适用情况

如果符合下列所有条件，注册会计师应当对内部控制出具无保留意见的内部控制审计报告：

1.在基准日，被审计单位按照适用的内部控制标准的要求，在所有重大方面保持了有效的内部控制；

2.注册会计师已经按照《企业内部控制审计指引》的要求计划和实施审计工作，在审计过程中未受到限制。

（二）内部控制审计报告要素及举例

无保留意见内部控制审计报告包括下列要素：（1）标题；（2）收件人；（3）引言段；（4）企业对内部控制的责任段；（5）注册会计师的责任段；（6）内部控制固有局限性的说明段；（7）财务报告内部控制审计意见段；（8）注册会计师的签名和盖章；（9）会计师事务所的名称、地址和盖章；（10）报告日期。

参考格式20-1：无保留意见内部控制审计报告

内部控制审计报告　　1-标题。

××股份有限公司全体股东：　　2-收件人。

　　按照《企业内部控制审计指引》及中国注册会计师执业准则的相关要求，我们审计了××股份有限公司（以下简称××公司）××年×月×日的财务报告内部控制的有效性。　　3-引言段。

一、企业对内部控制的责任　　4-责任段。

按照《企业内部控制基本规范》《企业内部控制应用指引》《企业内部控制评价指引》的规定，建立健全和有效实施内部控制，并评价其有效性是××公司董事会的责任。

二、注册会计师的责任　　5-责任段。

我们的责任是在实施审计工作的基础上，对财务报告内部控制的有效性发表审计意见，并对注意到的非财务报告内部控制的重大缺陷进行披露。

三、**内部控制的固有局限性**   6-局限性说明段。

内部控制具有固有局限性，存在不能防止和发现错报的可能性。此外，由于情况的变化可能导致内部控制变得不恰当，或对控制政策和程序遵循的程度降低，根据内部控制审计结果推测未来内部控制的有效性具有一定风险。

四、**财务报告内部控制审计意见**   7-意见段。

我们认为，××公司于××年×月×日按照《企业内部控制基本规范》和相关规定在所有重大方面保持了有效的财务报告内部控制。

××会计师事务所   9-事务所名称、地址、盖章。   中国注册会计师：×××

（盖章）   （签名并盖章）

8-签名、盖章。

中国注册会计师：×××

（签名并盖章）

中国××市   10-报告日期。   ××××年××月××日

1.标题。内部控制审计报告的标题统一规范为"内部控制审计报告"。

2.收件人。内部控制审计报告的收件人是指注册会计师按照业务约定书的要求致送内部控制审计报告的对象，一般是指审计业务的委托人。内部控制审计报告需要载明收件人的全称。

3.引言段。内部控制审计报告的引言段说明企业的名称和内部控制已经过审计。

4.内部控制固有局限性的说明段：内部控制无论如何有效，都只能为企业实现控制目标提供合理保证。内部控制实现目标的可能性受其固有限制的影响，包括：

（1）在决策时人为判断可能出现错误和因人为失误而导致内部控制失效。

（2）控制的运行也可能无效。

（3）控制可能由于两个或更多的人员进行串通舞弊或管理层不当地凌驾于内部控制之上而被规避。

（4）在设计和执行控制时，如果存在选择执行的控制以及选择承担的风险，管理层在确定控制的性质和范围时需要作出主观判断。

因此，注册会计师需要在内部控制固有局限性的说明段说明，内部控制具有固有局限性，存在不能防止和发现错报的可能性。此外，由于情况的变化可能导致内部控制变得不恰当，或对控制政策和程序遵循的程度降低，根据内部控制审计结果推测未来内部控制的有效性具有一定风险。

5.财务报告内部控制审计意见段。审计意见段应当说明企业是否按照《企业内部控制基本规范》和相关规定在所有重大方面保持了有效的财务报告内部控制。

6.报告日期。审计报告的日期不应早于①注册会计师获取充分、适当的审计证据（包括董事会认可对内部控制及评价报告的责任且已批准评价报告的证据），并在②此基础上对内部控制的有效性形成审计意见的日期。如果内部控制审计和财务报表审计整合进行，那么注册会计师对内部控制审计报告和财务报表审计报告需要签署相同的日期。

考霸笔记
在整合审计中，注册会计师在完成内部控制审计和财务报表审计后，应当分别对内部控制和财务报表出具审计报告，并签署相同的日期。

三、非无保留意见的内部控制审计报告

（一）内部控制存在重大缺陷时的处理

1.否定意见

如果认为内部控制存在一项或多项重大缺陷，除非审计范围受到限制，否则注册会计师应当对内部控制发表否定意见。否定意见的内部控制审计报告还应当包括①重大缺陷的定义、②重大缺陷的性质及其对内部控制的影响程度。

2.考虑企业内部控制评价报告中是否包含了重大缺陷

（1）如果重大缺陷尚未包含在企业内部控制评价报告中，那么注册会计师应当在内部控制审计报告中说明重大缺陷已经被识别，但没有包含在企业内部控制评价报告中。

（2）如果企业内部控制评价报告中包含了重大缺陷，但注册会计师认为这些重大缺陷未在所有重大方面得到公允反映，那么注册会计师应当在内部控制审计报告中说明这一结论，并公允表达有关重大缺陷的必要信息。

（3）注册会计师还应当就这些情况以书面形式与治理层沟通。

3.重大缺陷对财务报表审计的影响

（1）如果拟对内部控制的有效性发表否定意见，在财务报表审计中，注册会计师不应依赖存在重大缺陷的控制。

（2）注册会计师需要实施实质性程序确定与该控制相关的账户是否存在重大错报。如果实施实质性程序的结果表明该账户不存在重大错报，则注册会计师可以对财务报表发表无保留意见。在这种情况下，注册会计师应当确定该意见对财务报表审计意见的影响，并在内部控制审计报告中予以说明。

如果对财务报表发表的审计意见未受影响，则注册会计师应当在内部控制审计报告的导致否定意见的事项段中增加以下类似说明："在××公司××年财务报表审计中，我们已经考虑了上述重大缺陷对审计程序的性质、时间安排和范围的影响。本报告并未对我们在××年×月×日对××公司××年财务报表出具的审计报告产生影响。"这一说明对于保证审计报告使用者理解注册会计师为何对财务报表发表无保留意见非常重要。

（3）如果对财务报表发表的审计意见受到影响，注册会计师应当在内部控制审计报告的导致否定意见的事项段中增加以下类似说明："在××公司××年财务报表审计中，我们已经考虑了上述重大缺陷对审计程序的性质、时间安排和范围的影响。"

参考格式20-2：否定意见内部控制审计报告

内部控制审计报告

××股份有限公司全体股东：

按照《企业内部控制审计指引》及中国注册会计师执业准则的相关要求，我们审计了××股份有限公司（以下简称××公司）××年×月×日的财务报告内部控制的有效性。

一、企业对内部控制的责任（略）

二、注册会计师的责任（略）

内部控制评价与内部控制审计有何区别？

内部控制审计与财务报表审计的相同点有哪些？

第二十章

三、内部控制的固有局限性（略）

四、导致否定意见的事项   重大缺陷的定义。

重大缺陷是内部控制中存在的、可能导致不能及时防止或发现并纠正财务报表出现重大错报的一项控制缺陷或多项控制缺陷的组合。

（指出注册会计师已识别出的重大缺陷，并说明重大缺陷的性质及其对财务报告内部控制的影响程度。）

有效的内部控制能够为财务报告及相关信息的真实完整提供合理保证，而上述重大缺陷使××公司内部控制失去这一功能。

××公司管理层已识别出上述重大缺陷，并将其包含在企业内部控制评价报告中。上述缺陷在所有重大方面得到公允反映。   考虑企业内部控制评价报告。

在××公司××年财务报表审计中，我们已经考虑了上述重大缺陷对审计程序的性质、时间安排和范围的影响。本报告并未对我们在××年×月×日对××公司××年财务报表出具的审计报告产生影响。   考虑对财务报表审计的影响。

五、财务报告内部控制审计意见

我们认为，由于存在上述重大缺陷及其对实现控制目标的影响，××公司于××年×月×日未能按照《企业内部控制基本规范》和相关规定在所有重大方面保持有效的财务报告内部控制。

（签名、盖章、日期等略）

（二）审计范围受到限制时的处理。

1.解除业务约定或出具无法表示意见报告

注册会计师只有实施了必要的审计程序，才能对内部控制的有效性发表意见。如果审计范围受到限制，则注册会计师应当解除业务约定或出具无法表示意见的内部控制审计报告。

2.考虑相关豁免规定

（1）不构成审计范围受到限制的情况：如果法律法规的相关豁免规定允许被审计单位不将某些实体纳入内部控制的评价范围，则注册会计师可以不将这些实体纳入内部控制审计的范围。这种情况不构成审计范围受到限制，但注册会计师应当在内部控制审计报告中增加强调事项段或者在注册会计师的责任段中，就此实体未被纳入评价范围和内部控制审计范围这一情况，作出与被审计单位类似的恰当陈述。

（2）豁免权的陈述不恰当：如果认为被审计单位有关该项豁免的陈述不恰当，注册会计师应当提请其作出适当修改。如果被审计单位未作出恰当修改，注册会计师应当在内部控制审计报告的强调事项段中说明被审计单位的陈述需要修改的理由。

3.在出具无法表示意见的内部控制审计报告时，注册会计师应当在内部控制审计报告中指明审计范围受到限制，无法对内部控制的有效性发表意见，并单设段落说明无法表示意见的实质性理由。注册会计师不应在内部控制审计报告中指明所执行的程序，也不应描述内部控制审计的特征，以避免对"无法表示意见"的误解。如果在已执行的有限程序中发现内部控制存在重大缺陷，则注册会计师应当在内部控制审计报告中对重大缺陷作出详细说明。

4.在因审计范围受到限制而无法表示意见时，注册会计师应当就未能完成整个内部控制审计工作的情况，以书面形式与管理层和治理层进行沟通。

参考格式20-3：无法表示意见内部控制审计报告

内部控制审计报告

××股份有限公司全体股东：

我们接受委托，对××股份有限公司（以下简称××公司）××年×月×日的财务报告内部控制进行审计。

（删除注册会计师的责任段，"一、企业对内部控制的责任"和"二、内部控制的固有局限性"参见标准内部控制审计报告相关段落表述）

三、导致无法表示意见的事项

（描述审计范围受到限制的具体情况）

四、财务报告内部控制审计意见

由于审计范围受到上述限制，我们未能实施必要的审计程序以获取发表意见所需的充分、适当证据，因此，我们无法对××公司财务报告内部控制的有效性发表意见。

五、识别的财务报告内部控制重大缺陷

（如在审计范围受到限制前，执行有限程序未能识别出重大缺陷，则应删除本段）

重大缺陷是内部控制中存在的、可能导致不能及时防止或发现并纠正财务报表出现重大错报的一项控制缺陷或多项控制缺陷的组合。

尽管我们无法对××公司财务报告内部控制的有效性发表意见，但在我们实施的有限程序的过程中，发现了以下重大缺陷：

（指出注册会计师已识别出的重大缺陷，并说明重大缺陷的性质及其对财务报告内部控制的影响程度。）

有效的内部控制能够为财务报告及相关信息的真实完整提供合理保证，而上述重大缺陷使××公司内部控制失去这一功能。

（签名、盖章、日期等略）

> **考霸笔记**
> 考试题型：选择题；
> 考试频率：高频；
> 考试套路：强调事项、非财务报告内部控制重大缺陷注意事项；
> 备考建议：理解记忆。

四、强调事项、非财务报告内部控制重大缺陷

（一）强调事项

如果认为内部控制虽然不存在重大缺陷，但仍有一项或多项重大事项需要提请内部控制审计报告使用者注意，注册会计师应当在内部控制审计报告中增加强调事项段予以说明。

注册会计师应当在强调事项段中指明，该段内容仅用于提醒内部控制审计报告使用者关注，并不影响对内部控制发表的审计意见。

如果存在下列情况，注册会计师应当考虑在内部控制审计报告中增加强调事项段：

（1）如果确定企业内部控制评价报告对要素的列报不完整或不恰当，注册会计

> 内部控制审计报告中增加强调事项段的情形有哪些？

师应当在内部控制审计报告中增加强调事项段，说明这一情况并解释得出该结论的理由。

（2）如果注册会计师知悉在基准日并不存在，但在期后期间发生的事项，且这类期后事项对内部控制有重大影响，则注册会计师应当在内部控制审计报告中增加强调事项段，描述该事项及其影响，或提醒内部控制审计报告使用者关注企业内部控制评价报告中披露的该事项及其影响。

参考格式20-4：带强调事项段的无保留意见内部控制审计报告

内部控制审计报告

××股份有限公司全体股东：

按照《企业内部控制审计指引》及中国注册会计师执业准则的相关要求，我们审计了××股份有限公司（以下简称××公司）××年×月×日的财务报告内部控制的有效性。

一、企业对内部控制的责任（略）

二、注册会计师的责任（略）

三、内部控制的固有局限性（略）

四、财务报告内部控制审计意见（略）

五、强调事项

我们提醒内部控制审计报告使用者关注（描述强调事项的性质及其对内部控制的重大影响）。本段内容不影响已对财务报告内部控制发表的审计意见。

（签名、盖章、日期等略）

（二）非财务报告内部控制重大缺陷

1.与董事会和经理沟通

对于审计过程中注意到的非财务报告内部控制缺陷，如果发现某项或某些控制对企业发展战略、法规遵循、经营的效率效果等控制目标的实现有重大不利影响，确定该项非财务报告内部控制缺陷为重大缺陷的，注册会计师应当以书面形式与企业董事会和经理层沟通，提醒企业加以改进。

2.增加"非财务报告内部控制重大缺陷"描述段

在内部控制审计报告中增加非财务报告内部控制重大缺陷描述段，对重大缺陷的性质及其对实现相关控制目标的影响程度进行披露，提醒内部控制审计报告使用者注意相关风险，但无需对其发表审计意见。

参考格式20-5：非财务报告重大缺陷的内部控制审计报告

内部控制审计报告

××股份有限公司全体股东：

按照《企业内部控制审计指引》及中国注册会计师执业准则的相关要求，我们审计了××股份有限公司（以下简称××公司）××年×月×日的财务报告内部控制的有效性。

一、企业对内部控制的责任（略）

二、注册会计师的责任（略）

三、内部控制的固有局限性（略）

四、财务报告内部控制审计意见（略）

五、**非财务报告内部控制重大缺陷**

在内部控制审计过程中，我们注意到××公司的非财务报告内部控制存在重大缺陷（描述该缺陷的性质及其对实现相关控制目标的影响程度）。由于存在上述重大缺陷，我们提醒本报告使用者注意相关风险。需要指出的是，我们并不对××公司的非财务报告内部控制发表意见或提供保证。本段内容不影响对财务报告内部控制有效性发表的审计意见。

（签名、盖章、日期等略）

智能测评

在线练习	我要提问
扫码在线做题　　　扫码看答案	扫码答疑
本书"本章同步强化训练"均配备二维码，打开微信"扫一扫"即可完成在线测评，查看本章详细的测评反馈报告，了解知识掌握情况，也可扫码直接看答案噢。 　快来扫码做题吧！	本书配备答疑专用二维码，打开微信"扫一扫"，即可完成在线提问，获取专业老师全面个性化解答，让学习问题不再拖延。 　快来扫码提问吧！

本章同步强化训练

一、单选题

1.在企业内部控制审计中，下列关于企业董事会和注册会计师的责任的说法，不恰当的是（　　）。

A.建立健全和有效实施内部控制是企业董事会的责任

B.注册会计师应当对整个内部控制的有效性发表审计意见，并对内部控制审计过程中注意到的非财务报告内部控制的重大缺陷，在内部控制审计报告中增加"非财务报告内部控制重大缺陷描述段"予以披露

C.按照《企业内部控制审计指引》的要求，在实施审计工作的基础上，对财务报告内部控制的有效性发表审计意见，并对注意到的非财务报告内部控制的重大缺陷进行披露是注册会计师的责任

D.注册会计师只有实施了必要的审计程序，才能对内部控制的有效性发表意见

2.下列各项中，不属于内部控制审计总体审计策略的内容的是（　　）。

A.项目组成员拟实施的审计程序的性质、时间安排和范围

B.明确审计业务的报告目标，以计划审计的时间安排和所需沟通的性质

C.确定执行业务所需资源的性质、时间安排和范围

D.根据职业判断，考虑用以指导项目组工作方向的重要因素

3.下列各项中，不属于企业层面内部控制的是（　　　）。

A.内部控制评价　　　　　　　　　　B.复核和调节

C.人力资源政策与实务　　　　　　　D.重大经营控制

4.注册会计师应当采用自上而下的方法选择拟测试的控制，以下说法中错误的是（　　　）。

A.注册会计师对企业层面控制的评价，可能增加或减少本应对其他控制所进行的测试

B.注册会计师应当在执行业务的早期阶段对企业层面控制进行测试

C.注册会计师在实施穿行测试时往往综合运用询问、观察、检查相关文件记录和重新执行

D.注册会计师无需测试与某项相关认定有关的所有控制

5.注册会计师获取的有关控制运行有效性的审计证据不包括（　　　）。

A.控制在所审计期间的相关时点是如何运行的

B.控制是由谁来执行的

C.控制是以何种方式执行的

D.控制是否设计得合理

6.下列各项中，属于测试控制有效性的审计程序类型的是（　　　）。

A.重新执行　　　　B.穿行测试　　　　C.分析程序　　　　D.实质性程序

7.甲公司财务人员每月与前35名主要客户对账，如有差异进行调查。注册会计师以与各主要客户的每次对账为抽样单元，采用非统计抽样测试该控制，确定最低样本数量时可以参照的控制执行频率是（　　　）。

A.每月1次　　　　B.每周1次　　　　C.每日1次　　　　D.每日数次

8.下列关于评价控制缺陷的严重程度的说法中，错误的是（　　　）。

A.在确定一项控制缺陷或多项控制缺陷的组合是否构成重大缺陷时，注册会计师应当评价补偿性控制的影响

B.在评价潜在错报的金额大小时，账户余额或交易总额的最大多报金额与最大少报金额通常是已记录的金额

C.评价控制缺陷是否可能导致错报时，注册会计师无需将错报发生的概率量化为某特定的百分比或区间

D.在计划和实施审计工作时，不要求注册会计师寻找单独或组合起来不构成重大缺陷的控制缺陷

9.内部控制实现目标的可能性受其固有限制的影响，下列不属于内部控制固有限制的有（　　　）。

A.控制可能由于两个或更多的人员进行串通舞弊或管理层不当地凌驾于内部控制之上而被规避

B.在决策时人为判断可能出现错误和因人为失误而导致内部控制失效

C.由于情况的变化可能导致内部控制变得不恰当

D.控制的运行也可能无效

二、多选题

1.下列关于内部控制审计的表述正确的有（　　　）。

A.内部控制审计基准日是最近一个会计期间截止日

B.注册会计对企业内部控制在某段时间内每天的运行情况发表审计意见

C.注册会计师只测试基准日这一天的内部控制

D.对控制有效性的测试涵盖的期间越长，提供的控制有效性的审计证据越多

2.在计划审计工作时，注册会计师应当评价下列（　　）对财务报告内部控制、财务报表及审计工作的影响。

A.相关法律法规和行业概况

B.企业组织结构、经营特点和资本结构等相关重要事项

C.企业内部控制最近发生变化的程度

D.与企业沟通过的内部控制缺陷

3.注册会计师应当采用自上而下的方法选择拟测试的控制，下列属于自上而下的方法步骤的有（　　）。

A.从财务报表层次初步了解内部控制整体风险

B.识别、了解和测试企业层面控制、识别重要账户、列报及其相关认定

C.了解潜在错报的来源并识别相应的控制

D.选择拟测试的控制

4.下列关于识别重要账户、列报及其相关认定的说法中，正确的有（　　）。

A.内部控制审计中识别的重要账户、列报及其相关认定与财务报表审计中的不同

B.在识别重要账户、列报及其相关认定时应当从定性和定量两个方面作出评价

C.在识别重要账户、列报及其相关认定时不考虑控制的影响

D.在确定重要账户、列报及其相关认定时要考虑以前年度审计中了解到的情况

5.在选择关键控制时，注册会计师要考虑的因素有（　　）。

A.控制是否是不可缺少的　　　　　　　　B.控制是否直接针对相关认定

C.控制是否可以应对管理层凌驾的风险　　D.控制运行是否足够精准

6.在评价控制测试中所发现的某项控制偏差是否为控制缺陷时，注册会计师可以考虑的因素包括（　　）。

A.该偏差是与某一特定的地点、流程或应用系统相关，还是对被审计单位有广泛影响

B.就被审计单位的内部政策而言，该控制出现偏差的严重程度

C.与控制运行频率相比，偏差发生的频率大小

D.被审计单位是如何处理该偏差的

7.被审计单位企业层面的控制包括（　　）。

A.与控制环境相关的控制

B.针对管理层和治理层凌驾于控制之上的风险而设计的控制

C.对内部信息传递和期末财务报告流程的控制

D.监督经营成果的控制

8.内部控制存在的缺陷，按其严重程度可划分为（　　）。

A.严重缺陷　　　　　B.重大缺陷　　　　　C.一般缺陷　　　　　D.重要缺陷

9.以下关于内部控制审计报告的说法中，正确的有（　　）。

A.如果认为内部控制存在一项或多项重大缺陷，除非审计范围受到限制，注册会计师应当对内部控制发表保留意见或否定意见

B.如果认为内部控制虽然不存在重大缺陷，但仍有一项或多项重大事项需要提请内部控制审计报告使用者注意，注册会计师应当在内部控制审计报告中增加强调事项段予以说明

C.如果审计范围受到限制，注册会计师应当解除业务约定

D. 对于审计过程中注意到的非财务报告内部控制缺陷为重大缺陷，注册会计师应当在内部控制审计报告中增加非财务报告内部控制重大缺陷描述段，对重大缺陷的性质及其对实现相关控制目标的影响程度进行披露

10. 注册会计师应当考虑在内部控制审计报告中增加强调事项段的情形有（　　　）。

A. 注册会计师知悉在基准日并不存在、但在期后期间发生的事项，且这类期后事项对内部控制有重大影响

B. 确定企业内部控制评价报告对要素的列报不完整或不恰当

C. 限制审计报告分发和使用的情形

D. 与使用者理解审计工作与注册会计师责任的情形

11. 下列有关财务报表审计与内部控制审计的共同点的说法中，正确的有（　　　）。

A. 两者识别的重要账户、列报及其相关认定相同

B. 两者的审计报告意见类型相同

C. 两者了解和测试内部控制设计和运行有效性的审计程序类型相同

D. 两者测试内部控制运行有效性的范围相同

三、简答题

ABC 会计师事务所的 A 注册会计师负责对甲公司 2018 年 12 月 31 日与财务报告相关的内部控制实施审计，在工作底稿中记录的相关内容摘录如下：

（1）对于内部控制可能存在重大缺陷的领域，A 注册会计师拟在测试相关内部控制有效性时利用内部审计人员的工作。

（2）在选取关键控制时，A 注册会计师考虑了哪些控制是不可缺少的，以及哪些控制可以应对错误或舞弊导致的重大错报风险。

（3）A 注册会计师在控制测试中使用重新执行程序时，拟选取金额重大项目实施控制测试。

（4）A 注册会计师将询问被审计单位各级别负责人员作为识别和了解控制采用的主要方法，并且先向级别较高的人员了解情况，再与级别较低的人员进行讨论。

（5）由于内部控制审计范围受到的限制重大但不广泛，A 注册会计师拟出具保留意见内部控制审计报告。

（6）A 注册会计师在对内部控制发表否定意见的同时对财务报表发表了无保留意见，拟在内部控制审计报告中增加强调事项段，指出已在财务报表审计中考虑了内部控制重大缺陷对财务报表审计程序的性质、时间安排和范围的影响。

要求：针对上述第（1）至（6）项，逐项指出 A 注册会计师的做法是否恰当，如不恰当，简要说明理由。

第七编　质量控制

执业质量是会计师事务所的生命线，是注册会计师行业维护公众利益的专业基础和诚信义务。注册会计师执业规范包括职业道德守则与执业准则，执业准则又分为业务准则和质量控制准则，具体参见下图：

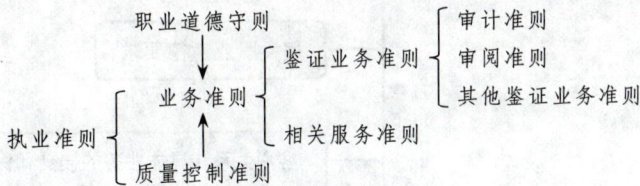

职业道德守则

执业准则 { 业务准则 { 鉴证业务准则 { 审计准则
审阅准则
其他鉴证业务准则

相关服务准则

质量控制准则

执业规范结构图

注册会计师执业准则体系包括三个组成部分，即鉴证业务准则、相关服务准则和质量控制准则。业务准则是技术标准，质量控制准则是管理标准。

职业道德守则和质量控制准则的共同目的是保证业务准则得到执行。

是对注册会计师（人）的要求，将在第八编介绍。

是对会计师事务所（所）的要求，将在本编介绍。

第二十一章
会计师事务所业务质量控制

本章框架图

本章导学

第二十一章　会计师事务所业务质量控制
- 质量控制制度的目标和对业务质量承担的领导责任
- 相关职业道德要求
- 客户关系和具体业务的接受和保持
- 人力资源
- ★ 业务执行
  - 指导、监督与复核
  - 咨询
  - 意见分歧
  - ★ 项目质量控制复核
  - 业务工作底稿
- 监控

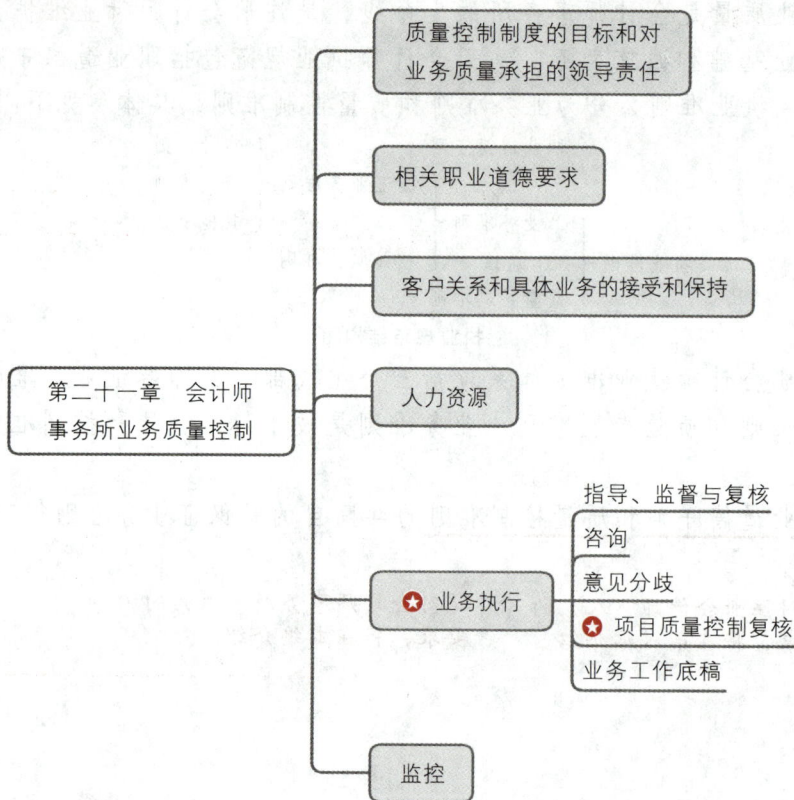

本章考情概述

　　本章属于非常重要的内容。质量控制是会计师事务所为保证业务质量而制定和实施的控制政策和程序。本章的命题主要以客观题和简答题的形式出现，特别是结合实务分析性的简答题从2007年以来几乎每年必考。今年仍应继续关注本章的简答题。

　　本章介绍的质量控制政策与程序，属于管理而非专业知识的范围，需要深刻理解的知识相对较少，应当记忆的内容相对较多。总体而言，学习难度与考试难度都明显低于其他章节。

　　近三年主要考点：业务执行、监控、客户与业务的承接和保持、领导责任等。

第一节　质量控制制度的目标和对业务质量承担的领导责任

◇ 质量控制制度的目标和要素
◇ 对业务质量承担的领导责任

一、质量控制制度的目标和要素

（一）质量控制制度的目标

会计师事务所应当根据会计师事务所质量控制准则，制定质量控制制度，以合理保证业务质量。质量控制制度的目标主要是在以下两个方面提出合理保证：

1. 会计师事务所及其人员遵守执业准则和适用的法律法规的规定；
2. 会计师事务所和项目合伙人出具适合具体情况的报告。

（二）质量控制制度的要素

会计师事务所的质量控制制度应当包括针对下列要素而制定的政策和程序：

1. 对业务质量承担的领导责任；
2. 相关职业道德要求；
3. 客户关系和具体业务的接受与保持；
4. 人力资源；
5. 业务执行；
6. 监控。

会计师事务所应当将质量控制政策和程序形成书面文件，并传达到全体人员。在记录和传达时，应清楚地描述质量控制政策和程序及其拟实现的目标，包括用适当信息指明每个人都负有各自的质量责任，并被期望遵守这些政策和程序。

二、对业务质量承担的领导责任

（一）对主任会计师的总体要求

会计师事务所内部重视质量的文化氛围，为会计师事务所质量控制设定了较好的基调，将对制定和实施质量控制制度产生广泛和积极的影响。明确质量控制制度的最终责任人，也对会计师事务所的业务质量控制起着决定性作用。为此，会计师事务所应当制定政策和程序，培育以质量为导向的内部文化。这些政策和程序应当要求会计师事务所主任会计师对质量控制制度承担最终责任，在制度上保证质量控制

考霸笔记
考试题型：简答题；
考试频率：中频；
备考建议：关注统一的质量控制制度。

业务质量控制属于一项审计程序吗？

质量控制准则与职业道德守则、业务准则的关系是什么？

考霸笔记 项目合伙人，是指会计师事务所中负责某项业务及其执行，并代表会计师事务所在出具的报告上签字的合伙人。

质量控制准则属于审计准则的一部分吗？

考霸笔记 注意：包括分所，根据质量控制准则的规定，会计师事务所应当制定统一的质量控制制度，不得"一所两制"。

考霸笔记
事务所内部人员（内部专家）需要遵守质量控制制度，外部专家不需要遵守事务所的质量控制制度（但外部专家需要遵守独立性、保密等职业道德要求，注意区分）。本准则适用于注册会计师执行的所有业务（鉴证业务及相关服务）。

考霸笔记 考试题型：简答题；
考试频率：高频；
备考建议：关注质量至上和最终责任的承担。

考霸笔记
注意：主任会计师对质量控制制度承担最终责任，项目合伙人应当对事务所分派的每项审计业务的总体质量负责。（联系第十八章"复核工作底稿和财务报表"相关内容）

制度的地位和执行力，建立强有力的高层基调。

（二）行动示范和信息传达

会计师事务所培育以质量为导向的内部文化，就是要在会计师事务所内形成和传播质量至上的内部文化。内部质量文化能否形成，有赖于会计师事务所各级管理层的努力。

为此，会计师事务所的领导层及其作出的示范对会计师事务所的内部文化有重大影响。会计师事务所各级管理层应当通过清晰、一致及经常的行动示范和信息传达，强调质量控制政策和程序的重要性以及下列要求：

1. 按照法律法规、相关职业道德要求和业务准则的规定执行工作；

2. 根据具体情况出具恰当的报告。

会计师事务所领导层的行动示范，在某种程度上比控制制度更有影响力。采取的途径通常有培训、研讨会、谈话、发表文章等，通过行动示范和信息传达，可以起到强化质量文化的作用。

（三）树立质量至上的意识

会计师事务所的领导层应当树立质量至上的意识。会计师事务所应当通过下列措施实现质量控制的目标：

1. 合理确定管理责任，以避免重商业利益轻业务质量；

2. 建立以质量为导向的业绩评价、工薪及晋升的政策和程序；　　记住：常考。

3. 投入足够的资源制定和执行质量控制政策和程序，并形成相关文件记录。

会计师事务所的领导层必须首先认识到，其经营策略应当满足会计师事务所执行所有业务都要保证质量这一前提条件。会计师事务所针对员工设计的有关业绩评价、工薪及晋升（包括激励制度）的政策和程序，应当表明会计师事务所最重视的是质量，以形成正确的行为导向。

（四）委派质量控制制度运作人员

会计师事务所主任会计师对质量控制制度承担最终责任，为保证质量控制制度的具体运作效果，主任会计师必须委派适当的人员并授予其必要的权限，以帮助主任会计师正确履行其职责。

为此，受会计师事务所主任会计师委派承担质量控制制度运作责任的人员，应当具有足够、适当的经验和能力以及必要的权限以履行其责任。

要求承担质量控制制度运作责任的人员具有足够适当的经验和能力，是为了使其能够识别和了解质量控制问题；要求具有必要的权限，是为了保证其能够实施质量控制政策和程序。

第二节　相关职业道德要求

◇ 总体要求

◇ 遵守相关职业道德要求的具体措施

◇ 满足独立性要求

对质量控制制度最终责任人的理解

考霸笔记
企业文化的塑造要多次强调，通过行动示范来加强。

考霸笔记
业绩评价标准的设定能体现出会计师事务所领导层所关注的重点，以质量为导向是质量至上的体现。

考霸笔记
但不能把最终责任推出去。记住：常考。

一、总体要求

会计师事务所应当制定政策和程序，以合理保证会计师事务所及其人员遵守相关职业道德要求。会计师事务所及其人员执行任何类型的业务，都应当遵守相关职业道德所要求的诚信、独立性、客观和公正、专业胜任能力和应有的关注、保密、良好职业行为，以及职业道德的具体规定。会计师事务所如不能合理保证相关职业道德要求得到遵守，就无法保证业务质量。在执行鉴证业务时，尤其应当注意遵守独立性要求。 **考霸笔记** 注意：执行服务业务时，不要求独立性。

二、遵守相关职业道德要求的具体措施

会计师事务所制定的政策和程序应当强调遵守相关职业道德要求的重要性，并通过必要的途径予以强化。这些途径有：

1.会计师事务所领导层的示范。领导层应在会计师事务所内形成重视相关职业道德要求的氛围，并将相关政策和程序传达给会计师事务所的员工。例如，领导层可通过电子邮件、信件和记录等，在专业发展会议上或在客户关系和具体业务的接受与保持以及业务执行过程中，强调诚信、独立性、客观和公正等职业道德基本原则。

2.教育和培训。会计师事务所应向所有人员提供适用的专业文献和法律文献，并希望他们熟悉这些文献。会计师事务所还应要求所有人员定期接受职业道德培训，这种培训既可涵盖会计师事务所有关相关职业道德要求的政策和程序，也可涵盖所有适用的法律法规中有关职业道德的要求。

3.监控。会计师事务所可以通过定期检查，监督会计师事务所与相关职业道德要求有关的政策和程序设计是否合理，运行是否有效，并采取适当行动，改进其设计和解决运行中存在的问题。

4.对违反相关职业道德要求行为的处理。会计师事务所应当制定处理违反相关职业道德要求行为的政策和程序，指出违反相关职业道德要求的后果，并据此对违反相关职业道德要求的个人及时进行处理。会计师事务所可以为每位员工建立职业道德档案，记录个人违反相关职业道德要求的行为及其处理结果。

三、满足独立性要求

（一）总体要求

会计师事务所应当制定政策和程序，以合理保证会计师事务所及其人员，包括雇用的专家和其他需要满足独立性要求的人员，保持相关职业道德要求规定的独立性。

（二）具体要求

1.所有应当保持独立性的人员，将注意到的违反独立性的情况立即告知事务所。

2.事务所将已识别的违反独立性政策和程序的情况，立即传达给需要与事务所共同处理这些情况的项目合伙人，以及需要采取适当行动的事务所内部其他相关人

员和受独立性约束的人员。

3.项目合伙人、事务所内部的其他相关人员，以及需要保持独立性的其他人员，在必要时立即向事务所告知他们为解决有关问题所采取的行动，以便事务所能够决定是否应当采取进一步的行动。

（三）获取书面确认函

会计师事务所应当每年至少一次向所有需要按照相关职业道德要求保持独立性的人员获取其遵守独立性政策和程序的书面确认函。

当有其他会计师事务所参与执行部分业务时，会计师事务所也可以考虑向其获取有关独立性的书面确认函。

书面确认函既可以是纸质的，也可以是电子形式的。通过获取确认函以及针对违反独立性的信息采取适当的行动，会计师事务所可以表明，其强调保持独立性的重要性，并使保持独立性的问题清楚地展示在会计师事务所人员面前。

（四）防范关系密切产生的不利影响

长期由同一高级人员执行某项鉴证业务可能造成的亲密关系对独立性会产生不利影响，为此，会计师事务所应当制定下列政策和程序，以防范同一高级人员由于长期执行某一客户的鉴证业务可能对独立性产生的不利影响：

（1）明确标准，以确定长期委派同一名合伙人或高级员工执行某项鉴证业务时，是否需要采取防范措施，将因密切关系产生的不利影响降至可接受的水平；

（2）对所有上市实体财务报表审计业务，按照相关职业道德要求和法律法规的规定，在规定期限届满时轮换合伙人、项目质量控制复核人员，以及受轮换要求约束的其他人员。

上市实体，是指其股份、股票或债券在法律法规认可的证券交易所报价或挂牌，或在法律法规认可的证券交易所或其他类似机构的监管下进行交易的实体。根据这一定义，上市实体不仅包括上市公司，还包括公开发行债券的企业，范围比上市公司要大。

由于上市实体财务报表涉及公众利益的范围大，因此，对所有的上市公司财务报表审计，会计师事务所应当按照我国相关法律法规的规定，定期轮换项目合伙人。

第三节　客户关系和具体业务的接受与保持

◇ 总体要求
◇ 考虑客户的诚信情况
◇ 考虑是否具备执行业务的必要素质、专业胜任能力、时间和资源
◇ 考虑能否遵守相关职业道德要求
◇ 考虑其他事项的影响

一、总体要求

接受与保持客户关系和具体业务是注册会计师开展业务活动的第一个环节，也是防范业务风险的重要环节。

考霸笔记
注意频率。包括审计助理。事务所内部人员必须要，事务所外部人员不强求。

考霸笔记
此规定实际适用于公众利益实体（在第二十三章提及），公众利益实体的关键审计合伙人实行5年轮换制。范围上：公众利益实体＞上市实体＞上市公司，相关的内容将在第二十三章详述。

考霸笔记
考试题型：简答题；考试频率：不常考；备考建议：通读内容即可。

会计师事务所应当制定有关客户关系和具体业务接受与保持的政策和程序，以合理保证只有在下列情况下，才能接受或保持客户关系和具体业务：

1.能够胜任该项业务，并具有执行该项业务必要的素质、时间和资源；

2.能够遵守相关职业道德要求；

3.已考虑客户的诚信，没有信息表明客户缺乏诚信。

考霸笔记
链接：第二章第一节初步业务活动。

在接受新客户或现有客户的新业务时，如果识别出潜在的利益冲突，会计师事务所应当确定接受该业务是否适当；当识别出问题而又决定接受或保持客户关系或具体业务时，会计师事务所应当记录问题如何得到解决。

对潜在客户进行充分了解是非常困难的，需要投入时间和精力。在客户承接过程中，需要较高的职业判断能力，以及高度的职业敏感性和丰富的执业经验，所以，会计师事务所应当安排职位较高的人士执行此类工作。

考霸笔记
职位较高的人，经验通常都比较丰富，能够处理较为复杂的问题。

二、考虑客户的诚信情况

客户的诚信问题虽然不会必然导致财务报表产生重大错报，但绝大多数的审计问题都来源于不诚信的客户。因此注册会计师应当了解客户的诚信情况，拒绝不诚信的客户，以降低业务风险。

1.考虑的主要事项。针对有关客户的诚信情况，会计师事务所应当考虑下列主要事项：

(1) 客户主要股东、关键管理人员及治理层的身份和商业信誉；

(2) 客户的经营性质，包括其业务；

(3) 有关客户主要股东、关键管理人员及治理层对内部控制环境和会计准则等的态度的信息；

√了解 (4) 客户是否过分考虑将会计师事务所的收费维持在尽可能低的水平；

(5) 工作范围受到不适当限制的迹象；

(6) 客户可能涉嫌洗钱或其他刑事犯罪行为的迹象；

(7) 变更会计师事务所的理由；

(8) 关联方的名称、特征和商业信誉。

2.获取相关信息的途径。会计师事务所在评价客户诚信情况时，可以通过下列途径获取与客户诚信相关的信息：

(1) 与为客户提供专业会计服务的现任或前任人员进行沟通，并与其他第三方讨论；

√了解 (2) 询问会计师事务所其他人员或金融机构、法律顾问和客户的同行等第三方；

(3) 从相关数据库中搜索客户的背景信息，如通过客户的年报、中期财务报表、向监管机构提交的报告等，获取相关信息。

如果通过上述途径无法充分获取与客户相关的信息，或这些信息可能显示客户不够诚信，会计师事务所应当评估其对业务风险的影响。如认为必要，会计师事务所可以考虑利用调查机构对客户的经营情况、管理人员及其他有问题的人员进行背景检查，并评价获取的与客户诚信相关的信息。

考霸笔记
过分考虑让注册会计师降低收费有可能对审计业务的质量并不很在乎，也有可能不想让注册会计师正当地履行审计程序（因为完成审计工作需要成本支出，压缩成本很可能导致审计质量出现问题）、减少审计程序等，要考虑客户的目的。

考霸笔记
变更会计师事务所的原因可能是前任注册会计师在会计、审计问题上与被审计单位管理层存在分歧，管理层对前任注册会计师的审计意见不满意，经多次沟通仍难以达成一致意见，则后任注册会计师要慎重考虑是否接受该项业务委托。

会计师事务所对客户诚信的了解程度，通常将随着与该客户关系的持续发展而增加。

三、考虑是否具备执行业务的必要素质、专业胜任能力、时间和资源

会计师事务所在接受新业务前，还必须评价自身的执业能力，不得承接不能胜任和无法完成的业务。具体考虑的事项包括：

1.会计师事务所人员是否熟悉相关行业或业务对象；

2.会计师事务所人员是否了解相关监管要求或报告要求，或具备有效获取必要技能和知识的能力；

3.会计师事务所是否拥有足够的具有必要胜任能力和素质的人员；

4.需要时是否能够得到专家的帮助；

5.如果需要项目质量控制复核，是否具备符合标准和资格要求的项目质量控制复核人员；

6.会计师事务所是否能够在提交报告的最后期限内完成业务。

在资源不足的情况下，不接受新的客户更为关键。如果决定接受或保持客户关系和具体业务，会计师事务所应与客户就相关问题达成一致理解，并形成书面业务约定书，将对业务的性质、范围和局限性产生误解的风险降至最低。

四、考虑能否遵守相关职业道德要求

在确定是否接受新业务时，会计师事务所还应当考虑接受该业务是否会导致现实或潜在的利益冲突。如果识别出潜在的利益冲突，会计师事务所应当考虑接受该业务是否适当。

五、考虑其他事项的影响

1.考虑本期或以前业务执行过程中发现的重大事项的影响。在确定是否保持客户关系时，会计师事务所应当考虑在本期或以前业务执行过程中发现的重大事项，及其对保持客户关系可能造成的影响。

2.考虑接受业务后获知重要信息的影响。会计师事务所在接受业务后可能获知了某项信息，而该信息若在接受业务前获知，可能导致会计师事务所拒绝该项业务。在这种情况下，会计师事务所应当按照规定，制定相应的政策和程序，考虑：

（1）适用于这种情况的职业责任和法律责任，包括是否要求会计师事务所向委托人报告或在某些情况下向监管机构报告；

（2）解除业务约定或同时解除该项业务约定和客户关系的可能性。

3.解除业务约定或客户关系时的考虑。会计师事务所针对解除业务约定或同时解除业务约定及客户关系时制定的政策和程序应当包括下列要求：

（1）与客户适当级别的管理层和治理层讨论会计师事务所根据有关事实和情况可能采取的适当行动；

（2）如果确定解除业务约定或同时解除业务约定及其客户关系是适当的，会计师事务所应当就解除的情况及原因，与客户适当级别的管理层和治理层讨论；

（3）考虑是否存在职业准则或法律法规的规定，要求会计师事务所保持现有的客户关系，或向监管机构报告解除的情况及原因；

（4）记录重大事项及其咨询情况、咨询结论和得出结论的依据。

第四节　人力资源

◇ 总体要求
◇ 人力资源管理的要求
◇ 招聘
◇ 人员素质、胜任能力和职业发展
◇ 业绩评价、工薪和晋升
◇ 项目组的委派

一、总体要求

会计师事务所应当制定政策和程序，合理保证拥有足够的具有胜任能力和必要素质并承诺遵守相关职业道德要求的人员，以使会计师事务所和项目合伙人能够按照执业准则和适用的法律法规的规定执行业务，并能够出具适合具体情况的报告。

二、人力资源管理的要求

会计师事务所制定的人力资源政策和程序应当解决下列人事问题：

1. 招聘；
2. 业绩评价；
3. 人员素质和胜任能力，包括完成所分派任务的时间是否足够；
4. 职业发展；
5. 晋升；
6. 薪酬；
7. 人员需求预测。

解决人员需求预测问题有助于会计师事务所确定完成其业务所需要人员的数量和素质。没有足够的人员，将对业务质量产生不利影响，制约会计师事务所的发展；如果人员素质和胜任能力没有达到必需的标准，将直接导致业务质量下降。

所以，人力资源管理的核心是人员数量是否足够，以及人员素质是否达到标准。结论要牢记！

三、招聘

招聘是人力资源管理的首要环节。会计师事务所应当制定雇用程序，以选择正直的、通过职业发展能够具备执行业务所需的必要素质和胜任能力，并且有胜任工作所需要的适当特征的人员。

（一）确定雇用目标和方案

事务所通常指定人事管理部门或其他有资格的人员负责定期或不定期地评

考霸笔记：考试题型：简答题；考试频率：高频；备考建议：关注人事部门负责的招聘活动。

考霸笔记：关注，防止出选择题。

价总体人员需求，并根据现有人员的数量及层次结构、现有客户数、业务量、业务结构、预期业务增长率、人员流动率和晋升变化等因素，确定雇用目标和方案。

（二）人事管理部门负责招聘活动

1.人事管理部门负责招聘活动，招聘过程严格按照规定进行。如果工作人员和被招聘人员存在亲属关系，工作人员应当自行回避；

2.事务所应对负责招聘的人员进行必要的培训，使其熟悉招聘政策和程序，了解各层次的人员需求，掌握评价胜任能力和道德品行等的标准，以便将合格人员招聘进入会计师事务所；

3.雇用有经验或高级人员时可进行背景检查、询问是否存在未决的法律问题等。

四、人员素质、胜任能力和职业发展

由于执业环境和工作要求在不断发生变化，会计师事务所应当采取措施确保人员持续保持必要的素质和胜任能力。会计师事务所可以通过下列途径提高人员素质、胜任能力和职业发展：

1.职业教育；

2.持续职业发展，包括培训；

3.工作经验；

4.由经验更丰富的员工（如项目组的其他成员）提供辅导；

5.针对受独立性要求约束的人员进行的独立性教育。

五、业绩评价、工薪和晋升

业绩评价、工薪和晋升是事关每个人员切身利益的重大问题，为此，会计师事务所应当制定业绩评价、工薪及晋升程序，对发展和保持胜任能力并遵守相关职业道德要求的人员给予应有的肯定和奖励。

会计师事务所制定的业绩评价、工薪及晋升程序应当强调：

1.使人员知晓会计师事务所对业绩的期望和对遵守职业道德基本原则的要求；

2.向人员提供业绩、晋升和职业发展方面的评价和辅导；

3.帮助人员了解提高业务质量及遵守职业道德基本原则是晋升更高职位的主要途径，而不遵守会计师事务所的政策和程序可能招致惩戒。

六、项目组的委派

在实务中，会计师事务所承接的每项业务都是委派给项目组具体办理的。委派项目组是否得当，直接关系到业务完成的质量。

1.项目合伙人的委派要求。会计师事务所应当对每项业务委派至少一名项目合伙人，并明确下列要求：

（1）将项目合伙人的身份和作用告知客户管理层和治理层的关键成员；

（2）项目合伙人具有履行职责所要求的适当的胜任能力、必要素质和权限；

（3）清楚界定项目合伙人的职责，并告知该项目合伙人。

2.项目组其他成员的委派要求。会计师事务所应当委派具有必要素质、胜任能力和时间的员工，**委派项目组成员时应考虑下列事项**：了解即可！

（1）业务类型、规模、重要程度、复杂性和风险；

（2）需要具备的经验、专业知识和技能；

（3）对人员的需求，以及在需要时能否获得具备相应素质的人员；

（4）拟执行工作的时间；

（5）人员的连续性和轮换要求；

（6）在职培训的机会；

（7）需要考虑独立性和客观性的情形。

3.委派时考虑员工的素质和专业胜任能力。在委派项目组以及确定所需的监督层次时，会计师事务所应当考虑员工是否具有下列方面的素质和专业胜任能力：了解即可！

（1）通过适当的培训和参与业务，获取的执行类似性质和复杂程度业务的知识和实务经验；

（2）对职业准则和适用的法律法规的规定的掌握程度；

（3）具有的技术知识和专长，包括相关的信息技术知识；

（4）对客户所处的行业的了解；

（5）具有的职业判断能力；

（6）对会计师事务所质量控制政策和程序的了解。

4. 规模大、风险高的项目审计项目组成员的委派。

（1）对于复杂或规模大、风险高的项目，会计师事务所应当在人员安排上保证这些项目有足够的人员；

（2）对于高风险的审计项目，会计师事务所可以规定委派具有丰富经验的审计人员担任第二项目合伙人或质量控制复核负责人以加强风险控制。

第五节　业务执行

◇ 指导、监督与复核

◇ 咨询

◇ 意见分歧

◇ 项目质量控制复核

◇ 业务工作底稿

业务执行是指会计师事务所委派项目组按照执业准则和适用的法律法规的规定执行业务，使会计师事务所和项目合伙人能够出具适合具体情况的报告。由于业务执行对业务质量有直接的重大影响，因此是业务质量控制的关键环节。

业务执行包括：

1.指导、监督与复核；

2.咨询；

3.意见分歧的处理与解决；

4.项目质量控制复核；

5.业务工作底稿。

一、指导、监督与复核

项目合伙人负责组织和实施针对本项目的指导、监督与复核。

（一）指导的具体要求

1.使项目组了解工作目标；

2.提供适当的团队工作和培训。

（二）监督的具体要求

1.追踪业务进程；

2.考虑项目组成员素质和专业胜任能力以及是否有足够的时间执行工作，是否理解工作指令，是否按计划工作；

3.解决在执行业务过程中发现的重大问题，考虑其重要程度并适当修改原计划的方案；

4.识别执行业务过程中需要咨询的事项，或需要经验丰富的项目组成员考虑的事项。

（三）复核的具体要求　　链接：第十八章　第一节。

复核范围可能随业务的不同而不同。例如，执行高风险的业务、对金融机构执行的业务和为重要客户执行的业务可能需要进行更详细的复核。

在复核项目组成员已执行的工作时，复核人员应当考虑：

（1）是否已按照执业准则和适用的法律法规的规定执行工作；

（2）重大事项是否已提请进一步考虑；

（3）相关事项是否已进行适当咨询，由此形成的结论是否已得到记录和执行；

（4）是否需要修改已执行工作的性质、时间安排和范围；

（5）已执行的工作是否支持形成的结论，并得以适当记录；

（6）已获取的证据是否充分、适当以及支持报告；

（7）业务程序的目标是否已实现。

复核人员应当拥有适当的经验、专业胜任能力和责任感，由项目组内经验较多的人员复核经验较少的人员执行的工作。

二、咨询

项目组在业务执行中时常会遇到疑难问题或争议事项：

1.如疑难问题或争议事项不重大，项目组内部能够解决，可不向其他专业人士咨询。

2.当疑难问题或者争议事项重大且在项目组内不能得到解决时，有必要向项目组外的适当人员咨询。被咨询者应当具备适当的知识、资历和经验。咨询包括与事务所内部或外部具有专门知识的人员，在适当专业层次上进行的讨论，以解决疑难问题或争议事项。

3.项目组在向会计师事务所内部或外部的其他专业人士咨询时，应当提供所有相关事实，以使其能够对咨询的事项提出有见地的意见；

4.审计项目组应完整记录咨询情况，形成咨询记录，并取得被咨询者认可。

三、意见分歧

在业务执行中，时常可能会出现项目组内部、项目组与被咨询者之间以及项目合伙人与项目质量控制复核人员之间的意见分歧：

1.事务所应制定政策和程序，处理和解决意见分歧。处理和解决后所形成的结论应当得以记录和执行。

2.出现意见分歧是执业过程中的正常现象。应当鼓励在业务执行过程的较早阶段识别意见分歧，以便及早解决。

3.只有有意见分歧的问题得到解决，项目合伙人才能出具报告。

四、项目质量控制复核

（一）总体要求

1.项目质量控制复核，是指会计师事务所挑选不参与该业务的人员，在出具报告前，对项目组作出的重大判断和在准备报告时形成的结论作出客观评价的过程。

2.对应当实施项目质量控制复核的特定业务，如没有完成项目质量控制复核，不得出具报告。

3.如果项目合伙人不接受项目质量控制复核人员的建议，并且重大事项未得到满意解决，项目合伙人不应当出具报告。只有在按照会计师事务所处理意见分歧的程序解决重大事项后，项目合伙人才能出具报告。

注意：项目质量控制复核并不减轻项目合伙人的责任，更不能替代项目合伙人的责任。　*理解记忆！*

（二）复核对象

考霸笔记　注意：不是所有上市公司，而是所有上市实体。

1.对所有上市实体财务报表审计实施项目质量控制复核；

2.明确标准，据此评价所有其他审计和审阅、其他鉴证和相关服务业务，确定是否应实施项目质量控制复核；

考霸笔记　注意：并非其他业务都不需要执行项目质量控制复核。

3.对所有符合标准的业务实施项目质量控制复核。

在制定用于确定除上市公司财务报表审计以外的其他业务是否需要实施项目质量控制复核的标准时，会计师事务所应当考虑下列事项：

（1）业务的性质，包括涉及公众利益的程度；

（2）在某项业务或某类业务中识别出的异常情况或风险；

（3）法律法规是否要求实施项目质量控制复核。

（三）复核的具体要求

会计师事务所应当制定政策和程序，以规定：

（1）项目质量控制复核的性质、时间和范围；

（2）项目质量控制复核人员的资格标准；

（3）对项目质量控制复核的记录要求。

1.项目质量控制复核的性质（方法）。

（1）与项目合伙人进行讨论；

（2）复核财务报表或其他业务对象信息及报告，尤其考虑报告是否适当；

（3）选取与项目组作出重大判断及形成结论有关的工作底稿进行复核。

第十八章的表述为：

（1）与项目合伙人讨论重大事项；

（2）复核财务报表和拟出具的审计报告；

考霸笔记　项目合伙人与审计实习生之间有意见分歧时，能否出具审计报告？

考霸笔记
考试题型：简答题；
考试频率：高频；
考试套路：结合第十八章相关内容考核；
备考建议：理解记忆。

项目组内部复核和项目质量控制复核的区别有哪些？

考霸笔记
谁挑选？会计师事务所挑选。挑选什么人员？不参与该业务的人员。
时间要求，在出具报告前。

考霸笔记
独立复核。
及时复核，最晚是出具报告前。
链接：第十八章第一节质量控制复核。

（3）复核所选取的与项目组作出重大判断和得出的结论相关的审计工作底稿；

（4）评价在编制审计报告时得出的结论并考虑拟出具审计报告的适当性。

2.项目质量控制复核的时间。

项目质量控制复核人员应当在业务过程中的适当阶段及时实施复核，以使重大事项在出具报告前得到满意解决。

3.（上市实体）项目质量控制复核的范围。

在对上市实体财务报表审计实施项目质量控制复核时，复核人员考虑的事项包括：

（1）项目组就具体业务对会计师事务所独立性作出的评价；

（2）在审计过程中识别的特别风险以及采取的应对措施；

（3）关于重要性的重大判断；

（4）制定集团审计策略时作出的重大判断；

（5）对持续经营的评估是否适当；

（6）监管机构发现的重要事项是否已得到恰当解决；

（7）是否就存在的意见分歧、疑难问题或争议事项进行适当咨询，以及咨询得出的结论；

（8）识别的已更正和未更正的错报的重要程度及处理情况；

（9）拟与管理层、治理层以及其他方面沟通的事项；

（10）所复核的审计工作底稿是否反映了针对重大判断执行的工作，是否支持得出的结论；

（11）拟出具的审计报告的适当性。

第十八章的表述为：

对于上市实体财务报表审计，项目质量控制复核人员在实施项目质量控制复核时，还应当考虑：

（1）项目组就具体业务对会计师事务所独立性作出的评价；

（2）项目组是否就存在的意见分歧、疑难问题或争议事项进行适当咨询，以及咨询得出的结论；

（3）选取的用于复核的审计工作底稿，是否反映了针对重大判断执行的工作，以及是否支持得出的结论。

4.项目质量控制复核人员的资格标准。

（1）履行职责需要的技术资格，包括必要的经验和权限；

（2）在不损害其客观性的前提下，提供业务咨询的程度。

5.项目质量控制复核人员的客观性。

（1）如果可行，不由项目合伙人挑选；

考霸笔记
应由事务所委派，而不由项目合伙人指派。

（2）在复核期间不以其他方式参与该业务；

（3）不代替项目组进行决策；

（4）不存在可能损害复核人员客观性的其他情形。

注意：

① 项目合伙人可以向项目质量控制复核人员咨询。项目合伙人咨询项目质量控制复核人员后作出的判断，可以为项目质量控制复核人员所接受，从而避免在审

计工作的后期出现意见分歧，这不妨碍项目质量控制复核人员履行职责。

②当咨询所涉及问题的性质和范围十分重大时，除非项目组和项目质量控制复核人员都能谨慎从事，以使项目质量控制复核人员保持客观性，会计师事务所需要委派内部其他人员或具有适当资格的外部人员，担任项目质量控制复核人员或为该项审计业务提供咨询。**考霸笔记** 如：特别风险。

6.项目质量控制复核人员的权威性。项目质量控制复核人员需要具备履行职责所需要的充分、适当的技术专长、经验和权限。特别是，项目质量控制复核人员履行职责，不应受到项目合伙人的职级影响。对于项目合伙人在会计师事务所中担任高级领导职务的，要注意避免项目质量控制复核人员的客观性受到损害。项目质量控制复核人员需要具备质疑项目合伙人所需的适当资历（经验、能力），以便能够切实履行复核职责。

7.项目质量控制复核人员所能承担的总体复核工作量。当一名复核人员在一定时间内承担过多的项目质量控制复核任务时，可能对实现项目质量控制复核目标产生不利影响，会计师事务所相关政策和程序需要对此予以考虑。

8.对属于公众利益实体的被审计单位的特别要求。按规定，如果被审计单位属于公众利益实体，相关关键审计合伙人任职时间不得超过5年，在任期结束后的2年内，不得为该被审计单位的审计业务实施质量控制复核。

9.项目质量控制复核的记录内容。

（1）有关项目质量控制复核的政策所要求的程序已得到执行；

（2）项目质量控制复核在出具报告前业已完成；

（3）复核人员没有发现任何尚未解决的事项，使其认为项目组作出的重大判断及形成的结论不适当。

考霸笔记 了解即可！

10.会计师事务所可以考虑采取以下措施，持续改进项目质量控制复核：

（1）开发广泛应用的项目质量控制复核培训课程，使项目质量控制复核人员在如何履行职责方面接受充分培训，并使项目组了解项目质量控制复核人员如何履行职责及其对项目组的期望，以及在项目质量控制复核过程中咨询的可能类型；

（2）根据会计师事务所的项目政策和程序，对项目质量控制复核人员的工作进行考核；

（3）定期召开项目质量控制复核人员会议，讨论如何加强复核工作，并在设计培训课程及相关政策时考虑相关意见和建议；

（4）汇编形成项目质量控制复核问题案例，以帮助项目质量控制复核人员向项目组提出适合具体情况的问题，评价项目组在具体业务中作出的重大判断和结论。

五、业务工作底稿

（一）保密

除下列特定情况外，会计师事务所应对业务工作底稿包含的信息保密：

1.取得客户的授权。未经客户的许可，除下述的第2、3两种情况外，会计师事务所及其人员不得泄露客户的信息给他人或利用客户信息谋取私利，否则将承担相应的法律后果；

2.根据法律法规的规定，会计师事务所为法律诉讼准备文件或提供证据，以及向监管机构报告发现的违反法律法规行为；

考霸笔记 会计师事务所外部有适当资格的人也可以担任项目质量控制复核人员。

考霸笔记 工作量的多少可能会影响胜任能力，毕竟审计复核人员的精力是有限的，工作量过大，为了完成定量，可能质量就会被压缩。

考霸笔记 链接：第二十三章 第五节 属于公众利益实体的审计客户。

考霸笔记 不解决，不能出报告。

考霸笔记 考试题型：简答题。考试频率：高频；备考建议：重点关注工作底稿的归档期限、保存期限、保密以及所有权的内容。

考霸笔记 链接：第二十二章第一节 保密。

考霸笔记 提示：项目合伙人未经授权将某项目工作底稿给同事务所另一项目组成员查阅也违反保密规定。

3.接受注协和监管机构依法进行的质量检查。

（二）保存

如原纸质记录经电子扫描后存入业务档案，应当保证：

1.生成与原纸质记录的形式和内容完全相同的扫描复制件，保留已扫描的原纸质记录；

2.将扫描复制件（包括必要时对扫描复制件的索引和签字）归整到业务档案中；

3.能够检索和打印扫描复制件。

（三）保存期限

对鉴证业务，包括历史财务信息审计和审阅业务、其他鉴证业务，会计师事务所应当自业务报告日起，对业务工作底稿至少保存10年。

> **注意：**
> 为集团审计目的出具审计报告，如果组成部分审计报告日早于集团审计报告日，应当自集团审计报告日起对组成部分审计工作底稿至少保存10年。

（四）所有权

业务工作底稿的所有权属于会计师事务所。会计师事务所可自主决定允许客户获取业务工作底稿部分内容，或摘录部分工作底稿，但披露这些信息不得损害会计师事务所执行业务的有效性。对鉴证业务，披露这些信息不得损害会计师事务所及其人员的独立性。

第六节　监控

◇ 总体要求

◇ 监控人员

◇ 监控内容

◇ 实施检查

◇ 监控结果的处理

◇ 监控的记录

◇ 投诉和指控的处理

一、总体要求

会计师事务所应当制定监控政策和程序，以合理保证质量控制制度中的政策和程序是相关、适当的，并正在有效运行。

对质量控制政策和程序遵守情况实施监控的目的，是评价：

1.遵守法律法规、职业道德规范和业务准则的情况；

2.质量控制制度设计是否适当，运行是否有效；

3.质量控制政策和程序应用是否得当，以便会计师事务所和项目合伙人能够根据具体情况出具恰当的业务报告。

二、监控人员

会计师事务所可以委派主任会计师、副主任会计师或具有足够、适当经验和权限的其他人员履行监控责任。

三、监控内容

对会计师事务所质量控制制度实施监控的内容，包括：

1.质量控制制度设计的适当性；

2.质量控制制度运行的有效性。

事务所监控过程可以分成以下两部分：

1.持续监控（除定期的底稿检查外）。

持续地（如每年）考虑和评价事务所的质量控制制度有助于确保所执行的政策和程序是相关的、充分的、运行有效的。当每年实施和记录监控过程时，对于事务所每年向员工沟通其提高业务质量计划这一要求，监控过程可以作为支持证据。

2.定期检查已完成的工作底稿。

持续地考虑和评价事务所的质量控制制度，包括定期对每位合伙人至少选取一项已完成的业务对其工作底稿进行检查。这要求确保遵守职业和法律要求，出具的鉴证报告符合具体情况。定期检查有助于识别缺陷和培训需求，使事务所能及时地作出必要的改变。

> **考霸笔记**
> 与内部控制中的"监督"异曲同工。

四、实施检查

1.检查的周期

会计师事务所应当周期性地选取已完成的业务进行检查，周期最长不得超过3年。在每个周期内，应对每个项目合伙人的业务至少选取一项进行检查。

> **考霸笔记**
> 检查的周期要牢记，常考简答题。

2.确定检查的时间、人员与范围。

（1）会计师事务所在选取单项业务进行检查时，可以不事先告知相关项目组；

（2）参与业务执行或项目质量控制复核人员不应当承担该项业务的检查工作；

（3）在确定检查的范围时，会计师事务所可以考虑外部独立检查的范围或结论，但这些检查并不能替代自身的内部监控。

五、监控结果的处理

1.确定所发现缺陷的影响与性质。

2.适时将缺陷及补救措施告知相关人员。这样规定是为了便于相关人员及时采取适当的行动。

3.提出补救措施。

4.监控结果表明出具的报告不适当时的处理。如果实施监控程序的结果表明出具的报告可能不适当，或在执行业务过程中遗漏了应有的程序，会计师事务所应当确定采取适当的进一步行动，以遵守职业准则和适用的法律法规的规定。同时，会计师事务所应当考虑征询法律意见。

5.定期告知监控结果。会计师事务所应当每年至少一次将质量控制制度的监控结果，传达给项目合伙人及会计师事务所内部的其他适当人员，以使会计师事务所及其相关人员能够在其职责范围内及时采取适当的行动。**关注频率。**

向相关项目合伙人以外的人员传达已发现的缺陷，通常不能指明涉及的具体业务，除非指明具体业务对这些人员适当履行职责是必要的。

六、监控的记录 了解即可！

会计师事务所应当适当记录下列监控事项：

1.制定的监控程序，包括选取已完成的业务进行检查的程序；

2.对监控程序实施情况的评价；

3.识别出的缺陷，对其影响的评价，是否采取行动及采取何种行动的依据。

对监控程序实施情况评价的记录包括下列方面：

1.对职业准则和适用的法律法规的遵守情况；

2.质量控制制度的设计是否适当，运行是否有效；

3.会计师事务所质量控制政策和程序是否已得到恰当运用，以使会计师事务所和项目合伙人能够出具适合具体情况的报告。

七、投诉和指控的处理

1.会计师事务所应当设立投诉和指控渠道，以使会计师事务所人员能够没有顾虑地提出关心的问题。设立的渠道应指明向谁投诉并保护信息提供者的正当权益。

2.投诉和指控既可能源自会计师事务所内部，也可能源自会计师事务所外部：来自事务所外部的投诉与指控具有较高程度的真实性；来自事务所内部的投诉和指控，情况要复杂得多。

> 考霸笔记
> 重要结论要
> 牢记！

3.如果投诉和指控人要求对其身份保密，会计师事务所应当予以保密，未经本人许可，不得披露其姓名。

4.与实名投诉和指控相比，匿名方式难以调查和反馈，鼓励采用实名方式投诉和指控。

> 考霸笔记
> 牢记！常考
> 简答题。

5.如调查表明质量控制政策和程序的设计或运行存在缺陷或存在违反质量控制制度的情况，应采取适当行动。会计师事务所应当委派本所内部不参与该项业务的具有足够、适当经验和权限的人员负责对调查的监督。

智能测评

在线练习		我要提问
扫码在线做题	扫码看答案	扫码答疑
本书"本章同步强化训练"均配备二维码，打开"高顿网校"APP或微信，"扫一扫"即可完成在线测评，查看本章详细的测评反馈报告，了解知识掌握情况，也可扫码直接看答案噢。 快来扫码做题吧！		本书配备答疑专用二维码，打开微信"扫一扫"，即可完成在线提问，获取专业老师全面个性化解答，让学习问题不再拖延。 快来扫码提问吧！

本章同步强化训练

一、单选题

1.会计师事务所的质量控制制度应当包括针对特定要素而制定的政策和程序，以下各项中，不属于质量控制制度要素的是（　　）。

A.相关职业道德要求　　　　　　　　　B.人力资源

C.客户关系和具体业务的接受与保持　　D.企业会计准则

2.下列有关质量控制制度的说法中，错误的是（　　）。

A.分所可以根据自己的实际情况，自行制定业务质量控制制度

B.事务所针对员工设计的有关业绩评价、工薪及晋升的政策和程序，应当表明会计师事务所最重视的是质量

C.项目合伙人应当对审计业务的总体质量负责

D.主任会计师对质量控制制度承担最终责任

3.下列有关业务执行说法中错误的是（　　）。

A.由项目组内经验较多的人员复核经验较少的人员执行的工作

B.项目组在向会计师事务所内部或外部的其他专业人士咨询时，应当提供所有相关事实，以使其能够对咨询的事项提出有见地的意见

C.注册会计师需要完整详细地记录咨询情况，包括记录寻求咨询的事项，以及咨询的结果，包括作出的决策、决策依据以及决策的执行情况

D.审计助理与项目合伙人存在意见分歧，应当听从项目合伙人的意见

4.组成部分注册会计师为集团审计目的出具审计报告的日期为2018年2月15日，集团项目组出具集团审计报告的日期为2018年3月5日。下列有关组成部分注册会计师的审计工作底稿保存期限的说法中，正确的是（　　）。

A.应当自2018年1月1日起至少保存十年

B.应当自2018年2月15日起至少保存十年

C.应当自2018年3月5日起至少保存十年

D.应当自2018年4月16日起至少保存十年

5.下列关于监控的说法中错误的是（　　）。

A.会计师事务所可以委派主任会计师、副主任会计师或具有足够、适当经验和权限的其他人员履行监控职责

B.会计师事务所应当定期对每位合伙人至少选取一项已完成的业务对其工作底稿进行检查

C.会计师事务所应当周期性地选取已完成的业务进行检查，周期最长不得超过3年

D.在确定检查的范围时，会计师事务所可以考虑外部独立检查的范围或结论，这些检查可以替代自身的内部监控

二、多选题

1.下列有关职业道德说法中错误的有（　　）。

A.事务所一旦获知项目组成员有违反独立性政策和程序的情况，应当立即告知项目合伙人和事务所的其他适当人员

B.事务所人员应当将注意到的、违反独立性要求的情况立即告知会计师事务所

C.事务所应当向所有人员获取其遵守独立性政策和程序的书面确认函

D.事务所可以每年至少一次向所有人员获取其遵守独立性政策和程序的书面确认函

2.下列有关人力资源说法中错误的有（　　　）。

A.会计师事务所应当指定人事管理部门负责招聘活动

B.会计师事务所应当对被招聘人员进行背景检查、询问是否存在未决的法律问题

C.遵守职业道德是晋升的主要途径

D.会计师事务所应当对每项业务委派至少一名项目合伙人

3.下列有关项目质量控制复核说法中正确的有（　　　）。

A.为保持项目质量控制复核人员的客观性，在复核期间不以其他方式参与该业务

B.为保持项目质量控制复核人员的客观性，在复核期间不代替项目组进行决策

C.项目质量控制复核，是指由项目合伙人挑选人员，在出具报告前，对项目组做出的重大判断和在准备报告时形成的结论做出客观评价的过程

D.对所有上市实体均要实施项目质量控制复核

4.会计师事务所通常采用的项目质量控制复核方法包括（　　　）。

A.与项目合伙人进行讨论

B.是否已就存在的意见分歧、其他疑难问题或争议事项进行适当咨询，以及咨询得出的结论

C.复核财务报表或其他业务对象信息及报告，尤其考虑报告是否恰当

D.选取与项目组做出重大判断及形成结论有关的工作底稿进行复核

5.以下与投诉和指控相关的说法中，正确的有（　　　）。

A.来自会计师事务所内部的投诉与指控通常具有较高程度的真实性

B.针对投诉和指控的反馈调查结果通常采取书面形式

C.如果投诉和指控人要求对其身份保密，会计师事务所不得披露其姓名

D.会计师事务所应鼓励用实名投诉和指控

三、简答题

1.ABC会计师事务所的质量控制制度部分内容摘录如下：

（1）质量控制部负责会计师事务所质量控制制度的设计和监控，其部门主管合伙人对质量控制制度承担最终责任。

（2）所有公众利益实体的财务报表审计业务和评价为高风险的业务均需实施项目质量控制复核。

（3）每六年为一个周期，对每个项目合伙人已完成的业务至少选取两项进行检查。

（4）合伙人考核的主要指标依次为业务收入指标的完成情况、参与事务所管理的程度、职业道德遵守情况及业务质量评价结果。

（5）项目合伙人对会计师事务所分派的业务的总体质量负责。如项目合伙人和项目质量控制复核人存在意见分歧，以项目合伙人的意见为准。

要求：针对上述第（1）至（5）项，逐项指出ABC会计师事务所的质量控制制度的内容是否恰当。如不恰当，简要说明理由。

2.ABC会计师事务接受委托审计甲银行2018年度财务报表，委派A注册会计师担任审计项目合伙人，B注册会计师担任项目质量控制复核合伙人。相关事项如下：

（1）B注册会计师在信息技术审计方面经验丰富，A注册会计师安排其负责与甲银行信息系统审计相关的工作。

（2）审计项目组部分成员首次参与银行审计项目。A注册会计师向这些成员提供了其他银行审计项目的工作底稿作参考。

（3）A注册会计师就特别风险的评估、集团审计策略以及重要性的确定向B注册会计师进行了咨询。

（4）A注册会计师就一项重大会计问题咨询了ABC会计师事务所技术部的C注册会计师。之后，甲银行管理层进一步提供了与该问题相关的资料。A注册会计师认为这些资料不改变原咨询结论，未再与C注册会计师讨论。

（5）A注册会计师负责招聘了5位实习生参与甲银行审计项目，并通知ABC会计师事务所人事部办理了实习生登记手续。

（6）根据ABC会计师事务所质量控制制度的规定，B注册会计师对该项审计业务的总体质量负责。B注册会计师在审计报告日前通过实施下列程序完成了项目质量控制复核：1）与项目合伙人讨论重大事项；2）复核财务报表和拟出具的审计报告；3）评价在编制审计报告时得出的结论，并考虑拟出具审计报告的恰当性。

要求：针对上述第（1）至第（6）项，逐项指出A注册会计师的做法是否恰当。如不恰当，简要说明理由。

3. ABC会计师事务所接受委托，负责审计上市公司甲公司2018年度财务报表，并委派A注册会计师担任审计项目合伙人。在制订审计计划时，A注册会计师根据其审计甲公司的多年经验，认为甲公司2018年度财务报表不存在重大错报风险，应当直接实施进一步审计程序。在审计过程中，A注册会计师要求项目组成员之间相互复核工作底稿，并委派其所在业务部的B注册会计师负责甲公司项目质量控制复核。项目组内部在某项重大问题上存在分歧，经主任会计师批准，A注册会计师出具了审计报告。在审计报告出具后，B注册会计师随机选取若干份工作底稿进行了复核，没有发现重大问题。

要求：针对上述情形，指出存在哪些可能违反审计准则和质量控制准则的情况，并简要说明理由。

第八编　职业道德

为了规范中国注册会计师职业行为，提高职业道德水准，维护职业形象，中国注册会计师协会制定了《中国注册会计师职业道德守则》，本编主要介绍一些职业道德的基本原则和具体应用。

注册会计师行业需要更高的道德水平，这是因为：

1. 维护公众利益是行业宗旨。这决定了行业会员需要超越个人、客户或所在单位的利益和法律法规的最低要求，恪守更高的职业道德要求，履行好对公众、客户、同行等的职责。

2. 诚信是注册会计师行业的核心价值之一，也是行业的立身之本，行业会员只有展现出较高的道德水准才能取信于社会公众。

3. 注册会计师行业是专家行业，其工作技术的复杂性决定了社会公众很难判断其执业质量。制定并贯彻严格的职业道德规范有助于社会公众增强对该行业的信心。

（✔了解）

《中国注册会计师职业道德守则》是考生在通过注册会计师考试走上执业道路后需要遵守的守则，所以是"审计"科目中非常重要的内容，尤其是其中对独立性的要求。考生不仅需要掌握基本原理，还需会结合实务灵活运用。

第二十二章
职业道德基本原则和概念框架

本章导学

本章框架图

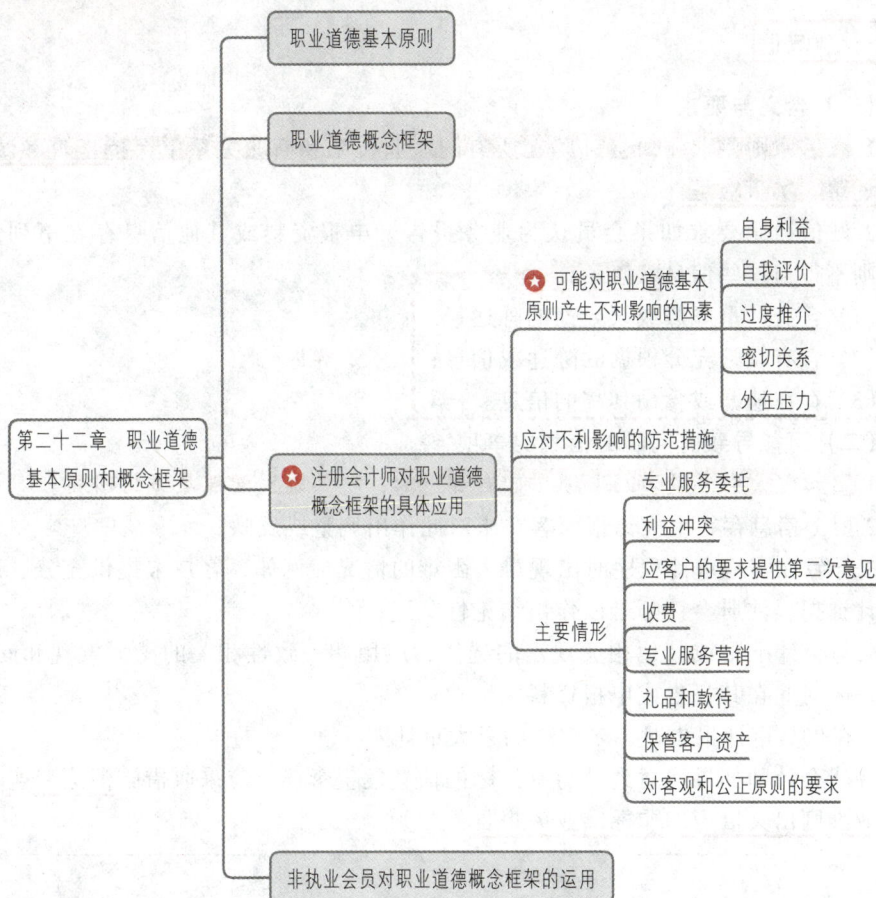

- 职业道德基本原则
- 职业道德概念框架
- 第二十二章　职业道德基本原则和概念框架
  - ★ 注册会计师对职业道德概念框架的具体应用
    - ★ 可能对职业道德基本原则产生不利影响的因素
      - 自身利益
      - 自我评价
      - 过度推介
      - 密切关系
      - 外在压力
    - 应对不利影响的防范措施
    - 主要情形
      - 专业服务委托
      - 利益冲突
      - 应客户的要求提供第二次意见
      - 收费
      - 专业服务营销
      - 礼品和款待
      - 保管客户资产
      - 对客观和公正原则的要求
  - 非执业会员对职业道德概念框架的运用

本章考情概述

本章系统地介绍了中国注册会计师职业道德的基本原则和职业道德概念框架及其运用，是职业道德的核心内容。

从命题来看，本章或是考查客观题，或是简答题，近年大多将本章内容与独立性结合考查分析性简答题。

近三年主要考点：保密、专业服务营销、业务介绍费、或有收费、礼品等。

第一节 职业道德基本原则

◇ 诚信
◇ 独立性
◇ 客观和公正
◇ 专业胜任能力和应有的关注
◇ 保密
◇ 良好的职业行为

一、诚信

（一）含义与要求

1.诚信原则要求注册会计师在所有的职业关系和商业关系中保持正直和诚实、秉公处事、实事求是。

2.诚信原则要求如果会员认为业务报告、申报资料或其他信息存在下列情形时，则不得与这些信息发生牵连：

（1）含有严重虚假或误导性的陈述；

（2）含有缺乏充分根据的陈述或信息；　　√了解！

（3）存在遗漏或含糊其辞的信息。

（二）可能导致有问题的信息的事项

1.引起重大错报风险的事项，如舞弊行为；　　熟悉！管理层诚信问题。

2.财务信息存在重大错报而客户未对此作出调整或反映；

3.导致在实施审计程序时出现重大困难的情况，例如，客户未提供充分、适当的审计证据，注册会计师难以作出结论性陈述；

4.与会计准则或其他相关规定的选择、应用和一致性相关的重大发现和问题，而客户未对此在其报告或申报资料中反映；

5.在出具审计报告时，未解决的重大审计差异。

注册会计师如果注意到已与有问题的信息发生牵连，应采取措施消除牵连：依据执业准则出具恰当的非标准业务报告。

> **注意：**
> （1）注册会计师如已认识到被审计单位的财务报表存在严重误导和重大遗漏的信息，且管理层拒绝调整，而仍然出具无保留意见审计报告，属于与有问题信息发生牵连。
> （2）注册会计师如已认识到被审计单位的财务报表存在严重误导和重大遗漏的信息，且管理层拒绝调整，而出具了恰当的非无保留意见审计报告，则不属于有问题信息发生牵连。

二、独立性

1.独立性，是指不受外来力量控制、支配，按照一定之规行事。

2.独立性，包括实质上的独立和形式上的独立。

考霸笔记
考试题型：客观题、主观题；考试频率：较低频；考试套路：直接考核知识点；备考建议：基本原则及其含义需记忆。

考霸笔记
与职业道德有关的基本原则6点需记忆，具体内容必须掌握！

考霸笔记
包括鉴证业务和非鉴证业务。

考霸笔记
注意：
（1）"发生牵连"是一个法律上的专业术语，是一个中性词。
（2）针对注册会计师执行审计业务而言，"发生牵连"是指注册会计师针对有关审计客户信息出具的审计报告或同意将其姓名与有关信息联系在一起。

考霸笔记
结合第二十三章，全部掌握！！

（1）实质上的独立性是一种内心状态，要求注册会计师在提出结论时不受有损于职业判断的因素影响，能够诚实公正行事，并保持客观和职业怀疑态度；

（2）形式上的独立性是一种外在表现，要求注册会计师避免出现重大的事实和情况，使得一个理性且掌握充分信息的第三方在权衡这些事实和情况后，很可能推定会计师事务所或项目组成员的诚信、客观或职业怀疑态度已经受到损害。

3.独立性，包括会计师事务所的独立和注册会计师的独立。

4.独立性，是对执业会员而不是对非执业会员的要求。

5.独立性，是对鉴证业务而不是对服务业务的要求。

6.为保持独立，应从整体层面、具体业务层面采取防范措施。

服务业务为什么不涉及独立性要求？

三、客观和公正

客观和公正原则要求会员公正处事、实事求是，不得由于偏见、利益冲突或他人的不当影响而损害自己的职业判断。

四、专业胜任能力和应有的关注

（一）专业胜任能力

会员应当保持专业胜任能力，将专业知识和技能始终保持在应有的水平之上，以适应当前实务、法律和技术的发展，确保为客户提供具有专业水准的服务。

注意：

　1.不应承接不能胜任的业务：如果会员在缺乏足够的知识、技能和经验的情况下提供专业服务，就构成了一种欺诈；

　2.专业胜任能力包括获取和保持两个独立的阶段。

（二）应有的关注

应有的关注，要求：

1.会员勤勉尽责，按照执业准则和职业道德规范的要求，认真、全面、及时地完成工作任务。

2.在审计过程中，会员应当保持职业怀疑态度，运用专业知识、技能和经验，获取和评价审计证据。

3.会员应该采取措施以确保在其授权下工作的人员得到适当的培训和督导。

4.在适当情况下，会员应该使客户、工作单位和专业服务以及业务报告的其他使用者了解专业服务的固有局限性。

五、保密

保密原则要求注册会计师对职业活动中获知的涉密信息保密，具体要求见表22-1：

考霸笔记
★★★重点，常考！！基本要求：不谋利、不披露；保密例外：法规和授权。

泄密会对注册会计师造成什么影响？

表22-1   保密原则的具体要求

工作思路	具体内容
总体要求	注册会计师应当对职业活动中获知的涉密信息保密，不得有下列行为： （1）未经客户授权或法律条规允许，向事务所以外的第三方披露所获知的涉密信息； （2）利用自己所获知的涉密信息为自己或第三方谋取利益
保密范围	注册会计师应当对其客户、拟接受的客户、受雇的工作单位、拟受雇的工作单位向其披露的涉密信息保密。 说明： （1）在终止与客户或雇佣单位的关系之后，会员仍然应当对在职业关系和商业关系中获知的信息保密； （2）如果变更雇佣单位或获得新客户，会员可以利用以前的经验，但不应利用或披露任何由职业活动中获知的涉密信息
无意泄密的对象	注册会计师在社会交往中应当履行保密义务，警惕无意中泄密的可能性，特别是警惕无意中向近亲属或关系密切的人员泄密的可能性
可以披露客户涉密信息的情形 ✔掌握！	（1）法律法规允许披露，并取得客户的授权 （2）根据法律法规的要求，为法律诉讼、仲裁准备文件或提供证据，以及向监管机构报告所发现的违法行为 （3）法律法规允许的情况下，在法律诉讼、仲裁中维护自己的合法权益 （4）接受注册会计师协会或监管机构的执业质量检查，答复其询问和调查 （5）法律法规、执业准则和职业道德规范规定的其他情形

考霸笔记
记忆！常在主观题中结合案例考查。

考霸笔记
近亲属包括：
（1）主要近亲属：配偶、父母、子女；
（2）其他近亲属：兄弟姐妹、祖父母、外祖父母、孙子女、外孙子女。

考霸笔记
除第（1）项外，都无需授权。

六、良好的职业行为

会员应遵守相关法律法规，避免发生损害职业声誉的行为。

在向公众传递信息以及推介自己和工作时，应客观、真实、得体，不得损害职业形象，不得有下列行为：

1. 夸大宣传提供的服务、拥有的资质或获得的经验；
2. 贬低或无根据地比较其他注册会计师的工作。

考霸笔记
记忆！要公告，不能打广告。

第二节　职业道德概念框架

◇ 职业道德概念框架的内涵
◇ 对职业道德基本原则产生不利影响的因素与防范措施
◇ 道德冲突的解决

一、职业道德概念框架的内涵　理解并掌握！

职业道德概念框架是为了防止注册会计师错误地认为只要职业道德守则未明确禁止的情形就是允许的。职业道德概念框架是指解决职业道德问题的思路和方法，用以指导注册会计师：

考霸笔记
考试题型：主观题；
考试频率：较低频；
考试套路：在主观题中结合案例考核；
备考建议：重点关注对遵守职业道德基本原则产生不利影响的因素。

1.识别对职业道德基本原则的不利影响；

2.评价不利影响的严重程度；

3.必要时采取防范措施消除不利影响或将其降低至可接受水平。如无法采取防范措施，应拒绝或终止专业服务。

职业道德概念框架的工作思路如图22-1所示。

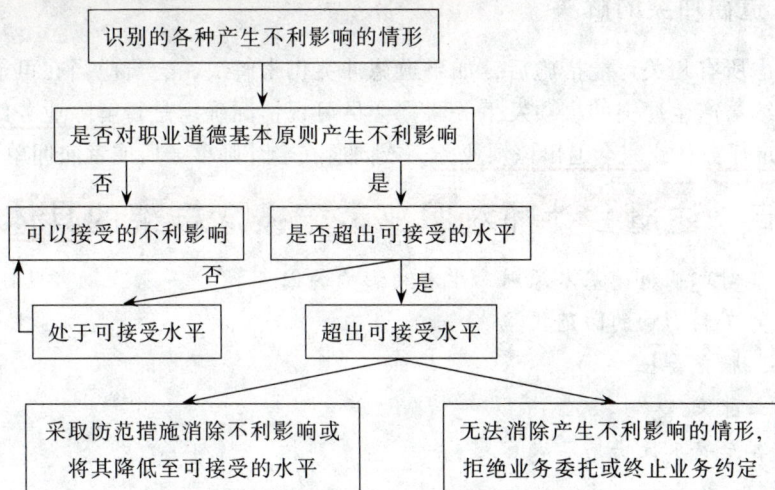

考霸笔记
掌握图22-1，学会运用！

图22-1 职业道德概念框架的工作思路

二、对职业道德基本原则产生不利影响的因素与防范措施

（一）可能对职业道德基本原则产生不利影响的因素

1.自身利益：经济利益或其他利益对会员的职业判断或行为产生不当影响。

2.自我评价：对自己以前的判断或服务结果作出不恰当的评价，并且将据此形成的判断作为当前服务的组成部分。

3.过度推介：过度推介客户或工作单位的某种立场或意见，使其客观性受到损害。

4.密切关系：与客户或工作单位存在长期或亲密的关系，而过于倾向他们的利益或认可他们的工作。

5.外在压力：实际受到的压力或感受到压力（包括对会员实施不当影响的意图）而无法客观行事。

（二）基本防范措施

1.法律法规和职业规范规定的防范措施。

（1）取得会员资格必需的教育、培训和经验要求；

（2）持续的职业发展要求；

（3）公司治理方面的规定；

（4）执业准则和职业道德规范的规定；

（5）监管机构或注册会计师协会的监控和惩戒程序；

（6）由依法授权的第三方对会员编制的业务报告、申报资料或其他信息进行外部复核。

考霸笔记
记忆并理解！
如何区分对职业道德基本原则产生不利影响的五种因素？
考霸笔记 IPO、诉讼。
考霸笔记 大于关联方关系。
考霸笔记 外界压力。
考霸笔记 了解，通常不会单独考核，通读即可。

2.在具体业务工作中采取的防范措施。

（1）由所在的工作单位、行业以及监管机构建立有效的公开投诉系统，使同行、工作单位以及社会公众能够注意到不专业或不道德的行为；

（2）明确规定会员有义务报告违反职业道德守则的行为或情形。

三、道德冲突的解决

在考虑所有相关可能措施后，如果道德冲突仍未解决，会员应当在可能的情况下拒绝继续与产生冲突的事项发生关联。会员可视情况确定是否解除业务约定或退出某项特定任务，或完全退出该项业务，或向所在会计师事务所或者雇佣单位辞职。

第三节　注册会计师对职业道德概念框架的具体运用

◇ 可能对职业道德基本原则产生不利影响的因素

◇ 应对不利影响的防范措施

◇ 专业服务委托

◇ 利益冲突

◇ 应客户要求提供第二次意见

◇ 收费

◇ 专业服务营销

◇ 礼品和款待

◇ 保管客户资产

◇ 对客观和公正原则的要求

一、可能对职业道德基本原则产生不利影响的因素

可能对职业道德基本原则产生不利影响的因素及具体情形见表22-2。

表22-2　　　　可能对职业道德基本原则产生不利影响的因素及具体情形

不利影响因素	不利影响的具体情形
自身利益	（1）鉴证业务项目组成员在鉴证客户中拥有直接经济利益
	（2）会计师事务所的收入过分依赖某一客户
	（3）鉴证业务项目组成员与鉴证客户存在重要且密切的商业关系
	（4）会计师事务所担心可能失去某一重要客户
	（5）鉴证业务项目组成员正在与鉴证客户协商受雇于该客户
	（6）会计师事务所与客户就鉴证业务达成或有收费的协议
	（7）注册会计师在评价所在会计师事务所以往提供的专业服务时，发现了重大错误
自我评价	（1）事务所在对客户提供财务系统的设计或操作服务后，又对系统的运行有效性出具鉴证报告
	（2）事务所为客户编制原始数据，这些数据构成鉴证业务的对象
	（3）鉴证业务项目组成员担任或最近曾经担任客户的董事或高级管理人员
	（4）鉴证业务项目组成员目前或最近曾受雇于客户，并且所处职位能够对鉴证对象施加重大影响
	（5）事务所为鉴证客户提供直接影响鉴证对象信息的其他服务

续表

不利影响因素	不利影响的具体情形
过度推介	（1）事务所推介审计客户的股份 （2）在审计客户与第三方发生诉讼或纠纷时，注册会计师担任该客户的辩护人
密切关系	（1）项目组成员的近亲属担任客户的董事或高级管理人员 （2）项目组成员的近亲属是客户的员工，其所处职位能够对业务对象施加重大影响 （3）客户的董事、高级管理人员或所处职位能够对业务对象施加重大影响的员工，最近曾担任事务所的项目合伙人 （4）注册会计师接受客户的礼品或款待 （5）事务所的合伙人或高级员工与鉴证客户存在长期业务关系
外在压力	（1）事务所受到客户解除业务关系的威胁 （2）审计客户表示，如果事务所不同意对某项交易的会计处理，则不再委托其承办拟议中的非鉴证业务 （3）客户威胁将起诉事务所 （4）事务所受到降低收费的影响而不恰当地缩小工作范围 （5）由于客户员工对所讨论的事项更具有专长，注册会计师面临服从其判断的压力 （6）事务所合伙人告知注册会计师，除非同意审计客户不恰当的会计处理，否则将影响晋升

考霸笔记 董、高、特。

考霸笔记 因为受到影响，没有好好工作，而不是利益会受影响。注意与"自身利益"的区别。但可适当降价，升降30%。

二、应对不利影响的防范措施

（一）会计师事务所层面的防范措施

考霸笔记 制定有关政策和程序。

1.领导层强调遵循职业道德基本原则的重要性；

2.领导层强调鉴证业务项目组成员应当维护公众利益；

3.制定有关政策和程序，实施项目质量控制，监督业务质量；

4.制定有关政策和程序，识别对职业道德基本原则的不利影响，评价不利影响的严重程度，采取防范措施消除不利影响或将其降低至可接受的水平；

5.制定有关政策和程序，保证遵循职业道德基本原则；

6.制定有关政策和程序，识别会计师事务所或项目组成员与客户之间的利益或关系；

7.制定有关政策和程序，监控对某一客户收费的依赖程度；

考霸笔记 连续两年≥15%。

8.向鉴证客户提供非鉴证服务时，指派鉴证业务项目组以外的其他合伙人和项目组，并确保鉴证业务项目组和非鉴证业务项目组分别向各自的业务主管报告工作；

9.制定有关政策和程序，防止项目组以外的人员对业务结果施加不当影响；

10.及时向所有合伙人和专业人员传达会计师事务所的政策和程序及其变化情况，并就这些政策和程序进行适当的培训；

11.指定高级管理人员负责监督质量控制系统是否有效运行；

12.向合伙人和专业人员提供鉴证客户及其关联实体的名单，并要求合伙人和专业人员与之保持独立；

13.制定有关政策和程序，鼓励员工就遵循职业道德基本原则方面的问题与领导层沟通；

14.建立惩戒机制，保障相关政策和程序得到遵守。

（二）具体业务层面的防范措施

1.对已执行的非鉴证业务，由未参与该业务的注册会计师进行复核，或在必要时提供建议；

2.对已执行的鉴证业务，由鉴证业务项目组以外的注册会计师进行复核，或在必要时提供建议；

3.向客户审计委员会、监管机构或注册会计师协会咨询；

4.与客户治理层讨论有关的职业道德问题；

5.向客户治理层说明提供服务的性质和收费的范围；

6.由其他会计师事务所执行或重新执行部分业务；

7.轮换鉴证业务项目组合伙人和高级员工。

三、专业服务委托

专业服务委托环节及具体内容见表22-3。

表22-3　　　　　　　　　　专业服务委托环节及具体内容

情　形	环　节	具体内容
接受客户关系	原则	（1）客户的主要股东、关键管理人员和治理层是否诚信 （2）客户是否涉足非法活动（如洗钱） （3）客户是否存在可疑的财务报告
	防范措施	（1）对客户及其主要股东、关键管理人员、治理层和负责经营活动的人员进行了解 （2）要求客户对完善公司治理结构或内部控制作出承诺
	后续评价	（1）如果不能将由客户存在的问题产生的不利影响降低至可接受的水平，注册会计师应当拒绝接受客户关系 （2）如果向同一客户连续提供专业服务，注册会计师应当定期评价继续保持客户关系是否适当
承接业务	原则	（1）仅向客户提供能够胜任的专业服务 （2）在承接某一客户业务前，注册会计师应当确定承接该业务是否对职业道德基本原则产生不利影响
	防范措施	（1）了解客户的业务性质、经营的复杂程度，以及所在行业的情况 （2）了解专业服务的具体要求和业务对象，以及注册会计师拟执行工作的目的、性质和范围 （3）了解相关监管要求或报告要求 （4）分派足够的具有胜任能力的员工 （5）必要时利用专家的工作 （6）就执行业务的时间安排与客户达成一致意见 （7）遵守质量控制政策和程序，以合理保证，仅承接能够胜任的业务

情 形	环 节	具体内容
承接业务	专家要求	(1) 当利用专家的工作时，注册会计师应当考虑专家的声望、专长及其可获得的资源，以及适用的执业准则和职业道德规范等因素，以确定专家的工作结果是否值得依赖 (2) 注册会计师可以通过以前与专家的交往或向他人咨询获得相关信息
客户变更委托	原则	如果应客户要求或考虑以投标方式接替前任注册会计师，注册会计师应当核实与变更相关的事实和情况以确定是否适宜承接该业务
	防范措施	(1) 当应邀投标时，在投标书中说明，在承接业务前需要与前任注册会计师沟通，以了解是否存在不应接受委托的理由 (2) 要求前任注册会计师提供已知悉的相关事实或情况，即前任注册会计师认为，后任注册会计师在作出承接业务的决定前，需要了解的事实或情况 (3) 从其他渠道获取必要的信息
	后续评价	(1) 如果采取的防范措施不能消除威胁或将其降至可接受的水平，注册会计师应当拒绝承接业务，除非从其他途径获取的相关事实令人满意 (2) 现任注册会计师应当遵循保密原则。在未经客户特别授权的情况下，现任注册会计师不应主动提供有关客户事项的信息 (3) 注册会计师在与现任注册会计师讨论客户事项前应当征得客户的书面同意。如果客户同意，现任注册会计师应当按照相关法律法规的要求，如实、客观地提供信息。如果不能与现任注册会计师进行沟通，注册会计师应当尽量从其他途径（例如第三方调查或对高级管理人员、治理层的背景调查）获取任何可能存在威胁的信息

四、利益冲突

利益冲突类型及防范措施见表22-4。

表22-4　　　　　　　　　　　利益冲突类型及防范措施

类 型	情 形	防范措施
事务所与客户利益冲突	注册会计师与客户存在直接竞争关系，或与客户的主要竞争者存在合资或类似关系，可能对客观和公正原则产生不利影响	应告知客户，并在征得其同意的情况下执行业务	(1) 分派不同的项目组为相关客户提供服务 (2) 实施必要的保密程序，防止未经授权接触信息。例如，对不同项目组实施严格隔离程序，做好数据文档的安全保密工作 (3) 向项目组成员提供有关安全和保密问题的指引 (4) 要求事务所的合伙人和员工签订保密协议 (5) 由未参与业务的高级员工定期复核防范措施的执行情况
客户与客户利益冲突	为两个以上客户提供服务，而客户之间存在利益冲突或者对某一事项或交易存在争议，可能对客观和公正原则或保密原则产生不利影响	应告知所有已知相关方，并在征得他们同意的情况下执行业务	
		如为某一特定行业或领域两个以上客户提供服务，应告知客户，并在征得他们同意的情况下执行业务	
无法消除或降低不利影响时的决策		如果利益冲突对职业道德基本原则产生不利影响，并且采取防范措施无法消除不利影响或将其降低至可接受的水平，注册会计师应当拒绝承接某一特定业务，或者解除一个或多个存在冲突的业务约定	

第二十二章

五、应客户要求提供第二次意见

提供二次意见涉及的环节及防范措施见表22-5。

表22-5　　　　提供二次意见涉及的环节及防范措施

涉及的环节	各个环节的要求或措施
含义	是指在某公司或实体不是注册会计师的现行客户，而该公司或实体要求注册会计师对现任注册会计师在运用会计、审计、报告或其他准则或原则处理有关情形和交易的情况提供第二次意见
评价可能产生的不利影响	如果第二次意见不是以前任注册会计师所获得的相同事实为基础，或依据的证据不充分，可能对专业胜任能力和应有的关注原则产生不利影响。不利影响存在与否及其严重程度，取决于业务的具体情况，以及为提供第二次意见所能获得的所有相关事实及证据　可能考，适当关注。
防范措施	（1）征得客户同意与前任注册会计师沟通 （2）在与客户沟通中说明注册会计师发表专业意见的局限性 （3）向前任注册会计师提供第二次意见的副本
考虑是否提供第二次意见	如果客户不允许与前任注册会计师沟通，注册会计师应当在考虑所有情况后决定是否适宜提供第二次意见

六、收费　掌握，易考主观题。

在专业服务得到良好的计划、监督及管理的前提下，收费通常以每一专业人员适当的小时收费标准或日收费标准为基础计算。影响独立性的收费情形及防范措施见表22-6。

表22-6　　　　影响独立性的收费情形及防范措施

情形	评价的因素或事项	防范措施
收费报价过低	在承接业务时，如果收费报价过低，可能导致难以按照执业准则和职业道德规范的要求执行业务，从而对专业胜任能力和应有的关注原则产生不利影响	（1）在提供专业服务时，遵守执业准则和职业道德规范的要求，使工作质量不受损害 （2）使客户了解专业服务的范围和收费基础
或有收费	（1）业务的性质（法律法规允许的业务除外） （2）可能的收费金额区间 （3）确定收费的基础 （4）是否由独立第三方复核交易和提供服务的结果	（1）预先就收费的基础与客户达成书面协议 （2）向预期的报告使用者披露注册会计师所执行的工作及收费的基础 （3）实施质量控制政策和程序 （4）由独立第三方复核注册会计师已执行的工作
收取介绍费和佣金	注册会计师收取与客户相关的介绍费或佣金，可能对客观和公正原则以及专业胜任能力和应有的关注原则产生非常严重的不利影响	导致没有防范措施能够消除不利影响或将其降低至可接受的水平
	明确禁止	注册会计师不得收取与客户相关的介绍费或佣金
支付业务介绍费	注册会计师为获得客户而支付业务介绍费，可能对客观和公正原则以及专业胜任能力和应有的关注原则产生非常严重的不利影响	导致没有防范措施能够消除不利影响或将其降低至可接受的水平
	明确禁止	注册会计师不得向客户或其他方支付业务介绍费

七、专业服务营销

1.在营销专业服务时，不得有下列行为：

（1）夸大宣传提供的服务、拥有的资质或获得的经验；

（2）贬低或无根据地比较其他注册会计师的工作；

（3）暗示有能力影响有关主管部门、监管机构或类似机构；

（4）作出其他欺骗性的或可能导致误解的声明。

2.注册会计师不得采用强迫、欺诈、利诱或骚扰等方式招揽业务。

3.注册会计师不得对其能力进行广告宣传以招揽业务，但可以利用媒体刊登设立、合并、分立、解散、迁址、名称变更和招聘员工等信息。

八、礼品和款待

1.如果客户向注册会计师（或其近亲属）赠送礼品或给予款待，将从自身利益、密切关系、外在压力等多个方面对独立性、良好职业行为等多项职业道德基本原则产生不利影响。

2.防范措施：

（1）不收取任何礼品。注册会计师不得向客户索取、收受委托合同约定以外的酬金或其他财物，或者利用执行业务之便，牟取其他不正当的利益。

（2）不接受超常款待。如果款待超出业务活动中的正常往来，注册会计师应当拒绝接受。

九、保管客户资产

1.保管客户资金或其他资产可能产生自我评价，并对客观和公正原则以及良好职业行为原则产生不利影响。

2.除非法律法规允许或要求，注册会计师不得提供保管客户资金或其他资产的服务。

3.注册会计师保管客户资金或其他资产，应当履行相应的法定义务，符合下列要求：

（1）将客户资金或其他资产与其个人或会计师事务所的资产分开；

（2）仅按照预定用途使用客户资金或其他资产；

（3）随时准备向相关人员报告资产状况及产生的收入、红利或利得；

（4）遵守所有与保管资产和履行报告义务相关的法律法规。

4.如果某项业务涉及保管客户资金或其他资产，注册会计师应当根据有关接受与保持客户关系和具体业务政策的要求，适当询问资产的来源，如资金或其他资产来源于洗钱等非法活动，则不得提供保管资产服务，并向法律顾问征询进一步意见。

十、对客观和公正原则的要求

对客观和公正原则产生不利影响的情形及防范措施见表22-7。

考霸笔记
掌握：易考主观题。

考霸笔记
如实宣传也不行！

会计师事务所为什么不得对其能力进行广告宣传以招揽业务？

礼品和款待举例

考霸笔记
提示：礼品不论大小一律不能接受（接受再归还也不行），款待可以看规格。
✓常考！

熟悉！

考霸笔记
重要程度一般，熟悉即可。

第二十二章

表22-7 对客观和公正原则产生不利影响的情形及防范措施

不利影响的情形	评价内容和防范措施
总体原则	在提供专业服务时，注册会计师如果在客户中拥有经济利益，或者与客户董事、高级管理人员或员工存在家庭和私人关系或商业关系，应当确定是否对客观和公正原则产生不利影响。不利影响及其严重程度取决于业务的具体情形和注册会计师所执行工作的性质
防范措施	（1）退出项目组 （2）实施督导程序 （3）终止产生不利影响的经济利益或商业关系 （4）与会计师事务所内部较高级别的管理人员讨论有关事项 （5）与客户治理层讨论有关事项
不能消除或降低至可接受水平的决策	如果防范措施不能消除不利影响或将其降低至可接受的水平，注册会计师应当拒绝接受业务委托或终止业务

智能测评

在线练习	我要提问
扫码在线做题　　扫码看答案	扫码答疑
本书"本章同步强化训练"均配备二维码，打开"高顿网校"APP或微信，"扫一扫"即可完成在线测评，查看本章详细的测评反馈报告，了解知识掌握情况，也可扫码直接看答案噢。 快来扫码做题吧！	本书配备答疑专用二维码，打开微信"扫一扫"，即可完成在线提问，获取专业老师全面个性化解答，让学习问题不再拖延。 快来扫码提问吧！

本章同步强化训练

一、单选题

1.下列各项中，不属于职业道德基本原则的是（　　）。

A.诚信
B.保密
C.专业胜任能力和应有的关注
D.成本效益原则

2.在执行审计业务时，如果项目组成员接受被审计单位赠送的元旦礼品，可能会从（　　）方面对职业道德基本原则造成不利影响。

A.过度推介
B.自我评价
C.密切关系
D.外在压力

3.注册会计师可能应客户要求在前任注册会计师工作的基础上提供进一步的服务，如果缺乏完整的信息，可能会对（　　）原则产生不利影响。

A.良好的职业行为　　　　　　　　　　B.专业胜任能力和应有的关注

C.客观和公正　　　　　　　　　　　　D.独立性

4.由于会计师事务所之间竞争激烈，甲会计师事务所在承接业务时，如果收费报价过低，那么最可能对（　　　）原则产生不利影响。

A.自身利益　　　　　　　　　　　　　B.自我评价

C.专业胜任能力和应有的关注　　　　　D.外在压力

5.下列关于利益冲突的说法中，错误的是（　　　）。

A.注册会计师可以不经客户允许为存在利益冲突的其他客户提供服务

B.分派不同的项目组为相关客户提供服务

C.实施必要的保密程序，防止未经授权接触信息

D.如果利益冲突对职业道德基本原则产生不利影响，并且采取防范措施无法消除不利影响或将其降低至可接受的水平，注册会计师应当拒绝承接某一特定业务，或者解除一个或多个存在冲突的业务约定

二、多选题

1.如果被审计单位的申报资料或其他信息存在下列（　　　）问题，注册会计师不得与这些有问题的信息发生牵连。

A.含有缺乏充分依据的陈述或信息　　　B.含有误导性的陈述

C.含有严重虚假的陈述　　　　　　　　D.存在遗漏或含糊其辞的信息

2.下列各项中，会员可以披露相关信息的有（　　　）。

A.在没有被审计单位授权的情况下回答了监管机构关于审计客户经营和纳税方面的信息

B.在法律诉讼程序中为维护自身的职业利益无被审计单位授权而向法官提供审计工作底稿

C.接受后任注册会计师查阅审计工作底稿时无被审计单位授权

D.接受注册会计师协会质量检查时无被审计单位授权

3.下列关于职业道德概念框架的说法中，正确的有（　　　）。

A.它是解决职业道德问题的思路和方法

B.只要是职业道德守则未明确禁止的情形就是允许的

C.在具体运用时，需要注册会计师的大量职业判断

D.在评价不利影响的严重程度时，应当从性质和数量两个方面予以考虑

4.下列说法中，属于过度推介导致不利影响的情形主要包括（　　　）。

A.会计师事务所推介审计客户的股份

B.会计师事务所过分依赖向某一客户的收费

C.审计项目合伙人与鉴证客户存在重要的密切商业关系

D.注册会计师在被审计单位与第三方发生诉讼或纠纷时担任该客户的辩护人

5.下列防范措施中，属于具体业务层面的防范措施的有（　　　）。

A.向合伙人和专业人员提供鉴证客户及其关联实体的名单，并要求合伙人和专业人员与之保持独立

B.制定有关政策和程序，鼓励员工就遵循职业道德基本原则方面的问题与领导层沟通

C.由其他会计师事务所执行或重新执行部分业务

D.轮换鉴证业务项目组合伙人和高级员工

6.会计师事务所的下列行为会对职业道德基本原则产生不利影响的有（　　　）。

A.向客户暗示有能力影响监管机构

B.在电视台黄金时间刊登广告，称其是全世界一流的会计师事务所

C.在招聘网站上刊登招聘信息

D.在迁址公告中刊登其在全国会计师事务所排名由原来的第10名升至第1名

第二十三章

审计业务对独立性的要求

考霸笔记

本章属于历年必考章节，近5年平均分值6左右，以主观题为考查形式。

本章导学

本章框架图

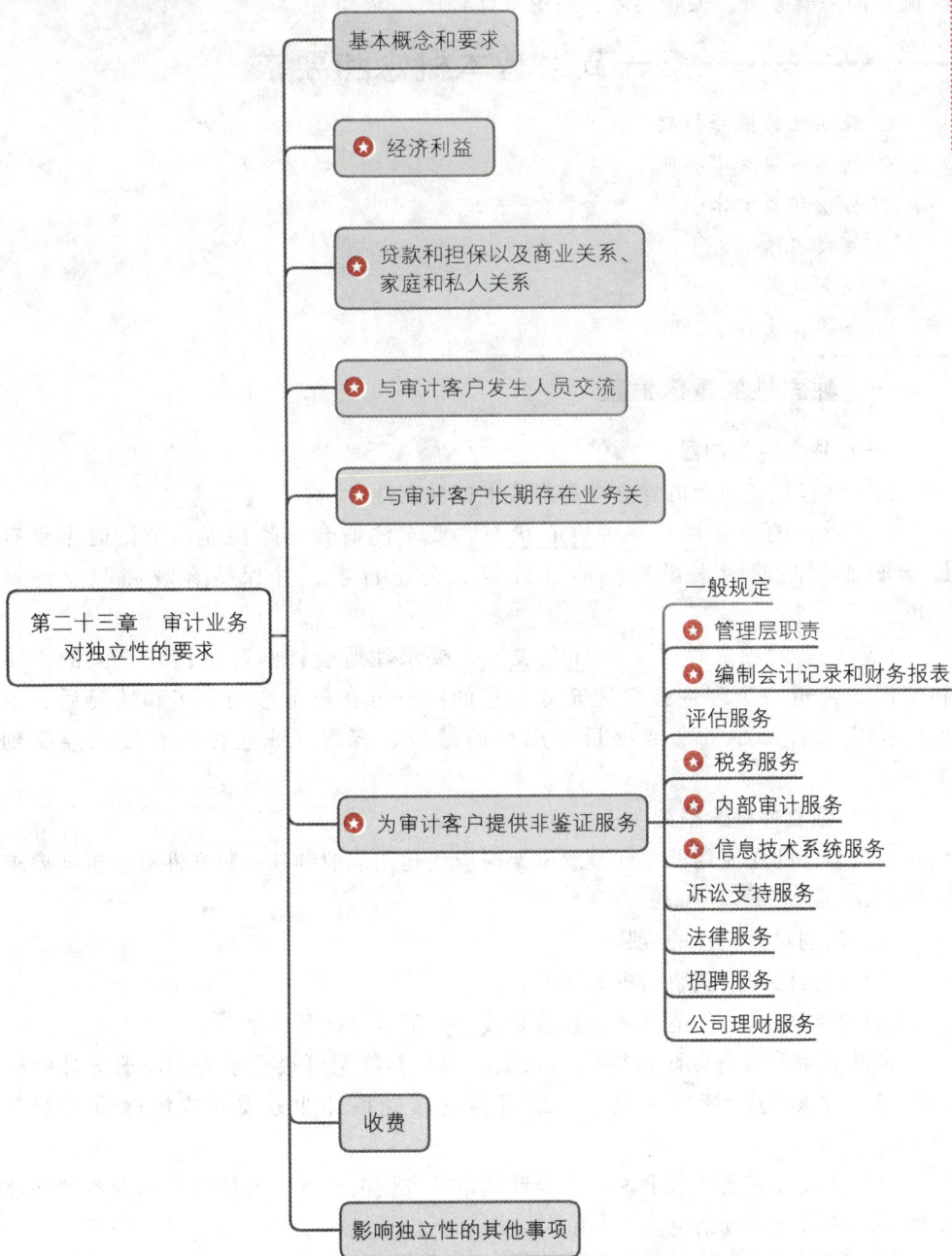

- 基本概念和要求
- ⭐ 经济利益
- ⭐ 贷款和担保以及商业关系、家庭和私人关系
- ⭐ 与审计客户发生人员交流
- ⭐ 与审计客户长期存在业务关
- 第二十三章　审计业务对独立性的要求
  - ⭐ 为审计客户提供非鉴证服务
    - 一般规定
    - ⭐ 管理层职责
    - ⭐ 编制会计记录和财务报表
    - 评估服务
    - ⭐ 税务服务
    - ⭐ 内部审计服务
    - ⭐ 信息技术系统服务
    - 诉讼支持服务
    - 法律服务
    - 招聘服务
    - 公司理财服务
  - 收费
  - 影响独立性的其他事项

本章考情概述

本章是对职业道德基本原则中独立性的进一步延伸，属于非常重要的内容，几乎年年必考，考试题型清一色都是简答题。本章在每个年度都属于高频率、高分值、高难度的章。

从命题来看，非常容易考查结合实务的客观题和简答题，尤其是分析性的简答题，近年经常将本章与职业道德基本原则的内容结合考查简答题。

近三年主要考点：经济利益、非鉴证服务、商业关系、家庭和私人关系、人员交流、网络事务所、关联实体、关键审计合伙人等。

考霸笔记
考试题型：主观题
考试频率：高频
考试套路：本节知识点一般不会单独进行考查，而是往往结合本章第二至八节的内容在主观题中进行考核
备考建议：掌握概念的理解并灵活运用

第一节 基本概念和要求

◇ 独立性的概念框架
◇ 网络与网络事务所
◇ 公众利益实体
◇ 关联实体
◇ 业务期间
◇ 合并和收购

考霸笔记
从内到外、从实质到形式都要保持独立性。

一、独立性的概念框架

（一）独立性的内涵

独立性包括实质上的独立性和形式上的独立性：

1.实质上的独立性是一种内心状态，要求注册会计师在提出结论时不受有损于职业判断的因素影响，能够诚实、公正行事，并保持客观和职业怀疑态度；

2.形式上的独立性是一种外在表现，要求注册会计师避免出现重大的事实和情况，使得一个理性且掌握充分信息的第三方在权衡这些事实和情况后，很可能推定会计师事务所或项目组成员的诚信、客观或职业怀疑态度已经受到损害。

（二）独立性概念框架

注册会计师在应用独立性概念框架时应当运用职业判断。独立性概念框架要求注册会计师采取下列措施：

（1）识别对独立性的威胁；

（2）评价已识别威胁的重要程度；

（3）必要时采取防范措施消除威胁或将其降至可接受水平。

如果未能采取有效防范措施消除威胁或将其降至可接受水平，注册会计师应当消除产生威胁的情形或关系，或者拒绝接受审计业务委托或解除审计业务约定。

项目合伙人应当按照中国注册会计师审计准则的要求，就执行具体业务遵循独立性要求的情况形成结论。

独立性的概念框架如图23-1所示。

考霸笔记
识别、评估和应对

考霸笔记
是对会计师事务所的要求，在本章介绍。

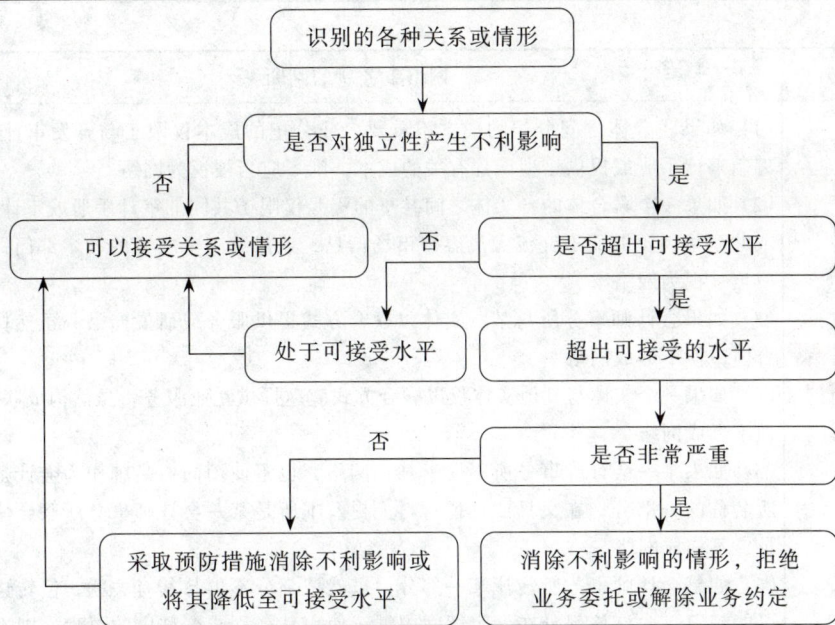

图23-1 独立性的概念框架

二、网络与网络事务所（详见表23-1）

表23-1　　　　　　　　　　　　网络事务所判断

情形	网络事务所的判断
定义	网络事务所是指属于某一网络的事务所或实体 如果某一会计师事务所被视为网络事务所，该事务所应当与网络中其他会计师事务所的审计客户保持独立
属于网络事务所的情形	（1）如果一个联合体旨在通过合作，在各实体之间共享收益或分担成本，应被视为网络 （2）如果一个联合体旨在通过合作，在各实体之间共享所有权、控制权或管理权，应被视为网络 （3）如果一个联合体旨在通过合作，在各实体之间共享统一的质量控制政策和程序，应被视为网络 （4）如果一个联合体旨在通过合作，在各实体之间共享同一经营战略，应被视为网络 （5）如果一个联合体旨在通过合作，在各实体之间使用同一品牌，应被视为网络 （6）如果一个联合体旨在通过合作，在各实体之间共享重要的专业资源，应被视为网络

考霸笔记
包括非事务所，如咨询公司。

考霸笔记
网络事务所视为一体。

考霸笔记
除下述"不属于"中情形（1）。

考霸笔记
6点记忆

考霸笔记
除下述"不属于"中情形（2）。

续表

情形	网络事务所的判断
不属于网络事务所的情形	（1）如果联合体之间分担的成本不重要，或分担的成本仅限于与开发审计方法、编制审计手册或提供培训课程有关的成本，则不应当被视为网络 （2）如果一个联合体的各实体之间共享的资源仅限于共同的审计手册或审计方法，或共享培训资源而不交流人员客户市场信息，或没有一个共有的技术部门，则不应当被视为网络 （3）如果会计师事务所与某一实体以联合方式提供服务或研发产品，虽然构成联合体，但不形成网络 （4）如果一个实体与其他实体仅以联合方式应邀提供专业服务，虽然构成联合体，但不形成网络 （5）如果某一会计师事务所不属于某一网络，也不使用同一品牌作为会计师事务所名称的一部分，在文具或宣传材料上提及本所是某一会计师事务所联合体的成员，不构成网络 （6）如果会计师事务所转让某一部分，虽然该部分不再与其有关联，但转让协议可能规定，允许该部分在一定期间内继续使用其名称或名称中的要素，则不属于以合作为目的的联合体，因此不构成网络

考霸笔记
熟悉，会判断。

三、公众利益实体

针对公众利益实体的独立性比针对其他实体的独立性要求更加具体、详细，且常常有量化规定。

上市公司属于公众利益实体。

公众利益实体还包括：

1.法律法规界定的公众利益实体（银行、保险公司）。

2.按上市公司独立性要求接受审计的实体（拟上市公司）。

3.对于其债券在证券交易所报价或挂牌，或是在证券交易所或其他类似机构的监管下进行交易的实体，也应当作为公众利益实体对待（上市实体）。

4.其他拥有数量众多且分布广泛的利益相关者的实体（如全国性制药公司），应考虑将其作为公众利益实体对待。考虑的因素包括该实体业务的性质、规模和员工的数量等。

考霸笔记
提示：公众利益实体＞上市实体＞上市公司

判断是否违反独立性的思路

四、关联实体

上市公司的关联实体是指下列任一实体，非上市公司的关联实体仅包括下列第三点：

1.能对客户施加直接或间接控制，并且审计客户对该实体重要；

2.该实体对审计客户具有重大影响，在审计客户内拥有直接经济利益，利益对该实体重要；

3.审计客户能直接或间接控制的实体（无论实体是否重要）；

4.审计客户拥有其直接经济利益，且能对该实体施加重大影响，在实体内的经济利益对审计客户重要；

5.与客户处于同一控制下的实体，并且该实体和审计客户对其控制方均重要。

考霸笔记
结合图示掌握。

关联实体的具体实例如图23-2所示。

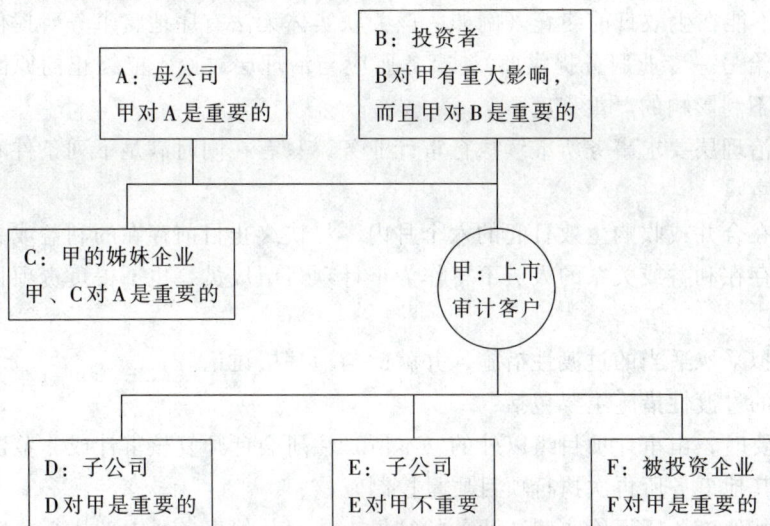

图23-2　**关联实体的具体实例**

五、业务期间

注册会计师应当在审计业务期间和财务报表涵盖的期间**独立于审计客户。**

1.报表期间是指被审计年度，业务期间是自审计项目组开始执行审计业务之日起，至出具审计报告之日止；

2.如果审计业务具有连续性，业务期间结束日应以其中一方通知解除业务关系或出具最终审计报告两者时间孰晚为准。

具体解释如图23-3所示。

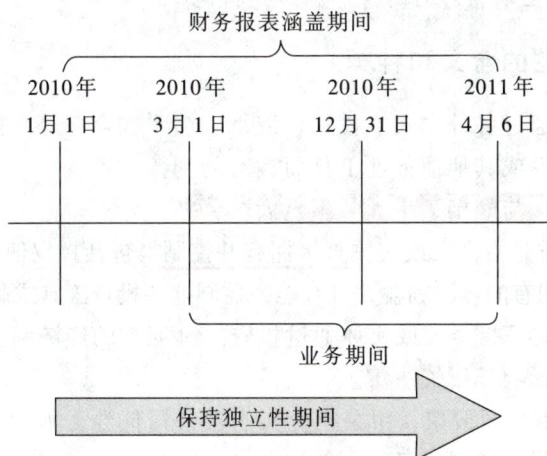

图23-3　**业务期间具体解释**

六、合并和收购

1.如某一实体因合并或收购成为审计客户的关联实体，应识别和评价事务所与该实体以往和目前存在的利益或关系，确定是否影响独立性，以及在合并或收购生效日后能否继续执行审计业务。

2.事务所应在合并或收购生效日前采取必要措施终止存在的利益或关系。

3.如不能在生效日前终止（例如，该关联实体无法有序地将事务所提供的非鉴证服务转给另一专业服务提供商），事务所应与治理层讨论不能终止的原因，以及由此产生不利影响的严重程度。

如果治理层要求事务所继续执行审计业务，只有在同时满足下列条件时，事务所才能同意：

（1）在合并或收购生效日起的六个月内，尽快终止目前存在的利益或关系；

（2）存在利益或关系的人员不得作为审计项目组成员，也不得负责项目质量控制复核；

（3）拟采取适当的过渡性措施，并就此与治理层讨论。

适当的过渡性措施主要包括：

①必要时，由审计项目组以外的（本所）注册会计师复核审计或非鉴证工作；

②由其他事务所再次执行项目质量控制复核；

③由其他事务所评价非鉴证业务的结果，或由其他事务所重新执行非鉴证业务并且承担责任。

第二节　经济利益

从此节开始讨论可能对独立性产生不利影响的情形和关系，指导注册会计师如何具体运用独立性概念框架。需特别注意"产生非常严重的不利影响，导致没有防范措施能够将其降低至可接受水平"的情形和关系（即禁止的情形和关系），考试主要考查这种情况！

◇ 经济利益的含义和种类
◇ 对独立性产生不利影响的情形和防范措施

一、经济利益的含义和种类

经济利益是指通过各种方式（投资、继承、馈赠或合并等）持有某一实体的股权、债券、其他证券或其他债务性工具而拥有的利益。

经济利益有直接与间接、重大与不重大之分：

1.直接经济利益是指个人或实体直接拥有并控制（包括授权他人管理）的经济利益或通过投资工具拥有的经济利益并且有能力控制这些投资工具或影响其投资决策；

2.间接经济利益是指个人或实体通过投资工具拥有的经济利益，但没有能力控制这些投资工具或影响其投资决策。

例如，A持有甲公司股票，甲公司购买了乙公司债券，则A在甲公司拥有直接经济利益，在乙公司拥有间接经济利益。

在审计客户中拥有经济利益，可能因自身利益导致不利影响。不利影响存在与否及其严重程度取决于下列因素：

1.拥有经济利益人员的角色；

2.经济利益是直接还是间接的；

3.经济利益的重要性。

二、对独立性产生不利影响的情形和防范措施

（一）在审计客户中不被允许拥有的经济利益　★★★重中之重

在审计客户中拥有直接经济利益或重大间接经济利益，将因自身利益产生非常严重的不利影响，导致没有防范措施能够将其降低至可接受的水平。具体见表23-2。

表23-2　　**在审计客户中不被允许拥有的经济利益的主体和情形**

主体	情形
1.会计师事务所、项目组成员或其主要近亲属	在审计客户中拥有直接或重大间接经济利益
	在某实体（该实体在审计客户中拥有控制性的权益，并且审计客户对该实体重要/母公司）中拥有直接或重大间接经济利益
2.项目合伙人所在分部的其他合伙人或其主要近亲属	在审计客户中拥有直接或重大间接经济利益
3.为审计客户提供非审计服务的其他合伙人或其主要近亲属	在审计客户中拥有直接或重大间接经济利益

注意：

1.项目组成员不仅包括为执行审计业务成立的项目组的人员，还包括会计师事务所及网络事务所中能够直接影响审计业务结果的其他人员，包括能对审计项目合伙人提出薪酬建议，进行直接指导、管理或监督的人员，为执行审计业务提供咨询的人员，对审计业务实施项目质量控制复核的人员等。

2.主要近亲属是指配偶、父母、子女。

3.执行审计业务的项目合伙人所处的分部并不一定是其所隶属的分部。当项目合伙人与审计项目组的其他成员隶属于不同分部时，会计师事务所应当确定项目合伙人执行审计业务时所处的分部。

（二）对审计项目组成员其他近亲属的要求

如果审计项目组成员的其他近亲属在审计客户中拥有直接经济利益或重大间接经济利益，将因自身利益产生非常严重的不利影响。

1.其他近亲属是指兄弟姐妹、祖父母、外祖父母、孙子女、外孙子女。

2.评价不利影响严重程度应考虑的因素：

（1）项目组成员与其他近亲属之间的关系；

（2）经济利益对其他近亲属的重要性。

3.防范措施：

（1）其他近亲属尽快处置全部经济利益，或处置全部直接经济利益并处置足够数量的间接经济利益，以使剩余经济利益不再重大；

（2）由审计项目组以外的注册会计师复核该成员已执行的工作；

（3）将该成员调离审计项目组。

（三）会计师事务所的退休金计划

如果审计项目组成员通过会计师事务所的退休金计划，在审计客户中拥有直接

考霸笔记

（✔记忆表格，完全掌握）在掌握对独立性的不利影响时，必须准确把握主体和具体情形。

考霸笔记

最常见主体。

考霸笔记

在审计客户中不被允许拥有的经济利益。

考霸笔记

例如，隶属于我国香港分部的合伙人到北京分部负责A审计客户的项目，此时，北京分部的其他合伙人及其主要近亲属不得在A审计客户中拥有直接或重大间接经济利益。

考霸笔记

与其他近亲属之间关系的远近，经济利益重要性的大小。

考霸笔记

熟悉内容，常在主观题中考查。

经济利益或重大间接经济利益，将因自身利益产生不利影响。

注册会计师应评价其严重程度，在必要时采取防范措施消除不利影响或将其降低至可接受的水平。

（四）主要近亲属因受雇于审计客户而产生的经济利益

执行审计业务的项目合伙人所处分部的其他合伙人，或向审计客户提供非审计服务的合伙人或管理人员，如果其主要近亲属在审计客户中拥有经济利益，只要其主要近亲属作为审计客户的员工有权（如退休金或股票期权计划）取得该经济利益，并且在必要时能够采取防范措施消除不利影响或将其降低至可接受的水平，则不被视为损害独立性。

但是，如果其主要近亲属拥有或取得处置该经济利益的权利，应当尽快处置或放弃该经济利益。

（五）在非审计客户中拥有经济利益（详见表23-3）

表23-3　在非审计客户中拥有经济利益的主体、情形、具体情况及对独立性的影响

主体	情形	具体情况	对独立性的影响
会计师事务所、项目组成员或其主要近亲属在某一实体拥有经济利益	审计客户也在该实体拥有经济利益（如子公司）	如果经济利益并不重大，并且审计客户不能对该实体施加重大影响	不损害独立性
		如果经济利益重大，并且审计客户能够对该实体施加重大影响	非常严重的不利影响，没有防范措施
	审计客户的董事、高级管理人员或具有控制权的所有者也在该实体拥有经济利益	可能因自身利益、密切关系或外在压力产生不利影响 （1）评价不利影响存在与否及其严重程度考虑的因素： ①该项目组成员在审计项目组中的角色 ②实体的所有权是由少数人持有还是多数人持有 ③经济利益是否使得投资者能够控制该实体或对其施加重大影响 ④经济利益的重要性 （2）防范措施： ①将拥有该经济利益的审计项目组成员调离审计项目组 ②由审计项目组以外的注册会计师复核该成员已执行的工作	

（六）受托管理人

如果会计师事务所、审计项目组成员或其主要近亲属作为受托管理人在审计客户中拥有直接经济利益或重大间接经济利益，将因自身利益产生不利影响。

只有同时满足下列条件时，才允许拥有上述经济利益：

（1）审计项目组成员及其主要近亲属和会计师事务所均不是受托财产的受益人；

（2）委托人在审计客户中拥有的经济利益对委托人并不重大；

（3）委托人不能对审计客户施加重大影响；

（4）针对委托人在审计客户中拥有的经济利益，受托管理人及其主要近亲属和会计师事务所对其任何投资决策都不能施加重大影响。

（七）其他相关人员拥有经济利益

审计项目组成员应当确定下列人员在审计客户中拥有已知的经济利益是否因自身利益产生不利影响：

1.除前述提及的人员外，会计师事务所合伙人、专业人员或其主要近亲属；

2.与审计项目组成员存在密切私人关系的人员。

（八）通过继承、馈赠或因合并而获得经济利益

1.如果会计师事务所获得经济利益，应当立即处置全部经济利益，或处置全部直接经济利益并处置足够数量的间接经济利益以使剩余经济利益不再重大。

2.如果审计项目组成员或其主要近亲属获得经济利益，应当立即处置全部经济利益，或处置全部直接经济利益并处置足够数量的间接经济利益以使剩余经济利益不再重大。

3.如果审计项目组以外的人员或其主要近亲属获得经济利益，应当在合理期限内尽快处置全部经济利益，或处置全部直接经济利益并处置足够数量的间接经济利益以使剩余经济利益不再重大。在完成处置该经济利益前，会计师事务所应当确定是否需要采取防范措施。

第三节　贷款和担保以及商业关系、家庭和私人关系

◇ 贷款和担保
◇ 商业关系
◇ 家庭和私人关系

一、贷款和担保（详见表23-4）

表23-4　　　　　　　　　　　贷款与担保

情形	主体	对独立性的影响
从银行或类似金融机构客户获得贷款和担保	会计师事务所	如不按正常程序、条款和条件办理，没有防范措施，事务所不得接受此类贷款或担保 如按正常程序、条款和条件取得贷款，而贷款对审计客户或事务所影响重大，需采取措施防范，如由网络中未参与该业务且未接受该贷款的事务所复核
	审计项目组成员及其主要近亲属	如按正常程序、条款和条件取得贷款或担保，不产生不利影响
在银行或类似金融机构客户开立账户	会计师事务所、项目组成员或其主要近亲属	如按正常的商业条件开立，不产生不利影响
从非银行或类似金融机构客户获得贷款和担保	会计师事务所、项目组成员或其主要近亲属	将因自身利益产生非常严重的不利影响，没有防范措施　**不得！**
向审计客户提供贷款或为其提供担保		

考霸笔记
熟悉，要求考生在遇到案例题中情形时，能够清楚表述处理方式。

考霸笔记
考试题型：主观题；
考试频率：超高频；
考试套路：以案例形式考核为主；备考建议：掌握表格当中的内容，对比分析。

考霸笔记
判断依据有二：手续是否正常、金额是否巨大。

考霸笔记
判断依据只有一个：手续是否正常。

考霸笔记
判断依据只有一个：手续是否正常。

考霸笔记
并非各自的本职工作，将引起疑虑。

二、商业关系（详见表23-5） 常考点，非常重要！

表23-5 商业关系

考霸笔记 记忆表格，完全掌握。

考霸笔记 类似"在非审计客户中拥有经济利益"的规定。

商业关系对独立性的影响

主体	商业关系的种类	对独立性的影响
会计师事务所	（1）在与客户或其控股股东、董事、高级管理人员共同开办的企业中拥有经济利益	事务所不得介入此类商业关系
项目组成员	（2）按协议，将事务所的产品或服务与客户的产品或服务结合在一起，并捆绑销售	成员应当调离
项目组成员的主要近亲属	（3）事务所销售或推广客户的产品或服务，客户销售或推广事务所的产品或服务	评价不利影响，必要时采取防范措施
会计师事务所、项目组成员或其主要近亲属	在某股东人数有限的实体中拥有经济利益，而审计客户或其董事、高级管理人员也在该实体拥有经济利益	如果这种商业关系对双方均不重要，且经济利益对投资者不重大，不能控制该实体，通常不会对独立性产生不利影响（不影响）
	从审计客户购买商品或服务	只要是按照正常的商业程序进行公平交易，则不影响独立性 如交易性质特殊或金额较大，应评价，必要时采取防范措施（取消交易或降低交易规模；将项目组成员调离）

三、家庭和私人关系（详见表23-6）

表23-6 家庭和私人关系

考霸笔记 主要掌握这条

考霸笔记 如销售经理、采购经理等，能对财务报表施加局部影响。

考霸笔记 "高级管理人员"指被审计单位的总经理、副总经理和财务负责人。"特定员工"是指所处职位能够对客户会计记录或被审计财务报表的编制施加重大影响的员工，如财务经理、会计主管等。此三类人下文简称"董、高、特"。

主体	家庭和私人关系的情形	对独立性的影响	防范措施
项目组成员的主要近亲属	是审计客户的董事、高管或特定员工，或在业务期间或报表涵盖期间曾担任上述职务	只有调离	
项目组成员的主要近亲属	可以对财务报表施加重大影响	评价不利影响：（1）该亲属/员工与项目组成员的关系（2）该亲属/员工在客户中的职位（3）该项目组成员在项目组中的角色	（1）将该成员调离审计项目组（2）合理安排审计项目组成员的职责，使该成员的工作不涉及其亲属/密切关系人员的职责范围
项目组成员的其他近亲属	处在重要职位或可以对财务报表施加重大影响		
项目组成员	与审计客户的董事、高管或特定员工存在密切关系		
非项目组成员的合伙人或员工	与审计客户重要职位的人员存在家庭或个人关系	咨询并评价不利影响：（1）该合伙人或员工与审计客户的董事、高级管理人员或特定员工之间的关系（2）该合伙人或员工与审计项目组之间的相互影响（3）该合伙人或员工在会计师事务所中的角色（4）董事、高级管理人员或特定员工在审计客户中的职位	（1）合理安排该合伙人或员工的职责，以减少对审计项目组可能产生的影响（2）由审计项目组以外的注册会计师复核已执行的相关审计工作

第四节　与审计客户发生人员交流

◇ 与审计客户发生雇佣关系

◇ 临时借调员工

◇ 客户前董、高、特加入项目组

◇ 兼任董、高、秘

一、与审计客户发生雇佣关系

（一）一般规定（详见表23-7）

表23-7　　　　　　　　　　与审计客户发生雇佣关系的一般规定

主体	雇佣关系类型	对独立性的影响	防范措施
项目组前成员	担任客户董、高、特	如与事务所保持重要联系（领钱或参与），将因密切关系或外在压力产生非常严重的不利影响	没有防范措施
		如未与事务所保持重要联系，指同时满足： （1）前任成员或前任合伙人无权从会计师事务所获取报酬或福利（除非报酬或福利是按照预先确定的固定金额支付的，并且未付金额对会计师事务所不重要）未领钱。 （2）前任成员或前任合伙人未继续参与，并且在外界看来未参与事务所的经营活动或专业活动 未参与。 则可能因密切关系或外在压力产生不利影响，应当评价不利影响的严重程度	（1）修改审计计划 （2）向审计项目组分派经验更丰富的人员 （3）由审计项目组以外的注册会计师复核前任审计项目组成员已执行的工作
项目组现成员	拟加入审计客户	将因自身利益产生不利影响。如项目组成员与客户协商受雇事项，应向事务所报告，以便事务所评价不利影响的严重程度，必要时采取防范措施	（1）将该成员调离项目组 （2）由组外注册会计师复核该成员的重大判断

（二）属于公众利益实体的审计客户　常考，注意掌握。

关键审计合伙人是指：项目合伙人，实施项目质量控制复核的负责人，项目组中负责对重大事项作出关键决策或判断的其他审计合伙人（比如，负责对长期资产是否计提重大减值或重大事项的不确定性作出结论的其他合伙人）。

属于公众利益实体的审计客户详见表23-8。

表23-8　　　　　　　　　　属于公众利益实体的审计客户

主体	雇佣关系类型	对独立性的影响
关键审计合伙人	加入公众利益实体审计客户担任董、高、特 主动加入	将因密切关系或外在压力产生不利影响，需（根据"冷却期"长短规定）进行评价 冷却期规定：不担任关键审计合伙人、也不担任项目组成员后，该公众利益实体发布了已审计的涵盖期间不少于12个月的财务报表，则不利影响可以接受 例如，ABC事务所审计某上市公司2013年度财务报表。A注册会计师担任关键合伙人，并在该项业务完成之后退出项目组。客户于2015年3月31日发布已审计2014年度财务报表。A注册会计师最早可以在2015年4月1日加入该客户，担任董、高、特

主体	雇佣关系类型	对独立性的影响
关键审计合伙人	因企业合并担任属于公众利益实体审计客户董、高、特 **被动变为。**	同时满足下列条件，<u>不视为独立性受到损害</u>： （1）当关键审计合伙人接受该职务时，并未预料到会发生企业合并 （2）关键审计合伙人在事务所中应得的报酬或福利都已全额支付（除非报酬或福利是按照预先确定的固定金额支付且未付金额对事务所不重要） （3）关键审计合伙人未继续参与，或在外界看来未参与会计师事务所的经营活动或专业活动 （4）已就关键审计合伙人在审计客户中的职位与治理层讨论
前任高级合伙人（或管理合伙人，或同等职位的人员）	加入公众利益实体审计客户担任董、高、特	将因外在压力产生不利影响，<u>除非该高级合伙人离职已超过12个月</u>，否则独立性将被视为受到损害

考霸笔记
提示：高级合伙人、管理合伙人未参与该审计业务，无须通过财务报表从专业上冷却，只须从时间上加以冷却其在管理方面的影响。

二、临时借调员工

事务所向客户借出员工，可能因自我评价产生不利影响。

为防范不利影响，事务所只能<u>短期借出员工</u>，由审计客户对借出员工进行指导和监督，并要求借出的员工不得<u>提供禁止的非鉴证服务</u>，也不得<u>承担客户管理层职责</u>。

事务所在必要时应采取措施防范不利影响，包括：

考霸笔记
不回避人员范围，但复核。

1. 对借出员工的工作进行额外复核；
2. 合理安排审计项目组成员职责，使借出员工不对其在借调期间执行的工作进行审计；　回避范围
3. 不安排借出员工为审计项目组成员。　回避人员

三、客户前董、高、特加入项目组（详见表23-9）

考霸笔记
★客户跳槽加入CPA。

表23-9　　　　　　　客户前董、高、特加入项目组

考霸笔记
结合图示掌握本表。

情形	对独立性的影响	防范措施
在财务报表涵盖期间内担任董、高、特	因自身利益、自我评价或密切关系产生<u>非常严重</u>的不利影响	没有防范措施 事务所<u>不得</u>将此类人员分派到审计项目组
在财务报表涵盖期间前担任董、高、特	因自身利益、自我评价或密切关系产生不利影响 不利影响存在与否及其严重程度主要取决于下列因素： （1）该成员在客户中曾担任的职务 （2）该成员离开客户的时间长短 （3）该成员在审计项目组中的角色	其他注册会计师<u>复核</u>该成员已执行的工作等

受限制的时段示例如图23-4所示。

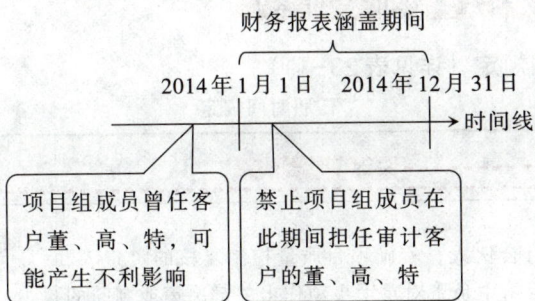

图23-4　受限制的时段示例

四、兼任董、高、秘（详见表23-10）　常考，注意掌握

表23-10
兼任董、高、秘

主体	兼任审计客户的职务	对独立性的影响
会计师事务所的合伙人或员工	审计客户的董、高	因自我评价和自身利益产生非常严重的不利影响，没有防范措施 不得兼任审计客户的董事或高级管理人员
	审计客户的公司秘书	因自我评价和过度推介产生非常严重的不利影响，没有防范措施 不得担任审计客户的公司秘书
会计师事务所	提供日常性和行政事务性的服务以支持公司秘书职能，或提供与公司秘书行政事项有关的建议	只要所有相关决策均由审计客户管理层作出，通常不会损害独立性

考霸笔记
禁止兼任审计客户的董、高、秘。

考霸笔记
只是日常、行政，不影响实质。

第五节　与审计客户长期存在业务关系

◇ 一般规定
◇ 属于公众利益实体的审计客户

一、一般规定

同一合伙人或高级员工长期执行某客户的审计业务，将因密切关系和自身利益产生不利影响。影响的严重程度取决于下列因素：

1. 加入项目组的时间长短；
2. 在项目组的角色；
3. 事务所的组织结构；
4. 审计业务的性质；
5. 客户管理团队是否变动；
6. 客户的会计和报告问题的性质或复杂程度是否发生变化。

考霸笔记
考试题型：主观题；
考试频率：超高频；
考试套路：以案例形式考核为主；
备考建议：注意轮换时间的年限问题。

第二十三章

二、属于公众利益实体的审计客户

（一）任职时间规定（详见表23-11）

表23-11　　　　　　　　　　任职时间规定

主体	关键审计合伙人	其他审计合伙人
含义	项目合伙人，实施项目质量控制复核的负责人，项目组中负责对重大事项作出关键决策或判断的其他审计合伙人	关键审计合伙人以外的合伙人，包括负责审计重要子公司或分支机构的项目合伙人
规定	公众利益实体的关键审计合伙人任职时间不得超过五年	没有明确规定
冷却期及要求	在任期结束后的两年内（冷却期），该关键审计合伙人不得再次成为该客户的审计项目组成员或关键审计合伙人 在此期间内，也不得有下列行为： （1）参与该客户的审计业务 （2）为该客户的审计业务实施质量控制复核 （3）就有关技术或行业特定问题、交易或事项向项目组或该客户提供咨询 （4）以其他方式直接影响业务结果	其他审计合伙人与公众利益实体的审计客户之间长期关联所产生的不利影响的严重程度主要取决于下列因素： （1）与审计客户存在业务关系的时间长短 （2）在审计项目组中的角色 （3）与客户治理层或管理层交往的性质、频率和范围 防范措施主要包括： （1）将该合伙人轮换出审计项目组，或终止其与审计客户存在的业务关系 （2）定期对该业务实施独立的质量控制复核
冷却期判断	该两年的冷却期应为连续的两个完整年度。只有在完成了冷却期后再次提供服务时，服务年限才可以重新计算 例：某合伙人2008年、2009年担任某上市公司关键审计合伙人，2010年没有担任，随后继续担任2011年及2012年的关键审计合伙人，则其任期为2008年、2009年、2011年和2012年，若继续担任2013年关键审计合伙人，则满五年后需冷却2014年、2015年两年后，才能重新开始计算任期 又例：某审计经理是某上市公司2010—2011年签字注册会计师，2012—2013年其晋升为财务报表项目合伙人，则关键审计合伙人的任职年限包括2010年、2011年、2012年和2013年	
特殊情况	在极其特殊的情况下，会计师事务所可能因无法预见和控制的情形而不能按时轮换关键审计合伙人。如果关键审计合伙人的连任对审计质量特别重要，并且通过采取适当措施防范不利影响，则在法律法规允许的情况下，可以延长1年，最多6年。	

（二）轮换时间表

1.适用于一般公众利益实体的审计客户（详见表23-12）

表23-12

适用于一般公众利益实体的审计客户

已成为公众利益实体的审计客户	轮换之前最长服务年期	暂停服务期间
一般情况	5年	2年
特殊情况（参见上文）	6年	2年

2.适用于客户成为公众利益实体后的轮换时间表（详见表23-13）

表23-13　　　　　适用于客户成为公众利益实体后的轮换时间表

在审计客户成为公众利益实体前的服务年期（X年）	成为公众利益实体后继续提供服务的年限	暂停服务期间
X≤3年	（5-X）年	2年
X≥4年	2年	2年
客户首次公开发行证券（IPO）	2年	2年

第六节　为审计客户提供非鉴证服务

◇ 一般规定
◇ 管理层职责
◇ 编制会计记录和财务报表
◇ 评估服务
◇ 税务服务
◇ 内部审计服务
◇ 信息技术系统服务
◇ 诉讼支持服务
◇ 法律服务
◇ 招聘服务
◇ 公司理财服务

一、一般规定（详见表23-14）

表23-14　　　　　　　　　　　　　一般规定

情形	对独立性的影响	防范措施
向审计客户提供非鉴证服务	可能因自我评价、自身利益和过度推介对独立性产生不利影响。在接受委托向审计客户提供非鉴证服务之前，事务所应当确定提供该服务是否将对独立性产生不利影响	在评价某一特定非鉴证服务产生不利影响的严重程度时，事务所应当考虑审计项目组认为提供其他相关非鉴证服务将产生的不利影响 如果没有防范措施能够将不利影响降低至可接受的水平，会计师事务所不得向审计客户提供该非鉴证服务

续表

情形	对独立性的影响	防范措施
向审计客户关联实体提供非鉴证服务	通常不向审计客户的下列关联实体提供受到限制的非鉴证服务： （1）不是会计师事务所的审计客户，但能够直接或间接控制审计客户的实体 （2）不是会计师事务所的审计客户，但在审计客户中拥有直接经济利益的实体，该实体能够对审计客户施加重大影响，并且经济利益对该实体重大 （3）不是会计师事务所的审计客户，但与审计客户处于同一控制下的实体	同时满足下列条件，可以向左述关联实体提供非鉴证服务： （1）向上述关联实体提供的非鉴证服务的结果不构成实施审计程序的对象，该服务不因自我评价产生不利影响 （2）已采取防范措施将非鉴证服务所产生的任何不利影响予以消除，或将其降低至可接受的水平
向成为公众利益实体的审计客户提供非鉴证服务	如果审计客户成为公众利益实体，在同时满足下列条件时，会计师事务所向其提供非鉴证服务不会损害独立性： （1）以往向该实体提供的非鉴证服务符合本守则有关向非公众利益实体提供非鉴证服务的规定 （2）在客户成为公众利益实体之前终止，或之后尽快终止本守则不允许向公众利益实体提供的非鉴证服务 （3）在必要时已采取防范措施消除对独立性产生的不利影响，或将其降低至可接受的水平	

二、管理层职责（详见表23-15）

表23-15　　　　　　　　　　　　　管理层职责

情形	具体活动	对独立性的影响
管理层职责的界定	（1）制定政策和战略方针 （2）指导员工的行动并对其行动负责 （3）对交易进行授权 （4）确定采纳事务所或其他第三方提出的建议 （5）负责按照适用的会计准则编制财务报表 （6）负责设计、实施和维护内部控制	事务所承担审计客户的管理层职责将对独立性产生非常严重的不利影响，没有防范措施 不利影响包括因自我评价、自身利益和密切关系产生的不利影响 会计师事务所不得承担审计客户的管理层职责
不承担管理层职责的活动	（1）执行一项已由管理层授权的非重要交易 （2）跟踪法定申报资料的规定提交日期，告知客户 （3）向管理层提供意见和建议，以协助其履行职责	事务所应当确保由管理层的成员负责作出重大判断和决策，评价服务的结果，并对依据服务结果采取的行动负责

考霸笔记　前"关联实体"示例图中的A、B、C。

考霸笔记　除此之外的不行！

考霸笔记　理解掌握，易考。

考霸笔记　原来不是公众利益实体，后来成为，要求不一样了。

考霸笔记　理解掌握，学会区分运用。

考霸笔记　做决定，说了算。

考霸笔记　重要考点，理解+记忆。

考霸笔记　不做决定，说了不算。

考霸笔记　与管理层的职责界定共同记忆。

三、编制会计记录和财务报表

（一）提供编制会计记录和财务报表服务（详见表23-16）

表23-16　　　　　提供编制会计记录和财务报表服务

情形	一般情况	特殊情况： （1）只有该会计师事务所拥有服务的资源，并且熟悉客户的系统和程序，能够协助客户及时完成 （2）如果限制该会计师事务所提供服务，将给客户带来严重的困难，如导致客户无法向监管机构提供报告 （3）审计客户无法作出其他安排，且经相关监管机构同意
提供人员	事务所	非项目组成员
提供对象	审计客户	审计客户（包括公众利益实体）
具体内容	提供编制会计记录或财务报表等服务，随后又审计该财务报表	（1）工资服务 （2）编制所审计的财务报表 （3）编制所审计财务报表依据的财务信息
对独立性的影响	因自我评价产生非常严重不利影响，没有防范措施。事务所不得向审计客户提供此项服务	只能短期内一次性提供这些服务，并且应当就此事项与治理层讨论

（二）提供日常性、机械性财务服务（详见表23-17）

表23-17　　　　　提供日常性、机械性财务服务

提供人员	非项目组成员	项目组成员	非项目组成员
提供对象	非公众利益实体		公众利益实体 （分支机构、关联实体）
具体内容	（1）根据来源于客户的数据提供工资服务 （2）在客户确定或批准账户分类的基础上记录交易 （3）将已记录的交易过入总分类账 （4）将客户批准的分录过入试算平衡表 （5）根据试算平衡表中的信息编制财务报表		在满足下列条件之一的情况下，不会损害其独立性： （1）接受服务的分支机构或关联实体从总体上对被审计财务报表不具有重要性（实体不重要） （2）服务所涉及的事项从总体上对该分支机构或关联实体的财务报表不具有重要性（事项不重要）
对独立性的影响	不损害独立性	由项目组以外的合伙人或高级员工复核已执行的工作	除非出现紧急或极特殊的情况，否则不得提供： （1）工资服务 （2）编制所审计的财务报表 （3）编制所审计财务报表依据的财务信息

考霸笔记　重点！把握特殊情况的理解。

考霸笔记　记忆掌握表格。

考霸笔记　无法替代。

考霸笔记　不能拖延。

考霸笔记　一般情况下，对于公众利益实体绝对不允许，联系表23-1。

考霸笔记　不能长期做。

考霸笔记　记忆掌握表格，注意人员对象。

考霸笔记　记忆相对于非公众利益实体多了很多限制。

考霸笔记　联系表23-16。

第二十三章

（三）其他允许提供的服务（详见表23-18）

表23-18　　　　　　其他允许提供的服务

服务类型	沟通审计相关事项 （审计的本职工作）	提供特定技术支持 （不承担管理层职责）
具体内容	（1）对会计准则或财务报表披露要求的运用 （2）与财务报表相关的内部控制的有效性，以及资产、负债计量方法的适当性 （3）会计调整分录的建议	（1）解决账户调节问题 （2）分析和积累监管机构要求提供的信息 （3）将按照某种会计准则编制的财务报表，转换为按照另一种会计准则编制的财务报表

四、评估服务（★）

（一）不产生不利影响的评估业务

如审计客户要求事务所提供评估服务，以帮助其履行纳税申报义务或满足税务筹划目的，并且评估结果不对财务报表产生直接影响，通常不产生不利影响。

（二）产生不利影响的评估业务

1.在审计客户不属于公众利益实体的情况下，如果评估服务对被审计财务报表具有重大影响，并且评估结果涉及高度的主观性，则没有防范措施能够将因自我评价产生的不利影响降低至可接受的水平。会计师事务所不得向审计客户提供这种评估服务。

2.在审计客户属于公众利益实体的情况下，如果评估结果单独或累积起来对被审计财务报表具有重大影响，则会计师事务所不得向该审计客户提供这种评估服务。

五、税务服务

判断原则：

如税务服务有法律依据或得到税务机关确认（如审查批准），通常不产生不利影响。

如税务服务影响财务报表所反映的事项，可能因自我评价产生不利影响。

表23-19具体列示了几种服务类型及其对独立性的影响。

表23-19　　　　　几种服务类型及其对独立性的影响

服务类型	具体情形	对独立性的影响
代编纳税申报表	（1）协助客户履行纳税申报义务，如计算应缴纳的税额 （2）对已发生交易的纳税申报处理方法提供建议 （3）代表审计客户向税务机关提供所要求的附加信息和分析	由于纳税申报表须经税务机关审查或批准，如管理层对纳税申报表承担责任，通常不产生不利影响
基于编制会计分录目的计算当期所得税	公众利益实体	不得为公众利益实体审计客户计算当期所得税或递延所得税负债（或资产），以用于编制对报表具有重大影响的会计分录（仅在特定极端情况下才能安排组外人员短期内一次性提供）

续表

服务类型	具体情形	对独立性的影响
基于编制会计分录目的计算当期所得税	非公众利益实体	可能产生不利影响，需要评估 影响严重程度取决于税收法规的复杂程度，需要判断的程度，客户员工的税务专业水平，税额对报表的重要程度等
税务筹划或税务咨询服务	如税务建议的有效性取决于某项特定会计处理或报表列报①而项目组怀疑处理或列报的适当性②且税务建议结果对报表影响重大	将产生非常严重的不利影响，没有防范措施 事务所不得为审计客户提供此类服务
	如评估仅为满足税务目的，对报表无直接影响（仅受涉税分录影响），且间接影响不重大，或者评估服务经税务机关等机构审查	通常不产生不利影响。反之，如评估未经税务机关审查，且对报表影响重大，事务所应评价不利影响的严重程度
帮助审计客户解决税务纠纷	事务所人员担任审计客户的辩护人，且所涉金额重大（辩护）	将因过度推介产生非常严重的不利影响，没有防范措施。事务所不得为审计客户的税务纠纷担任辩护人
	代表审计客户解决税务纠纷，税务机关通知审计客户拒绝接受其主张，且已纳入法律程序（调解）	可能因过度推介和自我评价产生不利影响，事务所需要评价影响的严重程度
	为审计客户提供有关法庭裁决事项的咨询，包括协助客户对具体问题作出答复，提供背景材料或证词，或分析税收问题（咨询）	事务所可以为审计客户提供这些服务

六、内部审计服务 （详见表23-20）

> 考霸笔记
> ★★★常考！
> 尤其公众利益
> 实体的内容。

表23-20　　　　　　　　　　内部审计服务

提供对象	具体情形	对独立性的影响
审计客户	承担了管理层职责：（✔掌握） （1）制定内部审计政策或内部审计活动的战略方针 （2）指导该客户内部审计员工的工作并对其负责 （3）决定应执行来源于内部审计活动的建议 （4）代表管理层向治理层报告内部审计活动的结果 （5）执行构成内部控制组成部分的程序 （6）负责设计、执行和维护内部控制 （7）提供内部审计外包服务，包括全部内部审计外包服务和重要内部审计外包服务，并且负责确定内部审计工作的范围	将产生非常严重的不利影响，没有防范措施 事务所不得提供
公众利益实体	提供特定内部审计服务：（✔记忆） （1）与财务报告相关的内部控制 （2）财务会计系统 （3）对被审计财务报表具有重大影响的金额或披露	

> 考霸笔记
> 不得提供此三
> 类内部审计
> 服务。

续表

提供对象	具体情形	对独立性的影响
非公众利益实体	为客户提供了内部审计服务，而后在执行审计业务时又利用了自身的服务结果 可能因自我评价产生不利影响 不利影响的严重程度主要取决于下列因素： （1）相关财务报表金额的重要性 （2）与这些财务报表金额相关的认定层次的错报风险 （3）对内部审计服务的依赖程度	事务所应当评价不利影响的严重程度，并在必要时采取防范措施消除不利影响或将其降低至可接受的水平 采取的防范措施主要包括由审计项目组以外的专业人员提供该内部审计服务等
	在同时满足条件时：（✓掌握） （1）审计客户承担设计、执行和维护内部控制的责任，并指定合适的、具有胜任能力的员工（最好是高级管理人员），始终负责内部审计活动 （2）客户治理层或管理层复核、评估并批准内部审计服务的工作范围、风险和频率 （3）客户管理层评价内部审计服务的适当性，以及执行内部审计发现的事项 （4）客户管理层评价并确定应当实施内部审计服务提出的建议，并对实施过程进行管理 （5）客户管理层向治理层报告注册会计师在内部审计服务中发现的重大问题和提出的建议	不产生不利影响

七、信息技术系统服务（详见表23-21）

表23-21　　　　　　　　　　信息技术系统服务

提供对象	具体情形	对独立性的影响
公众利益实体		将产生非常严重的不利影响，没有防范措施 事务所不得提供
非公众利益实体	提供与设计或操作下列信息技术系统相关的服务： （1）信息技术系统构成财务报告内部控制的重要组成部分； （2）信息技术系统生成的信息对会计记录或报表影响重大	将因自我评价产生严重不利影响。只有采取适当防范措施才能提供。必须采取的措施包括： （1）客户认可自己对建立和监督内部控制的责任 （2）客户指定具有胜任能力的员工（最好是高级管理人员）作出有关系统设计和操作的所有管理决策 （3）客户作出与系统设计和操作过程有关的所有管理决策 （4）客户评价系统设计和操作的适当性及结果 （5）客户对系统运行以及系统使用或生成的数据负责

提供对象	具体情形	对独立性的影响
审计客户	不承担管理层职责时提供下列服务： （1）设计或操作与财务报告内部控制无关的信息技术系统 （2）设计或操作信息技术系统，其生成的信息不构成会计记录或财务报表的重要组成部分 （3）操作由第三方开发的会计或财务信息报告软件 （4）对由其他服务提供商或审计客户自行设计并操作的系统进行评价和提出建议	不产生不利影响

八、诉讼支持服务

（一）诉讼支持服务可能包括的活动

1.担任专家证人；

2.计算诉讼或其他法律纠纷涉及的估计损失或其他应收、应付的金额；

3.协助管理和检索文件。

会计师事务所向审计客户提供诉讼支持服务，可能因自我评价或过度推介产生不利影响。

（二）诉讼支持服务涉及对损失或其他金额的估计

如果向审计客户提供诉讼支持服务涉及对损失或其他金额的估计，并且这些损失或其他金额影响被审计财务报表，会计师事务所应当遵守评估服务的规定。

九、法律服务（详见表23-22）

考霸笔记
一般重要，熟读理解。

表23-22　　　　　　　　　　法律服务

服务类型	具体情形	对独立性的影响
担任审计客户的首席法律顾问		将产生非常严重的不利影响，没有防范措施 事务所人员不得担任
在纠纷或诉讼中担任审计客户的辩护人	纠纷或诉讼的金额重大	将因过度推介和自我评价产生非常严重的不利影响，没有防范措施 事务所人员不得担任
	纠纷或诉讼的金额不重大	将因过度推介和自我评价产生不利影响，应评价不利影响的严重程度，必要时防范 防范措施包括由组外专业人员提供法律服务，或由未参与法律服务的专业人员向项目组提建议，并复核会计处理

十、招聘服务

考霸笔记
一般重要，熟读理解。

（一）评价招聘服务对独立性的不利影响

会计师事务所为审计客户提供人员招聘服务，可能因自身利益、密切关系或外在压力产生不利影响。不利影响存在与否及其严重程度主要取决于下列因素：

1.要求提供协助的性质；

2.拟招聘人员的职位。

（二）不对独立性产生不利影响的招聘服务

会计师事务所通常可以提供下列服务：

1.审查申请者的专业资格；

2.对申请者是否适合相关职位提出咨询意见；

3.对候选人进行面试；

4.对候选人在财务会计、行政管理或内部控制等职位上的胜任能力提出咨询意见。

（三）不得提供下列招聘服务

如果属于公众利益实体的审计客户拟招聘董、高、特，会计师事务所不得提供下列招聘服务：

1.寻找候选人，或从候选人中挑选出适合相应职位的人员；

2.对可能录用的候选人的证明文件进行核查。

十一、公司理财服务 （★★）

（一）公司理财服务活动

1.协助审计客户制定公司战略；

2.为审计客户并购识别可能的目标；

3.对资产处置交易提供建议；

4.协助实施融资交易；

5.对合理安排资本结构提供建议。

（二）导致非常严重不利影响的情形

如果财务建议的有效性取决于某一特定会计处理，并且同时存在下列情形，将因自我评价产生非常严重的不利影响：

1.根据适用的会计准则，审计项目组对有关会计处理的适当性存有疑问；

2.财务建议的结果将对被审计财务报表产生重大影响。

事务所不得提供此类理财服务。

（三）需要评价不利影响的情形

如理财服务结果直接影响财务报表，例如，对资本结构和融资的安排提出建议，可能因自我评价产生不利影响。

防范措施包括：

1.由组外专业人员提供该服务；

2.由未参与理财服务的专业人员向项目组提供建议，并复核会计处理。

第七节 收费

表23-23列示了几种收费情形、评价不利影响的因素及其防范措施。

表23-23　几种收费情形、评价不利影响的因素及其防范措施

收费的情形	评价不利影响的因素	防范措施
事务所从某一审计客户收取的全部费用占其审计收费总额的比重很大	（1）事务所的业务类型及收入结构 （2）事务所成立时间的长短 （3）该客户对事务所是否重要	（1）降低对该客户的依赖程度 （2）实施外部质量控制复核 （3）就关键的审计判断向第三方咨询
从某一审计客户收取的全部费用占某一合伙人从所有客户收取的费用总额的比重很大，或占事务所某一分部收取的费用总额的比重很大	（1）该客户在性质上或数量上对该合伙人或分部是否重要 （2）该合伙人或该分部合伙人的报酬对来源于该客户收费的依赖程度	（1）降低对来源于该客户收费的依赖程度 （2）由审计项目组以外的注册会计师复核已执行的工作或在必要时提出建议 （3）定期实施独立的质量控制复核
连续两年从属于公众利益实体的审计客户及其关联实体收取的全部费用占其所有客户收取的全部费用的比重较大	比重超过15%时将产生重大不利影响	（1）在对第二年度财务报表发表审计意见之前，由其他事务所对该业务再次实施项目质量控制复核 （2）在对第二年度财务报表发表审计意见之后、对第三年度财务报表发表审计意见之前，由其他事务所对第二年度的审计工作再次实施项目质量控制复核
逾期收费	如果审计客户长期未支付应付的审计费用，尤其是大部分费用在下一年度出具审计报告之前仍未支付，可能产生自身利益不利影响	（1）由未参与审计业务的注册会计师提供建议 （2）复核已执行的工作 （3）确定逾期收费是否可能被视同向客户贷款，并且根据逾期收费的重要程度确定是否继续执行审计业务
或有收费	因自身利益产生非常严重的不利影响，导致没有防范措施能够将其降低至可接受的水平	事务所不得采取直接或间接或有收费 记住，绝对禁止

第八节　影响独立性的其他事项

◇ 薪酬和业绩评价政策
◇ 礼品和款待
◇ 诉讼或诉讼威胁

一、薪酬和业绩评价政策

关键合伙人的薪酬或业绩评价不得与其向（公众利益实体）审计客户推销的非鉴证服务直接挂钩。

二、礼品和款待

会计师事务所或审计项目组成员不得接受审计客户的礼品，接受的业务款待不得超出正常范围。

考霸笔记

不是绝对不能接受审计客户的礼品，而要有一个度，关键看礼品的金额，如果是审计客户的纪念章（价值比较低）就可以留作纪念，但是，金额高的就不行，将会导致没有防范措施可以将审计风险降低至可接受的水平，所以应当绝对禁止。

三、诉讼或诉讼威胁

会计师事务所或审计项目组成员与审计客户发生或很可能发生诉讼，将因自身利益和外在压力产生不利影响。

考霸笔记

如果会计师事务所要与审计客户发生诉讼，将会影响审计客户对会计师事务所的态度，有可能不再配合审计工作，那么审计工作将很难进行。首先，判断不利影响的严重程度。其次，必要时采取防范措施：（1）如果诉讼针对某一审计项目组成员，将其调离；（2）由审计项目组以外的专业人员复核已执行的工作。最后，如果上述措施不能降低影响至可接受的水平，那么会计师事务所可以直接拒绝接受委托或解除审计业务约定。

智能测评

在线练习		我要提问

扫码在线做题	扫码看答案	扫码答疑
本书"本章同步强化训练"均配备二维码，打开信"扫一扫"即可完成在线测评，查看本章详细的测评反馈报告，了解知识掌握情况，也可扫码直接看答案噢。 快来扫码做题吧！		本书配备答疑专用二维码，打开微信"扫一扫"，即可完成在线提问，获取专业老师全面个性化解答，让学习问题不再拖延。 快来扫码提问吧！

本章同步强化训练

一、单选题

1.下列对会计师事务所或实体是否构成网络的判断中，错误的是（　　）。

A.如果一个联合体旨在通过合作，在各实体之间分担的成本仅仅限于与制定审计方法、审计手册或培训课程有关的成本，则应被视为网络

B.如果会计师事务所与某实体仅以联合方式提供服务，虽然构成联合体，但不形成网络

C.如果一个联合体旨在通过合作，在各实体之间共享收益或分担成本，则应被视为网络

D.如果一个联合体旨在通过合作，在各实体之间共享统一的质量控制政策和程序，则应被视为网络

2.下列关于评估服务的说法中，错误的是（　　）。

A.如果审计客户要求会计师事务所提供评估服务，以帮助其履行纳税申报义务或满足税务筹划目的，并且评估的结果不对财务报表产生直接影响，则通常不对独立性产生不利影响

B.向审计客户提供评估服务可能因自身利益产生不利影响

C.会计师事务所不得向非公众利益实体提供对被审计财务报表具有重大影响，并且评估结果涉及高度的主观性的评估服务

D.会计师事务所不得向公众利益实体提供对被审计财务报表具有重大影响的评估服务

3.如果会计师事务所在向其审计客户提供内部审计服务时同时（　　），则将导致没有防范措施能够将对独立性产生的不利影响降低至可接受的水平。

A.评价经营活动的效率　　　　　　　　B.检查财务信息

C.监督内部控制　　　　　　　　　　　D.承担管理层职责

4.会计师事务所在向其审计客户提供的下列服务中，对独立性产生的不利影响最小的是（　　）。

A.担任诉讼辩护人　　　　　　　　　　B.协助管理和检索文件

C.担任专家证人　　　　　　　　　　　D.估计诉讼损失的金额

二、多选题

1.下列关于独立性的说法中错误的有（　　）。

A.独立性既是对执业会员的要求，也是对非执业会员的要求

B.注册会计师只有在执行审计和审阅业务时，才需要保持独立性

C.注册会计师的独立性包括实质上的独立和形式上的独立

D.会计师事务所在承办审计和审阅业务以及其他鉴证业务时，应当从整体层面和具体业务层面采取措施，以保持会计师事务所和项目组的独立性

2.以下关于业务期间的说法中正确的有（　　）。

A.注册会计师应当在业务期间和财务报表涵盖的期间独立于审计客户

B.业务期间自审计项目组签订业务约定书之日起，至出具审计报告之日止

C.业务期间自审计项目组开始执行审计业务之日起，至出具审计报告之日止

D.如果审计业务具有连续性，业务期间结束日应以其中一方通知解除业务关系或出具最终

审计报告两者时间孰晚为准

3.下列服务中，会计师事务所可以向上市公司的审计客户提供的包括（　　）。

A.沟通对会计准则的运用　　　　　　B.工资服务

C.沟通与财务报表相关的内部控制的有效性　　D.编制所审计财务报表依据的财务信息

4.下列各项说法中，错误的有（　　）。

A.对所有上市实体均要实施项目质量控制复核

B.对所有公众利益实体的审计报告中均应增加关键审计事项部分

C.如果审计客户是上市实体，那么审计客户包括该客户的所有关联实体

D.如果审计客户属于公众利益实体，执行其审计业务的关键审计合伙人任职时间不得超过五年

5.下列关于收费的各项中，会计师事务所没有防范措施可以消除对独立性产生不利影响或将其降低至可接受水平的有（　　）。

A.非鉴证服务的结果及其对该服务的收费金额取决于现在或未来的职业判断，该判断与财务报表项目重大金额的审计相关

B.审计客户长期未支付应付的审计费用，且大部分费用在下一年度出具审计报告之前仍未支付，可能产生自身利益不利影响

C.或有收费由对财务报表发表意见的会计师事务所收取，并且该项收费对该会计师事务所是重大的或预期是重大的

D.或有收费由参与审计工作重要组成部分的某一网络事务所收取，并且对该网络事务所是重大的

三、简答题

1.上市公司甲公司系ABC会计师事务所的常年审计客户。在对甲公司2018年度财务报表审计中，ABC会计师事务所遇到下列与职业道德相关的事项：

（1）A注册会计师在2013年度至2017年度期间担任甲公司财务报表审计项目经理，并签署了2016年度和2017年度甲公司审计报告。2018年度，A注册会计师新晋升为合伙人，担任甲公司2018年度财务报表审计项目合伙人。

（2）甲公司与ABC会计师事务所签订协议，由甲公司向其客户推荐ABC会计师事务所的服务。每次推荐成功后，由ABC会计师事务所向甲公司支付少量的业务介绍费。

（3）审计项目组成员B因工作较忙，授权理财顾问管理其股票账户。在B不知情的情况下，理财顾问通过该账户代其购买了少量甲公司股票。截止2018年12月31日，这些股票市值合计为800元。

（4）审计项目组成员C为新员工，其妻子曾担任甲公司财务经理，于2018年3月离职。

（5）经甲公司总经理批准，审计项目组成员可以按成本价购买甲公司的产品，每人限购3 000元。

（6）甲公司在海外有一家规模很小的分公司，其财务经理突然离职。在新聘财务经理上任前，由ABC会计师事务所的海外网络事务所借调一名审计部经理临时负责其财务经理工作，借调时间为一周。

要求：针对上述第（1）至（6）项，逐项指出ABC会计师事务所及甲公司审计项目组成员是否违反中国注册会计师职业道德守则，并简要说明理由。

2. 上市公司甲公司是 ABC 会计师事务所的常年审计客户。乙公司是非公众利益实体，于 2018 年 6 月被甲公司收购，成为甲公司重要的全资子公司。XYZ 公司和 ABC 会计师事务所处于同一网络。审计项目组在甲公司 2018 年度财务报表审计中遇到下列事项：

（1）A 注册会计师自 2016 年度起担任甲公司财务报表审计项目合伙人，其妻子在甲公司 2017 年年度报告公告后购买了甲公司股票 2000 股，在 2018 年度审计工作开始前卖出了这些股票。

（2）B 注册会计师自 20013 年度起担任乙公司财务报表审计项目合伙人，在乙公司被甲公司收购后，继续担任乙公司 2018 年度财务报表审计项目合伙人，并成为甲公司的关键审计合伙人。

（3）在收购过程中，甲公司聘请 XYZ 公司对乙公司的各项资产和负债进行了评估，并根据评估结果确定了购买日乙公司可辨认净资产的公允价值。

（4）C 注册会计师曾是 ABC 会计师事务所的管理合伙人，于 2018 年 1 月退休后担任甲公司董事。

（5）丙公司是甲公司新收购的海外子公司，为甲公司不重要的子公司。丙公司聘请 XYZ 公司将其按照国际财务报告准则编制的财务报表转化为按照中国企业会计准则编制的财务报表。

（6）甲公司的子公司丁公司提供信息系统咨询服务，与 XYZ 公司组成联合服务团队，向目标客户推广营业税改增值税相关咨询和信息系统咨询一揽子服务。

要求：针对上述第（1）至第（6）项，逐项指出是否可能存在违反中国注册会计师职业道德守则有关独立性规定的情况，并简要说明理由。

事项序号	是否违反（违反/不违反）	理由
（1）		
（2）		
（3）		
（4）		
（5）		
（6）		

3. ABC 会计师事务所委派 A 注册会计师担任上市公司甲公司 2018 年度财务报表审计项目合伙人。ABC 会计师事务所和 XYZ 公司处于同一网络。审计项目组在审计中遇到下列事项：

（1）A 注册会计师因继承其祖父的遗产获得甲公司股票 50 000 股，承诺将在有权处置这些股票之日起一个月内出售。

（2）B 注册会计师曾担任甲公司 2013 年度至 2017 年度财务报表审计项目合伙人，之后调离甲公司审计项目组，担任乙公司 2018 年度财务报表审计项目合伙人。乙公司是甲公司重要的子公司。

（3）2018 年 1 月，丙公司被甲公司收购成为其重要子公司。2019 年 1 月 1 日，甲公司审计项目组成员 C 的妻子加入丙公司并担任财务总监。

（4）D注册会计师和A注册会计师同处一个分部，不是甲公司审计项目组成员。D的母亲和甲公司某董事共同开办了一家早教机构。

（5）丁公司是甲公司的母公司，聘请XYZ公司为其共享服务中心提供信息系统的设计和实施服务。该共享服务中心承担丁公司下属各公司的财务及人力资源等职能。丁公司不是ABC会计师事务所的审计客户。

（6）ABC会计师事务所推荐甲公司与某开发区管委会签订了投资协议，因此获得开发区管委会的奖励20万元。

要求：针对上述第（1）至（6）项，逐项指出是否存在违反中国注册会计师职业道德守则有关职业道德和独立性规定的情况，并简要说明理由。

事项序号	是否违反（违反/不违反）	理由
（1）		
（2）		
（3）		
（4）		
（5）		
（6）		

4.上市公司甲公司从事保险业务。2018年5月，ABC会计师事务所拟承接甲公司2018年度财务报表审计业务，在执行客户和业务的接受评估过程中发现下列事项：

（1）A注册会计师曾任ABC会计师事务所合伙人，自2016年12月退休后担任ABC会计师事务所技术顾问及甲公司独立董事。

（2）ABC会计师事务所自2015年起每年按通行商业条款购买甲公司的员工医疗补充保险产品。

（3）B注册会计师是ABC会计师事务所金融保险业务部的合伙人，其妻子是甲公司某分公司的人事部经理。

（4）C注册会计师是ABC会计师事务所金融保险业务部主管合伙人，其父亲通过二级市场买入并持有甲公司股票3 000股。

（5）ABC会计师事务所的美国网络事务所与甲公司美国分公司正就2018年度有关精算系统的内审服务进行洽谈。

（6）2017年1月起，ABC会计师事务所智利网络事务所的D合伙人担任甲公司智利子公司的公司秘书，提供公司秘书服务。

要求：针对上述第（1）至（6）项，假定ABC会计师事务所接受甲公司审计委托，逐项指出是否存在可能对ABC会计师事务所的独立性产生不利影响的情况，并简要说明理由。如果存在可能产生不利影响的情况，简要说明可以采取的防范措施。

事项序号	是否可能产生不利影响（是/否）	理由	防范措施
（1）			
（2）			
（3）			
（4）			
（5）			
（6）			

第三部分

跨章节综合集训

跨章节综合题

1.ABC会计师事务所首次接受委托，审计上市公司甲公司2018年度财务报表，委派A注册会计师担任项目合伙人。A注册会计师确定财务报表整体的重要性为1 200万元。甲公司主要提供快递物流服务。

资料一：

A注册会计师在审计工作底稿中记录了所了解的甲公司情况及其环境，部分内容摘录如下：

（1）2018年3月，甲公司股东大会批准一项利润分享计划。如2018年度实现的净利润较上年度增长20%以上，按净利润增长部分的10%给予管理层奖励。

（2）2018年6月，甲公司开始经营航空快递业务，以经营租赁方式租入2架飞机，租期五年。管理层按实际飞行小时和预计每飞行小时维修费率计提租赁期满退租时的大修费用。自2018年1月起，甲公司航空运输服务降价40%，业务出现爆发式增长。

（3）2018年9月，甲公司出资500万元与非关联方乙公司共同投资设立丙公司，持有其45%股权，并按持股比例享有其净资产。丙公司的重大生产经营和财务决策须由股东双方共同作出。甲公司将丙公司作为合营企业核算。

（4）2018年4月，甲公司推出加盟运营模式，一次性收取加盟费50万元，提供五年加盟期间的培训和网络服务。2018年度甲公司共收到加盟费3 000万元。

（5）2018年6月，甲公司向丁公司预付1 000万元用于某部电影拍摄，不享有收益权和版权。丁公司承诺在该电影中植入三分钟甲公司广告，如该电影不能上映，全额退款。2019年1月，该电影已取得发行放映许可证，于2019年春节上映。

资料二：

A注册会计师在审计工作底稿中记录了甲公司的财务数据，部分内容摘录如下：

单位：万元

项　目	未审数	已审数
	2018年	2017年
营业收入——航空运输收入	32 000	8 000
营业收入——加盟费收入	3 000	0
投资收益——丙公司	30	0
净利润	19 500	16 000
预付款项——丁公司	1 000	0
应付职工薪酬——管理层利润分享	350	0
长期应付款——退租大修费用	2 400	600

资料三：

A注册会计师在审计工作底稿中记录了审计计划，部分内容摘录如下：

（1）A注册会计师拟与治理层沟通计划的审计范围和时间安排，为避免损害审计的有效性，沟通内容不包括识别出的重大错报风险以及应对措施。

（2）A注册会计师评价认为前任注册会计师具备专业胜任能力，因此，拟通过查阅其审计工作底稿，获取与非流动资产和非流动负债期初余额相关的审计证据。

（3）甲公司应收账款会计每月末向排名前10位的企业客户寄送对账单，并调查回函差异。因该控制仅涉及一小部分应收账款余额，A注册会计师拟不测试该控制，直接实施实质性程序。

（4）甲公司的个人快递业务交易量巨大，单笔金额较小。因无法通过实施细节测试获取充分、适当的审计证据，也无法有效实施实质性分析程序，A注册会计师拟在审计该类收入时全部依赖控制测试。

资料四：

A注册会计师在审计工作底稿中记录了实施的进一步审计程序，部分内容摘录如下：

（1）在采用审计抽样测试甲公司付款审批控制时，A注册会计师确定总体为2018年度的所有付款单据，抽样单元为单张付款单据，选取2018年12月26日至12月31日的全部付款单据共计80张作为样本，测试结果满意。

（2）甲公司收入交易高度依赖信息系统。ABC事务所的信息技术专家对甲公司信息技术一般控制和与收入相关的信息技术应用控制进行了测试，结果满意。

（3）甲公司2018年年末应收票据余额重大。A注册会计师于2018年12月31日检查了这些票据的复印件，并核对了相关信息，结果满意。

（4）甲公司的某企业客户利用甲公司的快递服务，向A注册会计师寄回了询证函回函。A注册会计师认为回函可靠性受到影响，重新发函并要求该客户通过其他快递公司寄回询证函。

（5）A注册会计师发现甲公司未与部分快递员签订劳动合同且未缴纳社保金。管理层解释系快递员流动频繁所致。A注册会计师检查了甲公司人事部门的员工入职和离职记录，认为解释合理，未再实施其他审计程序。

资料五：

A注册会计师在审计工作底稿中记录了审计完成阶段的工作，部分内容摘录如下：

（1）甲公司2018年年末的一项重大未决诉讼在审计报告日前终审结案，管理层根据判决结果调整了2018年度财务报表。A注册会计师检查了法院判决书以及甲公司的账务处理和披露，结果满意，未再实施其他审计程序。

（2）因仅实施替代程序无法获取充分、适当的审计证据，A注册会计师就一份重要的询证函通过电话与被询证方确认了函证信息并被告知回函已寄出，于当日出具了审计报告。A注册会计师于次日收到回函，结果满意。

（3）A注册会计师未能在审计报告日前获取甲公司2018年度报告的最终版本，因此，未要求管理层提供有关其他信息的书面声明。

要求：

（1）针对资料一第（1）至（5）项，结合资料二，假定不考虑其他条件，逐项指出资料一所列事项是否可能表明存在重大错报风险。如果认为可能表明存在重大错报风险，简要说明理由。如果认为该风险为认定层次重大错报风险，说明该风险主要与哪些财务报表项目（仅限于应收票据及应收账款、预付款项、预收款项、应付职工薪酬、长期应付款、营业收入、营业成本、销售费用、投资收益）的哪些认定相关（不考虑税务影响）。将答案直接填入答题区的相应表格内。

事项序号	是否可能表明存在重大错报风险（是/否）	理　由	财务报表项目名称及认定
（1）			
（2）			
（3）			
（4）			
（5）			

（2）针对资料三第（1）至（4）项，假定不考虑其他条件，逐项指出审计划的内容是否恰当。如不恰当，简要说明理由。

事项序号	是否恰当（是/否）	理　由
（1）		
（2）		
（3）		
（4）		

（3）针对资料四第（1）至（5）项，假定不考虑其他条件，逐项指出 A 注册会计师的做法是否恰当。如不恰当，简要说明理由。

事项序号	是否恰当（是/否）	理　由
（1）		
（2）		
（3）		
（4）		
（5）		

（4）针对资料五第（1）至（3）项，假定不考虑其他条件，逐项指出 A 注册会计师的做法是否恰当。如不恰当，简说明理由。

事项序号	是否恰当（是/否）	理　由
（1）		
（2）		
（3）		

2.甲集团公司是 ABC 会计师事务所的常年审计客户，主要从事化妆品的生产、批发和零售。A 注册会计师负责审计甲集团公司 2018 年度财务报表，确定集团财务报表整体的重要性为 600 万元。

资料一：

A 注册会计师在审计工作底稿中记录了审计计划，部分内容摘录如下：

（1）子公司乙公司从事新产品研发。2018 年度新增无形资产 1 000 万元，为自行研发的产品专利。A 注册会计师拟仅针对乙公司的研发支出实施审计程序。

（2）子公司丙公司负责生产，产品全部在集团内销售。A 注册会计师认为丙公司的成本核算存在可能导致集团财务报表发生重大错报的特别风险，拟仅针对与成本核算相关的财务报表项目实施审计。

（3）甲集团公司的零售收入来自 40 家子公司，每家子公司的主要财务报表项目金额占集团的比例均低于 1%。A 注册会计师认为这些子公司均不重要，拟实施集团层面分析程序。

（4）DEF 会计师事务所作为组成部分注册会计师负责审计联营企业丁公司的财务信息，其审计项目组按丁公司利润总额的 3% 确定组成部分重要性为 300 万元，实际执行的重要性为 150 万元。

（5）子公司戊公司负责甲集团公司主要原材料的进口业务，通过外汇掉期交易管理外汇风险。A 注册会计师拟使用 50 万元的组成部分重要性对戊公司财务信息实施审阅。

资料二：

A 注册会计师在审计工作底稿中记录了甲集团公司的财务数据，部分内容摘录如下：

单位：万元

集团/组成部分	2018 年（未审数）		
	资产总额	营业收入	利润总额
甲集团公司（合并）	80 000	60 000 其中：批发收入 38 000 零售收入 20 000 其他 2 000	12 000
乙公司	1 900	200	（300）
丙公司	60 000	40 000	8 000
丁公司	20 000	50 000	10 000
戊公司	2 000	200	50

资料三：

A 注册会计师在审计工作底稿中记录了风险应对的情况，部分内容摘录如下：

（1）A 注册会计师在实施会计分录测试时，将甲集团公司全年的标准会计分录和非标准会计分录作为待测总体，在测试其完整性后，对选取的样本实施了细节测试，未发现异常。

（2）A 注册会计师认为甲集团公司存在低估负债的特别风险，在了解相关控制后，未信赖这些控制，直接实施了细节测试。

（3）甲集团公司使用存货库龄等信息测算产成品的可变现净值。A 注册会计师拟信赖与库龄记录相关的内部控制，通过穿行测试确定了相关内部控制运行有效。

（4）甲集团公司的存货存放在多个地点。A注册会计师基于管理层提供的存货存放地点清单，并根据不同地点所存放存货的重要性及评估的重大错报风险确定了监盘地点。

资料四：

A注册会计师在审计工作底稿中记录了重大事项的处理情况，部分内容摘录如下：

（1）因审计中利用的外部专家并非注册会计师，A注册会计师未要求其遵守注册会计师职业道德守则的相关规定。

（2）化妆品行业将于2020年执行更严格的化学成分限量标准，甲集团公司的主要产品可能因此被淘汰。管理层提供了其对该事项的评估及相关书面声明，A注册会计师据此认为该事项不影响甲集团公司的持续经营能力。

（3）在审计过程中，A注册会计师与甲集团公司管理层讨论了值得管理层关注的内部控制缺陷，并在审计报告日后、审计工作底稿归档日前以书面形式向集团管理层和治理层通报了值得关注的内部控制缺陷。

（4）A注册会计师认为甲集团公司2018年某新增主要客户很可能是甲集团公司的关联方，在询问管理层和实施追加的进一步审计程序后仍无法确定，拟因此发表保留意见。

资料五：

A注册会计师在审计工作底稿中记录了处理错报的相关情况，部分内容摘录如下：

（1）2018年，甲集团公司推出销售返利制度，并在ERP系统中开发了返利管理模块。A注册会计师在对某组成部分执行审计时发现，因系统参数设置有误，导致选取的测试项目少计返利2万元。A注册会计师认为该错报低于集团财务报表明显微小错报的临界值，可忽略不计。

（3）A注册会计师使用审计抽样对管理费用进行了测试，发现测试样本存在20万元错报。A注册会计师认为该错报不重大，同意管理层不予调整。

（4）2018年10月，甲集团公司账面余额1 200万元的一条新建生产线达到预定可使用状态。截至2018年年末，因未办理竣工决算，该生产线尚未转入固定资产。A注册会计师认为该错报为分类错误，涉及折旧金额很小，不构成重大错报，同意管理层不予调整。

要求：

（1）针对资料一第（1）至第（5）项，结合资料二，假定不考虑其他条件，逐项指出资料一所列审计计划是否恰当。如不恰当，简要说明理由。

事项序号	是否恰当（是/否）	理　由
（1）		
（2）		
（3）		
（4）		
（5）		

（2）针对资料三第（1）至第（4）项，假定不考虑其他条件，逐项指出A注册会计师的做法

是否恰当。如不恰当，简要说明理由。

事项序号	是否恰当（是/否）	理 由
（1）		
（2）		
（3）		
（4）		

（3）针对资料四第（1）至第（4）项，假定不考虑其他条件，逐项指出A注册会计师的做法是否恰当。如不恰当，简要说明理由。

事项序号	是否恰当（是/否）	理 由
（1）		
（2）		
（3）		
（4）		

（4）针对资料五第（1）至第（4）项，假定不考虑其他条件，逐项指出A注册会计师的做法是否恰当。如不恰当，简要说明理由并提出改进建议。

事项序号	是否恰当（是/否）	理 由
（1）		
（2）		
（3）		
（4）		

3.甲公司是ABC会计师事务所的常年审计客户。A注册会计师负责审计甲公司2018年度财务报表，确定财务报表整体的重要性为240万元。

资料一：

A注册会计师在审计工作底稿中记录了所了解的甲公司情况及其环境，部分内容摘录如下：

（1）甲公司原租用的办公楼月租金为50万元。自2018年10月1日起，甲公司租用新办公楼，租期一年，月租金80万元，免租期3个月。

（2）2017年度，甲公司直销了100件a产品。2018年，甲公司引入经销商买断销售模式，对经销商的售价是直销价的90%，直销价较2017年基本没有变化。2018年度，甲公司共销售150件a产品，其中20%销售给经销商。

（3）2018年10月，甲公司推出新产品b产品，单价60万元。合同约定，客户在购买产品一个月后付款；如果在购买产品三个月内发现质量问题，客户有权退货。截至2018年12月31日，甲公司售出10件b产品。因上市时间较短，管理层无法合理估计退货率。

（4）2018年10月，甲公司与乙公司签订销售合同，按每件150万元的价格为其定制20件c产品，约定2019年3月交货，如不能按期交货，甲公司需支付总价款的20%作为违约金。签订合同后，原材料价格上涨导致c产品成本上升。截至2018年12月31日，甲公司已生产10件c产品，单位成本为175万元。

（5）2018年12月，甲公司首次获得200万元政府补助。相关文件规定，该补助用于补偿历年累计发生的污水处理支出。

（6）甲公司自2016年起研发一项新产品技术，于2018年12月末完成技术开发工作，并确认无形资产300万元。甲公司拟将其出售，因受国家产业政策的影响，市场对该类新产品尚无需求。

资料二：

A注册会计师在审计工作底稿中记录了有关制造费用的财务数据，部分内容摘录如下：

单位：万元

| 项　目 | 2018年（未审数） | | | 2017年（已审数） |
	a产品	b产品	c产品	a产品
营业收入	11 750	600	0	8 000
管理费用——污水处理	150			100
管理费用——租赁费	450			600
管理费用——研发费	0			200
营业外收入——政府补助	200			0
税前利润	180			100
应收票据及应收账款	500	260	0	400
存货——产成品	900	80	1 750	800
存货——存货跌价准备	0	0	(250)	0
无形资产——非专利技术	300			0

资料三：

A注册会计师在审计工作底稿中记录了审计计划，部分内容摘录如下：

（1）A注册会计师认为，如果发生与关联方及其交易相关的财务报表项目和披露错报，即使其金额低于财务报表整体重要性，仍可能影响财务报表使用者依据财务报表作出的经济决策，因此，确定与关联方及其交易相关的财务报表项目和披露的重要性水平为150万元。

（2）2018年，甲公司以8 000万元的价格向关联方购买一条生产线。A注册会计师认为该交易超出甲公司正常经营过程，很可能不存在相关的内部控制，拟直接实施实质性程序。

（3）甲公司2018年度销售费用为900万元。A注册会计师认为重大错报风险较低，拟仅实施控制测试。

资料四：

A注册会计师在审计工作底稿中记录了实施的控制测试，部分内容摘录如下：

序号	控　制	控制测试
（1）	财务总监负责审批金额超过50万元的付款申请单，并在系统中进行电子签名	A注册会计师从系统中导出已经财务总监审批的付款申请单，抽取样本进行检查
（2）	超过赊销额度的赊销由销售总监和财务经理审批。自2018年11月1日起，改为由销售总监和财务总监审批	A注册会计师测试了2018年1月至10月的该项控制，并于2019年1月询问了销售总监和财务总监控制在剩余期间的运行情况，未发现偏差。A注册会计师认为控制在2018年度运行有效
（3）	财务人员将原材料订购单、供应商发票和入库单核对一致后，编制记账凭证（附上述单据）并签字确认	A注册会计师抽取了若干记账凭证及附件，检查是否经财务人员签字

资料五：

A注册会计师在审计工作底稿中记录了实施的实质性程序，部分内容摘录如下：

（1）甲公司年末应付账款余额为1 000万元。A注册会计师选取前10大供货商实施函证，均收到回函。回函显示一笔5万元的差异，管理层同意调整。因回函总额占应付账款余额的70%，错报明显微小且已更正，A注册会计师没有对剩余总体实施其他审计程序。

（2）2018年年底，甲公司存在重大未决诉讼，内部法律顾问和外聘律师均认为败诉可能性较低，因此，管理层没有确认预计负债。A注册会计师认为该事项存在重大错报风险，检查了相关文件，并获取了管理层和内部法律顾问的书面声明，据此认可管理层的判断。

（3）甲公司财务人员手工编制了应收账款账龄分析表。A注册会计师了解了相关控制，认为控制设计有效，并就账龄分析表中账龄结构变化较大的项目询问了相关人员。A注册会计师基于该账龄分析表测试了坏账准备中按账龄法计提的部分。

资料六：

A注册会计师在审计过程中识别并累积了3笔错报，并认为这些错报均不重大，同意管理层不予调整。甲公司2018年度未更正错报列示如下（不考虑税务影响）：

单位：万元

序号	错报说明	借方项目	贷方项目	金　额
（1）	2019年的管理费用计入2018年度	其他应付款	管理费用	50
（2）	2018年年末提前确认a产品销售收入	营业收入	应收账款	1 000
		存货	营业成本	900
（3）	少计提固定资产减值准备	资产减值损失	固定资产	150

要求：

（1）针对资料一第（1）至（6）项，结合资料二，假定不考虑其他条件，逐项指出资料一所列事项是否可能表明存在重大错报风险。如果认为可能表明存在重大错报风险，简要说明理由，并说明该风险主要与哪些财务报表项目的哪些认定相关（不考虑税务影响）。

事项序号	是否可能表明存在重大错报风险（是/否）	理 由	财务报表项目名称及认定
（1）			
（2）			
（3）			
（4）			
（5）			
（6）			

（2）针对资料三第（1）至（3）项，假定不考虑其他条件，逐项指出资料三所列审计计划是否恰当。如不恰当，简要说明理由。

事项序号	审计计划是否恰当（是/否）	理 由
（1）		
（2）		
（3）		

（3）针对资料四第（1）至（3）项，假定不考虑其他条件，逐项指出资料四所列控制测试是否恰当。如不恰当，提出改进建议。

事项序号	控制测试是否恰当（是/否）	改进建议
（1）		
（2）		
（3）		

（4）针对资料五第（1）至（3）项，假定不考虑其他条件，逐项指出资料五所列实质性程序是否恰当。如不恰当，简要说明理由。

事项序号	实质性程序是否恰当（是/否）	理 由
（1）		
（2）		
（3）		

（5）针对资料六，结合资料二，假定不考虑其他条件，指出A注册会计师的判断存在哪些不当之处，并简要说明理由。

4.甲公司是ABC会计师事务所的常年审计客户，主要从事化工产品的生产和销售，A注册会计师负责审计甲公司2018年财务报表，确定财务报表整体的重要性为800万元。

资料一：

A注册会计师在审计工作底稿中记录了所了解的甲公司情况及其环境，部分内容摘录如下：

（1）2018年，甲公司应收账款回收困难，通过与商业银行签订保理合同转让了部分应收账款，以缓解资金压力。

（2）2018年1月，甲公司下属乙分厂迁回城镇，整体规划进行搬迁，收到政府从财政预算直接拨付的搬迁补偿款5 000万元，用于补偿乙分厂停工损失、搬迁费用及新建厂房。乙分厂于2018年年末完成搬迁，于2019年1月1日恢复生产，扣除针对搬迁和重建过程中发生的停工损失、搬迁费用及新建厂房的补偿后，搬迁补偿结余1 000万元。

（3）因环保问题，甲公司将于2019年6月关闭其下属丙分厂，管理层就辞退计划与员工协商一致，预计支付补偿金1 900万元，该计划于2018年12月经董事会批准，将于2019年内实施完毕。

（4）2017年12月，甲公司聘请XYZ评估公司对其拥有的一项矿产资源进行评估，并据此计提资产减值准备2 000万元，2018年12月，甲公司聘请DEF评估公司测量公司对该矿储量进行测量，结果表明上年评估的储量偏低，管理层因此冲回资产减值准备1 200万元。

（5）甲公司2017年由于固定资产的折旧方法与税法规定的方法有差异，确认了递延所得税资产。2018年度，甲公司未进一步确认递延所得税资产。

资料二：

A注册会计师在审计工作底稿中记录了甲公司的财务数据，部分内容摘录如下：

单位：万元

项 目	未审数	已审数
	2018年	2017年
应收票据及应收账款	12 000	25 000
递延所得税资产	2 000	2 000
短期借款	1 000	5 000
应付职工薪酬	240	220
营业收入	58 000	60 000
营业外收入——乙工厂搬迁补偿款	5 000	0
利润总额	（16 000）	（9 000）

资料三：

A注册会计师在审计工作底稿中记录了审计计划，部分内容摘录如下：

（1）2018年，甲公司使用新的存货管理系统，A注册会计师拟信赖与存货相关的自动化应用控制，确定信息系统审计的范围为：了解和评估系统环境和信息技术一般控制，测试自动化应用控制。

（2）2018年，甲公司以1500万元向具有支配性影响的母公司购买一项资产。A注册会计师了解到该交易已经董事会授权和批准，因此，认为不存在重大错报风险，拟通过检查合同等相关支持性文件获取审计证据。

（3）甲公司将经批准的合格供应商信息录入信息系统形成供应商主文档，生产部员工在信息系统中填制连续编号的请购单时只能选择该主文档中的供应商。供应商的变动需由采购部经理批准，并由其在系统中更新供应商主文档。A注册会计师认为该内部控制设计合理，拟予以信赖。

（4）甲公司采用账龄分析法对部分应收账款计提坏账准备，财务人员根据信息系统生成的账龄信息计算坏账准备金额，由财务经理复核并报财务总监批准。A注册会计师拟询问财务经理和财务总监，检查复核了批准记录，以测试该控制的运行有效性。

（5）2018年，甲公司以非同一控制下企业合并的方式吸收合并了戊公司。因戊公司不是ABC会计师事务所的审计客户，且固定资产价值高，A注册会计师拟测试戊公司设立以来至合并日的固定资产和累计折旧账户中的所有重要记录，以核实甲公司在合并日确认的固定资产公允价值的准确性。

资料四：

A注册会计师在审计工作底稿中记录了审计程序的执行情况，部分内容摘录如下：

（1）甲公司2018年发生一起员工虚领工资事件，金额500万元。考虑到相关控制存在缺陷，A注册会计师未予以信赖，通过实施实质性分析程序获取了与职工薪酬相关的审计证据。

（2）A注册会计师在测试甲公司应收票据的完整性时，因应收票据均于2019年年初贴现，A注册会计师无法清点实物，检查了应收票据备查登记簿的记录，结果满意。

（3）A注册会计师在测试甲公司应收账款的存在认定时。由于甲公司管理层对大额的应收账款已于2017年全额计提坏账准备，2018年度无变化，A注册会计师直接利用上一年度的测试结果。

资料五：

A注册会计师在审计工作底稿中记录了评估错报及处理重大事项的情况，部分内容摘录如下：

（1）A注册会计师在审计过程中与甲公司治理层讨论了值得关注的内部控制缺陷和内部控制的其他缺陷，因此，不再以书面形式向治理层正式通报。

（2）2018年7月，甲公司更换了主要管理层成员。由于现任管理层仅就其任职期间提供书面声明，A注册会计师向前任管理层获取了其在任时相关期间的书面声明。

（3）A注册会计师在存货监盘过程中利用了专家的工作，专家工作的结果与管理层的盘点结果差异较大，A注册会计师实施了追加的审计程序，并与治理层沟通无法解决，该差异对财务报表有重大影响，但不广泛，A注册会计师拟出具保留意见审计报告，并提及专家的工作，同时指明这种提及不减轻注册会计师对审计意见承担的责任。

（4）甲公司管理层在2018年度计提了大额商誉减值准备并在财务报表附注中披露了测试过程，但未披露预计未来现金流量的关键假设和依据，A注册会计师认为甲公司该做法不影响报表金额，同意上述做法。

要求：

（1）根据资料一第（1）至（5）项，结合资料二，假定不考虑其他条件，逐项指出资料一所列事项是否可能表明存在重大错报风险，如存在，请指出与财务报表哪些项目的哪些认定相关，并说明理由。

事项序号	是否可能表明存在重大错报风险（是/否）	理 由	财务报表项目名称及认定
（1）			
（2）			
（3）			
（4）			
（5）			

（2）针对资料三第（1）至（5）项，假定不考虑其他条件，逐项指出审计计划的内容是否恰当。如不恰当，简要说明理由。将答案直接填入答题区的相应表格内。

事项序号	是否恰当（是/否）	理 由
（1）		
（2）		
（3）		
（4）		
（5）		

（3）针对资料四第（1）至（3）项，假定不考虑其他条件，逐项指出A注册会计师的做法是否恰当。如不恰当，简要说明理由。将答案直接填入答题区的相应表格内。

事项序号	是否恰当（是/否）	理 由
（1）		
（2）		
（3）		

（4）针对资料四第（1）至（4）项，假定不考虑其他条件，逐项指出A注册会计师的做法是否恰当。如不恰当，提出改进建议。将答案直接填入答题区的相应表格内。

事项序号	是否恰当（是/否）	改进建议
（1）		
（2）		
（3）		
（4）		

智能测评

扫码看答案	我要提问

打开微信"扫一扫"即可直接看答案，登录高顿网校网页端进入课程，即可批量下载"本章同步强化训练"答案噢。	本书配备答疑专用二维码，打开微信"扫一扫"，即可完成在线提问，获取专业老师全面个性化解答，让学习问题不再拖延。 　　快来扫码提问吧！

附录　注册会计师全国统一考试（专业阶段）
全真模拟测试卷

　　高顿财经研究院根据最新考纲和教材，精选历年真题，组建了一套题型、题量完全和正式考试一致的真题模拟卷，帮助你提前感受考试场景，进入备考状态，考生们可以随时随地手机扫码在线模考练习。

　　"全真模拟测试卷"具有如下特点：

　　1.根据最新考纲和教材，剔除或修改已过时的题目，排除教材修改带来的影响；

　　2.在线练习，即时反馈，随时随地检测学习效果；

开启真题模考练习，只需一步：

扫码下方二维码，开始全真模拟测试吧！